新东方国际人才发展系列

中国学生出国留学发展报告

REPORT ON CHINESE STUDENTS' OVERSEAS STUDY

新东方留学图书编委会 编著

群言出版社
QUNYAN PRESS
·北京·

图书在版编目(CIP)数据

中国学生出国留学发展报告 / 新东方留学图书编委会编著. -- 北京 : 群言出版社, 2024.5
ISBN 978-7-5193-0940-4

Ⅰ. ①中… Ⅱ. ①新… Ⅲ. ①留学教育－研究报告－中国 Ⅳ. ①G648.9

中国国家版本馆CIP数据核字(2024)第086375号

责任编辑：孙平平
封面设计：大愚设计

出版发行：群言出版社
地　　址：北京市东城区东厂胡同北巷1号（100006）
网　　址：www.qypublish.com（官网书城）
电子信箱：dywh@xdf.cn　qunyancbs@126.com
联系电话：010-62418641　65267783　65263836
法律顾问：北京法政安邦律师事务所
经　　销：全国新华书店

印　　刷：北京盛通印刷股份有限公司
版　　次：2024年5月第1版
印　　次：2024年5月第1次印刷
开　　本：787mm×1092mm　1/16
印　　张：29.75
字　　数：731千字
书　　号：ISBN 978-7-5193-0940-4
定　　价：68.00元

如何成为引领世界的国际人才？

新东方教育科技集团董事长　俞敏洪

“国际人才”是我们近几年来经常提及的词汇，但坦率地说我自己都不算国际人才，因为我没有真正留过学，尽管迄今为止我走过了世界上四五十个国家，但并没有在那工作过、生活过、学习过，离国际人才还比较远。

所幸我有两个资格来讲这个话题。第一，出于对教育的热爱。我在新东方做了很多工作，比如新东方已帮助数百万学子成功走出国门，前往全世界的学校里学习、深造，更致力于成为他们归国创业、就业的彩虹，大力支持留学人才回国参与建设。他们中有些人真的变成了国际化人才，对祖国的发展发挥了重要作用。第二，我的孩子是在两种文化和语言中长大的，他们的语言既包括中文，也包括英语，因为我希望他们能够用两种语言随时切换交流。我认为孩子面向未来世界，一定要把世界作为自己的舞台，而不是把中国或者国外只选一个作为自己的舞台。

基于这两个理由，我可以聊一聊这个话题。我认为成为国际人才，应当具备四大要素：语言、文化、规则、心态。

第一大要素：语言

第一，英语是首选。英语能力是一个必备能力，到全世界任何地方讲中文、法文或者德文，大家很有可能听不懂，但任何一个国家都会有懂英文的人，从全球化的角度来说，英语是不能放弃的。如果只学日语、不学英语，就只能在日本和中国之间打交道；如果你是时尚、艺术专业，学法语会变得非常重要；如果你从事工业制造、智能制造相关，懂德语也变得很重要。但是不论学习哪种语言，英语是不能扔掉的核心。

第二，备考语言的重要性。如果把孩子送到国外学校或语言学校，他的口语可能会稍微提高一点，但整体英语水平的提高是不一定的。托福和雅思这两门考试，分数的高低跟孩子的综合英语水平直接相关。凡是雅思考到 6 分以上、托福考到 90 分以上的同学到国外去学习，英语水平基本就能跟上，不存在去了以后，过了一年老师上课还听不懂，导致考试成绩上不去，最后不得不退学的情况。凡是在国内托福考过 100 分、雅思考到 7 分以上的，因语言障碍而被退学的几乎没有了，这就是备考语言的重要性。

第三，接受正规化的学校训练。有的家长说我的孩子在国外学了四年，本科毕业，英语依然不能交流。那是因为他并没有真正融入英语学习的生态系统里去，四年学习只和中国同学进行交流。如果希望顺利毕业且英语过关，那实实在在要学四年，每篇论文都要自己写。英文写作水平变高了，就意味着能够部分融入西方社会，因为笔头交流在西方是十分普遍的。我们的孩子要记住，到了国外要尽可能独立完成课程和作业，这个过程既可以锻炼自己英文写作能力，也能够让学术能力日益精进。

第二大要素：文化

第一，具备扎实的中国文化功底。对于现在的年轻人来说，未来大部分的机会都是多种文化和经济体之间互相切换所带来的。只要记住这一点就明白，中国传统文化是不能放的。我不太鼓励家长一开始就把孩子送到全英文幼儿园或国际学校。我两个孩子都在国外长大，英语水平都没有问题，没想到长大后中文不行了。公立学校是学中文最好的地方，如果在公立学校待过三年，哪怕从小学一年级待到三年级，他一辈子的中文基础就有了，到初中以后再进入全英文环境也一点都不晚。因为中国孩子进入全英文环境一般只要四年，英文水平就跟上了，至少从语言使用角度来说一点问题都没有。

第二，拥有开阔的国际视角。我曾带着孩子到埃及，一个个古埃及的遗址、陵墓和古庙去看去讲。到希腊我们一天开车 500 公里，只为从古希腊文明的遗址到另外一个遗址，给孩子们讲背后的历史文化。这么做其实很累。去任何一个地方前一个月，我就在反复研究那个地方的各种人文地理历史，民俗风情文化，只有这样，孩子们才能真正有所感触，有所收获。

第三，有机会让孩子沉浸到西方完整的教育体系中，获得思维模型的升级。这就是为什么孩子们至少在正规国外大学去上四年学，或者研究生至少要上两到三年。我们东方人的思维模型和西方模型完全是两种思维模型，一个人未来在全球生存，西方的思维模型应成为孩子们未来重要的思维模型之一。

第三大要素：规则

第一，了解世界各地宗教习俗。为什么有的中国人到国外处处碰壁？其实这是因为有时候我们对当地习俗不了解，一些行为很容易引起当地人的误解。

第二，掌握重要国家的政治体系和运作模式。我们对中国已经非常了解了，但我们对其他重要国家是不是真的了解？他们的法律法规有没有读过？他们的政府体系是怎样的？等等。重要的国家政治体系和运作模式一定要去了解，当然还要了解人们根据这些体系和模式所产生的相应行动。

第三，洞悉经济规律、商业规律和科技发展。有时候，我们在与世界对接时还是会有一定的阻碍，很大部分的原因在于我们对世界的贸易规则、商业规则不是特别的熟悉，对规则的模糊会影响交流的顺利进展。因此，对经济规律、科技等的了解是非常重要的，尤其是科技的发展，往往定义未来一些产业的发展方向。

第四，遵守当地的法律法规与民风习俗。用中国的思维模型在国外处理事情，很明显是不行的。在国外，尤其是在西方国家，最好的办法就是了解他们的法律法规并遵守。只有了解世界的规矩，我们才能行走世界。

第四大要素：心态

在孩子求学的过程中，要从心理上了解应该怎么来做这件事情，我认为要注意如下几点。

第一，对专业要有深入研究的定力。任何真正的本领，都是需要四年专注于一个领域，并且要在这个领域深耕。虽然孩子毕业后可能用不到这个领域的相关知识，但为什么还要学？因为从一个学科中，得到的是思维的训练，比如批判性思维的训练、逻辑思维的训练，深入学科层层剥皮，最后实现自己的目标，这是对核心能力的训练。学习不仅仅是学到知识，也是对个人品质的磨练，所以一定要想办法去找孩子自己喜欢并且愿意为之付出时间与精力的专业。

第二，要立足大国关系来考虑问题。国际交流中所发生的任何倾向，都意味着人类发展的倾向，我们只是世界发展洪流中的一滴水而已，水只有在海洋之中才能够生存下去，所以沿着这个未来和倾向去发展非常重要。

第三，保持开放的文明交流心态。我们很多学生去留学是希望能深入到西方文化中去学习，但同时西方文化也在向中国文化学习，这样就形成了世界文化互相学习的闭环，而在这个闭环中，会在不知不觉间产生认知维度的上升，认识到西方文化的重要性和中国文化的重要性。在这个过程中，留学的学生不仅传递了中国的声音，也增进了自己的能力，所以要保持一个开放的心态，让自己融入国外的文化氛围中去。

第四，在最有保障的地方建立自己的事业基础。大家知道做一件事情要有三个保障：公平的保障、财产保障、人身安全保障。新时期的中国是一个正在开放的大国，未来这三个保障会越来越好，对于国际化人才的需求也更加迫切。从这个前提出发，中国的市场机会一定是最大的。

我们都知道一个国家的发展离不开国际环境，也离不开通晓国际规则的人才。正因如此，我鼓励学生们有机会的话，可以出国去留学，尽管有些学生并不一定能在学成归来后成为某个领域的大家，但是概率上会高很多。我们的学生出去以后，身处国际化的环境之中，潜移默化之下，自己也可能会变得更加国际化一点。我们也都知道有 80% 的中国留学生在学成以后都是回国发展自己的事业，毫无疑问这样的人有一部分一定是已经具备了国际化眼光的，也就意味着他们能把后面更多的年轻人带向国际化的轨道。

《中国学生出国留学发展报告》就要正式出版了，这本书不仅能帮助读者掌握留学的发展动向，也让中国家长有所参照，更重要的是能让中国的教育工作者对人才的国际化素养有更为前瞻性的认识。到了我这个年龄，能够为意欲出国留学的家长和孩子支一盏指路的明灯，也是对社会的一种回馈。对于国际化人才培养和发展，我想新东方能做的工作还有很多。在未来，新东方会倾注更多的资源与精力来助力国家的国际化人才队伍建设，为助力国家建设人才强国、教育强国贡献自己的一份力量。

走向世界，拥抱未来的教育

新东方教育科技集团 CEO　周成刚

每当有人问我，为什么总在说国际教育？我都会毫不犹豫地回答，世界在全球化，我们的孩子需要国际化。我们需要和世界交朋友，向世界学习，只有张开双臂，拥抱世界，我们才能融入世界，属于世界，改变世界。也正是基于这一朴素的信念，这几年我坚持探寻世界名校、采访写作、巡讲交流，尽个人之力，倡导国际教育。

为什么越来越多的人选择国际教育

当前，中国家庭对国际教育的需求有大幅回暖的趋势，留学正在逐步走向平民化。面对这样的现象，很多人会很好奇，为什么大家会不约而同地看上国际教育这条路呢？我想，主要有以下几个原因。

首先，当前人们普遍讨论的主要留学国家和地区主要是指西方发达国家，也包括亚洲的一些发达国家和地区，它们代表着先进的生产力和生产关系，无论在教育、科技、经济或文化方面，都有值得我们学习和借鉴的地方。

其次，我们今天的留学观念是中国传统教育观念的一种延伸，“教育改变命运”，寻求更好的职业发展，让自己过上美好生活，都是中国人几千年来坚定的信念。只不过在全球化发展的背景之下，学习的地域发生了变化，我们从国内走向了国外，到不同的语言、文化、观念和教育制度中去求学，在世界的舞台上接受全新的挑战。

最后，留学生符合全球化竞争格局下的人才市场需求。留学把我们的孩子变成了一种复合型的跨界人才：他们既懂得中国文化，又理解西方的一些理念；既会说中文，又会说外语；既在中国长大，又在国外工作；既在国内读了本科，又到国外读了研究生。这样的背景为他们的职业发展提供了更加广阔的空间，也为他们走上世界舞台赢得了更多的机会。

我为什么倡导国际教育

国际教育的本质，是学习和借鉴其他国家优秀的教育实践。从 2013 年到 2023 年，这十年里我带领着团队成员完成了 10 次世界名校之旅，走访了 20 多个国家，足迹遍布欧洲、北美洲、大洋洲、亚洲等几大洲百余所世界名校，与教师、招生官及不同年龄阶段的中国留学生进行了 500 多次访谈，感触良多。说实话，不同国家的教育各有千秋，很难一概而论，但到底什么才是最好的教育？国际教育为什么如此吸引中国家庭？我觉得，最重要的可能是以下几点：

第一是具有全球视野和通识教育。大多数发达国家或者教育强国，特别提倡全球视野和通识教育。全球视野就是要把自己的孩子放在全世界的背景里，这样才能登高望远，胸怀世界；通识教育指的是自然科学、人文科学和社会科学的基本知识框架，这是我们成为优秀专业人才的必要前提。因此，很多名校在中学和大学阶段强调通识教育，让学生有充足的机会了解自己、了解世界，形成清晰的自我认知，然后再去进行专业学习。这样，个人的发展会更加的明确。

第二是因材施教和情景式教学。每个孩子都是不同的个体，用同一种方式来评价不同的孩子，这既不符合个人发展模型，也不符合国家发展需要。

我曾走访过英国夏山学校，这所学校近一个世纪以来，矢志不渝地倡导并践行“最富人性化的自由教育”。这种教育模式特立独行、独树一帜，甚至学校的基本规章制度都由学生和老师共同表决，学生不会受到来自家长和老师的压力，上课自由、无正式考试，一切尊重孩子的意愿，给他们以“自由的责任”。

芬兰的教育改革是全世界公认的成功典范，该国的罗素中学在 1987 年就开始了改革，是芬兰中小学教育创新的样板。罗素中学取消了年级制，采用模块式和情景式的走读制。这些模块的学习不是靠一门学科，而是需要多门学科的综合运用来寻求答案，是到真实环境中去解决问题。罗素中学敢为人先，实现了真正的因材施教和学以致用。

第三是具有创新能力和批判性思维。所谓的创新，就是为了达到一个目的想出来各种各样的办法，而批判性思维就是在所有这些方法里找出最好的路径。两者珠联璧合，缺一不可。我在走访那些发达国家的时候发现，单向的、填鸭式的、划重点、死记硬背式的教育越来越少，取而代之的往往是开放、讨论、互动和合作式的教育，教师会引导孩子提问，鼓励孩子挑战，和学生平等对话，教学相长。

如今，我国的经济总量日益提升，发展的速度亦是一日千里，但是我们依然面临着被人“卡脖子”的困境，某些关键领域还是要看别人脸色吃饭。落后就要挨打，引领就需要创新。可以说，创新成为我们国家当下迫在眉睫的重要任务。这不仅需要我们给孩子提供新的教育环境，还要从上到下重视对基础教育的投入。

第四是终身学习和可持续发展。我们有不少孩子从小学一口气读到博士，就是为了毕业后找一份高薪工作，而没有其他的目标。不夸张地说，接受教育的目的背后有时候带有太多的功利主义思想，所以孩子的发展常常后劲不足。没有理想的支撑，我们做什么都很难坚持下去。

当今世界瞬息万变，互联网和人工智能正在改变世界的进程，依靠大学几年的学习就吃一辈子的时代已经不复存在。我们就此采访过新加坡国立大学的校长陈永财教授，他说新加坡的教育始终在求新求变，不会停止变革的脚步。他们为国民提供终身学习的机会，正是因为有了全民学习、终身学习的意识，新加坡这么一个几乎没有任何资源的小国，才得以在亚洲和世界立于不败之地。

拥抱未来的教育

2023 年，习近平总书记在主持中共中央政治局第五次集体学习时指出，要根据国际形势发展变化，完善教育对外开放战略策略，统筹做好“引进来”和“走出去”两大篇章，有效利用世界一流教育资源和创新要素，使我国成为具有强大影响力的世界重要教育中心。中国留学生接受国际教育能够拥有讲好中国故事、传播中国经验、发出中国声音的契机，增强我国教育的国际影响力和话语权。出国留学对个人来说是知识的获取、眼界的开阔、能力的提升和生命的丰富，同时也是我们走向世界、拥抱未来的重要途径。

2024 年是新东方《中国留学白皮书》连续发布的第十年，值此之际，全新升级为《中国学生出国留学发展报告》并正式出版发行。这十年来，本书不断推陈出新，丰富完善数据维度，深入挖掘中国留学家庭和群体的动态及需求，以连续、详实的数据记录，刻画更加精细的留学趋势，为中国家庭和学生提供科学、严谨、全方位的留学参考与方向指引，以服务国家人才强国、教育强国战略需求为导向，积极响应国家对国际化人才培养的时代诉求。

当前，世界之变、时代之变、历史之变正以前所未有的方式展开。“一带一路”倡议、人类命运共同体等政策和理念的提出，中国国际地位和影响力的进一步提高，都彰显着我国在国际社会中将扮演更重要的角色，承担更大的国际责任和义务，对具备全球胜任力的新型国际化人才需求也更加迫切。

我提倡国际教育、国际化视野，是想倡导大家出去看一看，最终的目的还是报国。人才只有走出去、看得远，才能够将自身优势转换为国家发展的不竭动力。我期待有更多的中国学生了解当今世界先进的教育理念及其实践，明确自身的发展方向，甚至有机会去亲身体验他乡的教育。也期待有越来越多的接受过国际教育的学生们回到中国，带着多元的文化背景，以全球化的眼光审视中国的发展，为国家的高质量发展贡献自己的一份力量。

目录

第1章

中国学生留学现状

第一节　意向留学人群基本情况

一　十年间，留学需求向低龄趋势发展

十年来，我国意向留学人群以本科阶段学生为主，但已经开始有向低龄发展的趋势出现。高中阶段意向留学人群近四年来首次出现反弹，留学需求逐渐向低龄方向发展。

意向留学人群在读阶段（单位：%）

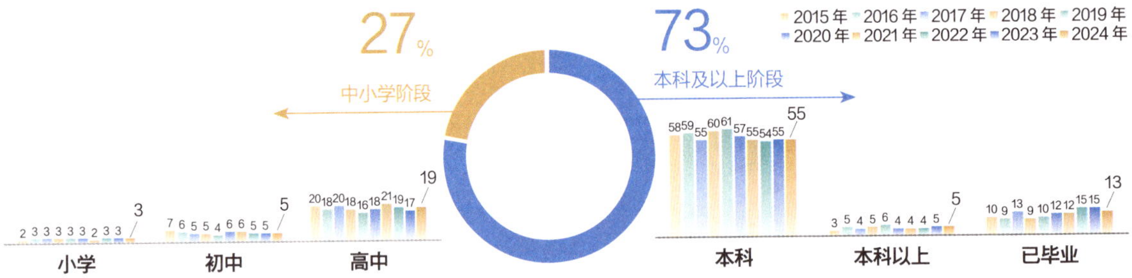

从年龄来看，中国意向留学人群的年龄主要集中在18~21岁。虽然在2023年之前，该年龄段占比有逐年下滑的趋势，但在2024年大幅反弹至50%，恢复至2020年的水平。15~17岁人群在近两年的留学意向保持稳定，基本摆脱了此前疫情的影响，留学意向回暖。

22~24岁人群的留学意向在2024年有所减弱，这与近几年国内知名高校推免率大幅提升不无关系。25岁及以上人群自2022年开始也呈现下降趋势，这可能是由于国内目前就业环境存在挑战，不少人更倾向于尽早进入职场，获取劳动报酬，从而实现生活稳定，因此留学意愿降低。

意向留学人群年龄阶段（单位：%）

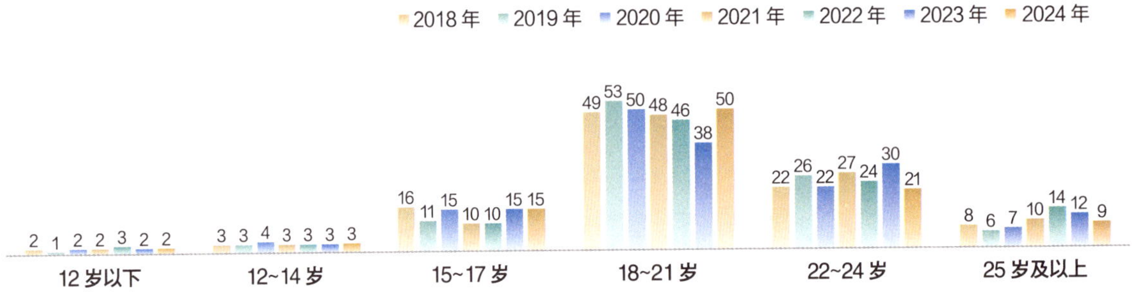

二　私立学校十年间加速转轨，“双非”院校开始回升

十年中，在中小学意向留学人群中，公立学校的学生占比始终在60%以上，一直是低龄留学人群的主体。同时也能看到，来自私立学校的人群占比在不断攀升，这也说明越来越多的家长早早就为孩子做了升学规划。而且，国内的私立中学大多为寄宿中学，家长也普遍希望能在中学阶段对孩子的独立生活能力和学习能力进行考察，评估他们是否能适应海外学习生活。

中小学意向留学人群就读学校类型（单位：%）

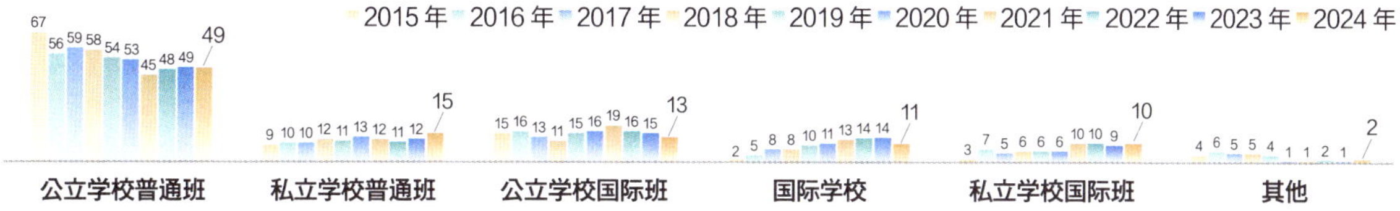

十年里，在本科及以上学历的意向留学人群中，来自国内普通高校的学生占比趋于稳定，在半数左右。“双一流”高校学生比例呈逐年下降趋势。

不过在 2024 年，来自国内普通高校的人群占比飙升，从 2023 年的 49% 跃至 57%，增长了八个百分点。可见，伴随着国内“学历内卷”形势的加剧，有更多国内普通高校学生期待通过留学来帮助自己提升学历背景，丰富个人履历，以此提高未来求职、就业的竞争力。

本科及以上学历的意向留学人群就读学校类型（单位：%）

三 “海归”家长群体占比连续十年上涨，家长学历水平整体上升

家长的学历水平在十年间整体上升，最高学历以大学本科为主。此外，研究生及以上学历占比整体呈现上升趋势。由此可见，家长学历相对较高的家庭更加重视对子女教育的投入。

值得注意的是，这十年来，拥有“海归”学历的意向留学生家长占比逐年攀升，在 2024 年达到 21%，比 2023 年增长了 4.5 个百分点，是涨幅最大的一年。越来越多接受过海外教育的父母认可留学带来的优势，更倾向于让自己的孩子走出国门，走向世界舞台。

意向留学生家长最高学历（单位：%）

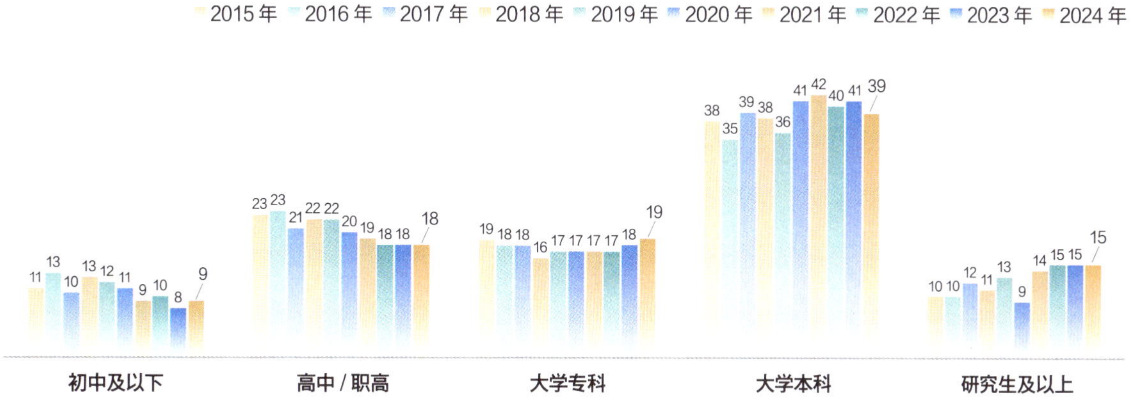

"海归"学历意向留学生家长占比（单位：%）

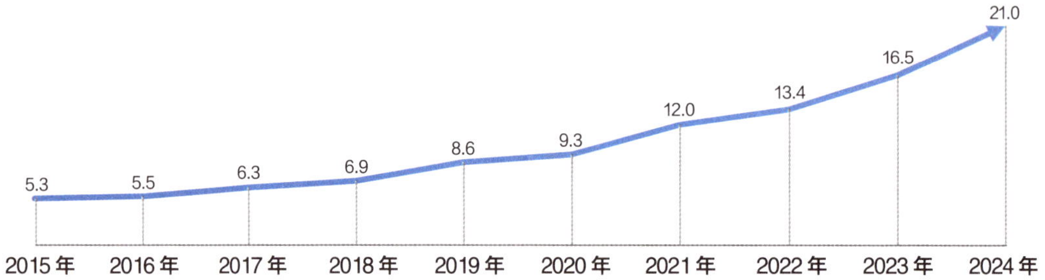

四 有海外经历的意向留学人群占比连续十年上涨

十年来，意向留学人群中有过海外学习经历的占比呈现出持续攀升的态势。越来越多的学生选择通过海外学习项目来丰富个人教育经历，为之后的留学申请以及未来的海外学习生活打下基础。

这些海外学习经历包括学校组织的夏 / 冬令营、培训机构的国际游学营、短期交换项目，以及海外高校暑期课程等。其中，学校组织的夏 / 冬令营及培训机构组织的国际游学营比较受意向留学人群欢迎，占比一直位于前列。此外，海外高校暑期课程的占比增速较快，占比从 2015 年的 3% 升至 2024 年的 10%，十年间增长了七个百分点，逐渐受到学生欢迎。

已有海外学习经历的意向留学人群（单位：%）

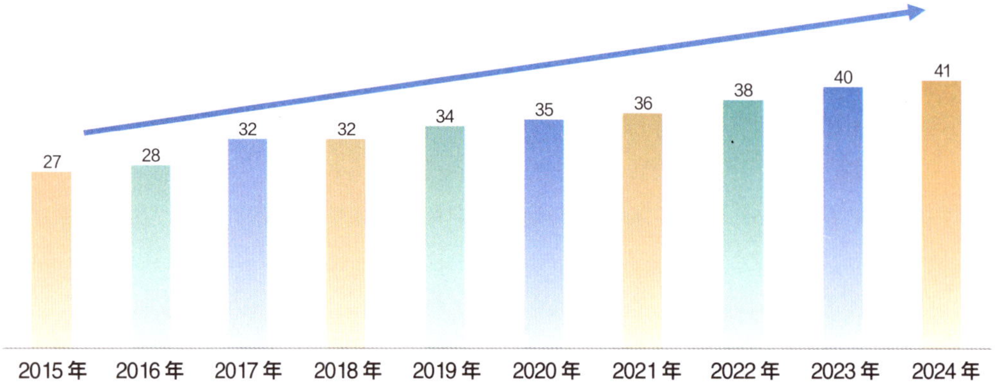

意向留学人群海外学习经历类型（单位：%）

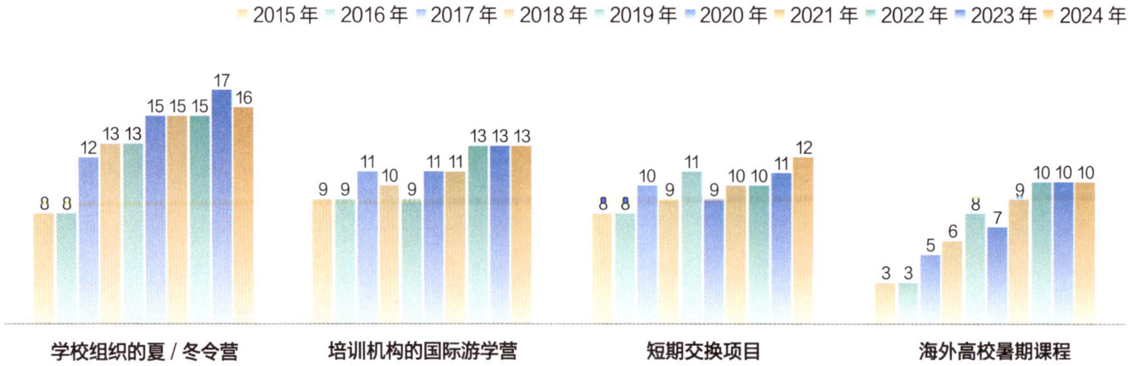

五 普通家庭在十年里成为留学主体，精英家庭更加重视留学

对比近十年的调研数据可以看出，意向留学生家长的职务为“一般员工”的家庭自 2018 年起成为主要留学群体，在 2022 年占比高达 45%。这种趋势与国家经济的快速发展和人民生活水平的提升有着密不可分的关系，留学变得更加大众化、常态化。

不过在 2022 年以后，“一般员工”和“中层管理”家庭占比连年下降，“中层管理”家庭下滑速度尤为明显。这可能是因为近年来经济形势紧张，部分家庭资金缩水，相信随着未来经济情况的好转，会有更多的家庭愿意支持孩子出国留学。

与此同时，家长职务为“公司负责人 / 高管”的高收入人群占比也有明显的增长。2022 年以前，高收入家庭对留学的态度一直比较稳定，占比在两成左右。而近两年，高收入家庭占比不断上升，在 2024 年达到 28%。这说明在家庭物质水平提升的同时，他们也更关注对子女教育的投入。

意向留学生家长职务（单位：%）

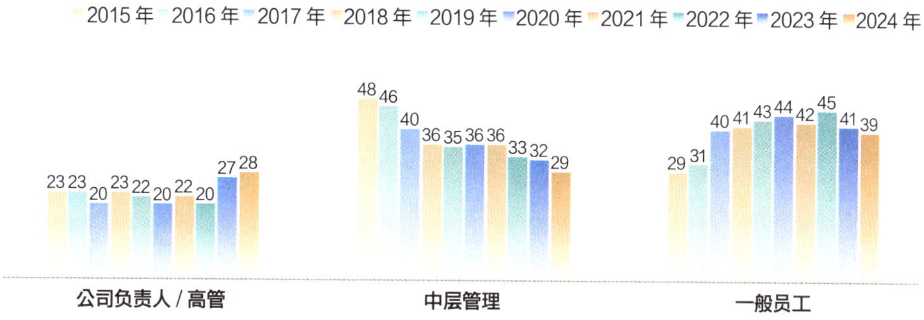

六 十年间，英国取代美国成为意向留学国家 TOP 1

在 2015 年到 2024 年这十年里，美国、英国一直是热门的留学国家选择。在前五年，美国凭借优质的教育资源和强大的教育实力，吸引了不少中国学子前往。然而在后五年，英国凭借其较短的学制和相对稳定的政治环境，取代美国成了最受意向留学人群欢迎的国家。

另外，在 2020 年以前，加拿大和澳大利亚轮番争夺第三、第四名的位置。然而，随着全球疫情的蔓延，从 2021 年起，留学澳大利亚的热度降低，中国香港地区则开始“逆势崛起”，依托于地缘优势和优才计划新政的实施“一路高歌”，在 2022 年和 2023 年升至榜单第三位。不过在 2024 年，澳大利亚凭借院校排名上升的优势，热度回升，替代中国香港地区重回前三名的行列。

意向留学人群的意向国家 / 地区排名

	2015 年	2016 年	2017 年	2018 年	2019 年	2020 年	2021 年	2022 年	2023 年	2024 年
美国	1	1	1	1	1	2	2	2	2	2
英国	2	2	2	2	2	1	1	1	1	1
加拿大	3	4	4	3	4	3	3	4	5	5
澳大利亚	4	3	3	4	3	4	6	7	4	3

续表

	2015年	2016年	2017年	2018年	2019年	2020年	2021年	2022年	2023年	2024年
中国香港	5	8	6	5	5	8	5	3	3	4
日本	9	6	7	10	7	5	4	5	6	8
德国	6	7	5	6	6	6	8	8	8	7
新加坡	8	5	10	8	8	7	7	6	7	9
法国	10	10	9	9	10	9	9	9	9	6
新西兰	7	9	8	7	9	10	10	10	—	—
韩国	—	—	—	—	—	—	—	—	10	10

作为世界教育强国，美国、英国拥有丰厚的教育底蕴，教育水平先进，一直为世界学子所向往。澳大利亚宜人的气候环境和加拿大较高的安全保障使它们对低龄留学群体的吸引力不断加强。中国香港地区和日本则兼具安全性和高性价比，加之地理位置及文化氛围优势，使它们的热度不断攀升。

意向留学人群选择美国原因 TOP 5

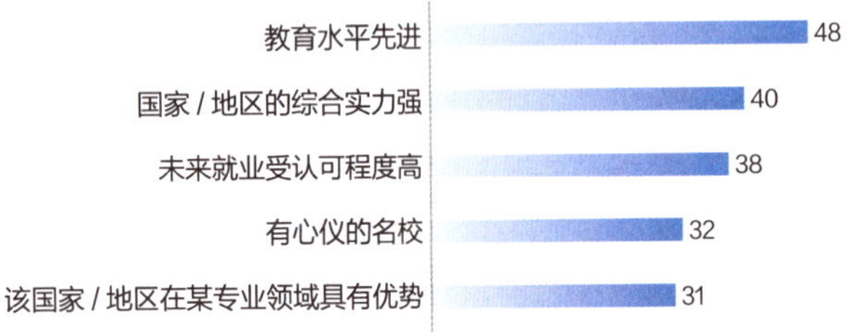

意向留学人群选择英国原因 TOP 5

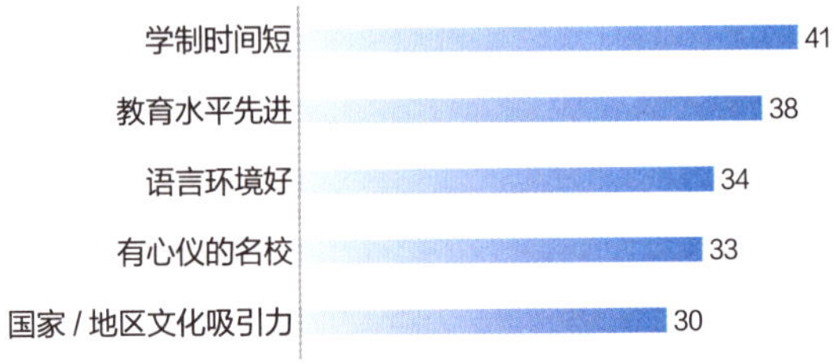

意向留学人群选择澳大利亚原因 TOP 5

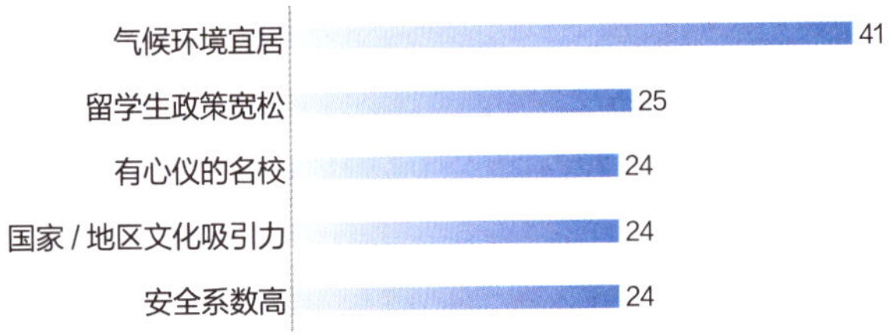

意向留学人群选择中国香港原因 TOP 5

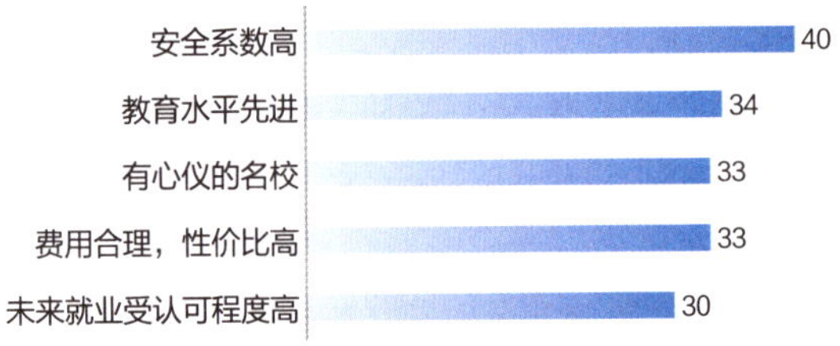

意向留学人群选择加拿大原因 TOP 5

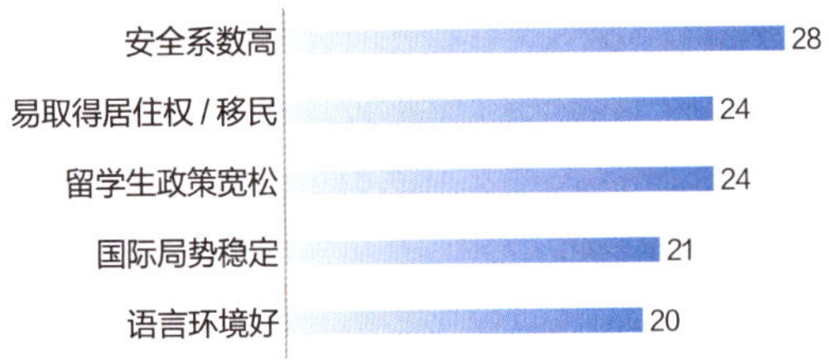

意向留学人群选择日本原因 TOP 5

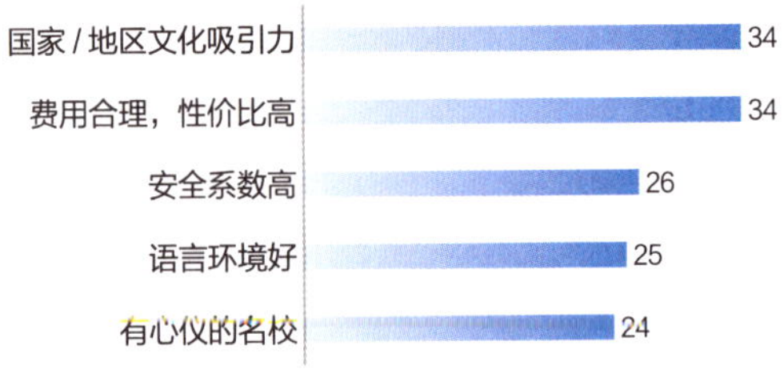

纵观不同专业的学生意向，美国和英国基本上可以说是所有主流专业学生的意向留学国家，二者凭借着强势的学术科研水平和教学质量遥遥领先于其他国家或地区。

不过，在不同专业类别上，意向留学人群的倾向性存在一定差异。比如文学专业的学生对澳大利亚的倾向性较强，而医学生则更偏向日本。这两个国家在这两个专业上，不论是在学术水平、就业背景，还是长期居留方面都有一定的优势，因此得到了不少专业内群体的青睐。

不同阶段主流专业意向留学人群的意向国家 / 地区排名

工学类	经济学类	管理学类	艺术类	教育学类	文学类	理学类	法学类	医学类	语言类
美国	美国	英国	英国	英国	英国	美国	英国	美国	英国
英国	英国	美国	美国	美国	澳大利亚	英国	美国	日本	美国
澳大利亚	澳大利亚	澳大利亚	日本	澳大利亚	中国香港	加拿大	法国	英国	澳大利亚
中国香港	中国香港	中国香港	澳大利亚	加拿大	美国	澳大利亚	澳大利亚	澳大利亚	法国
德国	加拿大	加拿大	法国	中国香港	加拿大	德国	中国香港	德国	日本
日本	法国	新加坡	韩国	日本	日本	中国香港	德国	中国香港	中国香港
加拿大	德国	日本	俄罗斯	法国	法国	新加坡	日本	加拿大	西班牙
新加坡	日本	法国	德国	德国	德国	法国	加拿大	法国	加拿大
法国	新加坡	德国	意大利	爱尔兰	新加坡	俄罗斯	爱尔兰	韩国	德国
爱尔兰	韩国	韩国	加拿大	俄罗斯	爱尔兰	日本	俄罗斯	爱尔兰	俄罗斯

七 选择院校时，排名关注度居高不下，就业、学费影响加剧

从连续十年的调研数据不难看出，意向留学人群很重视院校的排名。与此同时，就业率、学费影响力的涨幅也非常明显。特别是在 2020 年之后，伴随着就业压力、经济大环境及通货膨胀的影响，越来越多的学生在择校时会将毕业后就业率和学费纳入考虑范围。

对意向留学人群来说，除了专业本身带来的就业优势外，院校排名越高，在求职竞争中就越有利，可选择的范围也更大。可以说，就业对择校的影响愈发强烈。

意向留学人群选择院校时的考虑因素（单位：%）

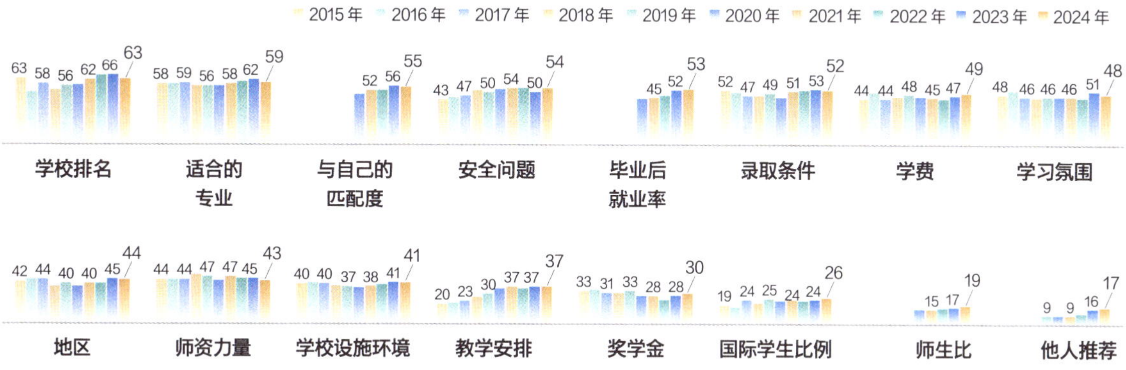

根据择校考虑因素的排名类型也同样可以看出，意向留学人群普遍认为学校排名很重要，且对院校综合排名非常关注。这可能是由于国内用人单位对海外院校具体专业的要求没有那么高，而是更看重留学生的整体综合素质。此外，在 2023 年部分城市新颁布的“海归”人才引进标准中，对院校排名有明确要求，这也

进一步增强了意向留学人群对院校知名度和综合排名的关注度，反而对专业排名没有那么在意。

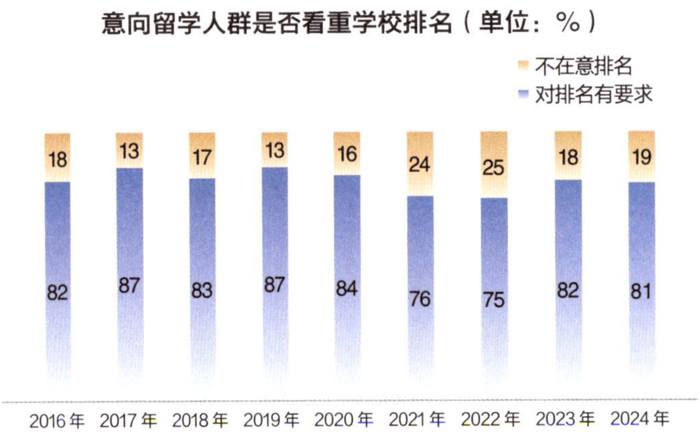

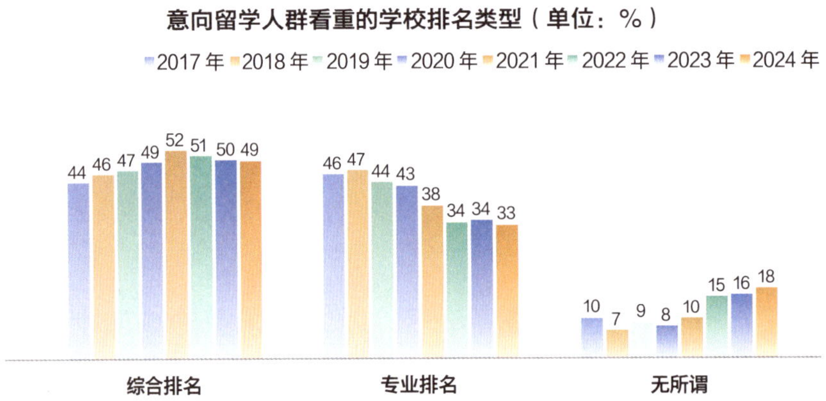

不过，也有一部分人群表示不在意学校排名。一方面，越来越多的学生更在意自己的兴趣，以及自己与所申请学校、专业的匹配度，对排名需求放宽。另一方面，一部分人群想要申请的教育阶段、项目对排名没有强烈需求，比如博士项目。这类人群更在意专业项目本身的研究方向、导师口碑和学术水平，以及相关奖学金的申请难易程度。

八 工学学生始终为留学主力，文、法专业上升趋势明显

近十年来，意向留学生就读专业趋势发生了较大变化。工学、管理学、经济学背景的学生自 2017 年起就是本科及以上学历意向留学人群的主力军。但从 2020 年开始，可能是受到国际经济形势及就业环境低迷的影响，经济学专业占比呈连年下降的趋势。与之相反的是，文学和法学专业背景的人群占比从 2021 年开始呈现出上升趋势。尤其是文学专业，在 2024 年占比与艺术类专业齐平，排名前五。

本科及以上意向留学人群当前就读专业 TOP 10（单位：%）

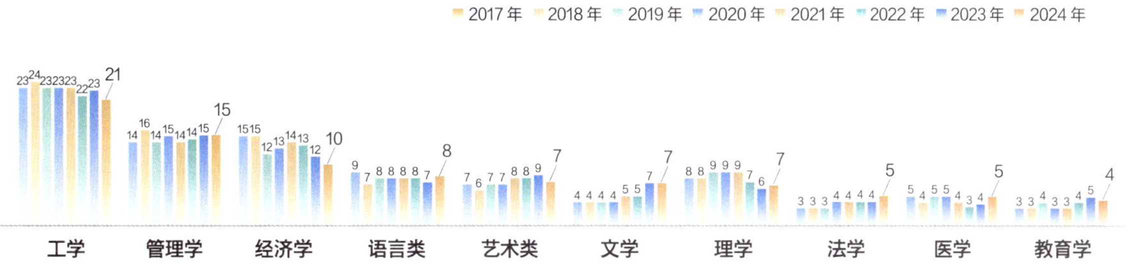

九 近七成人群 GPA 成绩在 3.0 及以上，博士申请人成绩更优异

从意向留学人群的成绩来看，66% 的人群 GPA 成绩达到了 3.0 及以上，成绩优异。其中，意向申请博士人群的成绩普遍高于其他阶段人群，81% 的人群 GPA 成绩在 3.0 及以上，其中有 45% 的人群 GPA 成绩达到 4.0。

意向留学人群平均成绩

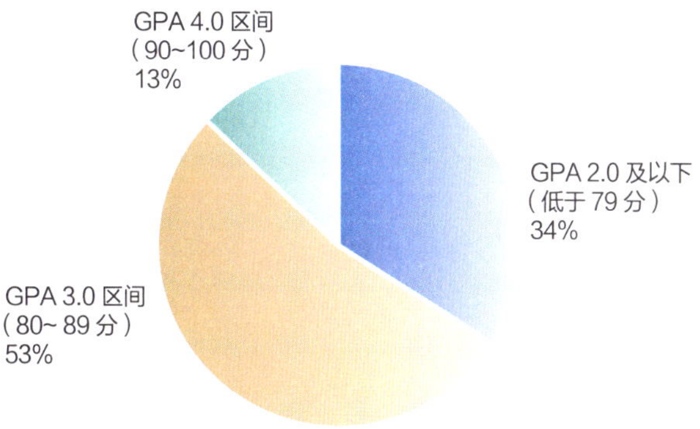

不同阶段意向留学人群平均成绩（单位：%）

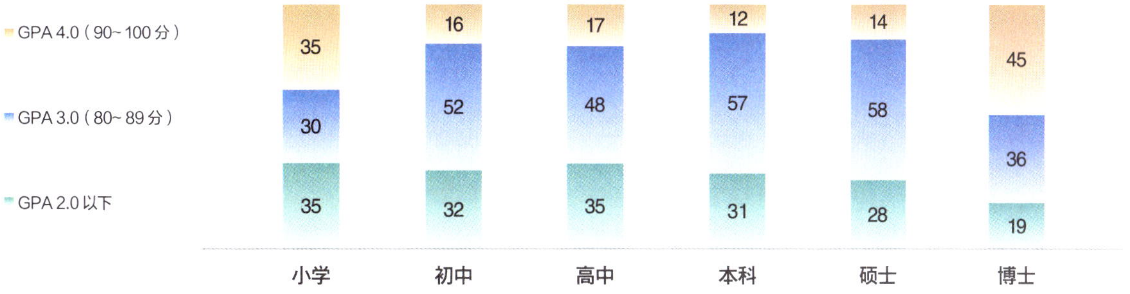

十 参与校园活动，本科生以兴趣为导向，硕博群体以丰富简历为目的

从校园活动来看，不同阶段的意向留学人群对活动类型的倾向性存在差异。本科人群更倾向于参与社团、志愿者活动等自身感兴趣的校园活动，丰富自己的校园生活。而硕博人群则更偏向于参与竞赛或担任学生干部，这些活动对于他们未来参与选调或继续深造都会起到非常重要的作用。

此外，高中人群对参加体育类活动充满兴趣，这是由于海外高校，尤其是知名院校，对体育运动的重视由来已久。拥有丰富的体育活动经历可以体现申请人具备健康的体魄、强大的意志力和坚韧不拔的个性，对未来留学申请也有一定帮助。

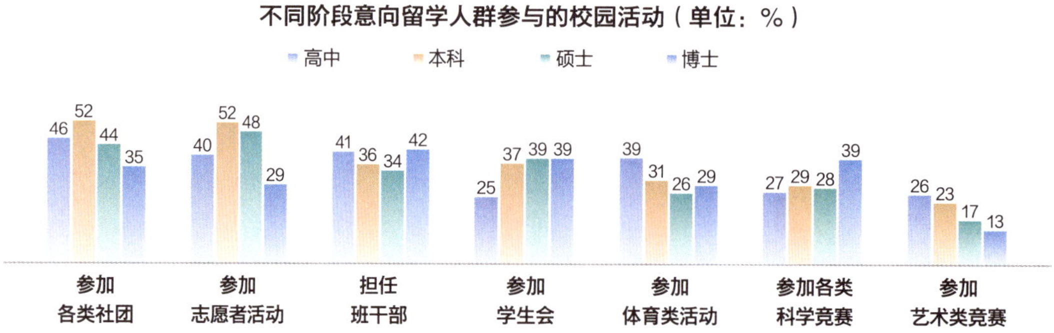

十一 平均家庭收入和留学预算均上涨，对留学支持力度更大

2024 年，中国意向留学家庭的年平均收入为 45.4 万元，平均留学花费预算为 52.8 万元。不论是家庭收入还是留学预算，同比 2023 年均有上涨。

从近三年意向留学家庭的平均收入和平均留学预算可以看出，中国意向留学家庭的留学预算往往会超过家庭年收入，可见当下留学家庭对孩子留学的支持力度普遍较大，会全力地支持留学。

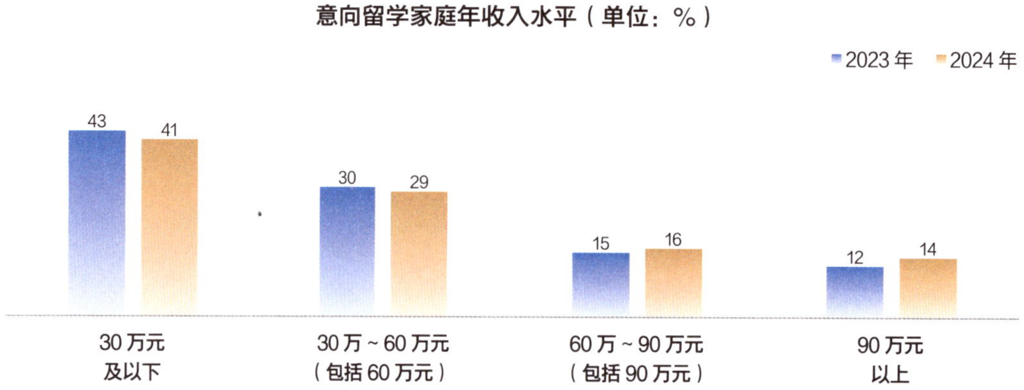

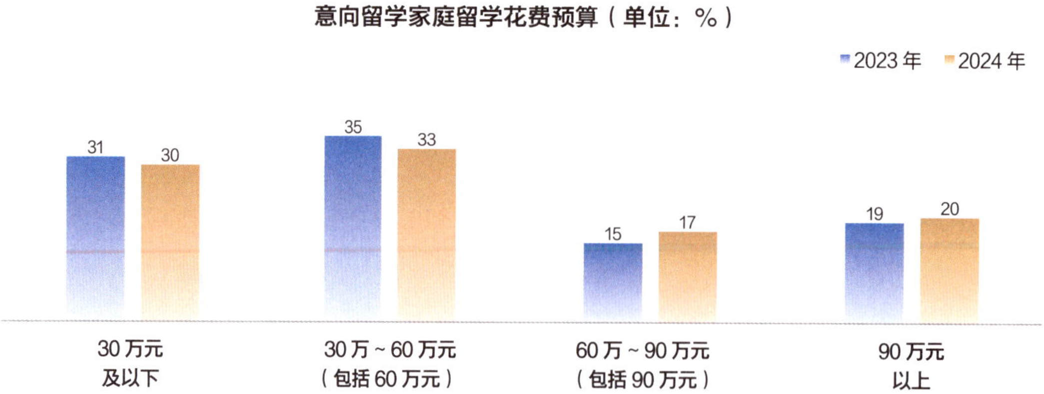

年份	意向留学家庭年平均收入	意向留学家庭留学花费平均预算
2022 年	46.4 万元	53.5 万元
2023 年	43.5 万元	50.7 万元
2024 年	45.4 万元	52.8 万元

十二 40% 左右的欧亚意向留学家庭预算在 30 万元以下

2024 年，在意向留学家庭中，留学美国、加拿大的花费预算是比较高的，平均在 60 万元人民币左右。这与美国和加拿大的学校学费较高、物价上涨不无关系。不过，美国和加拿大学校的奖学金项目也非常多，部分国家及院校提供的奖学金甚至可涵盖学生的全部学费及生活费，有预算顾虑的学生可以凭借自己的优异成绩去争取奖学金。

欧亚地区院校一直以来就以高性价比为优势吸引了不少留学家庭的注意。在 2024 年，欧亚地区留学花费预算低于 30 万元的家庭占比在 30%~40% 之间，且 90 万元以上占比均低于 20%。可见，欧亚地区的留学费用相对适中，非常适合来自工薪家庭的学生前往就读。

2024 年不同留学国家及地区意向留学家庭花费预算（单位：%）

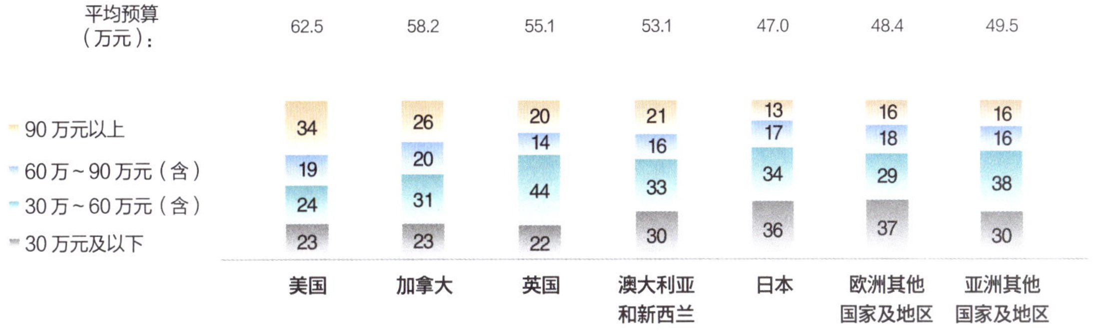

第二节 留学意向的筹备与选择

一 留学意愿的萌发和顾虑

1. 海外学习项目全面开放，留学意向产生阶段提前

本科一直是中国家庭萌发留学意愿的主要阶段，占比超四成。不过，近两年留学意向低龄化趋势重新显露出来，在高中阶段萌发留学意愿的人群占比自 2020 年起有了回暖的迹象，这与有海外学习经历人群的增多有关。有更多家庭会让孩子在初、高中阶段参与海外高校组织的暑期课程，或是学校组织的夏 / 冬令营，从而激发了学生对海外学习的兴趣和向往。

留学意向产生的时间阶段（单位：%）

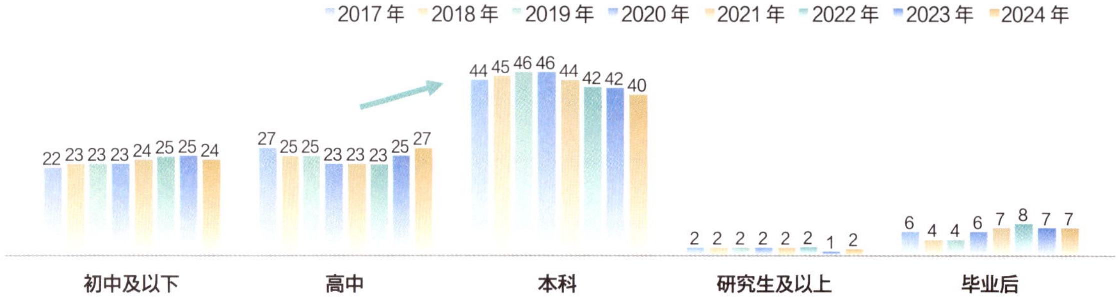

2. 出国后面临的压力与预期不同，学习和语言成为主要问题

通过意向留学人群对压力的预期和已留学人群实际压力的对比可以看到，留学前预设的可能面临的问题未必是核心压力源，对于同一压力的预期往往也高于实际留学后的感受。

在近五年的调研中发现，留学前大部分学生认为衣、食、住、行这类生活压力是海外求学过程中面临的首要问题，但其实学习压力和语言压力才是学生们在留学后亟待解决的主要矛盾。尤其是 2022 年以后，全球疫情的消散让留学生不用再为防疫发愁，线下课堂学习和日常交流也在逐渐恢复，留学的主要压力重新回归至学业和语言压力。

意向留学人群认为出国留学后面临的压力（单位：%）

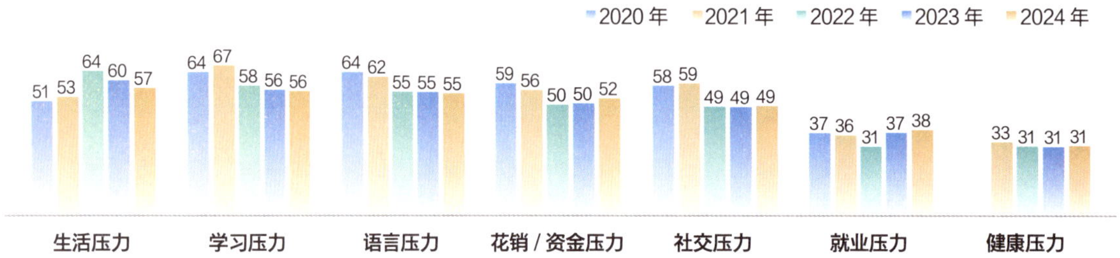

已留学人群在出国留学后面临的压力（单位：%）

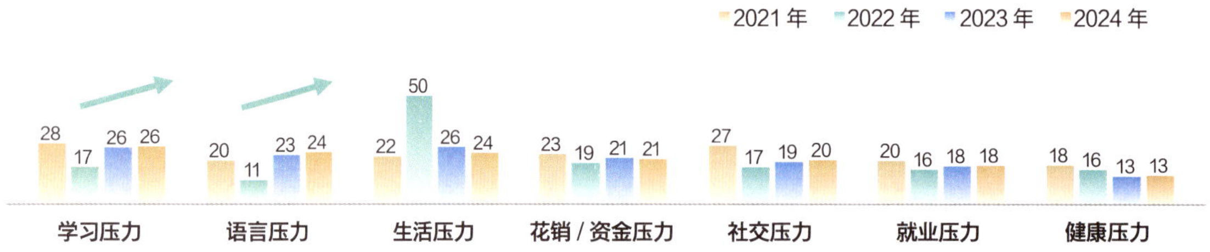

3. 留学预算连续七年保持稳定，学生实际消费更加合理

在留学花费方面，中国留学家庭的实际花销和预期连续七年保持稳定。随着互联网信息的高速发展，信息渠道多元化，大部分留学家庭在留学预算方面都计算得较为精准，对费用的使用也更加合理。

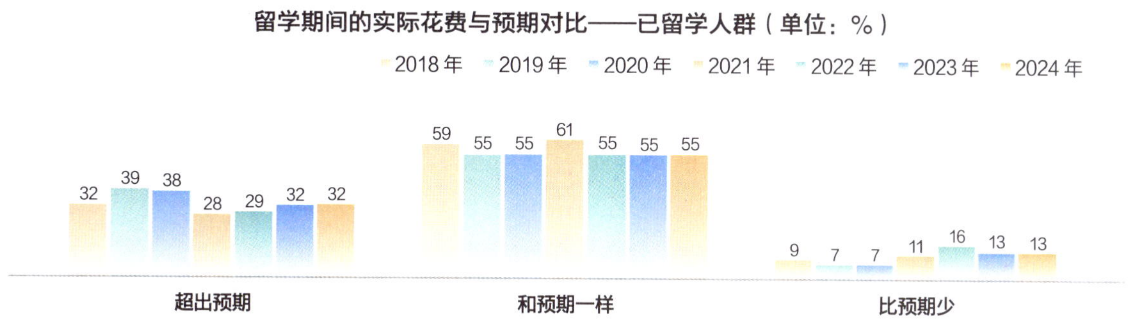

4. 超八成已留学人群推荐留学，成本高是主要担忧

2024 年的调研数据显示，随着国际交流逐渐恢复平稳，留学热度日趋回升，超过八成的已留学人群会鼓励身边人留学，希望他们的人生阅历和视野可以得到进一步丰富和拓展，同时锻炼海外独立生活的能力。

而留学成本高和对国内教育资源的认可则是少部分已留学人群不推荐留学的主要原因。他们普遍认为海外高校的学费和生活成本都相对较高，短期内的回报率较低，而国内现有的教育资源同样可以满足未来的发展需求。

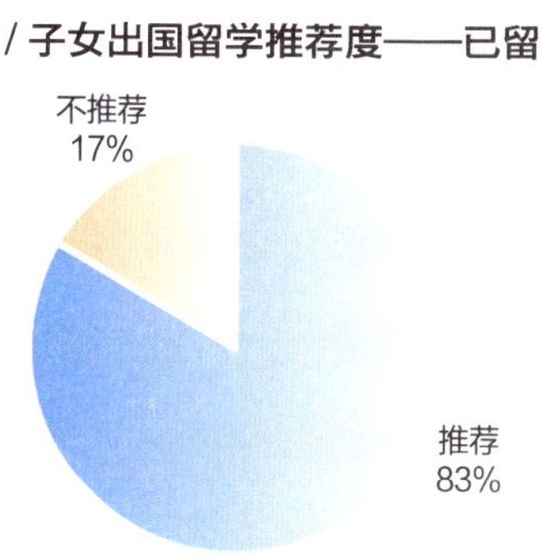

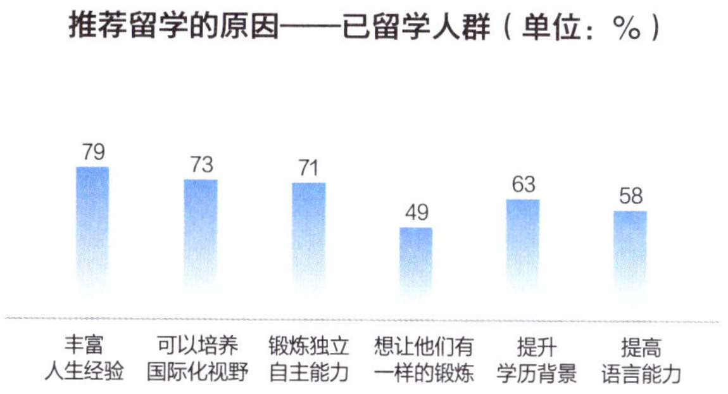

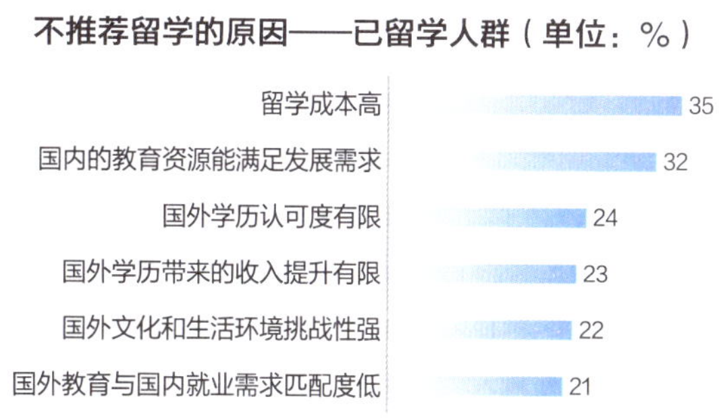

二 留学的目的与准备

1. 就业需求连续八年上升，取代学术成为主要留学目的

近十年来，意向留学人群的留学目的有较明显的变化。在此期间，拓展国际视野和丰富人生经历为主要留学目的，且一直占比平稳。但随着就业市场的竞争日益激烈，从 2023 年起，有更多人希望能通过留学拓宽自己的职业道路，获得更好的就业前景。先进的学术知识对意向留学人群的吸引力则略有下降。

意向留学人群的留学目的（单位：%）

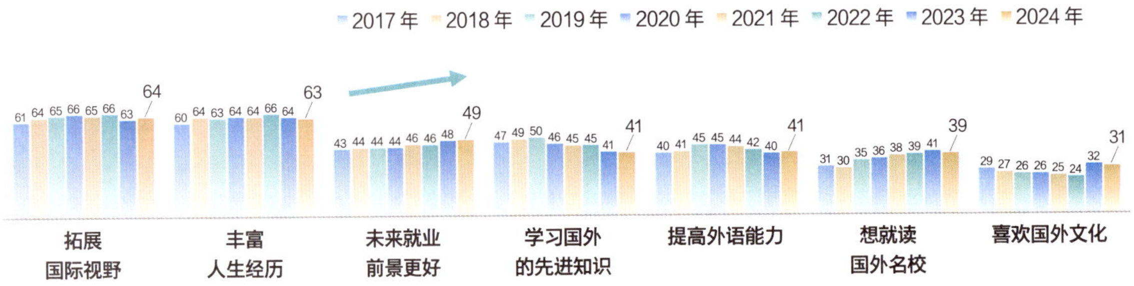

2. 海外学校授课方式成为留学优势，优质教育体验受到欢迎

意向留学人群对留学优势的看法也在发生变化。留学带来的“思维方式”“教育资源”和“教育理念”三方面的优势仍然是吸引学生留学的主要原因，占比均超六成。

与此同时，超过一半的学生认为国外学校所倡导及采用的授课方式有优势，较疫情前增长了 10 个百分点。大部分海外学校会通过小组讨论、辩论、活动等多种形式来激发学生的学习兴趣，注重学生的实际操作与互动交流，并通过不同的评估方式，如作业、演讲、小组项目等，来全方位了解学生的学习情况。这种灵活多样的授课方式正逐渐获得更多意向留学人群的认可，成为亮眼的留学优势。

意向留学人群认为留学带来的优势（单位：%）

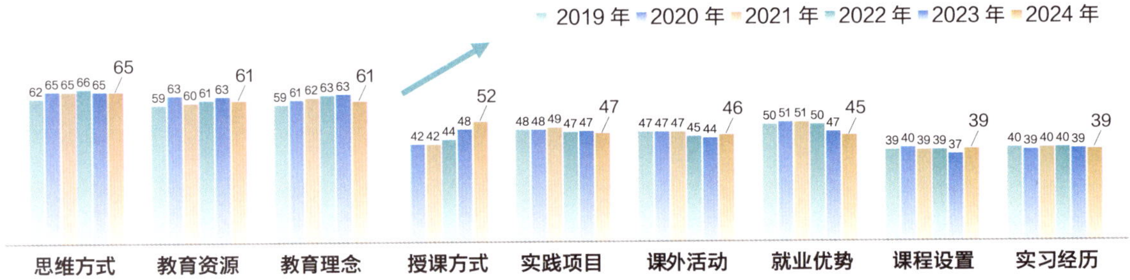

3. 留学生活中，独立自主能力有较大提升，语言能力提升不及预期

在意向留学人群眼里，留学会对他们的语言能力、独立自主能力及人际交往能力的提升有较大的帮助。但实际情况是，留学对独立自主能力的锻炼更为明显，而留学前预期的语言能力提升却有限。

意向留学人群认为留学可以提升的能力 TOP 5（单位：%）

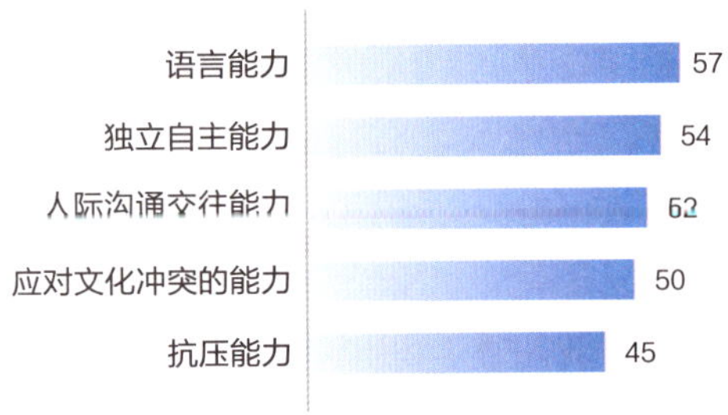

已留学人群认为留学可以提升的能力 TOP 5（单位：%）

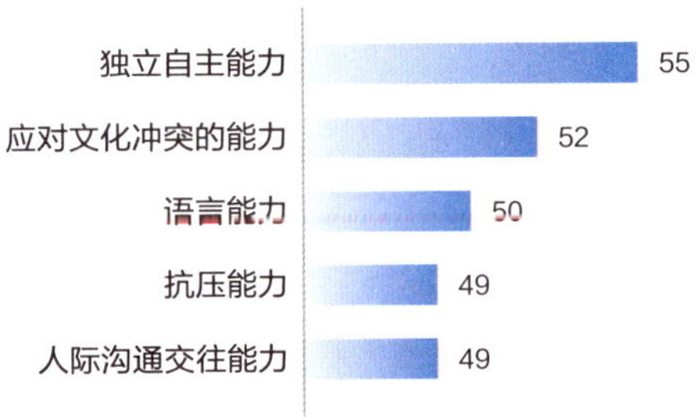

4. 留学考试和 GPA 是本科及以上留学申请的重要准备工作，硕博申请更需重视 GPA

在留学申请上，不论是意向留学人群还是已留学人群，都认同留学考试成绩非常重要，申请本科还需要重视背景提升、社团活动，申请研究生则需要关注科研和实习经历，这几项可以说是申请名校的“敲门砖”。

除此之外，根据“过来人”的经验，GPA 也需要被重视，尤其是申请读研究生。前文中提到，2024 年高中人群 GPA 2.0 区间（即 79 分以下）占比较高，达 35%；而本科人群中，GPA 在 90~100 分区间的占比仅为 12%，是所有阶段中最低的，可见这两类人群普遍对 GPA 的关注度不高。

然而对大部分海外院校来说，GPA 是非常重要的学术考评标准之一，同时也是证明自身学习能力的标准之一。在保持良好 GPA 的基础上，有余力的学生可以针对专业相关的论文和作品集进行准备，丰富海外学习经历，为留学申请助力。

申请本科阶段需要重视的准备——意向留学人群 VS 已留学人群（单位：%）

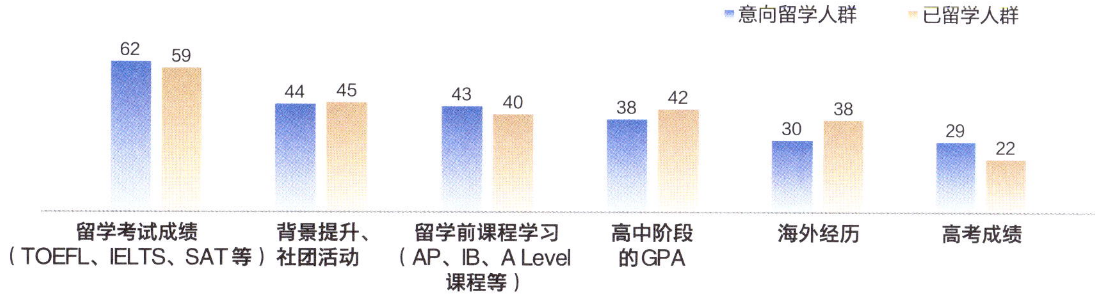

申请硕博阶段需要重视的准备——意向留学人群 VS 已留学人群（单位：%）

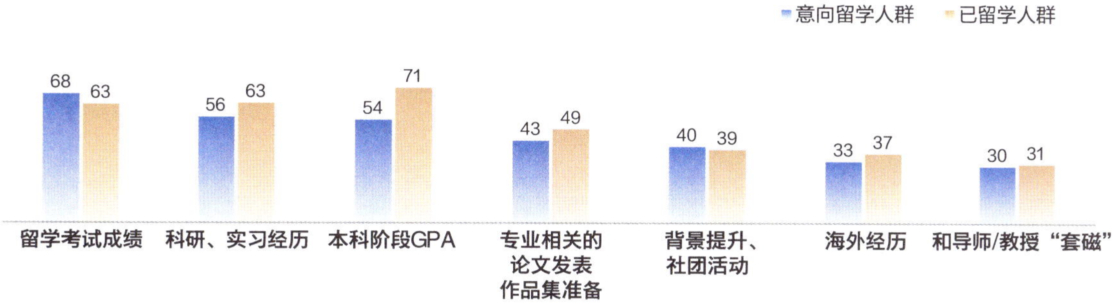

随着留学竞争日趋激烈，海外院校对留学考试成绩的要求逐渐提高。近两年，意向申请本科及以上阶段的人群平均考试次数呈上升趋势。通过多次考试以取得较高的成绩，从而在申请中获得优势，这已经成为大多数意向留学人群的选择。

意向留学本科阶段学生参加的考试类型（单位：%）

2023 年平均考试数量：1.30

2024 年平均考试数量：1.35

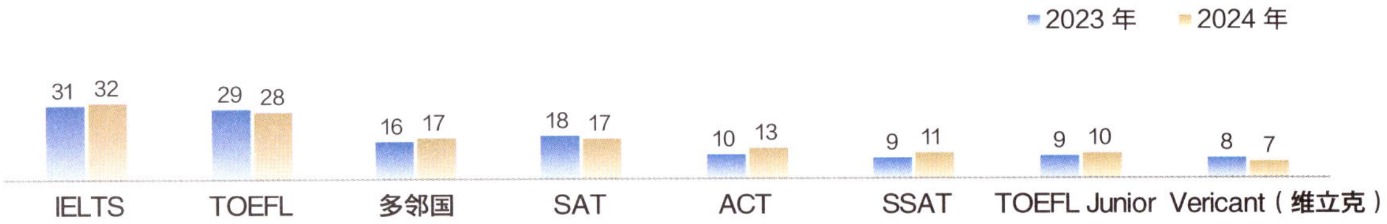

意向留学硕博阶段学生参加的考试类型（单位：%）

2023 年平均考试数量：1.39

2024 年平均考试数量：1.40

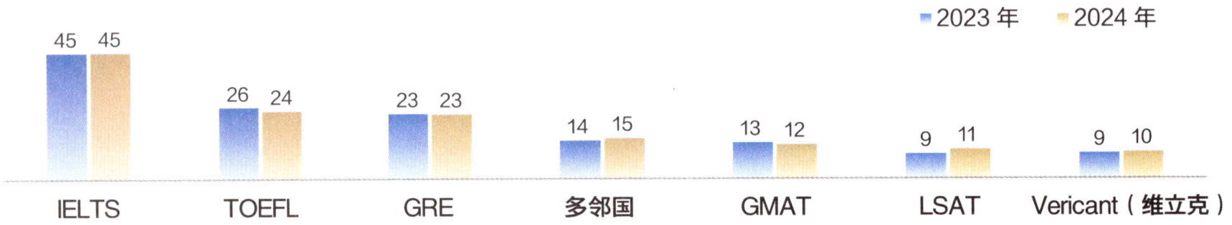

5. 留学考试是高中及以下阶段申请的关键因素

对申请高中及以下阶段的申请人来说，语言考试成绩和背景提升、社团活动越来越受到关注，这与海外中学申请竞争愈发激烈有关。

申请高中及以下阶段需要重视的准备（单位：%）

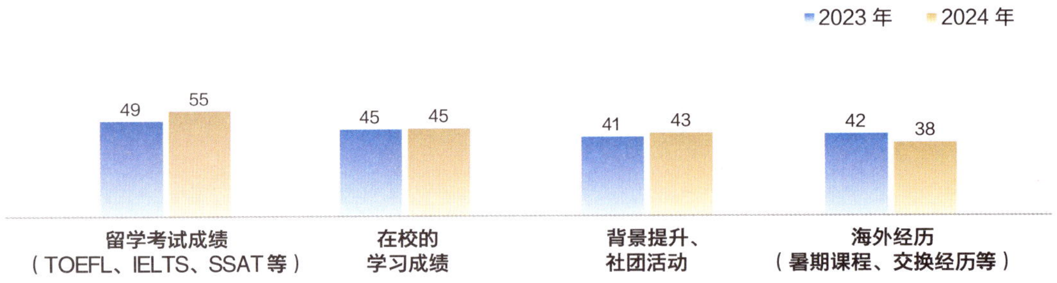

与此同时，由于英国、其他欧亚国家及地区的申请意向不断增长，IELTS 及第二外语考试的参考率出现持续提升趋势。此外，学术及面试类考试的参考率近三年来呈下降趋势，出现这种情况一方面是由于部分海外学校至今仍采用 Test Optional 政策，学生申请时可选择不递交学术成绩；另一方面，SAT 等考试在 2023 年进行了全新的改革，部分考试甚至在题型设置、题目数量、考核顺序等方面都做了调整，因此有不少学生会选择暂时放弃参加考试，待充分准备后再参加。

意向留学高中及以下阶段学生参加的考试类型（单位：%）

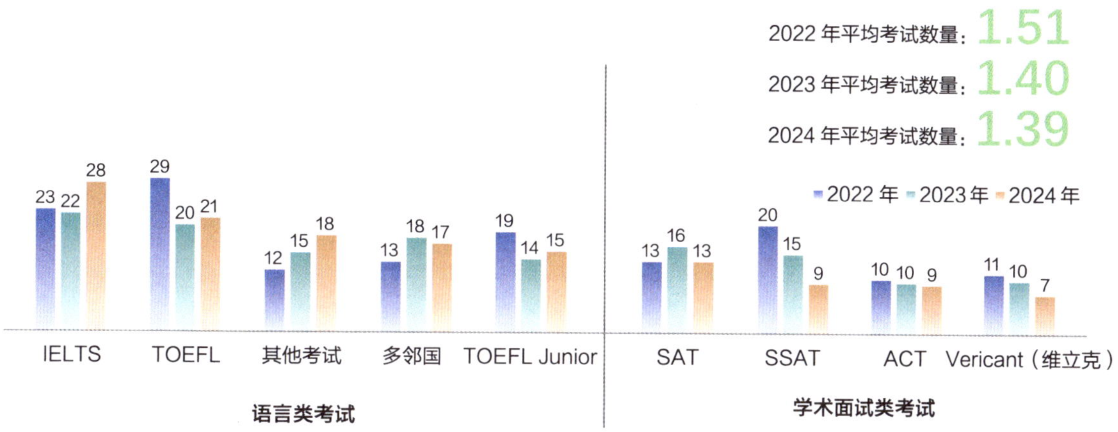

三 留学的规划与选择

1. 计划留学阶段连续七年以硕士及以上为主，本科留学近两年回暖

计划留学阶段仍以硕士及以上阶段为主。2023 年有小幅的申请人数上升，并且随着国际形势的逐渐平稳，申请人数占比逐渐恢复至 2020 年前的水平。与此同时，计划出国读本科的人群近两年也有所恢复。

计划出国留学就读阶段（单位：%）

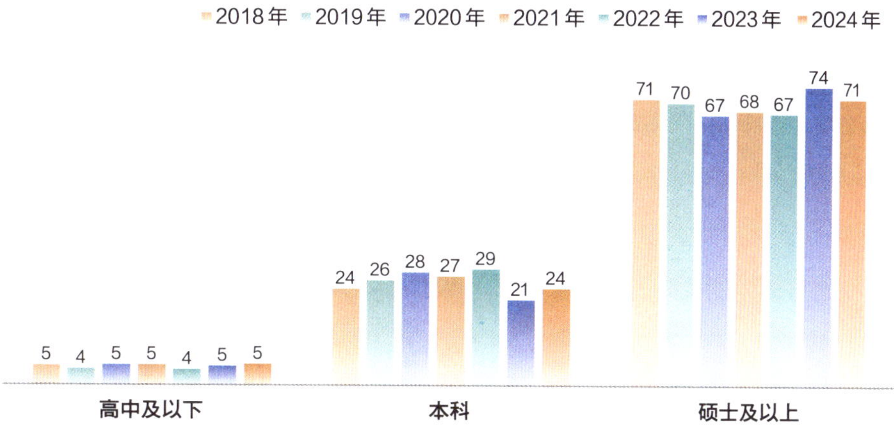

2. 提前两年准备留学申请成为趋势，考试筹备周期进一步缩短

尽管大部分人仍然是提前一年甚至更短才准备留学申请，但“早规划、早录取”的概念已经成为越来越多中国意向留学家庭的践行标准，计划提前两年及以上时间开始准备的人群占比逐渐接近 50%。值得注意的是，在 2022 年，由于疫情的反复和加剧，部分申请人改变选择，延迟了自己的留学计划，进一步拉长了准备时间。但在近两年，疫情影响消退，留学申请的准备周期也开始恢复。

意向留学人群的留学申请准备周期（单位：%）

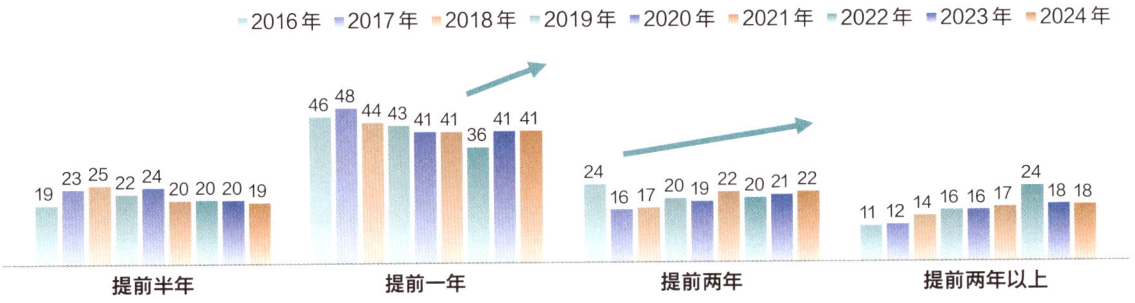

针对留学考试，从近三年的数据来看，提前一年开始准备的人群数量迎来较快回升。虽然此前由于留学相关考试频繁延期或取消，尤其是在 2022 年，学生准备考试的时间受疫情影响明显，显著拉长。但随着近两年国际环境的逐渐开放，准备周期也在逐渐恢复。

意向留学人群的留学考试准备周期（单位：%）

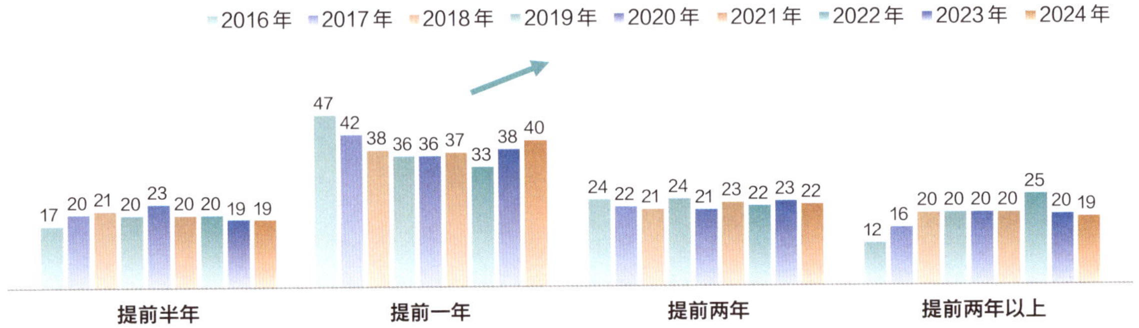

3. 录取率高、毕业率高、口碑好的专业更受青睐，工科依旧热门

意向留学人群在专业选择上也越来越受到就业市场的影响。在留学市场逐渐放开后，就业前景的重要性也随之回升，兴趣和与自身教育背景适配度的重要性呈下滑趋势，不再是选择留学专业的决定性因素。与之相反，录取率高、毕业率高、口碑好的专业受到更多人青睐，“过来人”经验或专业团队意见的影响力也越来越大。

意向留学人群选择专业时的考虑因素（单位：%）

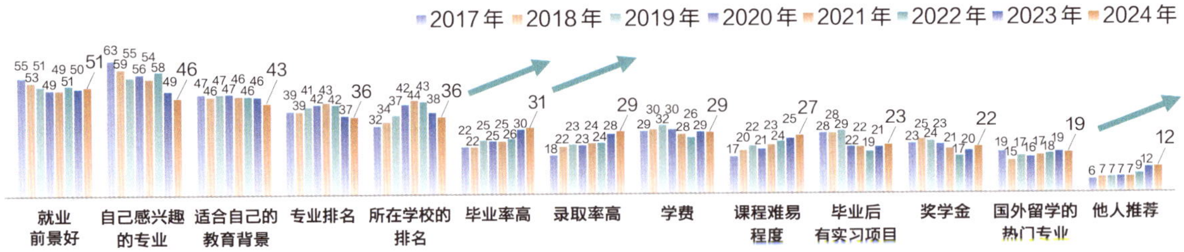

在具体的专业选择上，2024 年的调研数据显示，意向留学人群更青睐工学、经济学与管理学，占比分别为 18%、13% 和 12%。但从近三年的数据趋势来看，经济学下降较为明显，这与当下国际经济低迷、经济学毕业后竞争力下降有关。医学、农学等专业同比均呈现上升趋势，与当下意向留学人群就读专业趋势大体相同，可见学生在继续深造时更愿意继续学习此前所学专业。

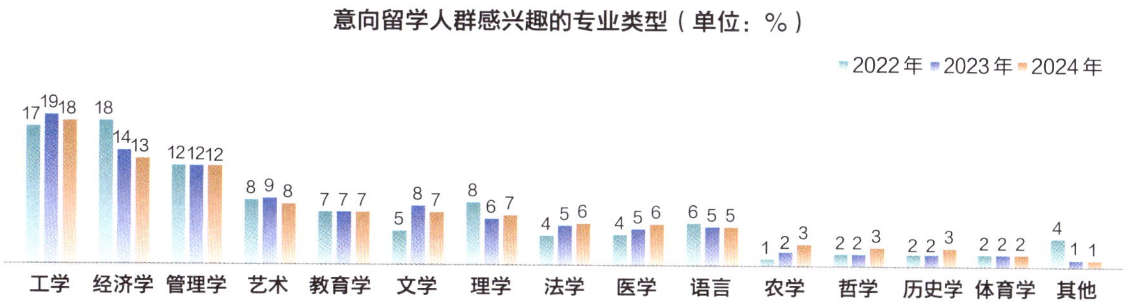

4. 寻求留学机构的帮助仍是首选，“半 DIY”形式逐渐受到欢迎

从连续五年的调研数据中可以看到，通过留学机构进行申请的意向留学人群仍占多数，但“半 DIY”形式逐渐受到欢迎。由此可见，申请人普遍希望借助外部力量来帮助自己查漏补缺，从而被理想院校录取。

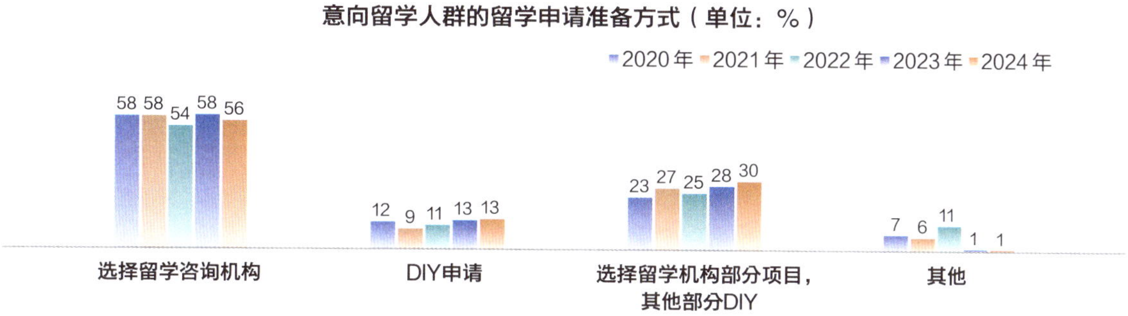

5. 超七成意向留学人群考虑选择双轨申请

顾名思义，“双轨申请”是指同时进行两条不同轨道的升学路径。随着近几年国际关系、国际就业环境等因素的影响，越来越多的家庭希望孩子在“走出去”接受国际教育之后也能“回得来”，抓住国内升学机会，为孩子升学多提供一份保障。

调研数据显示，大部分意向留学人群表示或多或少了解双轨申请。其中，关注高考与留学的人群相对更多，占比超六成。与此同时，超七成人群对双轨申请表达了肯定的态度，双轨申请未来或将成为意向留学人群的主要升学路径之一。

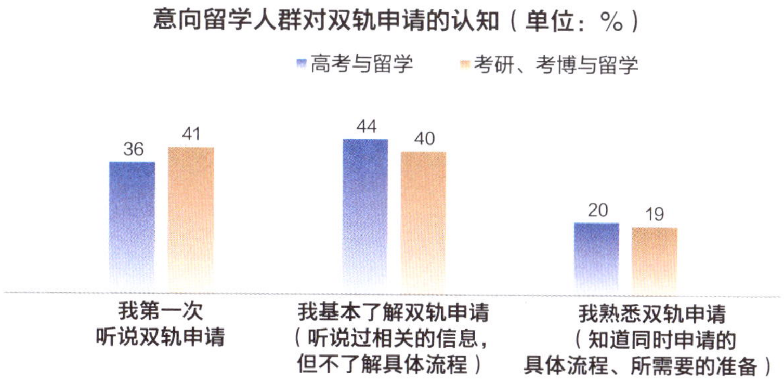

意向留学人群对双轨申请的态度（单位：%）

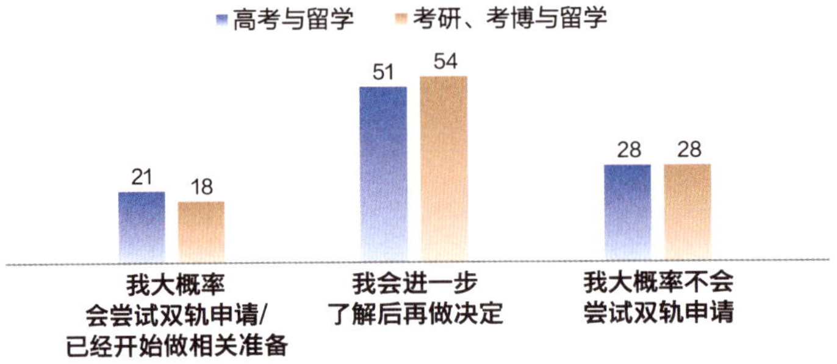

第三节　留学生未来发展规划

就业 / 创业是留学生毕业后的主流选择

针对毕业后去向问题，意向留学人群与已留学人群都更倾向于就业或创业，且占比近半数。受大环境影响，大部分留学人群都倾向于能尽快收回留学成本。相较于已留学人群，意向人群选择深造的比例较高。

留学生毕业后计划（单位：%）

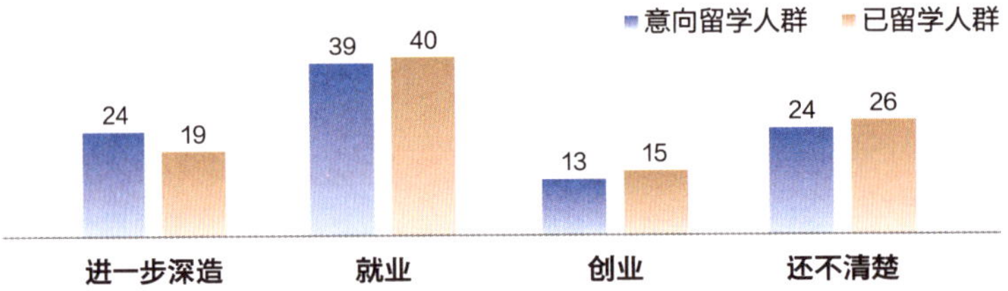

经济因素对就业 / 创业选择影响加大

对比近两年调研数据可以看出，受就业形势严峻和经济下行压力的影响，在 2024 年，仍有相当一部分已留学人群认为进一步提升专业能力和进行学术科研已经不能够帮助他们缓解就业的焦虑；有更多已留学人群在考虑到自身的经济因素后选择就业或创业，比 2023 年增长三个百分点。可见当下已留学人群普遍更希望能先拥有一份工作，再考虑后续的能力提升。

已留学人群选择就业 / 创业的原因（单位：%）

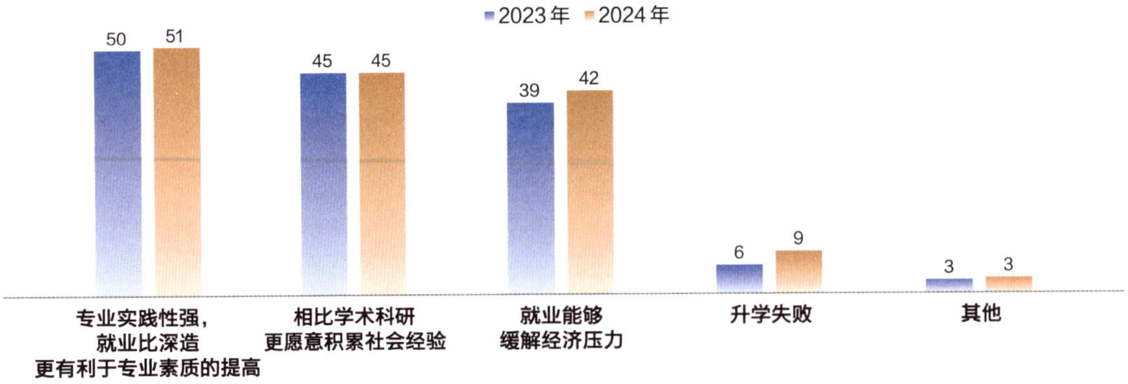

利于职业发展、规避就业压力成为继续深造的主要原因

2024 年，就业问题对继续深造的影响也非常突出，超五成留学生认为继续深造有助于获得更好的职业发展。为暂时规避就业压力而选择深造的人群占比有所提升，超过两成。可见，选择深造的原因与就业的关系越来越紧密。

已留学人群选择继续深造的原因（单位：%）

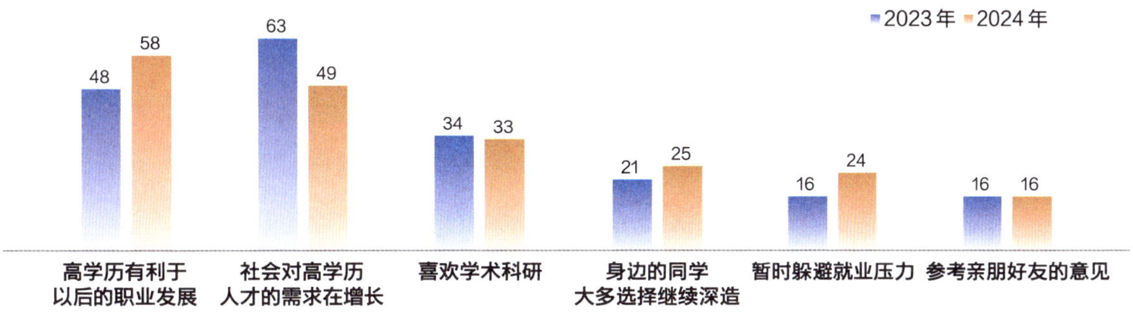

留学深造目的地选择更加多元

近两年，由于美国留学相关的政策不断调整，英国、中国香港地区、澳大利亚和加拿大的留学生数量均出现了不同程度的上涨，这也反映出留学生对深造国家或地区的选择更加多元化，选择学校与专业时也更理性和实际。

已留学人群选择深造的国家 / 地区 TOP 10（单位：%）

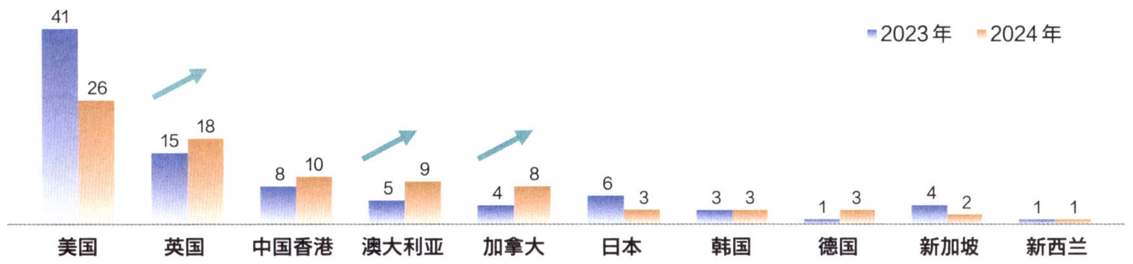

好就业是已留学人群选择继续深造专业的主要因素

2024 年调研数据显示，在选择继续深造的专业中，管理学类依旧是大部分已留学人群的首选，相较于 2023 年上涨了三个百分点，其次是经济学。而艺术类与法学类出现了明显下降的趋势，这可能是由于艺术类专业留学成本相对较高，海外法学专业与国内差异较大，这两类专业在当下就业环境中的优势有限。

受如今大环境的影响，已留学人群继续深造的主要目的是获得更好的就业机会，因此管理学和工学保持较高水平。经济学则得益于比较容易跨专业申请，尽管目前就业市场前景不太乐观，但依旧成为已留学人群继续深造的主要专业方向之一。

已留学人群选择继续深造的专业 TOP 10（单位：%）

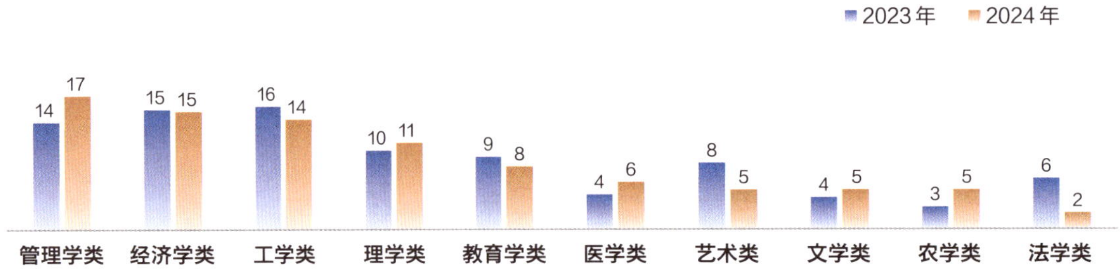

一 留学生实习情况

1. 实习地点更为多样，国内外均涉及

2024 年调研数据显示，有 44% 的留学生有过实习经历，实习地点主要在国内。从近几年的调研数据来看，留学生实习地点更多样，国内、国外均有涉及的占比上升，这反映出留学生逐渐拥有更开阔的视野和丰富的选择，更能根据自己的需求选择实习地点。

有实习经历的留学生（单位：%）

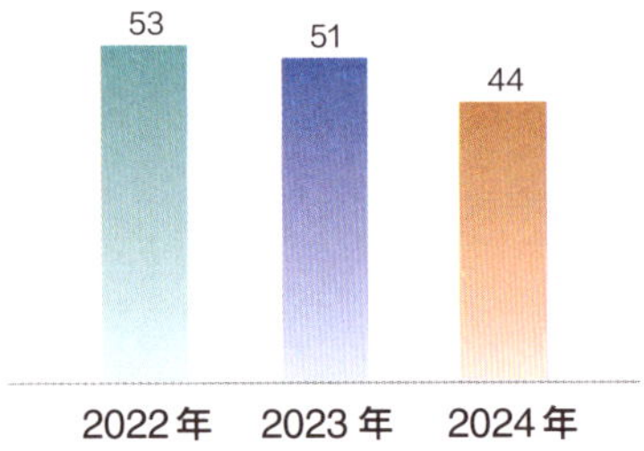

留学生实习地点（单位：%）

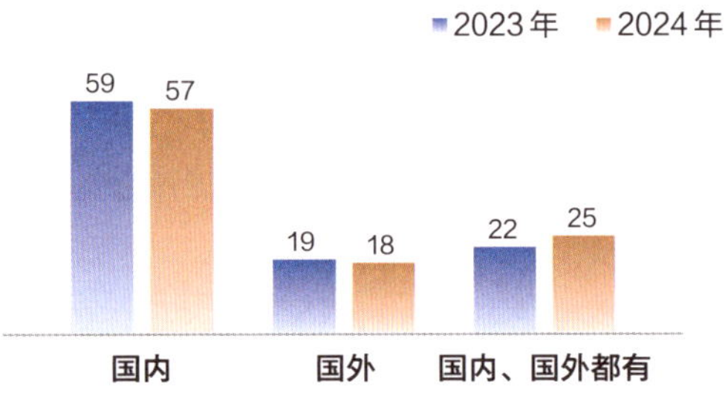

2. 提升求职竞争力成为实习主要目的，对就业需求更加明确

2024 年调研数据显示，当下留学生实习主要是为了获得求职优势，从而可以寻找到更好、更合适的工作机会，对就业的目标需求更加清晰。

留学生实习目的（单位：%）

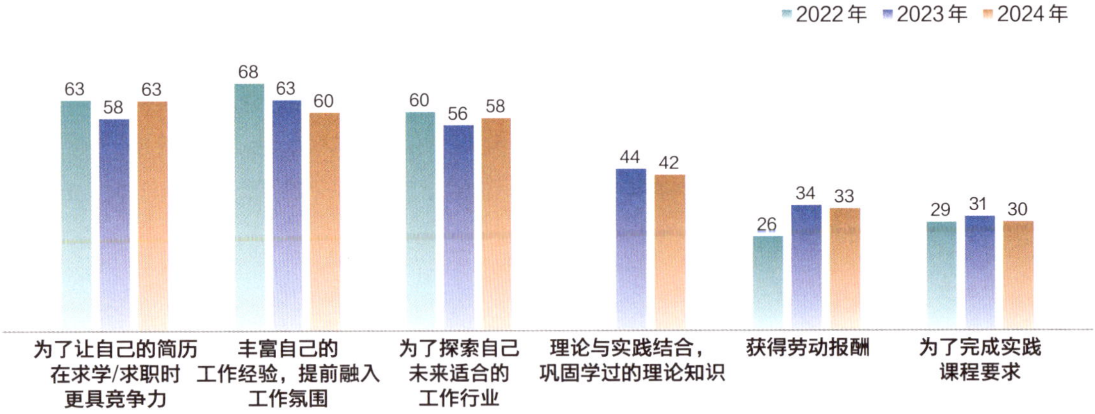

3. 企业仍是留学生实习首选，机关事业单位实习机会增加

2024 年调研数据显示，已留学人群在实习中更在意自身能力的提升和实习单位的名气。因此，选择的实习单位主要集中在私营企业、国有企业、合资或外资企业。但 2024 年在私营企业的实习比例下降，与之相反的是在政府机关和事业单位实习的学生比例上升，结合近几年各省份的选调生也为留学生群体设置岗位，不难看出，机关事业单位意欲吸纳留学生的倾向逐渐增长。

留学生选择实习单位考虑的因素（单位：%）

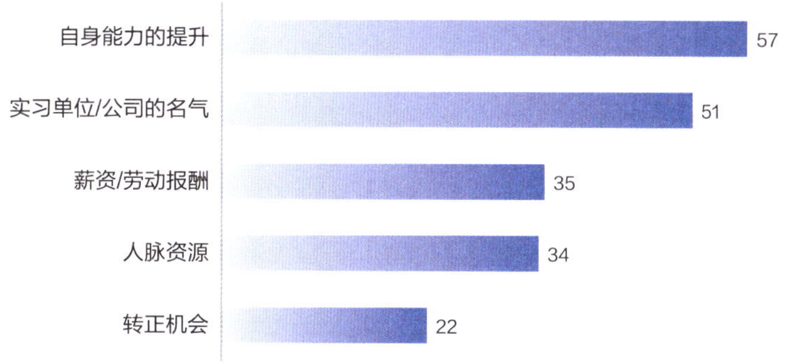

留学生的实习单位性质（单位：%）

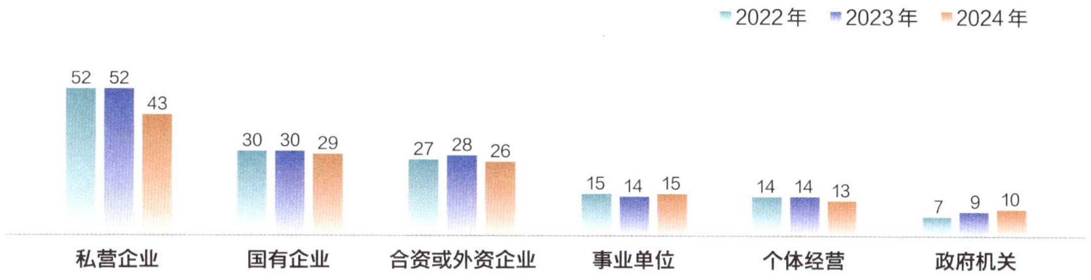

4. 缺乏经验技能是实习中的首要问题，得到内推机会是第一需求

从 2024 年调研数据可以看出，连续三年来，留学生普遍认同缺乏相关技能和经验是在实习过程中遇到的首要问题。与之相应，在 2022 年，留学生也更希望能通过实习获得技能的提升。然而，近两年就业市场竞争加剧，留学生对内推机会的需求更加强烈，反超对技能培训和实习岗位信息的需求。相比通过提升自身实力和了解岗位信息去应聘，他们更希望能从更直接、成功率更高的渠道获得工作机会，进而再去解决自己在实习过程中遇到的问题。

留学生在实习时遇到的问题（单位：%）

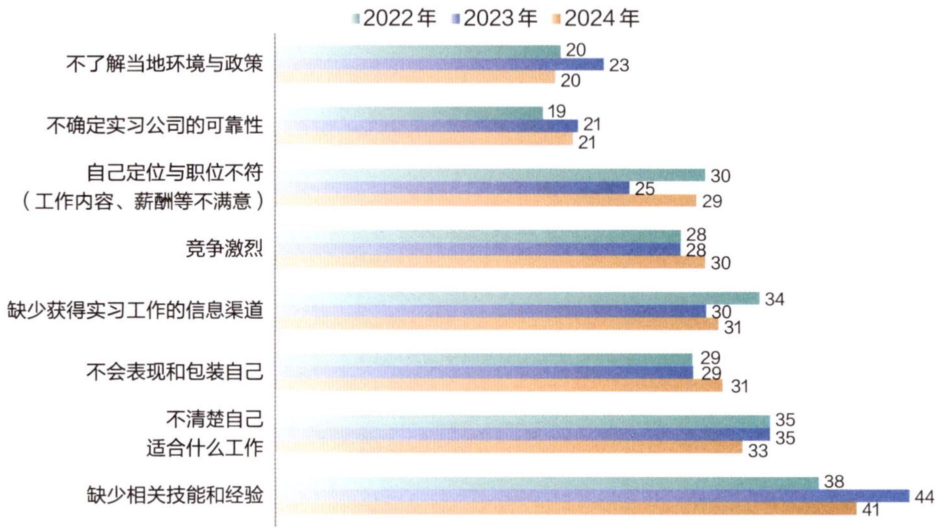

留学生在实习时希望获得的帮助（单位：%）

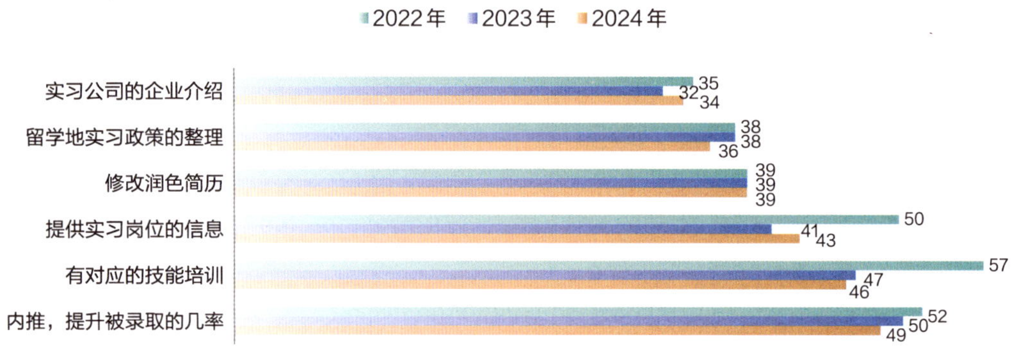

二 留学生就业选择

1. 回国就业连续七年成毕业生主流选择，硕博人群意愿更强

根据对意向留学人群未来就业选择的长期观察，近七年来，不论是本科留学生还是硕博留学生毕业后回国就业都是主流选择。其中，硕博留学人群对回国就业的意愿，尤其是毕业后马上回国就业的意愿更加强烈。国内就业机会选择多，经济发展有潜力，且在近两年针对归国留学人群陆续颁布了多项落户利好政策，这也是吸引更多留学人群回国发展的原因之一。

毕业后的就业意向——意向留学本科阶段人群（单位：%）

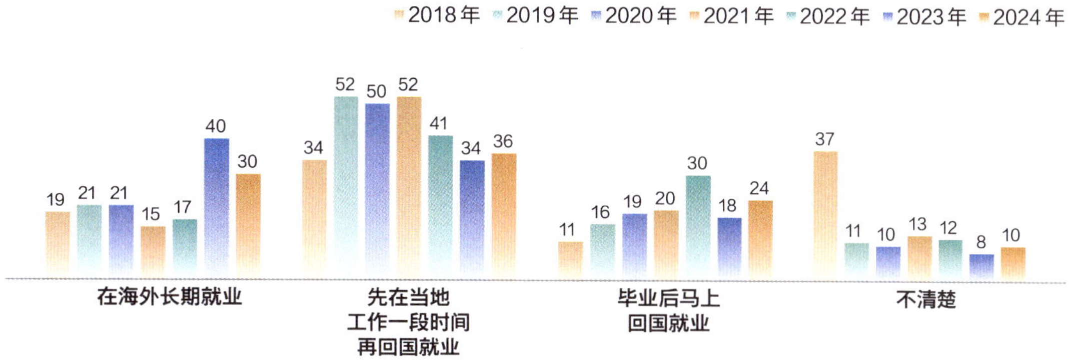

毕业后的就业意向——意向留学硕士及以上阶段人群（单位：%）

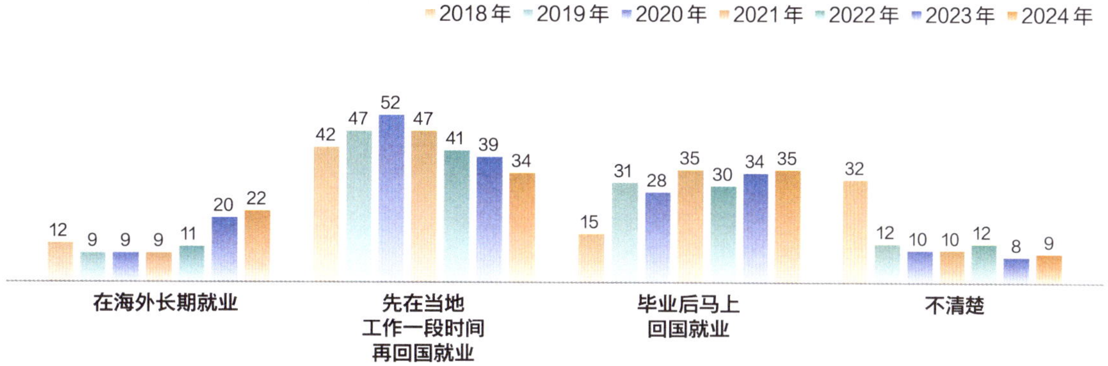

2. 教育与计算机取代金融成为热门就业行业，求职不再关注专业匹配度

2024 年调研数据显示，意向留学人群期望的就业行业主要集中在金融、教育与计算机行业。但从连续五年的调研数据来看，金融行业的占比呈下降趋势，随着国内对金融行业的薪酬整顿，期望就职金融行业的人数减少，取而代之的是对教育与计算机行业的关注度上升。这两个行业以稳定和高薪为主要特点，符合当下大部分求职者的主要需求，因此也吸引了更多留学生的关注。

此外，2024 年工作与专业的匹配度较 2023 年出现大幅下降，达九个百分点。这其中既有就业低潮的影响，也反映出如今就业方向更为自由，并不局限于所学专业。

意向留学人群期望就职行业 TOP 10（单位：%）

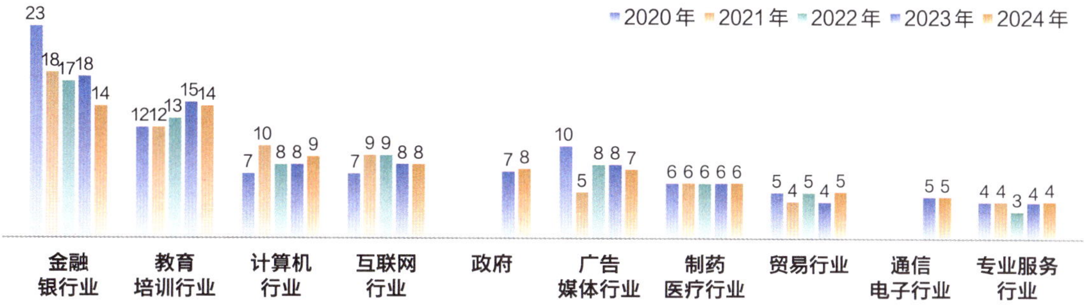

工作与专业匹配度

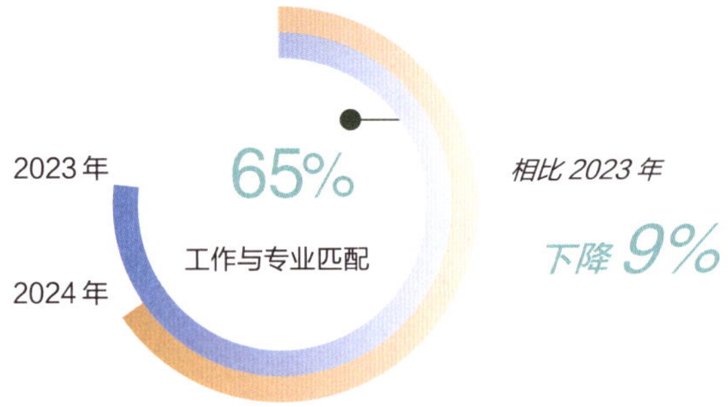

3. 家庭影响留学生就业城市选择，新一线城市吸引力较大

2024 年调研数据显示，在影响已留学人群的就业城市选择的因素中，家庭占据第一位，占比为 51%，比往年明显上升。更多人会根据自身家庭情况，如地理位置、经济水平等实际情况来选择就业城市。

从具体城市来看，上海与北京位居就业城市前列，其中上海因为发布引进留学生人才新政策吸引了不少留学生前往，占比大幅上升。新一线城市如西安、成都等，得益于发展的前景与活力、相对舒适的生活节奏，同样吸引了大批留学生前往工作与落户。

已留学人群就业城市的考虑因素（单位：%）

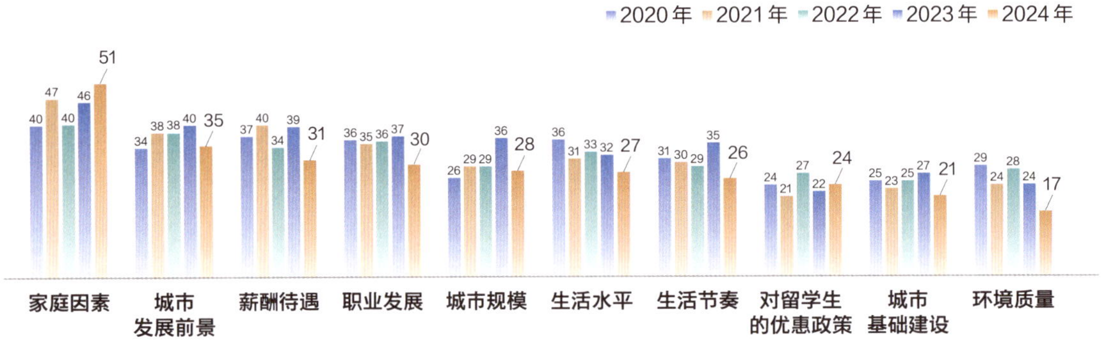

就业城市选择 TOP 10（单位：%）

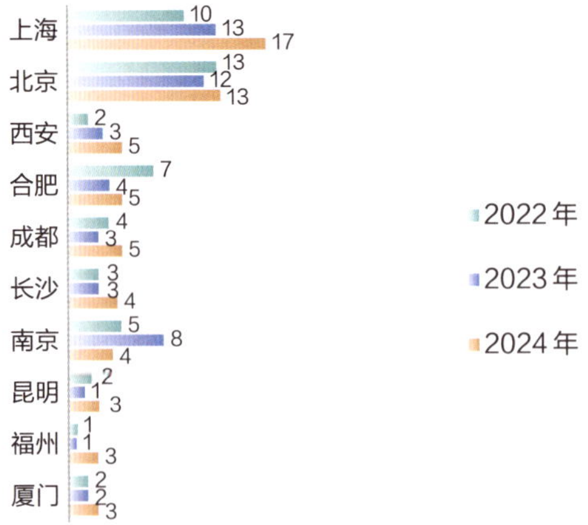

4. 对岗位、薪酬的满意度增加，普遍适应国内工作环境

2024 年调研数据显示，84% 的已留学人群表示能够适应工作环境，他们对目前的工作岗位与行业都比较满意。从近两年的调研数据来看，已留学人群对头衔 / 职位的满意度在下降，对薪酬和岗位的满意度在上升。

已留学人群对国内工作环境适应情况

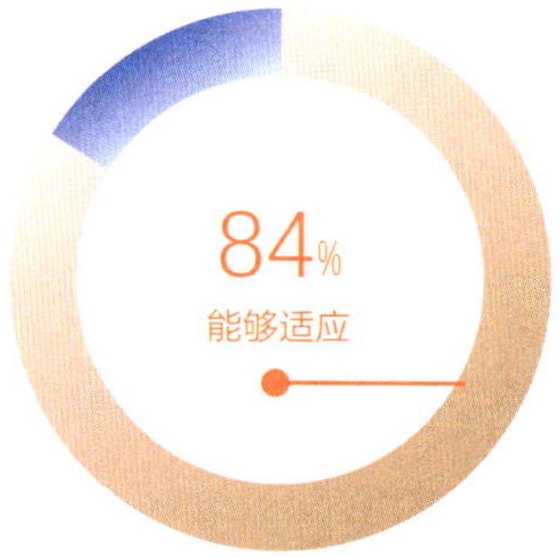

对工作满意程度（单位：%）

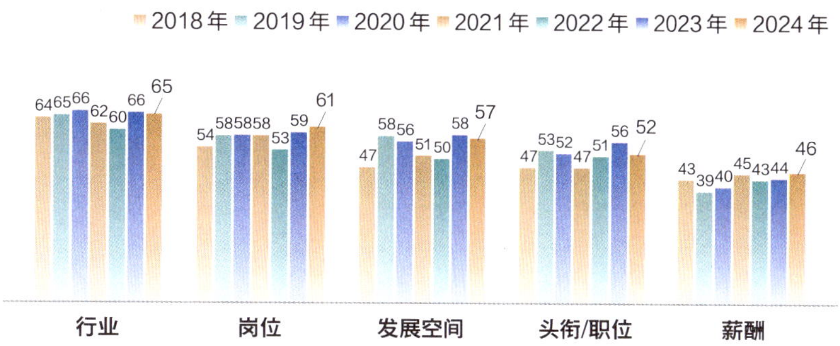

5. 找工作时间向毕业前后半年集中，对求职难度预估不足

2024 年调研数据显示，超过一半的已留学人群会在毕业前后半年的时间内开始找工作，在毕业前半年找工作的学生人群更加集中，比 2023 年上涨五个百分点。不过，也有相当一部分人会在毕业半年以内找工作，他们更倾向先尝试继续升学或考公务员，再考虑进入职场。

当下职场竞争激烈是已留学人群的普遍感受，在 2024 年取代职位、薪资成为求职过程中的主要问题。这也反映出当下大部分已留学人群对求职过程过于乐观，缺少对当下职场环境的了解，从而缺少规划。

已留学人群找工作的时间（单位：%）

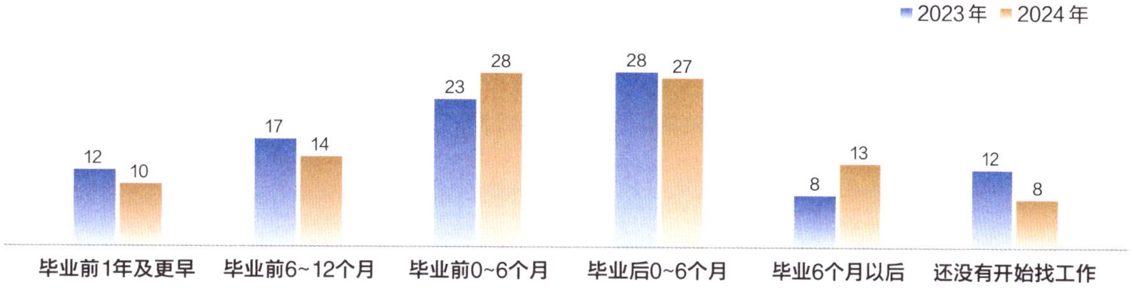

已留学人群在找工作过程中面临的问题（单位：%）

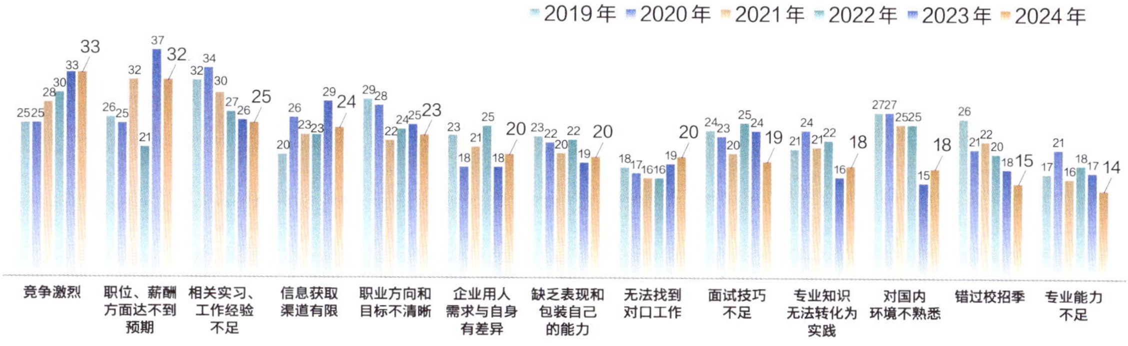

6. 求职平台向社交媒体转移，小红书、微信公众号成主要渠道

在求职平台方面，已留学人群的求职平台已经从传统招聘网站转移至社交媒体。2024 年，小红书与微信公众号大幅超越招聘网站，成为已留学人群获取招聘信息的主要渠道。

已留学人群获取就业信息的途径（单位：%）

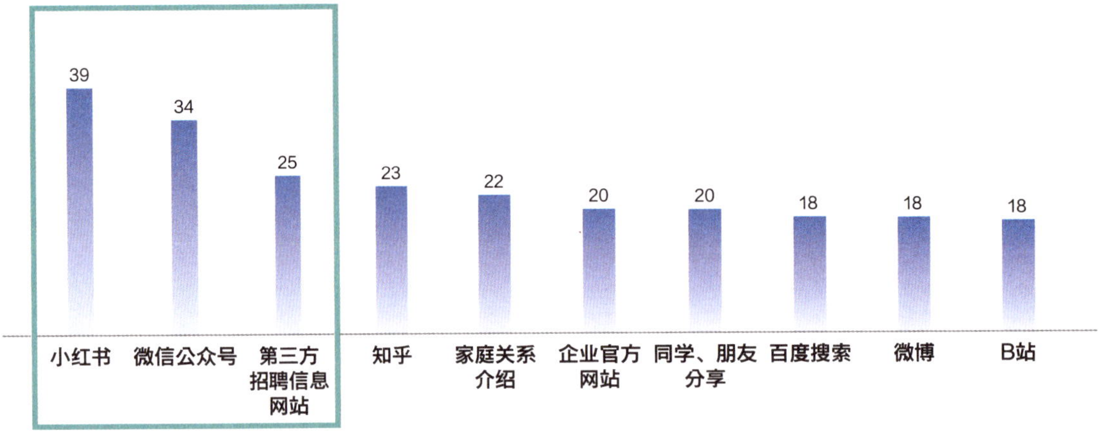

7. 本硕留学生的首份工资与预期工资均相差 2,000 元以上

2024 年调研数据显示，本科留学生的首份薪资总体在 5,000 元到 14,999 元之间，而硕士留学生的首份薪资主要集中在 7,000 元到 14,999 元之间，起薪点相对更高。值得注意的是，从本科留学生的期待薪资趋势也能看出，他们普遍对自己抱有较高的信心，对 15,000 元以上的高薪期待占比与硕士留学生相差无几，但实际情况是他们很难从首份工作中就获得如此高的薪资，而部分硕士留学生则存在一定机会。

从平均工资来看，不论是本科留学生还是硕士留学生的期待薪资均高于实际首份工资，且差距在 2,000 元以上，理想与实际存在一定差距。

本科已工作留学生的第一份工资 VS 期望工资（单位：%）

平均期待工资	平均首份工资
10,651 元	7,928 元

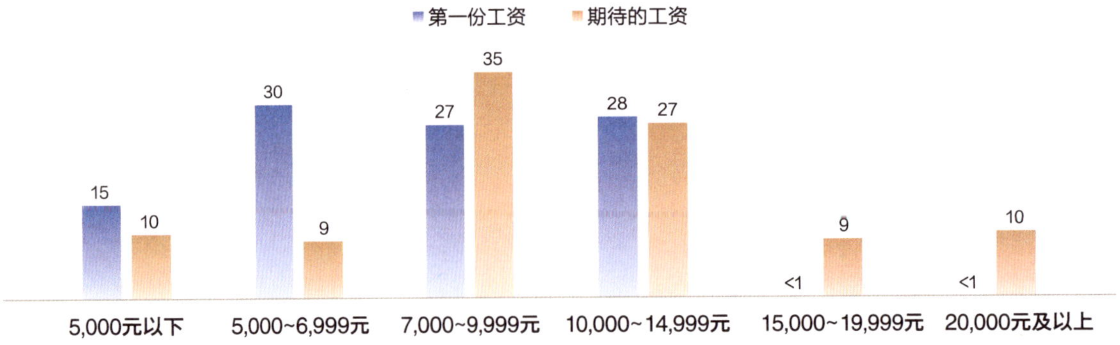

硕士已工作留学生的第一份工资 VS 期望工资（单位：%）

平均期待工资	平均首份工资
11,763 元	9,526 元

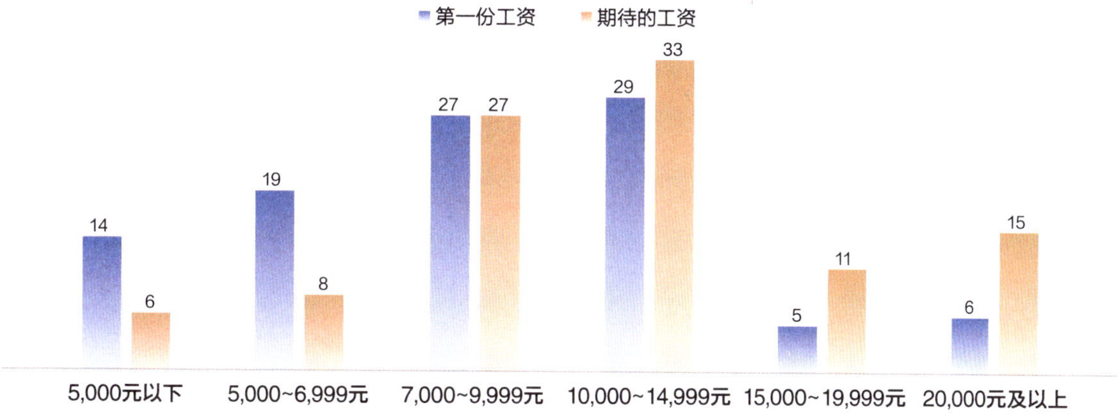

第2章

境外国家和地区教育体制介绍及数据解读

第一节　美国

一　美国中学数据解读和升学规划

1. 美国中学数据解读

（1）学生年龄日趋低龄化，12~14 岁申请人明显增多，高一转轨人群连续两年增长

大多数美国初中为两年制，高中为四年制，中国的初三对应美国的 9 年级（高一）。入学年龄通常在 14 至 15 岁。根据前途出国申请数据显示，2023 年赴美就读中学的学生群体依旧以 9 年级为主，10 年级次之，合计占比约 80%。

值得注意的是，15 岁以下的小学、初中申请人同比 2022 年增长了近 3%。其中，12 岁申请 6 年级的学生增长近 1.5%。可见，有越来越多的中国家庭逐渐意识到越早接轨美式教育理念，越有利于学生融入美国教育体系，助力未来升学。而对应国内高一的 10 年级申请人数连续两年增长，不难看出越来越多步入国内公立、私立高中以及国际高中的学生在初入高中第一年即转入海外国际教育路线，选择在这个阶段开启赴美求学之路。

2017 年 ~ 2023 年美国中学申请——年级占比

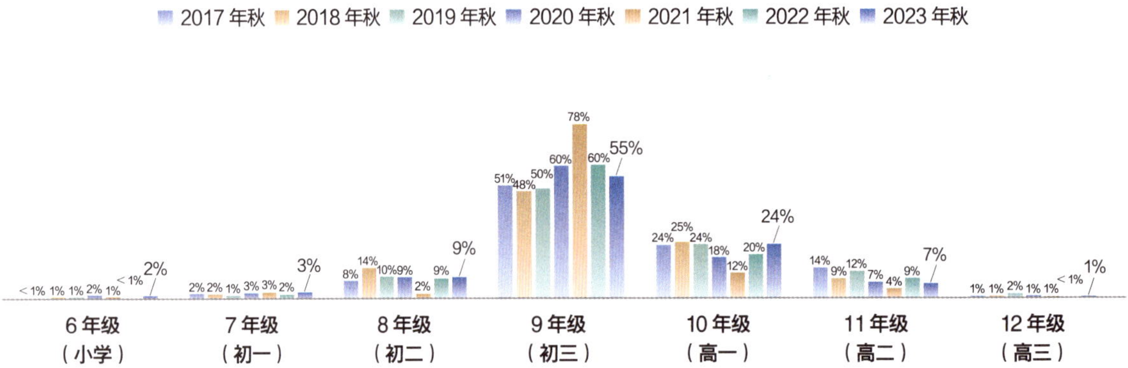

（2）公立学校生源为主，国际学校学生增长明显，私立学校加速转轨

随着全球出行政策开放，中美通航逐渐恢复，低龄留学群体整体呈现上涨的态势，对低龄海外留学持有更加乐观的态度。

2023 年，公立中学与国际学校的学生依然为美国中学的主要申请人。其中，公立中学占比同比 2022 年有所下降，整体回归到此前相对稳定的状态。其中，超三成公立中学学生会选择申请 10 年级和 11 年级，他们中有的受学籍、户籍等因素限制，有的因中考失利或对目前就读学校不满意，还有因为偏科较为严重，因而将美国中学作为升学跳板。以国际学校、私立中学为背景的申请人数在近几年来呈现出增长趋势，国际学校生源增长尤为明显，达到了近年最高值 37%。

2020 年到 2021 年美国中学转学申请人数占比明显增高，是近四年来美国中学申请的一个显著特点。受此前疫情的影响，不少学生可能会因为不适应就读中学的管理政策而转学，或者希望转入寄宿学校进行封闭学习。疫情结束后美国中学的转学申请占比回归稳定，近两年维持在 3%。

2020 年 ~ 2023 年美国中学申请——学校背景占比

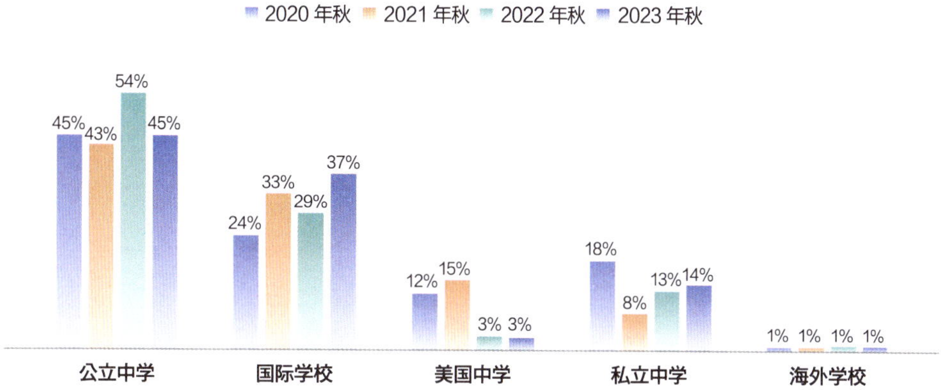

（3）北京、上海、深圳教育资源丰富地区为主要生源地

2023 年申请美国中学的学生大多来自北京、江浙沪和大湾区等教育资源丰富的地区，尤其是北京的学生占比最高；其他学生多来自各省省会城市或经济发展领先的城市。这些城市普遍建有教学质量高的省、市重点公立学校，也开设高水平的国际学校、私立中学。当地家长对国际教育有一定认知，并且认为美国中学是一条优质赛道。美国中学的本科升学优势也是这部分家长考虑的重要原因之一。

2023 年美国中学申请——生源地占比

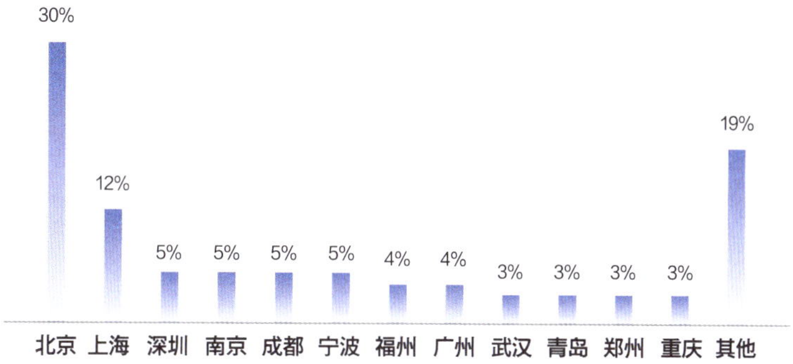

（4）加州连续两年成为申请地首选，留学热门区域日益集中

2023 年，美国中学申请热门地区逐渐呈现出“两线三点”的集中分布——两线即东北部、西海岸线，三点即俄亥俄州、得克萨斯州、佛罗里达州。

近 55%的申请者目标为东北部海岸线的中学，尤其集中于新英格兰地区，马萨诸塞州（后简称“麻省”）占 13%，康涅狄格州（后简称“康州”）占 10%，分别位列热门州第二、第三名。美国东北部尤其新英格兰地区教育底蕴雄厚，招收国际生的历史悠久，且知名院校林立，如哈佛大学、耶鲁大学等常春藤学校均聚集于此，中学与大学都有丰富的资源可以共享，是美国低龄留学区域的首选。

近 29% 的学生申请了西海岸的中学，其中，加利福尼亚州（后简称“加州”）一马当先，以 26% 的占比连续两年成为美国中学申请的首选州。加州经济发达、文化包容性强，中国家长对加州系大学认可度也较高，在这里读书的国际生未来申请加州系大学时具备一定优势。另外，中美两国旅行政策开放后，有更多航班可以直飞加州，通航的便利性也是很多家庭考虑的因素。

除以上两条热门留学线外，俄亥俄州、得克萨斯州、佛罗里达州等地区也有一定量的申请。这三个州在留学费用、生活费用上更亲民、更具性价比，州内也有排名不错的大学资源，吸引了部分低龄留学家庭的目光。

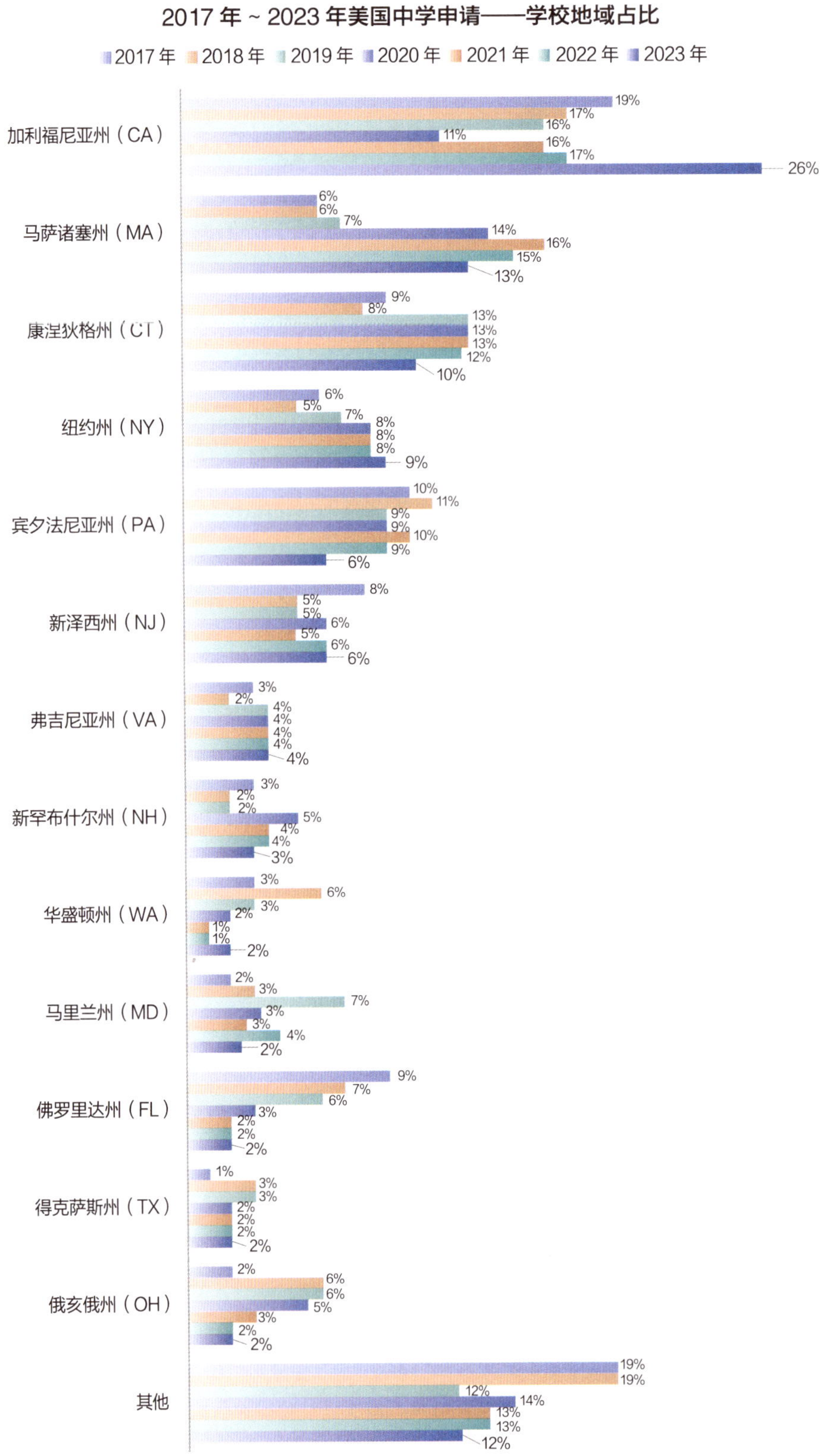

（5）走读中学申请回升，寄宿中学依旧主导

近七年来，美国寄宿中学的热度逐年上升，在 2022 年达到了近几年峰值，占比高达 64.32%。在 2020 年至 2022 年全球疫情的背景下，很多中国家庭认为寄宿中学封闭管理的特点更有利于健康管理和疫情防控，因此寄宿中学成为低龄留学首选。然而，由于招收国际生的寄宿中学数量较少，日渐增多的申请人数使寄宿中学的申请竞争压力激增。

随着疫情结束，2023 年走读中学凭借招生院校数量多、分布广的特点重新进入中国家庭的视线。很多家庭为了避免寄宿中学的激烈竞争，在申请时选择寄宿、走读混申，走读中学的热度也因此有所回升。走读学校申请门槛较低，加之大部分学校采取“滚动录取，满位为止”的招生模式，为那些无标准化成绩或成绩不理想、准备时间短、临时决定出国的学生家庭提供更多选择。

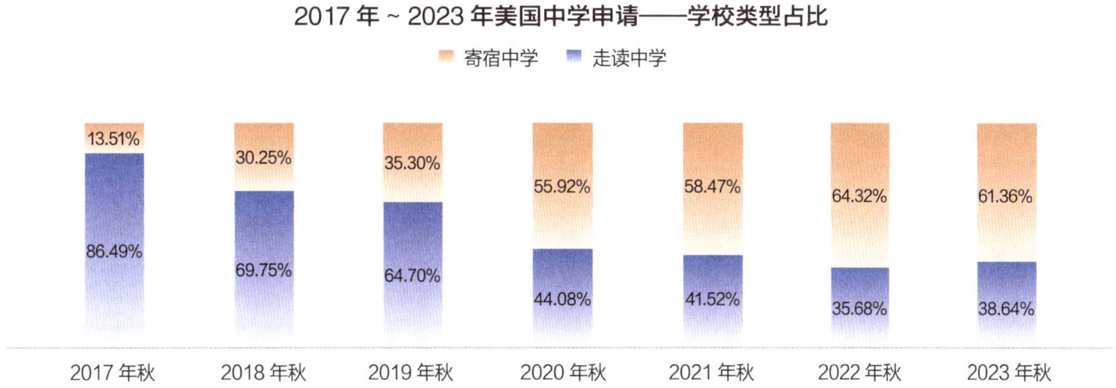

（6）语言考试高分占比维持高位，头部学校标化门槛高，多数学校更注重综合素质

在 2023 年选择递交 TOEFL 成绩进行申请的学生中，90 分以上占比略有下降，但各分数段分布更均匀。出现这种现象一方面是因为走读中学申请量的上升，走读中学竞争相对寄宿中学要弱一些，对语言成绩的要求略低；另一方面，有部分学生选择不递交没有竞争力的 TOEFL 成绩，或改为递交其他类型的语言成绩。

此外，部分学校会开设 ESL（English as a Second Language）类的课程，帮助国际学生在赴美后提升自己的英语水平，这类院校的申请要求相对宽松。这也是 2023 年高分学生占比略有下滑的因素之一。

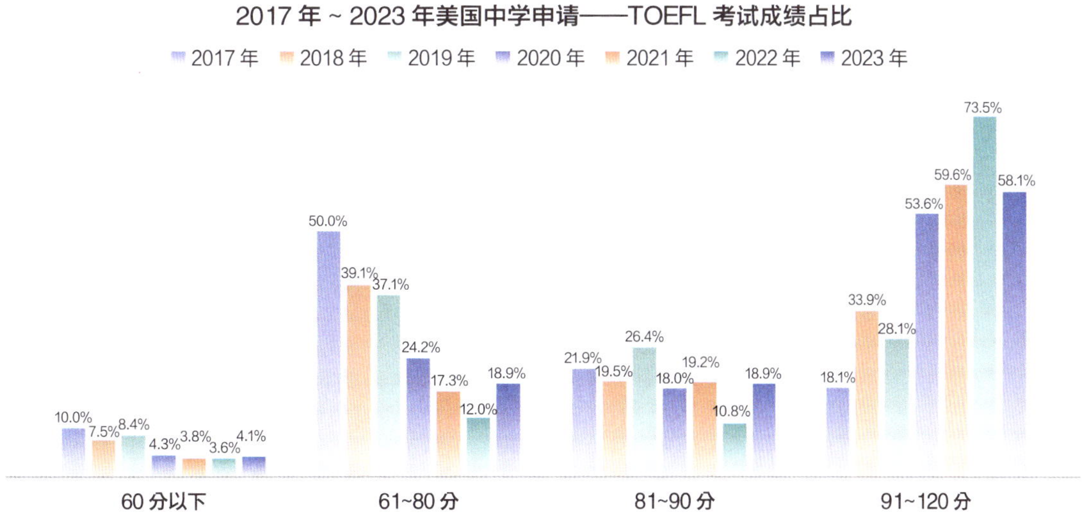

Duolingo 因考试时间短、出分快、考试方便、价格便宜等优势，在近几年的留学申请中十分火爆，也获得了越来越多美国中学的认可。在 2023 年，选择递交 Duolingo 成绩进行美国中学申请的人数，对比 2022 年增长约 25%。

根据Duolingo官网显示的Duolingo与TOEFL分数对比，130 分的Duolingo成绩相当于TOEFL考生的 98 分。2023 年 Duolingo 成绩在 130 分以上的高分段区间达到近年峰值，占比 8.54%，同比 2022 年增长 7%。

2021 年 ~ 2023 年美国中学申请——Duolingo 考试成绩占比

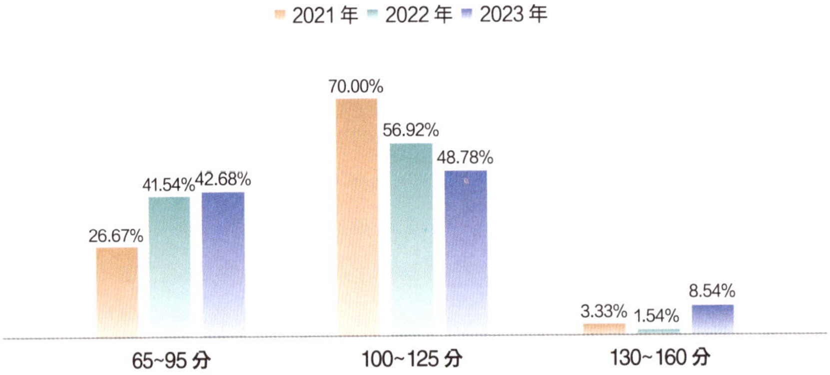

在美国中学申请中，部分知名中学会通过 SSAT 成绩评估学生的学术能力。疫情期间，很多学校采取 Test Optional 政策，学生可以选择性地递交 SSAT 成绩。在 2023 年申请季中，国内仅开设了两场 SSAT 考试场次，学生参加率有所下降。但在 2024 年申请季，国内会开设五场 SSAT 考试，为学生提供了多次冲刺理想成绩的机会。

语言考试是头部学校的申请门槛，通常要求 TOEFL 成绩在 105 分以上。这类院校吸引着世界各地的优秀学子，由于院校数量少、录取名额少、申请人数多、申请竞争激烈，语言标准化成绩便成了学校筛选申请者的第一步。而对于大多数美国中学而言，语言考试仅是评估学生英文能力的方式之一，这类学校往往是中国学生乃至国际生申请入读人数较多的院校。

还有一些学校在对学生的筛选过程中更注重学生的综合素质和潜力，而非语言标化成绩。学校招生团队会通过面试学生、审阅申请材料来进一步了解学生的兴趣、特长、领导能力等，最终判断学生与学校的契合度，进而决定是否发放录取通知。

（7）面试表现好、申请故事精彩的学生更容易获得录取

美国中学的录取主要看重三个方面：标准化成绩是否达标，面试表现是否足够打动招生官，申请故事是否能体现个性化优势。这三方面是相辅相成、互相印证的。标准化考试一直是中国学生的强项，但经过标准化成绩的筛选后，面试表现和申请故事质量就成为赢得学校青睐的“法宝”。

2017 年至 2023 年选择面试辅导类产品的学生呈现上升的趋势，尤其是在 2023 年达到了近年最高值，可见申请人对面试辅导类产品的需求日益增加。

学生的申请故事质量也在很大程度上影响了学生的录取概率。许多申请人通过参与背景提升类活动如夏校、科研、竞赛等来提升自身的逻辑思维、批判思维、语言表达等能力，同时也为自己的申请故事积累了丰富素材。在 2023 年，选择背景提升类产品的人数比例下降，这是由于随着时代的发展，越来越多的留学家庭有了早规划的概念，开始从小培养学生的特长与爱好，这类申请人更需要了解如何配合面试，更好地通过

申请故事将自己的优势更鲜明地展现在招生官面前。

2017 年 ~ 2023 年美国中学申请——参与项目占比

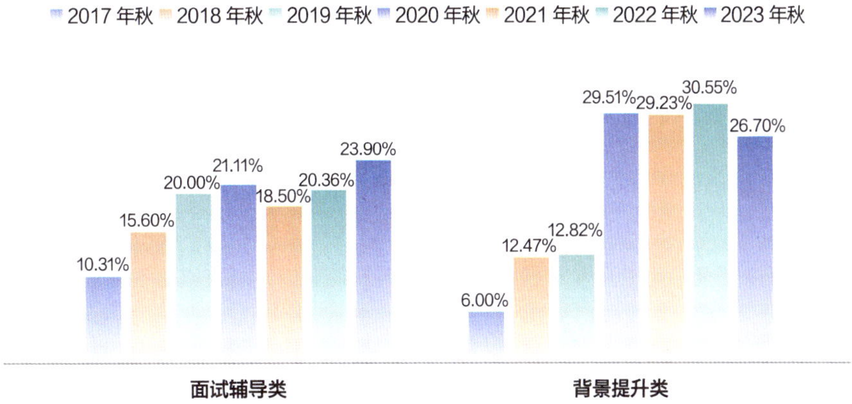

(8)招生官团队明确表示欢迎有夏校经历的学生申请

2023 年,美国中学夏校已全面恢复,参加夏校是体验美式教育最直接的选择。学生可以在美式课堂内感受精英教育,在趣味活动中体验美国中学文化。对于很多计划转轨国际教育或对国际教育感兴趣的家庭,美国中学夏校是一个深入了解国际教育很好的选择。

美国中学夏校按课程类型主要分为四大类,即学术营、体育营、户外营、艺术营。学术营通常在这四类夏校中是申请门槛最高的,需要学生有一定的语言基础。但对比常规申请,录取要求要低得多,因此学生有更大概率进入名校学习、体验、与优秀的同伴交流。也有不少学生在夏校学习中表现优异,最终获得了该校老师的推荐信,对未来正式申请该校有很大的助力作用。绝大多数学校的招生官团队都明确表示欢迎有夏校经历的学生来申请。

(9)超三成美国寄宿中学关注性格测评(Character Skills Snapshot)

Character Skills Snapshot(简称 CSS)是 SSAT 于 2017 年 9 月新推出的一项测试,它是一种创新的标准化评估工具,用于衡量来自世界各地的申请者的性格特征,以便招生团队进行公正比较。该工具对智力参与、开放性、主动性、韧性、自我控制、社会意识、团队合作七个板块进行能力评估,包含智力、自我和人际性格技能的偏好、态度和信念等维度。

截至 2024 年 2 月,美国 TOP 100 寄宿院校中有 30 余所中学关注性格测评,其中两所中学强制学生提交,一所强烈建议提交。相信随着未来学生综合素质的普遍提升,会有更多的学校需要学生提交性格测评,以丰富对学生的评价维度,因此,学生可以早做了解,对申请也更为有利。

2. 美国中学升学规划

(1)美国中学教育理念

美国中学教育注重全面发展,不仅注重学术知识的学习,还注重艺术、体育方面的均衡发展。其背后隐藏着的是丰富的学术资源、独特的活动项目与精英培养理念。以体育为例,许多美国高中的体育运动是学校活动的核心,甚至在部分高中也可以找到堪比美国大学的体育活动和相关赛事。其次,美国中学重视人文教育,着力于帮助学生提升社会责任感和公民素质。另外,美国中学教育理念还强调个性化教育和培养学生的独立思考能力。学校普遍实行走班制,学生可以根据自己的兴趣特长选择课程。课堂教育形式大多以学生为中心，老师们通过启发式教学与学生共同探讨课题，并会在整个高中阶段不断发掘学生潜能，培养独立思维能力。

以上几项理念可以汇总为 3A（学术 Academics、艺术 Arts、体育 Athletics）2S（社会责任 Community Service、活动能力 Student Life），是美国中学考查和锻炼学生综合能力的指导方针，旨在帮助学生逐步成长为成熟的学习者和多元化社会的重要参与者。

国际学生在申请美国中学时，学校同样会根据 3A2S 的标准来评估学生现在的学习目标是否与学校的教学理念相匹配，这是学生录取与否的关键因素之一。精英教育的筛选从来不是仅仅看重某一方面的成绩，而是通过多维度来评判，高匹配度会让学生申请成功率大幅度增加。因此针对意向申请美国中学的学生，对 3A2S 的重视与培养至关重要，尤其是对那些由国内教育转轨的家庭，更应该尽早规划，提升孩子成长路径上所需要的各项能力。

（2）美国中学教育体制

中美学制均为 K12 教育。区别在于美国初中通常为 7、8 年级，对应国内的初一、初二。美国高中为四年制，即 9~12 年级，对应国内的初三至高三。

中国	初一	初二	初三	高一	高二	高三
美国	7 年级	8 年级	9 年级	10 年级	11 年级	12 年级

1）小班制：小班授课，启发式圆桌教学

与国内大多数 20 人到 50 人的班级不同，美国中学班级人数一般为 8~15 人。美国中学通常配备丰富的师资，私立学校的师生比通常在 1:10 左右，部分学校甚至能够达到 1:4。

美国中学普遍注重过程性评价，注重学生输出能力的积累提升。小班教学课堂内学习氛围浓厚，圆桌教学（采取 Harkness Table 哈克尼斯圆桌教学法）更能让老师关注到每一个学生在课堂中的表现，问答互动的频率高，学生的注意力更加集中，吸收知识的效率也能保持在较高的水平。与常规的“老师讲、学生听”的模式不同，圆桌教学的课程主导是学生，每个学生都有机会发表自己的观点，展示推理、分析过程，老师则会提出一些问题辅助引导学生的思路。这种教学模式极大地提升了学生的课堂参与感和语言表达水平，培养了学生独立思考的能力。

2）选课制：课程选择丰富，因材施教

美国中学的课程分为必修课和选修课，两项在毕业学分要求中所占比例一般为 2:1。

必修课程一般包含英语、数学、科学、历史、文学等。选修课则因学校而异，通常美国中学平均开设一百多门课程，部分学校如菲利普斯埃克塞特中学（Phillips Exeter Academy）开设多达四百门以上的课程，包含视觉艺术、表演艺术、体育、STEM 等。课程难易程度通常分为普通、荣誉（Honor）、AP/ 高级三个等级。丰富的课程设置使学生有充分的选择空间，在广度方面可以根据自己的喜好、特长来选择课程，在深度方面可以从难易程度上进行匹配。

3）走班制及学分制：提前预演大学模式

美国中学为走班制教学，即老师在固定的教室，学生根据课程更换教室，国内近些年也有很多学校开启了这样的教学模式。美国中学的很多老师可能已经在同一个教室授课多年，会按照自己对授课内容的理解装扮教室，比如生物教室会有很多标本，化学教室则有很多实验器材，历史教室被打造成小型图书馆等。在美

国高中日常教学中的走班制，最大程度地预演了大学教学模式，因此可以很好地缓解未来学生初入大学的融入焦虑。

同时，与美国大学类似，美国中学实行学分制度，学分修满后才允许毕业。学分通常是每门课一年 1 学分，半年 0.5 学分，毕业时需要达到 20 学分左右，每年需要修 5~8 门课程。学生的成绩 GPA（Grade Point Average）由考试、作业、小测试、老师评价四部分组成，有时也包括课堂表现和出勤率等因素，各部分占总成绩的比重由任课老师决定。因此每一部分的表现都决定了学生最终 GPA 的高低，为了获得更好的成绩，学生需要重视学习的完整过程，不能把目光仅锁定在考试上。通常，美国的 GPA 满分是 4 分，GPA 的精确度往往达到小数点后 1 到 2 位，如：3.0、3.45。GPA 评分阶段大多为 A=4.0、B=3.0、C=2.0、D=1.0，分别对应国内成绩的 90~100 分、80~89 分、70~79 分、60~69 分，59 分及以下为 F（不及格）。

（3）美国中学教育优势

1）低龄教育资源丰富

- 美国私立中学近 18,000 所，国际生可选范围广。
- 高级教师比例通常占 50% 以上，教师多为常春藤学校（以下统称为“藤校”）及其他知名院校毕业。

2）课业选择多样化

- 学校普遍提供超过 100 门的课程选择，学生可以根据自己的兴趣爱好选择喜欢的课程，充分发挥自身优势。
- 文体活动种类丰富，学校开设多类体育运动队，部分学校每年开展全校艺术展。为学生提供更多提升自身综合实力的机会，为学生的个性发展提供更多可能。

3）潜能启发式教育

- 学校注重个性化教育，发掘学生个人优势，因材施教，鼓励学生尝试新鲜事物。
- 小班教学，对学生的高关注度使其潜能得到更好地挖掘和发展。

4）开拓国际化视野

- 注重多元化，学生能接触到来自不同国家、不同文化背景的同学，培养学生用国际化视角看待和解决问题的能力。
- 部分院校开设国际交流项目，定期组织学生出国交流、游学。

（4）美国中学教育优势

1）竞争压力相对减少

在美国高中就读的中国学生（以下统称为“美高学生”）是国际学生中一个独特的存在。部分高校如康奈尔大学、哥伦比亚大学、芝加哥大学在其官网上明确声明，会根据高中所在地判断学生是否为国际生。也就是说，在美国高中就读的中国学生会与美国本土学生一样，享受本地学生的申请福利。

以上文提到的三所高校为例，其官网上明确显示在近两年入学的本科新生中，国际学生占比约为 10%~17%。这也说明，中国学生想要进入这三所知名院校就读本科，需要与来自全球的申请者竞争不到 20% 的名额。而作为美高学生，在申请时则是与本土学生一起竞争 80% 的名额，这也是为什么很多家庭，尤其是“爬藤”家庭，早早就规划让孩子进入美国高中学习的主要原因。

此外，部分大学对于在美国高中学习了两到四年的学生有免 TOEFL/SAT 成绩的政策，这也一定程度上使申请人避开了与国际学生的竞争。

2）多元化发展成就独特的自己

美国本科录取注重学生的多元化特点，如何让自己与众不同，在招生官面前脱颖而出是值得思考的问题。而美国中学恰好是学生孵化、培养、发展不同兴趣爱好的温床，注重为学生提供充分的选择空间来打造自己的“个性化名片”。美国中学普遍开设超过 100 门课程供学生选择，更有如菲利普斯埃克塞特中学这样规模较大的中学，开设超过 400 门课程，涉及 19 个学科领域，60% 的课程达到大学课程的难度和级别。

学生不仅在学术方面可以选择不同的领域发挥自己优势，也可以在艺术体育方面开拓兴趣、发展特长。体育场馆和艺术中心可以看作是美国中学的“标配”。绝大多数学校都开设篮球、游泳这些基础项目。此外值得一提的是，马术、冰球、击剑、壁球这类需要专业场地的项目，在美国中学里也是常见的。在艺术方面，表演类艺术与视觉类艺术是选择比较多的两大类，很多学校会组织全校规模的文化节、艺术节，调动每一个学生的参与积极性，丰富学生的在校生活。

3）申请素材认可度高，与大学有丰富的资源共享

美国中学和本科教育理念一脉相承，不仅关注学生的学术能力，也倡导创新精神、团队合作能力、社会贡献等，因此美国中学的教学体系在申请中更受认可。例如，在本科申请中，美国高校对来自本土中学提供的成绩单与推荐信信任度更高，出具推荐信的老师有可能是学生申请院校的毕业生，这层校友关系也会有一定程度上的助力。

有些学校因地理位置原因，还会有一个特殊的称呼——“藤校附中”。这些学校往往距离藤校很近，加之升入藤校的人数较多，家长们便赋予了这些学校这个具有中国特色的名字。这类中学与附近大学的关系密切，开设与大学合作的学术或者实验项目，中学生可以提前进入大学学习、修大学学分。在大学招生季，周围高校也会进入中学校园开展招生见面会，学生可以与大学招生官直接交流，提前留下良好的印象。

4）无缝衔接大学教育与生活

总的来说，美国中学是美国大学的缩影，拥有美国中学就读经历可以有效帮助学生快速适应大学的学习与生活。这些学生已经深谙选课制、学分制、走班制的特点，对比此前没有接触过这类教育体制的大学新生，可以更加从容地开启新的留学生活。在美国中学里锻炼的英文论文写作能力与技巧，在大学中也可以派上用场。

在美国的教育体系中，中学承担了更多塑造孩子性格和价值观的责任，教会学生如何融入社会。因此很多美国中学毕业的学生，在语言表达上更美式、更本土化，融入新的环境也就更快、更自然，也可以更好地适应美国大学生活。

（5）美国中学学校分类及特色

美国中学分为公立中学与私立中学。公立中学是由政府出资经营的，一般只接受美国国籍或持有美国护照的学生或国际交换生；私立中学对学生身份没有过多限制，是国际学生主要申请的类型。

针对美国私立中学教学管理形式的不同，通常分为寄宿中学与走读中学：

类型	主要特点	开学及申请时间	学费(人民币)	师生比例	国际学生比例
寄宿中学	· 多数寄宿学校校园面积大，设施齐全 · 封闭式管理，不得私自外出，安全性高 · 国际生比例适中，有助于发展国际视野	**开学：** 9 月（秋）/1 月（春） **申请：** 10 月 ~ 次年 2 月（秋季入学） 7 月 ~ 11 月（春季入学）	36 万 ~ 58 万元 / 年	1:6 ~ 1:9	15% ~ 40% 较为国际化
走读中学	· 招收国际生的学校数量多，可选范围广 · 住在寄宿家庭，易于了解美国文化 · 美国本土学生为主，英语语言环境好	**开学：** 9 月（秋）/1 月（春） **申请：** 10 月 ~ 次年 6 月（秋季入学） 7 月 ~ 11 月（春季入学）	29 万 ~ 50 万元 / 年	1:16 左右	1% ~ 8% 较为本土化

美国中学还会按学生性别分为单一性别学校（男校、女校）和男女混校。单一性别学校会根据男女生的思维习惯，选择更合适的教育方法，对于学生个人优势的发展更具有针对性。家长也不用担心学生的社交问题，单一性别学校通常与周围其他学校有交流与互动。

此外，宗教学校和非宗教学校也是国内家长关注的一个分类，很多家长认为宗教学校会让孩子信教，但其实不然。宗教学校通常代表着由教会出资支持学校的运营，不会强制学生信教，学校对每一个学生的宗教信仰选择都表示尊重，尤其是对国际学生。

（6）美国中学课程介绍

美国高中采取学分制，一般修读 18~26 个学分就可以获得高中毕业证书，学分分为必修课程及选修课程。

1）必修课程

- 英语
- 数学（代数、几何、三角函数等）
- 自然科学（生物、化学、物理等）
- 社会科学（美国历史、世界历史、经济学、心理学等）

2）选修课程（常见）

- 视觉艺术（雕刻、美术、摄影等）
- 行为艺术（合唱、戏剧、舞蹈、电影、乐队、管弦乐等）
- 职业课程（木工、金属加工、汽车修理等）
- 计算机 / 商科课程（文字处理、编程、图像设计、计算机俱乐部、网页设计等）
- 体育（美式足球、棒球、篮球、网球、田径、游泳、水球等）
- 新闻 / 出版（校报、年历、电视制作等）
- 外语（法语、德语、西班牙语等）
- 家庭和消费者科学、健康（家庭经济学、营养学、幼儿发展等）

（7）美国中学申请要求

类型	语言要求	面试要求	常见申请方式	截止日期	录取发布
寄宿中学	· TOEFL · SSAT · Duolingo · TOEFL Junior · 部分优质寄宿院校需要同时递交 TOEFL 和 SSAT 成绩	· 学校线上面试 · 维立克面试 · 部分优质寄宿院校两种面试方式都需要参加	· SAO 系统[1] · Gateway 系统[2] · Ravenna 系统[3] · 学校申请系统	· 以学校官网为准，部分院校滚动招生	· 多数优质寄宿院校 3 月 10 日统一发布 · 滚动招生院校递交申请后 1~2 周出结果
走读中学	· TOEFL · SSAT · Duolingo · TOEFL Junior · ISEE	· 学校线上面试	· SAO 系统 · Ravenna 系统 · 学校申请系统	· 以学校官网为准，部分院校滚动招生	· 部分优质走读院校 3 月 10 日统一发布 · 多数院校递交申请后 1~2 周出结果

（8）美国中学申请材料

- 在校成绩和标化成绩：在校成绩单、标化成绩（TOEFL Junior、TOEFL、SSAT 等）
- 软实力背景：学术奖项、兴趣爱好（个性展示）、公益活动
- 面试：维立克面试、校园走访面试、Zoom 面试、来华面试
- 文书类材料：学生个人陈述、家长文书、推荐信

（9）美国中学申请规划时间轴

以当季申请次年秋季入学的学生为例：

时间	规划	面试	维立克面试	家长面试	申请材料
3 月	规划方案	—	—	—	—
4 月	—	挖掘个人故事	维立克介绍	—	—
5 月	—	刻画个人品质	维立克预面试	—	—
6 月	规划跟踪	确定个人故事主线	—	—	个人陈述筹备
7 月	选校策略	完成面试初稿	—	—	个人陈述初稿整理
8 月	学校研究	进行面试模拟	维立克面试	—	家长材料整理
9 月	—	参与前招生官面试	—	面试礼仪	—
10 月	—	参加学校访华面试	—	赴美行程确认	申请材料整理打磨 沟通准备推荐信

1 SAO 系统，即 SSAT 的登录系统，是美国中学申请学生普遍使用的申请系统。学生仅需提交一次文书和推荐信即可申请该系统中的学校。SSAT 考试也包含在这个系统中。部分学校会有补充文书的要求，学生需要在系统内提交。此外，有些学校要求学生参加的性格测试也可以在这个系统中完成。

2 Gateway 系统通常用来申请排名较高的寄宿学校，系统涵盖的学校较少。与 SAO 不同的是，每所学校的申请文书要求不同，需要学生根据要求提供不同文书，相对复杂。该系统内的学校推荐信不共用，所以需要逐一填写递交。需要注意的是，该系统需要支付申请费后才能开始在系统内写文书。

3 Ravenna 系统通常用来申请加州寄宿、走读学校以及少量其他州或地区的学校。在该系统内，同一地区的学校会共用一套学生和家长文书题目以及推荐信。

续表

时间	规划	面试	维立克面试	家长面试	申请材料
11 月	—	参加正式面试 / 学校访华面试 / 赴美正式面试	—	参加家长面试	个人视频 / 音频材料整合
12 月	—		—		个人申请材料整理完成
次年 1 月	—		—		材料递交

（此时间轴仅为参考，一切以实际申请为准）

筹备阶段	申请准备
申请规划期	· 确定申请节点 · 意向院校规划 · 背景提升方案 · 准备标化考试
素质成长期	· 标化考试备考冲刺 · 增进口语能力 · 参加背景提升活动 · 筹备申请材料 · 增进软实力背景
院校申请期	· 完成标化考试 · 参加学校面试 · 递交申请材料 · 完成申请
离境准备期	· 准备入学相关材料 · 参加衔接课程并做好过渡
赴美留学期	· 注重 GPA · 参加背景提升活动 · 增加自身竞争力助力本科申请

二 美国本科数据解读和升学规划

1. 美国本科数据解读

（1）国际教育背景的学生占比超四成

在近六年的申请学生群体中，来自国际高中的学生占比整体呈现攀升趋势，由 29.69% 提升至 42.58%，为美国本科申请的主要群体。一方面因为具有国际教育背景的学生大多有明确的留学意向；另一方面，在美国本科的申请中，美国高校对与本国相似的教育体系更加熟悉和认可，具有国际教育背景的学生在申请时会具备一定优势，因此也吸引了不少学生转而接受国际教育。

2018 年 ~ 2023 年美国本科申请——国际教育背景学生占比

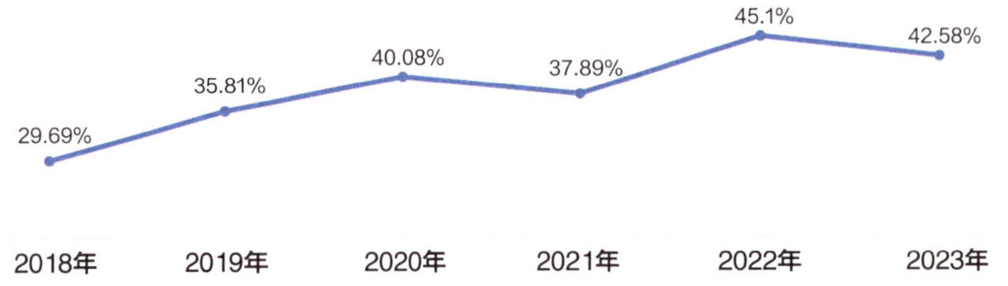

（2）北京、上海、广州等超一线城市为主要生源地

近四年，以北京、上海、广州等为代表的超一线城市一直以来都是美国本科申请学生的主要生源地。这些城市的家庭对孩子接受国际教育的规划更具前瞻性，普遍在孩子年纪较小的时候就有了让其出国留学的想法。

自 2020 年以后，来自超一线城市的学生占比有较为明显的波动变化：北京学生占比独占鳌头，上海学生则有下降的趋势出现，广州及部分地区学生占比有所上浮。随着国际形势的日趋平稳，申请美国本科的学生生源地区将逐渐呈现多样化趋势。

2020 年 ~ 2023 年美国本科申请——TOP 10 学生生源地占比

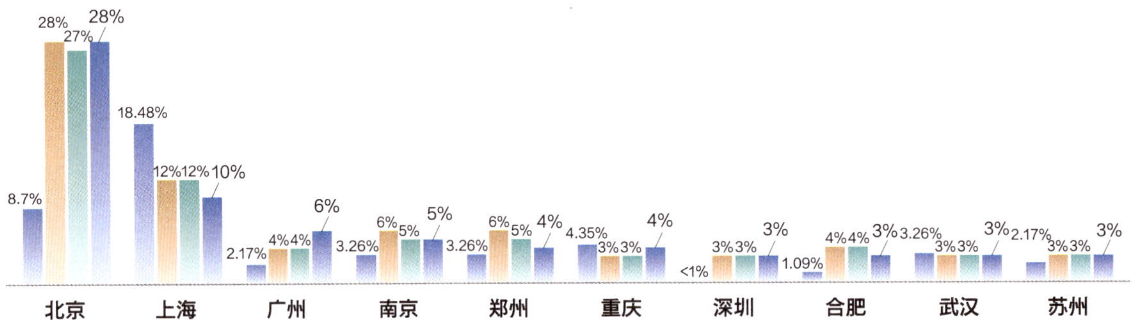

（3）申请加州学校的占比超三成，加州成为最受青睐的地区

2023 年，加州依旧是中国赴美留学生在本科阶段最常选择的目的地，占比达 30.51%，其次是马萨诸塞州和纽约州。

加州之所以颇受欢迎，是因为其拥有强大的教育体系，在最新发布的 2024 U.S.News 全美最佳大学排名中，以加州大学伯克利分校、加州大学洛杉矶分校为代表的大部分加州系院校在排名上均有所上升，从而使更多学生萌生了申请加州院校的意愿。

2023 年美国本科申请——申请数量占比 TOP 15

州名	申请占比	州名	申请占比
加利福尼亚州	30.51%	明尼苏达州	2.34%
马萨诸塞州	10.2%	威斯康星州	2.12%
纽约州	9.31%	康涅狄格州	1.84%

续表

2023 年美国本科申请——申请数量占比 TOP 15			
州名	申请占比	州名	申请占比
俄亥俄州	8.19%	新泽西州	1.77%
宾夕法尼亚州	6.41%	弗吉尼亚州	1.68%
伊利诺伊州	6.09%	佐治亚州	1.57%
密歇根州	4%	佛罗里达州	1.50%
北卡罗来纳州	3.19%		

（4）TOP 30 院校申请增长 1.2 倍，中国学生名校情结更强

在 2023 年，选择申请 TOP 30 院校的学生占比高达 27.89%，相较于 2022 年的 12.7%，增长了 1.2 倍。

这主要由于外部环境日趋稳定，越来越多学生将申请策略转“稳”为“攻”。相较往年，学生能更方便地参加线下标准化类考试，或参与科研活动、竞赛、夏校等一系列有助于丰富简历的活动和项目，因此在冲击 TOP 30 美国院校方面也更有信心。

2018 年 ~ 2023 年美国本科申请——不同排名区间院校申请学生占比

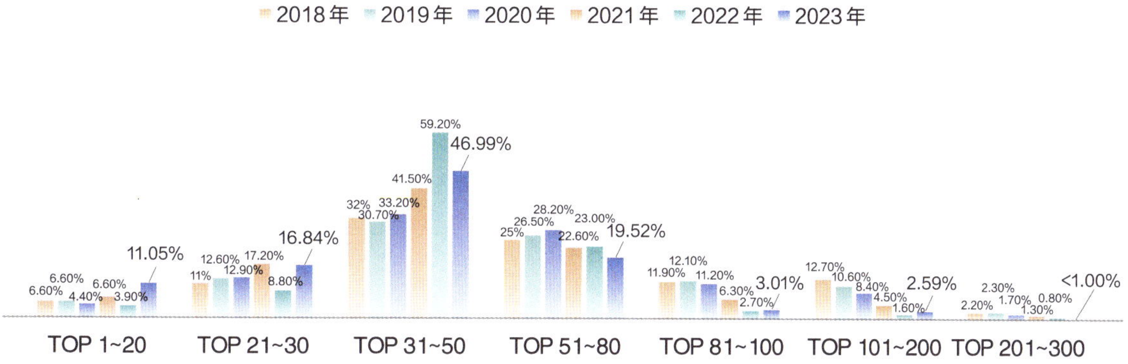

（5）人文社科成为赴美热门专业 TOP 1，未定专业吸引力下降

在专业选择方面，除未决定及心理学科之外，其他专业占比具有不同程度的上升。其中，人文社科的占比为 25.56%，涨幅超过 4%，成为最热门专业。随着国际形势逐渐平稳，越来越多的学生发现人文社科为理解和应对当下现实挑战提供了思考方向和参考，因而更多学生开始关注人文社科类专业。

与此同时，经济形势的稳定也让不少学生恢复了学习商科的信心。在 2023 年，申请商科专业的学生占比有所回升。

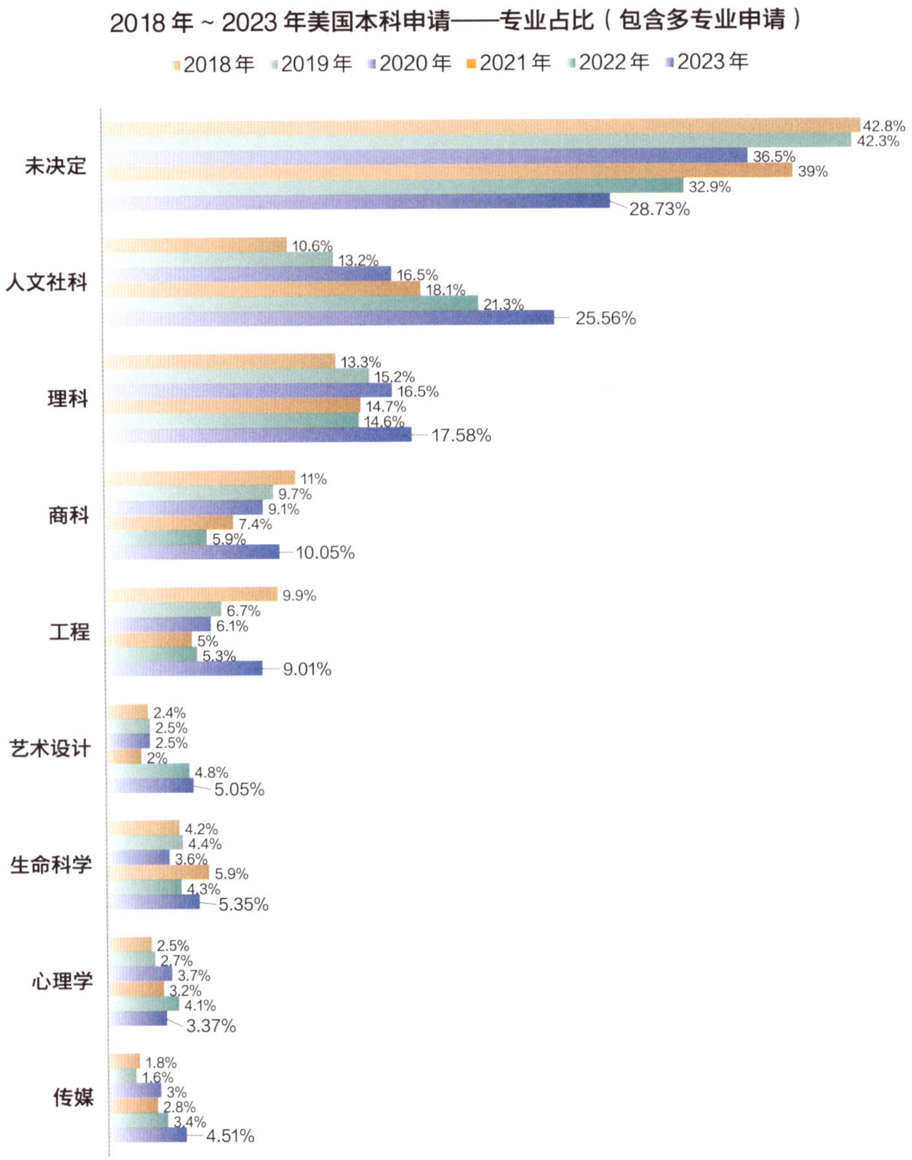

（6）早选定专业更有利于录取

美国大学区分于其他留学国家的优势之一在于允许学生入读本科时可以暂不选定专业，等到大一或者大二结束时，再根据自己的兴趣确定专业方向。

针对这部分学生，学校会要求他们完成规定的一系列核心必修课，如人文、社科、自然科学、艺术等领域的相关课程，而后再进行更深入的学术探索。但近几年，随着专业探索的项目和渠道增多，越来越多学生选择在申请阶段确定专业来向招生官展示个人的学术探索兴趣。

越是排名靠前的院校，越关注学生的未来规划和兴趣方向。在 2023 年TOP 20 院校的录取中，仅有 1.15% 的学生以未定专业录取。由此可见，越早明确自己的大学专业方向，越容易获得美国高校的青睐。

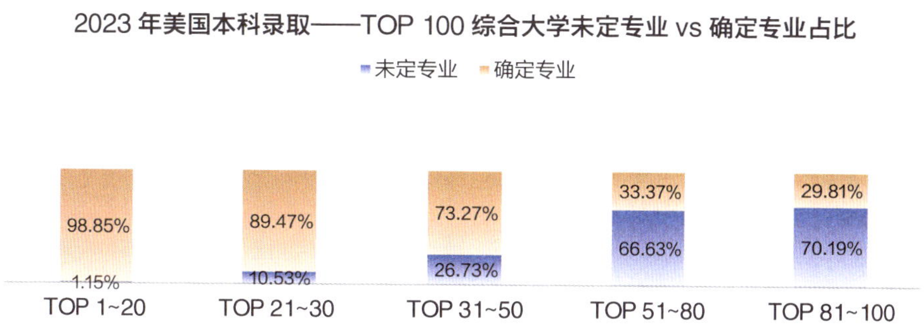

（7）高分成绩已成为申录标配

2023 年递交 TOEFL 语言成绩的学生大多集中在 101~110 分这一分数区间，占整体的 34.94%。值得注意的是这一占比相对 2022 年下降了 3.99%，而 111~120 分这一分数区间的占比却比 2022 年上涨了近 5%，占整体的 15.15%。

IELTS 也出现同样的趋势，2022 年学生占比最高的 6.5 分区间在 2023 年占比 22%，下降 3.71%。反观高分段 7 分区间 2023 年占比 32%，直线上涨 14.86%。

SAT 标准化成绩整体也出现了逐年增高的趋势，并且越是排名靠前的院校，需要学生提交的标准化成绩基数越高。

从这三项考试成绩的递交情况来看，美国大学对申请学生语言及标准化成绩的要求越来越高。

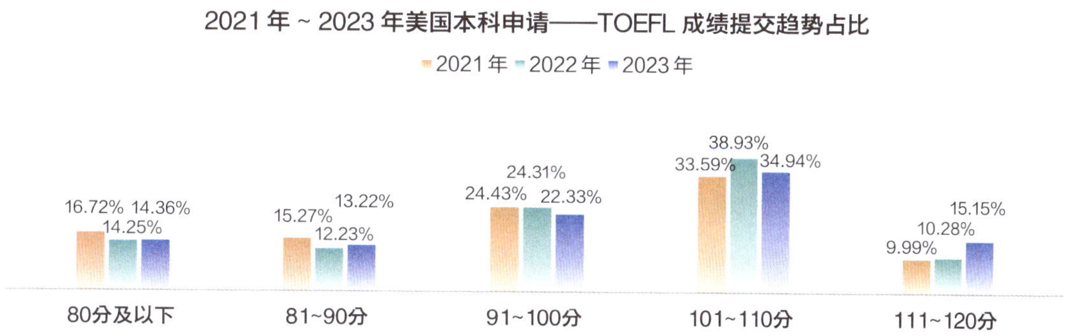

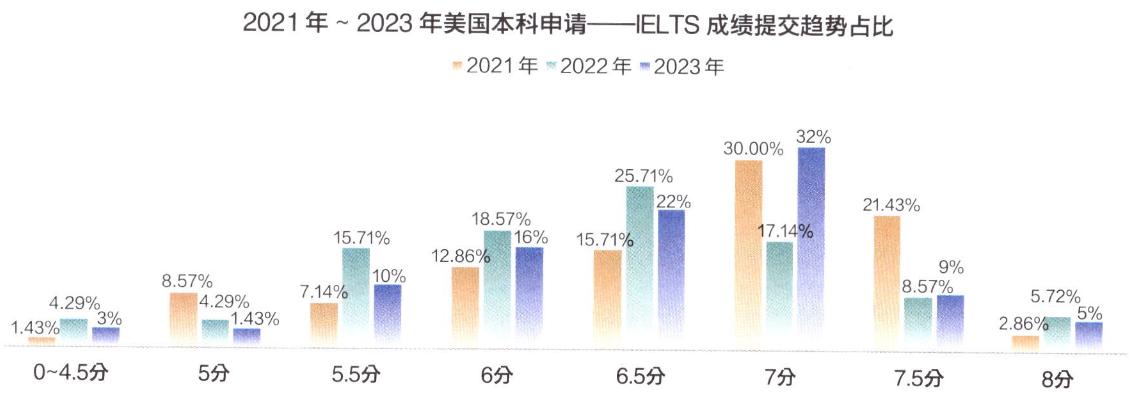

2018 年 ~ 2023 年美国本科录取——TOP 100 综合大学 SAT 中位成绩

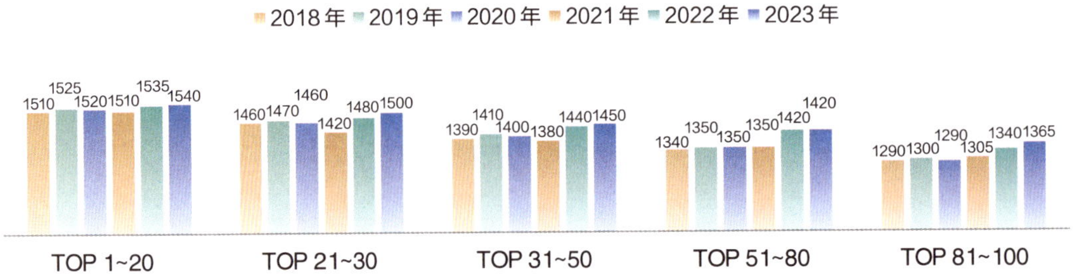

（8）文理学院 TOP 20 录取率大幅上升

根据前途出国录取数据显示，近三年来，TOP 20 文理学院的录取数量占比有很大幅度的提升。这意味着文理学院的“小而精”已逐步获得学生和家长们更高的认可，有更多优秀学子倾向前往文理学院求学。

2021 年 ~ 2023 年美国本科录取—— TOP100 文理学院录取趋势

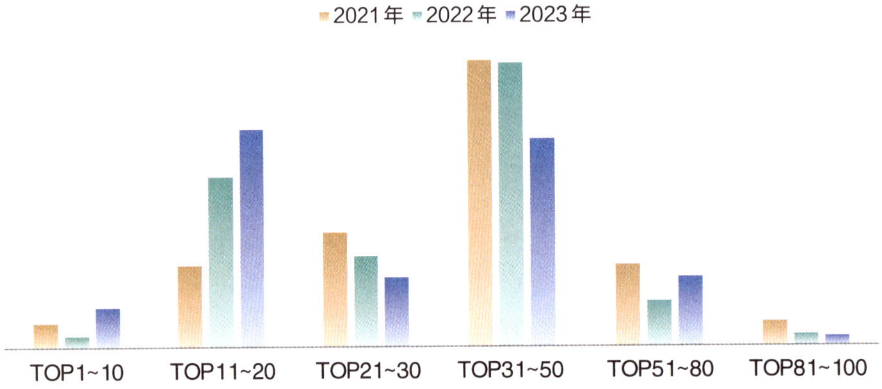

（9）综合大学头部院校竞争激烈，TOP 30 及以上区间录取率高

近三年来，综合大学 TOP 20 的院校竞争激烈，录取率多年保持较低水准。相较之下，TOP 30 及以上的院校录取率较高，尤其是 TOP 30~80 区间的院校录取率保持在三成以上。

2021 年 ~ 2023 年美国本科录取——TOP 100 综合大学录取趋势

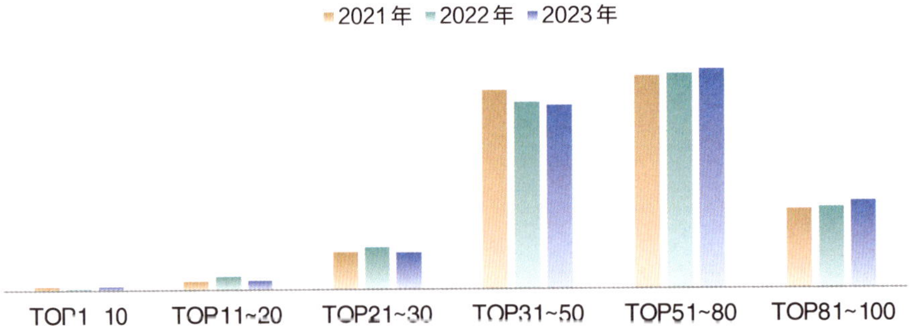

（10）AP 学生早申阶段的录取大幅领先，优势明显

在 2023 年早申阶段拿到美国本科 TOP 50 院校录取的学生中，有 98.8% 的学生来自国际课程体系，其中 AP 课程体系的学生占比超六成，居于首位。

从近两年的数据来看，美国高校对非 AP 课程体系学生的认可度也有增强的趋势，其中录取 A Level 课程体系及国内普通高中体系的学生占比均较 2022 年上升了 3% 左右，可见美国高校对申请学生背景的包容性也越来越强，即便是非 AP 学生，在申请美国院校时也同样拥有机会。

2022 年 ~ 2023 年美国本科录取——早申阶段 TOP 50 院校录取学生课程背景占比

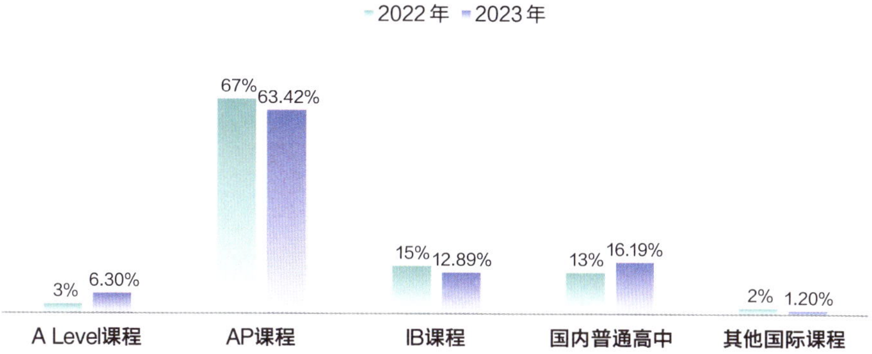

2. 美国本科升学规划

（1）美国本科教育体制介绍

美国大学根据其所有权的性质划分为公立学校和私立学校，两者主要区别在于经费来源不同。美国私立大学的经费主要来自校友的捐赠及学生的学费；公立大学的经费则主要来自州政府税收中的拨款。

美国的私立教育非常发达，知名的八所“常春藤”联盟高校如哈佛大学、宾夕法尼亚大学、耶鲁大学等都是私立大学。但美国公立大学的教学质量也不容小觑，包含北卡罗来纳大学教堂山分校、得克萨斯大学奥斯汀分校、加利福尼亚大学伯克利分校等在内的多所美国公立大学，与大名鼎鼎的私立大学教育水平不分伯仲，吸引了大量优秀学子前往就读。由此可见，美国大学公立和私立的性质并不是判断学校质量好坏的标准。

（2）美国本科教育优势

1）院校林立，教育质量广受认可

美国的教育系统被广泛认为是世界上最优秀的教育体系之一，在 2024 QS 世界大学百强中，美国大学数量占据 27%，前 10 名的院校包含五所美国院校、四所英国院校，以及一所瑞士院校。其中，麻省理工学院（MIT）连续 12 年被评为世界上最好大学。在重点考查全球大学的学术能力的软科世界大学 TOP 100 排名中，美国大学占据四成。在同等硬件、软性条件下，美国本科毕业生在未来深造中占据天然优势。在 2022 QS 毕业生就业竞争力排名中，美国多所高校都发挥出色，共计有 90 所高校上榜。由此可见，美国作为世界教育强国的地位依然坚挺。

2）重视通识教育

通识教育也被称为博雅教育，起源于古希腊的“自由教育”，倡导人的和谐发展。美国是高等教育领域通识教育的发源地。20 世纪上半期，时任哈佛校长的科南特对哈佛大学的课程改革使“通识教育”在美国名声鹊起。美国大学的通识教育着眼于学生身体、道德和智力的和谐发展，致力把学生培养成为全面发展的人，即拥有全面的知识、广阔的视野和完整的人格，也正是秉持这样的教育理念，美国大学的学生大多可以在大一、大二阶段选择不确定专业，通过尝试、接触和探索不同专业方向的学科，找到自己真正的学术兴趣所在。

3）课程设置多样

在各类美国大学中，无论是课程的类型、选课的方式，还是教师授课的形式，都给学生留有较大的选择余地。同一类别可以提供多种课程，不同层次、不同要求的学生都可以选择自己需要或爱好的课程。

正是基于这种自由的学术氛围，在中国大学并不常见的转专业甚至转学，在美国大学都是稀松平常的事。只要学生大一或大二的成绩足够优秀，就有机会转到更好的学校。

4）录取机制灵活

美国大学本科招生通常会对学生的硬性条件和软性实力两方面进行考查，学生可以提前三到四年进行规划和准备，为申请留足充分的准备时间。

此外，美国大学本科还提供大学先修课程，与预科课程相比，大学先修课程可以帮助国际学生提高英语能力，同时又能修读大一的学分课程。通过课程后，无需再次申请和提交语言成绩，即可直接升入本科二年级。对于不能兼顾 TOEFL 或 IELTS 考试的高三在读学生，一些美国大学还可以凭借高考英语成绩申请大学先修课程，灵活又方便。

（3）美国本科院校分类及特色

根据教育经费来源的不同，美国大学可以分为以下两类大学：

院校类别	性质特点	经费来源
公立大学	· 大多是州立大学，由 50 个州各自设立 · 运营模式按照各州体系单独运作 · 入学标准、学费金额、学位颁发标准等由各州统一制定	· 主要来自州政府税收中的拨款 · 联邦政府也会给予各种补助
私立大学	· 校方独立运作 · 入学标准、学费金额、学位颁发标准等由校方独立制定 · 学费较公立大学昂贵	· 主要来自校友捐赠和学生学费 · 各州和联邦政府会给予一定补助

除了可以划分为公立和私立大学之外，还可以按照其提供的学位差异划分为综合性大学、文理学院和社区学院。

<table>
<tr><th>院校类别</th><th>院校性质</th><th>院校特点</th><th>规模环境</th><th>缺点</th><th>学费（人民币）</th></tr>
<tr><td>综合性大学</td><td>公立 / 私立</td><td>· 通常包括大学本科部、研究生院、商学院、法学院、医学院等
· 大部分专业都是四年毕业，并提供本科、硕士、博士等多种学位</td><td>· 学生人数多，最多高达 5 万 ~ 6 万人
· 校园规模庞大，资金和师资雄厚
· 校园设施完备，有藏书丰富的图书馆，设备齐全的研究室和实验室
· 专业设置更加细化，学术研究重视度高
· 国际知名度高，校园活动丰富</td><td>· 大多采取大班教学
· 通识课程基本由助教授课，学生可能无法得到教授的直接指导</td><td rowspan="2">根据不同院校类型，学费存在较大差异，以各个学校官方公布信息为准。以下学费区间仅为参考：30 万 ~ 65 万元 / 年</td></tr>
<tr><td>文理学院</td><td>私立</td><td>· 以本科教育为主，注重自由教育、通才教育和素质培养，一般不提供硕士和博士学位项目
· 教授更专注于教学，学生能得到更多个人关注
· 本科教育质量高，学术声誉往往不亚于知名综合性大学</td><td>· 校园规模小，课堂人数少，通常采用小班教学，学生可以直接跟教授交流
· 学院师资力量雄厚，教课的老师基本都是教授级别</td><td>· 专业划分不够细致，没有应用性和专业性学科
· 教学内容缺少职业训练
· 学费较高，录取率低</td></tr>
</table>

续表

院校类别	院校性质	院校特点	规模环境	缺点	学费（人民币）
社区大学	公立	· 学制一般为两年，分为过渡性文理课程和专业性职业技术课程两类 · 过渡性文理课程相当于四年制大学的头两年，一般会和所在州的四年制大学实行“2+2”转学制度，可作为跳板 · 专业性职业技术课程毕业后可直接就业	· 入学门槛低 · 提供语言课程	· 教学设施和师资力量相对薄弱 · 学校人员流动性大，学生质量参差不齐	

（4）美国本科课程介绍

美国大学本科课程主要由三个部分组成：通识课程（General Education）、专业课程（Major Courses）和选修课程（Elective Courses）。大一和大二学年以通识课程为主，大三决定专业后开始主修专业课程。每个课程部分有相应的要求，满足三个部分的课程要求及学校其他毕业条件才能被准许毕业。

1）通识课程（General Education）

设置通识课程的意义在于让学生有机会去探索不同的学科，拓宽学术领域，帮助学生加深对世界的理解，为学生日后进入社会奠定基础。根据每个高校要求的不同，通识教育课程的数量大约占据本科课程的三分之一至二分之一的比重，涵盖艺术与人文、科学、社会科学、写作、语言、数学、道德伦理等课程。

2）专业课程（Major Courses）

专业课程是为了培养学生所学的专业能力。通常分为核心课程和基础课程，核心课程难度较高并且与学术方向相关；基础课程通常为基础要求课程，如计算机科学和工程类专业要求高等级的数学、物理，以及计算机科学基础课程等；商科类就需要学生学习会计、金融、市场营销、管理等相关课程。专业课程的数量通常占总学分的三分之一左右。

3）选修课程（Elective Courses）

选修课程是可以自由选择的课程，基本上整个大学的所有专业的课程都可以选择。部分有限制的课程需要先满足条件，例如有先修课程的要求、专业的限制等。

（5）美国本科申请要求

根据院校排名、专业实力等因素，不同学校及专业对学生的申请要求均有差异，以下是不同排名院校对申请学生的成绩要求参考：

目标院校排名	GPA	TOEFL	SAT
TOP 10	4.0	115+	1550+
TOP 30	3.8+	110+	1500+
TOP 50	3.6+	100+	1420+
TOP 100	3.2+	80+	—

（6）美国本科申请材料

- 高中成绩单（High School Transcripts）
- 推荐信（Recommendation Letters）
- 个人陈述（Personal Statement）
- 附加论文（Supplemental Essays）
- 个人简历 / 活动列表（Resume/Activity List）
- 存款证明、毕业证（个别大学需要国内高中的认证）
- 学校申请表格
- 其他申请材料如获奖证书、竞赛成绩等
- 语言及标准化成绩

（7）美国本科申请规划时间轴

时间阶段	申请准备
初三暑假 （当年 6 ~ 8 月）	· 参与摸底评估 · TOEFL 首考考试备考 · 了解感兴趣的课外活动与竞赛项目 · 开始规划并考虑参与一个长期公益项目
高一 （当年 9 月 ~ 次年 6 月）	· TOEFL 考试备考，可设立目标如第一次考试 90 分，第二次考试 100 分 · 确定专业，根据科学评估了解符合个性特征的专业 · 保证校内 GPA，学有余力的话可以根据专业方向选择 AP/IB/A Level 科目 · 参与专业和兴趣相关的校内社团和课外活动，争取团体的领导角色或关键角色 · 根据专业兴趣，了解并参加国际级别竞赛项目，充分准备并参与 · 初步确定早申（ED/EA）的院校和专业 · 申请美国暑校并完成所有资料递交流程
高一暑假 （次年 7 ~ 8 月）	· TOEFL/SAT 持续备考或参加考试（如需） · 参加夏校项目 · 根据专业方向，准备下一学年国际级别竞赛项目 · 参与全球议题讨论项目，提升谈判及学术写作能力
高二 （次年 9 月 ~ 第三年 6 月）	· TOEFL/SAT 考试备考，可设立目标如 SAT 第一次考试 1400 分；SAT 第二次考试 1550 分；TOEFL 第三次考试 108 分 · 详细了解目标专业下的细分专业，补充专业相关知识，了解大学专业课程设置 · 保持校内 GPA，如选择了 AP/IB/A Level 科目学习，则完成国际课程统考并达到 AP 3 ~ 6 个科目（5 分）；A Level 3 ~ 4 个科目成绩为 A；IB 预估成绩 38 分 · 作为领导角色发起和组织至少一个校内活动或一个校外活动 · 参加两个国际级别竞赛，并获得名次或奖项 · 确定 ED/EA 院校和专业 · 申请第二个美国暑校并完成所有资料递交流程
高二暑假 （第三年 7 ~ 8 月）	· TOEFL/SAT 冲刺备考学习 · 参加高端夏校项目和课外活动项目 · 参与国际级别竞赛活动作为补充 · 梳理简历、文书及申请材料素材收集整理

续表

时间阶段	申请准备
高三 （第三年 9 月 ~ 第四年 6 月）	· TOEFL 备考，建议目标 115 分 · 保持校内 GPA，如选择了 AP/IB/A Level 科目学习，则完成国际课程统考并达到 AP 3 ~ 6 个科目（5 分）；A Level 3 ~ 4 个科目成绩为 A；IB 预估成绩 38 分 · 长线活动持续参与 · 参加国际级别竞赛，并获得名次或奖项 · 完成简历、个人陈述等申请材料准备，提交早申请及常规申请 · 追踪申请进度、确认入读学校及后续签证入学流程

（此时间轴仅为参考，一切以实际申请为准）

三 美国硕士数据解读和升学规划

1. 美国硕士数据解读

（1）计算机首超金融成为申请专业 TOP 1，生物统计首次上榜

根据前途出国申请数据显示，2023 年申请的热门专业中，计算机科学首次超过金融申请人数，成为热门专业。在快速发展的互联网时代，计算机科学相关专业的毕业生有着良好的就业形势，薪资水平普遍较高，因此申请热度跻身榜首。

生物统计专业首次进入前十榜单。生物统计硕士毕业生在美国有广泛的就业机会，可以在医疗、制药、研究、保险、公共卫生等各个领域发展，尤其是疫情后，越来越多的学生对于运用统计知识进行流行病防控表现出了浓厚的兴趣。另外，生物统计的学生还可以在各种行业中担任数据分析师，这为希望从事数据分析的学生提供了除计算机科学、数据科学和商业分析之外的另一种选择。

2015 年 ~ 2023 年美国硕士申请——十大热门专业及历年申请变化

热度排名	2015 年		2016 年		2017 年		2018 年	
	专业	申请占比	专业	申请占比	专业	申请占比	专业	申请占比
1	电子工程	15.2%	金融	14.1%	金融	14.5%	金融	14.0%
2	金融	14.2%	电子工程	11.9%	电子工程	12.1%	计算机科学	11.9%
3	会计	6.9%	计算机科学	8.4%	计算机科学	9.9%	电子工程	11.1%
4	计算机科学	6.5%	会计	7.7%	统计学	4.8%	统计学	4.6%
5	统计学	5.4%	MBA	4.4%	会计	4.6%	机械工程	4.4%
6	机械工程	4.0%	统计学	4.2%	机械工程	4.5%	商业分析	3.3%
7	MBA	3.9%	土木工程	3.7%	市场营销	3.5%	金融工程	3.3%
8	教育学	3.6%	机械工程	3.6%	法学	3.4%	市场营销	3.2%
9	市场营销	2.9%	市场营销	3.3%	土木工程	3.2%	会计	3.0%
10	工业工程	2.7%	教育学	3.2%	金融工程	3.0%	法学	2.9%

续表

2015 年 ~ 2023 年美国硕士申请——十大热门专业及历年申请变化										
热度排名	2019 年		2020 年		2021 年		2022 年		2023 年	
	专业	申请占比	专业	申请占比	专业	申请占比	专业	申请占比	专业	申请占比
1	金融	13.6%	金融	14.9%	金融	14.2%	金融	13.3%	计算机科学	14.5%
2	计算机科学	12.0%	计算机科学	13.6%	计算机科学	13.6%	计算机科学	13.3%	金融	11.6%
3	电子工程	9.6%	电子工程	9.7%	电子工程	8.7%	电子工程	8.2%	电子工程	8.3%
4	管理	5.9%	商业分析	5.1%	商业分析	6.1%	经济学	6.6%	经济学	6.2%
5	统计学	4.0%	经济学	4.2%	经济学	4.5%	商业分析	6.0%	商业分析	5.2%
6	商业分析	4.0%	统计学	4.1%	数据科学	4.3%	数据科学	5.1%	数据科学	4.7%
7	经济学	3.5%	机械工程	3.8%	统计学	3.5%	统计学	3.7%	公共管理	3.3%
8	机械工程	3.3%	市场营销	2.8%	机械工程	3.1%	市场营销	2.9%	统计学	3.1%
9	其他	3.3%	数据科学	2.8%	金融工程	2.7%	传媒	2.8%	传媒	2.6%
10	金融工程	2.6%	管理信息系统	2.6%	管理	2.6%	公共管理	2.5%	生物统计学	2.5%

（2）TOP 50 院校的计算机科学与金融专业更受欢迎

在 2019 年至 2023 年最受欢迎的院校项目中，约翰斯 · 霍普金斯大学金融专业稳居榜首，连续五年排名第一。该专业之所以备受青睐，主要因为其具备了金融领域的稀缺性：优秀的师资队伍、出色的就业表现、相对较高的申请成功率以及在美国本土和全球范围内的优秀排名。南加州大学数据科学专业的受欢迎程度近五年呈直线上升趋势，2023 年已经位列第六，主要原因也是该专业具有稀缺性。

跌出前十且申请人数呈现明显下降趋势的院校专业包括东北大学金融学、杜兰大学金融学、布兰迪斯大学金融和佩珀代因大学金融学。主要是由于这几所高校在 QS 世界排名中并不占优势。不过排名并不能充分反映一个项目的优劣，建议申请人在选择时要多维度考虑，不仅仅局限于排名。

2019 年 ~ 2023 年美国硕士申请——院校专业受欢迎程度（根据申请人数排名）					
院校和专业	2019 年	2020 年	2021 年	2022 年	2023 年
约翰斯 · 霍普金斯大学 金融专业	1	1	1	1	1
南加州大学 计算机科学专业	2	4	3	3	2
圣路易斯华盛顿大学 金融专业	7	3	2	2	3
哥伦比亚大学 金融经济专业	12	6	6	4	4
纽约大学 计算机科学专业	5	5	4	5	5
南加州大学 数据科学专业	81	68	17	7	6
东北大学 计算机科学专业	11	7	13	14	7

续表

2019 年 ~ 2023 年美国硕士申请——院校专业受欢迎程度（根据申请人数排名）					
院校和专业	2019 年	2020 年	2021 年	2022 年	2023 年
卡内基梅隆大学 计算机科学专业	39	23	13	9	8
罗切斯特大学 金融专业	4	2	5	6	9
约翰斯 · 霍普金斯大学 经济学专业	46	54	27	8	10
加州大学圣地亚哥分校 金融专业	24	21	7	16	11
波士顿大学 计算机科学专业	18	9	10	33	15
南加州大学 金融专业	49	41	8	102	19
南加州大学 电子工程专业	10	10	17	23	31
东北大学 金融专业	3	8	9	34	42
凯斯西储大学 金融专业	22	15	11	10	45
杜兰大学 金融专业	9	11	31	74	125
布兰迪斯大学 金融专业	8	13	40	48	149
佩珀代因大学 金融专业	6	12	65	72	171

（3）多专业混申占比近七成，逐渐成为主流趋势

如今，多专业混申的申请人比例持续上升，申请两个及以上专业的学生由 2018 年的 36.9% 增长到 2023 年的 67.6%，未来仍有扩大的趋势。出现这一现象主要由于学生为了冲刺排名高的院校，对专业的接受度较广；也有学生为了入读喜欢的专业，会同时申请本专业和心仪的其他专业。

2018 年 ~ 2023 年美国硕士申请——申请专业个数占比

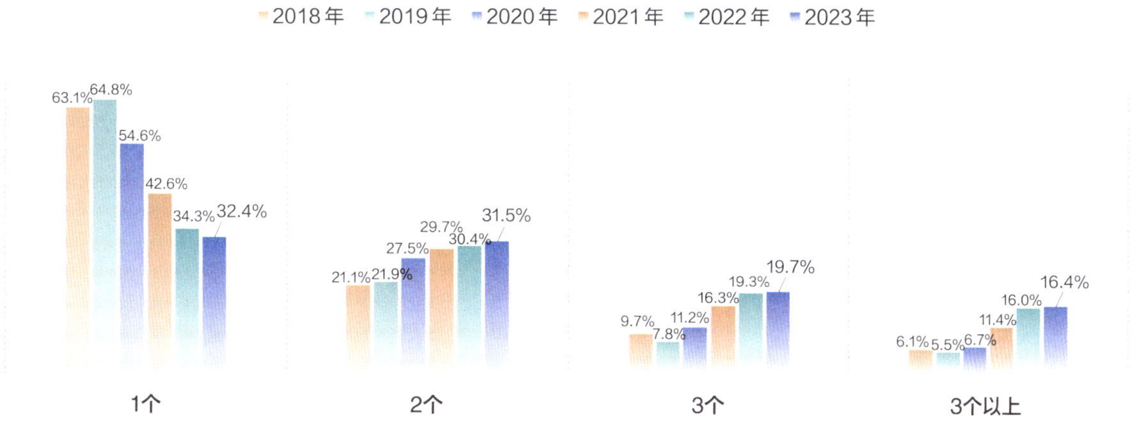

（4）理工科申请占比过半，商科申请占比不足三成

理科和工程专业的申请个数占比从 2015 年的 50% 增长到 2023 年的 54.7%，仍是热门选择。这是由于美国高校的理工科教育实力强劲，且普遍与当地企业联系紧密，能为学生提供完善的科研环境和丰富的实习机

会，这种优势条件也使美国硕士申请依然集中在理工科。

商科申请占比仍然较高。不过，从近九年的数据中可以看到，商科的申请个数占比有持续下降趋势，这是因为越来越多的学生在选择硕士专业前，对职业发展的了解更加充分，部分学生发现理工科整体就业情况优于商科，因此他们大多会选择转申或混申理工科项目，导致人数占比出现下降。

此外，选择其他专业类别的学生占比在 2023 年飙升，如老龄学、城市信息学、交互娱乐等，专业选择开始呈现多元化发展趋势。

2015 年 ~ 2023 年美国硕士申请——专业占比

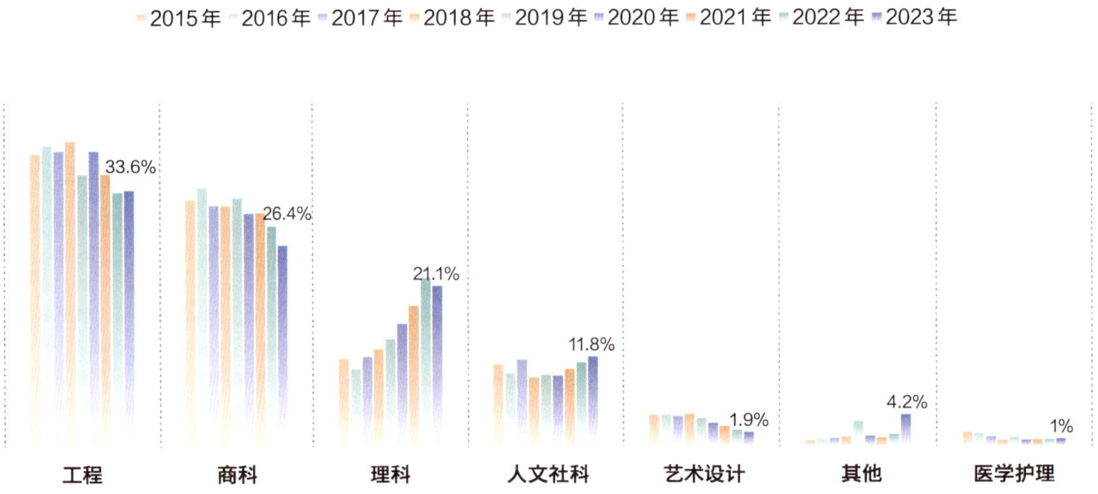

（5）专业选择上性别差异明显

2023 年申请工程类专业的学生大部分是男生，占比为 74.9%。而在人文社科、医学护理和艺术设计类专业的申请人中，女生人数占比远多于男生，占比在 60% 到 70% 之间。一方面这与性别差异及兴趣偏好有关；另一方面在申请硕士专业时，申请人也往往会为了保持自身专业的延续性，选择与本科专业相同或相近的专业。

2023 年美国硕士申请——不同性别申请专业占比

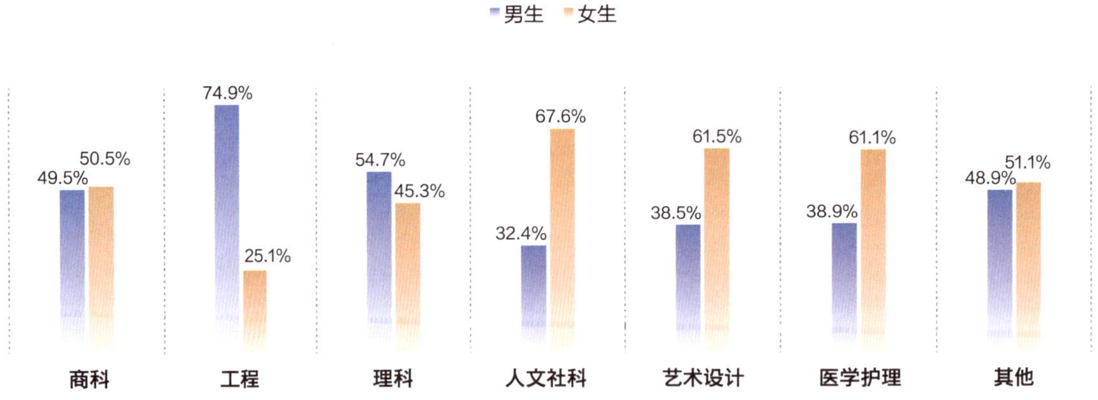

（6）海外本科院校占比超四成，其中超八成是美国本科生源

赴美就读硕士的学生中，海外本科院校申请人数占比逐年升高，从 2015 年的 15.3% 上升到了 2023 年的 42.9%。其中，海外本科院校申请人中 81.2% 是在美国上学的学生。一方面由于前几年美国本科和硕士申请人数持续上升，使这部分学生的升学需求随之提升，另一方面是因为在国外就读本科和硕士的学生拥有海外就读的体验，让这部分学生对国际教育更加认可，所以仍会坚持申请美国硕士。

但总体上看，国内院校申请人数占比过半，仍多于海外院校申请人数。这也是因为美国拥有的世界知名高校数量多，录取机会大，且美国知名院校的硕士毕业生受到很多大型跨国公司和国内知名企业的青睐，因而赴美深造更受中国留学家庭认可。

2015 年 ~ 2023 年美国硕士申请——院校背景占比

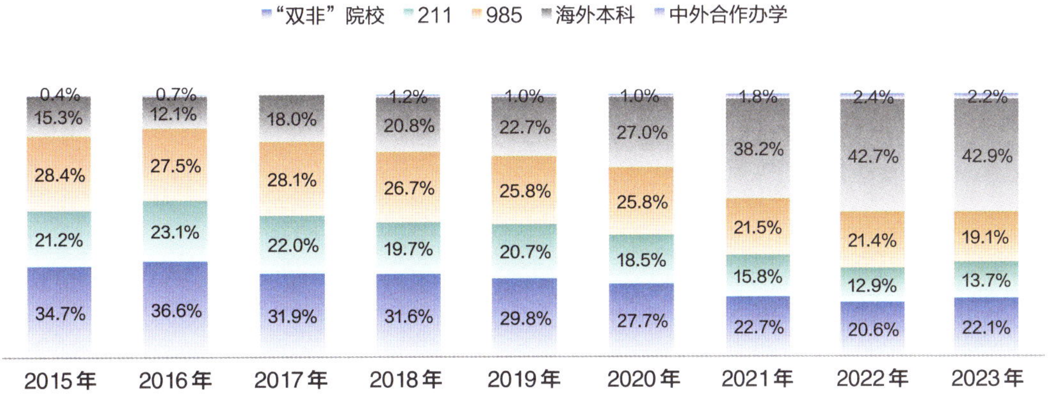

2023 年美国硕士申请——海外本科学生院校背景占比

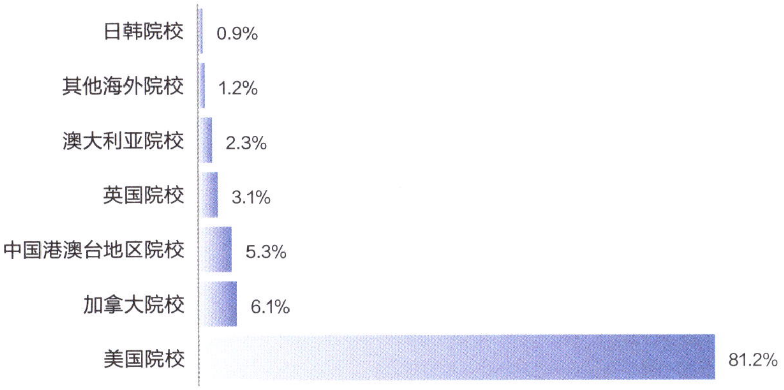

（7）海外本科生录取率更胜一筹，中外合作办学逐渐受到认可

在 TOP 30 院校中，海外院校背景人数占比较高，申请成功率也相对更高。这与海外院校申请人数逐年增加有很大的关系，海外院校通常能为本校学生提供很多高水平的科研与实习的参与机会，从而使海外本科学生的软实力背景更为突出。此外，从各排名区间院校的录取学生占比中可以看出，来自中外合作办学院校的学生群体在逐年攀升，这也证明海外高校对国内中外合作办学的认可度越来越高。

此外，通过申请成功率数据可以看到，同一排名区间不同院校背景的学生申请成功率差别不大，这说明美国高校对硕士申请人的考查是全方位的，本科院校背景并不是硕士录取的唯一标准。

2015 年 ~ 2023 年美国硕士录取——不同院校背景学生录取占比

美国TOP 10院校

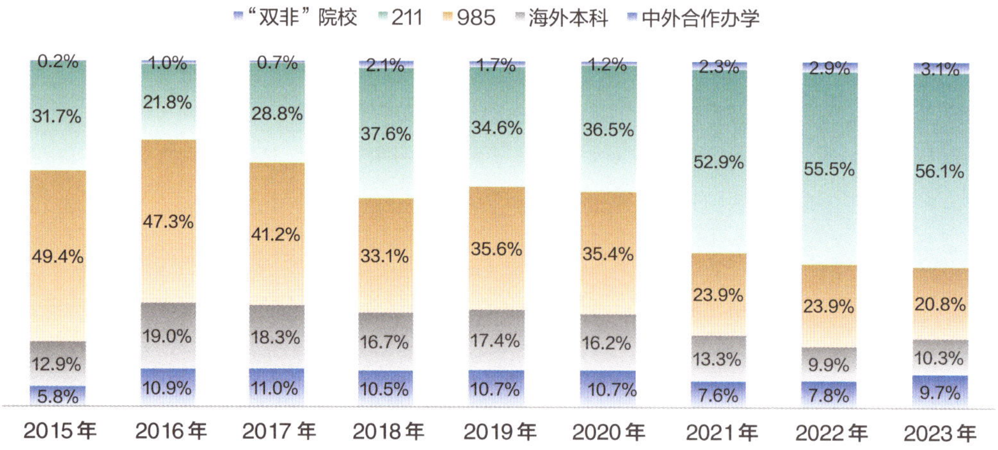

美国TOP 11~30院校

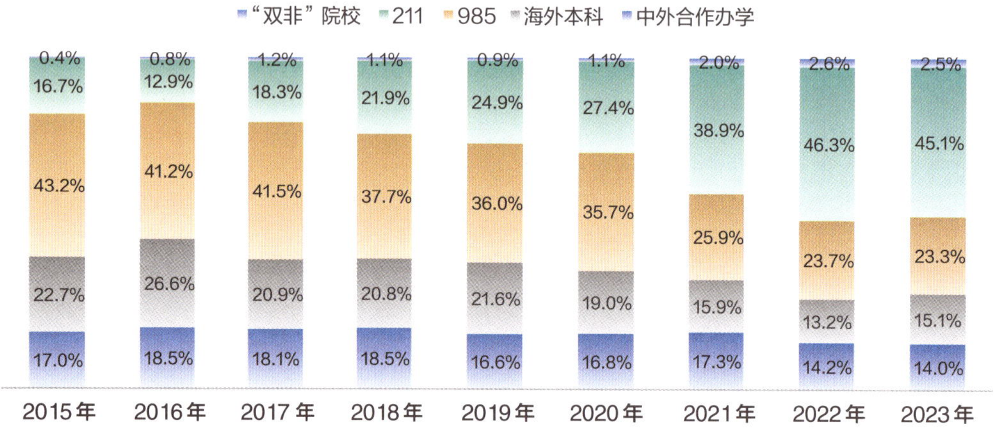

美国TOP 31~50院校

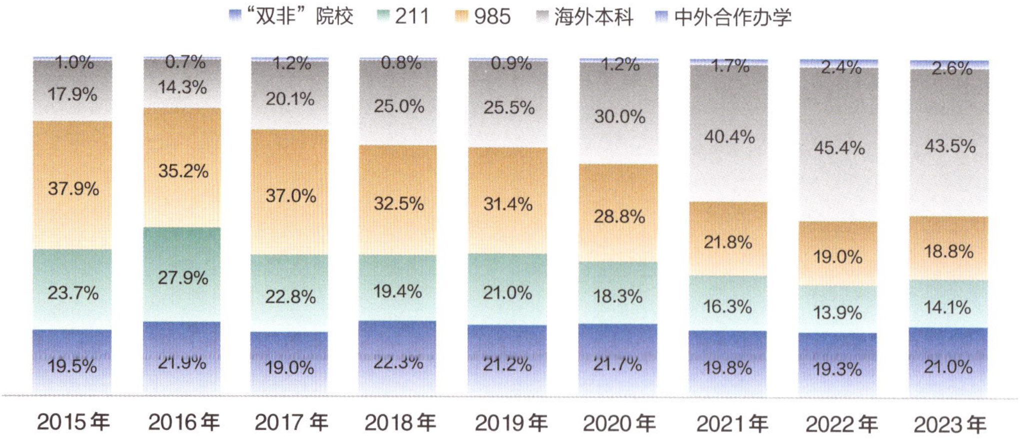

美国TOP 51~100院校

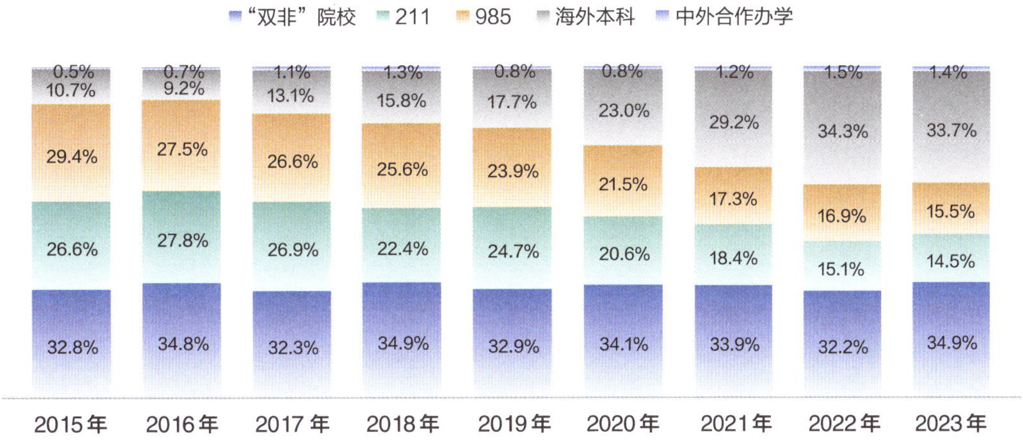

2015年~2023年美国硕士录取——不同院校背景学生申请成功率

本科院校	2015年	2016年	2017年	2018年	2019年	2020年	2021年	2022年	2023年
TOP 10									
“双非”院校	19.8%	32.7%	35.5%	30.3%	30.1%	28.5%	16.2%	20.1%	24.5%
211	24.7%	32.5%	36.5%	28.7%	29.8%	32.5%	23.5%	23.5%	22.1%
985	33.9%	38.8%	38.8%	29.0%	31.5%	35.6%	23.3%	26.1%	25.8%
海外本科	37.1%	27.9%	34.9%	32.2%	30.9%	34.8%	25.7%	26.3%	27.9%
中外合作办学	20.0%	50.0%	19.4%	31.5%	42.4%	33.3%	22.7%	29.3%	25.5%
平均值	31.9%	34.1%	36.6%	30.3%	31.0%	33.9%	23.7%	25.4%	26.3%
TOP 11~30									
本科院校	2015年	2016年	2017年	2018年	2019年	2020年	2021年	2022年	2023年
“双非”院校	38.2%	42.4%	42.6%	40.8%	36.7%	40.1%	39.8%	35.3%	35.6%
211	39.0%	43.2%	42.0%	40.6%	38.7%	42.5%	37.4%	37.5%	38.4%
985	37.4%	40.3%	43.8%	39.6%	40.0%	44.9%	39.5%	36.7%	38.4%
海外本科	34.4%	36.1%	38.3%	37.3%	38.6%	44.6%	38.1%	38.9%	36.2%
中外合作办学	30.8%	40.0%	43.4%	38.2%	34.9%	40.3%	38.3%	39.9%	35.0%
平均值	37.3%	40.8%	42.1%	39.5%	38.7%	43.4%	38.6%	37.7%	36.9%
TOP 31~50									
本科院校	2015年	2016年	2017年	2018年	2019年	2020年	2021年	2022年	2023年
“双非”院校	43.4%	44.3%	51.7%	50.7%	44.2%	55.0%	48.7%	50.3%	47.6%
211	37.4%	44.1%	47.4%	45.1%	43.6%	53.3%	50.3%	48.8%	48.6%

续表

TOP 31~50									
本科院校	2015年	2016年	2017年	2018年	2019年	2020年	2021年	2022年	2023年
985	34.8%	38.6%	50.2%	45.0%	44.3%	51.1%	51.7%	49.2%	47.8%
海外本科	40.8%	42.1%	53.1%	50.2%	47.0%	55.6%	52.4%	52.9%	51.4%
中外合作办学	53.8%	34.6%	41.9%	28.2%	34.0%	51.9%	45.9%	46.9%	47.9%
平均值	38.4%	41.9%	50.3%	47.3%	44.6%	53.7%	50.9%	50.8%	49.4%
TOP 51~100									
本科院校	2015年	2016年	2017年	2018年	2019年	2020年	2021年	2022年	2023年
"双非"院校	41.6%	49.8%	51.5%	53.1%	52.7%	62.3%	68.3%	64.5%	64.1%
211	46.6%	52.5%	54.4%	55.6%	54.2%	64.3%	69.6%	65.0%	61.8%
985	46.2%	49.5%	56.8%	55.2%	55.5%	61.6%	65.6%	64.3%	59.0%
海外本科	48.3%	50.2%	52.0%	51.1%	47.7%	60.9%	61.1%	57.8%	61.2%
中外合作办学	50.0%	59.3%	56.0%	46.3%	57.7%	59.1%	70.7%	61.4%	71.7%
平均值	45.1%	50.5%	53.8%	53.8%	52.9%	62.2%	66.0%	62.3%	62.0%

（8）超八成学生获得 TOP 50 院校录取，竞争激烈

2015 年到 2022 年，不同排名区间的院校录取学生人数均呈现出上升趋势。随着学生和家长早规划、早准备的意识不断提高，大多数学生从大一、大二就开始规划留学，各种事项准备得很充分，因此也提高了相应的录取成功率。

而在 2023 年，不同排名区间的院校录取的学生人数均略有下降，但依旧有超八成的学生获得 TOP 50 院校的录取。总体出现下降的原因主要在于随着国际形势的逐渐稳定，2023 年申请知名院校的学生数量激增，但录取的学生数量却没有明显增长，可见申请竞争更为激烈。

2015 年 ~ 2023 年美国硕士录取——不同排名区间院校录取成功率

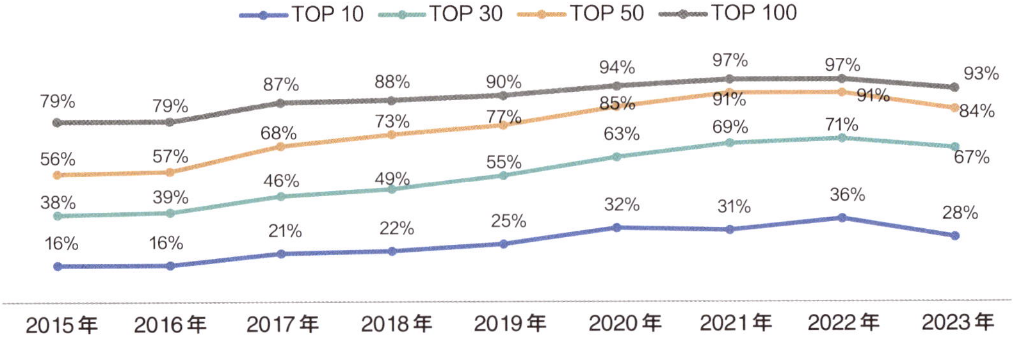

（9）对标化成绩需求仍保持高位

2023 年美国硕士申请人各项考试平均录取成绩同比 2022 年差距不大，TOP 100 院校的录取标准趋于稳定。美国大学硕士项目对于学生的标准化考试成绩有严格的要求，排名越高的学校，录取学生的平均成绩越

高。但需要注意的是，这些分数是包含了各个专业的录取平均分数，并不是分数线。美国高校对硕士的考核标准不仅包括分数，还包括科研实习等软性实力。

2023 年美国硕士录取——不同排名区间院校平均成绩					
院校排名	GPA	TOEFL	IELTS	GRE	GMAT
TOP 10	3.65	104	7.1	326	728
TOP 11~30	3.57	101	7.0	324	693
TOP 31~50	3.41	99	7.0	323	651
TOP 51~100	3.18	95	6.7	320	627
TOP 100+	3.08	90	6.4	318	600

从过去几年的录取平均标准化成绩来看，TOP 100 院校的录取标准趋于稳定，TOP 100 以内的院校对于 GRE 和 TOEFL 录取分数相对 2020 年有小幅度上升，而 GPA 基本没有变化。

一是因为国内学生有不少参加了 GRE 和 TOEFL 在家考试，取得了更为理想的成绩；二是很多项目免除了对 GRE/GMAT 成绩的需求，因此只有 GRE/GMAT 达到理想分数的学生才会选择提交，这也使 GRE/GMAT 整体的分数有所提升，但不代表院校对 GRE/GMAT 的要求大幅提高。

2015 年 ~ 2023 年美国硕士录取——不同排名区间院校平均 GPA 成绩

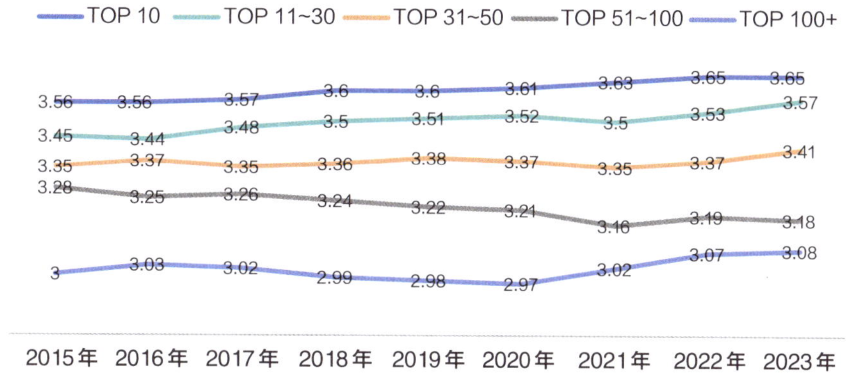

2015 年 ~ 2023 年美国硕士录取——不同排名区间院校平均 TOEFL 成绩

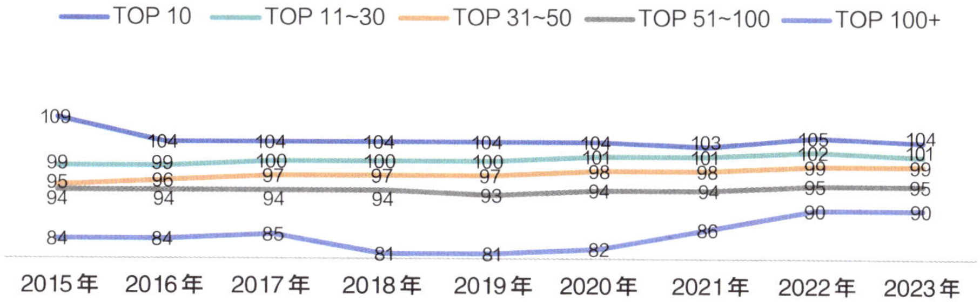

2015 年 ~ 2023 年美国硕士录取——不同排名区间院校平均 GRE 成绩

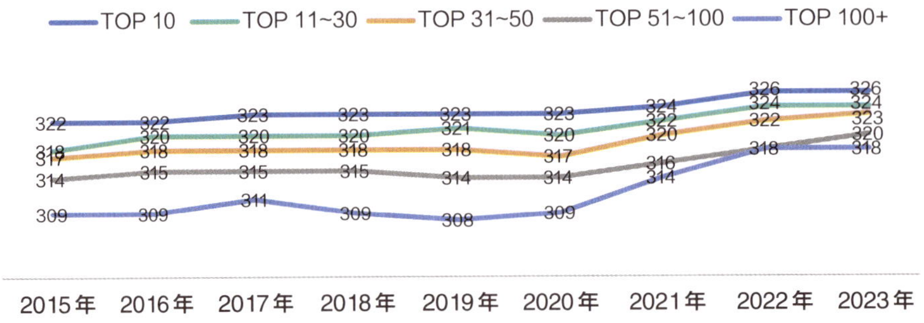

2015 年 ~ 2023 年美国硕士录取——不同排名区间院校平均 IELTS 成绩

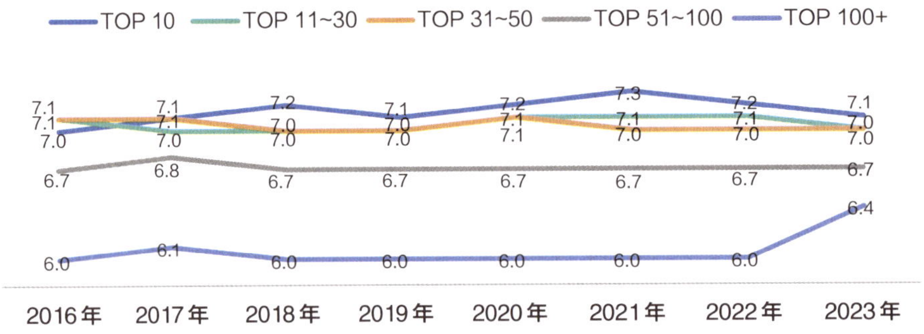

（10）热门专业录取成绩差异显著

为了进一步分析录取难度与专业之间的联系，前途出国统计了 2023 年比较热门的申请专业——金融、计算机科学、电子工程、商业分析和数据科学，这五个专业在各个排名区间院校的平均录取成绩差别显著。

在 TOP 51~100 和 TOP 100+ 排名区间的院校中，部分专业所录取学生的 GRE/GMAT 成绩较排名靠前的院校更高，这主要是由于很多项目免除了对学生 GRE/GMAT 成绩的需求，因此只有达到理想分数的学生才会选择提交成绩，这也导致整体分数偏高。

在 TOP 10 院校中，计算机科学专业的平均录取成绩最高。根据美国《2023 年开放门户报告》，对中国学生来说，申请人数多集中在数学及计算机科学类，其比例已经连续 12 年上涨，这也导致其录取分数在各个专业中是比较高的。

2023 年美国硕士录取——不同排名区间院校计算机科学专业平均成绩

专业	院校排名	GPA	TOEFL	GRE
计算机科学	TOP 10	3.78	103	327
	TOP 11 ~ 30	3.71	102	324
	TOP 31 ~ 50	3.48	99	322
	TOP 51 ~ 100	3.33	96	320
	TOP 100+	3.11	94	321

2023 年金融专业的各个分数在 TOP 10 和 TOP 11~30 排名区间保持着差距，TOP 10 院校申请竞争仍然激烈。

2023 年美国硕士录取——不同排名区间院校金融专业平均成绩					
专业	院校排名	GPA	TOEFL	GRE	GMAT
金融	TOP 10	3.62	104	329	724
	TOP 11 ~ 30	3.53	103	326	705
	TOP 31 ~ 50	3.37	100	324	690
	TOP 51 ~ 100	3.16	96	321	691
	TOP 100+	2.95	86	314	—

在 TOP 10 这个排名区间，数据科学专业平均 GPA 成绩最高，竞争激烈程度超过计算机科学。数据科学作为一个跨学科领域，结合了统计学、信息科学和计算机科学的科学方法、系统和过程，通过结构化或非结构化数据提供对现象的洞察。此外，很多计算机项目也包含数据科学的子方向，对申请人的专业背景要求不太严苛，因此很多理工或商科背景的申请人都会申请这个专业。近年来随着大数据的兴起，很多学校单独开设了数据科学的硕士项目，但数量不多，导致数据科学专业申请难度较高，尤其是排名靠前的院校。

2023 年美国硕士录取——不同排名区间院校数据科学专业平均成绩				
专业	院校排名	GPA	TOEFL	GRE
数据科学	TOP 10	3.82	100	325
	TOP 11 ~ 30	3.64	100	324
	TOP 31 ~ 50	3.29	93	324
	TOP 51 ~ 100	3.05	94	322
	TOP 100+	2.76	90	320

相比之下，电子工程专业不存在类似情况，大部分院校都开设电子工程项目，该专业录取平均成绩与院校排名区间的相关性更强。

2023 年美国硕士录取——不同排名区间院校电子工程专业平均成绩				
专业	院校排名	GPA	TOEFL	GRE
电子工程	TOP 10	3.69	104	324
	TOP 11 ~ 30	3.58	101	322
	TOP 31 ~ 50	3.45	98	321
	TOP 51 ~ 100	3.16	95	320
	TOP 100+	2.82	93	321

与金融学类似，虽然 TOP 30 院校开设的商业分析硕士项目较少，但录取分数也在 TOP 10 和 TOP 11~30 两个区间内保持差距，说明 TOP 30 的竞争仍然激烈。另外，商业分析对量化和编程的背景要求更高一些，整体申请难度也高于金融专业。

2023 年美国硕士录取——不同排名区间院校商业分析专业平均成绩				
专业	院校排名	GPA	TOEFL	GRE
商业分析	TOP 10	3.63	104	329
	TOP 11 ~ 30	3.59	102	326
	TOP 31 ~ 50	3.42	103	325
	TOP 51 ~ 100	3.21	98	319
	TOP 100+	2.98	84	316

2. 美国硕士升学规划

（1）美国硕士教育体制介绍

美国硕士教育体制非常多样化且复杂，不同学校，甚至同一学校不同专业，其体制都会有差别，很难一言以蔽之。但根据教育目的不同，大体可以分为学术类和职业类两种硕士类型。

1）学术类

学术类的硕士以科研活动为基础，课程内容也以学生研究方向为导向，从而为学生未来的研究性职业生涯做准备。此类学位课程通常要求学生完成原创研究，也可能会涉及某种类型的实地调查，并发表一篇论文才可以毕业。学术类学位涵盖多个学科，任何涉及理论、方法论和研究材料课程的专业都被归为此类。

常见的学位有文学硕士（Master of Arts，MA）和理学硕士（Master of Science，MS），学位攻读时长多为 18~24 个月。

2）职业类

在美国教育体系中，职业类学位旨在通过注重实践技能而不是理论和分析来为某一特定职业做准备。职业硕士学位通常是“终端”硕士项目，其课程除了相关的专业知识还会涉及很多就业相关技能的培养。学位攻读时长通常为 9~18 个月（个别专业需要 24 个月）。

通常来讲，此类硕士不需要或者不强制学生发表论文，这也意味着此类硕士对博士项目的申请帮助甚微，不能被看作是申请博士项目的前置准备。此外，这类学位名称通常由具体学科类型命名，常见的有：

➢ **工商管理硕士（Master of Business Administration，MBA）**

工商管理硕士课程是一个广泛的、以商业为基础的专业学位，相关课程直接适用于当前关键商业领域的概念和实践。学生可以探索会计、金融、信息系统、市场营销、商业战略等主题。一般来说，此学位需要攻读两年，但一些加速课程可以在一年内完成。

➢ **工学硕士（Master of Engineering，M.Eng）**

工学硕士是为毕业后计划从事工程相关行业的学生设计的。几乎所有工学专业都可以归为此类学位，比如航空、农业、生物医学、化学、土木、计算机、电气、环境、工业、机械、石油、软件工程等。其中，比较受欢迎的领域包括电气、电子、机械和土木工程。近年来，也有越来越多的学生开始选择攻读生物医学和计算机工程的相关工学学位。

➢ **法学硕士（Master of Laws，LL.M.）**

法学硕士是国际公认的硕士法律学位，通常需要完成一年的全日制课程才能获得，主要教授的是律师所需的基本技能知识与一些特定法律领域的专业知识。

➤ **教育学（Master of Education，M.Ed）**

一些教育硕士学位是为学生获得教师认证做准备，而另一些则更适合经验丰富、已经获得认证的教师，以专注于课程、教学、特殊教育、咨询和管理等领域的工作。

➤ **公共管理硕士（Master of Public Administration，MPA）**

公共管理硕士是类似于 MBA 的公共政策学位，但侧重于公共部门而不是私营部门。学生可以专攻环境、国际管理和科学技术等领域，旨在为政府、非政府组织（NGO）、非营利组织进行咨询性工作。

➤ **建筑学（Master of Architecture，M.Arch）**

建筑学硕士学位的种类不同，所以申请人可以根据自己的背景和需要找到自己所需的学位种类。通常来说，建筑学的学生必须完成设计、建筑科学、结构工程、建筑历史和理论以及专业实践等学科的课程要求才可以毕业。

➤ **公共卫生（Master of Public Health，MPH）**

公共卫生学位侧重于公共卫生实践，而不是研究或教学。公共卫生学位除了核心课程外，通常还会让学生追求特定领域的专业，例如流行病学、生物统计学或健康管理。

除了上述常见的职业类硕士学位名称，现在很多美国高校的文学硕士和理学硕士在培养学生科研能力的同时也兼顾就业方面的教育，学生可以通过选课来规划自己的学业路径。比如哥伦比亚大学文学硕士统计学专业（MA in Statistics）、耶鲁大学文学硕士国际经济发展专业（MA in International and Development Economics）、芝加哥大学文学硕士社会科学专业（Master of Arts Program in the Social Science）等。

（2）美国硕士教育优势

美国之所以可以在世界很多领域处于领先地位，这和他们的教育水平，尤其是高等教育的发展息息相关。美国的大学拥有众多科技和人文方面的人才，自 1901 年诺贝尔奖开始颁布以来，已经有 400 位美籍人士获得诺贝尔奖，而且美国大学获得诺贝尔奖的数量也一直遥遥领先。因此，在美国攻读高等学位会有更多的机会去接触各个领域的前沿研究。

同时，美国的高等教育以向学生提供各种各样的学位和学习选择而闻名。据不完全统计，有超过 1,000 所学院和大学提供各种领域的硕士学位课程，学生通常有机会获得与他们特定兴趣和目标一致的学习机会。

此外，在美国大学获得硕士学位可以在很大程度上拓宽学生未来的职业选择和机会。在校期间，国际学生可以利用体验式学习和实习的优势，在他们感兴趣的领域获得实践，帮助学生与未来的雇主建立更牢固的关系，甚至可以获得雇主为他们提供签证担保的机会。在美国，所有持有 F-1 签证的学生都可以获得 12 个月实践培训（OPT）的资格，如果是 STEM（科学、技术、工程和数学）学位的 F-1 学生，其 OPT 还可以额外延长 24 个月（共计 36 个月），以积累更多实践经验。

（3）美国硕士申请要求

美国硕士的申请要求，一般可归纳为“硬指标”和“软实力”两大类。

“硬指标”是指可以量化或者直接判断是否达到要求的指标，比如学习成绩（GPA）、标准化分数（TOEFL/IELTS、GRE/GMAT），以及先修课成绩（尤其针对转专业申请人）等。

“软实力”则体现在学生综合素质和学术、实践经历中，比如科研经历、工作 / 实习经历、教学经历等。

针对不同专业的申请要求，高校会有不同的侧重点。下面就以比较受中国学生欢迎的计算机和金融学专业以及比较有特点的法学专业为例，阐述常见硕士专业的申请要求。

计算机专业

虽然大部分美国高校的计算机硕士项目会鼓励不同专业背景的学生申请，但更建议申请学生拥有计算机相关领域的学术背景，或者修读微积分、概率与统计、离散数学、线性代数、面向对象编程语言等相关课程，并在数据结构、算法设计和分析、计算机组成原理和体系结构等方面有一定的基础，这样在修读硕士课程时不会非常吃力。

硬指标：建议平均成绩（GPA）达到 3.0 以上，3.5 以上为佳。需提供 GRE 成绩，虽然大部分学校对 GRE 没有最低分数要求，但一般情况下 GRE 达到 320 分以上会比较有竞争力。如果想要申请计算机专业的知名高校，如卡耐基梅隆大学，GRE 达到 325 分甚至 330 分以上才算比较有竞争力。

软实力：虽然大部分学校对于软实力没有硬性要求，但建议学生在本科期间尽可能多跟随教授做科研，具备与申请方向相关的科研经历，提升录取竞争力。

金融学

大部分高校的金融学硕士对学生背景没有强制要求，但很多金融学硕士注重培养学生分析大量实时数据去做财务决策和风险管理的能力。因此，建议申请人修读微积分、线性代数、概率论与统计，以及编程语言如 Python/R、C、C++ 等相关课程。

硬指标：建议平均成绩（GPA）达到 3.0 以上，3.5 以上为佳。需提供 GRE 或者 GMAT 成绩，GRE 建议 320 分以上；如提交 GMAT 成绩，建议 680 分以上。

软实力：大多数美国院校对申请学生的软实力没有硬性要求，但部分学校会建议学生具备和申请专业方向相关实习经验。如果有在知名投行、咨询公司、券商或者金融机构实习的经历，能为申请加分。

法学（主要指 Master of Laws）

美国的法学硕士项目大多对申请学生的背景要求非常严格。TOP 100 的高校中，超过九成的法学硕士需要或建议申请人具有法学学士学位。个别院校虽然对申请人的学历背景要求有所降低，但也需要申请人有法律实习等相关经历。

硬指标：建议平均成绩（GPA）至少达到 3.0；建议提供 GRE 成绩或 LSAT 成绩。

软实力：大多数美国院校对软实力没有硬性要求，但部分学校会建议学生具备与申请方向相关的实习经验。

（4）美国硕士申请材料

美国硕士申请材料一般包含文书类材料、成绩类材料和资金类资料。其中，文书材料一般包含学术经历陈述（Statement of Purpose）、个人经历陈述（Personal History Statement）、简历（CV/Résumé）、推荐信（Letter of Recommendation）等，这些都是校方评估申请学生时重要的基础性参考材料。部分学校还会依据专业和研究领域的特性，要求申请人提交其他相关申请材料。成绩类材料包含大学成绩单（GPA）、标准化分数（TOEFL/IELTS、GRE/GMAT 等），该类材料可以直接衡量申请学生的硬性条件是否达标。资金类材料包含存款证明、资助信（如果存款证明不在本人名下）和信用卡，用来衡量申请人的财力状况是否负担得起在美读书费用。

以下是几类美国硕士申请材料的详细解读：

1）文书类材料

学术经历陈述（Statement of Purpose）：是指学生按照学校申请要求所撰写的有关自身学术经历、申请意愿和研究目标的文章。内容一般包含申请学生的教育背景和专业兴趣、实习工作经历、希望研究的领域以及未来的职业发展目标等。

个人经历陈述（Personal History Statement）：有些学校，尤其是加州的高校会让申请学生提供一份个人经历陈述。不同于学术经历陈述，它更注重学生个人成长经历的过程，是否在求学中遇见过困难、展现过领导力，或者通过了解妇女、国内少数民族、残疾学生和其他在高等教育职业中代表性不足的群体成员所面临的障碍，展示出为高等教育做出贡献的潜力。

简历（CV/Résumé）：通常指对申请学生个人学术经历、实习就业经历、获奖情况、社会及校园活动经历、兴趣特长等个人经历的全面简述。

推荐信（Letter of Recommendation）：不同学校、不同专业对推荐信数量和推荐人背景的要求各有不同，推荐人的选择需要根据所申请专业的要求来确定。通常来讲，推荐信应该由教授过申请学生课程或指导过其科研的教职员工撰写。他们可以评估学生在学术工作等方面的潜力。同时学生还可以让实习、工作的现任或前任主管提供推荐信。

需要注意的是，不同的学校和专业会根据其所在的领域和方向为申请学生制定不同的文书提交要求，包括小论文（Essay）、传媒类专业要求的作品样本（Writing Sample）、艺术类专业要求的作品集（Portfolio）等。

2）学术类文件

在读学生需要提供学校官方开具的中英文成绩单与在读证明，而且必须有学校所使用的评分体系标准，例如 0~100 分、A~F 等，一定要在成绩单上有书面说明。已毕业学生除了提供成绩单以外，还需要提供学校官方开具的中英文毕业证与学位证。

需要注意的是，部分学校对部分专业尤其是商科、法学、公共卫生等会要求申请学生对其非美国或者加拿大的学习经历进行认证评估，常见的认证机构有世界教育服务（WES）文凭认证、教育认证评估（ECE），以及法学院录取委员会（LSAC）等。其中，LSAC 认证主要针对法学专业的申请学生。

3）资金类材料

资金类材料一般包含存款证明和资助信（存款证明不在本人名下）、信用卡。

一般来说，存款证明在硕士申请的过程中是不需要提供的，在学生申请 I-20 表格办理入学和申办学生签证时才会用到。存款金额根据学校或专业要求的存款条件而定。需要注意的是，银行资信证明、理财金、保险、股票等证明文件在申请阶段不能作为资金证明使用，美国大学申请过程中只接受“银行存款”作为资金担保证明。如果存款证明不在申请人名下，则还需要父母签署的资助信做支持。

此外，为了方便在申请过程中支付美国大学的在线申请手续费，学生或者家长需准备一张双币信用卡，外币信用额度最好在 500 美元以上，并开通网上支付功能。

（5）美国硕士申请规划时间轴

时间阶段		申请准备
大一	上学期	· 了解美国硕士教育基本情况，确定留学意向 · 积极融入大学课程学习，争取优异成绩 · 了解专业相关的重要竞赛及参赛时间 · 制定语言考试（TOEFL 或 IELTS）备考计划
	寒假	· 参加语言考试（TOEFL 或 IELTS）基础培训
	下学期	· 根据上学期成绩积极调整学习计划，继续保持优异成绩 · 至少参加一次语言考试 · 积极参加专业相关的竞赛
	暑假	· 积极准备并再次参加语言考试，目标分数：TOEFL 80+ 或 IELTS 6.0+
大二	上学期	· 学校课程难度开始加大，继续争取优异成绩 · 认识自我，可通过职业测评，初步确定自身职业规划 · 积极参加专业相关的竞赛
	寒假	· 再次参加语言考试，目标分数：TOEFL 90+ 或 IELTS 6.5+ · 了解申请院校专业设置，结合自身职业规划，初步确定申请专业 · 了解本校科研和竞赛资源，准备个人背景提升
	下学期	· 继续争取优异大学成绩 · 有条件的可以申请海外暑期课程，提前接触了解海外课程教学特点 · 积极寻找校内科研和竞赛机会
	暑假	· 再次参加语言考试，目标分数：TOEFL 100+ 或 IELTS 7.0+ · 参加海外暑期课程，并争取优异成绩
大三	上学期	· 本学期专业课程较多，难度较大，努力保持大学成绩 · 开始准备 G 类考试（根据自己所申请专业来决定考 GRE 或者 GMAT） · 积极参加校内科研和竞赛项目
	寒假	· 参加 G 类考试，目标分数：GRE 315+ 或 GMAT 600+ · 有条件的话可以准备参加海外暑期科研，积极联系海外教授
	下学期	· 全力冲刺大学课程学习，争取 GPA 3.5+（平均成绩 85 分以上） · 再次参加 G 类考试，目标分数：GRE 320+ 或 GMAT 650+ · 继续参加科研项目并争取发表论文，寻找校外实习机会
	暑假	· 再次参加 G 类考试，目标分数：GRE 325+ 或 GMAT 680+ · 有条件的话前往海外参加暑期科研或进行校外实习
大四	上学期（9~10 月）	· 确定申请院校，准备文书及其他申请相关的材料
	上学期（11~12 月）	· 陆续提交申请并寄送相关材料 · 准备面试
	下学期	· 收获 offer · 准备办理签证 · 购买机票、租房等行前准备

（此时间轴仅为参考，一切以实际申请为准）

四 美国博士数据解读和升学规划

1. 美国博士数据解读[4]

（1）博士申请上涨 2%，奖学金政策或是主要吸引力

在美国研究生申请中，近几年来博士申请人数的比例整体呈上升趋势，从 2018 年的 4.7%，到 2023 年的 10.9%，涨幅达 1.5 倍。这与美国高校为博士学生提供诸多利好政策有着密不可分的关系。

大部分美国高校会为博士学生提供全额奖学金或者部分助学金，用来减轻学生负担。有时还提供或者鼓励学生申请研究助理（RA）或教学助理（TA）的工作机会，帮助学生获得额外的收入，因而受到学生欢迎。

2015 年 ~ 2023 年美国博士申请——申请人数占比趋势

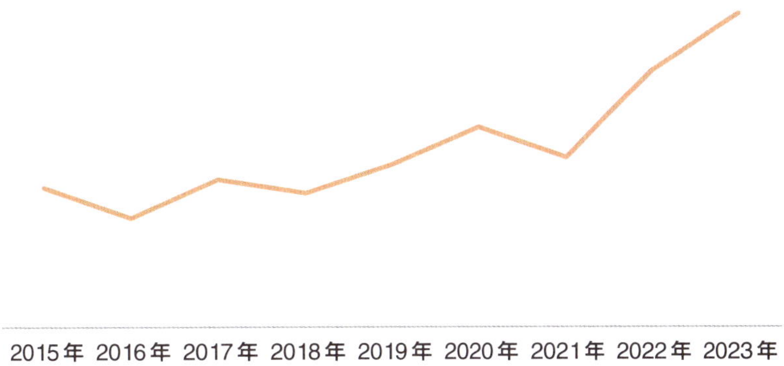

（2）海外本科直博人数再创新高，占比超四成

与国内大多数博士项目要求不同，美国博士项目对申请人的学历背景没有硕士学位的强制需求，不仅接受硕士生的申请，同时也接受本科生的申请。另外，相比中国教育体系，美国高校更熟悉海外教育体系，因此海外本科生的背景在申请美国博士时有一定优势。

根据前途出国连续六年的申请数据可以看到，海外本科申请人连续六年上升，在 2023 年再创新高，占总申请人数的 44.9%，相较于 2018 年上涨 27.5%。其原因主要是海外本科申请人对美国高校的学术水平和博士教育制度更加了解并认可，因此也更倾向来美国继续深造。

2018 年 ~ 2023 年美国博士申请——不同院校背景申请人数占比

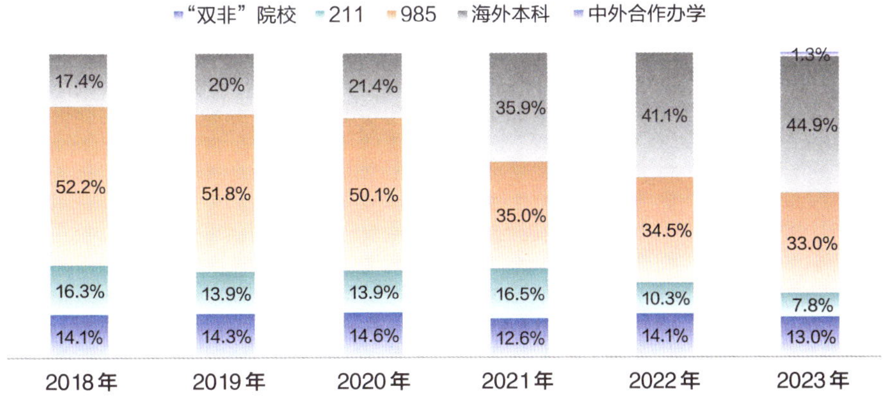

4 由于前途出国美国博士申请信息存在实时更新的情况，2023 年统计的历年数据占比与往年有所不同，以本书最新统计数据为准。

（3）“双一流”院校学生的博士申请成功率超三成

来自“双一流”院校的学生博士录取率较高，录取率超三成，但整体博士申请成功率呈现下降趋势。这主要是由于美国高校的博士项目并没有大规模扩招，而申请人数却不断增加，从而导致申请竞争变得更加激烈。

2018 年 ~ 2023 年美国博士申请——不同院校背景申请成功率（录取个数 / 申请个数）

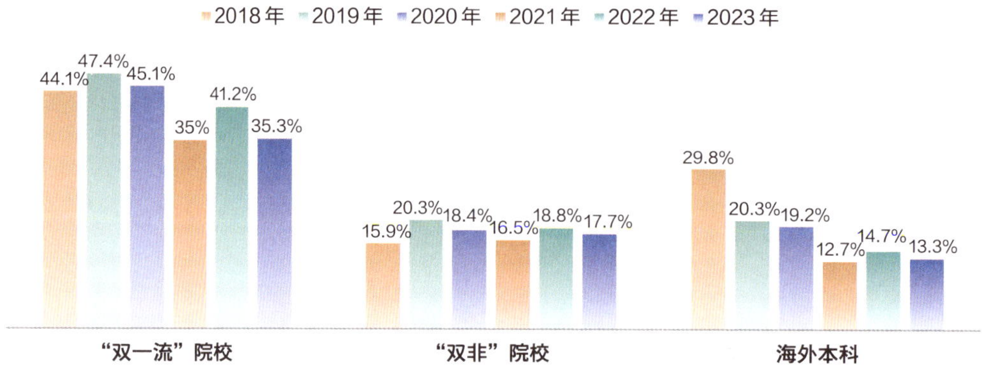

（4）理工科专业申请近六成，计算机蝉联热门专业榜首

在过去五年的博士申请热门专业中，申请量排名前十的专业多是工程类，比如电子工程、生物医药工程、机械工程等，以及理科类基础学科，如生物、物理、化学。

这一方面得益于美国高校在理工科方面的强大科研实力及充沛的研究经费，能够为博士学生提供丰厚的奖学金、助学金和充足的研究机会；另一方面，基础学科相关专业的就业形势相对严峻，往往需要申请人具备更高的学术水平，促使就读这些专业的学生选择接受更高层次的专业培养。

在 2023 年，计算机科学依然霸榜，依然是排名第一的热门博士申请专业。无论是在人工智能、大数据还是软件开发等行业，计算机专业人才都扮演着不可或缺的角色。加之计算机科学专业的高回报率和广泛应用的前景，吸引了大批优秀学子申请就读。

2018 年 ~ 2023 年美国博士申请——十大热门专业及申请人数占比

排名	2018 年		2019 年		2020 年		2021 年		2022 年		2023 年	
	专业	申请占比	专业	申请占比	专业	申请占比	专业	申请占比	专业	申请占比	专业	申请占比
1	化学	11.4%	计算机科学	10.6%	计算机科学	11.7%	生物学	11.5%	计算机科学	13.8%	计算机科学	12%
2	经济学	9.5%	电子工程	9.3%	化学	10.6%	计算机科学	9.1%	生物学	11.6%	物理	10.7%
3	物理	8.9%	化学	9.0%	物理	9.3%	经济学	8.9%	物理	10.0%	生物学	8.8%
4	材料科学与工程	8.7%	生物学	8.5%	电子工程	8.7%	物理	8.8%	电子工程	7.4%	电子工程	7.1%
5	电子工程	6.2%	物理	7.7%	机械工程	6.5%	化学	7.8%	经济学	6.8%	生物医学工程	5.6%

续表

2018 年 ~ 2023 年美国博士申请——十大热门专业及申请人数占比												
排名	2018 年		2019 年		2020 年		2021 年		2022 年		2023 年	
	专业	申请占比	专业	申请占比	专业	申请占比	专业	申请占比	专业	申请占比	专业	申请占比
6	生物学	5.4%	数学	5.8%	生物学	6.3%	电子工程	6.5%	化学	5.9%	经济学	5.5%
7	统计学	5.1%	经济学	4.6%	材料科学与工程	6.1%	生物医学工程	5.1%	生物医学工程	5.6%	化学	4.9%
8	计算机科学	4.8%	机械工程	3.7%	生物医学工程	4.3%	材料科学与工程	3.7%	机械工程	4.2%	材料科学与工程	3.9%
9	数学	4.0%	法学	3.1%	统计学	3.4%	数学	3.3%	材料科学与工程	3.9%	数学	3.4%
10	机械工程	3.4%	材料科学与工程	3.1%	数学	3.2%	机械工程	3.3%	法学	3.1%	生物统计学	3.1%

（5）不同排名区间高校 GPA 差异拉大，博士录取对语言成绩要求更高

根据前途出国近六年来的录取数据，不同排名区间院校的 GPA 要求差距逐渐拉大，2023 年已经呈现出比较明显的档位间隔。由此可见，高排名院校对 GPA 的重视程度日益提升。计划申请热门专业或排名较高学校的申请人，建议 GPA 要达到 3.8 及以上。

2018 年 ~ 2023 年美国博士录取——不同排名区间院校平均 GPA 成绩

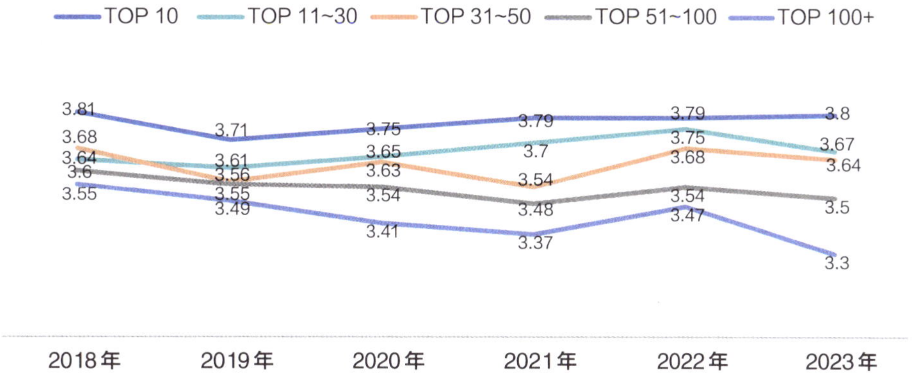

再来看语言成绩，近六年来，不同排名区间院校的 TOEFL 成绩要求相差不大，其中 TOP 100 院校的录取平均分基本都在 100 分以上。可以说，TOEFL 成绩 100 分是申请大部分美国院校的“基准线”。如果想申请排名更高的学校，TOEFL 成绩建议达到 103 分以上。

2018 年 ~ 2023 年美国博士录取——不同排名区间院校平均 TOEFL 成绩

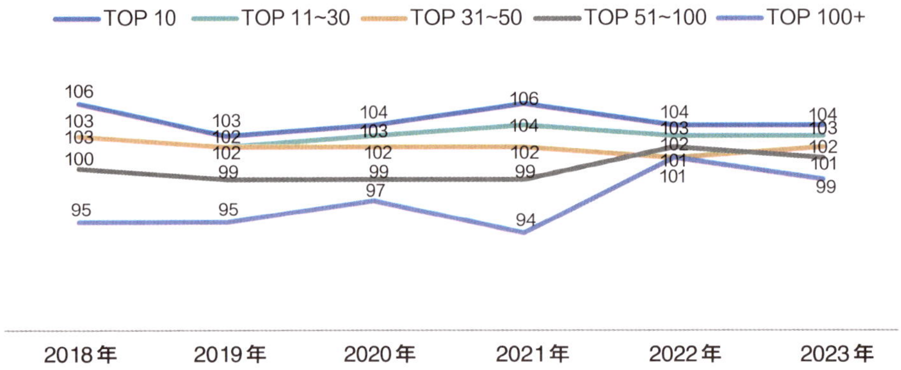

虽然一些高校的博士项目对GRE成绩没有强制要求，但对那些在录取要求中表示“需要”“建议”或“可选择”的高校来说，GRE成绩仍然是非常重要的考量标准之一。申请TOP 50院校，GRE至少要保持在319分以上。

2018 年 ~ 2023 年美国博士录取——不同排名区间院校平均 GRE 成绩

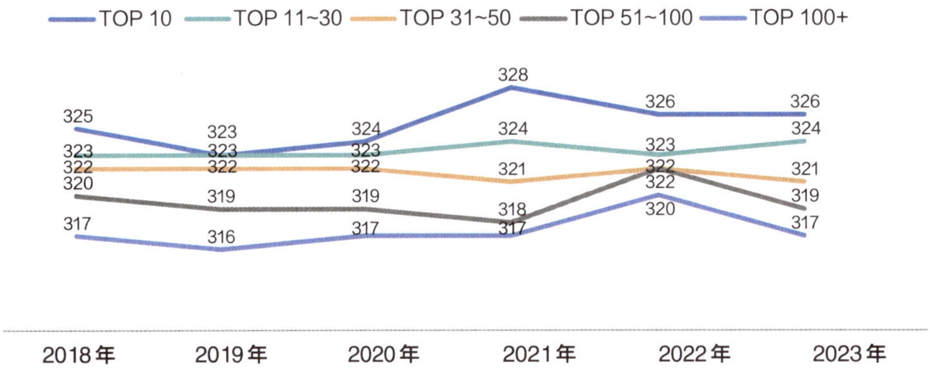

2. 美国博士升学规划

（1）美国博士教育体制介绍

美国博士的培养时间一般是四到六年。前两年一般以课程学习为主，包括修读核心课程和选修课程，以掌握某个细分领域的高阶专业知识和技能。如果学生获得的博士录取是由某个教授决定的，一般在进入博士项目时就需要到这位教授的实验室里开展科研工作，而有的博士项目会要求学生轮转实验室和导师，这种轮转情况在理工科专业比较常见。

在要求轮转的博士项目中，学生一般会在第一年选择两到三个实验室轮流做科研项目，体验实验室科研氛围、学习科研方法和了解导师的指导风格。在这个过程中，导师也会观察和考查学生，对学生进行评估。在轮转结束时，学生和导师进行双向选择，以确保实验室和学生之间是互相匹配的。

在第二年或第三年，部分学校会要求学生进行博士资格考核，考核通过后学生才能成为正式的博士生。博士资格考核主要测试专业知识、科研能力和演讲能力，基本上每个人有两次博士资格考核的机会。如果考核不通过，大部分高校会发给学生硕士学位。

1）博士资格考核

下面以加州大学伯克利分校为例，帮助大家理解美国高校的博士资格考核。

加州大学伯克利分校的电子工程与计算机科学系会要求学生在进入博士项目的六个学期内完成博士资格考核，并且还需要满足一定要求后才能参加资格考核，例如在博二的第一个学期前通过初级口试。

初级口试是一个 50~60 分钟的考试，主要考核博士生知识的深度和广度。每个博士生有三次初级口试的机会，但如果前两次口试均未通过，那么就需要有导师的支持和委员会的允许才能参加第三次口试。

此外，学生还需要满足项目对 GPA、在校学习时长等要求，并提交申请表和证明材料等。资格考核的形式有两种，第一种是针对自己当前研究领域的调研阐明未来的研究方向，体现科研能力；第二种是对自己未来研究方向的调研，说明未来的科研方向和论文计划，并进行答辩。委员会将根据博士生所研究的方向在理论知识和实践两个方面进行评估，或者对论文计划和进度进行评估。

通过博士资格考核后，就可以开始从事科研工作。完成毕业要求，比如独立承担科研课题、发表一定级别的论文等，就可以顺利毕业。

2）博士培养规划

通常情况下，美国博士项目的第一、第二年会要求学生学习课程。采用轮转模式培养的高校会要求学生在第一年就进入到实验室进行轮转，第二年开始学术及研究进度考试，第三年进行博士资格考试。此外，学生在前两年通常还需要担任助教的工作。

不过，也有个别博士项目的培养比较灵活，为学生提供了更大的选择空间，这种项目一般被称为“umbrella”博士项目。该项目在生物学和生物医学相关的博士项目中比较常见，比如凯斯西储大学医学院的生物医学交叉学科“umbrella”博士。凯斯西储大学医学院在录取学生时不要求学生选定特定博士项目，学生有机会探索 11 个不同的生物医学博士项目，并选择他们最感兴趣的项目。在正式上课前的 7 月，学生就可以开始在实验室进行科研轮转，入学半年后再根据兴趣志向来确定进入特定的博士项目。

（2）美国博士教育优势

1）高质量的教育水准

作为世界级老牌教育强国，美国的教育体系和高质量的教育水准在海内外都被高度认可。1901 年至今，全球诺贝尔奖获得者最多的 30 所大学，美国占据约三分之二。近 80% 的诺贝尔奖获得者都来自美国，世界上约 70% 的专利也出自美国。无论是诺贝尔奖得主人数，还是专利数量，抑或是世界一流大学的数目，美国都遥遥领先，可见其整体教育水平之高。

2）知名高校数量多

在常见的世界大学排名中，美国高校在前 100 名的榜单上数量都是最多的，例如，在 2024 QS 世界大学排名中，美国有 27 所高校入榜；2023 U.S. News 排名中，美国有 41 所大学在榜单之内；在 2024 TIMES 榜单中有 36 所美国院校；在 2023 软科排名中有 38 所美国高校。因此，博士生选择优质高校的机会更大。

3）科研经费高

根据美国科学基金会对美国高等教育研发投入的统计，在 2022 年，科研投入最多的是约翰斯·霍普金斯大学，科研投入高达 34 亿多美元，其他学校也有非常高的科研投入。美国的大部分博士项目都会给予学生全奖，尤其是理工科类专业。

(3) 美国博士申请要求

1) 学位条件

申请美国博士，需要申请人先具有正规高校颁发的专业相关或相近的本科学士学位或硕士学位，大部分博士项目接受本科直接申请。

2) 成绩条件

在校成绩：很多学校官网上建议学生的平均在校成绩至少达到 GPA 3.0。但根据前途出国的申请数据，学生 GPA 在 3.5 以上才比较有竞争力。

GRE 成绩：博士项目一般要求提交 GRE 成绩。化学、数学、物理和心理学这四个专业的部分项目会要求提交学生 GRE Subject（即 GRE 专项考试）成绩，建议学生根据学校的具体要求来合理安排考试时间。

TOEFL 或 IELTS 成绩：美国大学的个别博士项目不接受 IELTS 成绩，因此建议学生尽量备考 TOEFL。博士对 TOEFL 的要求与硕士不同，对口语单项的要求比较高，这是由于部分博士生需要承担教学或者科研的任务，因此对申请学生的口语能力有一定要求。

3) 软实力

对博士申请学生来说，软实力一般体现在学生对某个细分方向有浓厚的兴趣，且有扎实的专业基础和能够充分展现创新能力的经历，尤其是科研经历，或带有研发性质的工作或者实习经历，而这些都需要学生尽可能在申请文书材料或研究计划中进行展现。

4)"套磁"

"套磁"是指学生直接联系教授询问是否有机会在教授的指导下攻读博士，最常见的联系方式是发邮件。一部分项目会要求学生"套磁"教授，这种情况一般是因为培养博士的钱几乎全部来自教授的科研基金；另一部分项目则不建议学生"套磁"，这类项目由多位教授组成的招生委员会来决定学生的录取，一般会采用轮转制度来培养学生，学生第一年的奖学金通常来自院系，后几年的奖学金则来源于选定的教授的科研基金。

(4) 美国博士申请材料

美国博士大部分申请材料同美国硕士申请材料一致，同样是由文书类材料、成绩类材料、资金类资料组成。其中，文书类材料一般包含学术经历陈述（Statement of Purpose）、个人经历陈述（Personal History Statement）、简历（CV/Résumé）、推荐信（Letter of Recommendation）等，这些都是校方评估申请学生时最重要的基础性参考材料，部分学校还会依据专业和研究领域的特性，要求申请人提交其他申请材料。成绩类材料包含大学成绩单（GPA）、标准化分数（TOEFL/IELTS、GRE/GMAT 等），该类材料可以直接衡量申请学生的硬性条件是否达标。资金类材料包含存款证明、资助信（如果存款证明不在本人名下）和信用卡，用来衡量申请人的财力状况是否负担得起在美读书费用。

需要注意的是，因为美国博士大部分能获得全额奖学金，所以在申请阶段不需要提供资金类材料。在签证面试前，一般也不需要提供存款证明，不过还是建议学生提供能覆盖一年的生活费用的存款证明以作备用。

（5）美国博士申请规划时间轴

1）本科直博

时间阶段		申请准备
大一	上学期	· 了解美国硕博教育基本情况，确定留学意向 · 积极融入大学课程学习，争取优异成绩 · 了解专业相关的重要竞赛及参赛时间 · 制定语言考试（TOEFL 或 IELTS）备考计划
	寒假	· 参加语言考试（TOEFL 或 IELTS）基础培训
	下学期	· 根据上学期成绩积极调整学习计划，继续保持优异成绩 · 至少参加一次语言考试 · 积极参加专业相关的竞赛
	暑假	· 积极准备并再次参加语言考试，目标分数：TOEFL 80+ 或 IELTS 6.0+
大二	上学期	· 学校课程难度开始加大，继续争取优异成绩 · 认识自我或通过职业测评，初步确定自身职业规划 · 积极参加专业相关的竞赛
	寒假	· 再次参加语言考试，目标分数：TOEFL 90+ 或 IELTS 6.5+ · 了解申请院校专业设置，结合自身职业规划，初步确定申请专业 · 了解本校科研和竞赛资源，准备提升个人背景
	下学期	· 继续争取优异大学成绩 · 有条件的可以申请海外暑期课程，提前熟悉海外课程教学特点 · 积极寻找校内科研和竞赛机会
	暑假	· 再次参加语言考试，目标分数：TOEFL 100+ 或 IELTS 7.0+ · 参加海外暑期课程，并争取优异成绩
大三	上学期	· 本学期专业课程较多，难度较大，努力保持大学成绩 · 开始准备 G 类考试（根据自己所申请专业来决定考 GRE 或者 GMAT） · 积极参加校内科研和竞赛项目
	寒假	· 参加 G 类考试，目标分数：GRE 315+ 或 GMAT 600+ · 有条件的话可以准备参加海外暑期科研，积极联系海外教授
	下学期	· 全力冲刺大学课程学习，争取 GPA 3.5+（平均成绩 85 分以上） · 再次参加 G 类考试，目标分数：GRE 320+ 或 GMAT 650+ · 继续参加科研项目并争取发表论文，寻找校外实习机会
	暑假	· 再次参加 G 类考试，目标分数：GRE 325+ 或 GMAT 680+ · 有条件的话前往海外参加暑期科研或进行校外实习 · 申请博士的同学需要准备“套磁”相关材料
大四	上学期（9 ~ 10 月）	· 确定申请院校，准备文书及其他申请相关的材料 · 申请博士的同学开始“套磁”海外教授
	上学期（11 ~ 12 月）	· 陆续提交申请并寄送相关材料 · 准备面试
	下学期	· 收获 offer · 准备办理签证 · 购买机票、租房等行前准备

（此时间轴仅为参考，一切以实际申请为准）

2）硕士申请

➤ 国内硕士（3 年制）

时间阶段		申请准备
研一	上学期	· 了解美国的博士教育以及申请专业和细分研究领域情况，确定留学意向 · 认真学习各项课程，争取优异成绩 · 制定语言考试（TOEFL 或 IELTS）备考计划
	寒假	· 参加语言考试（TOEFL 或 IELTS）培训
	下学期	· 根据上学期成绩积极调整学习计划，继续保持优异成绩 · 参加语言考试，目标分数：TOEFL 90+ 或 IELTS 6.5+ · 积极联系导师，申请在暑期开始参加相关的科研项目
	暑假	· 积极准备并再次参加语言考试，目标分数：TOEFL 100+ 或 IELTS 7.0+
研二	上学期	· 继续争取保持优异的学术成绩 · 在课外时间积极参加科研项目，并且尝试发表科研论文 · 开始准备 G 类考试
	寒假	· 参加 G 类考试，目标分数：GRE 320+ 或 GMAT 650+
	下学期	· 全力冲刺硕士课程学习，争取 GPA 3.5+（平均成绩 85 分以上） · 再次参加 G 类考试，目标分数：GRE 325+ 或 GMAT 680+ · 继续参加科研项目或者寻找海外科研机会
	暑假	· 参加校内科研或者前往海外参加暑期科研 · 准备“套磁”相关材料
研三	上学期（9~10 月）	· 确定申请院校，准备文书及其他申请相关的材料 · 开始“套磁”海外教授
	上学期（11~12 月）	· 陆续提交申请并寄送相关材料 · 准备面试
	下学期	· 收获 offer · 准备办理签证 · 购买机票、租房等行前准备

（此时间轴仅为参考，一切以实际申请为准）

➤ 海外硕士（1.5~2 年制）

时间阶段		申请准备
研一	上学期	· 了解美国的博士教育以及申请专业和细分研究领域情况，确定留学意向 · 认真学习各项课程，争取优异成绩 · 确定之前申硕士的标化成绩能否在有效期内继续用于申请博士，并开始备考（若需要）
	寒假	· 若需要，可以参加语言考试，目标分数：TOEFL 100+ 或 IELTS 7.0+ · 开始寻找科研机会
	下学期	· 全力冲刺硕士课程学习，争取 GPA 3.5+（平均成绩 85 分以上） · 参加 G 类考试，目标分数：GRE 320+ 或 GMAT 650+ · 积极参加有教授指导的科研项目

续表

时间阶段		申请准备
研一	暑假	· 再次参加 G 类考试，目标分数：GRE 325+ 或 GMAT 680+ · 总结科研成果，积极发表论文 · 准备“套磁”相关材料
研二	上学期（9 ~ 10 月）	· 确定申请院校，准备文书及其他申请相关的材料 · 开始“套磁”海外教授
	上学期（11 ~ 12 月）	· 陆续提交申请并寄送相关材料 · 准备面试
	下学期	· 收获 offer · 准备办理签证 · 购买机票、租房等行前准备

（此时间轴仅为参考，一切以实际申请为准）

第二节　加拿大

一　加拿大中小学数据解读和升学规划

1. 加拿大中小学数据解读

（1）加拿大中小学留学需求强势反弹

2023 年是加拿大留学申请回温的一年，从小学、中学、本科到硕士，各个申请阶段都有不同程度的增长。前途出国申请数据显示，2023 年加拿大中小学留学的申请量大幅攀升，不仅逆转了过去两年的下跌态势，而且增幅明显超越了 2018 年和 2019 年。

在 2020 年至 2022 年期间，国际大环境的不稳定导致中小学留学申请量明显下滑。但随着海内外形势的逐渐稳定，2023 年加拿大中小学申请数量迎来强势反弹，过去三年累积的需求得到释放。

2018 年 ~ 2023 年加拿大中小学申请——申请数量趋势

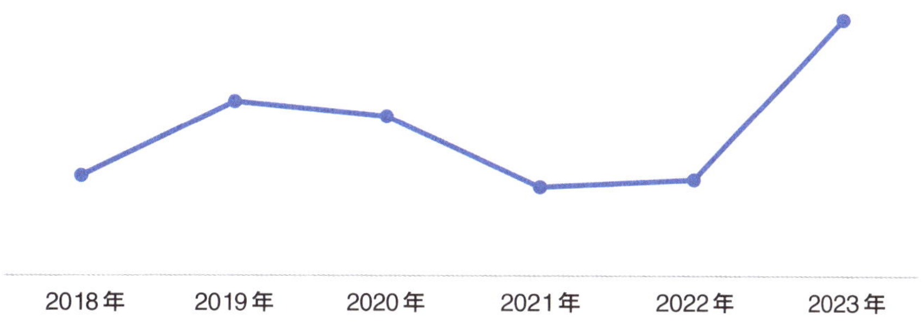

（2）幼儿园至 8 年级阶段申请增长 7%

2022 年之前的加拿大中小学留学申请主要集中在 9~12 年级的高中阶段，幼儿园至 8 年级阶段占比较小。但在 2023 年，幼儿园至 8 年级阶段占比跃升至 17%，出现大幅上升。

加拿大学校最低可以接收四岁的学生入读幼儿园，并允许父母陪读。父母陪读期间可以选择在加拿大读书，提升学历。如果父母持有加拿大留学签证或工作签证，孩子也可以免费入读公立中小学，这一利好政策让一部分年轻的父母带孩子一起赴加留学，从而提振加拿大中小学申请量。

2018 年 ~ 2023 年加拿大中小学申请——年级占比

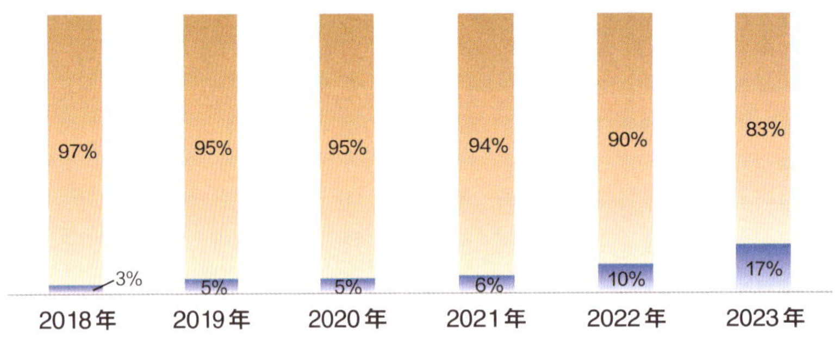

（3）来自公立学校的学生申请占比超五成

加拿大中小学均设有公立学校和私立学校，根据录取的难易程度，私立学校又分为私立贵族学校和私立（非贵族）学校。申请私立贵族学校，除了要有优异的 GPA 及面试表现之外，部分学校还需要语言、SSAT 等标准化成绩。相比之下，私立（非贵族）学校的录取相对容易。

2023 年公立学校表现抢眼，申请占比远超私立学校，达 51%。究其原因，主要源于小学申请量的增加。小学选校基本以公立学校为主。一方面，大多数加拿大本地学生首选公立学校就读，留学生在公立学校可以体验原汁原味的本土教育；另一方面，公立学校学费相对低廉，甚至有些父母带着子女一起留学，让孩子免费入读公立学校，这个优势是私立学校无法比拟的。

2018 年 ~ 2023 年加拿大中小学申请——学校类型占比

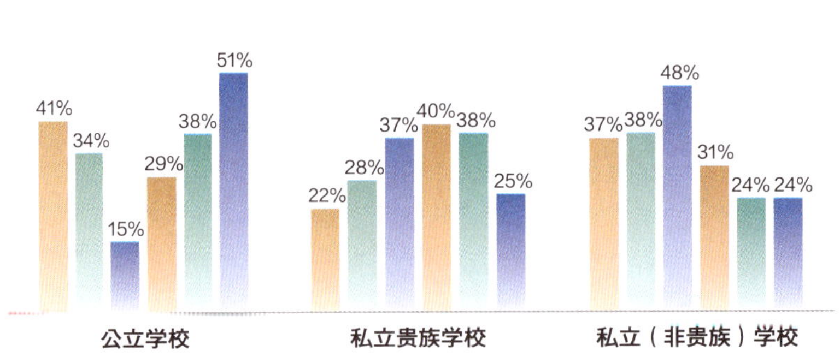

（4）安大略省始终是低龄留学的首选

安大略省（后简称“安省”）是加拿大教育资源最丰富的省份。加拿大最大的城市多伦多、首都渥太华均坐落于安省，因此该省也是中小学阶段留学生最青睐的省份。

2020 年至 2023 年，安省中小学的留学申请占比虽有下滑趋势，但仍以大幅优势占据首位。不列颠哥伦比亚省（后简称"BC 省"）和其他省份申请有小幅上升，其他省份的上升主要体现在阿尔伯塔省和曼尼托巴省。这两个省份移民政策相对宽松，生活成本也相对低，因此部分家庭会选择全家一起过来，父母读书或工作，孩子入读当地中小学。

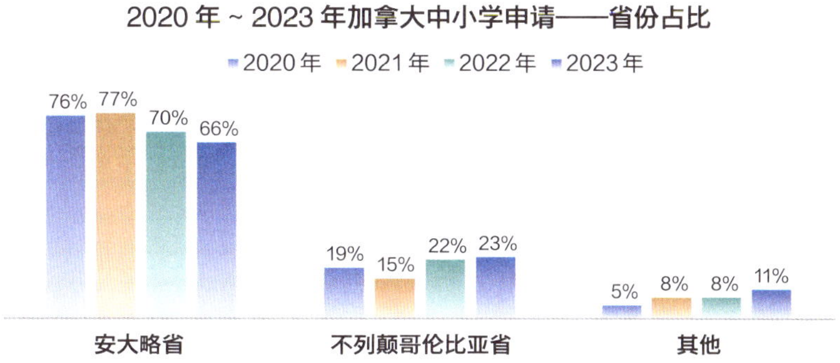

（5）男生更倾向于就读私立学校

2023 年申请加拿大私立学校的男生占比为 56%，超过女生 12%。从近六年的数据累计来看，2020 年及以后，男生就读私立学校的比例始终高于女生。私立学校的男生占比相对较高，主要因为私立学校对学生的管理更为严格，而中小学阶段的学生择校主动权更多掌握在家长手中，对男生自律性的担忧导致家长更倾向于选择私立学校。

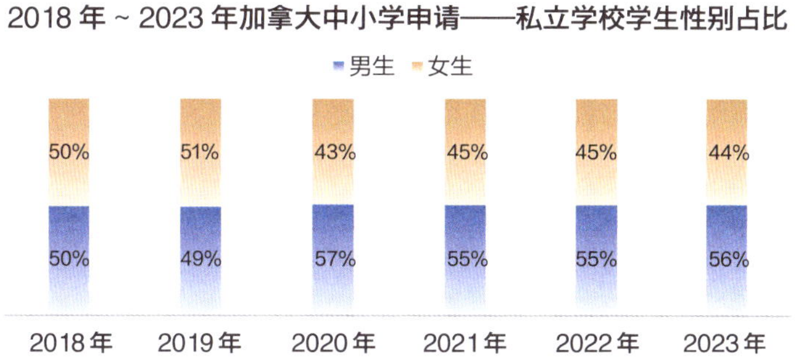

（6）幼儿园至 8 年级性别占比逐渐均衡

除 2021 年外，申请幼儿园至 8 年级阶段的男生人数始终多于女生。而在 9~12 年级的留学申请中，男女人数基本持平。这主要是由于部分家长，尤其女孩子的家长会担心幼龄孩子留学的适应度问题。但随着留学信息的透明化，越来越多的家长也开始发现年龄小的孩子适应力更强，也更容易融入海外生活，幼儿园至 8 年级阶段女生人数呈逐渐上升的趋势。

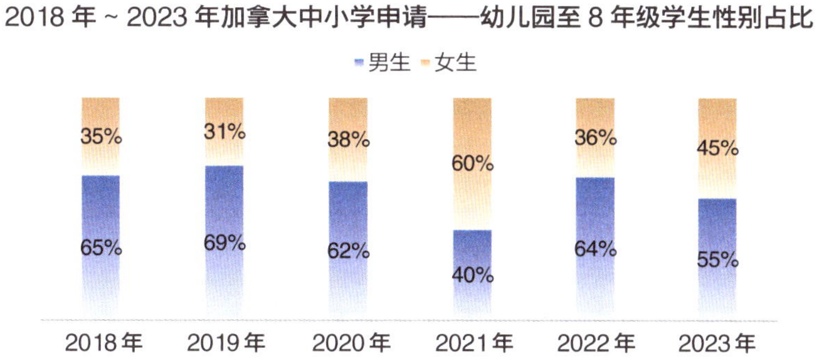

2018 年 ~ 2023 年加拿大中小学申请——9~12 年级学生性别占比

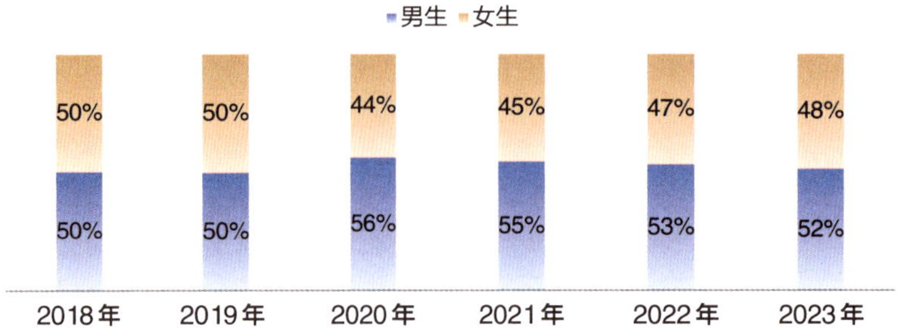

（7）上海连续两年成为主要生源地

上海、北京一直是加拿大中小学留学申请人数最多的地区。2018 年到 2021 年，北京的申请人数一直位居第一。2022 年到 2023 年，上海申请人数反超北京，成为主要生源地。2023 年，深圳申请人数暴增，相较于 2022 年增长两倍多，位居第三。深圳是一座相对年轻的城市，教育资源虽然没有北京、上海那般深厚，但家长对优质教育资源的渴望却是一样的。由于加拿大以低龄留学著称，大城市家长也更倾向于低龄留学，因此深圳的申请人数也出现了大幅增长。

从生源地 TOP 10 数据可以看出，生源地逐渐呈现出多样化趋势，这也说明各地家长对加拿大中小学留学持比较开放的态度。

2018 年 ~ 2023 年加拿大中小学申请——生源地 TOP 10 占比

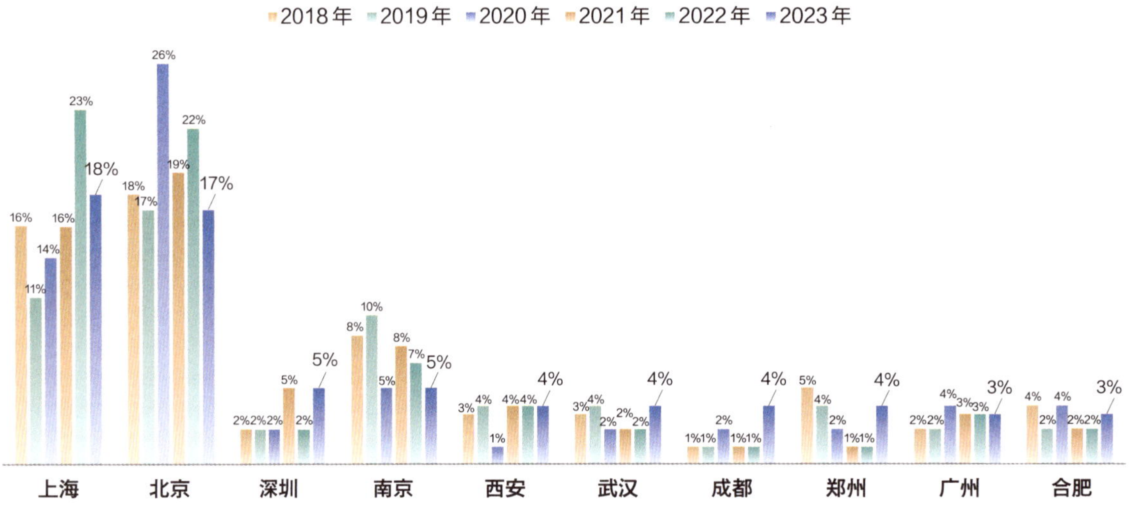

（8）公立学校录取率接近 100%，私立学校录取成绩更高

2021 年至 2023 年，加拿大中小学公立学校的录取率近乎 100%。

加拿大的公立中小学基本不存在选拔式录取，多数学校也不设置申请截止日期，而是以“先到先得”的形式进行招录，录满为止。特别是一些热门学校的申请一经开放，一两天或几个小时就录满了，因此有意向的学生一定要早做准备。

2021 年 ~ 2023 年加拿大中小学录取——录取成功率

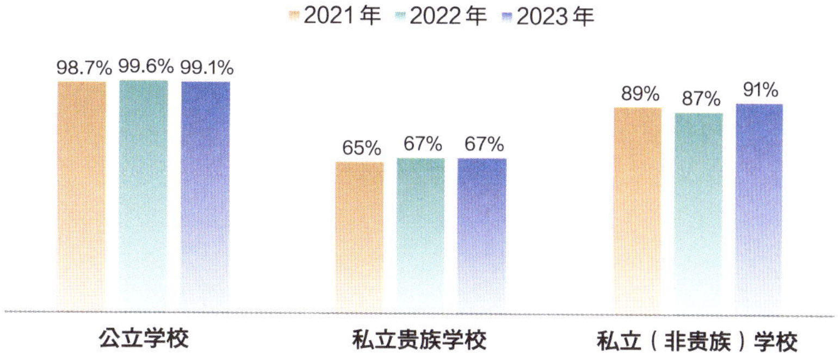

相比公立学校，加拿大私立贵族学校的录取率一直维持在 60% 到 70% 之间。私立贵族学校除了要求学生有较高的标准化成绩之外，通常还设有面试环节。根据前途出国录取数据，2021 年至 2023 年申请私立贵族学校 8 年级的学生无论笔试还是面试成绩都比较高。

2021 年 ~ 2023 年加拿大中小学录取——私立贵族学校 8 年级平均录取成绩

年份	GPA	IELTS	TOEFL	SSAT	维立克面试
2021 年	85%	5.5	70	1950	4.5
2022 年	86%	5.6	72	1970	4.3
2023 年	85.5%	5.5	71	1970	4.4

2. 加拿大中小学升学规划

（1）加拿大中小学教育体制介绍

加拿大中小学主要分属两大类：公立教育局和私立学校。其中，私立学校又分为本地私立、国际私立、精英 / 贵族私立学校。无论公立学校还是私立学校，都接受国际生，基本可以实现 12 年义务教育全覆盖。各类学校的申请规划周期及路径主要取决于以下因素：开学季、名额 / 位置情况、申请难度。

从开学周期来看，公立教育局和本地私立学校均分为学年制和学期制，学年制一年仅一次开学（9 月），学期制一年两次开学（2 月和 9 月）；国际私立学校一年内会有多次循环滚动开课；而精英 / 贵族私立学校基本都为学年制，即一年中仅在 9 月开学。

从名额 / 位置情况来看，各类优质学校的名额都是有限的，而且处于实时变动的状态。越早准备好相关申请文件并递交完整的申请，对达成满意的申请结果越有利。

从申请难度来看，四类学校里申请难度最高的无疑是精英 / 贵族私立学校。这类中学通常有一百年以上的历史，拥有加拿大一流的中学教育水平，自 9 年级起对申请人的要求逐级增高，需要申请人提交语言成绩、参加学校的笔试和面试等。

（2）加拿大中小学教育优势

1）教育质量高

加拿大属于北美教育体系，拥有全球认可的高质量教育体系，学生可根据自身需求及留学目的自主选择，顺利毕业后可申请世界任何国家的本科。

2）知名高校申请成功率大

加拿大没有中/高考制度，分数评估维度也更为客观、全面，涵盖了学生的出勤情况、日常课堂表现、阶段性测试结果及各类社会实践活动。学生最终以此综合成绩申请大学，大大增加了本科的名校申请成功率。

3）安全系数高

对于低龄留学，家长最为关注的是学生的人身安全。加拿大在 2023 年全球和平指数（Global Peace Index）评选中位列第一序列（非常安全）、排名第 11 位，其主要原因是加拿大明令禁枪，社会治安很好，并且非常重视青少年的人身安全保护。

4）宜居城市多

加拿大多个城市近十年来多次被评选为全球最宜居城市。在 2023 年全球宜居指数（Global Liveability Index）评选结果中，加拿大城市温哥华位列第五名、卡尔加里位列第七名、多伦多位列第九名，足以证明加拿大可以为留学生提供安全舒适的学习和生活环境。

5）留学及生活成本较低

由于加拿大的教育体系以公立为主，学费较其他英语母语国家来说相对适中，加之近年来加币汇率持续走低，生活成本甚至低于中国部分一线城市。

6）陪读及共读政策

加拿大访问签证（Canada Visitor Visa）允许持有人十年内多次往返，方便父母陪同留学生去加拿大生活，解决了亲属陪读的难题。另外，如果父母一方持有学生签证或工作签证，孩子还可就近入读当地的公立学校，享受和当地人一样的待遇，实现“一份花销，亲子共读”。

（3）加拿大中小学学校分类及特色

类型	主要特点	开学时间	学费（人民币）	国际学生比例
本地公立	· 以本地生源为主，语言环境好 · 住在寄宿家庭，易于了解当地文化 · 整体费用相对低廉，性价比高 · 申请难度一般	学期制开学：9 月（秋）/ 2 月（春） 学年制开学：9 月（秋）	8 万元 / 年左右	10% 左右
本地私立	· 由本地人创立，在当地享有一定声誉 · 注重学生在艺术、体育等方面的培养 · 走读形式，更利于学生了解当地文化 · 申请难度中等	学期制开学：9 月（秋）/ 2 月（春） 学年制开学：9 月（秋）	25 万 ~ 35 万元 / 年	10% ~ 20%
贵族私立	· 历史多在百年以上，当地声誉高 · 基础设施完善，教学资源丰富 · 国际生以住校为主 · 师资力量雄厚，知名高校升学率高 · 申请难度较大	开学：9 月（秋）	40 万 ~ 45 万元 / 年	5% ~ 10%
国际私立	· 以切合国际生升学需求开设的学校 · 课程紧凑，配以辅导，对学生关注度高 · 住校，学校管理严格 · 申请难度一般	一年内多次循环滚动开课	25 万 ~ 35 万元 / 年	50% 左右

（4）加拿大中小学课程介绍

加拿大的小学教育以启发心智为主，寓教于乐，课业负担不算重。小学没有统一教材，由各省教育局制定针对各年级的教学大纲，包括学科范围（Required Areas of Study）、学习目标（Prescribed Learning Outcomes）及评估方法（Suggested Achievement Indicators），老师可根据大纲自行选择教材。1~2 年级是孩子积累英文单词的关键时期，在日常学习中，孩子可以很快地掌握英语，活学活用；3~4 年级的孩子们开始独立阅读，课堂上也会有很多机会可以锻炼语言表达能力；5~6 年级的孩子们可以独立完成一些课题并进行展示，同时也已经可以写一些篇幅短小的文章。

加拿大各省的中学教育也不尽相同，以下仅以国际生最常申请的安大略省和不列颠哥伦比亚省进行举例。

安大略省：幼儿园初级班（JK，Junior Kindergarten）至 8 年级为小学，9~12 年级为中学。学生要想获得安省高中毕业证（OSSD，Ontario Secondary School Diploma），须在中学阶段修满 30 个学分（18 门必修 +12 门选修，每门课 1 学分，每学分 110 个学时），通过安省中学英文测试（Ontario Secondary School Literacy Test），并完成 40 个小时的社区义工服务（Community Service）。值得注意的是，安省教学系统中并没有所谓主课与副课之分，选择什么样的课程完全取决于学生的毕业目标。除了根据自己的兴趣和特长选择之外，学生还应考虑到目标大学的申请条件以及安省规定的相关要求。

不列颠哥伦比亚省：幼儿园初级班（JK，Junior Kindergarten）至 7 年级为小学，8~12 年级为中学，其中 10~12 年级属于高中。学生要想获得高中毕业证，须在高中阶段修满 80 个学分（48 学分必修 +28 学分选修 +4 学分的毕业过渡课程），完成数理能力评估（Numeracy Assessment）及读写能力评估（Literacy Assessment），并完成 30 个小时的社区义工服务。不列颠哥伦比亚省高中毕业证名为 DD（Dogwood Diploma）。

（5）加拿大中小学申请要求

加拿大的公立学校大多无语言要求，学生的在读成绩达到百分制 75 分及以上即可；国际生根据报到时测验结果分级先修 ESL（English as a Second Language：针对母语非英语的学生开设的专业英文课程），随后进入正课。私立学校中的本地私立及贵族私立通常要求学生的在读成绩在百分制 85 分以上，部分学校在申请时就需提供 IELTS/TOEFL/SSAT 成绩，或参加学校面试 / 维立克面试；国际私立学校则要求学生的在读成绩达到百分制 75 分及以上，如果学生处于较高年级并且希望未来能进入全球知名高校就读，则需要根据学校的要求，达到相应的语言水平。

（6）加拿大中小学申请材料

- 缴纳申请费，完成网申或填写申请表
- 照片 / 护照首页 / 出生证明
- 免疫 / 疫苗接种记录（如需）
- 近两年的中英文在读成绩单
- 推荐信（如需）
- 小 Essay（如需）
- 语言成绩（如需）
- 面试（如需）

（7）加拿大中小学申请规划时间轴[5]

申请优质私立中学，建议提前两年准备：

时间阶段	申请准备
提升及申请阶段（当年 6 月至次年 12 月）	· 初步定校（当年 6～7 月） · 利用这一年的 3 个假期准备语言考试、参加各种竞赛和活动、准备笔 / 面试（当年 8 月至次年 8 月） · 确定申请目标并递交申请（次年 8～10 月） · 参加笔 / 面试（次年 11～12 月）
补件及录取阶段（后年 1～2 月）	· 补充相关材料（如有更新的语言成绩、竞赛结果、荣誉证书、活动证明等）（后年 1 月） · 收获录取、接受 Offer、缴纳学费（后年 1～2 月）
签证准备及递交阶段（后年 3～7 月）	· 准备及整理签证材料（后年 3～4 月，可适当提前） · 提交签证申请、录指纹（后年 4～5 月） · 拿到签证并安排接机住宿（后年 6～7 月）
行前及离境阶段（后年 7～8 月）	· 行前指导（后年 7 月） · 入学报到（后年 8 月）

（此时间轴仅为参考，一切以实际申请为准）

申请优质公立中学，建议提前一年准备：

时间阶段	申请准备
提升及申请阶段（当年 12 月前）	· 利用暑假进行语言学习、丰富活动经历（当年 9 月前） · 确定申请方案及相应学校（当年 9 月） · 递交申请（当年 9～10 月） · 拿到预录取（当年 10～11 月） · 确定入读学校、缴费、收获 Offer（当年 11～12 月）
签证准备及递交阶段（次年 1～6 月）	· 准备及整理签证材料（次年 1～3 月，可适当提前） · 提交签证申请、录指纹（次年 4～5 月） · 拿到签证并安排接机住宿（次年 6～7 月）
行前及离境阶段（次年 7～8 月）	· 行前指导（次年 7 月） · 入学报到（次年 8 月）

（此时间轴仅为参考，一切以实际申请为准）

二 加拿大本科数据解读和升学规划

1. 加拿大本科数据解读

（1）本科申请量连续六年上升

2023 年，加拿大整体留学体量上涨明显。近六年来，加拿大本科申请量持续攀升，虽然 2022 年的申请人数涨幅趋于平缓，但仍有小幅上涨。这是由于加拿大拥有安全稳定的生活环境和良好的教育品质，不断吸引学生前往留学。

5 由于加拿大中小学对于接收国际学生的年龄段或年级没有统一标准，因此不做举例说明，仅做常规申请周期展示。

2018 年 ~ 2023 年加拿大本科申请——申请数量趋势

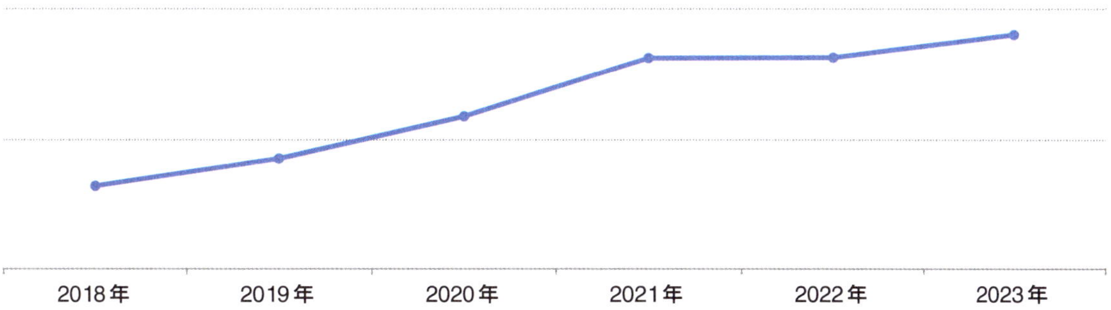

（2）多伦多大学始终是学生申请院校的首选

在 2023 年加拿大本科申请中，多伦多大学依然是最受学生青睐的，申请占比为 17.2%。麦克马斯特大学和不列颠哥伦比亚大学（后简称“UBC 大学”）位列第二名和第三名。学生申请院校排名的 TOP 3 与 2022 年一致，多伦多大学始终是学生申请的首选，这与其良好口碑和国际影响力是分不开的。

2023 年加拿大本科申请——院校申请 TOP 10 占比

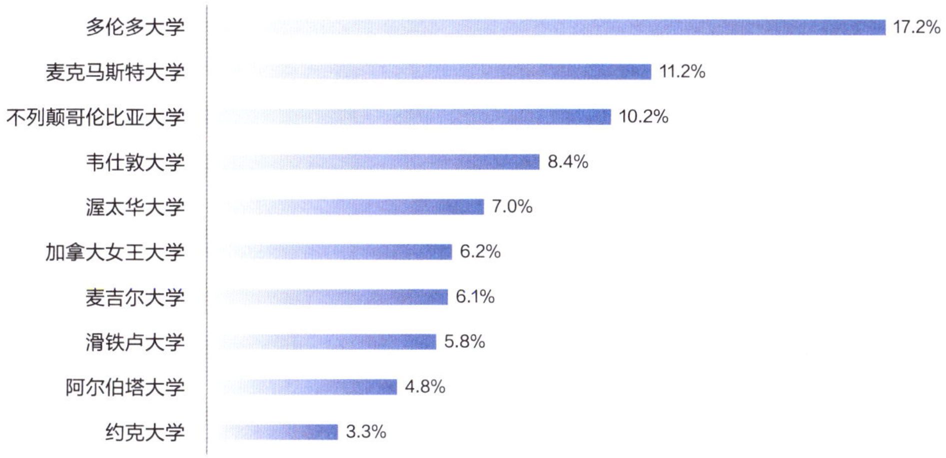

2022 年加拿大本科申请——院校申请 TOP 10

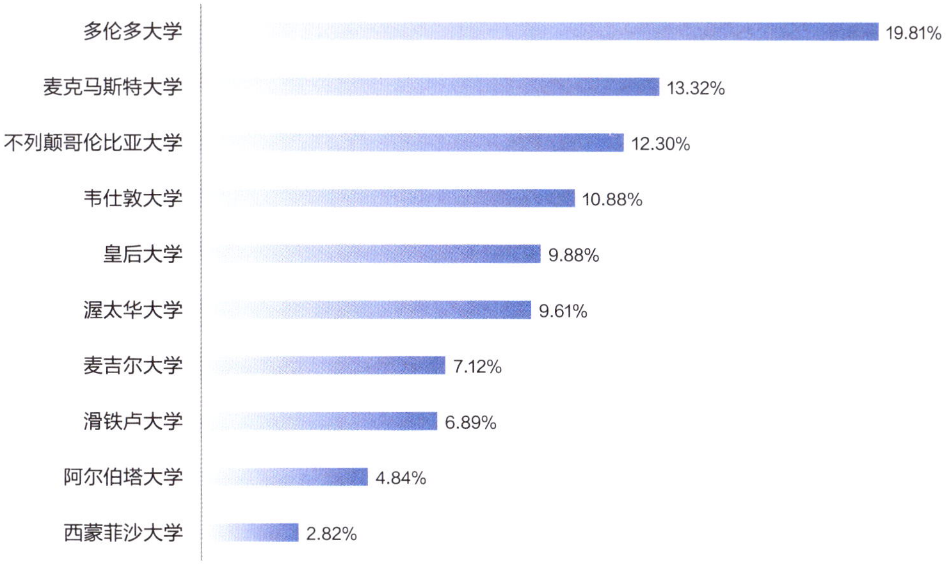

（3）安大略省是加拿大留学生主要申请目的地

在本科申请排名前十的大学中，除 UBC 大学、麦吉尔大学和阿尔伯塔大学以外，均位于教育资源最为丰富的安大略省。

因此，安大略省一直是加拿大本科申请占比最高的省份，在总体申请中占据七成左右，其次为不列颠哥伦比亚省和魁北克省。值得一提的是，2023 年阿尔伯塔省的申请有所增加，增幅主要集中在阿尔伯塔大学。阿尔伯塔大学是加拿大 U15 研究型大学联盟创始成员，也是加拿大一流的研究型大学之一，同时相比 TOP 3 大学，它的录取难度相对偏低。

2021 年 ~ 2023 年加拿大本科申请——省份占比

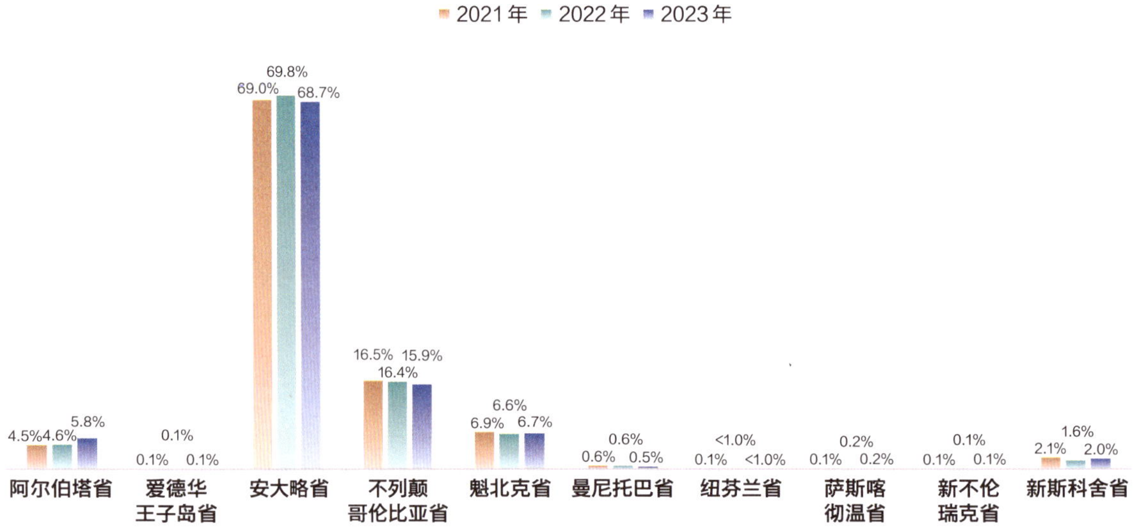

（4）男生申请人数始终高于女生，性别差距不断扩大

在性别占比方面，自 2018 年以来，男生申请加拿大本科的人数持续高于女生，二者之间的差距逐年拉大，从 2018 年相差 2% 扩大为 2023 年的 16%，并且有进一步扩大的趋势。

2018 年 ~ 2023 年加拿大本科申请——性别占比

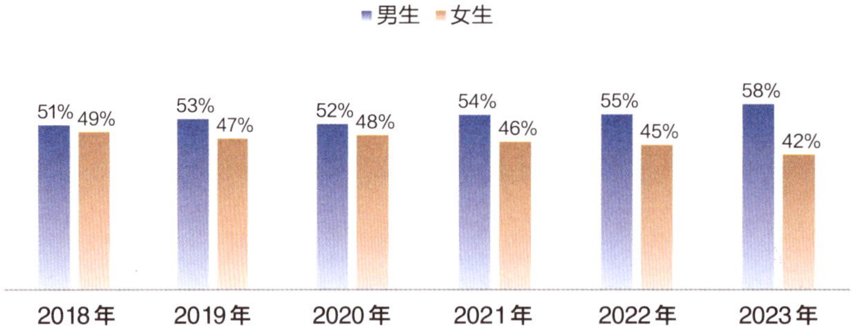

这是加拿大所有申请阶段中，包括中小学、硕士、博士，唯一呈现单向趋势的阶段。这是由于加拿大的大学理工类专业一直很有优势，男生更倾向于选择理科专业。此外，硕博深造途径也非常畅通，这对在加拿大读本科又选择继续深造的学生来说是一种优势。

（5）近八成学生申请医博类院校

根据加拿大《麦考林杂志》(*Maclean's*）排名，加拿大大学主要分为三类：医学博士类（简称医博类）、综合类和基础类。在院校选择方面，加拿大本科申请基本集中在医博类和综合类院校。2023 年加拿大本科申请医博类大学占比为 78.2%，占比近八成，远高于其他类型。

在医博类院校中，公认的加拿大大学 TOP 3 的多伦多大学、UBC 大学、麦吉尔大学是申请的绝对主力。2023 年，TOP 3 在所有大学申请中占比达到 65%，较前两年进一步上升。

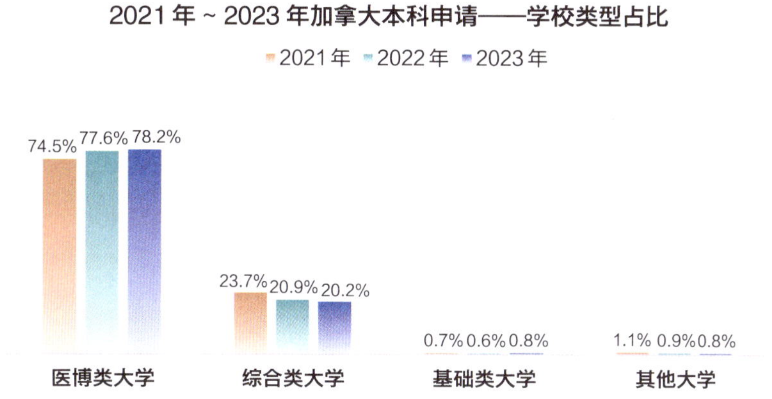

（注:《麦考林杂志》的排名并未覆盖加拿大所有大学，其他大学泛指未上榜单的大学）

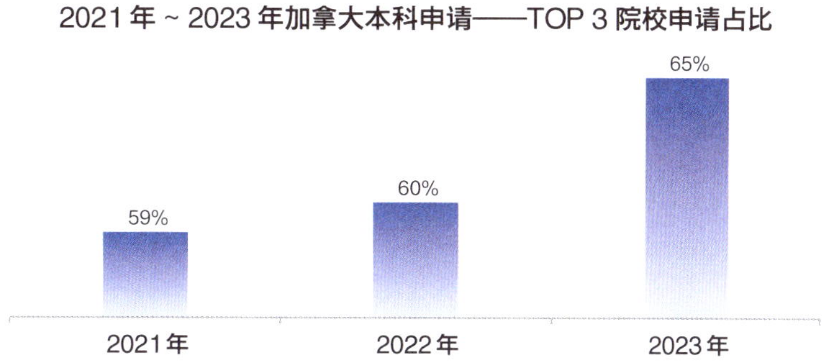

（6）理科超越商科成为热门 TOP 1 专业

2023 年加拿大本科申请的专业中，理科超越商科成为热门专业。随着信息技术的快速发展，计算机、人工智能等相关专业已经成为当前科技领域的热门，也促使更多学生选择就读计算机及相关专业，这种选择带动了理科申请占比的强势增长。

从 2023 年的整体数据来看，理工类专业合计申请占比达到 52%，超过整体申请量的半数。加拿大高校理工专业讲究学术与实践并重，多数课程设置带有带薪实习（CO-OP）项目，实用性较强，因此热度不低。

2021 年 ~ 2023 年加拿大本科申请——专业类型占比

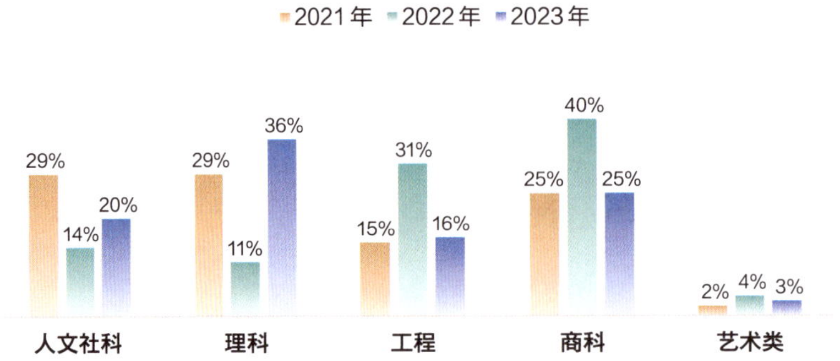

（7）国内普通高中学生依旧是申请主力军

在 2023 年加拿大本科申请学生中，来自国内普通高中的学生依然占比最高，是申请主力军，达 36.8%。这得益于加拿大大学为中国普通高中学生提供了很多的便利条件，例如学生可以凭借高中成绩、会考成绩、高考成绩及语言成绩直接申请加拿大大学，不需要参加额外的考试。

与此同时，国外大学本科在读生选择转学申请加拿大本科的学生人数也出现了上涨，从 4.7% 升至 9.4%，涨幅近两倍。这主要由于加拿大对国外本科转学生的转学申请要求相对宽松，与高中申请本科要求基本相同，一定程度上也给予了他们二次选择的机会。

2019 年 ~ 2023 年加拿大本科申请——学生学校背景占比

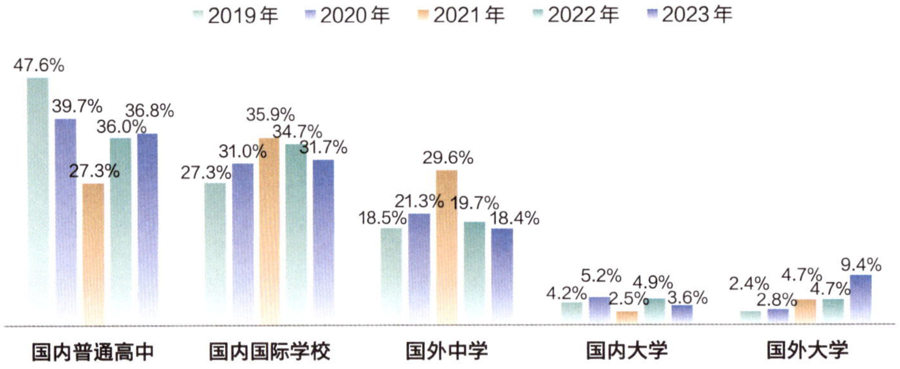

（8）本科直录学生占比超五成

面向国际学生，加拿大本科申请分为直接录取和双录取。直接录取是指学生在提交院校申请时已有合格的语言成绩，学生拿到录取后可以直接入读正课；双录取则是指学生在提交院校申请时暂无合格的语言成绩，可以申请语言课程和正课，拿到录取后先进行语言课程的学习，合格后再入读正课。

前途出国录取数据显示，近三年来加拿大本科直录申请占比持续上升，2023 年占比过半，成为加拿大本科留学的主要录取方式。这是由于越来越多的学生早早就开始规划出国留学，他们普遍会从高一、高二就开始备考语言考试，进行本科申请准备，并在申请前拿到合格的语言成绩。

2021 年 ~ 2023 年加拿大本科录取——录取方式占比

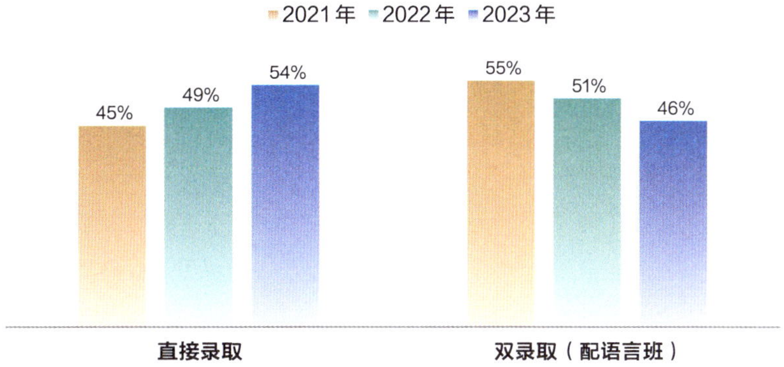

（9）本科录取率保持平稳

2019 年至 2023 年，加拿大本科录取率基本保持平稳，同一类型的学校在五年间的录取率波动幅度不大。加拿大医博类大学本科录取率基本维持在 70%~80%，综合大学相比医博类大学要高出 6~8 个百分点，基础类和其他大学则都保持在 90% 以上。

不过平静的表象背后也存在不平均的情况。同一所学校不同专业的录取率相差较大，录取率高的学校也并不一定比录取率低的学校更容易申请，比如归属于综合类的滑铁卢大学的计算机科学专业，其录取难度甚至比医博类院校多伦多大学的文科专业要高。

2019 年 ~ 2023 年加拿大本科录取——不同类型院校录取率

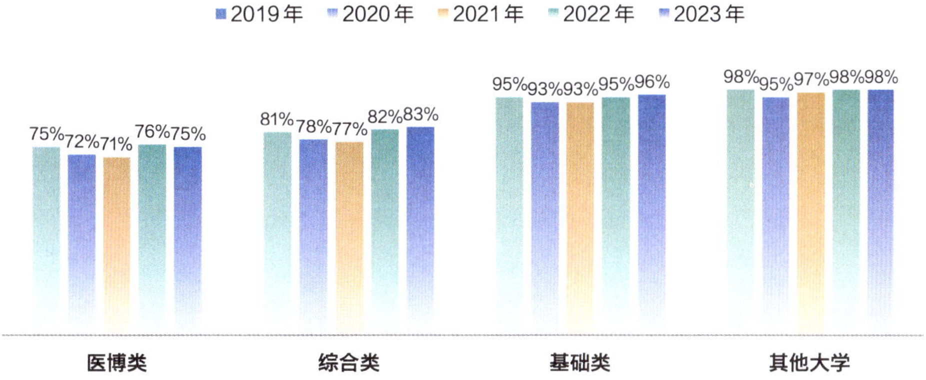

（10）TOP 院校录取成绩保持在高位

近年来加拿大 TOP 3 大学（即多伦多大学、UBC 大学和麦吉尔大学）本科录取成绩较为稳定，均处在较高的水平。因此，在相同成绩区间内，学生更多的是在比拼软实力背景，比如是否参加竞赛、科研、活动等，是否取得竞赛名次、科研成果、活动证书等。

在成绩方面，如果想在申请加拿大知名院校时更有竞争力，尤其工程、商科这些热门专业，GPA 建议达到百分制 90 分或以上，IELTS 语言成绩至少要符合学校的直接录取申请要求（即总分 6.5 分、单科不低于 6.0 分），但如能达到总分 7 分、单科不低于 6.5 分则更具竞争力；TOEFL 成绩同理，建议达到总分 100 分左右。普通高中学生的高考成绩则建议达到各省一本线及以上。

2019 年 ~ 2023 年加拿大本科录取——TOP 3 院校直录平均成绩			
年份	GPA	IELTS	TOEFL
2023 年	91	6.7	100
2022 年	90	6.7	100
2021 年	91	6.8	105
2020 年	92	7	103
2019 年	90	6.8	100

2. 加拿大本科升学规划

（1）加拿大本科教育体制介绍

加拿大虽是“老牌”英联邦国家，却实行北美教育体制，结合了两种教育体制的优势。加拿大政府非常重视教育，公立大学不缺科研经费，在发放奖学金方面也非常慷慨。此外，加拿大高校很多专业都提供带薪实习的机会，有不少岗位是由政府机关以及全球知名公司合作提供的，学生凭借在读成绩申请就有机会参与，实习期可长达两年之久。

加拿大大学可分为三大类，即医博类、综合类和基础类。

顾名思义，医博类大学就是拥有自己的医学院的大学，本硕专业开设齐全，并且可以授予博士学位。耳熟能详的医博类大学有多伦多大学、麦吉尔大学、UBC 大学、麦克马斯特大学等。

综合类大学为中等规模的大学，本硕专业开设广泛且每一所都有自己的强势院系和专业，如滑铁卢大学的数学学院和工程学院、西门菲沙大学的比迪商学院等。

基础类大学都是小而精的大学，主要关注本科阶段教育，部分大学可授予硕士学位，如湖首大学、劳伦森大学等。湖首大学的商学院受国际商学院协会（AACSB）认证，其桑德贝校区所有工程专业受加拿大工程师协会（CEAB）认证，很多专业都提供带薪实习机会；劳伦森大学管理学院同样为 AACSB 会员，并得到欧洲管理发展基金会（EFMD）认证，从该校工程专业毕业的学生大多能得到职业工程师（P.Eng）认证，世界认可度很高。

（2）加拿大本科教育优势

1）政府高度重视，教育质量高

加拿大一方面承袭了英联邦严谨的教学传统，另一方面吸收了北美的开放之风，兼收并蓄，集精华于一体。加拿大政府对高等教育是高度重视的，每年至少投入总 GDP 的 7% 用于教育领域，且大多集中在对高校的财政投入。得益于加拿大几乎全部都是公立大学，教育不走产业化路线，各大高校都会将政府的资金用于教研以及给优秀学生发放奖学金或助学金，并不会投入到参与排名这件事上。

2）学位认可度高

加拿大本科为学分制，学生只要满足相应专业须修满的学分并达到 GPA 要求，即可获得荣誉学士，通常需要四年左右。加拿大高度认可中国普通高中体制，学生用高考、会考成绩可以直接申请加拿大的大学，除语言考试外，无需准备额外的学术考试；另外，即使是本科在读的学生，也可通过转学分的形式到加拿大的大学完成本科学业并拿到荣誉学士，毕业后也可凭借荣誉学士申请世界绝大多数国家的硕士课程。

3）实用的带薪实习机会

CO-OP 带薪实习是加拿大极具特色的教学模式，由加拿大政府主导，境内超过 70 所大学和学院都会为学生提供带薪实习，很多项目与知名企业合作进行。其中，政府会负担约三分之二的学生工资，企业只负担约三分之一，不仅为企业减少成本，还能帮助企业招收到优秀的学生。加拿大政府之所以这么做，就是希望给学生们提前创造适应工作和社会的良机，帮助学生在学习理论的同时积累实战经验，并由此确定自己的兴趣所长和未来的发展方向，真正做到“学以致用，知行合一”。

4）安全系数高

加拿大的犯罪率很低，校内采取多种措施来确保学生安全。大多数大学每天 24 小时都有校园安保人员提供保护，很多大学校园里的教学建筑之间还通过地下通道相互连接。这种设计不仅御寒，同时也为学生提供了更多的安全保障。

5）留学及生活成本较低

由于加拿大的教育体系以公立为主，学费较其他英语系国家相对适中，此外还有奖学金、助学金以及带薪实习，加之近年来加币汇率的持续走低，都不同程度地为留学生节省了开支，加拿大的生活成本与中国一线主流城市相比也居于低位。

6）便利的工作签证及移民政策

加拿大本科生在毕业后无需找到工作即可自动获得三年无条件开放式工作签证（PGWP），之后学生可以自由选择最适合自己的方式留下来。目前，加拿大移民快速通道 Express Entry（简称 EE）、各省的省提名计划，以及新兴的北部移民计划（RNIP）等都是广大留学生青睐的方式。

（3）加拿大本科学位类型介绍

加拿大大学的本科学位主要分为荣誉学士学位（Honors Bachelor Degree）和普通学士学位（Bachelor Degree）。依照不同大学和专业的要求，对二者的要求也存在差异，具体以学校官网为准，以下为通常情况下，这两种学位之间的区别：

- 毕业所需修满的学分数量不同：一般情况下，荣誉学士学位需要修满 120 个学分，而普通学士学位则只需修满 90 个学分。
- 所需达到的 GPA 要求不同：以多伦多大学为例，要求累积平均绩点（CGPA）至少达到 1.85 以上才能获得荣誉学士学位，而如果满足除 CGPA 以外的所有毕业要求（比如 CGPA 达到 1.5 或以上），则可以获得四年制普通学士学位。
- 完成学位所需时间不同：由于两种学位所需完成学分的数量不同，加之个人学习进度不同，因此所需要花费的时间也各有不同，视具体情况而定。
- 专修与主修的概念不同：荣誉学士学位通常要有一个专修（Specialization），而普通学士学位则相对宽泛，通常至少需要有一个主修（Major）。
- 未来规划不同：如果是在海外就读本科的学生未来希望申请加拿大硕士，建议本科阶段获得荣誉学士学位，相对来说更有申请竞争力。当然，加拿大很多大学和专业也承认以四年制普通学士学位进行硕士申请，这也是中国本科生可以无缝衔接地进行加拿大硕士申请的原因之一。

（4）加拿大本科申请要求及材料

加拿大大学接受所有正规高中体制的学生申请，针对不同教育体制都有单独的申请要求。学术要求举例如下：

学校名称	中国高中体制	加拿大高中体制（以安大略省 OSSD 为例）	美国高中体制（U.S.-Patterned）	英国高中体制（British-Patterned）
University of Toronto 多伦多大学	高考、会考和平时成绩，鼓励提交 AP 成绩，如有 SAT 或 ACT 成绩也可提交	至少 6 门 4U/M 课程，包括 ENG4U/EAE4U	有竞争力的 Senior Year/12 年级成绩，鼓励提交 SAT 或 ACT 成绩	至少有 5 门不同的 IGCSE/GCSE/O Level Academic Subjects，和 4 门不同的 AS 学术科目或 3 门不同的 A Level，必须包含 English 科目
McGill University 麦吉尔大学	会考（成绩须为数字或字母等级格式）、平时成绩（高一、高二和高三上半年）和高考成绩（非必须）	以下要求针对加拿大境内完成 OSSD 的学生：将会计算学生 6 门最好的（Top 6）4U 和 / 或 4M 课程，其中至少 4 门是 4U 级别（注意：所有 4U/4M 课程成绩，包括不及格或重修前的成绩也将被考虑在内）	· 以下要求针对美国境外完成美高课程的学生：在申请中必须注明是在美加境外完成的高中学业，所有成绩须通过“Minerva”上传 · G10~12 年级的所有成绩都将被考虑在内，包括不及格或重修前的成绩。SAT 或 ACT 成绩针对 2024 年秋季为非必须	至少有 3 门不同科目的 A Level（或同等学历）或者 2 门 A Level 和 2 门 AS 科目
The University of British Columbia 不列颠哥伦比亚大学	· 高考、会考和平时成绩 · 如不参加高考，须提交至少 3 门或以上不同科目的 AP 大考成绩	11 或 12 年级英语成绩不低于 70%（或同等水平），至少 6 门 12 年级学术 / 非学术课程（推荐，非必须）	鼓励申请人至少提供 6 门 12 年级课程，数学须至少 Junior 等级，英语须是 Senior 等级，不接受 ESL；同时鼓励提交 SAT 1 或 ACT+ 写作	至少有包括英语在内（英语成绩不得低于 C）的 6 个不同学科领域（GCSE，AS Levels，A Levels）的成绩，其中至少有 3 个学术 A Levels 成绩或 6 个 AS Levels 成绩，科目不能有重复
McMaster University 麦克马斯特大学	高考、会考和平时成绩	6 门 12 年级 U/M 级课程，其中必修课为 4U 级别	5 门 12 年级 / 高级学术科目或 IB、AP、SAT II 科目考试的同等科目组合 鼓励提交 SAT/ACT 成绩（2024 年入学季非必须）	至少 5 门科目，3 门不同的 GCE A2 或 International A Level Subjects 和 2 门 GCSE/IGCSE/O Level Subjects
Western University 韦仕敦大学	高考、会考和平时成绩	至少 6 门 12 年级 U/M 级课程（不含 CO-OP），须包含ENG4U，所有已完成和正在进行的 11 年级 U/M 级课程	高中成绩至少达到 4.0，2024 年秋季不强制要求提供 SAT/ACT，如果提供则 SAT（批判性阅读和写作 + 数学）至少达到 1190 分、ACT 至少达到 24 分	3 个不同的 A Levels（或 4 个不同的 AS Levels）科目且获得 B 以上的成绩，同时还需提供至少 5 门 GCSE/IGCSE/O Levels 成绩，且至少获得 C 以上的成绩
University of Ottawa 渥太华大学	· 平时成绩，GPA 至少 75% 或以上，部分专业要求更高 · 须获得高中毕业证	至少有 6 门 4U/4M 课程，其中申请专业的先决条件为课程须是 4U 级	· 完成 12 年级，GPA 至少 75% 或以上，部分专业要求更高 · 所选课程需满足对应专业的先决条件	提供 5 门科目 AS Level 或 O Level 等级科目，或至少提供 2 门 A Level 等级科目，其中数学须是 A Level 或 AS Level 等级，所有成绩须达到 B 或以上

（仅展示部分院校以作参考，排名不分先后，详细信息以各大学官网为准）

自 2013 年起，多所加拿大的优质院校针对竞争激烈的商学院、工程学院等院系，纷纷开设附加申请和视频面试。纵观加拿大几所优质大学，招生官们的喜好基本都围绕着考量学生的综合素质展开，这些特质则会通过学生在附加申请中提交的论文（Essay）、视频面试环节的作答，以及递交的个人过往履历、竞赛结果和活动资料等形式得以充分展现，这些恰好也是申请优质院校本科需要进行的各项准备。

附加申请 /Essay：几乎所有优质院校都会考查“Why School & Why Major”(即为什么选择这所院校以及为什么选择这个专业），这些院校的招生官普遍认为本科阶段虽然属于高等教育的初级阶段，但却奠定了学生一生的发展方向。因此，申请学生应该在递交申请前深思熟虑并明确自己的选择：为什么要申请某所大学和某个专业方向，希望在哪个领域深耕细作，未来有怎样的职业规划等问题。

视频面试：不同专业有不同的考查方向，例如商科注重考查学生对企业家精神、领导力与选择多样性的见解，工程则会注重考查学生的数学思维、建模思维等。与此同时，招生官还会关注申请学生对社会及所在团体的贡献，对于社会问题与热点现象的关注，面对挫折与挑战时的应对策略。

竞赛活动及其他：很多优质院校官网有明确标注需要申请学生递交哪些相关活动经历或竞赛结果，如多伦多大学官网所示，要求申请学生提交活动经历；又如滑铁卢大学官网所示，强烈要求申请学生参加并提交欧几里得数学竞赛结果。

语言要求：

- IELTS：总分 6.5 分，单项不低于 6 分。
- TOEFL：总分 80~100 分，单项不低于 22 分。
- Duolingo：总分 100~120 分（需提前确认所申请大学是否认可）。
- 如在英语地区读书超过四年或以上，则有可能豁免语言，具体以各大学审理结果为准。

以上信息仅供参考，达到以上成绩不代表一定会被录取，部分竞争激烈的大学和专业可能会有更高要求，具体以各大学官网为准。如学生满足大学的学术要求，但暂时无法达到上述（或官网）的直接录取语言要求，可以选择本科双录取项目。

（5）加拿大本科申请规划时间轴

以下为本科申请规划时间轴参考，横跨高中三年，分为规划期、申请期和过渡期，每一时期都有相应需要完成的准备工作。

高一为规划期。在这一时期，学生们首先要对未来的目标申请院校、申请专业以及申请要求进行初步了解，同时需注意两年后的申请要求或许会比现阶段有所提高，因此在保持在校成绩的同时，也要预留时间，尽可能地冲刺其他标准化成绩。

高二为申请期。经历了一年的准备后，此时学生们对于冲刺的目标院校和自己擅长的专业方向有了更加清晰的认知，这一时期可以确定最终的申请院校名单、持续提升背景、准备面试辅导，并同步整理相关申请材料。需要强调两点：一是如何在短短几分钟内，用英语有条理有逻辑地输出观点、突出优势、增加竞争力，而面试辅导起到了不可或缺的作用；二是加拿大优质院校通常提前开放网申，当年 9 月开始、次年 1 月截止，本着“先到择优”的原则进行审理，强烈建议学生们提前整理好相关的申请材料，在网申开通后马上递交。

高三为冲刺过渡期。递交网申后还有一点时间可以补充材料，如有更好的标准化成绩、更强的竞赛和活动背景，此时可进行更新，做最后的冲刺努力。家长也可开始同步准备签证所需材料，各家庭所需文件略有不同，具体视情况而定。在收获心仪院校的 Offer 并缴纳学费后，即可递交签证申请，等待结果的同时既可着手申请大学宿舍，也可提前规划未来的学习计划，为接下来即将展开的留学生涯做好学业、生活及心理上的过渡准备。

时间阶段		申请准备
规划期	高一	· 了解院校、专业、标准化考试 · 制定语言学习计划 · 制定课外活动及竞赛参加计划（要契合所申请专业）
	高一暑假	· 注重校内学术成绩 · 参加专业活动、竞赛考试 · 确认学校专业目标初步方案
申请期	高二	· 选校及专业确定 · 落实申请方案 · 相关申请材料准备 · 获得合格标准化成绩 · 选择性参加活动，持续提升背景
	高三上学期	· 完成网申 · 材料及语言成绩递交 · 完成高三上学期的学术考试 · 准备面试辅导
冲刺过渡期	高三下学期	· 补交学术成绩 · 等待、确认录取 · 准备签证材料并递签 · 缴纳学校学费 · 确认住宿安排及相关报到注册事宜 · 规划未来大一的学习安排

（此时间轴仅为参考，一切以实际申请为准）

三 加拿大硕士数据解读和升学规划

1. 加拿大硕士数据解读

（1）硕士申请量持续两位数高速增长

2023 年，加拿大硕士申请延续过去六年的增长态势，申请量不断上升。而增速依旧维持两位数的增长，同比 2022 年增速还有所加快。这也意味着随着申请人数不断增长，申请竞争激烈程度也会随之加剧。

2017 年 ~ 2023 年加拿大硕士申请——申请数量趋势

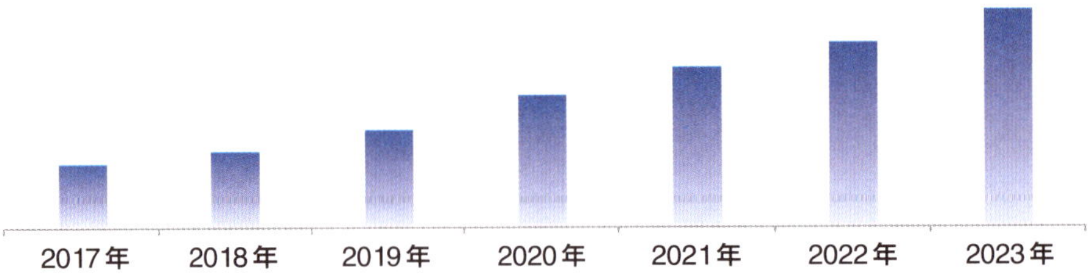

2017 年 ~ 2023 年加拿大硕士申请——申请增长率

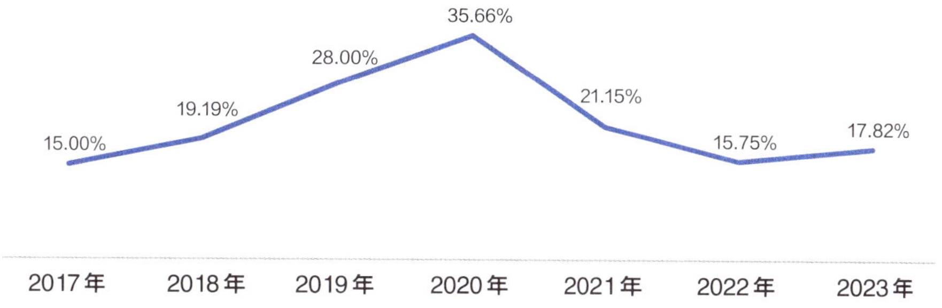

（2）安大略省是硕士首选申请地，申请量遥遥领先

从硕士申请地域来看，2023 年各省份的申请量均有增加，但安大略省一直是最受留学生青睐的省份。安大略省的学校最多，教育资源也最丰富，多伦多大学、女王大学、韦仕敦大学等为大家所熟知的加拿大大学都位于此。

值得一提的是，新斯科舍省的硕士申请量几乎翻番，是 2023 年硕士申请增幅最大的一个省，戴尔豪斯大学、圣玛丽大学、卡普顿大学都位于该省。该省份相对友好的就业移民政策吸引不少中国学生和家庭关注本省的院校。

2019 年 ~ 2023 年加拿大硕士申请——省份占比

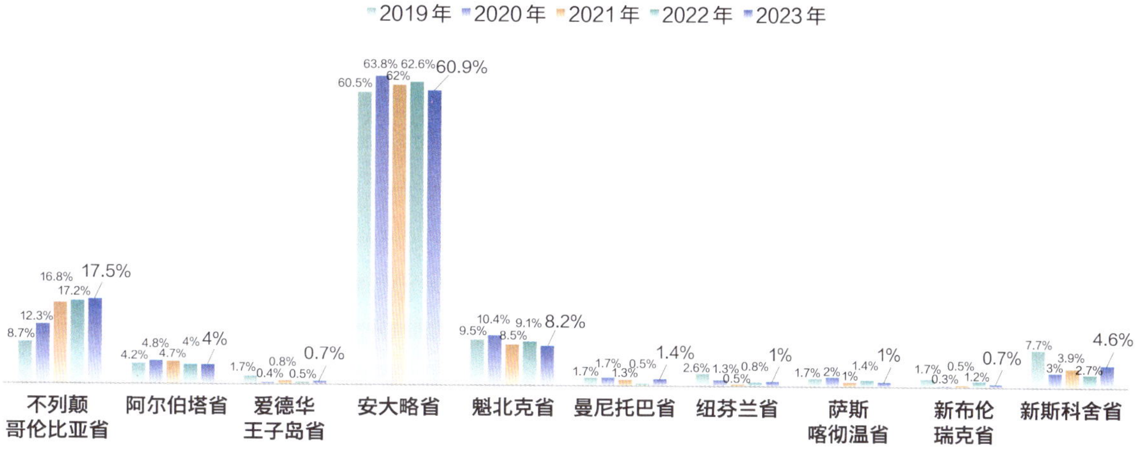

（3）“双非”院校背景发力，申请量连续三年攀升

2019 至 2022 年，海外本科学生在加拿大硕士申请中占比一路攀升，从 25% 增长至 55%，但 2023 年占比回落至 50% 以下。同期国内大学学生申请占比增加，尤其是“双非”院校学生占比连续三年攀升，由 20% 增长至 30%。

虽然加拿大硕士的申请门槛相对偏高，但对学校背景并没有强制要求，“双非”院校的学生只要综合实力够强，就有机会被知名院校录取。海外本科学生占比虽有回落，但依然是最大的申请群体，他们的存在无疑加剧了竞争。

2019 年 ~ 2023 年加拿大硕士申请——学生院校背景占比

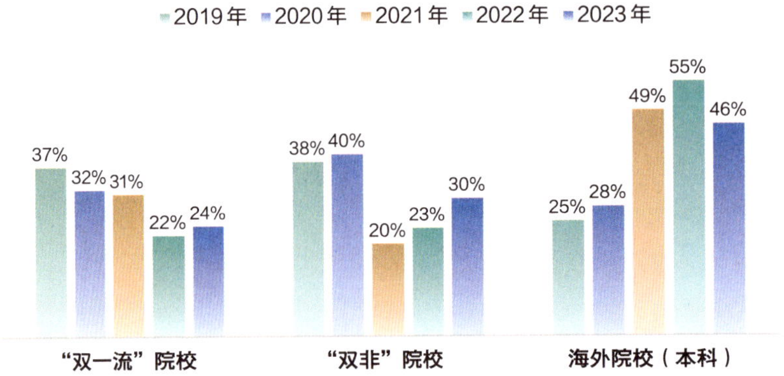

（4）性别比平衡，男女生占比近乎五五开

在 2023 年加拿大硕士申请占比中，男生和女生的占比分别为 49.6% 和 50.4%。在过去五年中，虽然数据一直在此消彼长，但男女并没有过大的差距，尤其是最近三年差距逐渐缩小，可见加拿大各院校硕士阶段对男生和女生的吸引力相当。

2019 年 ~ 2023 年加拿大硕士申请——性别占比

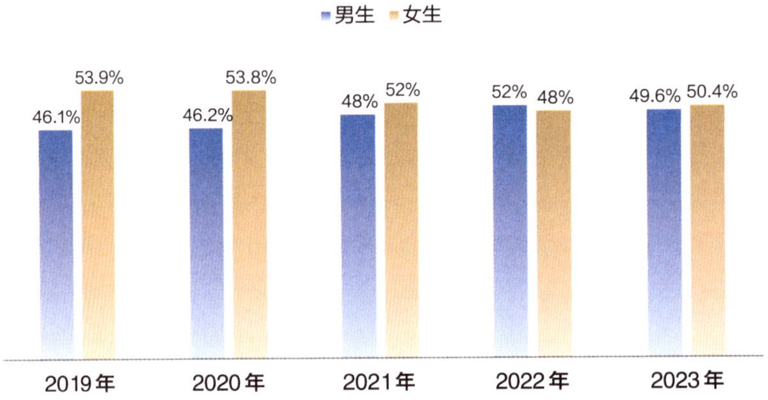

（5）医博类大学仍为主流申请院校

根据加拿大的《麦考林杂志》（*Maclean's*）排名，加拿大大学分为三类：医学博士类（简称医博类），综合类和基础类。基础类大学更关注本科教育，开设的研究生项目不是很多，因此加拿大硕士申请基本集中在医博类和综合类大学。

2023 年加拿大硕士申请，医博类大学占比 55%，是大部分学生的选择；综合类院校占比 30%；基础类院校占比 10%；其他大学占比 5%（《麦考林杂志》的排名并未覆盖加拿大所有大学，其他大学泛指未上榜单的大学）。相较 2022 年，基础类院校和其他大学占比出现上升，医博类和综合类则下降。这说明学生在择校方面更加务实，排名已经不再是唯一参考标准。有些学生计划走科研路线，而有些学生则看重课程的实用度是否有利于未来就业，可见多元化择校会成为未来趋势。

2019 年 ~ 2023 年加拿大硕士申请——学校类型占比

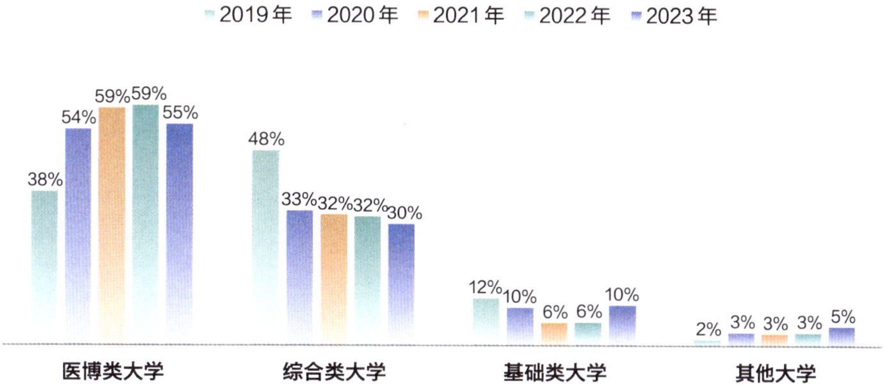

（6）加拿大 TOP 3 院校申请下降 3%

多伦多大学、UBC 大学、麦吉尔大学是公认的加拿大 TOP 3 大学，选择申请的学生一直不少，不过 2023 年的申请占比出现下滑。在 2023 年，TOP 3 院校申请占比为 25%，虽然仍达到了四分之一的份额，但也是对过去四年增势的逆转。

择校是综合考量的结果，TOP 3 院校申请占比下滑以及同期基础类和其他大学申请占比增加，可能就是当下学生和家长多方因素考量的结果。

2019 年 ~ 2023 年加拿大硕士申请——TOP 3 院校申请占比

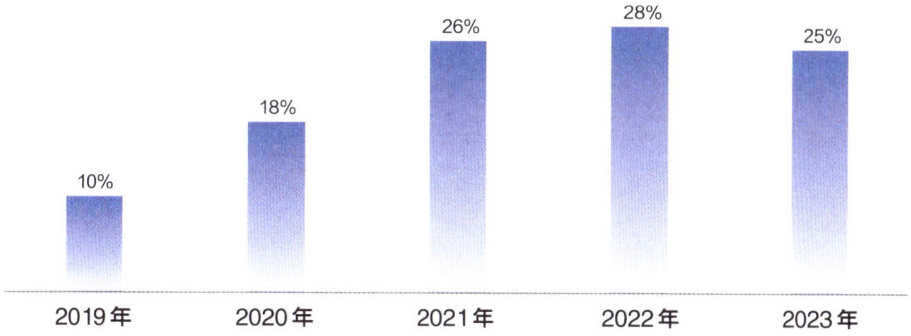

（7）加拿大申请前十名的大学基本维持不变

2023 年加拿大硕士申请量排名前十的大学和 2022 年基本一致。从排位顺序上来看，前五位维持稳定；第六和第七位置出现交换，温莎大学申请量高于麦吉尔大学；只有第十位由卡尔顿大学变为了劳伦森大学。劳伦森大学近年推出的双语 MBA 项目非常有特色，在一定程度上吸引了不少学生申请。

2023 年加拿大硕士申请
——院校申请 TOP 10

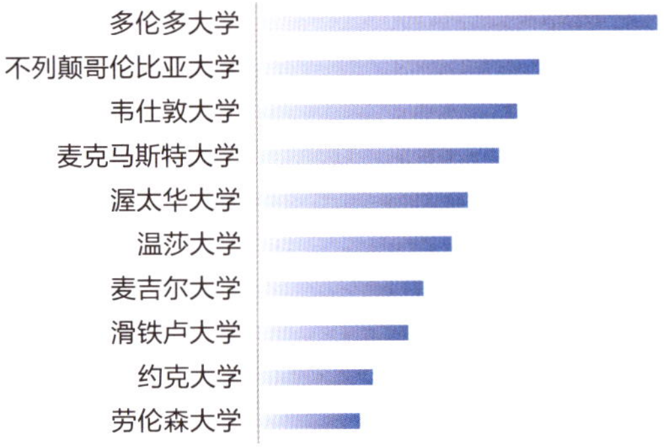

2022 年加拿大硕士申请
——院校申请 TOP 10

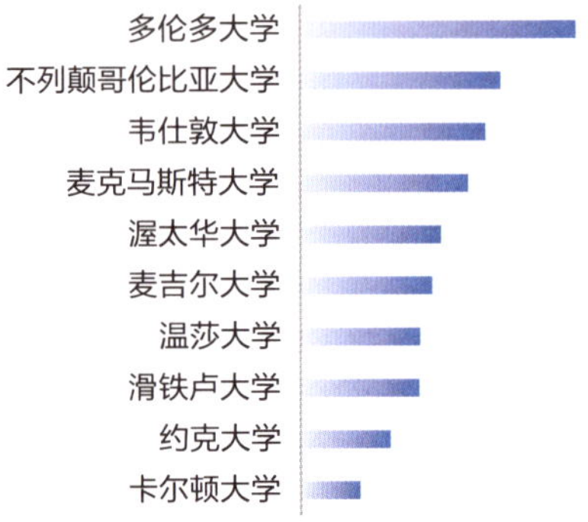

(8)人文社科“异军突起”，增长超 2.2 倍

过去几年，工程、商科、理科一直是加拿大硕士专业的三大方向，2023 年人文社科增长 12%，申请占比为 21.9%，超越理科成为热门选择。热门专业从原本的“三分天下”变成了“四足鼎立”。加拿大硕士申请大多要求本科具备相关专业背景，为了增强就业竞争力，越来越多的人文社科类的本科生也在寻求继续深造。

在人文社科类的申请中，经济学、传媒是学生选择比较多的专业，但这些专业申请难度较大，申请前需仔细了解申请要求，充分准备。

2019 年 ~ 2023 年加拿大硕士申请——专业类别占比

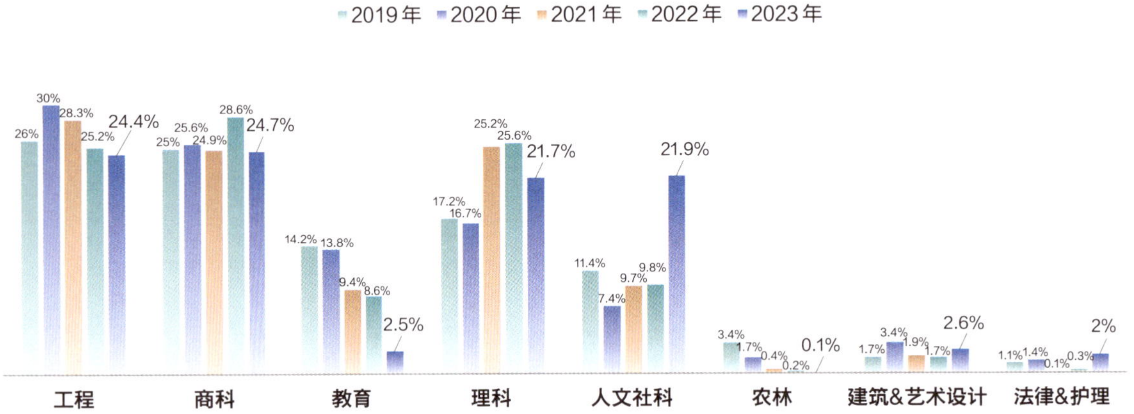

(9)不同类型院校录取率均有增长，医博类增长 3%，最为明显

近三年，医博类大学录取率基本维持在 50%~55%，综合类大学录取率基本维持在 60%~65%，基础类和其他大学的录取则在 70% 以上。各类型大学录取率总体保持平稳上升的趋势。医博类大学 2022 年的录取率微降，与受大环境影响部分硕士研究生名额缩减有关，但 2023 年已经全面恢复。

当前，越来越多的学生明白提前规划、充分准备的必要性，因此各类学校的录取率都在平稳上升。

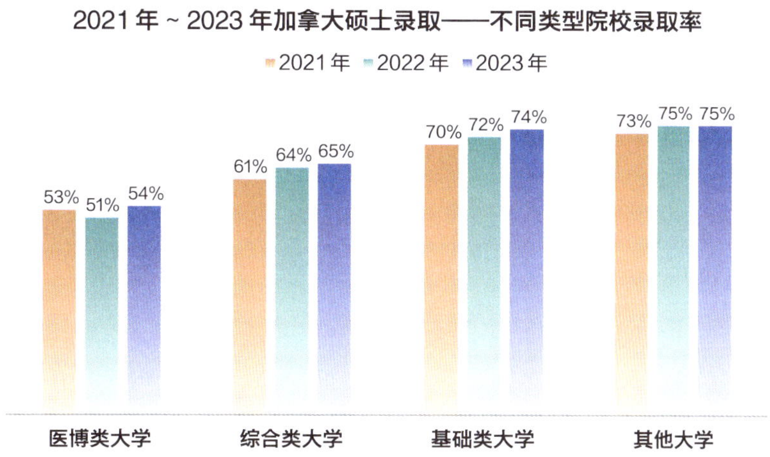

（10）加拿大 TOP 10 大学录取成绩维持高位

过去几年，加拿大 TOP 10 院校录取成绩基本稳定，维持在较高水平。根据前途出国录取数据，2019 年至 2023 年被 TOP 10 院校录取的学生平均 GPA 及标准化成绩都比较高。

这一方面是由于 GPA 和标准化成绩依然是决定学生是否被录取的重要因素；另一方面，学生的软实力同样是加拿大校方的考量因素，拥有含金量高的软性背景，更容易在申请竞争中脱颖而出。因此，有申请意向的学生要尽早开始规划和准备，提升自身竞争力。

加拿大 TOP 10 院校	
University of Toronto	多伦多大学
McGill University	麦吉尔大学
The University of British Columbia	不列颠哥伦比亚大学
McMaster University	麦克马斯特大学
Western University	韦仕敦大学
Queen's University	女王大学
University of Alberta	阿尔伯塔大学
University of Ottawa	渥太华大学
University of Waterloo	滑铁卢大学
Simon Fraser University	西蒙菲沙大学

2019年～2023年加拿大硕士录取——TOP 10 院校录取成绩变化						
	年份	平均	工程	商科	理科	教育
GPA	2023年	3.47	3.4	3.4	3.6	3.5
	2022年	3.45	3.3	3.4	3.6	3.4
	2021年	3.45	3.3	3.4	3.5	3.6

续表

2019 年 ~ 2023 年加拿大硕士录取——TOP 10 院校录取成绩变化						
	年份	平均	工程	商科	理科	教育
GPA	2020 年	3.45	3.5	3.4	3.5	3.4
	2019 年	3.5	3.5	3.5	3.6	3.5
IELTS	2023 年	7	6.8	7	7.2	7
	2022 年	7	6.8	6.9	7.1	7
	2021 年	7	7	6.9	7.1	7
	2020 年	7	6.8	7.1	7	6.9
	2019 年	7	7	7.5	7.2	7.2
TOEFL	2023 年	102	98	103	104	103
	2022 年	101.9	100.6	101.5	100.7	104.8
	2021 年	101.4	100.6	101.5	98.7	104.8
	2020 年	99	98	102	99.3	102
	2019 年	102	100	106	98.5	102
GRE/GMAT	2023 年	322/651	321	320/651	325	——
	2022 年	322/653	323	319/653	326	
	2021 年	322/653	323	319/653	326	
	2020 年	320/663	322	320/663	318	
	2019 年	322/670	320	325/687	331	

2. 加拿大硕士升学规划

（1）加拿大硕士教育体制介绍

加拿大硕士主要分为两大类型，即授课型（Course-based）和研究型（Thesis-based）。这两种类型在培养方向、申请侧重点、授课形式和学业时长上均有不同。

授课型硕士旨在培养应用型人才，课程设置以就业为导向，录取时更注重考察学生的学术条件，日常授课以修学分和写论文为主，学业时长为一到两年。研究型硕士旨在培养学术型人才，课程设置以继续深造为导向，录取时更注重考察申请人与导师研究方向的关联性，日常授课以科研为主，学业时长为两到三年。

两者在费用方面也有所不同，授课型相较于研究型的费用会略高一些，且奖学金提供较少，而研究型有机会申请成为助教（TA）或助研（RA），并获得相应的奖学金。

（2）加拿大硕士常见学位分类

加拿大硕士阶段的教育优势与本科相同，并在本科升学规划中已有所体现，下面是加拿大硕士学位的分类：

加拿大硕士常见学位	学位类型（代表该学位下大多方向属于该类型）
文学（Master of Arts，MA）	研究型
理学（Master of Science，MSc）	研究型
应用科学（Master of Applied Science，MASc）	研究型
商科（Master of Business Administration，MBA）	授课型
教育（Master of Education，MEd）	授课型
工程（Master of Engineering，MEng）	授课型

（3）加拿大硕士申请要求及材料

申请加拿大大部分的硕士专业需要学生在本科阶段有相同或相近的专业背景，少部分如工商管理和教育学硕士等对学生的本科专业背景略为宽松。加拿大硕士的常规申请要求如下：

- 四年制本科学位或等同的学习背景。
- 相同或相关的专业背景（部分专业对学生本科背景要求略为宽松）。
- 本科 GPA 在百分制 75~80 分以上。
- 直录语言要求：IELTS 总分 6.5 分或以上，单科不低于 6.0 分（部分竞争激烈的学校和专业有更高要求，具体以各学校官网为准），对于学术符合要求但语言未达标的学生，部分学校和专业可提供双录取。
- 部分商科专业需要提供 GMAT 成绩，部分非商科专业需要提供 GRE 成绩。
- 丰富的实习或科研经历，部分专业需要有相关工作经验。

以上要求全部满足虽然不代表一定会被录取，但每一个要求都对最终的硕士申请结果起着至关重要的作用，下面逐一进行讲解：

1）本科学历和专业背景

加拿大大学的学风严谨，招生官们认为硕博学位属于高等教育的进阶阶段，学生想要在此阶段针对某一专业方向继续做更深入的研究，需要依托本科阶段的相关理论知识作为基础。因此，大部分加拿大的硕博专业需要申请人具备相同或相似的本科专业背景，管理类硕士和教育类硕士除外。这是由于任何领域都需要管理型人才，而教育所涉及的人群和门类非常庞大，因此也可能出现跨专业的现象。

如果申请人本科就读的是 985/211/“双一流”高校，一定程度上对申请会有所帮助。但影响加拿大高校录取的因素很多，只要把握住申请关键点并提前合理规划，“双非”院校的学生也同样有机会成功申请到自己心仪的院校。

2）GPA 和语言标准化成绩

加拿大大学通常要求申请人本科 GPA 在百分制 75 分以上，如想申请直接录取还需要有 IELTS 6.5 分或 TOEFL 90 分及以上的语言分数，部分专业还要求提供 GMAT 或 GRE 成绩。大学的官网通常会列出申请建议达到的要求，但竞争激烈的院校和专业会采取“先到择优”原则，因此，建议学生们尽早考出理想成绩，提交申请。

另外，除了以上提到的“硬实力”成绩，学校同样会考察申请人的“软实力”背景，尤其针对“研究型硕士”的申请人而言，如果“软实力”背景（如科研方向）与导师非常贴合，可能会激起导师的浓厚兴趣，对申请大有裨益。

3）实习经历和科研能力

实习经历与科研能力就是通常所说的“软实力”背景，这些背景不仅对于申请很重要，更关键的是在未来学习时可以切实地帮到学生。很多国外大学在本科阶段会提供很多机会以丰富学生们的实习经历、活动背景和科研背景，这让学生在撰写个人简历时，可以提取很多亮点进行阐述。中国学生在这一项经历上相对较为薄弱，因此学生需要针对这方面进行合理规划和提升，提高录取竞争力。

4）申请时递交的文书类材料

加拿大高校的硕士申请通常需要申请人提交个人意向陈述、个人简历、导师推荐信，部分大学和专业还需递交写作范文（Writing Samples）。个人意向陈述可以让招生官对申请人的申请意向、未来发展方向有直观的了解和认识。个人简历则是要“见字如面”般地将申请人的各方面优势和亮点跃然纸上。推荐信在西方国家是诚信与肯定的双重代表，各院校和专业对导师推荐信的要求略有不同，有的只需提供学术导师推荐，有的还需提交工作相关的导师推荐。以上所有材料不仅是申请所需，更是自身实力的一种证明，如能使人眼前一亮，将会对申请有如虎添翼般的效果。

5）合理地制定申请方案

加拿大硕士申请通常需要提前两到三年进行规划，有些学生甚至会在大一就开始准备，在不影响日常课业成绩的情况下，充分利用每一个假期来准备语言和其他标准化考试，参加各种与本专业相关的背景提升（如实习科研、竞赛、社团等），根据各方面的准备情况实时调整最终的申请计划。既不浪费时间，又保证了申请规划的合理性，以达到最优的申请结果。

（4）加拿大硕士申请规划时间轴

加拿大硕士申请规划时间轴囊括了本科四年，从大一开始到大三均为“预备及提升”阶段。在这一阶段，学生有充足的时间准备和参加各类标准化考试，确定目标院校和专业，并同步开始准备相关申请材料，尤其是文书类材料和推荐信。这样即可在大四开学，也就是每年 9 月网申开通的第一时间递交申请。

进入到申请阶段后，学生仍有时间继续冲刺更好的标准化成绩，或是在寒假时继续参加一些实习、科研等活动，在院校要求的补件截止日期前进行材料的更新。

一切完备后，便进入了“录取等待及收获”阶段。收获了心仪院校的录取后，学生可根据个人及家庭意愿做出最终的选择，并按照学校要求缴纳学费。在此阶段学生可同步开始关注宿舍申请、选课开放的时间等事项，并及时进行相关操作；家长也可以同步开始准备相关签证材料。在递交签证后耐心等待审理结果，并同步进行行前准备，准备开启人生的新旅程。

时间阶段		申请准备
预备及提升阶段	大一至大三	· 确定留学方案 · 确定申请学校和专业 · 准备标准化成绩和背景提升
申请期	大四上学期	· 准备申请各项资料 · 递交申请
Offer 等待期	大四下学期（1 ~ 3 月）	· 及时补件 · 大学逐渐截止申请，开始发放录取
Offer 收获期	大四下学期（3 ~ 6 月）	· 收到录取，确认入读学校 · 缴纳学费，预定宿舍 · 完成选课

续表

时间阶段		申请准备
签证期	大四下学期（5~6 月）	· 准备签证材料 · 递交签证 · 签证获批 · 准备入境

（此时间轴仅为参考，一切以实际申请为准）

四 加拿大博士数据解读和升学规划

1. 加拿大博士数据解读

（1）加拿大博士申请数量回归稳定

加拿大是一个对留学生全面开放的国家，但申请更多集中在中小学、本科以及硕士阶段，博士申请相对较少。加拿大硕士申请本就不太容易，博士申请难度则更上一个台阶，这导致了加拿大博士的申请量总体较低。

前途出国过去六年的申请数据显示，除去 2021 年，加拿大博士申请量基本稳定，整体略有增幅，但幅度不大。2021 年是疫情期间的首个申请年，之所以出现明显攀升，部分原因在于整体环境的不确定性促使一部分人倾向继续深造，使加拿大博士申请量在 2021 年出现大幅增加。

2018 年 ~ 2023 年加拿大博士申请——申请数量趋势

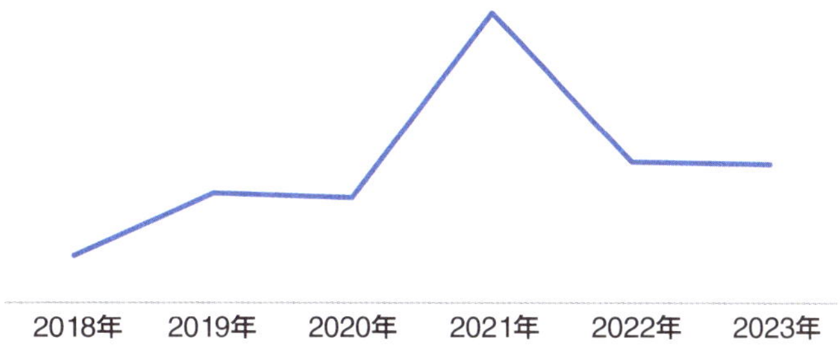

（2）博士申请性别占比反转，女生占比超七成

前途出国申请数据显示，2023 年之前的五年（除 2020 年），男生基本是加拿大博士申请的主力，尤其 2021 年和 2022 年，男生几乎是女生的两倍。但 2023 年形势发生逆转，女生申请量出现压倒性增长，接近男生的 2.5 倍。加拿大安全、质朴的大环境对女性申请人有很大的吸引力，使女性申请人群更加关注加拿大的博士项目。

因为女生申请量的增加，2023 年的专业选择也呈现出多元化态势，艺术、教育类博士的申请量均出现增长。

2018 年 ~ 2023 年加拿大博士申请——性别占比

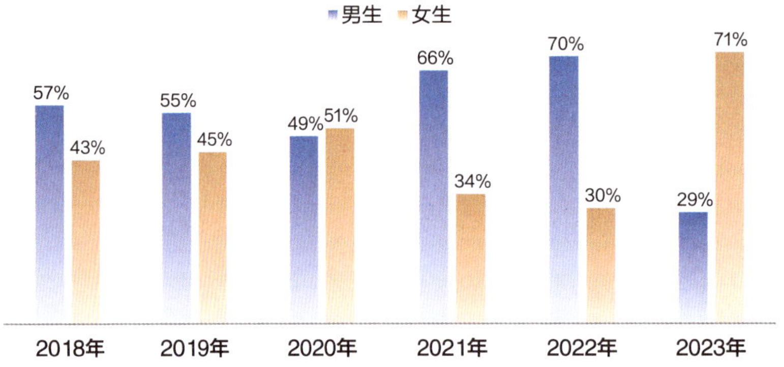

（3）博士申请专业多元，文科专业逆势上升

2023 年是加拿大博士申请专业异彩纷呈的一年。在前两年，博士申请相对集中在工程、理科、计算机和人文社科，尤其是理科和计算机，可以说是以绝对的占比优势领跑。而到了 2023 年，伴随着女生申请人数增多，人文社科、商科、教育、艺术专业申请出现明显增长。随之而来的是工程、理科、计算机申请占比均出现不同程度的下降。

2021 年 ~ 2023 年加拿大博士申请——专业分布

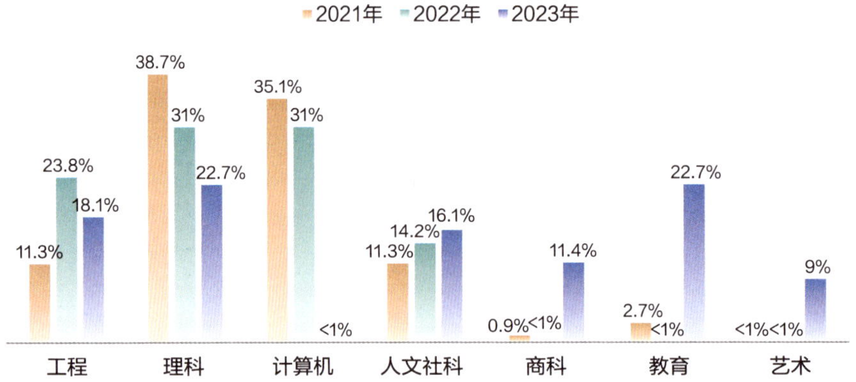

（4）不列颠哥伦比亚大学超越多伦多大学成为申请 TOP 1 院校

2021 年和 2022 年，多伦多大学持续占据申请量排名的榜首。但在 2023 年，多伦多大学的位置被不列颠哥伦比亚大学取代，甚至跌出了前五榜单。不列颠哥伦比亚大学是过去三年唯一一直位列申请量前五榜单的学校，并且排名节节攀升。

2023 年加拿大博士申请——申请院校 TOP 5

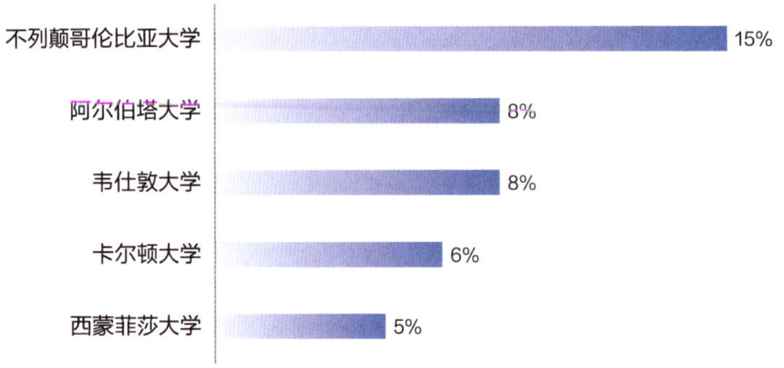

2022 年加拿大博士申请——申请院校 TOP 5

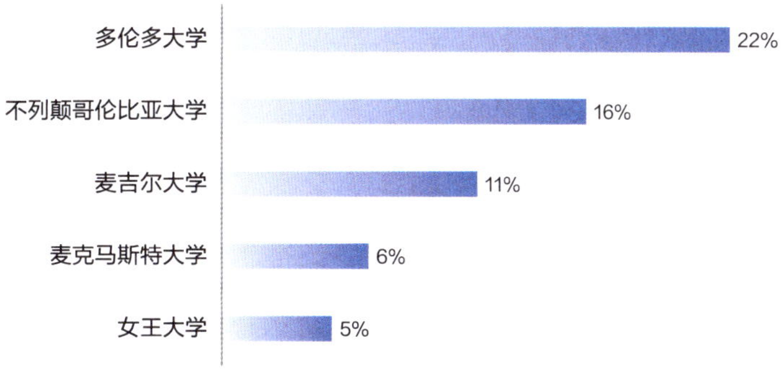

2021 年加拿大博士申请——申请院校 TOP 5

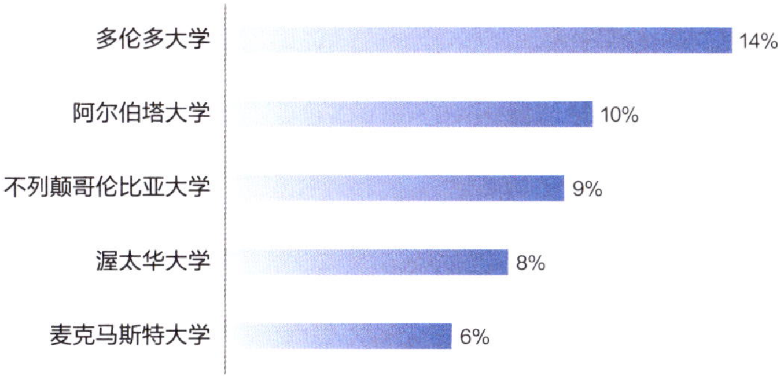

(5)“双一流”院校申请人明显增长

2022 年，来自海外院校的学生是申请加拿大博士的绝对主力，占比超过一半，达到 52.8%。而 2023 年，拥有海外院校背景的学生占比出现下滑，来自“双一流”院校的学生明显增加，申请占比猛增至 41%，与海外院校申请占比持平，“双非”院校学生占比则下降至 18%。

加拿大博士含金量高且奖学金丰厚，无疑会吸引“双一流”院校背景的学生选择继续深造。而部分海外院校背景的学生尤其是加拿大院校背景的学生，如果自身条件优异，硕士就读期间可能就会有导师抛来橄榄枝，无需申请，从而导致海外院校学生的博士申请率出现下降。

2022 年 ~ 2023 年加拿大博士申请——院校背景占比

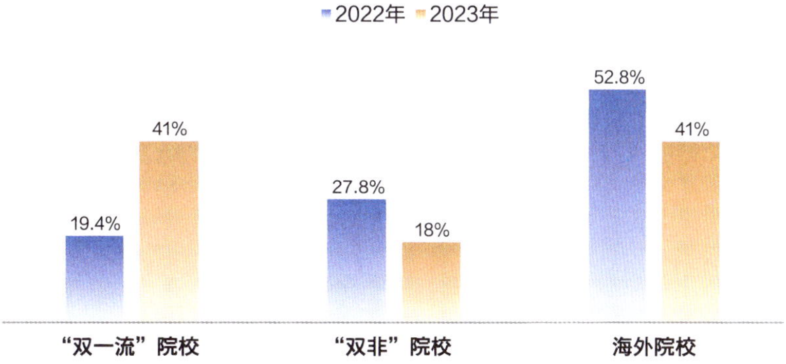

（6）加拿大博士申请成功即可获得全额奖学金

虽然加拿大博士申请难度很大，但每年仍不乏大量申请者。一方面是由于教育的含金量；另一方面，加拿大联邦和各省对博士阶段教育非常重视，如果博士申请成功，全部都可以获得全额奖学金，足以覆盖学生在加拿大学习和生活成本，甚至还有剩余。

正因如此，加拿大的博士项目受到各国博士申请者的青睐，尤其对留学生来说，全额奖学金能够降低留学成本。

（7）博士录取率基本维持稳定

鉴于加拿大博士的申请难度，其录取率并不高，学校官方的数据通常不超过 10%。根据前途出国的录取数据，2021 至 2023 年加拿大博士的录取率分别是 11%、13% 和 12%，均高于学校官网录取数据，且录取学生成绩均值在过去三年基本都保持在较高的水平。

需要注意的是，有意申请加拿大博士的学生务必充分准备，不仅需要各项成绩，还包括软性背景，特别是研究经历。

2021 年 ~ 2023 年加拿大博士录取——录取率

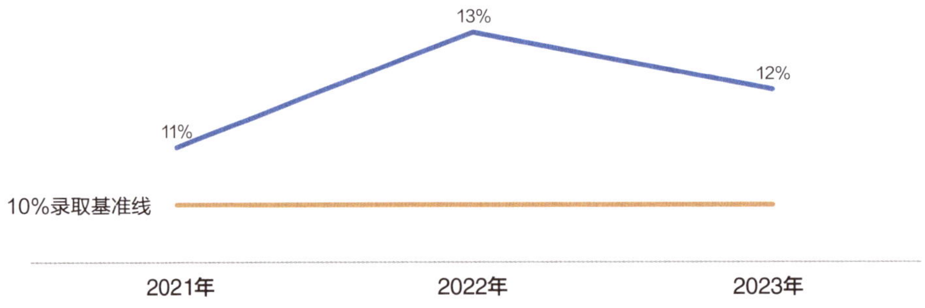

2021 年 ~ 2023 年加拿大博士录取——平均录取成绩				
入学年	GPA	IELTS	TOEFL	GRE/GMAT
2021 年	3.7	7	105	320/680
2022 年	3.68	6.8	103	320/670
2023 年	3.72	7.1	105	322/685

2. 加拿大博士升学规划

（1）加拿大博士教育体制介绍

与其他国家一样，加拿大的博士学位通常被作为“终极学位”授予，是学生在获得学士学位和硕士学位后可以获得的最高学历。加拿大的博士后是大学设置的专业研究工作职务，并非学位，主要是为那些已经完成博士学位并作为研究人员继续接受培训的人而设立，为他们的学术生涯做准备。我们通常说的博士（Ph.D）全称为“Doctor of Philosophy”，虽译为“哲学博士”，但并非是指哲学专业的博士，而是指研究型博士，标志着获得该学位的学生具备学术创新性和较强的研究能力，并拥有一定的学术成果积累。

加拿大绝大多数授予的都是研究型博士学位，极少数专业博士学位，专业博士更强调实践性，注重学生在专业领域的拓展研究和实践成果。

加拿大的博士通常需要三到六年的时间完成，期间需要完成一定的课程（Coursework），进行相关的研究（Research），并完成既定的研究计划，通过综合考试（Comprehensive Examination）、撰写论文和通过答辩（Thesis Defense）。截至2023年12月22日，加拿大大学网University Study统计显示，加拿大共计有1,758个博士项目，其中英语授课有1,390个，法语授课有368个。在英语授课的博士项目中，数量最多的三个省份分别是：安大略省（632个，占比45%）、不列颠哥伦比亚省（224个，占比16%）和阿尔伯塔省（151个，占比11%）。

针对学生可选择的研究领域（Area of Study），加拿大大学共计开设超460个方向。其中，英语授课开设最为广泛的TOP 15研究领域如下：

序列	研究领域（英文）	研究领域（中文）	学位开设数量
1	Medical science/Scientist	医疗科学 / 科学家	34
2	Chemistry, General	化学	31
2	Computer Science	计算机科学	31
4	Electrical and Electronics Engineering	电气与电子工程	30
5	Physics, General	物理	28
6	Neuroscience	神经科学	28
7	Mechanical Engineering	机械工程	27
7	Biology/Biological Sciences, General	生物学 / 生物科学	26
7	Geology/Earth Science, General	地质学 / 地球科学	26
7	Mathematics, General	数学	26
11	Computer Engineering, General	计算机工程	25
12	Civil Engineering, General	土木工程	25
12	English Language and Literature, General	英语语言文学	24
14	Clinical Psychology	临床心理学	23
14	Geography	地理学	23

（2）加拿大博士教育优势

1）学历含金量和学术开放程度高

加拿大教育不走产业化路线，很大程度保证了学历的高含金量和被认可度。加拿大博士还会向国际生开放很多其他国家无法申请的专业，如核工程、医疗科学等。值得一提的是，因为加拿大与美国接壤，在加拿大读博可以享受很多美国大学的学术资源，诸如参加学术年会等。同时加拿大博士毕业生不仅可以留在本地知名高校里做学者，也有机会去美国知名大学做学者。

2）非自费形式，留学性价比极高

加拿大几乎不存在自费攻读的博士，这也是教育非产业化的一大优势。加拿大政府和高校通常会为学生提供学费支持，并会额外提供研究补助金（Fellowship）和助教或助研金（TA/RA），基本可以覆盖学生的所有花销。

3）友好的工作签证及移民政策

学生博士毕业后无需找到工作即可获得三年开放式工作签证，之后可以自由选择最适合自己的方式留下来。如安大略省针对硕博毕业生推出的 EOI 打分系统，可以说是部分想要移民的留学生的福音。

（3）加拿大博士课程介绍

由于加拿大各高校、各院系、各研究领域均有不同的博士课程设置，无法一概而论。在此仅以不列颠哥伦比亚大学尚德商学院（UBC Sauder School of Business）下设的工商管理博士（Ph.D in Business Administration）为例，进行简单说明。

尚德商学院开设的工商管理博士共有九个方向，分别为：

- Accounting 会计
- Finance 金融
- Management Information Systems 管理信息系统
- Management Science 管理科学
- Marketing & Behavioural Science 市场营销与行为科学
- Organizational Behaviour 组织行为学
- Strategy & Business Economics 战略与商业经济学
- Urban Land Economics 城市土地经济学
- Transportation & Logistics 物流运输

以管理科学为例，如果学生在进入正式的博士课程前没有修读过如下相关课程，则需要在博士第一年完成如下三门先修课：

- MATH 221: Linear Algebra 线性代数
- MATH 320: Real Analysis 实变函数分析
- STAT 305: Statistical Inference 统计推论

同时，学生至少需要修读至少三个学分其他方向研究生级别水平的课程（Graduate-Level Courses offered by other Sauder divisions），但这些课程均不能代替“主题课程”(Topic Courses)。

必修课程：

- COMM 581: Statistical Methods 统计方法
- COMM 616: Optimization Theory and Applications 优化理论与应用
- COMM 693: Research Methods 研究方法
- COMM 590B or its equivalent: University & College Teaching 大学与学院教学
- Topic Course(s) in Optimization, Stochastics, or Production and Operations Management（COMM 612, COMM 618, COMM 682）主题课程：优化、推测学、生产与运营管理

选修课程：

- Probability and Stochastic Processes 概率论与随机课程
- Micro Economics and Game Theory 微观经济学与博弈论
- Statistics and Econometrics 统计学与计量经济学
- Machine Learning 机器学习
- Algorithm Design and Analysis 算法设计与分析

通常情况下管理科学博士生的学习路径如下，其中所包含的选修课和个别课程将依据学生背景和兴趣有所变化：

- 第一年秋季学期：2 门必修课 +1 门主题课程
- 第一年春季学期：2 门必修课（或 1 门必修 +1 门选修）+1 门主题课程
- 第一年初夏时：预备考试（Preliminary Examination）
- 第一年夏天：暑期研究实习（Summer Research Internship）
- 第二年：修读课程的同时需要进行研究，并准备综合考试（Comprehensive Exam）
- 第二年夏天：完成综合考试并完成暑期研究实习
- 第三年：准备并进行论文提案（Thesis Proposal）
- 第四年：准备并完成论文答辩（Defense of Thesis）

（4）加拿大博士申请要求

加拿大博士申请要求均以各大学、各院系的官网为准，以下信息仅供参考。

- 硕士或本科所学需与所申请的博士课程有相同或相近的专业背景。
- 硕士和 / 或本科成绩在 GPA B+ 或以上（中国大学毕业生建议在百分制 85 分或以上，211 大学毕业生在百分制 80 分或以上）。
- 语言成绩建议达到 TOEFL 总分 100 分或以上；IELTS 7 分或以上，单科不低于 6.5 分。
- 需提供 GRE 或 GMAT 成绩，要求以所申请博士项目的官网为准。

（5）加拿大博士申请材料

加拿大博士申请材料种类均以各大学、各院系的官网为准，以下信息仅供参考。

- 硕士和 / 或本科学位证。
- 硕士和 / 或本科成绩单。
- 语言成绩证明：如 TOEFL、IELTS 等。
- GRE 或 GMAT 成绩证明。
- 三封推荐信：通常为学术相关，视各大学规定确认是否允许用工作相关的推荐信作为代替。
- 个人简历：包含个人学术及工作经历，获得过的学术奖项、相关研究经验与成果展示。
- 申请意向书（Statement of Intent）：通常需要 2~3 页长度，需阐明包括但不限于如感兴趣的研究领域是什么、之前的学术及工作经验是如何影响个人研究兴趣的，以及未来的职业规划、所申请的 Ph.D 项目起到的作用等话题。坦率表明个人的优劣势并引证说明自己身上的这些特质将如何有助于博士阶段的学习，写明对申请有帮助的信息。
- 研究计划书（Research Proposal）：对于自己想要研究的领域提出的初步研究计划设想，通常包含研究目标、研究步骤、预计采用的研究方案或工具、预计参考的研究文献、预期的研究结果等。
- 跟学校或院系所需求的附加申请材料（如需）。

（6）加拿大博士申请时间轴

加拿大博士申请并没有标准的准备时长，因为最终结果涉及申请人长时间的学术积累、取得的研究成果、发表过相关的学术论文等众多因素。如果准备足够充分，本科生也有可能拿到直博的机会。

时间阶段		申请规划
准备期	视个人情况而定	· 确定申请学校和专业方向 · 准备标准化成绩和常规材料 · 参与学校实验室项目或校外实习，提升研究技能 · 参与相关科研并产出论文
寻找导师（“套磁”）期	申请前一年 ~ 一年半	· 准备最新成绩单 · 考出合格的标准化成绩 · 整理相关个人成果，并撰写个人简历、研究计划书
申请期	至少提前一年 （每年 10 月左右）	· 得到导师确认后开启申请 · 递交常规材料和标准化成绩 · 完成导师推荐 · 进行一到两轮面试
Offer 收获期	提前九个月 （每年 11 月 ~ 次年 1 月）	· 收到录取后确认录取 · 与导师确认是否有需要补修的课程（如需）
签证期	提前八个月 （次年 2 月）	· 准备签证材料 · 递交签证 · 签证获批 · 行前准备并离境

（此时间轴仅为参考，一切以实际申请为准）

第三节　英国

一 英国中学数据解读和升学规划

1. 英国中学数据解读

（1）12 年级以下留学需求激增，低龄化趋势明显

根据前途出国申请数据，从 2018 年到 2023 年连续六年的数据中可以看到，12 年级高中课程仍是英国中学申请的主流选择。但受到近几年大环境的影响，各年级阶段皆呈现出一定程度上的波动。随着国际形势的逐渐稳定，在 2023 年，12 年级以下群体的留学需求得到释放，申请占比较 2022 年上涨 17%。

2018 年 ~ 2023 年英国中学申请——年级占比

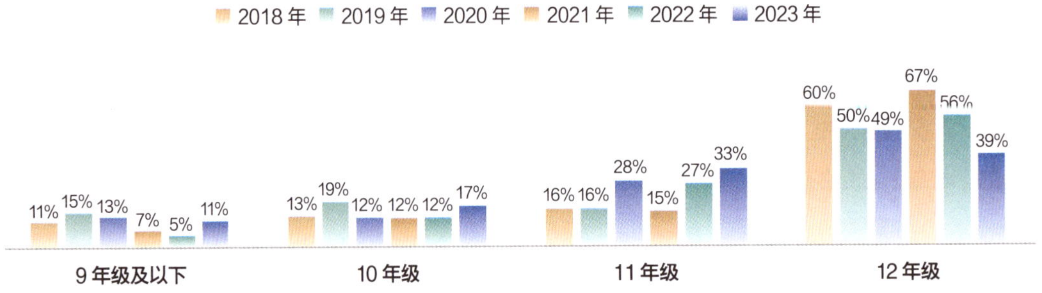

（2）公立学校学生逆势反增，国际学校平稳上升

2018 到 2023 年连续六年中，来自公立学校和国内国际学校的学生群体仍是英国中学申请的主要人群。随着全球通航和教育秩序的恢复，2023 年来自公立学校的学生群体一改前五年的“颓势”，占比过半，逆势增长至 55%。究其原因，一方面是学生希望通过其他选择来尽量减少由中考带来的应试压力，另一方面是学生发现自身不适应当下教育环境、师资或课程项目资源后会选择转换赛道，寻找更适宜的教育体系和环境。此外，国际学校学生赴英读中学的占比也逐步呈现出增长趋势，2021 年到 2022 年期间更是与公立学校学生占比平分秋色。

2018 年 ~ 2023 年英国中学申请——院校背景占比

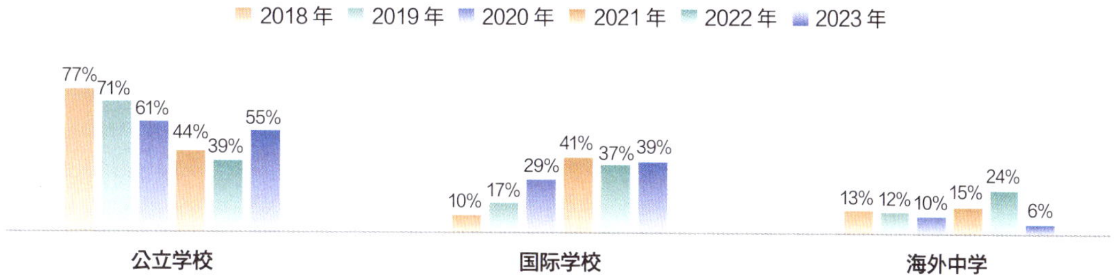

（3）学生性别占比逐渐从波动向平衡趋势发展

男、女生申请人占比逐渐开始呈现五五开的趋势。在 2021 年前，女生比例一直高于男生，2022 年男生占比首次反超女生，而到了 2023 年女生占比再一次过半。相信随着未来国际形势的日渐平稳，男女占比会更加平衡。

2018 年 ~ 2023 年英国中学申请——性别占比

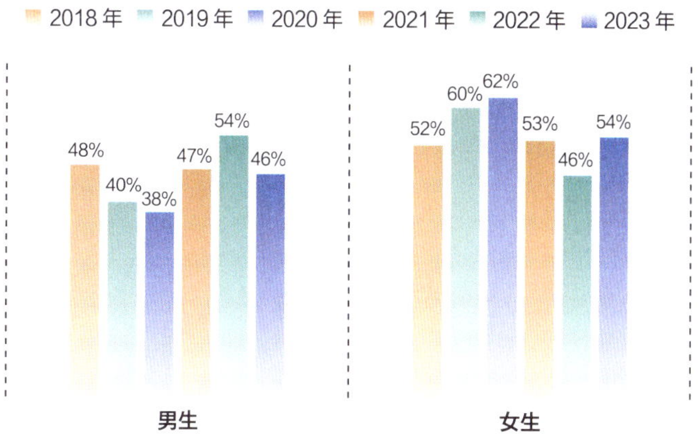

（4）国际学校申请逆势而上，涨幅近五倍

在 2023 申请季中，传统私立学校的申请占比虽有所下降，但申请占比仍是国际学校的两倍，可见传统私立中学仍是英国中学申请的主流选择。不过，申请英国国际学校的数量从 2022 年的 7% 增长到 2023 年的 33%，涨幅近五倍。这说明中国家庭对学校的选择更加多元，更注重选择适合自己孩子的教育环境。

2018 年 ~ 2023 年英国中学申请——学校类型占比

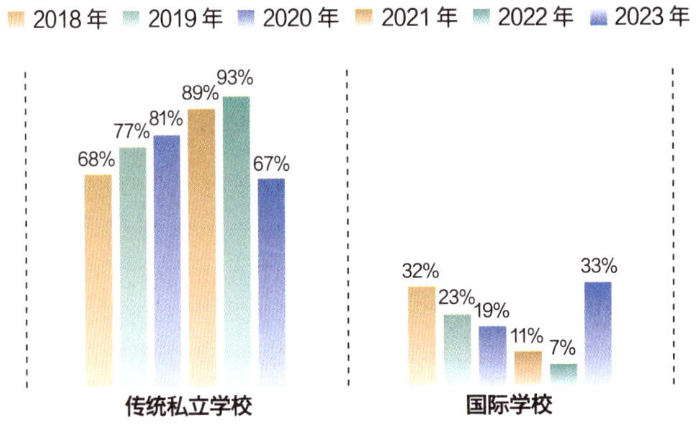

（5）英国中学录取率逐年攀升，达到近六年峰值

前途出国录取数据显示，英国中学的录取率逐年攀升，2023 年达到近六年峰值。这说明中国家长对子女申请英国中学的规划更全面，普遍会提前了解并熟悉目标学校的招生标准、考核要求，并进行充分的准备，从而导致中国学生的个人竞争力更加强劲，收获录取的几率也更高。

2018 年 ~ 2023 年英国中学录取——录取率趋势

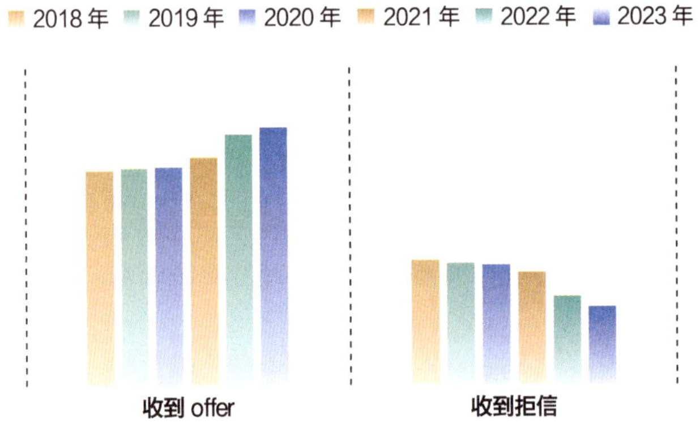

（6）录取学校类型主要为传统私立中学

传统私立中学一直是中国学生的申请首选，被中国家庭所熟知的英国“九大公学”均属于传统私立中学范畴，代表着英国全人教育的精髓所在，深受中国家庭青睐。

2018 年 ~ 2023 年英国中学录取——学校类型占比

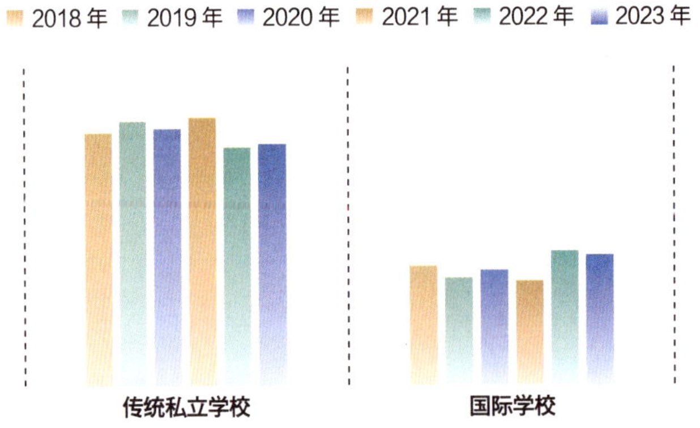

2. 英国中学升学规划

（1）英国中学教育体制介绍

英国教育体制主要由四大阶段构成，包括小学教育阶段（Primary Education）、中学教育阶段（Secondary Education）、延续教育阶段（Further Education）以及高等教育阶段（Higher Education）。

英国中学教育对应的年龄阶段是 11~16 岁，这个阶段的最后两年通常被称为 GCSE 阶段。在 GCSE 阶段，学生通常要学习 8~12 门课程，必修课包括英语、数学、设计与技术、语言、自然科学、通讯技术及体育等，选修课程有艺术与设计、商务、戏剧、经济学、工程学、卫生与社会护理、音乐、物理等。课程结束后，学生需参加 GCSE 的统一考试，而后根据成绩决定未来的发展道路。

中国		英国		
学制设置	入读年级	学制设置	入读年级	课程阶段
幼儿园	小班	幼儿园 Kindergarten	Nursery	Key Stage 1
	中班	学前班 Reception	Pre-School	
	大班	小学阶段 Primary Education	Y1	
小学	一年级		Y2	
	二年级		Y3	Key Stage 2
	三年级		Y4	
	四年级		Y5	
	五年级		Y6	
	六年级	中学阶段 Secondary Education	Y7	Key Stage 3 基础课程
初中	初一		Y8	
	初二		Y9	
	初三		Y10	Key Stage 4 GCSE 课程
高中	高一		Y11	
	高二		Y12	Sixth Form A Level 课程 /IB 课程 /BTEC 课程等
	高三		Y13	

（2）英国中学教育优势

1）注重学生的全面培养

英国主流中学大多都拥有百年以上的历史，这些学校文化底蕴深厚，学习氛围浓郁，在国内外享有很高的声誉。除了学术教育之外，英国中学同样注重学生的全面发展，课程安排没有主要课程和次要课程的区别，还经常组织学生参加体育、音乐、艺术、设计、烹饪、社会实践等课外活动，致力于挖掘学生的学习潜能。

每逢假期，学校还会组织学生去周边国家旅游，或者去一些发展中国家参加志愿者活动，培养学生的独立生活能力、社会责任感和健全的人格。

2）寄宿中学环境好，安全有保障

首先，英国寄宿中学安全系数很高。学生在上学期间如无特殊情况，不得擅自离校，如需离校需通过监护人提前向学校申请，并在指定时间返校。每个学生都有一张门卡，外人不能随便进入学校。在男女混校中学，男女生不得互串寝室，即使是男性家长也不能进入女生宿舍。

其次，英国寄宿中学对海外留学生实行封闭式管理，低龄学生是四到八人合住一套住房；A Level 阶段的学生是一到两人合住一个房间。每幢宿舍楼都有生活老师一同居住，方便管理学生起居，住宿楼设有卫生间、厨房、洗衣房等公共空间。学校提供 24 小时自助餐，有丰富的食物可供学生选择。

此外，英国是一个福利制度较为健全的国家，签证在六个月以上的留学生在英国留学期间可以享受当地的免费医疗服务，所以学生不需要担心医药费问题。

总体来看，无论是学校的教学理念、课程安排，还是住宿条件，英国中学留学都是非常有吸引力的。

（3）英国中学学校分类与特色

英国中学可以分为两大类，一类是公立中学，主要为英国纳税人子女提供免费的教育，需要家长按照当地区政府的要求提供相应材料，由区政府分配学位，通常没有国际学生招生资质；另一类是私立中学，也是国际学生首选申请的类型，此类学校又细分为传统私立中学和国际学校。

学校类型	私立学校 Independent Schools/Private Schools	国际学校International Schools
学生情况	英国本土学生为主，国际学生占比 10% ~ 30% 不等	以国际学生为主，少量本土学生
学生年龄	11 ~ 18 岁	13 ~ 19 岁
学费 + 住宿费（人民币）	38 万 ~ 50 万元 / 学年	35 万 ~ 55 万元 / 学年
学校特色	· 通常位于郊区，有广阔的校园，体育艺术等各类施设完善。 · 除少量开设国际学习中心的学校可以接受插班入学，其他学校会有严格的招生时间点，常规入学年龄是 11 ~ 14 岁以及 16 岁。 · 提倡全面发展，根据学生需求和个人发展提供相应支持。	· 通常位于市中心靠近大学的位置，可以和大学共享资源。 · 课程灵活，除了 9 月入学，还可以接受 1 月和 4 月入学。 · 国际学生管理和教学经验丰富。

（4）英国中学课程介绍

英国中学课程涉及面广泛，基础教育扎实，主要阶段包括：

- GCSE（中学课程）：课程数量相对之前阶段减少，但更加精深，课程包括数学、英语文学、体育、艺术、设计、戏剧、音乐、计算机、物理、化学、宗教、地理、历史、外语、商科等。
- A Level（高中课程）：课程数量更少，学生可以根据自己的兴趣自由选择 3~4 门课程，但课程难度进一步加大，课程的探究性也更强。

正是由于课程数量呈正金字塔分布，英国学生从小就有比较广的知识面，未来可以根据自己的兴趣，进行深入的研究。

（5）英国中学申请要求

英国大多私立中学对于年龄有非常严格的限制。例如，高年级（高二或高三）学生通常入学时需要年满 16 周岁，不超过 17 周岁。

申请就读时需要通过英国的入学考试。学校大都会有自己的一套入学体系和招生标准，通常包含笔试以及面试两部分，笔试以数学、英语、推理考试为主，部分学校的高年级会要求学生按照选课进行科目考试，因此建议学生尽早确定目标学校，并按照相应的要求进行准备。

面试在考核要求中也占据重要地位，一般由学校招生官进行，英国著名的“九大公学”则是由学术老师（Tutor）和舍监老师（Housemaster）分别进行面试。面试不仅考查学生的英语能力，同时也会考查学生的个人品质、文化适应能力、团队合作能力等。如果目标是公学的话，舍监老师还会考查学生的个人特质是否与宿舍文化契合、是否拥有符合宿舍团队所欠缺的某种特长等。因此，对于英国私立中学的申请，要做到提前规划，多方面了解目标院校，才能取得成功。

由于没有统一的入学试题，这意味着申请多少所学校就要准备多少次笔试和面试，学生面临的压力比较大。以 IELTS 成绩为例[6]，一般申请英国 GCSE 的学生，英语成绩的最低要求是 5.0 分，一些比较好的学校的语言要求是 6.0 分；申请英国 A Level 的学生，英语成绩最低要求是 5.5 分，比较好的学校语言要求是 6.5 分以上。

（6）英国中学申请材料

通常学校会先审核学生的材料，审核通过之后，才可以正式注册并支付注册费。需要提供的材料一般有：

- 学生护照
- 最新的学校成绩单
- 在读证明
- 自我介绍（建议学生英文手写完成，不同学校的字数要求不同）
- 推荐信（部分学校要求提供推荐人信息，且会自行联系推荐人提供推荐信）
- 个人简历（学生需提供并整理各类获奖证书）
- UKiset[7] 报告

（7）英国中学申请规划时间轴

以 12 年级秋季入学申请规划为例，大致分为以下几个步骤（此时间轴仅为参考，一切以实际申请为准）：

- 入学前一年 8 月底之前准备好申请材料（护照、目前学校成绩单、个人简历、个人陈述、UKiset 报告），根据学生所选学校，在注册截止日（不同学校截止时间不同，通常集中在入学前一年 9 月中旬到 10 月底）之前递交申请材料，由校方进行审核。
- 学校审核材料，确认可以接受申请，学生需要按照校方要求，完成申请表并支付注册费（50~450 英镑不等）。
- 入学前一年 11 月份参加学校笔面试，笔试内容根据学生 Sixth Form 选课而定，面试通常采用线上视频面试。
- 顺利通过笔面试的学生，可于圣诞节之前，或最晚于入学当年 1 月中旬之前获得录取通知书。录取通知书为有条件录取，有效期通常为 15 天，学生需要在有效期截止之前支付押金、返回签字的录取函，学校则会为学生保留入学资格。
- 入学当年 3~5 月份，学校会要求学生提供发放 CAS（学习录取确认函）的材料：护照、出生证扫描

---

6 英国私立中学申请过程中并不需要提供 IELTS 成绩，但是学校可以通过内测衡量出学生的英语水平，这里提到的 IELTS 分数是由内测成绩转化而来的参考标准。

7 UKiset，全称为 UK Independent Schools Entry Test，英国私立学校入学测试（简称“译赛”），由英国加比达斯联合众多英国优质私立学校共同推出的在线入学筛选考试。考试语言为英文，主要针对 9 岁半至 18 岁的学生。它以智能的方法考核学生的学习能力和发展潜能，是帮助识别候选人的优缺点和学习偏好的一种标准化测评。目前已有超过百所的优质私立学校将“译赛”作为筛选海外学生的重要标准之一。

件及翻译件、家长同意函、资金证明或要求支付全年学费、肺结核检测证明、监护人[8]信息。

获取 CAS 之后，学生可以准备申请签证事宜。英国中学开学时间集中在 9 月初，学生获取签证之后，就可以准备入学事宜，例如购买机票、通知监护人安排接送机等。

二 英国本科数据解读和升学规划

1. 英国本科数据解读

（1）英国本科申请数量持续攀升

前途出国申请数据显示，近四年英国本科申请人数不断增长，2022 年的涨幅尤为明显，整体较 2021 年上涨约 34%。申请 G5 院校人数在 2023 年有小幅下降，这可能是由于 2022 年各地区陆续恢复 A Level 线下考试，学生成绩不再“膨胀”所致。

整体来看，近几年整体英国留学人数逐渐趋向稳定，甚至已经恢复到了疫情前的水平。与此同时，不断增长的申请人数或将带来更加激烈的竞争，学生应做好更加充分的准备。

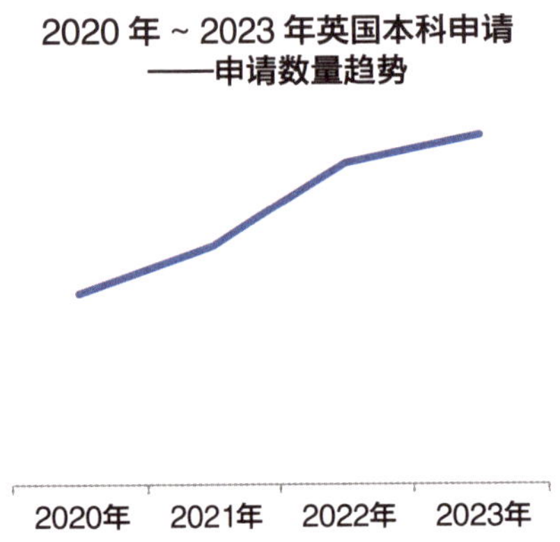

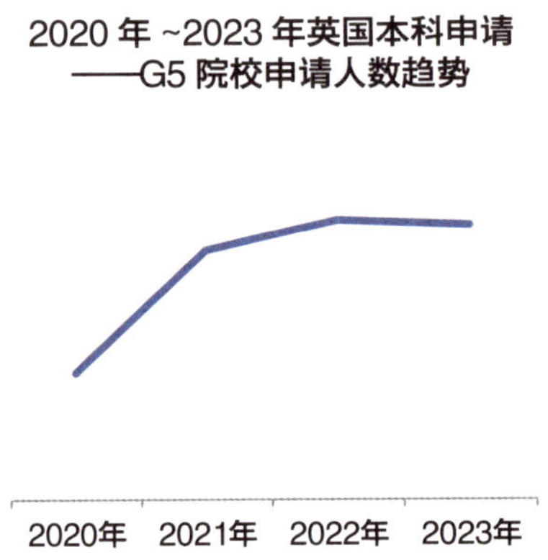

（2）八成申请学生拥有国际课程学习背景

2023 年，英国本科申请的群体大多为国际课程体系学生，约占申请总人数的 80%。其中，国际学校学生占比最大，达 35%；海外高中学生占比 27%；公立学校国际部学生占比 9%。

国际课程可以让学生提前接触到国外的教育模式，不拘泥于传统的应试教育，更加灵活和多元化。在申请方面，英国大学对大部分国际课程都比较熟悉且认可，因此拥有国际课程学习背景的学生在申请上存在一定的优势。

在 2023 年，来自预科课程的学生较前两年有较大的增幅，占比为 11%。预科课程为部分无法申请到满意院校的学生提供了新的升学途径，已经成为越来越多学生的选择。而通过高考成绩或 AST 考试申请英国本科的国内普通高中体系的学生在 2023 年也有明显增长，占比 8%。

---

8 监护人：英国法律《2016 年特别监护有关规定》（修正版）（The Special Guardianship (Amendment) Regulations 2016）、《儿童法 1980&1989》（The Children Acts 1980 & 1989）等法律中显示，每一位接受全日制教育年龄低于 18 岁的留学生必须在英国当地拥有合法的监护人。同时英国私立寄宿学校都要求所有的海外学生在英国拥有当地的监护人。监护人应该是一名在英国居住的成年人（通常必须 25 岁以上），他们可以代表学生的父母在紧急的情况下到达学校。虽然在学期中学校会负责监督孩子的学业和保障他们的福利，但是在日常生活中监护人需要代表父母行事，并在学校假期期间照顾孩子。学校需要在放假的时候将监护权的责任转交给家长委任的监护人。

2020 年 ~ 2023 年英国本科申请——学生背景大类占比

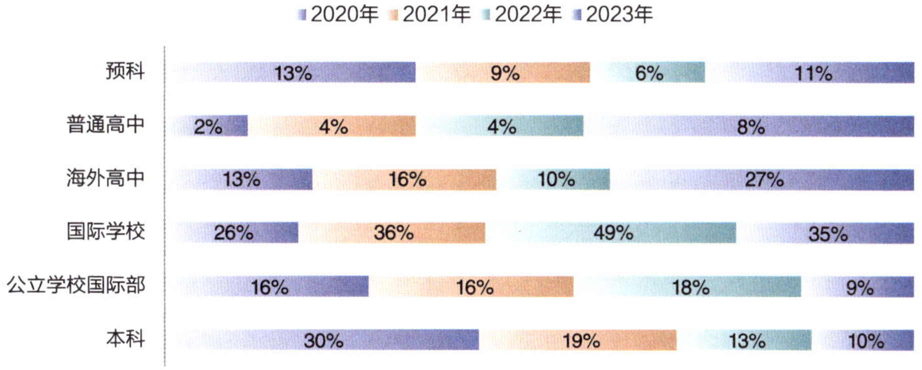

（3）大部分申请人来自一线城市及沿海地区

前途出国申请数据显示，2023 年申请英国本科的学生大多来自江苏、上海、北京、重庆等沿海省份及一线城市。究其原因，一方面是由于沿海地区开放较早，对外贸易以及国际交流较多，当地居民对国际教育更加熟悉并认可；另一方面，以北京、上海、重庆为代表的一线城市经济相对发达，教育水平高，不少家庭选择早早地让孩子进入到国际教育体系之中，为未来的求学发展提供更多可能。

2023 年英国本科申请——学生生源地占比 TOP 10

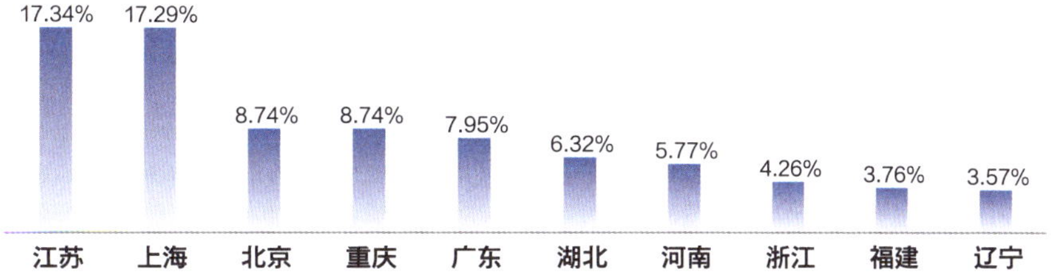

（4）男女生本科申请比例各五成

2022 年以前，女生一直是英国本科申请人群的主力。英国本科学制一般为三年，课程安排紧凑，就读英国的大学能够降低学生的时间成本和经济成本。此外，治安状况和低犯罪率也成为大部分女生及其家长选择本科阶段留学英国的主要原因。

但随着计算机等工科类专业热度越来越高，选择去英国留学的男生人数也开始增多，在 2023 年与女生人数基本相当。

2020 年 ~ 2023 年英国本科申请——学生性别占比

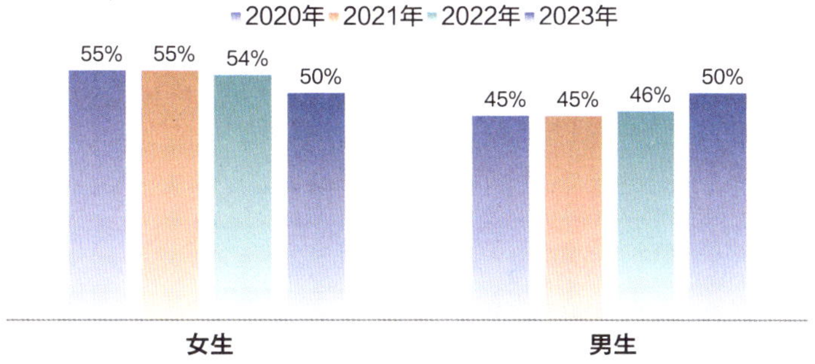

（5）TOP 100 院校申请占比近八成

2023 年，本科申请院校仍然以 QS TOP 100 院校为主，合计申请占比近八成。其中，QS TOP 50~100 院校申请人数逐年递增，在 2023 年达到峰值，占总申请人数的 43.2%。目前国内现行的人才政策大多倾向高排名院校，这也促使申请人更加倾向申请此类学校。

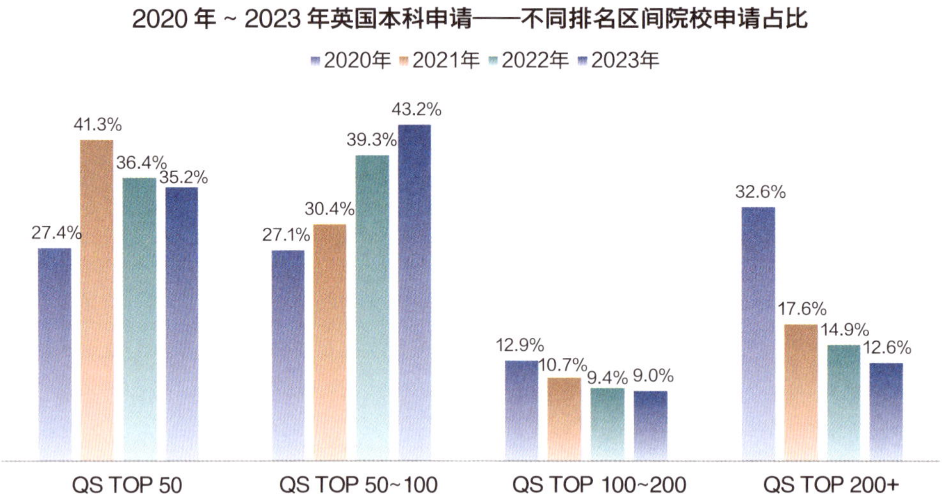

（6）商科仍居榜首，工科、人文社科、理科三足鼎立

商科作为英国热门的强势专业，虽然受到目前全球经济低迷的影响，2023 年申请占比有小幅下降，但仍占据第一位。英国在商科人才的培养上有着优越的条件。除了多所优质商学院可供学生选择，还有浓厚的商业人才培养环境。例如，英国伦敦不仅是全球大型的金融中心，更有着强大的金融网络及活跃的国际贸易体系，很多高校也纷纷利用这些资源，为学生提供实习及就业的便利条件。

作为工业革命的发源地，工科也一直是英国的热门专业，代表性专业包括计算机、机械工程、电子电气工程等。工科专业性强，就业导向性明确，申请占比近几年呈现出上升状态。与此同时，由于近几年大环境影响和国家对基础学科建设大力扶持，以社会学、心理学为主的一众人文社科类专业，以及以数学、物理为首的理科专业受到了更多学生的青睐，对艺术的倾向性有所下降。这也可以看出，学生对未来专业的选择更加多样化。

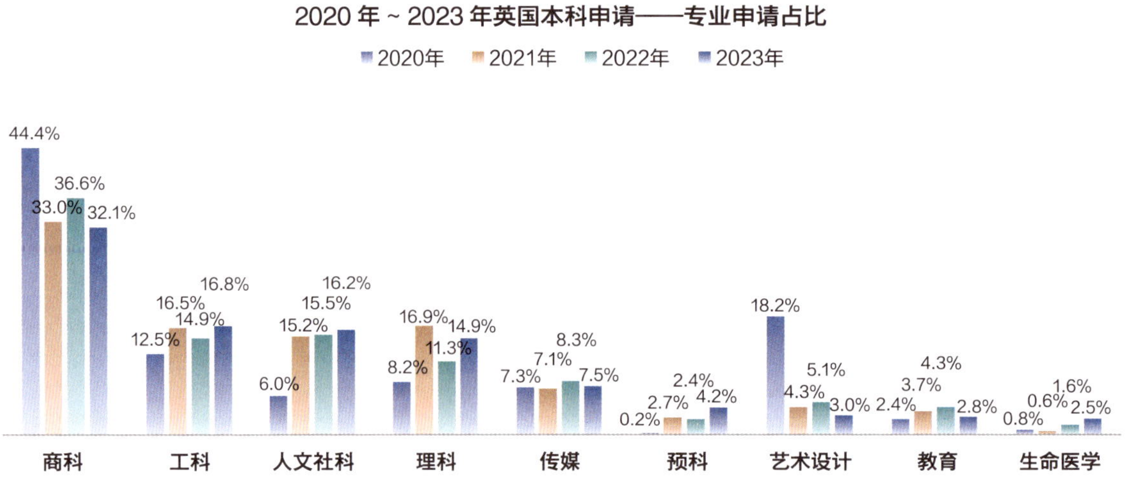

（7）无语言申请占主流，雅思 7 分及以上人数超四成

后补语言成绩是英国院校申请的一大特点，大多数院校都接受申请人先递交申请材料，之后再补交语言成绩。相较语言成绩，英国大学更倾向于考查学生对学科知识的储备以及专业学习的潜力。

前途出国申请数据显示，近四年来，每年都有超七成的学生在递交英国本科申请时选择先暂时不提交语言成绩，而是更重视自身学术能力的提升和活动经历的丰富。不过从这几年的趋势可以看出，越来越多的学生选择在申请的同时递交语言成绩，也说明有更多学生在申请时就做好了充分的准备。

2023 年，有半数申请者的 IELTS 成绩可以达到 6~6.5 分，更有 43.3% 的学生成绩达到 7 分及以上，为近四年来的峰值。语言成绩虽然不是申请的必备项，但却是学习及学术能力的体现，更高的语言成绩可以为申请带来一定程度上的优势。

2020 年 ~ 2023 年英国本科申请——语言申请情况

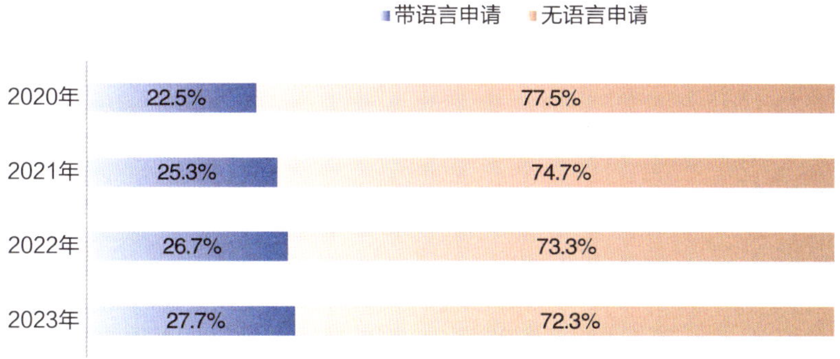

2020 年 ~ 2023 年英国本科申请——IELTS 成绩占比

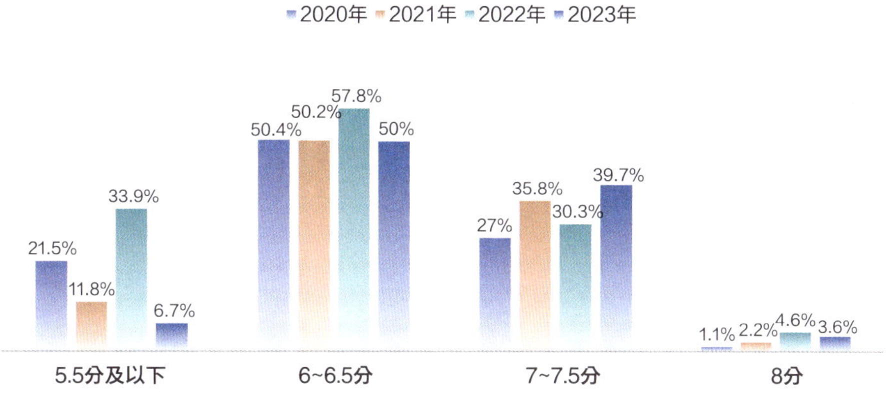

（8）本科规划申请周期仍集中在一到两年

英国本科申请规划时间通常情况下集中在一到两年。但随着申请热度增加，大部分学生的规划准备周期也在变长。2023 年，选择从高一开始规划筹备的学生占比较 2022 年增长了近 5%，涨势明显。

也有相当一部分学生在初中阶段就同步进行高中及本科的规划准备。这一方面能够在时间上抢占先机，另一方面在留学国家、学校、课程体系的选择上也能做更细致、全面的准备。

2020 年 ~ 2023 年英国本科申请——筹备规划时间

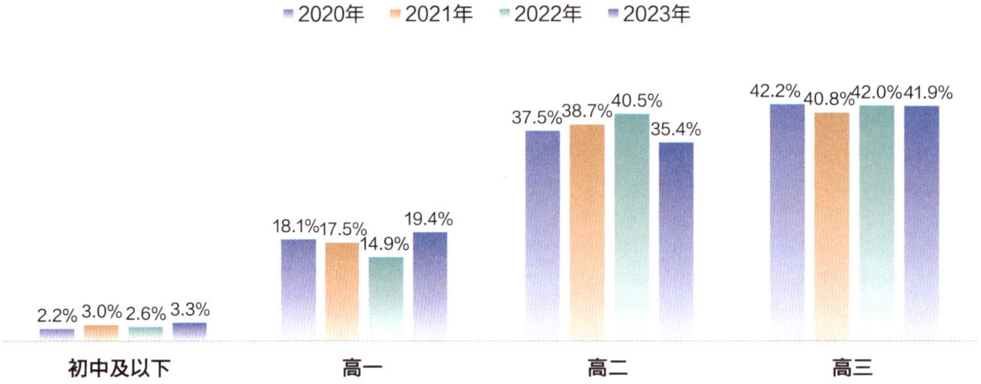

（9）英国本科录取率激增

前途出国录取数据显示，近四年来，随着英国本科申请人数不断增长，录取人数也呈现出上升的趋势。与此同时，在 2023 年，英国本科的录取率有大幅提高，有更多学生凭借着充足的准备和合理的规划，收获了心仪院校的录取。

2020 年 ~ 2023 年英国本科录取——申录人数趋势

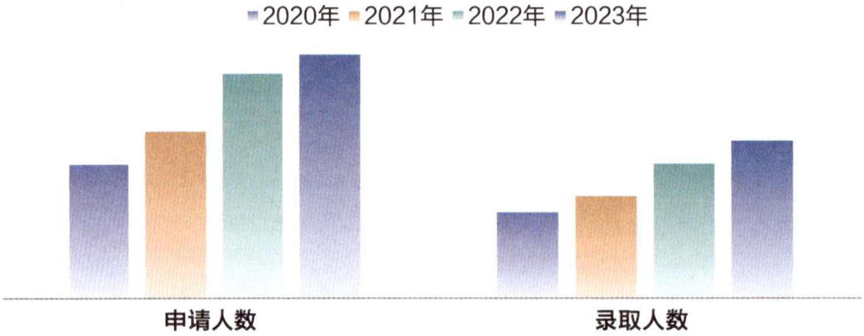

2020 年 ~ 2023 年英国本科录取——录取率

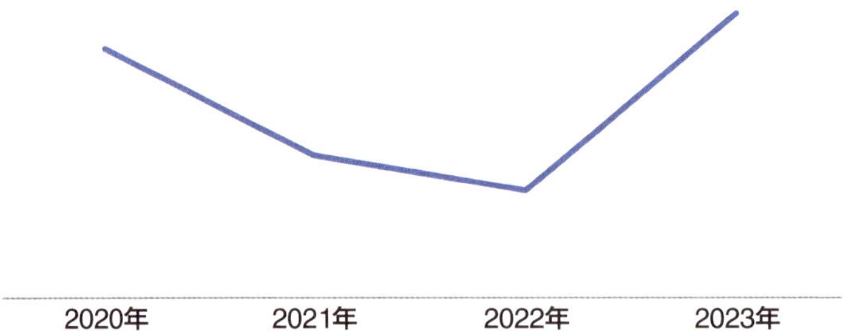

（10）录取专业多样化，商科仍为热门

商科作为热门专业，虽然近几年的申录数量有持续走低的趋势，但仍然凭借相比其他专业较高的数量居于高位，2023 年录取占比为 36.96%，居于首位。

工科专业实用性较强，且中国学生大多在理工科基础有一定优势，录取人数占比四年来不断上升。人文社科专业入学要求相对灵活，近年来也随着国际形势的变化在社会学、心理学、经济学等方向受到更多学生的青睐。理科及生命医学类专业对学生的学习能力及知识储备要求较高，录取难度较大。

2020 年 ~ 2023 年英国本科录取——专业录取占比

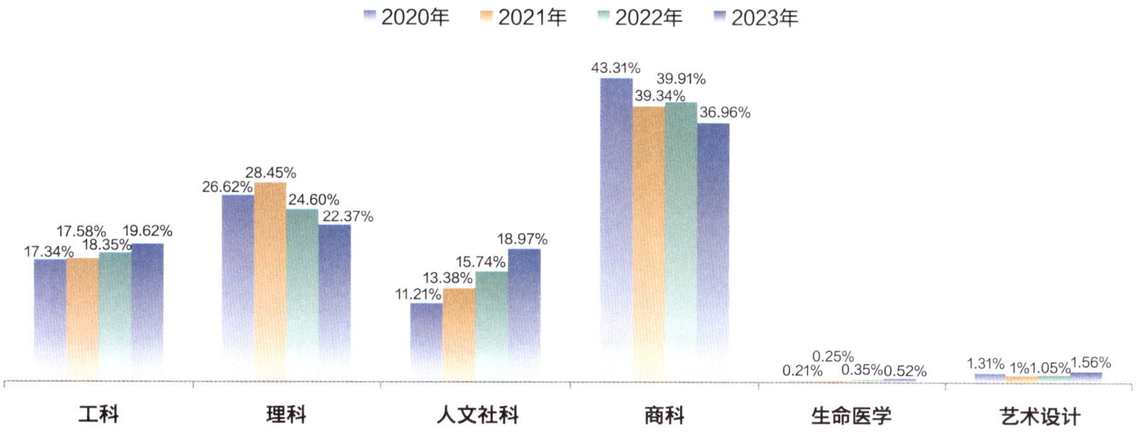

2. 英国本科升学规划

（1）英国本科教育体制介绍

英国大学为不同学习经历和背景的申请人设置了灵活多样的本科课程。

1）本科预科

本科预科是英国大学开设的桥梁课程，是大部分中国普通高中的学生申请英国本科需要就读的先修课程。学制为半年到一年，旨在为学生攻读本科学位专业课程做好准备，同时提高学生的语言能力。完成本科预科课程的学习后，成绩达到要求可顺利升读本科大一课程。大部分英国院校都开设了本科预科课程，如伦敦大学学院、爱丁堡大学、伦敦国王学院、曼彻斯特大学、华威大学、布里斯托大学、利兹大学等。

2）国际大一

国际大一与本科预科课程类似，学制为半年到一年，特点是国际大一课程融合了预科和本科大一的课程，读完并达到升学要求后可直接升读本科二年级。开设该课程的学校比预科要少，要求也更高一些，适合高中成绩优秀、英语基础较好、学习能力较强并且想节省一年时间的学生，也比较适合国内大专或者本科大一在读、想转学的学生。

可以选择的学校有利兹大学、纽卡斯尔大学、埃克塞特大学、贝尔法斯特女王大学、东安格利亚大学等。

3）大学本科

本科预科或者国际大一都不算学位课程，只有升读了本科课程并且顺利毕业才可以拿到本科学历。大部分本科课程只在每年 9 月份开课，个别有春季开课的课程。

除苏格兰本科荣誉学位为四年完成以外，英格兰、威尔士、北爱尔兰均是三年就可以完成本科学位并获得荣誉学位（部分医学类专业除外，要求就读四年或者四年以上）。此外，英国还有一种特别的本科课程，被称为“三明治课程”。入学该课程的学生会学习三年专业课然后叠加一年的实习或者工作，共需要四年时间。

4）TOP-UP 课程

TOP-UP 即专升本课程，成功完成 HND[9] 或者国内三年制大专课程的学生，课程成绩达标，IELTS 6.0~6.5 分，即可选择攻读英国大学本科最后一年来取得英国本科学士学位。

9 HND 即 Higher National Diploma，英国高等教育文凭，相当于英国大学二年级毕业的水平。

可以选择的学校有肯特大学、考文垂大学、哈德斯菲尔德大学、赫瑞瓦特大学、布莱顿大学、伯恩茅斯大学等。

（2）英国本科教育优势

1）节约时间成本

除苏格兰地区外，英国高校本科课程基本为三年制，大大节约了学生的时间和金钱成本。尽管英国本科学制短，但课程设置十分紧凑，保证了教育的内容和质量。2024 QS 世界排名前 200 的院校中，英国院校占 27 所。

2）两年的毕业生工作签证

自 2021 年 7 月 1 日英国毕业生工作签证（Graduate Route）正式开放申请以来，学生在完成英国本科学习后，可以选择继续留在英国学习或工作两年。毕业生工作签证可以让学生在英国从事任何行业和级别的工作，也可以自由合法地创业，不限制企业类型，且到期后可以转成企业家签证。

3）课程实践性强，利于就业

英国大学的上课形式与考试形式都与国内不同。本科课程设置上倾向于就业导向型，会安排相关的调研或者实践项目，课程设置关注雇主的需求，并且英国大学与许多企业都有合作，有些学校还会提供四年的“三明治课程”，安排学生在大学期间带薪实习或出国交换，让学生将理论更好地应用于实践，帮助学生获得工作经验和实用技能。同时，英国大学更加重视培养学生的独立思考能力、团队合作能力、创新能力、包容接纳能力等，以适应现代社会的职场需求。

（3）英国院校分类及特色

1）红砖大学（Red Brick University）

红砖大学不是特指一所学校，而是在大英帝国时期的维多利亚时代，创立于英格兰的六大重要工业中心城市，并于第一次世界大战前得到英国皇家许可的伯明翰大学、曼彻斯特大学、利兹大学、布里斯托大学、谢菲尔德大学和利物浦大学六所大学的统称。

红砖大学均为综合类院校，在创立之初均为科学或工程技术类学院，有较强的工科、技术类背景，与当时英国的工业革命有着千丝万缕的关系，为英国的工业化乃至世界大机器生产文明的进步奠定了重要基础。

2）罗素集团（The Russell Group）

罗素大学集团成立于 1994 年，是由英国的 24 所研究型大学组成的高校联盟，有着英国“常春藤联盟”的美誉，代表着英国先进的教学和科研水平。

罗素集团包括六所金三角知名高校：剑桥大学、牛津大学、帝国理工学院、伦敦大学学院、伦敦政治经济学院、伦敦国王学院；六所红砖大学：曼彻斯特大学、布里斯托大学、伯明翰大学、利兹大学、利物浦大学、谢菲尔德大学；两所苏格兰大学：爱丁堡大学、格拉斯哥大学；八所英格兰大学：伦敦玛丽女王大学、诺丁汉大学、南安普顿大学、纽卡斯尔大学、华威大学、杜伦大学、埃克塞特大学、约克大学；还有其他两所大学：威尔士的卡迪夫大学、北爱尔兰的贝尔法斯特女王大学。

罗素大学集团院校的入学标准均非常严格，其雄厚的师资力量、优美的校园环境以及浓厚的学术氛围，每年都吸引着来自世界各地的莘莘学子申请前往。

3）英国学院制大学（Collegiate System）

英国有三所学院制大学，分别为牛津大学、剑桥大学和杜伦大学，被合称为“Doxbridge”。所谓学院制，是英国中世纪大学运作的一个传统模式。学院（College）并不是按专业（School/Department）划分，而是由多个专业组成的一个个兼容并包的多元社区。不同专业或者不同年级的学生也有机会被分到同一个学院。

（4）英国本科课程介绍

1）课程体系

英国大学本科课程多为三年制，也有一小部分是四年制或六年制。其中，四年制一般是本硕连读，完成四年课程即可获得硕士学位。比较特殊的是苏格兰地区的大学，一般本科为四年制，如爱丁堡大学、格拉斯哥大学等。而六年制本科课程主要与医学相关。

英国本科常见的学位有：

- 文学学士（Bachelor of Arts，BA）
- 理学学士（Bachelor of Science，BSc）
- 教育学士（Bachelor of Education，BEd）
- 工程学学士（Bachelor of Engineering，BEng）
- 法学学士（Bachelor of Laws，LLB）
- 医学学士（Bachelor of Medicine / Bachelor of Surgery）

2）学习形式

在英国，大学课堂的形式是多种多样的，其中最普遍的有讲座、研讨会、实践课和单独辅导。

- **讲座（Lectures）**：英国大学课堂的讲座，一般由一名或多名教授或讲师为大家讲解专业知识、理论等。一般会选择阶梯教室或空间较大的教室，讲座时长通常为两小时左右。
- **研讨会（Seminars）**：英国大学的研讨会一般是讲座课程的延续，专门针对某一特定主题，在集中场所开展的讨论会议。规模通常比较小，人数大概为15~20人左右，一般一周一到两次，课时一般在30分钟到一小时左右。
- **实验和实践（Laboratory and Workshop）**：很多理工类课程会设有实验和实践部分，一般会在实验室或者计算机机房等场所进行，学生需要自己或以小组为单位完成一项任务，最后可能需要完成实验报告或项目汇报。
- **单独辅导（Tutorials）**：在英国大学，学生将会被分配到一名个人导师，给予专门的学术支持。导师会不定时地与大家交流，在15~30分钟不等的个人辅导时间，听取学生学习进程的反馈。

3）考核方式

英国大学对于不同课程的考核方式也会有所区别，常见的考核方式包含论文、个人展示、考试、报告和毕业论文。

论文（Essay）：不同的课程对论文的字数要求不同。无论字数多少，完成论文最重要的一点就是务必要重视参考文献来源，并且以规范的形式列出。英国大学对抄袭有着非常严格的界定，如果没有按照要求的形式完成论文，有可能会面临挂科或者警告处分。

个人展示（Presentation）：在英国大学中，个人展示是一种很常见的作业形式，它分为个人展示和小组展示。由一名学生或者几名学生走上讲台，利用自己制作的幻灯片就某一课题来做展示，一般时长在10~20分钟不等，结束后老师和在座学生都可以提问。个人展示对学生的综合能力、表达能力以及创造性思维的提高有很大的帮助。

考试（Exam）：英国大学本科阶段的考核形式中考试是占比较多的，分为开卷和闭卷两种形式，一般

50 分及格，没有通过的学生可以在特定时间进行补考。英国大学会格外看重学生的诚信，如果发现学生有作弊行为，会有严厉的处置。

报告（Report）：很多涉及实验类的专业和课程通常会要求学生完成报告。报告会涉及不少数据统计、图表制作等方面的内容，对格式的要求也会比论文更高一些。常规写作中主要包含七个步骤：选择主题、搜集资料、写论文陈述、准备大纲、草稿、修改与完善、校对和检查错误。

毕业论文（Dissertation）：毕业论文是一个大约 10,000~15,000 字的研究。毕业论文的格式要求会比较多，一般包含五个主体结构：简介（Introduction）、文献综述（Literature Review）、研究方法（Research Methodology）、分析（Analysis）、结论和建议（Conclusion and Recommendation）。毕业论文对学生挑战是比较大的，建议积极与导师进行沟通，尽早思考研究课题、收集资料、梳理文章结构。

（5）英国本科申请要求

英国本科留学适用于多种课程体系的学生，除主流国际课程 A Level、IB、AP 外，还接受包括加拿大课程、澳大利亚课程等多种国际课程体系的学生。此外，还有很多院校接受国内普高的高考成绩及被誉为国际高考的艾思特考试，下面会对主流的国际课程、高考和艾思特成绩申请英国本科的注意事项进行说明：

1）A Level 课程体系

A Level 课程体系的学生通常使用三到四门课程的成绩进行英国本科的申请，国际生在申请时使用已考成绩及预估成绩进行申请，院校会评估学生的申请并发放有条件录取，学生考出所有科目之后，满足语言成绩可以换无条件录取。

一般 G5 类院校要求学生 A Level 成绩达到 A*AA~A*A*A，QS 排名前 50 名的院校要求学生成绩达到 AAA~A*A*A，QS 排名 50 到 100 名的院校要求学生成绩达到 AAB~A*AA。

2）IB 课程体系

IB 课程体系的学生申请时通常使用 IB 的预估分进行申请，院校会评估学生的申请并发放有条件录取，学生参加完 IB 大考之后，可以凭借大考成绩及合格的语言成绩换取无条件录取。IB 一共有六门课程，课程分为高级别（Higher Level）和标准级别（Standard Level），申请除了参考院校对于总分的要求外，还需要关注高级别的课程及成绩，通常部分专业会要求学生将相关的课程选为高级别。

一般 G5 类院校要求学生 IB 成绩达到 38~42 分，QS 排名前 50 名的院校要求学生成绩达到 36~39 分，QS 排名 50 名到 100 名的院校要求学生成绩达到 32~38 分。

3）AP 课程体系

AP 课程体系的学生必须使用 AP 大考成绩进行英国本科的申请，由于 AP 考试比较灵活，因此一些学生在申请时已有部分大考成绩，可以用实考成绩加上预计考试科目来进行申请。申请时除了关注各科成绩，还需要关注院校对于课程的要求包括对学生高中毕业证的要求，例如伦敦政治经济学院表示对于 A Level 要求数学的专业，建议学生 AP 课程选择微积分 BC；而曼彻斯特大学除了对课程和分数的要求外，还需要学生提供美国高中毕业证。通常申请英国本科需要三到五门的 AP 课程，部分院校会要求学生使用 AP 成绩搭配 SAT 成绩进行申请。值得注意的是，单独的 SAT 成绩或者 ACT 成绩无法直接申请英国大学本科。

一般 G5 类院校要求学生五门及以上的 AP 课程成绩达到 5 分，QS 排名前 50 名的院校要求学生三到五门 AP 成绩达到 555~55544，QS 排名 50 到 100 名的院校要求学生至少三门 AP 成绩达到 544~555。

4）普通高中体系学生

对于国内普通高中课程体系的学生，目前英国有三十多所院校接受高考成绩直接申请本科。学生申请时，如果学校可以出高考预估分，则使用预估分进行申请；对于不提供预估分的学校，也可以使用高一或者高二的成绩先进行申请。同样，对于符合条件的学生，学校会发放有条件录取，学生参加完高考后，提供合格的语言及高考成绩，来换取无条件录取。英国大学除了要求学生的高考总分，还会要求相关科目的分数。QS 排名前 50 名的院校中，剑桥大学接受高考成绩直接申请，要求学生成绩达到全省的前 0.1%；QS 排名 50 名到 100 名的院校则要求学生高考成绩达到 75%~85%。

另外，普通高中体系的学生还可以通过参加艾思特（AST）考试申请英国本科，搭配高考成绩会有更多的院校选择，目前英国接受艾思特考试申请本科的院校有 25 所。艾思特必考科目为数学及英语，搭配两到三门选考课程，考试有 8 月和 12 月两个考试季，学生可以用考出的成绩直接进行申请。QS 排名前 50 名的院校中，通常要求学生艾思特单科成绩在 220~230 分；QS 排名 50 到 100 名的院校要求学生艾思特单科成绩达到 200~220 分左右。

（6）英国本科申请材料

- UCAS 申请表
- A Level 或其他课程成绩单
- 英语能力证明复印件，如 IELTS 成绩等（可以后补）
- 个人陈述，内容涵盖期望申请的课程、个人对所申请课程的理解和申请动机、选择该学校的理由、个人学术背景、将来的学习计划等
- 一封推荐信，需要推荐人填写
- 护照首页扫描件
- 艺术类学生需要准备相关作品
- 部分文社科专业需要提供书面作业
- 支付申请费

（7）英国本科申请规划时间轴

时间阶段		申请准备
高一	上学期	· 全面了解英国教育制度和感兴趣专业的入学要求 · 了解英国的人文、地理和各个地区的衣食住行情况 · 全面了解留学信息，确定目标专业，校内学习仍然是重中之重，需要提前安排好课程的预习学习和复习 · TOEFL/IELTS 备考，针对申请所需要的语言成绩，循序渐进地逐步提升语言水平 · 学术阅读积累，丰富知识储备，探索专业兴趣，拓宽知识面，强化语言基础
	下学期	· 针对目标专业方向，参加相关竞赛，强化个人优势和目标专业的知识储备及实践 · 留意目标院校 / 目标专业的暑校项目（Summer School），增加多元化背景 · 进行国际课程大考，提前做好复习训练，确定高二阶段的选课时间、可选课程，提前做好准备 · 学术阅读积累，丰富知识储备，探索专业兴趣，拓宽知识面，强化语言基础
高二	上学期	· 寻找与申请方向相关的科研 / 实践项目，增加学术研究能力 · 留意学校相关学术社团、兴趣社团、竞赛社团，在保障成绩的前提下可多多尝试 · 如申请学校有笔面试要求，需进一步安排笔面试的练习准备
	下学期	· 保证在校的学习成绩，了解、准备课程和 IELTS 考试 · 规划科目考试和申请规划

续表

时间阶段		申请准备
高二	暑假	· 选择参加英国大学的夏校项目，近距离了解意向学校情况 · 备考 IELTS，重点提高英语口语和写作能力 · 参加一些对于留学申请有帮助的暑期活动或竞赛项目 · 准备本科申请的所需文书类材料、考试成绩等
高三	上学期	· UCAS 开放申请，可以提交申请材料 · 10 月中旬，英国牛津、剑桥大学结束申请（含医学等专业）
	寒假	· 1 月下旬是其他英国高校大部分本科专业 UCAS 申请的截止日期，学校会统一审核在此之前的申请 · 本科申请的截止日期之后的申请，学校不一定会审核，需注意时间节点，尽量提早递交申请
	暑假	· 6 月底进入 Clearing（补录）的申请 · 在 6 月 30 日晚上 6 点后才递交申请的学生，一般会自动进入 Clearing 阶段 · 8 月份 A Level 最终成绩公布，学生们可以换取无条件录取 · 本科入学申请截止日期一般在 9 月中下旬，想在当年秋季入学的学生，这是最后期限 · 10 月中旬是补录的最后截止时间，至此英国本科申请全部结束

（此时间轴仅为参考，一切以实际申请为准）

三 英国硕士数据解读和升学规划

1. 英国硕士数据解读

（1）英国硕士申请数量趋于平稳

随着国际大环境的逐步放开，国内留学需求也呈现出逐步回暖的趋势。前途出国申请数据显示，虽然 2023 年的申请量相比 2020 年的峰值还有一定差距，但近些年申请量保持平稳。相信随着全球经济和通航的全面开放，申请量将进一步增长。

2019 年 ~ 2023 年英国硕士申请——申请数量趋势

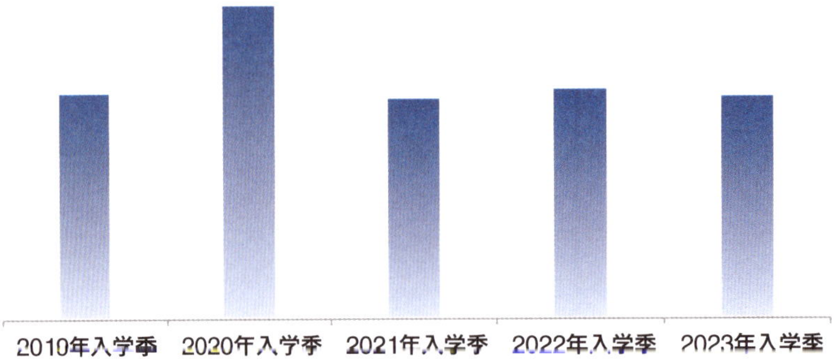

（2）中国学生倾向申请名校，G5 及 TOP 50 院校申请量涨势明显

从留学申请个数来看，在 2023 年，QS 世界大学排名前 50 名院校的申请量增长迅猛，合计占比达 44.8%，较 2022 年上涨了 11.4%。G5 院校的申请占比较 2022 年上涨了近 5%，涨势明显。

之所以会有如此显著的增长，主要与国内各大城市推出的留学人员人才引进政策有关。以上海为例，2022 年上海公布留学人员人才引进落户新政，针对不同排名区间的留学人员群体给予不同程度的利好政策。其中，对 TOP 50 院校的毕业生落户限制最为宽松，只要有全职工作即可落户。这也在一定程度上增加了学生对申请 TOP 50 院校的倾向性。

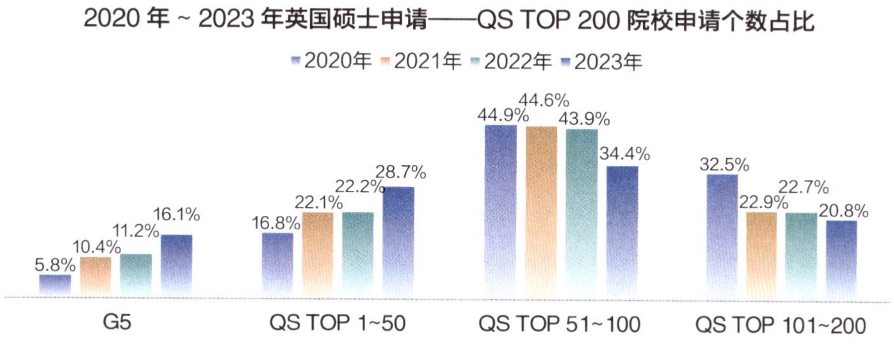

（3）英格兰地区依然是硕士申请的首选地

英国分为英格兰、威尔士、苏格兰和北爱尔兰四部分。其中面积最大、最主要的部分当属英格兰，也是英国大学最密集的地区。闻名世界的牛津大学、剑桥大学、曼彻斯特大学、谢菲尔德大学、伯明翰大学等均在这个地区。因此近四年来，英格兰地区的院校申请量都拔得头筹，占比超八成。

苏格兰地区的大学有爱丁堡大学、格拉斯哥大学、圣安德鲁斯大学等，院校数量也多于其他两个地区。且苏格兰全境多高地，气候温湿，环境优美，物价也较低，每年吸引了不少国际学生申请和入读。

作为英国罗素集团成员院校，更是全球排名前 200 名院校之一的卡迪夫大学，坐落在威尔士地区首府卡迪夫，凭借其高质量的教育水平受到不少学生的青睐。而坐落在北爱尔兰地区首府贝尔法斯特的英国女王大学、奥斯特大学，同样也受到一些学生的欢迎。

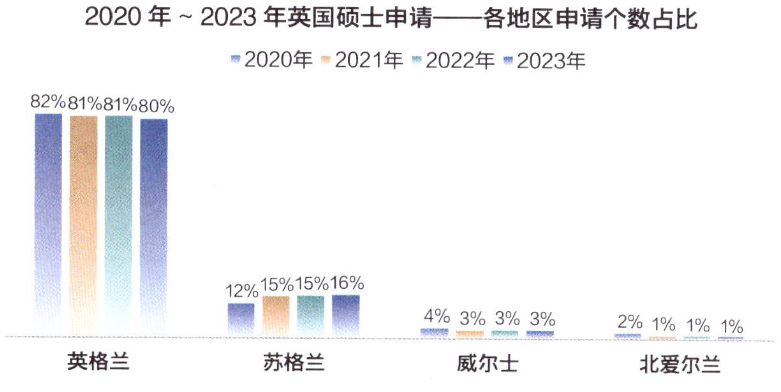

（4）申请人多来自高校数量集中的城市，来自北京的申请人数最多

在 2023 年英国硕士的申请人生源地中，北京是生源地人数最多的城市，较 2022 年占比提升了 2.5%，增速较快。其他排名靠前的生源地城市基本也是国内高校比较集中的城市，如上海、南京、武汉、郑州等。

2022 年 ~ 2023 年英国硕士申请——生源地 TOP 10

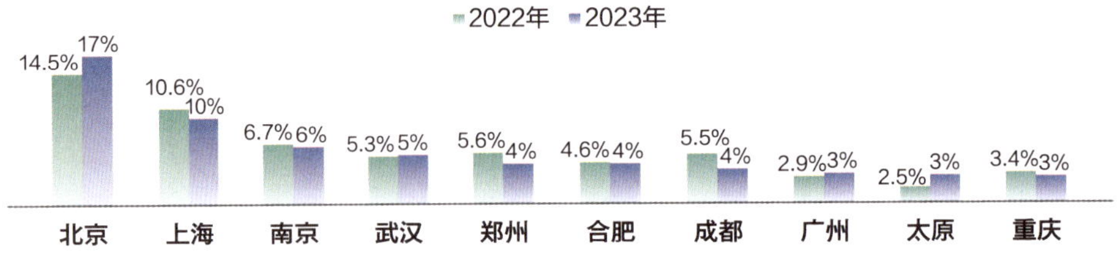

（5）女生申请人持续高于男生，性别比向均衡趋势发展

英国文化底蕴深厚，人文资源丰富，对学生有很大的吸引力。此外，英国社会治安良好，硕士学制也较短，成本和费用均较为合理，也是近些年不断吸引中国家庭的一大重要原因。

对比近四年的数据可以看出，英国硕士男女比例由女生明显居多逐渐趋于男女生平衡。尤其是 2023 年，男生比例持续增加，男女比例已接近 1:1。这与英国热门申请专业理工科大类不断增长有很大相关性，英国的理工基础学科吸引了不少男生申请。

2020 年 ~ 2023 年英国硕士申请——性别占比

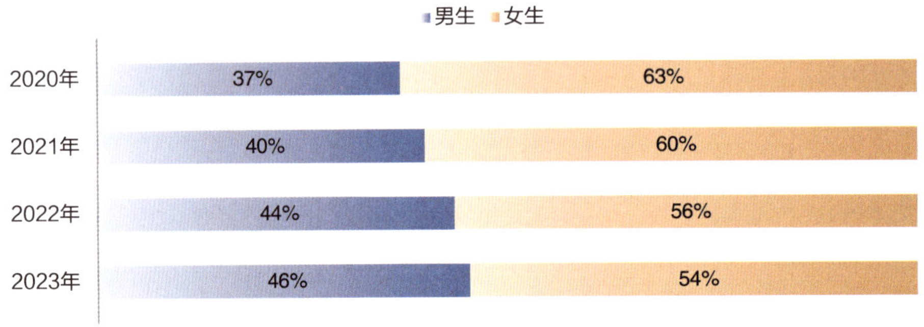

（6）人文社科成为热门专业，理工科申请连续四年上涨

近四年来，理工科申请占比一路走高；人文社科专业也在 2023 年重回热门专业第一的“宝座”，占比达 36%。出现这种情况可能是由于就业环境的变化所致，理工科和人文社科专业就业范围更加灵活宽泛，因此受到不少学生欢迎。

与此同时，商科类专业申请占比在 2023 年有所降低。一直以来，英国高校商学院的硕士录取要求都比较严格，申请人选择商学院课程需有较高的平均分及其他软实力的加持。

2020 年 ~ 2023 年英国硕士申请——热门专业大类占比

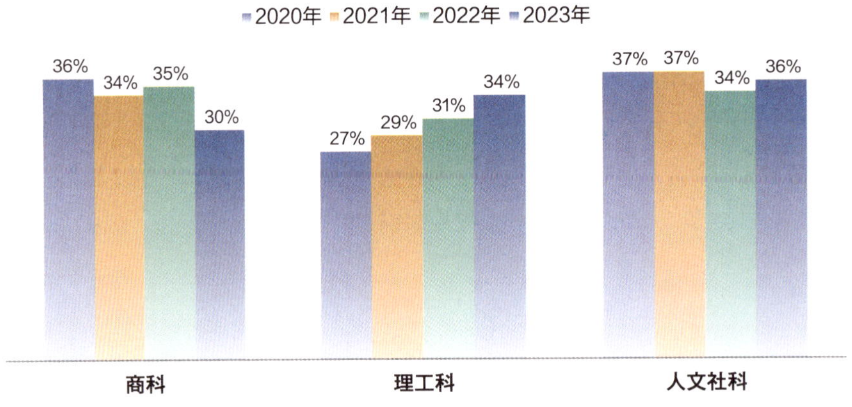

（7）国内本科学生仍是申请主力军

近两年来学生背景结构变化不大，国内本科学生依然是英国硕士群体的主要申请主体，占比从 2022 年的 85% 增长到了 2023 年的 89%。其中，“双非”院校学生占比基本不变，保持在 48% 的水平。来自大专院校的学生占比在 2023 年有了大幅度增长，涨幅在 4% 左右。这是由于部分英国高校的硕士项目允许专科学生直接申请，因此有不少学生希望能够利用较短的时间实现学历跃升。

2022 年 ~ 2023 年英国硕士申请——申请人院校背景占比

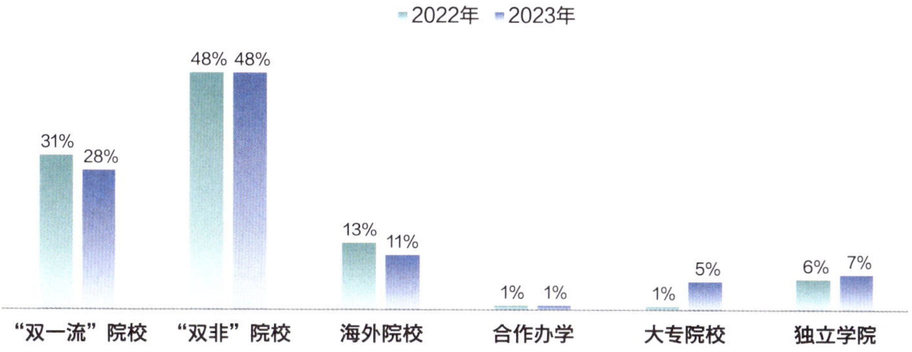

（8）GPA 80 分及以上人群占比上升

本科成绩单是英国大学硕士申请非常重要的申请材料之一，也是大学了解申请人的基本依据，用来展示申请人的学术能力和本科期间的学习态度。英国大学对于国内本科的平均分一般要求 75~85 分不等，TOP 100~200 院校一般要求国内平均分 80 分左右，TOP 50 院校普遍要求 85 分以上。

2023 年 GPA 在 80 分及以上申请人占比增多，从 2022 年的 77% 上升至 80.6%。由此可见，越来越多的学生认识到 GPA 的重要性，在本科期间就有意识地保持自己的平均分。

2022 年 ~ 2023 年英国硕士申请——本科 GPA 各分数段占比

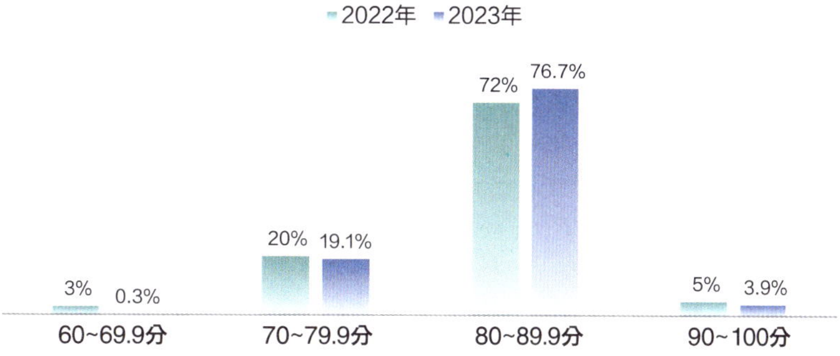

（9）授课型硕士申请仍为主导，研究型硕士申请逐年攀升

英国硕士按照教学方式的不同一般分为两种——授课型硕士（Taught Master）和研究型硕士（Research Master/MPhil）。

从近四年的申请数据来看，绝大多数中国申请人还是倾向于授课型硕士，占比一直高于 99%。研究型硕士保持缓慢增长但仍低于 1%，与博士的申请量趋势基本一致。研究型硕士通常是一至两年的项目周期，学习方式以做研究为主，这段经历也常常会被视为修读博士课程的一部分。由此可见，有越来越多的学生对科研充满兴趣，并希望能够持续从事研究工作。

2020 年 ~ 2023 年英国硕士申请——不同硕士类型占比		
年份	研究型硕士	授课型硕士
2020 年	0.30%	99.70%
2021 年	0.61%	99.39%
2022 年	0.74%	99.26%
2023 年	0.93%	99.07%

（10）近三成学生选择在申请时提交语言成绩

英国硕士申请时绝大部分院校和专业可以不提交语言成绩，一般最晚在硕士正课开课前两个月左右补上即可（不同院校时间不定）。

前途出国录取数据显示，知名高校录取难度日益增大。在 2023 年，有 28% 的学生在申请的同时提交语言成绩，并收到了录取通知书，较 2022 年增长了 11%。符合要求的语言成绩也在一定程度上代表了学生自己的学习能力和学术水平，帮助自己从众多申请者中脱颖而出。

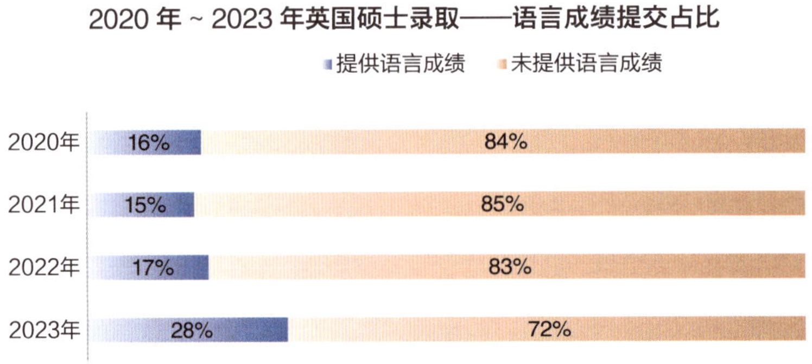

（11）优秀的本科院校背景申请名校时更具优势

2023 年，英国硕士录取成功率与申请的英国大学排名呈负相关，即排名越高的院校其录取概率越低。申请英国 TOP 50、TOP 51~100 院校录取成功率最高的国内院校依次是独立学院、985 院校、211 院校。由此可以看出，英国高校的硕士项目对本科院校背景的重视程度依然很高。

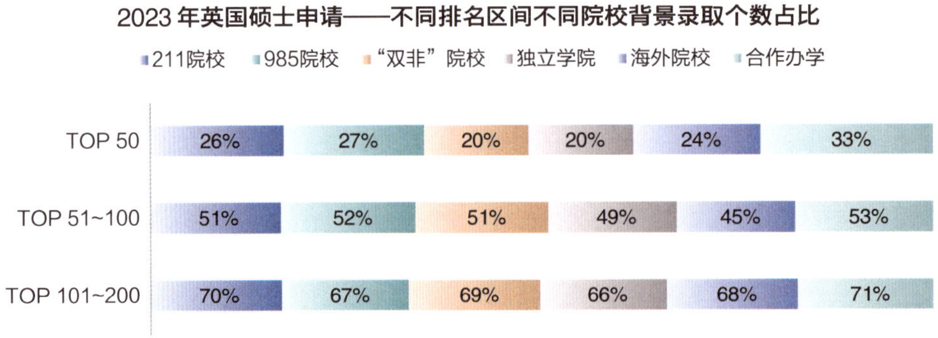

（12）申请数量激增使得热门专业录取率骤降

受大环境的影响，2022 年入学季申请人减少造成了英国各专业的录取成功率都较高。但综合过往四年的数据来看，录取率普遍呈现下降趋势。由于 2023 年申请数量较往年增长迅猛，而各高校录取数量仍保持稳定状态，因此热门专业的录取率均有所降低。

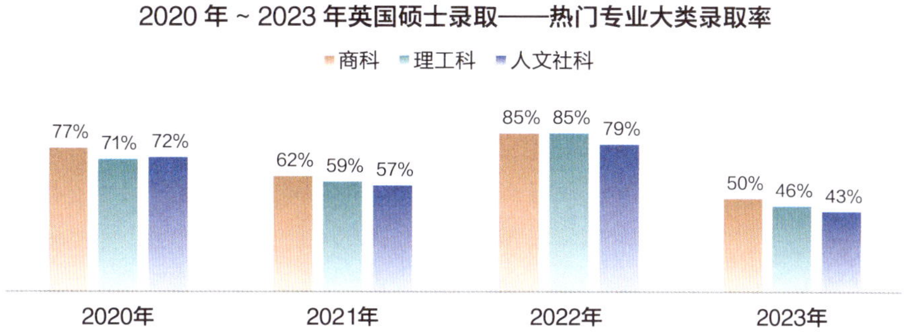

（13）GPA 分数高不代表录取成功率高，综合素质是关键

从近四年来的录取分数段可以看出，GPA 高并不一定就代表录取成功率高。实际上，GPA 越高的学生，对硕士就读院校的期望值也越高，所以在择校时也普遍更愿意选择院校排名较高、竞争更加激烈的院校，从而导致录取难度也更大。从这个维度也可以看出，成绩并不是唯一的录取标准，想要冲刺名校的学生还需要丰富自身软实力背景，提升综合素质，这样才有更大的概率被录取。

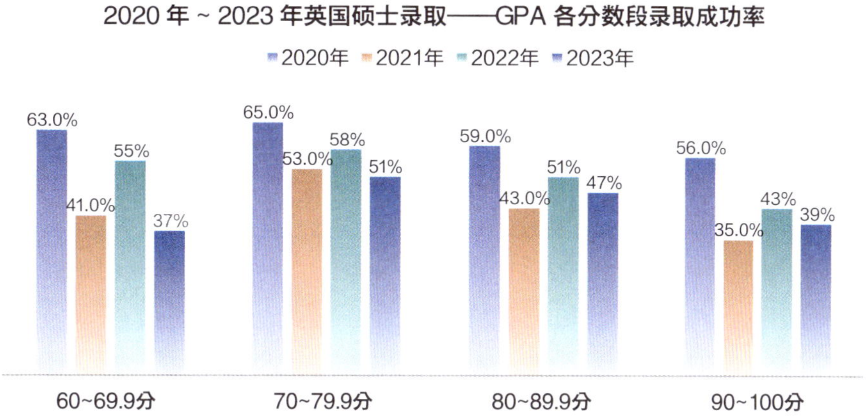

（14）申请越早越有助于提升录取成功率

英国高校不同学院、不同专业会采用不同的招生方式，大致可分为滚动录取和分轮次录取。很多排名靠前院校的商学院、计算机学院等的热门专业会采用分轮次录取的制度，只为招到更优秀和更合适的申请人。而其他专业则采用先到先得的滚动录取制度，名额招满就会截止申请。

通过近五年对于录取数据的总结和研究可以发现，越早提交申请，录取率相对会更高，因此建议想要申请名校或者是热门专业的学生提前规划，在申请开放后尽早提交，增加被录取的概率。

近五年英国硕士录取——不同申请批次录取率趋势

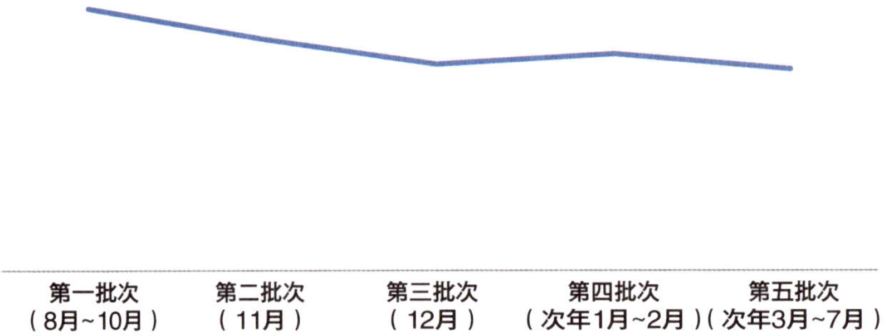

（15）知名院校更看重申请人的综合能力

从 2023 年被牛津大学和剑桥大学录取（含硕士和博士）的申请人的背景来看，多段实习经历和科研经历为他们提高了录取概率。由此看出，英国知名院校对学生的综合能力比较看重。

2023 年英国硕士录取——知名院校录取学生的背景提升经历			
录取院校	平均实习段数	平均科研段数	平均总活动段数
牛津大学	3	3	9
剑桥大学	2	3	9

2. 英国硕士升学规划

（1）英国硕士教育体制介绍

英国硕士可以分为两大类：授课型硕士和研究型硕士。

授课型硕士通常以教学为主，学习过程中不涉及过多的研究项目或者课题，并且课程多为实用性的专业教学，以就业为导向。从课程长度来看，12 个月的课程被划分为三个学期，第一、二学期以授课为主，第三学期撰写一篇毕业学位论文。当然，也有部分学校会以考试或毕业设计的形式完成毕业考核。

研究型硕士则通常是一到两年的课程时长。从内容上来看，以研究性课程为主，并与课程教学相结合，要求学习者有一个具体的兴趣或研究方向，该课程常常被视为修读博士课程的一部分。与此同时，学校也会指定一名专门的导师进行辅导和教学研究，学生在修读研究型硕士时所做的研究工作会视为博士研究的一部分。通常来说，大部分选择就读研究型硕士的学生都会继续学习更高级别的博士课程。

（2）英国硕士教育优势

英国大学总体的科研能力与教研水平较高，一年制的授课型硕士能够节约时间与经济成本，成为众多留学生选择英国的主要原因。

英国多数专业采用小班授课模式，课堂人数限制在 12~15 人左右，这使师生间的互动变得更紧密，老师可以全面地了解学生的个人表现和学习情况。

另外，英国硕士专业开设齐全，课程设置广泛，学生可以结合自身的兴趣爱好、职业规划选到满意的专业。不少专业还接受无专业背景基础的学生，学生转专业申请的选择较多。

英国硕士毕业后可以获得两年的毕业生签证，用来在英国找工作并积累工作经验，两年签证到期后可自由选择是留在英国还是返回国内。

从教育环境上来看，英国是一个不分种族、宗教和肤色的多元化国家，同时也是世界上治安最好的国家之一。作为英语的发源地，在英国除了能够在自己的专业上学到领先的知识，还能随时随地有充分的机会练习并运用英语。

（3）英国硕士课程介绍

关于英国的院校分类及特色，已经在本科升学规划中有所介绍，下面主要讲解英国硕士课程的特点。

英国授课型硕士是专业课程内容占比更高，且更侧重于实际应用。授课方式包含讲座、研讨会、实验课、辅导等。课程由教授讲课，全年有10~14门的课程量，课上小组讨论的机会很多。评估方式包括报告、考试和论文等。学期内要交作业（Course Work）和专题报告（Essay），学年末还要进行学科考试等。课程和考核对学生的自主学习能力和时间管理能力要求较高。

研究型硕士与授课型硕士不同，一般没有学科考试，但在读期间一般需根据自己或学院所选课题进行深入研究，其学位报告及论文所占的分量很重。研究型硕士课程类似于小型的英国博士课程，尤其适合有意继续攻读博士学位者。

以下为常见的英国硕士学位及相关专业课程介绍：

- 理学硕士（Master of Science，MSc）：通常与科学相关的学科关联，如化学、自然科学、社会科学、统计学、生物学等。
- 文学硕士（Master of Arts，MA）：通常与艺术、人文等学科相关联，如语言学、文学、历史、传媒等。
- 研究型硕士（Master of Research，MRes）：相较于理学硕士和文学硕士，研究型硕士更加侧重于独立研究和以实践为主导的研究论文，更加受到准备申请博士的学生的偏爱。
- 哲学硕士（Master of Philosophy，MPhil）：属于研究型硕士的范畴，课程时长通常为两年，可以视为Ph.D的连接课程，申请要求较高。

除了以上这些硕士学位以外，还有工商管理硕士（MBA）、法学硕士（LL.M）、教育硕士（M.Ed）、工程硕士（M.Eng）等侧重于特定专业领域的硕士学位。

（4）英国硕士申请要求

英国硕士一般按照申请人的学术背景加上非学术背景综合审理，语言成绩不是绝大多数英国学校在申请时候所必须提供的材料，学生可以在获得有条件录取后、换取无条件录取之前提供满足课程要求的语言成绩单（一般为IELTS 6.5~7.0分或同等其他语言成绩），进而顺利入学。

申请要求中的学术背景一般包含申请人的院校背景、本科成绩平均分（即GPA）、核心专业课程的数量与分数等，非学术背景一般指申请人在本科阶段参与的实习、科研、竞赛、论文发表、社会活动等项目情况。从近几年的申请情况来看，非学术背景越来越受到英国院校的重视，达到学术要求的申请人众多，英国院校会向学术和非学术背景都优质的学生发放（有条件）录取通知书。各英国院校一般会将中国大陆院校划分为两到三档，普通本科学生申请英国硕士，对标英国本土学生的平均分要求，大致范围在70~85分。同时，申请人的核心专业课数量建议不低于院校要求的数量，核心专业课的分数不低于平均分。

非学术背景一般建议申请人能够提供与申请专业相符合的项目实习或研究，并能在个人陈述或简历中描述该项目的主要方向和自己的职责。

（5）英国硕士申请材料

- 中英文在读证明/学位证、毕业证（在校学生提供在读证明，毕业生提供毕业证和学位证）
- 中英文成绩单
- 个人简历、个人陈述、推荐信等申请材料
- 语言成绩（IELTS、TOEFL 或者其他所申请学校可接受的语言考试成绩单），可补交
- 艺术类专业需要提交作品集

值得注意的是，网申需要使用电子版材料，建议准备好纸质材料后扫描成电子版，时刻关注学校动态，并在申请通道打开的第一时间上传材料。

（6）英国硕士申请规划时间轴

申请英国硕士的学生应本着“早规划、早申请、早录取”的原则，提前两到三年开始规划，从学术能力、软性实力、海外适应力及就业竞争力等方面做好充分准备，为顺利地申请理想院校打下良好的基础。

1）大一阶段

国内大学的大一课程以公共课与基础课程居多，较少涉及专业课程，难度较低，拿高分的可能性较高，所以学生一定要重视大一的课程成绩，为自己之后获得高 GPA 开启一个良好的开端。此外，大一阶段也包含部分选修课程，在选择选修课时可以结合自身专业、兼顾个人兴趣，同时也要考虑课程的难易程度。

大一阶段的平均分目标为百分制 85 分以上，在此阶段也要考虑未来的专业选择，参加一些与专业相关或者感兴趣的研讨会、学术讲座等，尽早培养自己的学术兴趣。

大一的寒暑假，学生可以做一些社会活动、暑校、企业参访实习等，为后续确认细分专业进行调研和了解。除此之外，对于想转专业的学生，需要与学院沟通是否可以参加一些考试来转专业；如果不能，要适当地选择一些相关的选修课来弥补未来硕士申请时专业匹配度的问题。

2）大二阶段

大二阶段专业课增多，学生在确立好自己的专业方向后，需要更加认真地对待自己未来申请专业相关的课程，提高 GPA 依旧是首要的任务。另外，可以留意专业相关的科研项目、高级别专业竞赛等，争取发表论文、积累更多实践经历。尤其是寒暑假期间，可以关注一些海外交换、暑校和实习等项目，提前进行申请或尽早规划准备时间。

语言的学习也不能放松，除了完成学校的四、六级考试外，日常也要开始 IELTS 的学习和备考，可以选择在大二暑假进行 IELTS 首考，并根据分数情况选择是否继续安排考试。

3）大三阶段

大三阶段的课程几乎都是专业课，在此阶段的分数尤为重要，一定要保质保量地进行校内课程的学习。随着专业课程的深入学习，背景提升的选择也可以增加难度和细分专业匹配度。论文产出类、课题研究类、名企实习类等项目都更加适合大三的学生进行选择。同时，也要重视每次的 IELTS 考试，争取早日出分，留出更多提升背景的时间。

大三下半学期要抓紧时间根据学校和自身的学习情况，来决定申请哪些院校，同时完成申请材料的准备工作。建议学生在选择院校时，参考专业老师给出的建议，遵循选校中要同时包含“冲高、匹配、保底院校”的原则，最大程度保证顺利申请。

4）大四阶段

大四上学期，在开具完成绩单与在读证明后，就可以正式开始递交英国硕士的申请。

英国院校会在每年的 6~10 月开放次年硕士入学的申请，部分院校有明确的截止日期，也有一部分院校会采取分轮录取的方式，但不管哪种方式，基本都会随着申请名额的减少而出现申请条件“水涨船高”的现象。因此，建议有意向的学生尽早递交申请，越早递交也意味着可以越早拿到申请结果。

拿到（有条件）录取之后，学校会要求学生缴纳押金以保留该（有条件）录取的名额。

大四下学期的 2~4 月，建议申请人提前在自己名下预存签证担保金，以防递签时大使馆抽查。存款时长建议在递签前至少存满 28 天，存款金额的最低要求是“所读学校一年的学费”与“所在城市 10 个月生活费”的总和，一般建议存款 35 万 ~40 万元人民币。同时，学生可以着手准备日后的住宿相关事宜。

此外，如果在申请时没有提供合格的语言成绩，那么学生可以根据当前的 IELTS 或者其他语言成绩来决定是否需要再考或报名语言班。英国大部分院校针对语言成绩不够的学生都开设有学前语言班，不同时长的语言班对应不同的 IELTS 成绩要求。在此建议学生一定要看好时间，务必在语言班申请截止之前考出符合要求的 IELTS 成绩，尽快递交申请。

拿到完整成绩单、毕业证、学位证和合格的语言成绩后，就可以换取无条件录取了。而后进入签证及出行前准备阶段，学生们可以开始进行体检并办理签证。顺利拿到签证后，就能收拾行李，准备赴英开始自己硕士课程的学习了。

四 英国博士数据解读和升学规划

1. 英国博士数据解读

（1）博士申请人数近四年持续递增，涨势明显

近四年来，有越来越多的中国学生选择在完成硕士学业后继续申请博士学位，2022 年博士申请人数高速上涨，与 2021 年相比近乎翻倍。

2023 年，英国博士申请人数增长放缓，这可能是由于 2022 年申请人数的飙升，叠加疫情影响所致。大部分英国高校并不会设立明确的博士招生人数限制，但导师资源、研究资源、资金资源都是有限的。攻读博士学位是一个长期的过程，需要大量经费和资源支持。因此，部分院校可能会因为 2022 年招收到了大量博士学生，而在 2023 年限制招生人数，以确保能为每位博士学生提供充足的资源。与此同时，受疫情的延续性影响，部分科研项目进度放缓，对博士生的需求下降，因此在招生方面也受到一定的影响。

2020 年 ~ 2023 年英国博士申请——申请人数趋势

（2）本科直申博士占比超两成

从学历背景角度来看，2023 年，英国博士的主要申请人群以硕士群体为主，占比为 77.9%，本科群体比例虽然较低，为 22.1%，但对比往年有了飞跃性增长。

英国高校的博士项目一般需要学生具备硕士学历才能申请，有部分高校可以接受本科直申，但对于申请人的要求非常高，只建议学术优秀且有突出科研成果的学生进行尝试。

不过从 2023 年本科直申博士占比激增的趋势可以看出，更多本科学生早早就有了继续深造的计划，普遍在本科期间就非常重视积累科研经历和相关论文的产出，也更倾向直接申请博士项目。

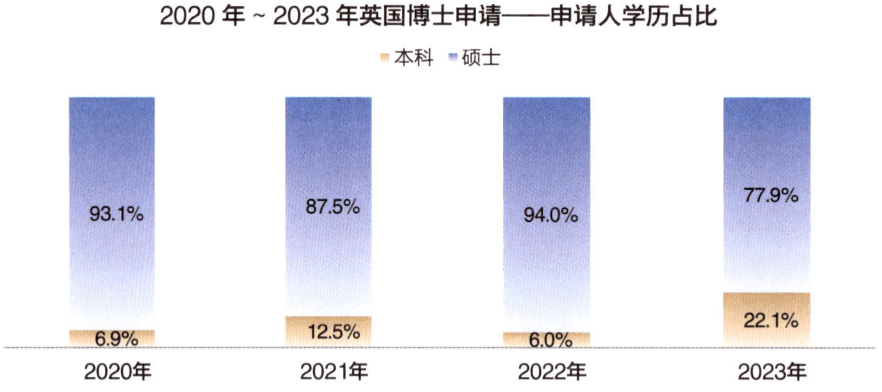

（3）英国博士申请人以海外硕士为主，“双非”院校占比骤增

近四年来，英国博士申请群体主要以海外硕士为主，2023 年占比较 2022 年有些许滑落，降至 63%。不过，来自“双非”院校的学生占比飙升，从 2022 年的 11% 一跃至 19%，增长了 8%。可见，英国高校的博士项目并非特别看重学生的院校背景，而是更在意学生的科研能力和与导师研究方向的匹配度，这种评判标准也为更多学生提供了攻读海外博士学位的“入场券”。

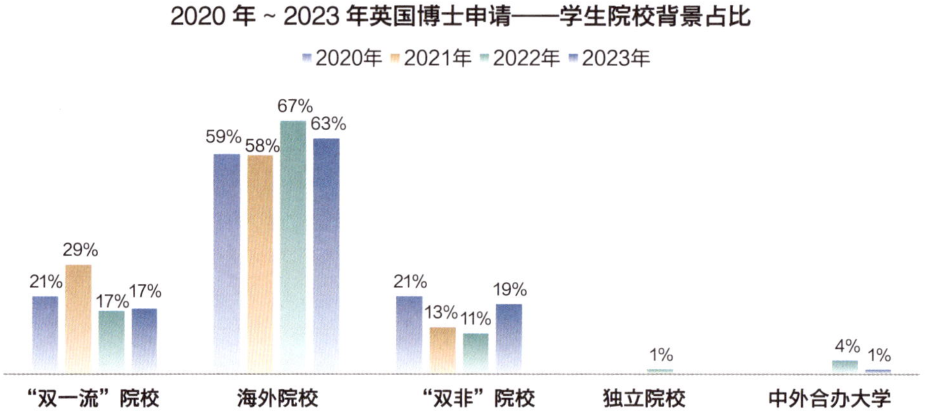

（4）英国博士申请者男女占比六四分

从申请者的性别来看，男生近两年来比例较高，均在六成左右，女生则为四成左右。这主要是由于英国博士在理工科领域开设的相关专业比较全面，而国内学习理工科的男生比例较高。但随着国内外对高层次人才的迫切需求和福利政策加持，有越来越多的学生考虑攻读博士学位，男女生的性别占比也有逐渐归于均衡的趋势。

2020 年 ~ 2023 年英国博士申请——学生性别占比

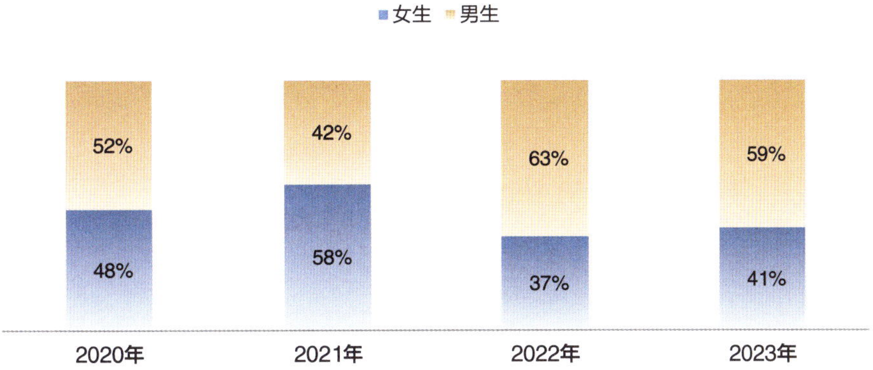

（5）七成以上申请者拥有两段及以上实习和科研经历

英国院校的博士项目比较看重学生的实习和科研经历，如果有专业相关的论文发表更是加分项。因此与硕士相比，博士申请人更需要在软实力背景提升方面着重发力，增加自己被录取的概率。

近两年来，拥有两段及以上实习和科研经历的博士申请人占比较高。其中在 2023 年，几乎所有申请人都拥有两段及以上的科研经历；拥有两段及以上实习经历的申请人占比同样占比很高，达 76%。

2020 年 ~ 2023 年英国博士申请——实习经历占比

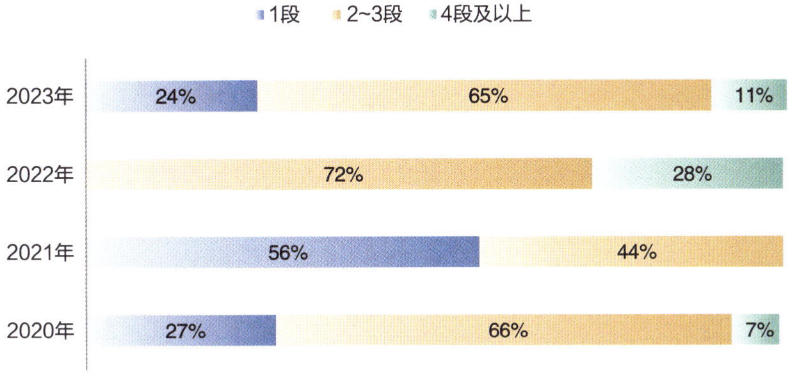

2020 年 ~ 2023 年英国博士申请——科研经历占比

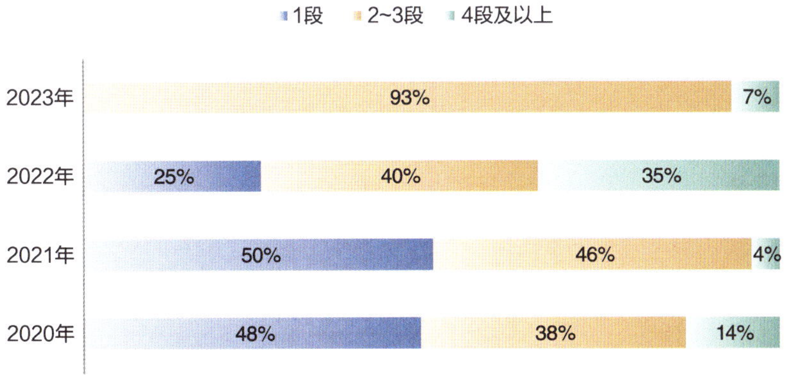

（6）博士申请依然集中在名校

在院校的选择上，近四年来，每年都有六成左右的学生申请排名 TOP 100 的院校，中国学生的“名校情结”依然严重。

同时，2023 年 G5 院校的申请个数与 2022 年相比有所提升，随着大环境逐渐回暖，学生的择校心态也开始慢慢恢复到疫情前的状态。

2020 年 ~ 2023 年英国博士申请——不同排名区间院校申请个数占比

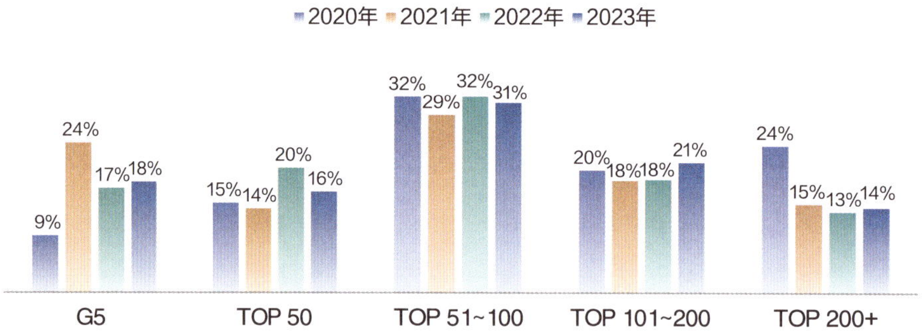

（7）生物医学专业“逆袭”，超越商科成为博士申请专业 TOP 2

2023 年生物医学专业首次超越商科，成为工科之后博士申请第二个热门的专业类别，这可能与近几年的大环境变化有关。当前，我国对医学以及制药行业的研发相当重视，且投入了非常多的资源，因此不少相关专业的学生会选择博士深造。工科专业就业面广泛，行业对人才的需求量也比较大，一直以来都颇受中国学生的青睐。

2020 年 ~ 2023 年英国博士申请——专业大类占比

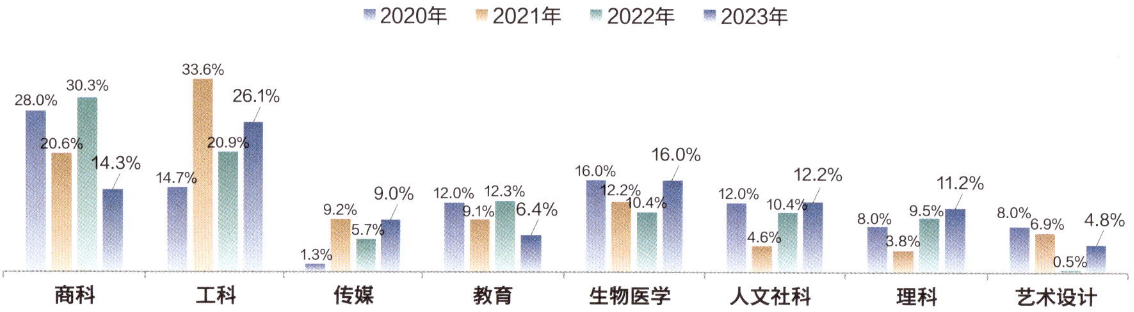

（8）录取数量趋于平稳，录取率有所增长

近四年来，英国博士录取数量增速趋于平稳，英国高校对博士学生的考核标准也在逐步恢复。

从录取率趋势来看，2020 年至 2023 年博士录取率是不断攀升的，在 2023 年达到 48.9%，较 2022 年上涨了 5.3%。英国院校对博士申请人的考核比较严苛，对申请人的研究能力要求较高，且由于申请量在逐年递增，录取率增幅的空间也相对较小。不过从近年来的录取率可以看出，中国学生的学术实力和水平在不断提高，有越来越多的学生脱颖而出，受到英国高校的欢迎。

2020 年 ~ 2023 年英国博士录取
——录取数量趋势

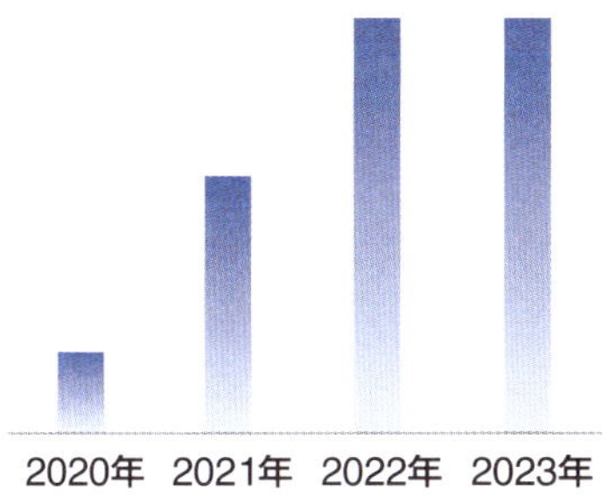

2020 年 ~ 2023 年英国博士录取
——录取率趋势

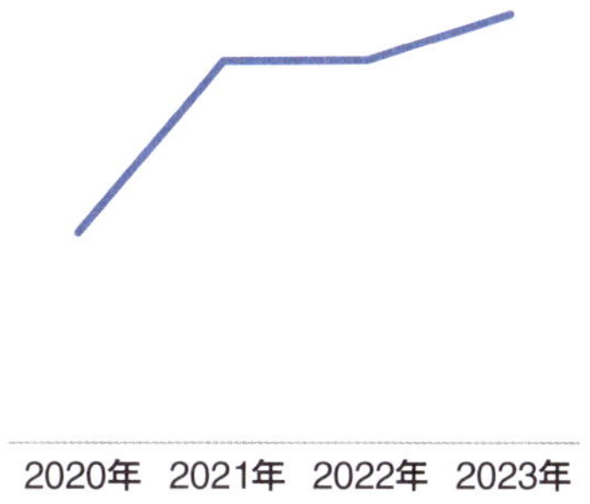

（9）录取院校和专业与申请趋势基本一致

在 2023 年，TOP 51~100 的院校录取占比依然最高，达 36%，这与申请院校的分布基本一致。此外，G5 院校的录取率较 2022 年有 5% 的提升，可见中国学子的学术实力和水平强劲，受到更多高排名院校的欢迎。

2020 年 ~ 2023 年英国博士录取——不同排名区间院校录取个数占比

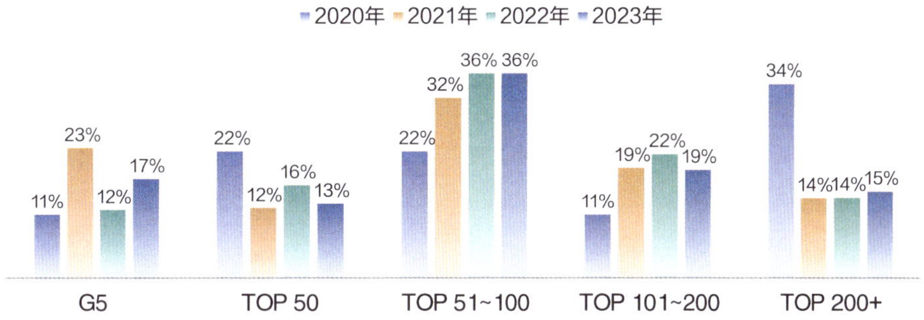

再来看录取专业，2023 年工科、生物医学专业的录取占比较多，与申请专业的分布也比较一致，即申请量高的专业总体录取数量也比较高。

2020 年 ~ 2023 年英国博士录取——专业大类占比

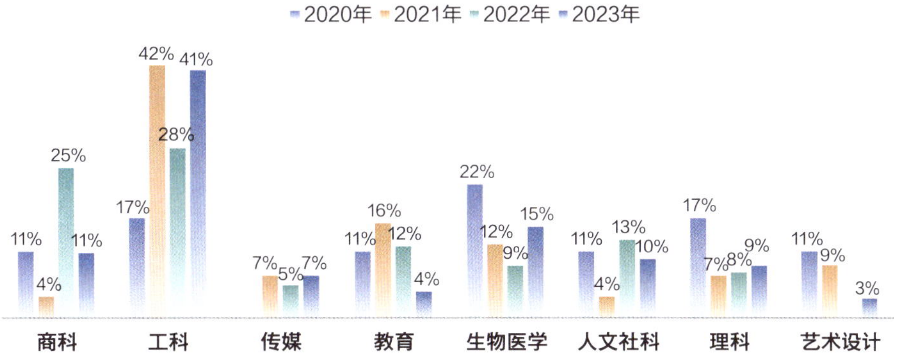

（10）GPA 80 分及以上是英国博士录取标准

申请人的 GPA 最好在 80 分以上才算是达到标准。近四年来，GPA 在 80 分以上的录取学生占比在 90% 左右，可见，多关注自己的学术成绩尤其是专业课相关成绩，可以为收获心仪院校的录取奠定坚实基础。

2020 年 ~ 2023 年英国博士录取——不同分数段录取学生占比

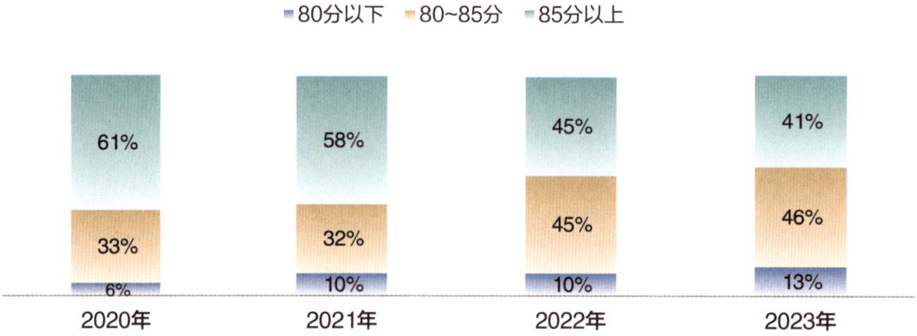

2. 英国博士升学规划

(1)英国博士教育体制介绍

英国博士教育是英国高等教育的重要组成部分，以其优质的教育资源和高质量的师资著称。在全球博士教育国际化的背景下，博士研究生是大学的创新动力和源泉。因此，英国高等教育管理部门也十分重视各高校的博士教育，密切关注博士生的教育发展动向。

英国博士学位的核心是一个独立的研究资格，要求学生把重点放在自己的研究项目上，最终目的是写出原创性的论文，以促进学生对所在领域的理解。

与其他一些国家不同，英国的博士学位没有老师教学的部分，主要是跟着老师做课题项目研究。在攻读博士学位期间，学生可能会有一些额外的培训和发展机会，比如给本科生上课、参加会议和发表其他相关论文等。

(2)英国博士教育优势

近年来，申请海外读博士的学生越来越多，其中赴英读博是部分学生的首选，这主要是由于英国学制较短，大部分院校的博士学位只需三到四年就可以读完，同时英国博士学位含金量很高，在全世界范围内都有很强的竞争力。

英国博士多以研究为主，专注度更高，更加重视培养学生的自主能力和创造力。另外英国博士毕业没有严格的论文发表数量要求，只需要完成博士论文以及毕业答辩就可以，主要在于导师和评委会对学生研究能力的评定。

获得英国博士学位后如果进入高校读博士后或者当讲师，可以拿到英国 T2 签证，满五年就可以申请获得永居权。在 2020 年，英国为了吸引更多高精尖人才，针对博士毕业生更是推出了三年毕业生签证的利好政策，这意味着在英国博士毕业后，可以有三年的时间留英工作，积累海外工作经验。

(3)英国博士课程介绍

英国的教育体制提供了广泛领域的博士课程，可供研究型人才进行选择。博士学位不仅仅是某个领域专业知识水平的代表，更有可能影响着这个领域的未来发展方向，因此研究人员必须达到非常高的水准才能满足博士研究的要求。

以下为常见的英国博士课程，其中传统式英国博士课程和新制英国博士课程是中国学生比较常申请的，下面进行分类介绍。

1)传统式英国博士课程

与其他国家的博士课程相比，英国的博士课程不包括教学部分。传统的博士课程着重于纯理论的研究训练，而且需要至少三年才能完成。研读时间可能会因为所在研究领域的不同及数据收集的难易度而增加。课程的研究阶段，通常为先就研究领域的新想法做文献探讨，再开始进行研究、分析结果，并详细描写结果。

2）新制英国博士课程

新制英国博士课程始于 2001 年，它融合了研究、教学式课程和专业技能训练。前面所提及的传统式博士课程不确定多久可以取得学位，而新制英国博士课程则一律是四年内完成研读。新制英国博士课程也是一个快捷方式，使大学毕业生（或同等学历者）在四年内通过一个综合课程而取得博士学位。

3）分段式博士研究课程

在部分情况下，学生可研读分段式博士研究课程。先完成第一阶段的研究课程，可以回到自己国籍所在国家进行资料收集，而后再返回英国进行分析研究，并在指导教授的建议下撰写博士论文。不过，学生在自己国家进行研究时，必须找到一位教授来进行协助，提供研究指导与建议。

4）专业企业管理博士课程（Professional Doctorate in Business Administration, DBA）

专业企业管理博士学位（DBA）一般学制为四年。与传统的企业管理博士学位（Ph.D in Business Administration）相比，虽然它们都需要良好的学术及研究表现，但 DBA 主要着重学生在管理理论的实务应用，并希望发展其管理人员研究实践的能力，适合已具有多年管理经验，想获取更高的学位，然后继续在业界服务的专业人士。

5）专业教育博士课程（Professional Doctorate in Education, EdD）

专业教育博士课程为在教育领域中具有经验的专业人士提供了一个去研究相关议题并取得博士学位的机会，性质与 DBA 很类似。

（4）英国博士申请要求

一般来说，拿到正规院校的硕士学位即可申请博士，但不同院校、专业对申请人的要求也有所区别。

艺术 / 人文社科类专业的博士，通常需要申请人至少拥有硕士学位。如果有相关的工作和研究经验，是非常不错的加分项。而工程 / 科学 / 医学类专业博士，除了硕士学位之外，也接受本科毕业生直接申请，但要求比较高，具体以各院校专业官网要求为准。

另外，英国博士的入读方式是导师申请制，申请前期需要先找好博士生导师并获得导师认可。

（5）英国博士申请材料

- 本科学位证、毕业证，中英文硕士在读证明（在校学生提供在读证明，毕业生提供毕业证和学位证）
- 中英文成绩单（本科和硕士阶段都需要提供）
- 文书材料（主要包括个人简历、个人陈述、推荐信和研究计划）
- 语言成绩（IELTS、TOEFL 或者其他所申请学校可接受的语言考试成绩单，可补交）

（6）英国博士申请规划时间轴

英国博士的申请流程比较复杂，需要持续一年左右的时间，所以针对博士的申请规划一定要尽早开始。

以三年制国内硕士提前一年（研二暑假）准备为例，申请英国博士的时间规划如下：

时间阶段		申请准备
研二暑假	当年 6 ~ 9 月	· 结合自己的兴趣和优势，选择学校和研究方向 · 在大学网站的教职员目录中找到想要联系的导师，选择研究方向契合的导师 · 查阅一下导师的简介，了解他们的主要研究和正在进行中的项目 · 撰写研究计划，准备其他文书材料 · 准备学术材料，例如成绩单、在读证明等 · 完成各种标准化考试，比如 IELTS、TOEFL、GRE、GMAT 等

续表

时间阶段		申请准备
研三上学期	当年 9 ~ 10 月	· 确定自己未来的研究方向后，可以开始联系导师“套磁”
	当年 10 ~ 12 月	· 完成“套磁”后，如果导师接受，就可以正式向院校官网递交申请文书类材料
研三下学期	当年 12 月 ~ 次年 1 月	· 如有需要，所有申请完成后，可以开始提交奖学金的申请
	次年 1 ~ 3 月	· 在申请被接受后，大学会联系学生，安排视频面试
	次年 4 ~ 6 月	· 拿到 Offer，接下来跟着学校的流程进行，用最终材料获得正式录取
	次年 6 ~ 9 月	· 开始办理签证、买机票、体检等一系列流程，做好英国留学生活的准备工作，之后就可以飞往英国，开始博士留学生活

（此时间轴仅为参考，一切以实际申请为准）

第四节　澳大利亚和新西兰

一　澳大利亚和新西兰低龄数据解读及升学规划

1. 澳大利亚低龄数据解读

（1）澳大利亚低龄留学申请量上升四倍

根据前途出国申请数据显示，2020 年至 2022 年受疫情影响，申请数量居于低位。但在 2023 年，澳大利亚中小学申请趋势得到回暖，数量大幅攀升，同比 2022 年增长超过四倍，基本恢复至疫情前水平。

2018 年 ~ 2023 年澳大利亚中小学申请——申请数量趋势

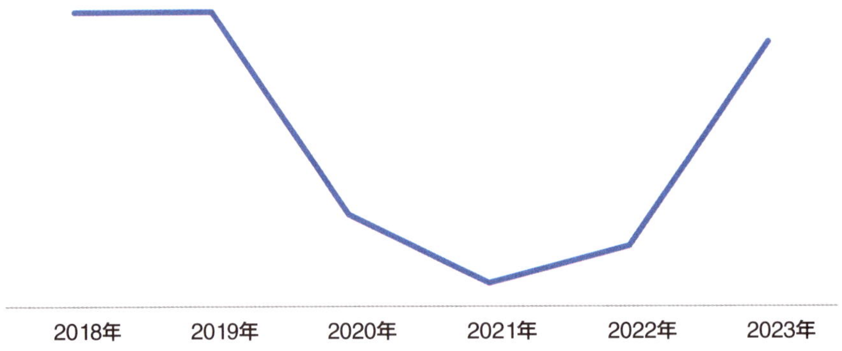

（2）公立学校申请占比近八成

澳大利亚的公立学校和私立学校均对国际学生开放，2023 年公立学校申请仍然占据主导地位，且公立学校申请占比较 2022 年仍有小幅增长。这主要由于澳大利亚招收国际学生的公立学校数量更多，由各州政府统一管理，各州公立学校学费统一（每年学费约人民币 6 万 ~10 万元），无需语言成绩即可申请，这些申请优势让公立学校的申请量领先于私立学校。

2018 年 ~ 2023 年澳大利亚中小学申请——学校类型占比

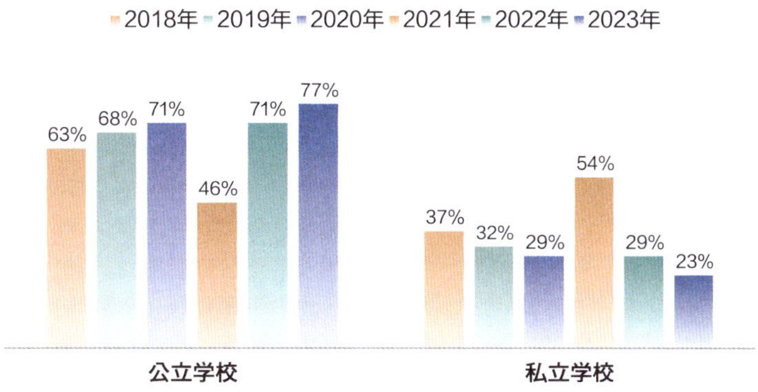

（3）9 年级申请人数涨幅近三倍

2023 年，申请入读澳大利亚 9 年级阶段的占比上升趋势明显，同比 2022 年涨幅近三倍。这主要是因为澳大利亚中学会为学生提供丰富多彩的课外活动，而这些活动主要面向初中阶段学生（7~9 年级）。一方面是由于学生在高中阶段，学习重心会逐渐转移至学术课程，参与课外活动的时间较少；另一方面，初中阶段是帮助学生发掘自身兴趣爱好和未来学业方向的阶段，也是国际学生可以充分地体验澳大利亚中学教育特色的阶段。

2018 年 ~ 2023 年澳大利亚中小学申请——年级占比

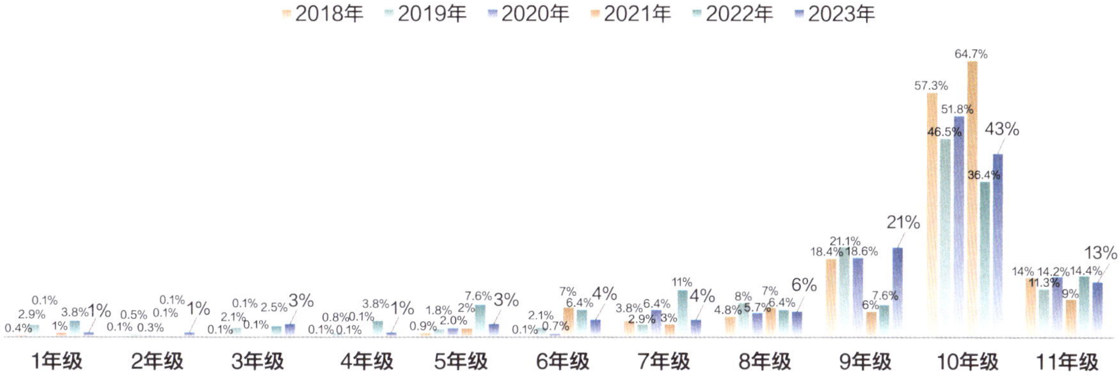

（4）维州、新州与昆州连续六年成为申请地热门 TOP 3

维多利亚州（简称“维州”）、新南威尔士州（简称“新州”）以及昆士兰州（简称“昆州”）始终是低龄留学申请的热门地区，合计占比近九成。这三个州拥有澳大利亚前三大城市墨尔本、悉尼和布里斯班，经济发展快，学校相对集中，学生可选择学校数量多，加上较高的安全系数，这三个州通常是大部分中小学阶段留学的首选。此外，2032 年夏季奥运会将在布里斯班举行，未来布里斯班面貌将不断更新，或许会吸引更多低龄留学家庭。

2018 年 ~ 2023 年澳大利亚中小学申请——学校地区占比

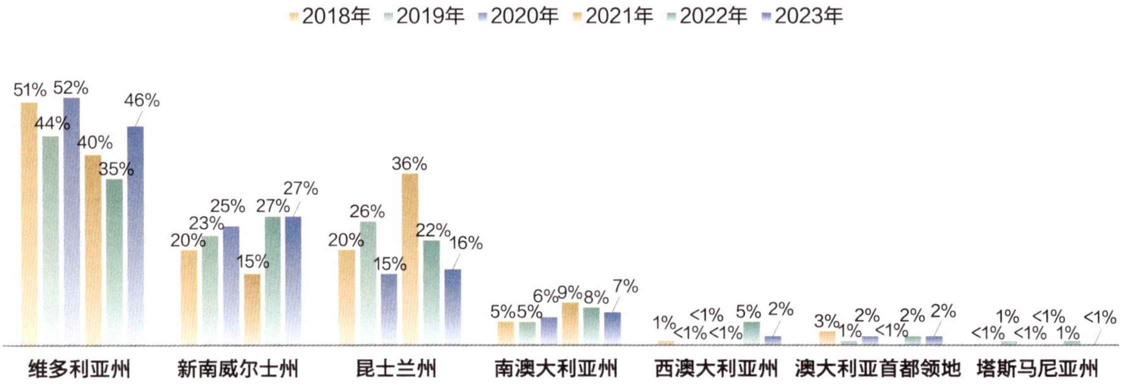

（5）录取人数强势反弹

前途出国录取数据显示，自 2021 年以后，澳大利亚中小学的录取人数出现强势反弹，相较 2021 年，录取人数呈倍数增长。疫情之后很多学校都非常欢迎国际学生的回归，学生的申请逐渐恢复。

2018 年 ~ 2023 年澳大利亚中小学录取——录取数量趋势

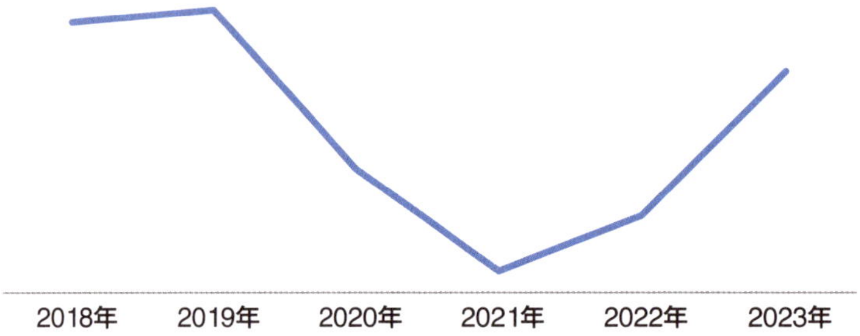

（6）私立学校审核时间较公立学校更短

自 2021 年起，澳大利亚中小学的平均审核周期趋于平稳，私立学校的审核时间相对较短。这是由于公立学校通常允许学生选择三到五个志愿学校，如果第一志愿满位则自动审核第二志愿，如满位情况比较严重，学校也需要更多的时间去审核申请；而私立学校一般会要求学生申请时提交语言成绩并进行审核，如果后续学生顺利通过学校组织的面试或笔试，即可出具录取通知书。

2019 年 ~ 2023 年澳大利亚中小学录取——学校审核平均周期（从递交申请到录取）（单位：天）

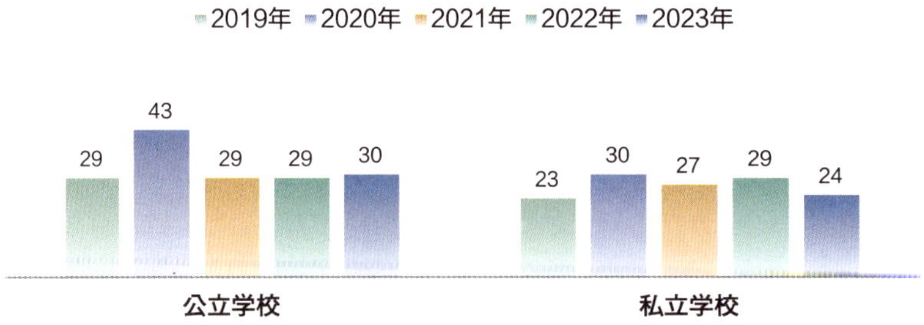

（7）公立院校录取占比近七成

2023 年公立院校的录取占比为 67%，与私立院校相比出现了较大的反差。从多年累计的数据不难看出，公立学校与私立学校之间的录取人数在 2022 年之前较为平衡，但从 2022 年开始，两类学校的录取开始出现了较大程度的差距。一方面，由于私立学校的申请条件与准备周期较长，2023 年私立学校的申请占比较低；另一方面，部分私立学校疫情之后难以满足当地学生的需求，2023 年开始缩减国际学生名额，入学要求更加严格。

2018 年 ~ 2023 年澳大利亚中小学录取——学校录取占比

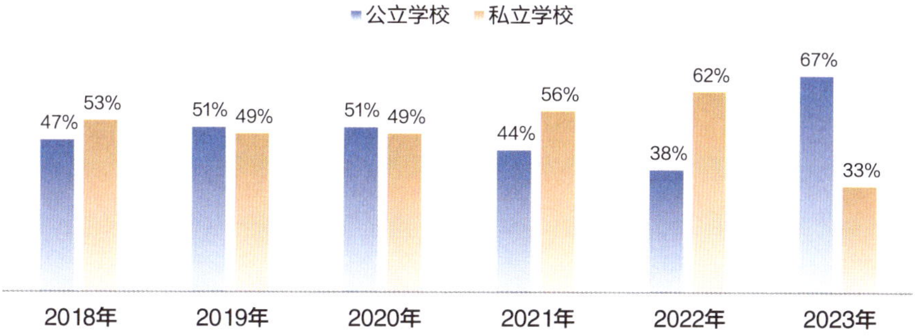

（8）短期项目申请人数暴增，越来越多的中小学生利用寒暑假体验留学生活

2023 年，申请澳大利亚和新西兰短期项目的中小学生较疫情前成倍增长，这体现出越来越多的家长选择先让孩子进行短期留学体验，看孩子是否适应留学生活。此外，在 2023 年的中小学录取中，有海外学习经历的学生在院校申请中更受面试官的青睐，因此随着国际环境稳定发展，申请短期项目的学生在未来仍有增加的趋势。

2019 年 ~ 2023 年澳大利亚中小学申请——短期项目申请人数趋势

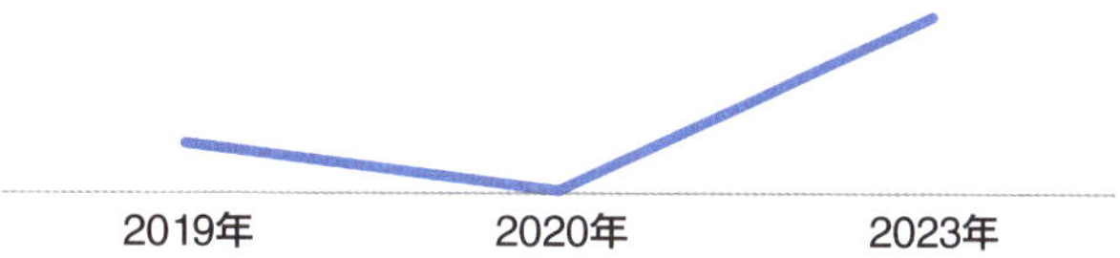

2. 澳大利亚和新西兰中学升学规划

（1）澳大利亚中学教育体制介绍

澳大利亚学制为 12 年，其中 1~6 年级为小学，7~10 年级为初中，11~12 年级为高中。国际学生最低 6 岁可以入读一年级。澳大利亚的学年也与中国略有不同，中国是当年 9 月到次年 6 月为一个学年，而澳大利亚是当年 1 月到 12 月为一学年。一个学年有四个学期，分别在 1 月、4 月、7 月、10 月开学，学生可以选择任意时间插读（11 和 12 年级除外）。

<table>
<tr><th>年级划分</th><th>1</th><th>2</th><th>3</th><th>4</th><th>5</th><th>6</th><th>7</th><th>8</th><th>9</th><th>10</th><th>11</th><th>12</th></tr>
<tr><td>中国</td><td colspan="6" rowspan="2">小学</td><td colspan="3">初中</td><td colspan="3">高中</td></tr>
<tr><td>澳大利亚</td><td colspan="4">初中</td><td colspan="2">高中</td></tr>
</table>

澳大利亚的公立和私立中学均招收海外学生。公立学校师资和设施是由政府投资，州教育局统一管理，当地学生按照居住地所在学区就近入学，国际学生申请则不受学区限制（个别学校除外），学费统一且性价比高。私立学校则是由学校独立运营，部分资金也来源于州政府和联邦政府拨款，无论本地学生还是国际学生都不受学区限制，学校采用择优的方式进行录取。

在私立学校中，一类是独立学校，学校通过自身优秀的教学声誉吸引生源，部分学校已经有超过百年的历史，形成了一套独特的教学模式；另一类是教会学校，学校秉承了英国传统教会学校的教学方式，除了非常关注学生学业方面的教育，也十分注重学生礼仪、行为举止方面的培养，是西方教育体系中独具特色的模式。

在澳大利亚，学校必须拥有 CRICOS（即“联邦国际学生招收学校与课程登记簿”）代码才能进行招生及发放学位认证。公立学校统一使用所在州政府的 CRICOS 代码，私立学校则拥有各自的 CRICOS 代码。不同学校招收的海外学生年级也不相同。例如，一部分学校招收 1~12 年级的海外学生，而另一部分学校则只在 7~12 年级或 10~12 年级才会招收海外学生。

（2）澳大利亚中学教育优势

澳大利亚拥有良好的社会治安环境，是全球犯罪率最低的国家之一。同时，澳大利亚为国际学生，尤其是低龄学生提供的保障机制非常完善，是全世界第一个颁布《海外学生教育服务（ESOS）法案》的国家。

在教学理念方面，澳大利亚中学教育注重知识的实践和实际操作能力的培养。通过以学科、专业为主的教学手段，提倡个性化、跨学科学习。澳大利亚中学的设置旨在发现和培养学生的兴趣爱好，一般会开设几十门课程供学生选择，并采用州统考成绩和平时成绩相结合的人性化科学评估制度对学生成绩进行评价。

学校支持方面，所有招收国际学生的澳大利亚中学都为国际学生设有健全的福利体系，确保每一名国际学生都能得到校方的支持，包括年级顾问、学校辅导员、职业咨询师（协助学生规划并申请中学毕业后的学习）、家庭寄宿（所有寄宿家庭都必须接受警方检查，确保达到未成年人保护法规的要求，且家庭条件满足相关标准，并向学生提供 24 小时紧急联系电话）等。

学历认可度方面，学生在完成高中（11 年级和 12 年级）的学习，并通过考试后方可取得正规的学历资格证书。证书的名称因澳大利亚各州的教育体系而异，但不论名称如何，都被澳大利亚的大学、高等教育机构、职业教育与培训机构以及众多国际教育机构广泛承认。在入读知名院校和热门专业的途径方面，学生通过澳大利亚本地高考进入世界知名院校的概率更高，也更易申请到如临床、牙医、兽医、航空航天等高精尖专业。

（3）澳大利亚和新西兰中学学校分类及特色

类型	主要特点	开学及申请时间	学费（人民币）	师生比例	国际学生比例
公立学校	· 由政府统一管理，教学和师资比较统一 · 多数实行男女同校，学费较为低廉 · 对于本地学生招生采取学区就近录取原则，国际学生不受学区限制 · 申请时无需提供语言成绩	一年四次开学时间：1 月、4 月、7 月、10 月 申请时间建议提前一年。	6 万 ~ 10 万元 / 年	1:13.4	7% ~ 10%

续表

类型	主要特点	开学及申请时间	学费（人民币）	师生比例	国际学生比例
私立学校	· 由学校独立运营，学校通过自身优秀的教学声誉吸引生源 · 部分学校为寄宿制，有些院校为男校或女校 · 学费相对较贵，无论本地学生还是国际学生均采取“择优录取” · 申请时，除了学术成绩外，也需要提供语言成绩证明（如 AEAS[10]） · 部分优质学校还需要提供推荐信、个人陈述、竞赛及特长证明等	一年四次开学时间：1 月、4 月、7 月、10 月 申请时间建议提前一年半到两年。	15 万 ~ 25 万元 / 年	1:11.7	5% ~ 8%

（4）澳大利亚中学课程介绍

澳大利亚高中文凭课程（Australian Senior Secondary Certificate of Education）是澳大利亚全国性学历资格框架（Australian Qualifications Framework，简称 AQF）内认定的学历，目前大部分赴澳的中学留学生均选择此课程体系。

澳大利亚在中学阶段开设有几十甚至百门课程可供选择，从最基本的英语、数学、物理、化学，到音乐、美术、舞蹈、戏剧、编程等，这些课程都可以作为高考科目，学生们可以在考试中充分发挥自己的特长，并且为大学专业课程，甚至是将来职业道路的选择奠定基础；而且，无论学生选哪几门，分值都是平等的，例如音乐、戏剧与经济学、高等数学在分值上是平起平坐的。综合来看，澳大利亚的高考体系能更全面地考查学生的稳定性和优能性。

澳大利亚的高考计分体系因州不同而有所差异，整体上来说，高考计分主要来自两部分，日常成绩（11 年级和 12 年级）和州统考成绩。澳大利亚高考计分体系的科学性与合理性可以让优秀的学生得到更公平的升入知名院校的机会，即便偶尔一次考试失利也不会影响到最终的升学。

虽然各个州都有各自的高考计分体系和毕业证书，但并不影响学生自由报考澳大利亚任何一所大学，所有毕业生的高中成绩最终都会折算成全国统一的澳大利亚高等教育入学排名（Australian Tertiary Admission Rank，简称 ATAR[11]），各大学以该排名为依据来划定分数线，进行录取。

除了澳大利亚本地高中体制，IB 课程在澳大利亚部分优质公私立中学也有开设。

（5）澳大利亚中学申请要求

澳大利亚中学的入学方式比较灵活，主要依靠过去的成绩表现以及语言水平来招收学生。部分优质中学会要求学生提交语言成绩如 IELTS 或 AEAS，或者是从内部考试和面试来选拔学生。有特长的学生也会受到学校的青睐，比如器乐、舞蹈、表演及各项运动等。

一般来说，澳大利亚优质的私立学校会要求学生在校成绩达到百分制 80 分及以上，AEAS 的成绩在 70 分（满分 100 分）及以上作为基础准入门槛。

---

10 AEAS（Australian Education Assessment Service）教育评估考试，是专门为准备进入澳大利亚中小学学习的国际学生设置的综合能力测试。入读不同年级的考生所参与的考试等级也不同，分别为 4~6 年级、7~9 年级、10~12 年级，以保证分数的合理性。该考试没有及格或者不及格的说法，考试分数会显示学生在该同龄学生中所处的位置高低（比如低于平均水平、等于平均水平或高于平均水平）。

11 ATAR，全称 The Australian Tertiary Admission Rank，是一个介于 0.00 和 99.95 之间的数字，表示学生在其年龄组中所处的位置。只有在澳大利亚就读中学并参加澳大利亚高考的国际学生在申请澳大利亚大学时才需要提供 ATAR 成绩。澳大利亚大学会使用 ATAR 作为他们录取学生的考评因素之一，同时，大多数大学也会参考其他标准（例如个人陈述、问卷、作品集、面试或测试等）。

（6）澳大利亚中学申请材料

1）申请公立学校

- 在读证明
- 过往两年的在校成绩单
- AEAS 成绩报告或雅思成绩

2）申请私立学校

- 在读证明
- 过往两年的在校成绩单
- AEAS 成绩报告
- 竞赛活动的参与证书和获奖证书（如有）
- 体育和艺术方面特长的证书（如有）

（7）澳大利亚中学申请规划时间轴

澳大利亚学校招收的海外学生均有位置限额，很多学校在开始招收的前一年位置就已经越来越少了。对于意向赴澳读中学的学生来说，需要尽可能早地进行英文、学术、背景提升的规划和实践，以保证自己在激烈竞争中脱颖而出。

以初中 7 年级入学，提前两年（小学 5 年级）准备为例，申请澳大利亚中学的时间规划如下：

时间阶段	申请准备
当年 3 ~ 5 月	· 了解留学资讯，明确意愿和方向 · 参加留学展会、讲座及活动，了解自身留学需求及心仪目的地
当年 6 ~ 8 月	· 参加澳大利亚短期项目，亲自感受澳大利亚学习与生活 · 获得留学方案规划
当年 9 ~ 12 月	· 保持在校平均分 · 保证在校学术科目的持续学习 · 参加 AEAS 首次考试及第二次考试（如需） · 参与中学生背景提升项目，提高综合实力
次年 1 ~ 3 月	· 确认学校并递交申请 · 进行中学生笔面试辅导 · 参与学校笔试或面试，获得 Offer
次年 4 月	· 接受录取并缴费确认入学 · 准备签证材料 · 签证体检，递交签证申请
次年 5 ~ 6 月	· 签证获批，参加离境会 · 针对自身学术水平与澳大利亚中学学术要求之间的差距进行学术补充
次年 7 月中旬	· 入境澳大利亚，体验澳大利亚境外关怀，适应海外学术生活 · 进入澳大利亚中学语言课程学习（如学生达到直入主课的要求则可以直接于隔年 1 月进入主课学习）
隔年 1 月	· 进入澳大利亚中学主课学习

（此时间轴仅为参考，一切以实际申请为准）

（8）新西兰中学教育体制介绍

新西兰位于大洋洲的西南，紧邻澳大利亚，有着安全宜居的环境。新西兰也是世界上第一个颁布国际留学生福利政策的国家，无论是中小学还是大学，学校必须签署“Code of Practice 2021”，即《2021 年教育（国际学生关爱辅导）行业规则》，才有资格招收国际学生。这份规则对国际学生的申请、签证、安全、福利做了明确规定，如果国际学生对学校不满意，也有明确的申诉程序，可以以此保障留学生在新西兰学习的利益。

新西兰的教育注重帮助每一个学生达到他们的最佳能力。学校会鼓励学生进行创造性、独立性、分析性的思考，提供给学生可以根据自己兴趣和未来目标选择课程的个性化教育，理论和实践相结合，让学生通过真实体验和与实际生活相结合的教学方式，达到学以致用的目的。

新西兰的低龄教育学制为 13 年（1~13 年级），国际学生年满 5 周岁即可入读 1 年级。其中公立院校为分段式教育，1~6 年级为小学（5~10 周岁），7~10 年级为初中（11~14 周岁），部分学校还会拆分出高小，即 7~8 年级（11~12 周岁），11~13 年级为高中（15~17 周岁）；私立院校则是 1~13 年级的一贯式教育。

南半球国家与北半球国家的学年不同，新西兰和澳大利亚都是当年 1~12 月为一学年，而北半球的中国、美国、加拿大、英国等国家均是当年 9 月到次年 6 月为一个学年。新西兰一个学年有四个学期，分别在 1 月、4 月、7 月、10 月开学，学生可以选择任意时间插读（由于积累学分的问题，11 年级以上原则上只对国际生开放 1 月入学，特殊情况可接受 4 月入学，13 年级不接受国际学生入读）。

（9）新西兰中学留学优势

良好的国际声誉背后是新西兰政府对于教育的重视，新西兰中学留学的主要优势有以下几点：

- 可为 5~19 岁孩子提供 1~13 年级低龄教育；
- 入学要求相对简单，一般学校 11 年级以下无语言要求，无前置课要求；
- 入学时间灵活，每年 1/4/7/10 月开学，低龄阶段可随意插班；
- 留学费用低，公立中学约为 6 万 ~10 万元人民币 / 年，私立中学约为 10 万 ~20 万元人民币 / 年；
- 学历认可度高：绝大部分新西兰公立中学从 11 年级起教授本土 NCEA 课程，少部分公立和私立中学教授英国剑桥 A Level 课程和 IB 国际文凭课程。也有部分学校同时提供两类课程，供学生选择。新西兰大学和世界各大学均认可 NCEA、A Level 和 IB 课程成绩申请本科，学生可根据自身实际情况和课程难度、开设的专业方向等选择最适合自己的课程学习；
- 家长可申请监护人陪读签证。

（10）学校分类及特色

根据院校性质，新西兰中学大致可分为以下三类：

1）公立学校（State Schools）

公立学校归新西兰政府所有，由教育部进行管理，师资统一分配安排，是本地学生的首选。国际生学费及入学门槛较低，班级容量 20~25 人，学生来源广，采用分段式教学，依据不同学校课程设置的原因会分为 1~6 年级、1~8 年级、7~8 年级、7~10 年级、9~13 年级等不同阶段。

2）公私整合学校（State-Integrated Schools）

曾经是私立学校，现为公立教育系统的一部分，大部分带有教会背景。学校保留哲学和宗教信仰课程，国际生比例较低。

3）私立学校（Private Schools）

由校内董事会和社会捐款等资助，硬件设施好，开设课程丰富，师资力量强。学生整体素质较高，国际生学费及入学要求偏高（需要笔/面试），15人以内小班授课，提供1~13年级的连贯式教育。

除以上三类学校之外，新西兰中学还细分有男女混校（Co-Educational）和单一性别院校（男校Boys、女校Girls）。其中，单一性别院校沿袭英式传统教育，专项培养，全面发展，受众面小，占比在新西兰仅5%左右，但学生素质、素养普遍较高，属于精英院校。

（11）新西兰中学课程介绍

新西兰主流的三大课程体系分别是NCEA（National Certificate of Educational Achievement），A Level和IB课程体系。

NCEA是2002年新西兰实施的高中教学大纲，也是目前新西兰中学生的主要学习课程，在新西兰和世界其他国家受到广泛认可。NCEA课程从11年级开始教授，课程设置灵活，学生可以根据兴趣和能力在40多门课程中选择。在11~13年级的三年学习中，学生会学习一定数量的科目，例如英语、历史和化学等。每个科目再分成几个小模块（Standards），以不同的形式在不同的时间段来测评。

A Level是英国的全民课程体系，目前新西兰有40余所中学开设高质量的A Level课程。

此外，新西兰还有12所中学开设IB课程，基本都为私立性质的院校。课程包括：语言文学、第二语言、个人与社会、实验科学、数学、艺术与先修六大类。课程总分45分，单项最高分7分。IB大考时间为北半球每年5月，南半球每年11月。

（12）新西兰中学申请要求

新西兰中学的入学方式比较灵活，低年级段没有强制语言成绩要求，凭借过往两年的院校成绩单和在读证明即可申请，且每个入学季均可插班入学。部分公立、私立院校在高年级段会要求学生参加面试或内测，达到要求即可豁免语言成绩。部分排名靠前的知名私立院校比较青睐有运动或艺术特长的国际学生，若有相关证书或资质等，在申请时可一并提供。新西兰中学申请审理周期较快，一般在面试或内测后一周之内即可拿到录取通知。

（13）新西兰中学申请材料

1）申请公立学校

- 在读证明
- 过往两年的在校成绩单
- IELTS成绩单（申请高年级需要）

2）申请私立学校

- 在读证明
- 过往两年的在校成绩单
- 竞赛活动的参与证书和获奖证书（如有）
- 体育和艺术方面特长的证书（如有）
- IELTS成绩单（申请高年级需要）

（14）新西兰中学申请规划时间轴

新西兰中学无明确满位情况，但由于新西兰教育部对国际学生就读比例有一定限制，而部分优质公立、私立院校因其出色的国际声誉和良好的升学率会吸引到大量国际学生申请，因此热门学校的申请需至少提前一年半到两年开始准备才比较稳妥。

以下为两年准备期的时间方案：

时间阶段	申请准备
当年 3 ~ 5 月	· 了解留学资讯，明确意愿和方向 · 参加留学展会、讲座及活动，了解自身留学需求及心仪目的地
当年 6 ~ 9 月	· 参加新西兰短期项目，亲自感受新西兰学习与生活 · 获得留学方案规划
当年 9 ~ 12 月	· 保持在校平均分 · 保证在校学术科目的持续学习 · 参加 IELTS 首次考试及第二次考试（如需） · 参与中学生背景提升项目，提高综合实力
次年 1 ~ 5 月	· 确认学校并递交申请 · 进行中学生笔面试辅导 · 参与学校笔试或面试，获得 Offer
次年 6 ~ 8 月	· 接受录取并缴费确认入学 · 准备签证材料 · 签证体检，递交签证申请
次年 9 ~ 11 月	· 签证获批，参加离境会 · 针对自身学术水平与新西兰中学学术要求之间的差距进行学术补充
次年 12 月	· 入境新西兰，体验新西兰境外关怀，适应海外学术生活
隔年 1 月	· 进入新西兰中学开启正式学习

（此时间轴仅为参考，一切以实际申请为准）

二 澳大利亚本科数据解读和升学规划

1. 澳大利亚本科数据解读

（1）八大院校[12]始终是本科主流申请院校

近五年来，澳大利亚八大院校始终是本科申请的主流院校，这八所高校不论是在师资力量还是学术水平方面均处于澳大利亚领先水平和世界前列水平。2023 年，新南威尔士大学首次超越悉尼大学成为最受中国学生青睐的大学，这是由于新南威尔士大学较为灵活的开学日期，每年分为三次入学季，可以帮助更多的学生尽快入学。

墨尔本大学作为澳大利亚排名第一的大学，2023 年申请占比仅有 8%，近五年来也一直居于中游，这是由于该校是八大院校中唯一一所不认可中国高考成绩的高校，因此申请占比不高。

12　八大院校是指澳大利亚八校联盟，由澳大利亚著名的八所高校组成，分别是墨尔本大学、新南威尔士大学、悉尼大学、澳大利亚国立大学、蒙纳士大学、昆士兰大学、西澳大学、阿德莱德大学。这八所高校不论是在师资力量还是学术水平均处于澳大利亚领先水平和世界前列水平（先后顺序以 QS 2024 世界排名为准）。

2019 年 ~ 2023 年澳大利亚本科申请——院校申请 TOP 11

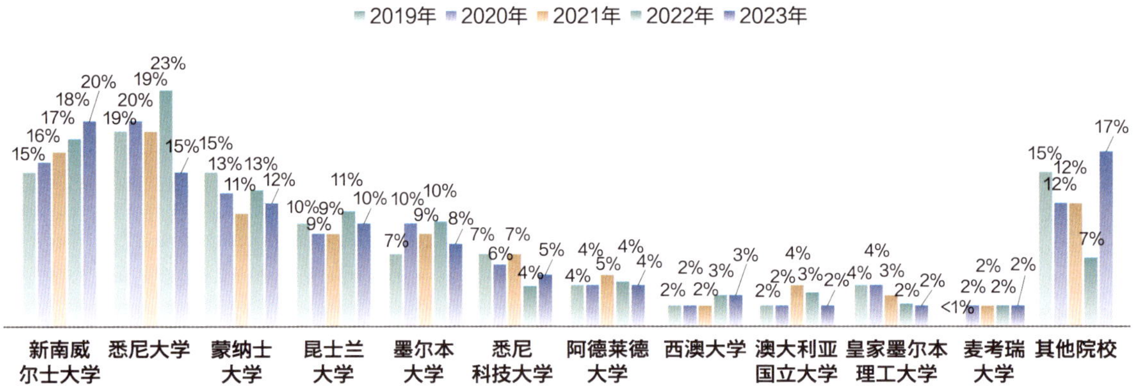

（2）专业选择受未来就业影响，理工科专业申请量上升超 10 个百分点

2023 年澳大利亚本科专业选择排名前五的分别为商科、理科、人文社科、工程和信息技术。其中，理科和工程增长较为明显，同比 2022 年分别上涨 6.3% 和 4.9%。商科申请连续四年下降，虽然下降幅度显著，但仍然是中国学生申请最多的专业。之所以呈现出这样的变化主要是由于全球经济形势的不稳定，不少申请人意识到学习商科专业并不能够保证他们在就业市场上脱颖而出，因此更多的学生选择了工程和理科这类就业率和性价比都比较高的专业。

2020 年 ~ 2023 年澳大利亚本科申请——专业占比

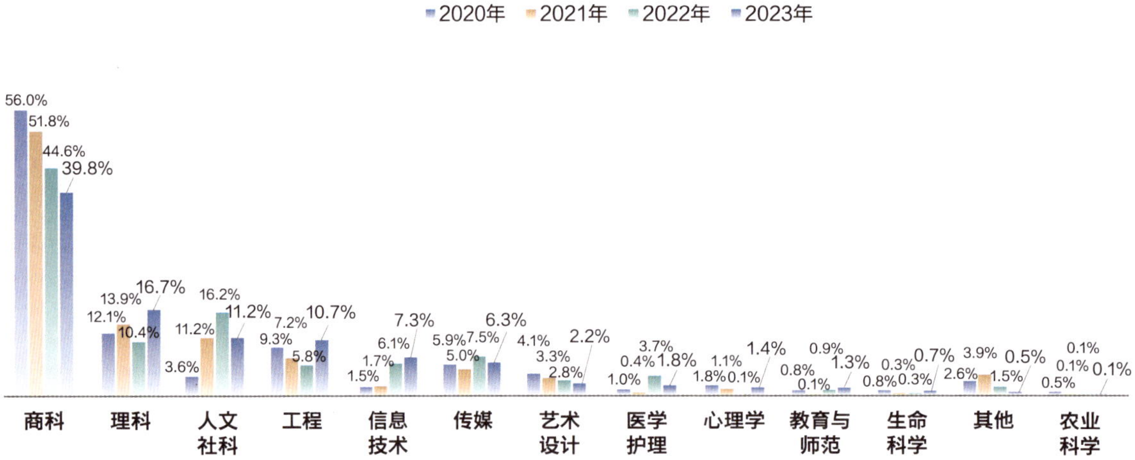

（3）本科直录仍是学生入学的主要途径

2023 年选择直接进入本科入读大一的学生占比达到 74%。本科直录的方式依旧是目前大多数学生选择的升读方式，主要因为除墨尔本大学外，几乎所有澳大利亚的知名院校全部认可中国高考成绩，这也是近些年来本科直录占比较高的一大原因。

此外，2023 年预科申请的方式小幅提升，主要因为澳大利亚的部分专业需要通过预科的方式进行衔接，比如临床医学、牙医等热门专业。

2017 年 ~ 2023 年澳大利亚本科申请——入学方式占比

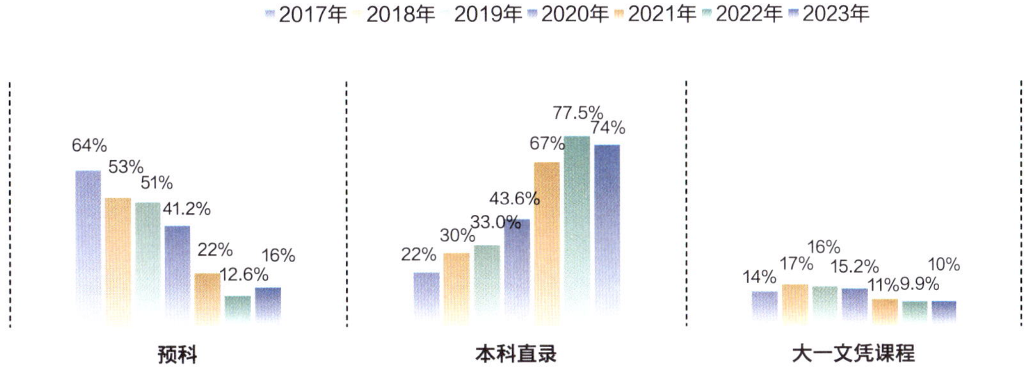

（4）院校申请审理周期延长至三周及以上

与往年相比，2023 年澳大利亚院校的申请审理周期相对往年逐渐延长，一周和两周内获得录取通知的比例明显下降；三周及以上的审理周期占比大多有不同程度的上涨。随着国际通航的恢复，申请澳大利亚高校数量也在不断上升，学校录取工作也越来越繁重，导致审理周期渐长。

2019 年 ~ 2023 年澳大利亚本科申请——院校录取审理周期（从递交申请至录取）

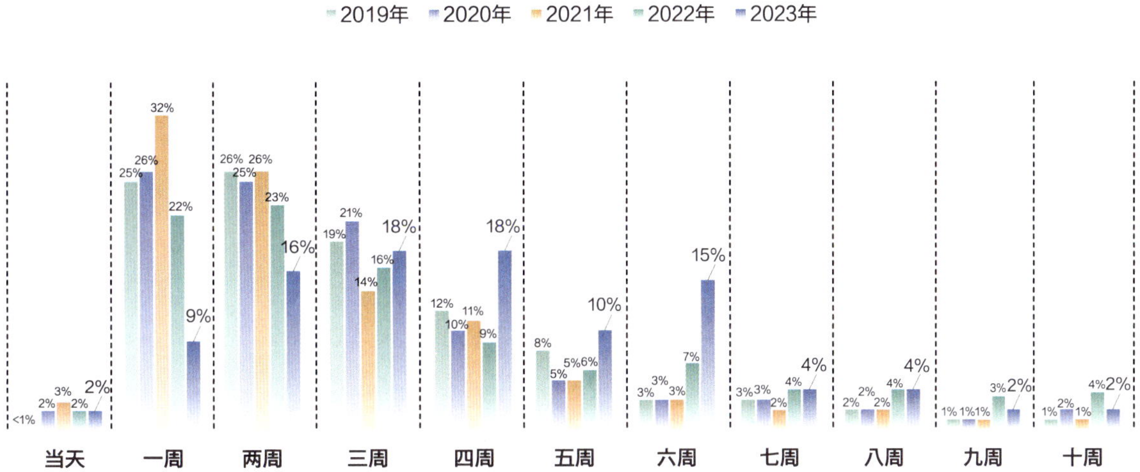

（5）需语言班衔接的占比上涨 8%

澳大利亚高校本科录取主要参考学生的学术背景以及语言成绩。如果申请人提交的语言成绩尚未达到直录标准，可以在入读主课前加配一定时间的语言课程，澳大利亚大部分高校均有开设语言班，学生只要通过语言班的所有考试后，即可直接升入正式课程进行学习。

2023 年直接达到语言录取标准的学生占比出现小幅下降，这主要是因为疫情期间，多所学校宣布认可多种线上英语考试，如 Duolingo 等；然而在 2023 年，学校普遍回归至只认可线下语言考试成绩，而国内线下语言考试并未全面恢复，考位紧张，这导致很多学生考虑语言班的形式衔接。

2019 年 ~ 2023 年澳大利亚本科录取——录取方式占比

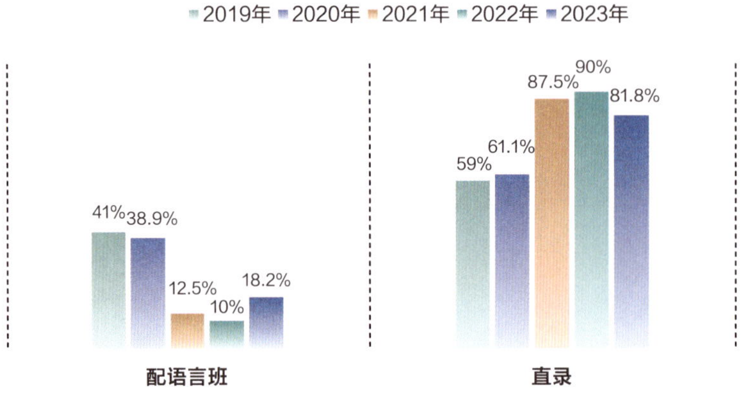

2. 澳大利亚本科升学规划

（1）澳大利亚本科教育体制介绍

澳大利亚有 42 所大学和 230 多所专科技术学院，学历资格被世界各国广泛认可，先后有 13 位科学家获得过诺贝尔奖，教育质量有目共睹。

澳大利亚的教育承袭了英国的体制形式，小学六年（1~6 年级），中学六年（7~12 年级），专科二到三年。而本科学制依据专业的不同，年限也有所差异，例如文商理科普遍为三年，工科四年，法律四到五年，医科六年等。澳大利亚大学的教育是根据学生个体的需要、能力与兴趣而设，鼓励每个学生都能完全发挥自己在各个方面的潜能，并运用于各行各业。

（2）澳大利亚本科教育优势

1）注重学生主观能动性

澳大利亚本科课程对学生的学习主动性要求非常高，除了课堂授课，学生还需要进行自主学习。即使在课堂上，老师也会要求学生积极参与相关课题的讨论，不断提高学生的主动性。

2）学习内容的新颖和启发性

澳大利亚本科教育沿袭了西方文化的特性，不强调标准答案，非常注重创新，对学生的创新能力培养非常重视。

3）学习的独立性和实践性

部分课程需要学生自主调研，通过一手调研数据和资料来完成相应的作业要求，这有利于培养学生的独立能力和实际动手能力。

4）独特的团队作业教学模式

团队作业是澳大利亚教育的亮点之一，一个团队作业通常需要三到四人合作完成，从查找资料、设计文章框架、内容分工、制作演讲 PPT 到最后的演讲，都由一个团队协调完成，这对培养学生的团队合作意识和能力具有现实意义。

（3）澳大利亚本科院校分类及特色

类型	主要特点	开学时间	学费（人民币）
职业教育	· 相当于国内职业学校、技校、中专和高等专科学校的综合体 · 课程设置以就业为导向 · 学制多为两年 · 学成后可获得大专文凭	一般为 2 月、7 月，少部分 10 月	4 万 ~ 7 万元 / 年
大学教育	· 行政体系由所在州政府管辖 · 教育质量由联邦政府控制管理 · 各校学术水平质量高且平均	一般为每年 2 月、7 月	9 万 ~ 23.5 万元 / 年
私立商业专科学校	· 提供长、短期的广泛的职业培训课程 · 科目广泛，主要学习专业技能 · 获取证书的课程的科系与时间都比较少且短 · 学生可以得到专业科目的证书文凭	没有固定日期	视专业难易度及授课时长而定

（4）澳大利亚本科申请要求

澳大利亚申请遵循“早申请、早录取”原则，部分热门专业会因为申请人数过多而提前结束。因此，建议意向申请澳大利亚高校的学生尽早准备。

目前，申请澳大利亚本科有三种途径：高考直录、预科入读以及通过文凭课程申请。

1）高考直录

澳大利亚院校的高考直录主要以高考总分的固定百分比作为入学标准。这类院校每年的录取分数浮动很小，如悉尼大学的大多数专业都要求学生达到该省考试总分的 75% 及以上，方可申请本科直录（即总分 750 分的省份，需达到 562.5 分），新南威尔士大学大多数专业则要求各省高考生达到该省考试总分的 70% 以上。

还有一类是以各省高考一本、二本分数线作为入学标准，这类院校每年的录取分数会根据当年的一、二本划线进行更新，同一本科专业在不同省份的录取要求不一样（目前这类学校已逐渐把录取标准从各省一、二本线改为第一类百分比录取制，具体还需根据学校官网要求进行参考）。

- 招生对象：高三毕业且高考成绩达标的学生。
- 语言要求：大部分要求 IELTS 6.5 分可直读，低于 6.5 分可配语言班，也可参加学校内部测试。

2）预科申请

去澳大利亚读预科无需参加高考，学生完成高二学业即可提前进入澳大利亚名校预科班学习。预科入学条件较低，所学课程基本可作为澳大利亚大学专业的基础，为学生今后的大学学习打下良好的基础。同时，预科学生顺利升入本科比例相对较高，不失为一种冲刺澳大利亚排名较高院校的优质升学途径。

预科课程不受文、理科限制，可以选择文科、理科、工程、商科、教育、医学等专业。预科的学制为 9~18 个月，需要至少学习 5 门课程，其中固定修读学科为数学和英语，其他还需选修 3~4 门专业课。

- 适合人群：想升读排名较高的院校，尽快衔接大学课程的学生。
- 招生对象：高二、高三在读或毕业的学生。
- 语言要求：高二在读以上（有三个学期成绩单即可申请），IELTS 5~6 分可直读预科，低于 5 分可搭配语言课。
- 学术要求：至少完成高二阶段的学习成绩 65%~85%。

3）国际大一文凭

国际大一文凭的录取要求比本科大一入学难度有所降低，课程为小班授课模式，课后有更多机会与老师进行交流。国际大一文凭提供了学生双向选择的机会，一方面，学生如果完成了文凭课程可以选择继续就读大二；另一方面，学生如果希望早日进入社会，可以直接选择获得文凭，该文凭也在澳大利亚本地受到认可。

- 适合人群：英语水平较好，想节省时间的学生。
- 招生对象：高三毕业生。
- 语言要求：IELTS 5.5 分可直读，低于 5.5 分可配语言课，也可参加学校内部测试。
- 学术要求：中国高中毕业生平均成绩视目标专业而定，同时接受高中平时成绩及高考成绩申请，高中三年均分 70~80 分或高考成绩 60% 以上。

（5）澳大利亚本科申请规划时间轴

1）高考直录

澳大利亚大部分高校均承认中国高考成绩，八大院校中仅有墨尔本大学无法使用中国高考成绩直接申请本科，其余七所院校均接受高考成绩申请。当年的高考分数一般可用于申请当年下半年的入学（7~8 月的开学季），也可以用于次年上半年的入学（2~3 月）。由于国内高考成绩是在当年 7 月公布，因此大部分学生基本是用当年高考成绩申请次年上半年入学。

以次年 2 月入学为例，高考直录至澳大利亚本科留学规划时间轴如下：

时间阶段		申请准备
高三	上学期	· IELTS 首考 · 递交申请材料
	下学期	· 复习、备战高考
	6 月	· 全力以赴参加高考，争取考取高分 · 补交完整成绩单、毕业证、高考成绩 · 获得录取 Offer
	7 月	· 参加 IELTS 第二次考试（如需）
	8 月	· 接受录取并缴费确认入学 · 准备签证材料 · 签证体检，递交签证申请
大一前期	当年 11 月 ~ 次年 1 月	· 获得签证，购买机票
	次年 2 月	· 赴澳留学

（此时间轴仅为参考，一切以实际申请为准）

2）预科申请

澳大利亚大学的预科分两种情况。

第一种是预科班由大学自主开设，如新南威尔士大学。新南威尔士大学预科英文 UNSW Foundation Studies（简称 UNSW FS），由新南威尔士大学独家授权给 UNSW Global 承办，坐落在新南威尔士大学校园内，与整个大学融为一体。

第二种是由第三方教育机构承办，在校外开设预科班，如悉尼大学。悉尼大学的预科课程由泰勒学院悉尼分校开设，位于悉尼市中心。创立于 1920 年的泰勒学院，具有丰富的办学经验，可以培养学生全面的技能。

以次年 2 月入学为例，预科至澳大利亚本科留学规划时间轴如下：

时间阶段		申请准备
高一	暑假	· IELTS 首考
高二	上学期	· 递交预本科申请材料 · 获得条件录取
	寒假	· IELTS 第二次考试（如需）
	下学期	· 接受录取并缴费确认入学 · 准备签证材料 · 签证体检，递交签证申请
	结束	· 获得签证，购买机票，赴澳留学

（此时间轴仅为参考，一切以实际申请为准）

3）国际大一文凭申请

澳大利亚有部分院校会开设一年制国际大一文凭课程，专业可选择商科、理科、工科、人文社科等。课程通过后，学生可直接进入大学二年级学习，节省一年预科时间。从课程内容的角度来说，每一所澳大利亚大学提供的文凭课程和该大学的本科大一课程是一致的，当学生继续完成本科课程的时候，所颁发的毕业证完全和大一直接入学的学生获得的毕业证一样。

以次年 2 月入学为例，国际大一文凭课程留学规划时间轴如下：

时间阶段		申请准备
高三	上学期	· IELTS 首考 · 递交申请材料
	下学期	· 复习、备战高考
大一	当年 6 月	· 全力以赴参加高考，争取考取高分 · 补交完整成绩单、毕业证、高考成绩 · 获得录取 Offer
	当年 7 月	· IELTS 第二次考试（如需）
	当年 8 ~ 10 月	· 接受录取并缴费确认入学 · 准备签证材料 · 签证体检，递交签证申请
	当年 11 月 ~ 次年 1 月	· 获得签证，购买机票
	次年 2 月	· 赴澳留学

（此时间轴仅为参考，一切以实际申请为准）

三 新西兰本科数据解读和升学规划

1. 新西兰本科数据解读

（1）本科申请人数高速增长

除了 2021 年因疫情而导致申请人数下降之外，新西兰本科的申请人数都在逐步增多。特别是奥克兰大学在 2019 年宣布认可中国高考成绩之后，越来越多的学生选择在本科阶段前往新西兰留学。

2018 年 ~ 2023 年新西兰本科申请——申请人数趋势

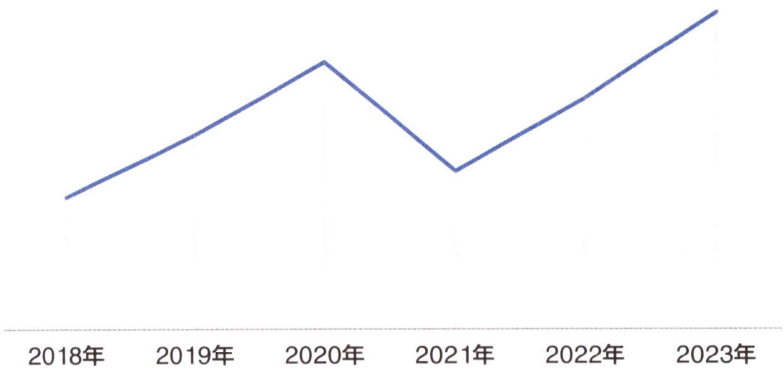

（2）非奥克兰地区在 2023 年更受欢迎，就业成为主要驱动力

奥克兰的申请占比仍居于申请城市首位，虽相较 2022 年申请占比有所降低，但作为新西兰人口最多、城市化水平最高的城市，奥克兰对国际留学生的吸引力依然强劲。但非奥克兰地区更受欢迎，多所城市出现不同程度的上涨。非奥克兰地区不仅同样有新西兰知名的高等学府，人口基数较少，就业竞争也小，就业的优势成为留学生前往的主要驱动力。此外，生活成本也较低，适合追求高性价比的学生。

2018 年 ~ 2023 年新西兰本科申请——城市占比

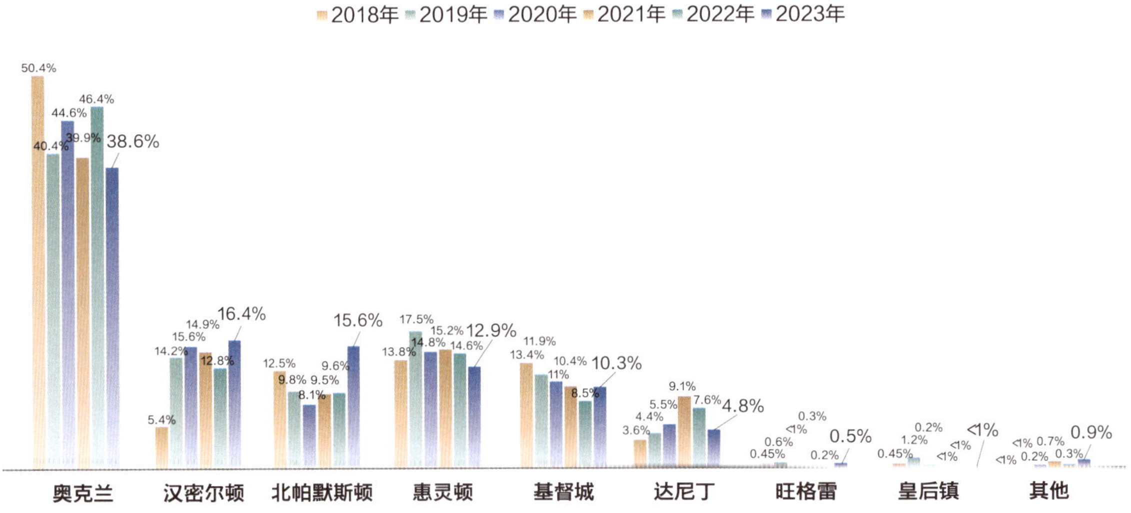

（3）奥克兰大学仍是 TOP 1 院校，其他院校热度不断上涨

奥克兰大学基于多年世界排名前 100 名的实力和地理优势，依旧是新西兰本科阶段最受欢迎的院校，其余院校也因其优势的专业方向，获得不同留学需求学生群体的青睐，如奥塔哥大学的牙医、旅游管理专业，

梅西大学的飞行、兽医、食品科学专业，惠灵顿维多利亚大学的法律、设计等专业，同样吸引不同国家的学生申请入读。林肯大学也在 2023 年出现了一倍的涨幅，因为学费相对其他八大院校较低，且其开设的大一文凭课程（DUS）学制及入学要求灵活，完成后可衔接所有本科大二专业方向，给予学生更多的升学选择。

2020 年 ~ 2023 年新西兰本科申请——院校占比

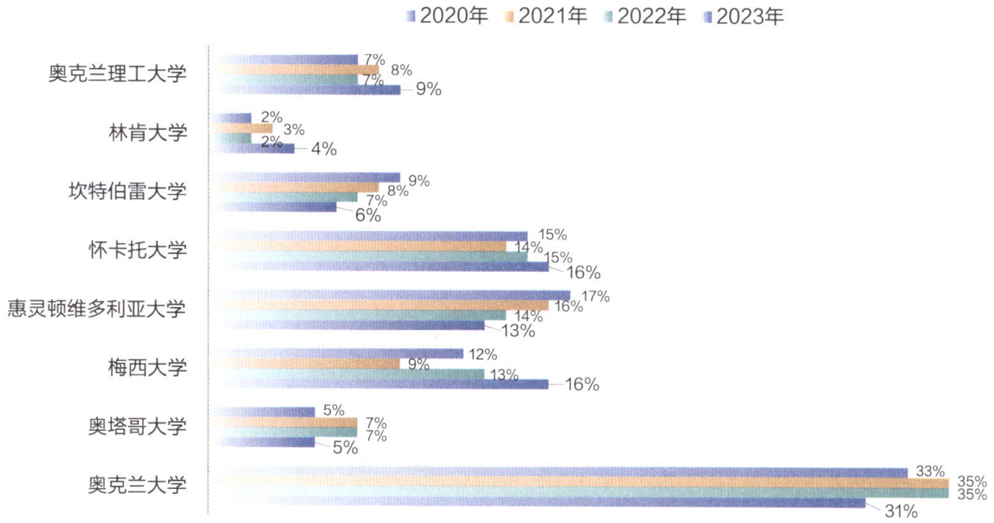

（4）超七成专业申请集中在商科与理工科

自 2020 年起，商科的申请占比持续降低，由最高的 52% 下降至 33.63%，这与全球普遍低迷的经济形势以及商科专业在新西兰毕业后的就业前景有关，但商科开设的细化专业方向多，院校选择广，仍然是中国学生申请数量最多的专业。其次在经历了疫情期间的低谷后，理科专业大方向的申请量大幅提升，因其理科小专业选择广，学制短，众多理科方向如食品科学、生物科学等毕业后有较好的就业前景，受到众多国际留学生的追捧。工程类专业是新西兰热门的紧缺就业方向，特别是多个工程师类职业都在技术移民的短期清单上，从事新西兰移民局认可的工程师职业并满足要求即可申请技术移民，成为有就业移民需求的学生群体优先考虑的专业方向。

2018 年 ~ 2023 年新西兰本科申请——专业占比

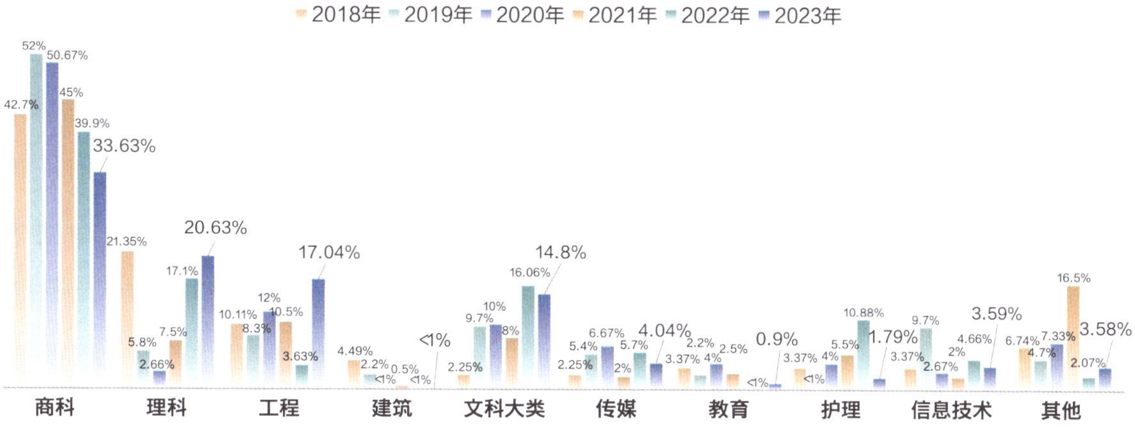

（5）直接申请本科依然是主流，预科申请回升一倍

2023 年直接申请新西兰本科课程的人数占比出现回落，但占比依旧过半，申请本科预科的占比出现大幅回升。2020 年之后，申请直接读本科的占比一直较高，越来越多的学生会用符合要求的高考成绩或国际学历进入新西兰大学本科。而近两年间，新西兰大学本科预科课程设置了更灵活的入学方式，最低能接受已完成初三课程或高一在读的学生申请，吸引了一批不参加中国高考或就读非国际课程的学生，通过本科预科课程衔接进入本科。

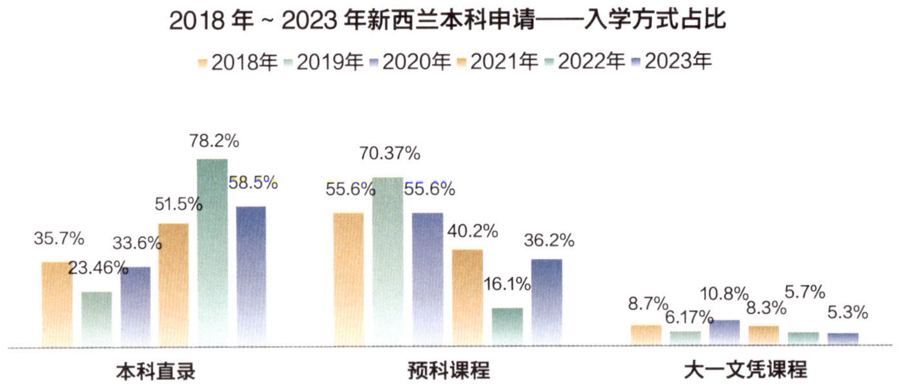

（6）本科录取成功率接近 100%

新西兰本科录取成功率一直保持在较高水平，2023 年接近 100%。因为新西兰各院校的录取是采取“先到先得”的申请机制，并不是择优录取，且申请要求清晰具体，满足学术及语言要求的学生，在院校开放和接受申请期间及时递交申请，基本上都可获得心仪的录取。

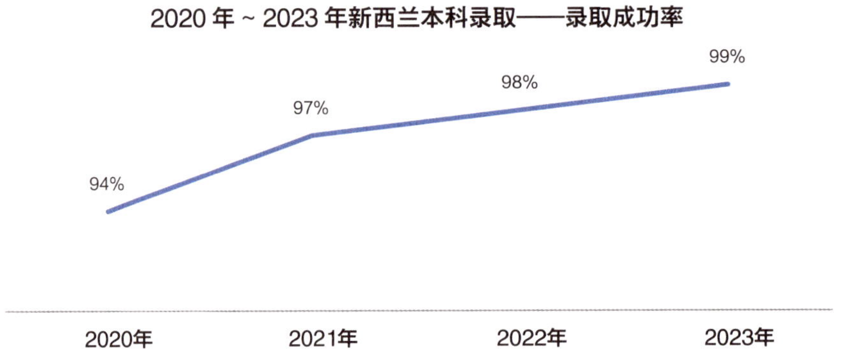

2. 新西兰本科升学规划

（1）新西兰本科教育体制介绍

新西兰八所公立大学、国立理工学院和大部分私立教育机构均开设本科层级的课程。通常来说，中国学生主要申请方向为八所公立大学，分别为奥克兰大学、奥塔哥大学、惠灵顿维多利亚大学、坎特伯雷大学、梅西大学、怀卡托大学、林肯大学和奥克兰理工大学。这八所高校各具特色，拥有诸多强势专业，在全世界广受赞誉。

新西兰公立大学的本科教育理论研究性强，适合于未来希望继续深造硕博研究生的学生。理工学院的教学方式更偏向实操实践，课程内容包含大量实习，适合毕业后偏向进入职场的学生选择。新西兰高校大多采用开放式、讨论互动的教育方式，学生们可以根据自己的喜好选择课程。

（2）新西兰本科教育优势

在 2024 年 QS 世界大学综合排名榜单中，新西兰八所公立大学表现亮眼，奥克兰大学名列世界第 68 位，继续在世界百强名校的行列中稳步向前，其余五所公立大学也位列 200~250 名之间，八所公立大学全部均位列前 500 名，各院校均有多个专业方向位列 2023 年 QS 学科专业排名前 50 名，其学历在全世界国家中广受认可。从本科阶段起，学校开设超过 300 个专业方向可供学生选择。新西兰本科课程学制较短，常规本科和双专业本科只需三年即可完成，双学位也仅需四年即可毕业，性价比高。本科留学费用适中，学费平均一年约为 10 万 ~16 万人民币，生活费一年约为 8 万 ~10 万人民币，非常适合工薪家庭。

新西兰本科阶段教育非常重视理论与实践的结合，部分专业包含实习课程，学生需完成指定的实习课程方可毕业。此外，在读学生持有效学生签证每周有 20 小时兼职打工的许可，能进一步降低留学成本。国际留学生毕业后可以申请为期三年的开放式工作签证，可在新西兰合法停留、居住和全职工作，满足特定条件也可通过技术移民申请永久居留。

（3）新西兰本科院校分类及特色

类型	主要特点	开学及申请时间	学费（人民币）	师生比例	国际学生比例
公立大学	· 世界排名较高 · 学科专业方向齐全 · 更加注重培养学生解决问题、自我学习的能力	2 月（春季）或 7 月（秋季），部分院校有 11 月开学（夏校），至少提前一年开始申请。	12 万 ~ 16 万元 / 年	1:30 左右	10% ~ 15%
理工学院	· 重视实践和动手能力的培养 · 专业多为应用实践类 · 小班授课制，课程的人数一般控制在 20 ~ 30 人之间	2 月（春季）或 7 月（秋季），部分高校开学时间为 4 月或 9 月。理工学院需要提前半年至一年申请。	10 万 ~ 12 万元 / 年	1:20	5% ~ 10%

（4）新西兰本科课程介绍

新西兰大学常规本科专业为三年学制，共 360 学分，每门课 15 个学分，共计 24 门课，完成学分要求即可毕业。

通常第一年的 120 学分为通识课程，以奥克兰大学的商学学士（Bachelor of Commerce）课程为例，本科第一年的八门课程为商业基础、决策会计、经济、市场及法律、管理可持续增长等；本科第二年开始学习对应小专业方向的专属专业课程；最后一年则学习高阶专业课程及完成论文。部分偏实践类的专业方向在本科第三年会有实习的选择，如护理、教育、信息技术等。

荣誉学士学位是四年制学位课程，在三年制常规本科的基础上，增加一年研究项目的学习，通常工程、理学、美术等专业方向会开设荣誉学位课程。获得荣誉学士学位的学生可以跳过硕士阶段学习，直接申请博士课程。

新西兰热门本科专业方向有人类学、会计与金融、体育相关、农林业、兽医科学、临床医学、土木工程、历史、图书馆与信息管理、飞行与飞行管理、地球与海洋科学、建筑与建造环境、心理学、护理学、教育、机械工程、法律、牙医、考古、英语与语言文学、药剂药理学、语言学、酒店管理等。

（5）新西兰本科申请要求

1）预科申请

新西兰预科入学门槛比较灵活，高中、职高、中专背景学生均可通过预科课程衔接进入绝大部分的本科课程，包括很难在海外申请到的临床医学、动物医学、法律甚至飞行专业。

- 年龄要求：学生需年满 14 周岁。
- 学历要求：初三完成，高一完成或高二和高三在读或完成的学生。
- 成绩要求：需提供初中完整成绩单，高中（职高和中专）阶段成绩单。
- 语言要求：IELTS 总分 4.5~5.5 分之间，或同等的 TOEFL、PTE 等成绩。

2）高考直录

中国高考成绩被所有新西兰高等院校认可，因此高考直录也成为新西兰本科留学的一个重要选择。高考直录适合预计高考成绩可以符合新西兰大学录取要求的学生，可先用高中成绩单和在读证明申请有条件预录取，待高考成绩公布后，补交正式成绩，满足录取条件即可顺利入读。

- 成绩要求：一般要求录取分数线为各省高考总分数的 67%~80%，部分大学会以各省高考分数线的一本或二本分数线为录取线。
- 语言要求：IELTS 总分 6.0 分且单项不低于 5.5 分或同等的 TOEFL、PTE 等成绩（特殊专业有更高的语言分数要求），或通过院校内测。

3）大一文凭课程

针对国际留学生，部分新西兰大学开设了大一文凭课程，大一文凭课程可与本科课程进行衔接，学生顺利完成大一文凭课程可衔接进入对应专业的本科大二课程。该课程适合高中毕业，希望缩短本科学习，节省时间和费用的同学，也为很多高中毕业，未参加高考或高考成绩未满足直录要求的学生提供多样的升学途径。

但需要注意的是，并不是所有的新西兰大学都有开设文凭课程，目前仅有奥塔哥大学、梅西大学、坎特伯雷大学、怀卡托大学和林肯大学有开设，并集中在商科和理工类专业。

- 成绩要求：需提供高中（职高和中专）阶段成绩单和毕业证；成绩单分数要求在百分制 60~80 分。
- 语言要求：IELTS 总分 5.5 分且单项不低于 5 分或同等的 TOEFL、PTE 等成绩（特殊专业有更高的语言分数要求），或通过院校内测。

4）本科转学、专升本

新西兰大学针对中国本科在读学生开设了本科转学的升学通路，学生可凭借达到相应要求的课程成绩申请转学到新西兰大学就读，在申请本科转学的时候，可以同时选择转换大学的本科专业。需要注意的是，转换不同专业方向可减免的学分相对较少或不能减免。

此外，部分新西兰大学，如奥克兰大学需完成国内三年大专学习后，方可申请进入本科大一继续学习。学生还需要继续学习三年才能取得本科学位。

- 成绩要求：需提供本科阶段成绩单（以硕士入学分数要求为标准，一般为百分制 70~85 分）和在读证明。
- 语言要求：本科转学和专升本都需要 IELTS 总分 6.0 分且单项不低于 5.5 分或同等的 TOEFL、PTE 等成绩（特殊专业有更高的语言分数要求）。

（6）新西兰本科申请规划时间轴

1）预科申请

学生在预科阶段除了英语等基础课程的学习，还可以根据未来要升读的本科方向，选择相对应的专业基础课程，提前了解大学所学专业。学生在完成预科升入本科时，还可以根据预科期间所读的专业进行本科专业的二次选择。

有意向申请的学生可以在初中毕业或高一阶段完毕后开始准备申请材料，了解大学专业设置和入学要求，并进行系统的留学规划和语言准备。此外，也可以在高二阶段开始准备语言学习和考试，高二结束后只要语言成绩达标，即可进入预科学习。

以高二结束申请本科预科为例，申请参考规划时间轴如下：

时间阶段	申请准备
初三毕业 / 高一暑假	· IELTS 首考 · 选定院校和预科大方向
高二上学期	· 递交预本科申请材料 · 获得有条件录取
高二寒假	· IELTS 第二次考试（如需）
高二下学期	· 接受录取并缴费确认入学 · 准备签证材料 · 签证体检，递交签证申请
高二结束	· 获得签证 · 购买机票，赴新留学

（此时间轴仅为参考，一切以实际申请为准）

2）高考直录

时间阶段	申请准备
高一暑假	· IELTS 首考 · 选定院校和专业
高二	· 递交本科申请材料 · 获得有条件录取 · 为高考做保障
高三结束	· IELTS 第二次考试（如需） · 确定选择新西兰所录取院校 · 接受录取并缴费确认入学 · 准备签证材料 · 签证体检，递交签证申请
次年 2 月	· 获得签证 · 购买机票，赴新留学

（此时间轴仅为参考，一切以实际申请为准）

3）大一文凭课程

时间阶段	申请准备
高一暑假	· IELTS 首考 · 选定院校和专业
高二	· IELTS 第二次考试（如需） · 确定选择新西兰所录取院校

续表

时间阶段	申请准备
高二	· 接受录取并缴费确认入学 · 准备签证材料 · 签证体检，递交签证申请
高三结束	· 获得签证 · 购买机票，赴新留学

（此时间轴仅为参考，一切以实际申请为准）

4）本科转学、专升本

➤ 本科转学参考时间轴如下：

时间阶段	申请准备
高三暑假	· IELTS 首考 · 选定院校和专业
大一期间	· IETLS 第二次考试（如需） · 确定选择新西兰所录取院校 · 接受录取并缴费确认入学 · 准备签证材料 · 签证体检，递交签证申请
大一结束	· 获得签证 · 购买机票，赴新留学

（此时间轴仅为参考，一切以实际申请为准）

➤ 专升本参考时间轴如下：

时间阶段	申请准备
专科大二暑假	· IELTS 首考 · 选定院校和专业
专科大三期间	· IELTS 第二次考试（如需） · 确定选择新西兰所录取院校 · 接受录取并缴费确认入学 · 准备签证材料 · 签证体检，递交签证申请
大专结束	· 获得签证 · 购买机票，赴新留学

（此时间轴仅为参考，一切以实际申请为准）

四 澳大利亚硕士数据解读和升学规划

1. 澳大利亚硕士数据解读

（1）八大院校申请占比超九成

澳大利亚八大院校依然是硕士申请中的主流，占比维持在较高水平，一方面得益于它们在 2024 QS 世界大学排名中的亮眼表现，澳大利亚共有九所大学进入前 100 名的排名，其中墨尔本大学、悉尼大学、悉尼新南威尔士大学更是跻身前 20 名，吸引了大批留学生的目光；另一方面，国内就业市场对高端人才的需求不减，八大院校拥有完善和科学的教学课程模式，开设的课程具有较强的实践性，对学生今后的职业发展起到一定的助力。

2017 年 ~ 2023 年澳大利亚硕士申请——申请数量占比

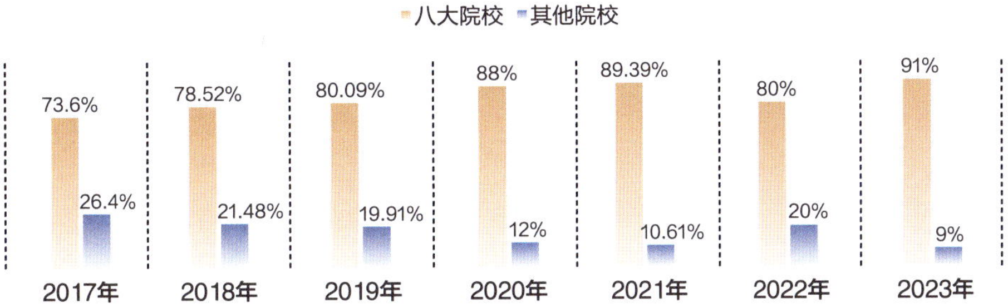

（2）三年制硕士项目申请量增长六倍

两年制硕士课程的申请占比虽较 2022 年略有下滑，但在申请人数上依旧是主导地位，其最大的优势在于课程结束时可以直接申请三年工作签证。工签期间，毕业生可以根据自身情况去企业实习、工作或旅游。

与往年不同的是，在 2023 年，三年制课程申请占比呈现出比较明显的增长趋势，同比 2022 年上涨 5%。澳大利亚高校有很多特色专业为三年制课程，比如法律 JD 课程，如果学生想在澳大利亚从事律师工作，那么必须选择三年制的 JD 课程，毕业后可直接拿到法律相关认证。部分大学的三年制工程专业也可以进行小方向的转换，同样吸引了大批学生进行选择。

2019 年 ~ 2023 年澳大利亚硕士申请——不同学制占比

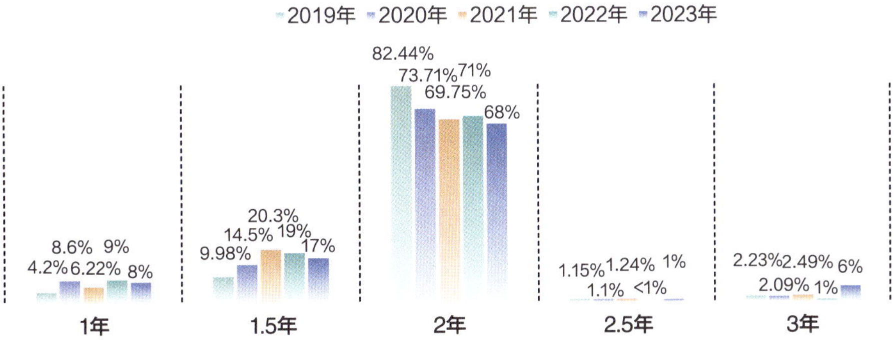

（3）理工科专业热度增加，位居前五

澳大利亚大学商科占比大幅下降，同比 2022 年下降了超 10%。但尽管如此，商科依旧是 2023 年澳大利亚硕士申请的最热门的专业。

工程、理科及信息技术类专业在 2023 年“异军突起”，有较大幅度增长。一方面是由于国内升学竞争日趋激烈，出国留学成为这些专业学生的主要升学选择之一；另一方面，澳大利亚对于工程、理科专业类人才的需求量进一步增加。自 2023 年 7 月 1 日起，澳大利亚颁布新政，Health（健康）、Teaching（教育）、Engineering（工程）、Agricultural（农业）四个领域的硕士毕业生将有机会获得最长七年毕业工作签证，因此吸引了大批攻读该领域的学生。

此外，澳大利亚国土面积辽阔，素有“矿车上的国家”之称，由矿产能源工业催生的相关采矿、石油天然气、土木、化学等工程行业十分繁荣，因此工程类一直以来是澳大利亚的强势学科，并且澳大利亚的工程类专业还有行业 EA 认证，工程类专业的学生毕业后，不论是就业职位、就业薪资等都有着较大的优势。

2021 年 ~ 2023 年澳大利亚硕士申请——专业占比

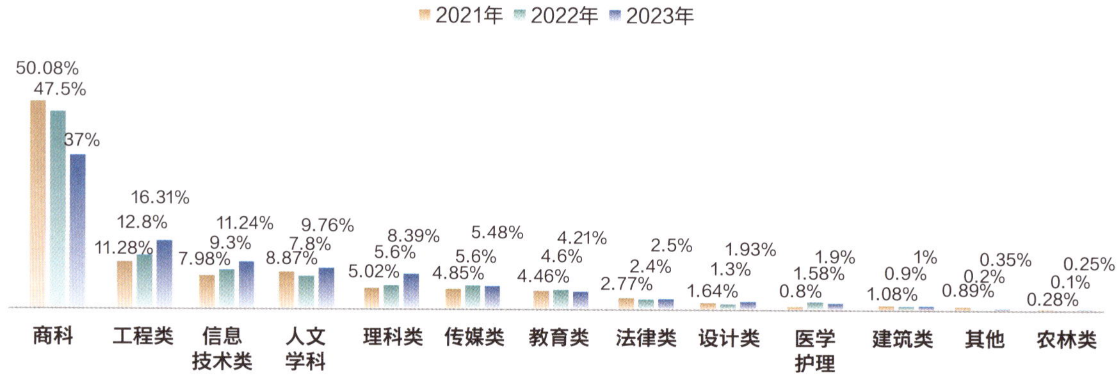

（4）大四上学期递交申请占比近半数，提早占位有优势

2023 年，大三上学期和下学期递交澳大利亚硕士申请的比重大幅下降；相反，大四上学期递交申请的比重跃升。这是由于在 2023 年初，疫情影响仍在持续，很多学生普遍持观望态度，待到下半年形势回暖后才纷纷开始递交申请。

不过需要提醒大家的是，大部分澳大利亚高校的硕士录取采用“先到先得”的录取政策，录取发放顺序根据申请先后顺序，而不是根据申请分数高低。因此，要尽快递交申请进行占位，以免错失机会。

2019 年 ~ 2023 年澳大利亚硕士申请——递交申请阶段占比

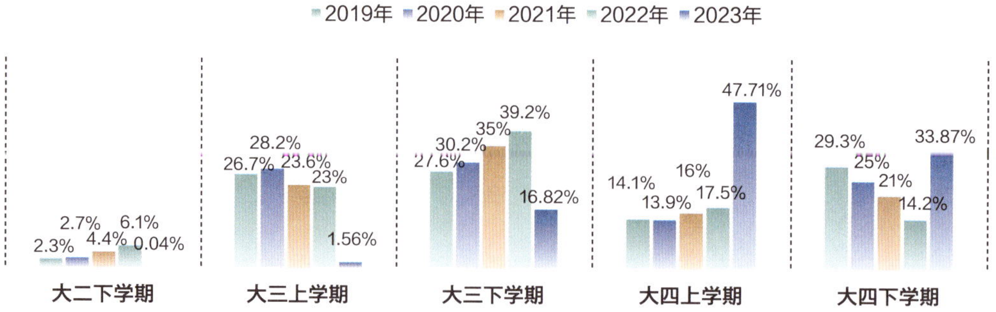

（5）配语言班学生数量占比上升

2023 年通过直录方式入读澳大利亚硕士项目的学生出现小幅下降，配语言班学生人数占比上升。

通常情况下，澳大利亚大学普遍接受多种语言考试如 TOEFL、IELTS、PTE 等作为英语水平的证明。疫情期间，各大学宣布认可多种线上英语考试，如 Duolingo 等；然而疫情结束后，学校又回归到只认可传统语言成绩，2023 年国内线下考试尚未全面恢复，考位紧张，使很多学生会通过语言班的形式衔接。

2018 年 ~ 2023 年澳大利亚硕士录取——录取方式占比

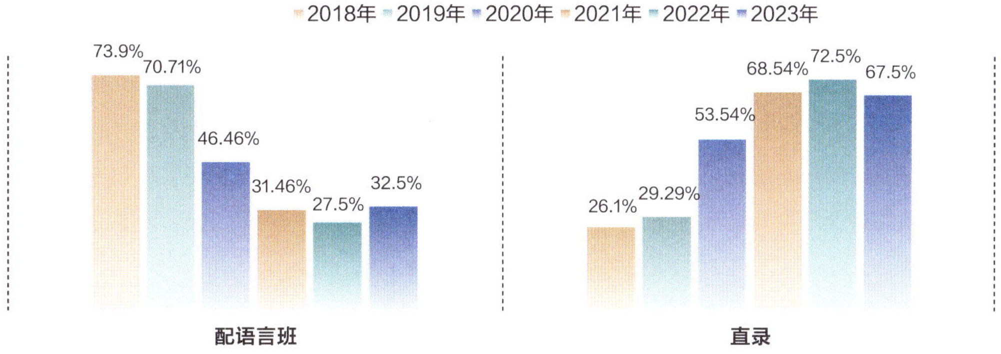

（6）悉尼大学、墨尔本大学等多所大学录取回升

悉尼大学、墨尔本大学、昆士兰大学、西澳大学等院校录取占比较往年均有提升，主要得益于这些大学在世界范围内排名整体提升。此外，昆士兰大学所在城市布里斯班也即将举办 2032 年夏季奥运会，所带来的大量就业岗位及经济的快速发展也吸引了大批想积累海外工作经验的学生选择。

2019 年 ~ 2023 年澳大利亚硕士录取——院校录取趋势

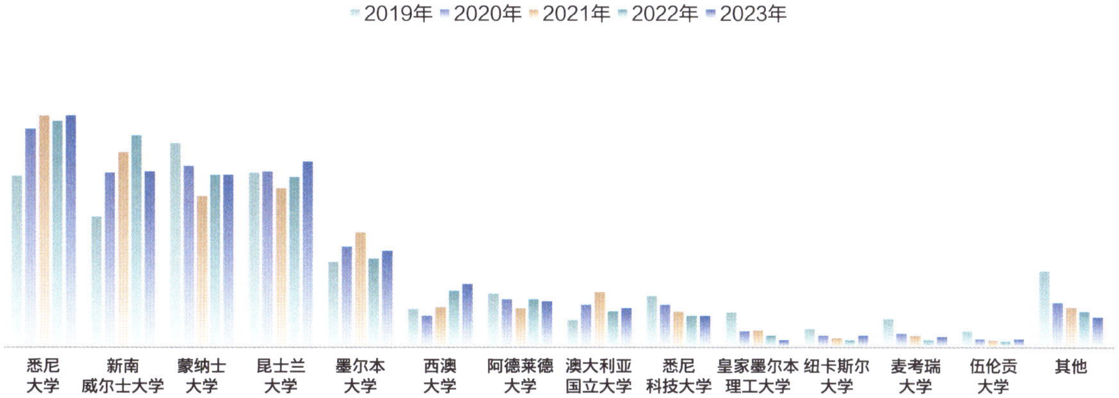

2. 澳大利亚硕士升学规划

（1）澳大利亚硕士教育体制介绍

澳大利亚教育体系历史悠久，以严谨的学风、完备的体制闻名世界。澳大利亚的高校基本都是公立院校，由澳大利亚教育部直接管辖，学历受全世界认可，教育质量高。

澳大利亚是一个十分重视教育的国家，全国共有约 40 所大学，其中七所院校位居 QS 世界大学排名前 100 名。澳大利亚高等教育体系 AQF 共分 10 级。其中，7 级为学士（Bachelor），8 级为研究生文凭（Graduate

Certificate）和研究生证书（Graduate Diploma），9 级为硕士（Master），10 级为博士（Doctor），学生可以根据自己的需求选择不同的课程进行就读。

（2）澳大利亚硕士教育优势

1）入学途径多样

对入读硕士课程的学生来说，澳大利亚的高校一般不会限制学生的院校背景，多数专业只是对于不同水平院校的毕业生规定了不同的入学分数，以保证学生能够跟上未来的课程。如果学生毕业于专升本、成人高考、自考、三年制大专、五年一贯制大专、夜大、函授等学历课程，澳大利亚均有世界 TOP 300 的学校可以接收（多数需要通过硕士预科进入）。

2）录取标准较为客观

除了一些特殊专业（如法律、学科教育、建筑设计等），多数专业在申请时无需提供额外材料，仅凭申请人的最高学历成绩证明（高中 / 大专 / 本科成绩单）即可获得有条件录取。对大多数申请人来说，决定其能否收到录取的关键性因素就是平均成绩，其他诸如 GRE、GMAT 等入学考试，澳大利亚高校几乎不会强制要求学生提供。

3）语言成绩可后补

澳大利亚高校大多接受多种语言证明材料，最常见的是 IELTS 成绩，此外 PTE、CAE（即剑桥高级英语证书考试）、大学语言内测等成绩也均被认可。绝大多数专业在递交申请时无需提供语言成绩，在开学前一定时间内考出符合要求的分数即可。即使学生最后没有考到课程要求的语言分数，也可以通过学校内部的语言直升班衔接主课及后续课程。

总之，只要学生具备相应的成绩，同时提早规划和递交申请，无论是想要追求 QS 世界大学排名 TOP 300、TOP 100 甚至是 TOP 50 院校的录取，都有可能在澳大利亚收获到满意的结果。

（3）澳大利亚硕士院校分类及特色

类型	主要特点	开学及申请时间	学费（人民币）	国际学生比例	代表院校
八校联盟	院校排名高，学术认可高	开学时间为 2 月（春季）或 7 月（秋季），个别专业和院校存在三次开学季	16 万 ~ 28 万元 / 年	45% ~ 55%	澳大利亚国立大学、墨尔本大学、悉尼大学、悉尼新南威尔士大学、昆士兰大学、蒙纳士大学、西澳大学、阿德莱德大学
澳大利亚科技大学联盟	具有创新性和进取性	开学时间为 2 月（春季）或 7 月（秋季）	8.5 万 ~ 19 万元 / 年	30% ~ 45%	迪肯大学、悉尼科技大学、皇家墨尔本理工大学、南澳大学和科廷大学
澳大利亚创新研究型大学联盟	创新为办学宗旨	开学时间为 2 月（春季）或 7 月（秋季）	8.5 万 ~ 19 万元 / 年	15% ~ 40%	查尔斯·达尔文大学、弗林德斯大学、乐卓博大学、格里菲斯大学、莫道克大学、詹姆斯·库克大学、西悉尼大学

（4）澳大利亚硕士课程介绍

1）专业授课型——课程类硕士学位

澳大利亚大学各有其“王牌”专业，申请人可根据自己所选择的专业来决定学校。部分授课型硕士学位能接受非本专业的学生转专业入读，如商科、信息工程、翻译、教育等专业。

2）过渡型——过渡课程 + 硕士学位

中国的大专毕业生可通过攻读四个月至两年的过渡课程（攻读课程时长因每所学校的要求而有所不同），直接升入澳大利亚对口院校的相关专业硕士。不同学校颁发的过渡课程的文凭不同，如研究生证书（Postgraduate Certificate）、研究生文凭（Postgraduate Diploma）等。过渡课程对 IELTS 成绩要求比直接读硕士课程低，且能为学习硕士课程打下基础，学生最短可在两年内获得硕士学位。

3）研究型——研究类硕士学位

澳大利亚很多大学都设有研究类硕士学位，并接受国际学生申请。学生的学术背景和研究方向需与本校教授商讨确认。

（5）澳大利亚硕士申请要求

不同院校、专业对申请人的要求也不尽相同，以下内容仅供参考：

院校排名阶段	本科阶段成绩要求	语言成绩要求
QS 世界大学排名 TOP 100	平均成绩在百分制 60 ~ 95 分之间	· 少部分院校专业需提供 GRE/GMAT 成绩（如墨尔本大学的应用经济学硕士等专业要求 GRE 320+/GMAT 630+） · IELTS 成绩：一般要求 6.5 分，少部分专业要求 7.0+（如医学、护理、教育、翻译等）
QS 世界大学排名 TOP 200	平均成绩在百分制 60 ~ 75 分之间	· 少部分院校专业需提供 GRE/GMAT 成绩（如悉尼科技大学 MBA 专业要求 GMAT 550+） · IELTS 成绩：一般要求 6.5 分，少部分专业要求 7.0+（如医学、护理、教育、翻译等）
QS 世界大学排名 TOP 500	平均成绩在百分制 60 ~ 75 分之间	· 不需要 GRE/GMAT 成绩 · IELTS 成绩：一般要求 6.5 分，少部分专业要求 7.0+（如医学、护理、教育、翻译等）

（6）澳大利亚硕士申请材料

- 学校成绩：在校成绩单
- 语言成绩：IELTS 或 PTE 等（非必须，可开学前后补）
- 在读证明或毕业证明

（7）澳大利亚硕士申请规划时间轴

大部分澳大利亚大学的硕士录取采用“先到先得”的录取政策，申请硕士的学生应至少提前一年半来做相关的规划和准备。如果考虑申请的院校是全球排名 TOP 100 的知名院校，那么在进入大学时就应该开始进行准备。

申请规划参考时间轴如下：

时间阶段		申请准备
大一	当年 9 月 ~ 次年 6 月	· 了解留学资讯，明确意愿和方向 · 参加留学展会、留学活动，全方位了解自身留学需求及心仪目的地
	次年 7 ~ 8 月	· 参加澳大利亚暑期夏校等短期项目，亲身感受澳大利亚学习和生活

续表

时间阶段		申请准备
大二	当年 9 月 ~ 次年 2 月	· 认识自我及职业测评，确定适合的发展方向 · 提高平均分
	次年 3 ~ 8 月	· 接触 IELTS、TOEFL、PTE 学习 · 获得留学方案规划 · 确定申请方向及院校
大三	当年 9 ~ 11 月	· 初步了解澳大利亚及院校 · 准备 IELTS 考试
	当年 12 月 ~ 次年 2 月	· 进行学业规划 · 准备假期实践 · 确定申请院校 · 参加 IELTS 考试
	次年 3 ~ 6 月	· 完成大三课程 · 准备申请材料
	次年 7 ~ 8 月	· IELTS 第二次考试
大四	当年 9 ~ 10 月	· 补交所有申请材料 · IELTS 第三次考试（如需）
	当年 11 月 ~ 次年 1 月	· 获得有条件录取 · 针对澳大利亚大学录取要求进行补充
	次年 2 ~ 4 月	· 准备毕业设计 / 毕业论文
	次年 5 月	· 接受录取并缴费确认入学 · 准备签证材料
	次年 6 月	· 签证体检，递交签证申请 · 参加离境会
大学毕业	7 月	· 补交完整成绩单、学位证、毕业证 · 签证获批，前往澳大利亚 · 体验澳大利亚境内关怀，适应海外学术生活

（此时间轴仅为参考，一切以实际申请为准）

五 新西兰硕士数据解读和升学规划

1. 新西兰硕士数据解读

（1）25 岁以上申请群体占比近半

过去四年，年龄超过 25 岁的申请者比例均在 30% 以上，2023 年更是达到 45.25%。因为新西兰硕士课程对申请人没有年龄限制，这对于已经进入职场、但希望在学历和经历上有所提升的职场人非常友好。近 12% 的学生是在 36 岁以上的年龄选择到新西兰深造，这得益于新西兰的利好政策，已婚已育的人赴新西兰留学，其配偶和子女可获得对应的工作签证和免费就读公立中小学的学生签证，实现全家赴新。

2020 年 ~ 2023 年新西兰硕士申请——不同年龄区间占比

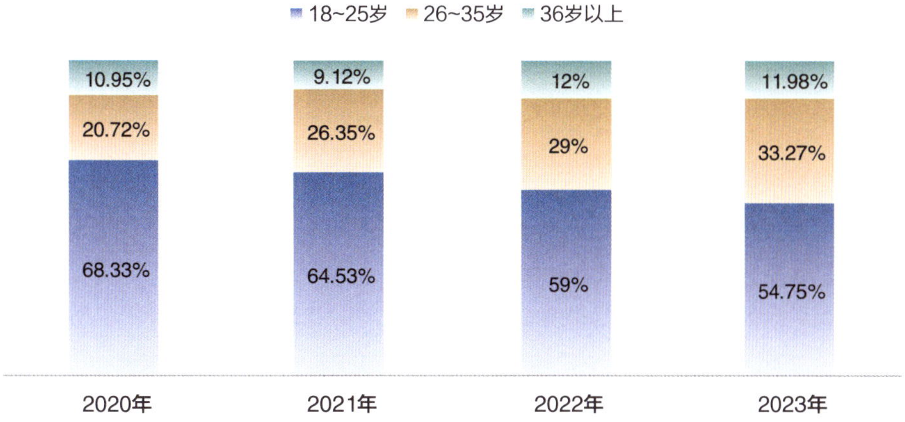

（2）“双非”院校学生占比超七成

近四年来，“双非”院校学生申请数量具备绝对优势，这得益于大部分新西兰高校对学生的院校背景不是特别看重，即使本科院校不是特别出色的学生，只要达到录取标准，一样有机会得到新西兰知名院校的录取。

不过，2023 年来自 985 院校和 211 院校的学生占比较 2022 年有大幅度增加，未来新西兰硕士申请竞争可能会有所加剧。

2020 年 ~ 2023 年新西兰硕士申请——院校背景占比

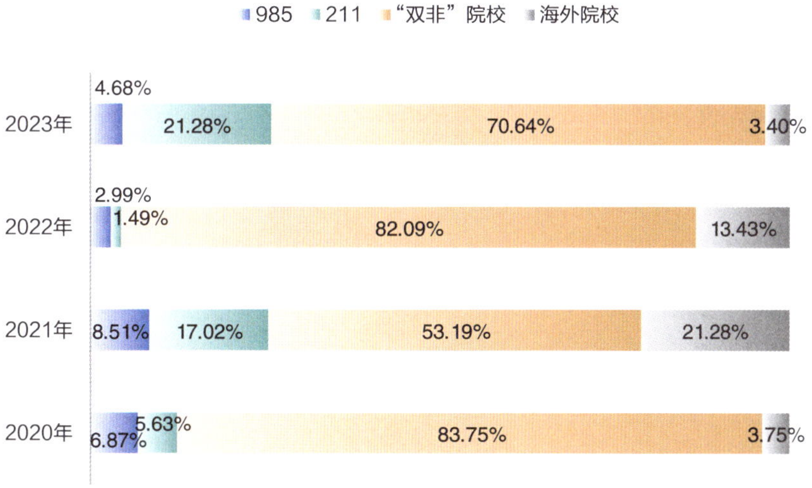

（3）超九成申请人选择公立院校

2023 年，有 92% 的学生选择申请公立院校。新西兰八所知名大学均为公立大学，这八所院校不论是世界排名还是学术实力都居于世界前列，因此一直以来吸引着大量中国学生申请就读。

近些年，理工学院的申请变动较大。2020 年 4 月，新西兰 16 所理工学院宣布合并为新西兰国立理工学院（New Zealand Institute of Skills & Technology），理工学院的特点是学制短、学费低、偏就业实操，受到很多追求高性价比的学生青睐。但在 2022 年，理工学院的很多教学细节没有得到落实，很多学生不敢贸然申请，不过在 2023 年，理工学院对学费制度进行了规范，此前 16 所理工学院的融合进度在不断推进，让考虑申请理工学院的学生更有信心也更愿意赴理工学院读书。

2020 年 ~ 2023 年新西兰硕士申请——院校类别占比

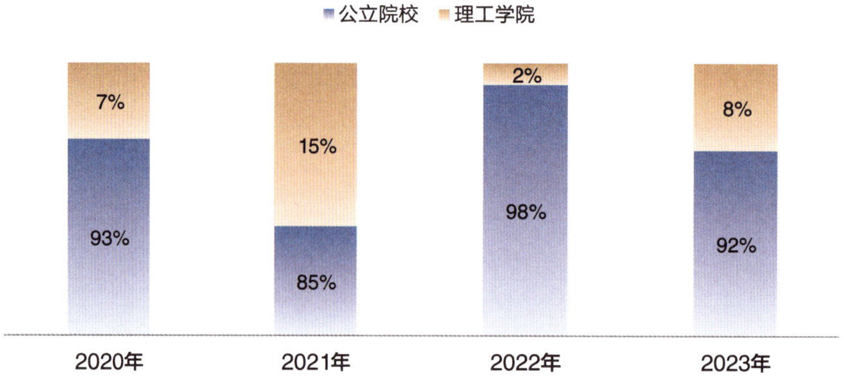

（4）实操性较强的专业受到欢迎

在全球经济不确定性加剧的背景下，自 2020 年起，商科申请占比持续降低。与此同时，人文社科类、教育和护理类的申请占比呈现上升趋势，尤其是教育和护理类这些实操性比较强的专业在 2023 年受到欢迎，越来越多的学生在申请专业方向时，更注重未来就业。

2018 年 ~ 2023 年新西兰硕士申请——专业占比

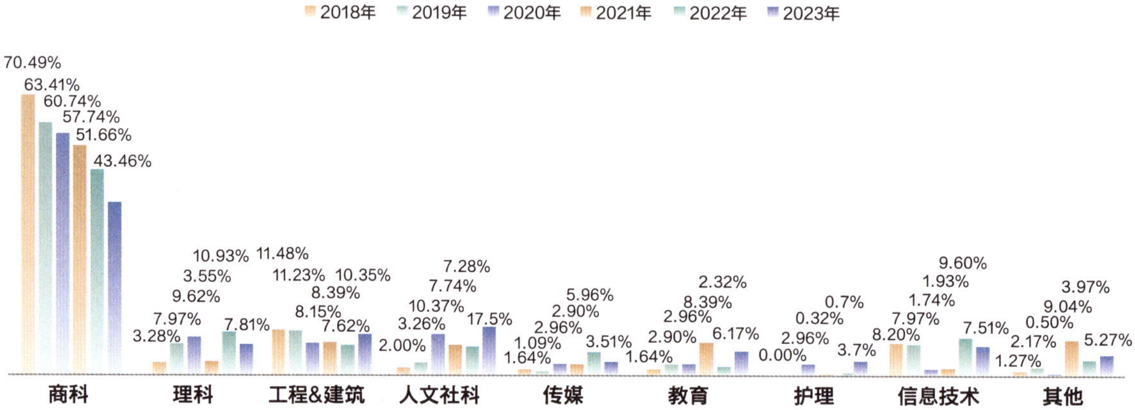

（5）直录占比超九成，桥梁课程需求增加

近四年来，绝大部分学生选择通过直录的方式进入新西兰大学学习，占比均超九成。但随着越来越多的新西兰院校开设专升硕课程并提供多种灵活入学方式，一些学历背景不足或语言成绩未达到直录要求的学生，会通过桥梁课程衔接进入新西兰大学。

2020 年 ~ 2023 年新西兰硕士录取——录取方式占比

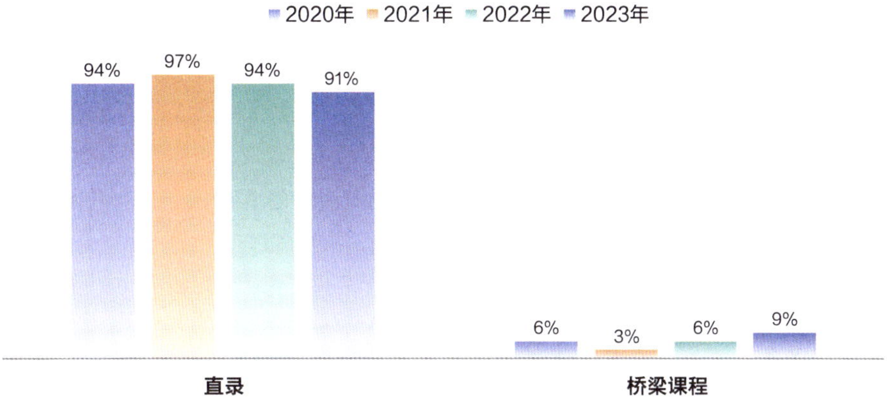

2. 新西兰硕士升学规划

（1）新西兰硕士教育体制介绍

为了使学生、雇主和教育机构明确不同学历的知识水平，新西兰资格认证局（NZQA）应用新西兰学历框架（NZQF）来区分各学历等级。此等级共 10 级，包含从高中一年级到博士学位。其中，硕士学历覆盖新西兰教育框架的 8 到 9 级，研究生文凭或研究生证书课程为 8 级，硕士为 9 级。对企业来说，可以通过学历等级了解应聘者能从事哪种技术水平的工作。同时，不同的学历等级在申请技术移民中也会享受不同的加分，学历等级越高，在技术移民时可获得的学历加分就越高。

（2）新西兰硕士教育优势

新西兰的公立大学、国立理工学院和多所高等教育机构均开设硕士层级的课程，注重通过项目学习的方式来培养学生独立思考、解决问题的能力。

新西兰大学硕士课程学制灵活，常规硕士为 1.5 到 2 年制，部分硕士课程可在一年内完成，学制取决于学生本科阶段的院校背景、专业相关性，以及是否具有相关工作经验。

目前，国际学生就读新西兰任何大学、任何专业、任何学制的硕士层级课程，其配偶和子女均可申请陪读访问或工作签证，配偶可在新西兰合法居住、全职工作，子女可免费就读公立中小学，实现“一人读书，全家赴新”。此外，硕士课程毕业后可申请为期三年的工作签证，其配偶和子女可继续获得对应的工作签证和学生签证，在新西兰本地合法居住、工作和读书，这使国际学生和家人拥有充分的时间适应新西兰当地就业市场以及寻找合适的工作机会。国际学生未来若满足就业和薪资的特定要求，亦可递交新西兰技术移民申请。

（3）新西兰硕士院校分类及特色

类型	主要特点	开学及申请时间	学费（人民币）	师生比例	国际学生比例
公立大学	课程设置齐全，设有授课型硕士、研究型硕士和博士项目	开学时间为 2 月（春季）/7 月（秋季），至少提前 1 年开始申请	15 万 ~ 20 万元 / 年	1:30	10% ~ 15%
理工学院	以开设授课型硕士项目为主	开学时间为 2 月（春季）/7 月（秋季），部分项目有一年多次开学的情况出现，以学校官网信息为准，至少提前 1 年开始申请	17 万 ~ 18 万元 / 年	1:20	约 10%

（4）新西兰硕士课程介绍

新西兰硕士学位一般分为两类，分别是授课型硕士和研究型硕士。

授课型硕士学制为 1 到 1.5 年，学生积累足够的学分即可取得硕士毕业证书。授课型硕士大部分时间需要通过课堂教学、完成作业、参加考核的方式获得相应的学分，这种方式相对比较适合中国学生的学习习惯。授课型硕士主要是为了培养行业、专业型的高端人才所设计，课程设置更加面向就业市场，部分硕士项目不需要申请人拥有本科相关背景，这也为希望在硕士阶段转换专业的学生提供了更多可能。

研究型硕士一般学习时长为一年，需要完成入学前所选定的科研计划，并且撰写大约两万到六万字论文，或取得一定科研成果方可毕业。与授课型硕士不同，研究型硕士需要本科阶段具备相关背景并有一定的科研经历，或取得荣誉学位后才能申请。由于中国本科设置中没有荣誉学位，所以大多数同学需要通过一年研究生文凭（Postgraduate Diploma）才能申请新西兰的研究型硕士。

此外，研究型硕士期间需要在入学前制订好科研计划，并找到科研导师做辅导，因此在申请程序上与授课型硕士有所不同。在课程培养方向上，研究型硕士是为今后博士的科研做准备的，此阶段结束后，大多数学生都会选择继续攻读博士。

（5）新西兰硕士申请要求

新西兰硕士一般采用“先到先得”的录取审核标准，即申请人的大学本科 GPA 达到标准后，通过申请人递交的申请材料的先后顺序来决定录取发放顺序，常年滚动录取，各个专业招满即截止。因此，建议申请人尽量提早申请，提前占位。

- 成绩要求：由于每个院校、专业对申请人在校成绩的算法和要求不尽相同，因此成绩要求以学校官网为准。
- 语言要求：大多数专业对语言的要求为 IELTS 6.5 分，单项不低于 6.0 分；TOEFL 90 分，单科写作不低于 21 分；PTE 总分 58 分，单项不低于 50 分。部分专业如护理、教师等相关专业有更高的语言成绩要求，比如 IELTS 单项 7 分或四个 7 分，且不接受其他语言成绩等。

（6）新西兰硕士申请材料

- 学校成绩：中英双语成绩单、在读证明及完读证明。
- 语言成绩：IELTS、TOEFL、PTE 等成绩。
- 其他辅助申请材料，如导师推荐信、个人陈述、学习计划、科研经历等。

（7）新西兰硕士申请规划时间轴

1）本科生升读硕士

新西兰大学硕士的开学时间为每年的 2 月和 7 月，个别院校个别专业在 4 月、9 月、11 月开学，部分专业仅在 2 月开学，课程设置上没有任何不同，具体由申请人按照自己的实际情况选择。不过，由于新西兰 7 月开学与中国本科 6~7 月毕业季完美契合，所以大多数中国学生的首选开学季均为 7 月，因此大三结束至大四开学是新西兰大学硕士申请的最佳时间。

参考规划时间轴如下：

阶段	GPA	语言考试	准备工作	申请材料
大一	保持 GPA 在 80 分以上	—	· 提前了解行业发展	—
大二	保持 GPA 在 80 分以上	开始准备语言考试的学习	· 通过实习、实训了解行业发展和所需技能	

续表

阶段	GPA	语言考试	准备工作	申请材料
大三	保持 GPA 在 80 分以上（新西兰大学更加看重大三、大四两年成绩）	IELTS 首考	· 积累科研经历 · 了解国内外学习方法差异 · 选定留学院校和专业并启动申请	· 准备中英文成绩单 · 中英文在读证明
大四	保持 GPA 在 80 分以上（新西兰大学更加看重大三、大四两年成绩）	IELTS 第二次考试（如需）	· 积累科研经历 · 了解国内外学习方法差异	· 补交完整成绩单 · 提供学位证，毕业证

（此时间轴仅为参考，一切以实际申请为准）

2）专科生升读硕士

新西兰部分大学针对中国学生开设有硕士预科课程（预科课程的一般时间长度为 8~12 个月），适合中国全日制或非全日制专科毕业的学生申请，学生可以通过硕士预科课程衔接进入新西兰大学硕士课程。

硕士预科课程开设的学校和专业都有一定的限制，所以学生需要在申请前提前了解大学和专业的录取情况、学习时间和入学要求。一般需要在大专二年级开始制订符合实际情况的留学规划，准备申请材料，进行 IELTS 培训。在大专三年级开学后递交预科课程申请，提前占位，取得有条件录取通知书，并开始参加语言考试。在大专三年级毕业前取得合格的 IELTS 成绩后，换取无条件录取通知书，办理入学和签证手续。

参考规划时间轴如下：

阶段	GPA	语言考试	准备工作	申请材料
专一	保持 GPA 在 75 分以上	开始准备语言考试的学习	· 通过实习、实训了解行业发展和所需技能	—
专二	保持 GPA 在 75 分以上	IELTS 首考	· 了解国内外学习方法差异 · 选定留学院校和专业并启动申请	· 准备中英文成绩单 · 中英文在读证明
专三	保持 GPA 在 75 分以上	IELTS 第二次考试（如需）	· 积累科研经历 · 了解国内外学习方法差异	· 补交完整成绩单 · 提供毕业证

（此时间轴仅为参考，一切以实际申请为准）

六 澳大利亚和新西兰博士数据解读和升学计划

1. 澳大利亚和新西兰博士数据解读

（1）超六成学生具有海外学习背景

2023 年超六成博士录取学生来自海外院校。其中来自澳、新以外地区院校的学生占比涨幅明显，由 22% 上涨至 31%。澳大利亚和新西兰高校博士学制较短，最快三年即可毕业，学费相对低廉，性价比高。同时，就读博士课程的学生还拥有就读期间不限时工作、可携带配偶和未成年子女共同前往等优惠政策。

2021 年 ~ 2023 年澳大利亚和新西兰博士录取——院校背景占比

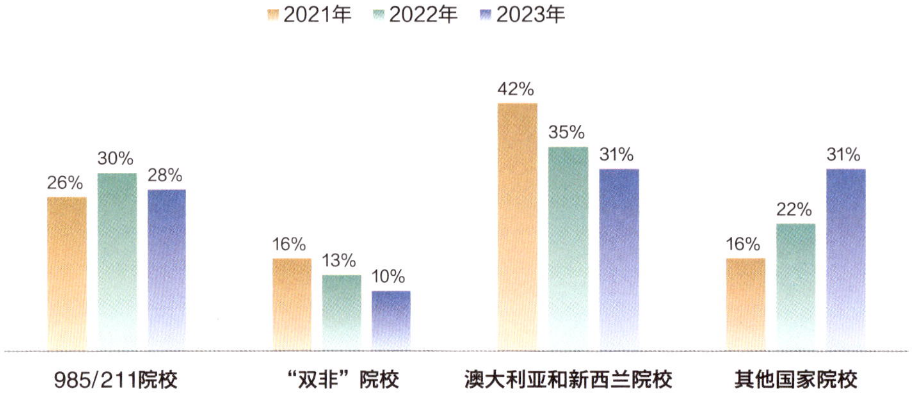

（2）人文社科、计算机连续三年上升，艺术类录取实现突破

2023 年商科和理工科的录取人数占了总录取人数七成，人文社科和艺术类录取人数的占比涨幅最多，分别上涨 8% 和 10%。其中，艺术类专业录取更是实现了“零”的突破。

人文社科中的教育学是博士录取的主要专业方向，该专业就业途径多样，毕业生可以选择进入学校担任教师，或者进入相关机构进行教育政策研究或教育机构管理。近几年，国内一些高校老师，出于职业发展的需求，也会选择前往澳大利亚或新西兰继续攻读教育相关的博士学位课程。

信息科技的发展与革命是世界经济全球化和信息化发展的重要课题，目前，我国正在大力加强对新兴学科、前沿学科、交叉学科等诸多学科的建设健全、对基础学科和科技创新的扶持力度，因此计算机相关专业的热度在不断提升。

2021 年 ~ 2023 年澳大利亚和新西兰博士录取——专业占比

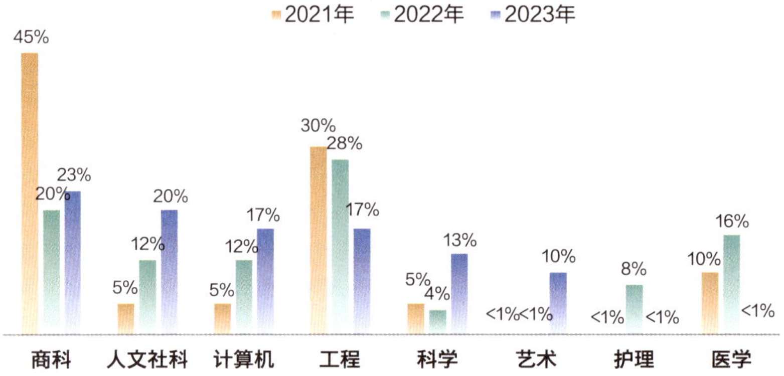

（3）博士录取 GPA 成绩连续三年保持在 80 分以上

博士录取学生的平均 GPA 连续三年持续走高。2023 年，录取学生本科阶段 GPA 达到了 83.9 分，硕士阶段 GPA 达到了 84.42 分[13]。

GPA 是澳大利亚及新西兰高校考评博士申请人的重要因素之一。博士申请通常具备“不确定性”，即使与导师“套磁”成功，也需要向大学递交正式的博士申请，而大学的招生负责人则会根据申请人的 GPA、研究经历等进行择优录取。

13　由于世界各国家评分标准与学位等级不同，此次 GPA 的计算以国内大学的评分体系为准。

2021 年 ~ 2023 年澳大利亚和新西兰博士录取——平均成绩占比（单位：分）

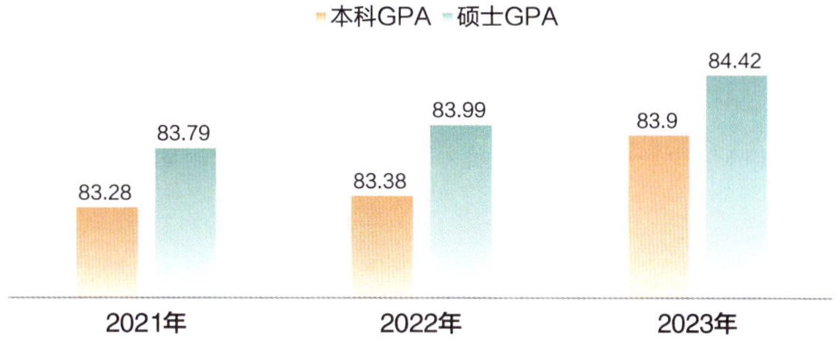

（4）超八成学生有科研论文发表

2023 年博士录取学生中，有 84% 的学生拥有科研论文发表。科研背景和 GPA 一样，都是海外高校及导师考量学生的重要因素之一。科研论文一定程度上能反映出学生的研究能力和科学素养，尤其是核心期刊或者英文论文的发表，可以更容易让导师迅速了解学生的学术水平和能力。

2021 年 ~ 2023 年澳大利亚和新西兰博士录取——科研经历占比

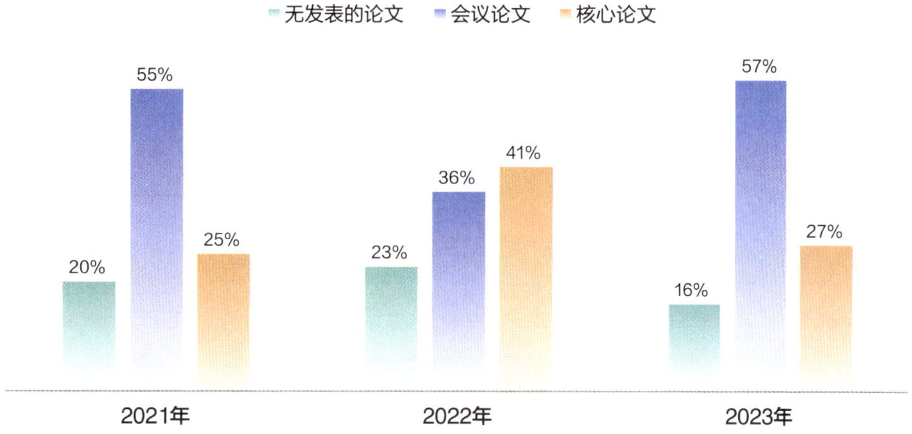

（5）博士学生对院校综合排名关注度下降

近年来，申请博士的学生越来越注重跟导师的契合程度，是否有相关的实验设施和研究中心，以及是否可以有奖学金的支持，并不一味地追求院校的排名。因此，澳大利亚和新西兰院校 TOP 200 的博士录取人数略有下降。不过很多大学虽然在QS综合排名不是很靠前，但是专业排名可圈可点，比如澳大利亚迪肯大学的运动科学方向和新西兰梅西大学的艺术设计方向，很多学生更愿意选择专业排名更具优势的大学进行深入的学习。

2021 年 ~2023 年澳大利亚和新西兰博士录取——TOP 200 大学录取趋势

2. 澳大利亚和新西兰博士升学规划

（1）澳大利亚和新西兰博士教育体制介绍

澳大利亚和新西兰博士课程都属于学历框架中的最高级别。博士学位通常有两种，分别是学术研究型博士学位（Doctor of Philosophy，Ph.D）和特指具体专业的专业型博士学位，如教育学博士（Doctor of Education）。绝大多数国际学生申请的都是学术研究型博士课程。

澳大利亚和新西兰博士项目都接受荣誉本科、授课型硕士和研究型硕士申请，就读时长为三到四年，大部分学校可全年滚动申请。博士培养通常为授课和研究并存的形式：第一年学生需要参与授课课程的学习，第二年开始进行研究，毕业时需要完成 8 万 ~10 万字左右的论文（不同高校及专业的要求不同）。

值得一提的是，澳大利亚和新西兰博士奖学金体系丰富，包括澳大利亚、新西兰政府奖学金、各大学奖学金、科研项目奖学金等。另外，赴澳大利亚和新西兰读博士的学生还有机会获得 CSC 国家留学基金委奖学金。

（2）澳大利亚和新西兰博士教育优势

1）就业移民优势明显

澳大利亚博士毕业后可申请四到六年工作签证（PSW），新西兰博士毕业后可申请三年工作签证（PSW），有充足的时间适应当地就业环境，寻找工作。

2）留学性价比高

澳大利亚和新西兰高校会为优秀的博士申请人提供奖学金。奖学金分为两档，即全额奖学金和半额奖学金。全额奖学金涵盖了学生的全部学费和生活费补助，基本可以覆盖学生的全部花销；半额奖学金则要看高校或专业的规定，通常来说，有学费减免和生活费补助两种方式。

相对于美国、英国、加拿大等欧美国家，澳大利亚和新西兰的院校学费相对较低，留学性价比高。一般情况下，澳大利亚一年总花费约 25 万 ~35 万元人民币，新西兰一年总花费约 11 万 ~13 万元人民币。

3）家属可陪同就读

学生读博期间不仅自己可以找工作，配偶也可以前来陪读并合法工作，如有未成年子女跟随，可根据当地政策享受几乎免费的公立学校教育，例如澳大利亚首都地区、昆士兰州、新南威尔士州及西澳大利亚公立学校学费全免；南澳大利亚政府会给获得政府奖学金的博士生子女提供免学费优惠；维多利亚州则会为博士生子女提供学费折扣等。

4）申请条件灵活

澳大利亚和新西兰大部分高校实行全年滚动申请制度，且不要求学生提供 GRE 或者 GMAT 成绩，学生可根据自身时间规划和节奏进行申请。

5）多导师制授课，教学内容更加多样

澳大利亚和新西兰高校提供的博士项目通常会安排多位导师对博士生进行共同教授，博士生能够接触的教育内容更加多样化。此外，博士生毕业与否不由单一导师判定，而是由学校的“学术委员会”决定，博士生完成大学要求的论文字数并通过答辩即可毕业。

（3）澳大利亚和新西兰院校分类及特色

国别	类型	特点及优势	学费（人民币）	代表院校
澳大利亚	八校联盟	院校综合排名和学术认可度高，研究项目丰富且师资力量强	17.5 万～25 万元 / 年	悉尼大学、新南威尔士大学、蒙纳士大学等
	非八校联盟	专业排名高，在科研方面具有一定的创新性。此外，这些院校在小众研究方向更具优势，比如设计、护理、采矿、音乐治疗等	15 万～21.5 万元 / 年	科廷大学、皇家墨尔本理工大学、弗林德斯大学、南澳大学、斯威本大学、西悉尼大学等
新西兰	奥克兰大学	连续多年上榜 QS TOP 100，研究项目及方向涵盖广泛、师资力量强、教育水平高	约 3.3 万元 / 年	—
	除奥克兰外其余大学	在小众研究方向具备优势，如工程管理、农学、食品科学等	3 万～4.3 万元 / 年	奥塔哥大学、维多利亚惠灵顿大学、梅西大学等

（4）澳大利亚和新西兰博士课程介绍

澳大利亚和新西兰所有高校都会为国际学生开放学术研究型博士学位课程，开设方向与硕士基本相同。同时，部分高校的部分方向还提供专业型博士学位，此类博士通常为拥有特定社会职业经验、希望将研究应用于行业实践的人士开设，所开设的方向比较少，一般集中在教育、医学、艺术方向，比如教育学博士（Doctor of Education）、临床心理学博士（Doctor of Clinical Psychology）、美术博士（Doctor of Fine Arts）等。

对于没有达到博士直读要求的学生，学校也提供一到两年的硕士文凭课程（即 Graduate Certificate、Graduate Diploma）、硕士学位课程（如 Master of Philosophy 或 Master by Research）进行过渡，让学生弥补学术和科研的不足，达到要求后可继续申请博士直读课程。

（5）澳大利亚和新西兰博士申请要求

博士申请存在“不确定性”，即有一个需要进行导师“套磁”的过程。学生的学术成绩、科研能力、研究计划书（Research Proposal）的内容展示，研究方向与导师是否匹配、相关导师是否招生等，都会是导师和学校考量的范围。有意向申请澳大利亚或新西兰博士的学生，建议至少满足以下基本条件：

- 跟本科和硕士的学习方向一致。
- 荣誉学士或硕士学历（国内学术型 / 专业型硕士、海外授课型 / 研究型硕士、四年制荣誉均可）。
- 满足要求的 GPA 分数。
- 一定数量的论文和科研经历。
- 绝大多数专业直录要求 IELTS 6.5 分（单项不低于 6.0 分），或者要求提供等同于 IELTS 成绩的 TOEFL、PTE 等考试成绩。

（6）澳大利亚和新西兰博士申请材料

个人资料	学术资料	额外附加材料（如有）
护照	本硕期间的毕业证、学位证和成绩单	专利
身份证	IELTS 成绩单	GRE/GMAT
个人信息表	简历	工作证明
—	推荐信（至少两封）	作品集
	研究计划	著作

续表

个人资料	学术资料	额外附加材料（如有）
—	论文摘要	过往论文样本
	科研项目信息	—

（7）澳大利亚和新西兰博士申请规划时间轴

澳大利亚和新西兰大部分学校的博士是全年滚动申请，具体开学时间可以跟导师进行商议或者以学校发放录取为准。对于没有科研背景的学生，建议提前一年半到两年规划申请。科研背景相对不错的学生，也建议至少提前一年规划申请。

以国内三年制硕士，提前一年（研究生二年级）准备为例，申请澳大利亚和新西兰博士的时间规划如下：

时间阶段		申请准备
研二下学期	当年 3 ~ 5 月	· 确定意向申请的学校及导师 · 签订选校协议
研三上学期	当年 5 ~ 11 月	· 按照材料清单准备相应的申请资料 · 进行导师套磁
	当年 11 月 ~ 次年 2 月	· 跟进套磁进度 · 导师面试 · 参加 IELTS 考试（可以根据学历背景申请豁免）
研三下学期	2 ~ 5 月	· 套磁有结果后，递交网申材料和奖学金申请至院校招生办（Admission）审理 · 跟进招生办审理 · 获得有条件录取后，根据 IELTS 成绩搭配语言或换取无条件录取
	5 ~ 7 月	· 根据学校要求缴费 · 申请签证 · 进行行前准备 · 入境
科研规划	申请博士时，除了 GPA 成绩外，是否参加过科研项目、是否有论文发表、是否有 Research Proposal（研究计划）也是导师和高校考量的方面，建议学生提前预留充足的时间弥补相关科研经历。	

（此时间轴仅为参考，一切以实际申请为准）

第五节　德国

一　德国本科数据解读和升学规划

1. 德国本科数据解读

（1）本科申请人数持续五年递增

新东方欧亚教育申请数据显示，自 2019 年起，德国本科申请人数呈逐年上升的趋势。尤其是 2020 年新

“高考程序”的颁布，简化了申请德国留学的条件，学生高考成绩达到总成绩 70% 就可直接申请德国大学本科，这也使本科申请人数增速不断加快。

2019 年 ~ 2023 年德国本科申请——申请人数趋势

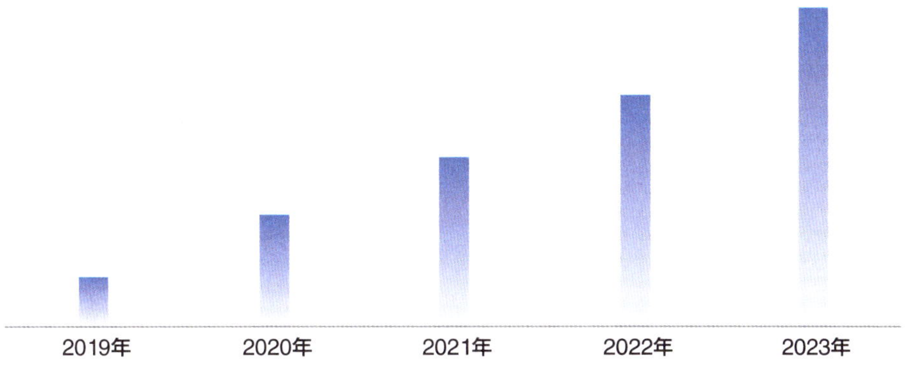

（2）普通高中学生占比上涨近 10%，升学竞争促使更多家庭转轨

德国本科申请人主要由三类人群构成：普通高中应届毕业生、中国大学本科在读生和国际学校应届毕业生（如 IB、AP、A Level 等国际课程体系学生）。自 2020 年新的“高考程序”颁布以来，来自普通高中的人群占比维持在半数左右，是德国本科申请的主流群体。但在 2023 年占比有了进一步增长，达 59.3%，涨幅近 10%，这与国内升学竞争日益激烈不无关系，更多家庭会在学生高考成绩没有达到预期的情况下，果断进行转轨。

2019 年 ~ 2023 年德国本科申请——院校背景占比

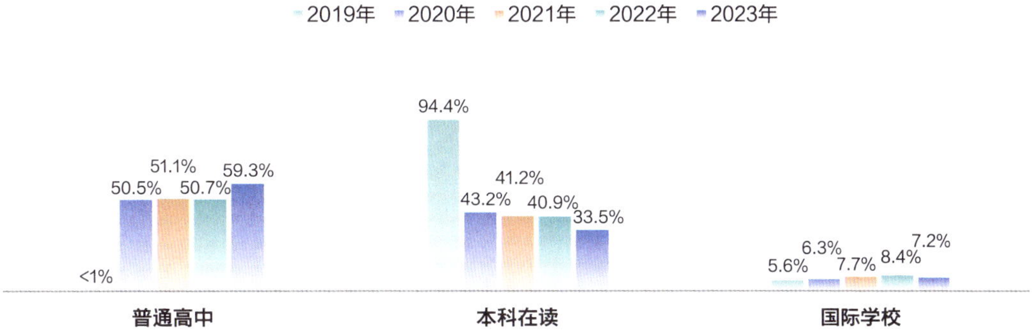

（3）提前两年及以上开始筹备申请的学生占比增加

2023 年，有 57.1% 的德国本科申请人选择在高考出分后开始着手准备，虽然较往年占比有所下降，但依然是主流选择。此外，有 42.9% 的学生筹备时间在两年及以上。这类学生一部分为本科在读生，因院校或专业不够理想转而申请德国院校；还有一部分则大多为高中在读生，在校期间就开始将德语作为第二外语学习，高中毕业后获得有效的语言证书就开始着手申请德国本科学校。

2019 年 ~ 2023 年德国本科申请——筹备时间占比

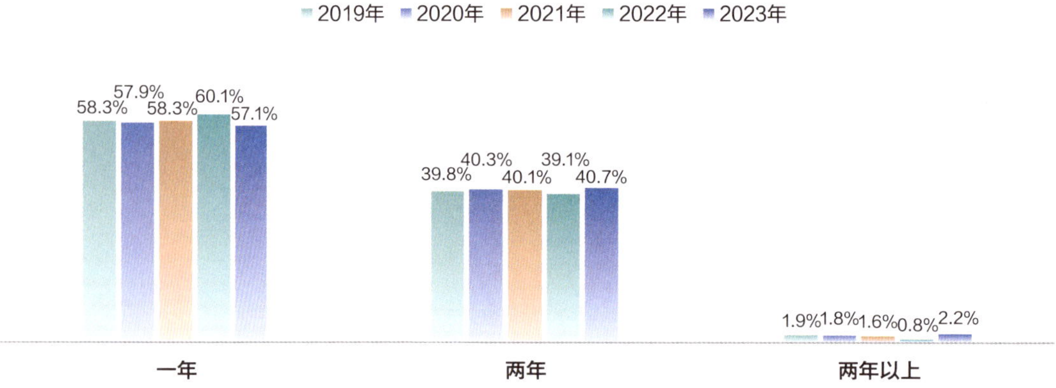

（4）超八成学生选择申请德国 TU9 及 U15 联盟高校

与中国九校联盟（C9）、英国罗素大学集团、澳大利亚八校联盟等类似，德国也有自己的国家级高校联盟，分别为 U15 大学联盟和 TU9 联盟。其中，U15 大学联盟是由德国 15 所知名研究型综合类大学组成的高校联盟；TU9 联盟又被称为德国理工大学联盟，由九所知名工业大学组成。这 24 所高校可以说是代表了德国教育的学术实力和科研实力，因此也吸引了很多国际学生前来求学。

近五年来，申请 TU9 和 U15 院校的学生占比基本一致，都稳定在 40% 上下。

2019 年 ~ 2023 年德国本科申请——院校类型占比

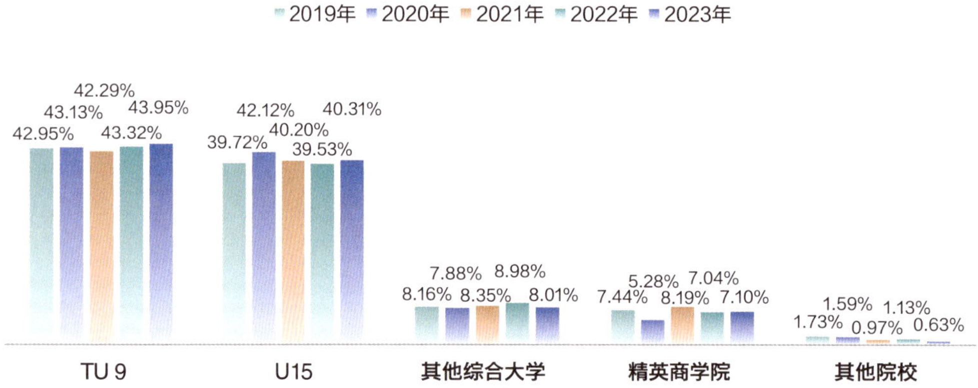

（5）工科、商科类专业连续四年申请上涨，工科更受青睐

近五年来，德国本科留学仍以优势的工科类专业为主，且从 2020 年开始呈现出逐年攀升的趋势，到了 2023 年，占比为 49%。同时，商科类专业占比也在逐年上涨，达 27%。企业经济学、国民经济学等专业都是德国商科教育体系中独具特色的专业，吸引了不少中国学生申请。此外，理科类专业的申请与 2022 年持平，文科艺术类申请有所下降，占比为 8%。

2019 年 ~ 2023 年德国本科申请——专业占比

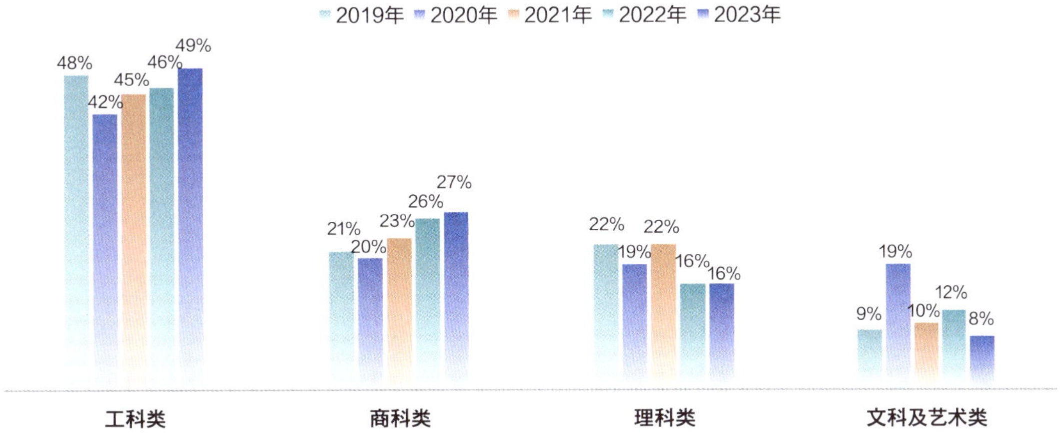

（6）超半数高考申请学生属于高分群体，竞争加剧

自 2020 年德国教育部承认中国高考成绩以来，每一年都有大批本科申请人凭借高考成绩申请德国高校本科直入。2022 年至 2023 年，高考总分 75% 以上的群体占比超过半数。一方面是由于政策的优势使得申请人数上升，竞争更加激烈；另一方面是由于德国大学的专业设置分为受限专业（NC 专业）与非受限专业（非 NC 专业）。对于如医学、药学等热门受限专业，德国高校会“优中选优”，甚至还会设置录取前笔面试，因此希望申请这些专业的学生尽可能提升自己的成绩，让自己具备较大的申请优势。

2020 年 ~ 2023 年德国本科申请——高考成绩占比

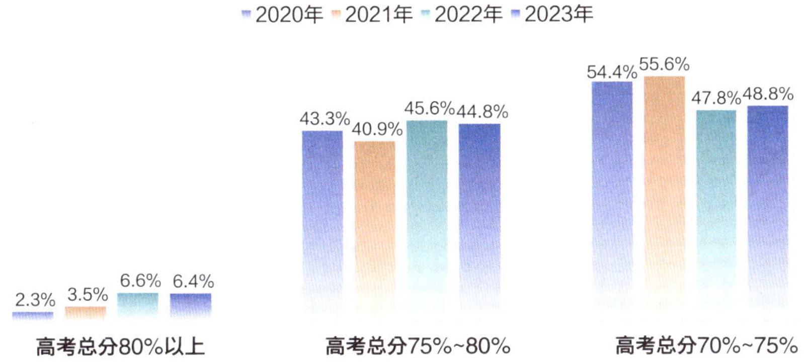

（7）德国本科录取量逐年攀升

2019 年到 2023 年，由于申请量的不断增加，德国本科录取数量也呈现逐年上升的趋势。除此之外，德国广受欢迎的工程类专业（如机械工程、信息学、电气电子工程、材料工程等）以及自然科学类专业（物理、数学、化学等）在本科申请阶段多数为非受限专业（对入学名额及申请人成绩没有特别严格的限制），录取门槛较低，竞争压力较小，获得录取的机会很大。

2019 年 ~ 2023 年德国本科录取——录取数量趋势

（8）录取院校以综合类大学为主

德国录取院校类型及录取人数在过去五年无明显差异。在 2023 年，德国公立综合类大学录取人数占比为 85%，这主要是因为该类大学具有全球学术排名资格，学科多，专业齐全，普遍受到中国学生的青睐。另有 7.7% 的学生被精英商学院录取，此类院校所有课程均采用英语教学，小班授课，有广泛的校企合作，可为学生提供优质快捷的实习及就业机会。除此之外，德国的艺术设计类专业在世界范围内有着很大的影响力，每年有相当一部分的学生选择申请德国艺术专业留学。

2019 年 ~ 2023 年德国本科录取——院校类型占比

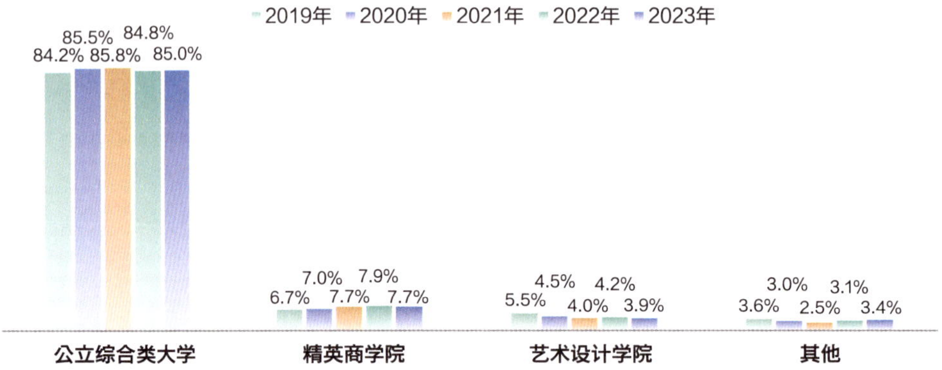

（9）高排名院校录取稳步增长

德国 TOP 100 院校的本科录取数量占比逐年增加，从 2020 年的 34.48% 增长至 2023 年的 46.92%，占比近半数。这一方面说明中国学生的“名校情结”依然存在，在申请时依然青睐排名靠前的院校；另一方面也体现了申请人的实力在不断上升，准备愈发充足，更容易获得优质院校的录取。

2020 年 ~ 2023 年德国本科录取——院校排名占比

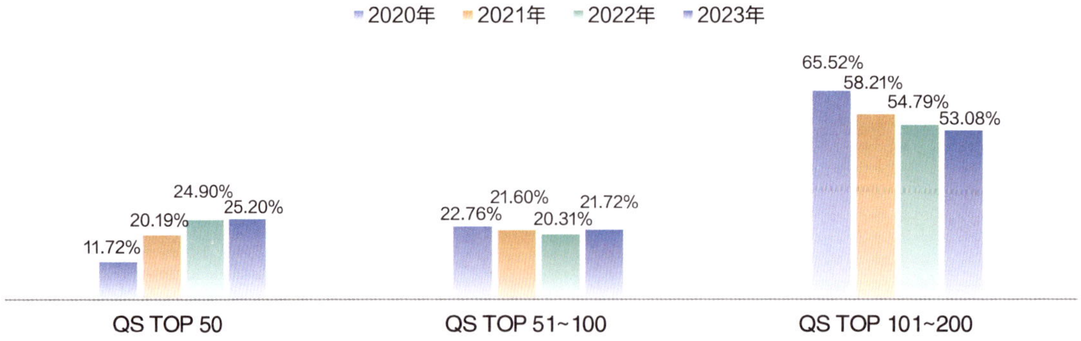

（10）工科类专业录取近半，商科录取数量不断上升

近五年来，德国本科录取专业仍然以工科类为主，且录取人数占比基本稳定在近半数左右。同时，商科的录取数量占比五年来不断上升，2023 年达到峰值 23.9%。德国作为世界上的工业大国和欧洲经济强国，每年吸引着大量希望就读理工科、商科的学生前来申请。除此之外，德国的理科类专业在世界上也享有极高的学术声誉，每年录取的中国学生也占据一定比重。

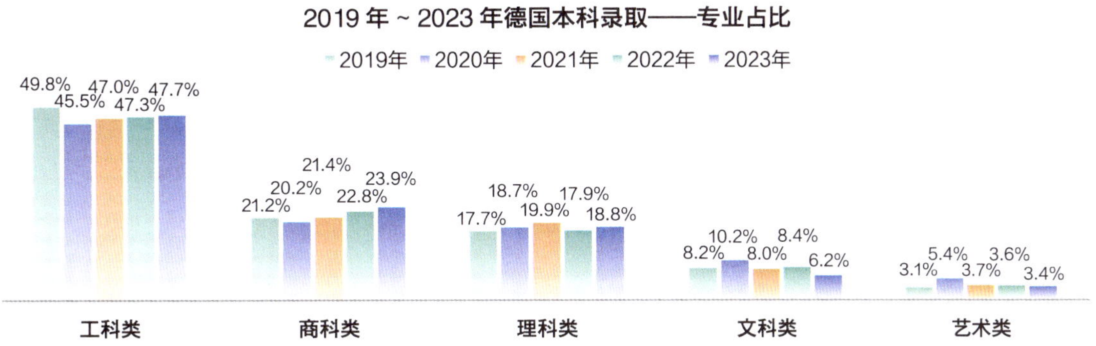

（11）读研深造为本科毕业生主流选择

根据新东方欧亚教育对留德学生毕业去向的调研结果，本科阶段的毕业生超八成会选择在德国院校继续攻读硕士学位，12.8% 选择在德国就业，不足 5% 的学生考虑回国求职。

从职业发展的角度来说，如果今后想从事研究工作或想在职场拥有更好的发展前景，拥有硕士学位是非常有优势的；而从专业需求的角度来说，部分专业对学历等级有着明确的规定，例如自然科学相关专业的学生只能在本科阶段获得较少的知识储备，硕士阶段才能获得足够的专业技能和实践经验，如果学生希望未来能在自然科学方面有所发展，修读硕士学位就成了必要条件。基于以上两点考虑，修读硕士成了本科留德学生的主流选择。

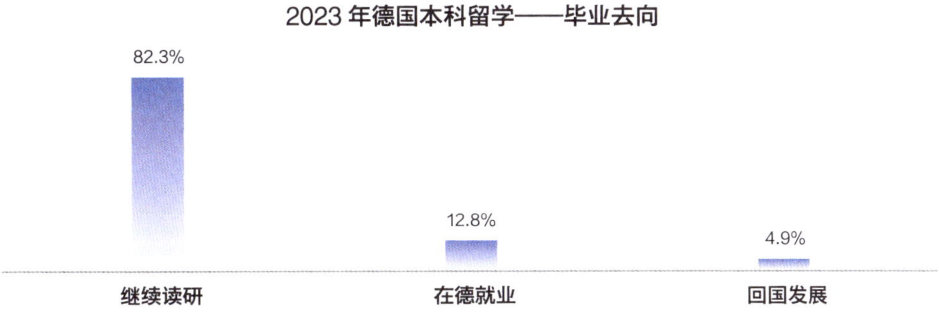

2. 德国本科升学规划

（1）德国本科教育体制介绍

德国高等教育非常普及，各类高等院校共有 380 多所，分布在 16 个联邦州。德国院校无重点大学与普通大学之分，无官方排名，每所大学都有自己的特点，在专业设置上各有优势。

德国本科教育共计 180 学分（部分学校及专业规定为 210 学分），预计三到四年完成学业。英语授课专业开设较少，绝大多数专业采用德语作为教学语言。按照学士学位的学业规划，如果学生每周安排 40 个学时，每年学习 45 周，就能够在标准学习年限之内完成大学学业。

学生获得学士学位以后，如果希望继续深造，可以直接就读硕士学位——即可以在结束学士学业之后立即开始。选定的硕士学位课程应与本科专业有密切关系。德国高校的网站上一般会给出相关信息，指明哪些本科专业方向可以申请与之衔接的硕士课程。

此外，学习医师、律师、药剂师、兽医、牙医、食品化学工程师或者教师这类职业相关专业的学生通常以参加国家考试（Staatsexamen）来结束大学学业。国家考试是国家考试委员会（Staatlicher Prüfungsausschuss）举办的考试。由于这类专业的毕业生常常会担任国家公职，学业和考试的内容要由相关法规加以规定。第一次国家考试通常是理论考试，类似于大学里的大学结业考试。大学学习结束之后是一个有职业针对性的、实用的培训阶段，该阶段结束后参加第二次国家考试。学历课程完成且两次国家考试结束后，学生可获得该专业的从业资格。

（2）德国本科教育优势

1）教育质量高，文凭含金量高

德国高校的教学作风严谨，教育质量高，迄今为止，已经孕育了上百位诺贝尔奖获得者。毕业证书被世界公认，含金量高。

2）免费的教学体制

德国公立大学属于福利教育性质，除巴登－符腾堡州所有高校和巴伐利亚州的慕尼黑工业大学、商学院以及小部分院校专业收取学费之外，其余的德国公立高校学费全免，学生只需要支付注册费及生活费用即可。

3）宽松的就业政策和打工环境

德国政府为德国留学毕业生提供时间为 18 个月的签证用于找工作，工作两年后可申请德国永居。

同时，德国院校的学生办事处还为在读生提供了多样化的打工机会，大学生可以借助学校资源找到适合自己的社会工作。对科研感兴趣的学生也可以拥有在本系、本专业协助研究的工作机会，这种工作不仅有意义，而且可以得到很好的报酬。德国允许留学生每年合法打工 120 个全天或 240 个半天，这对工薪阶层家庭的学生来说也是重要的利好政策之一。

4）申根签证带来多样便利

取得德国签证就可以自由进出欧盟申根协议国家，这对中国留学生来说是不可忽视的优势之一。

5）良好的社会治安，安全稳定的生活环境

德国治安环境良好，学校为学生提供各种福利，如享受免费医疗服务、持学生证可在学校所在城市甚至周边城市免费乘车等。

（3）德国院校分类及特色

按照院校类型划分，德国高等院校可分为以下几类：

学校分类	学校特色	学费（人民币）	国际生比例
公立综合性大学（Uni）	· 囊括工业大学、师范大学和体育大学等 · 学校规模较大，学校人数多 · 学科多、专业齐全 · 注重理论知识，教学科研并重	除巴登－符腾堡州（约 2.4 万元/年）和慕尼黑工业大学（约 3.2 万～4.8 万元/年）及部分院校专业外，其余不收取学费	约 15%
应用技术大学（FH）	· 院校数量多，各学校人数较少 · 专业设置较少但特色突出，课程更偏重于应用学科 · 校企合作丰富，一般会提供 3～6 个月的实习	除巴登－符腾堡州（约 2.4 万元/年）及部分院校专业外，其余不收取学费	约 10%

续表

学校分类	学校特色	学费（人民币）	国际生比例
艺术类院校	· 囊括音乐戏剧学院和电影学院 · 院校数量不多，规模较小，多实行小班教学 · 以培养和发展学生的个性和艺术才能为原则	除巴登－符腾堡州（约 2.4 万元 / 年）及部分院校专业外，其余不收取学费	约 3%
德国精英商学院	· 商科细分方向直入，全部课程为英语授课 · 高考成绩达到当地二本线可直接入读本科专业，无需就读预科 · 校企合作紧密，校友网络庞大，毕业后快速就业，毕业后三个月内就职人数超 90%，薪酬可达 47 万元 / 年	本科阶段共计花费约 27 万 ~ 35 万元	约 50%

（4）德国本科课程介绍

德国本科教育采用学分制，共计 180 个学分，所有课程开设于前五个学期，第六学期为毕业论文阶段。大多数高校在前两个学期开设专业基础课，从第三学期开始，学生需选定专业方向，并在选定的方向中修读专业课程。

德国大学常见的课堂形式与中国不同，分为讲座课、练习课、研讨课、实验课等，对学生参与度要求较高。无论哪种课堂形式，教授都鼓励学生积极提问，也会组织学生分小组讨论，并着重培养学生的批判性思维。德国的优势专业众多，如机械工程、电气工程、电子信息工程、车辆工程、经济、经济工程、经济信息、自然科学等。

（5）德国本科申请要求

自 2019 年（含 2019 年），国内高中学生拥有会考成绩，且高考成绩达到总成绩 70% 及以上，语言水平达标后可申请直接入读德国本科专业；若高考成绩达到当地本科线但未能达到总成绩的 70%，可通过就读一年预科的方式申请本科入学。除此以外，985/211 院校读满一个学期，或“双非”院校读满三个学期也可以在语言水平达标后申请入读德国本科相同或相关专业。

（6）德国本科申请材料

- 小学 / 初中 / 高中毕业证
- 高中会考成绩证明
- 高考成绩证明
- APS[14] 审核证明
- 其他文书类材料

（7）德国本科申请规划时间轴

2020 年 8 月，德国教育部针对中国留学生发布新的“高考程序”，为计划就读德国本科的留学生提供更多可能。高考分数在总成绩 70% 以上的毕业生，可以直接通过递交材料的方式获得审核证书，这为申请人节约了大量的时间，缩短了留学德国的复杂手续，也意味着德国高校更加认可中国优秀高中毕业生的素质。

14 APS 即德国驻华使馆文化处留德人员审核部，是由德国驻华使馆文化处和德意志学术交流中心在北京共同合作成立的服务机构。审核部是中国学生前往德国留学的大门。当申请人通过了材料审核，并参加审核面谈或者 TestAS（德适考试）测试后便可获得审核证书，该证书是德国高校录取中国学生的前提条件之一。拥有证书即表明该留学申请人所提交的申请材料是真实的，并且在中国大学取得了足够的学习成绩用以申请德国大学。审核部不审核来自中国香港、中国澳门和中国台湾地区的学历。TestAS：即德适考试，是在德国发展起来的针对非欧盟国家的外国学生的标准化学习能力考试，全球范围内一年举行两次。

以应届高考生为例，参考申请时间轴如下：

时间阶段	申请准备
当年 6 月	· 确认高考成绩，确定最终选校方案，开始学习德语
当年 7 月	· 进行审核部材料审核 · 利用完整时间，进行德语水平加强 · 准备申请材料并开始项目申请
当年 9 月	· 递交德国留学签证，继续学习德语
当年 10 月 ~ 次年 5 月	· 到达德国并开始境外德语学习，德语水平达到相应录取标准
次年 5 月 ~7 月	· 再次确认选校方案，准备文书类材料，进行申请
次年 8~9 月	· 等待录取结果
次年 10 月	· 进入德国本科第一学期开始专业学习

（此时间轴仅为参考，一切以实际申请为准）

二 德国硕士数据解读和升学规划

1. 德国硕士数据解读

（1）历年申请人数变化趋势

根据新东方欧亚教育申请数据，在过去五年的时间里，赴德攻读硕士学位的人数呈稳步上升趋势。2023 年赴德攻读硕士学位的人数较 2022 年增长了 30% 左右。德国高校和科研机构在国际上持续享有盛誉，尤其是高质量的学术教育，免收学费的高校课程（大部分），以及高校毕业生在劳动力市场上的广阔前景，促使德国跃居为最受国际留学生喜欢的留学目的国之一。

2019 年 ~ 2023 年德国硕士申请——申请人数趋势

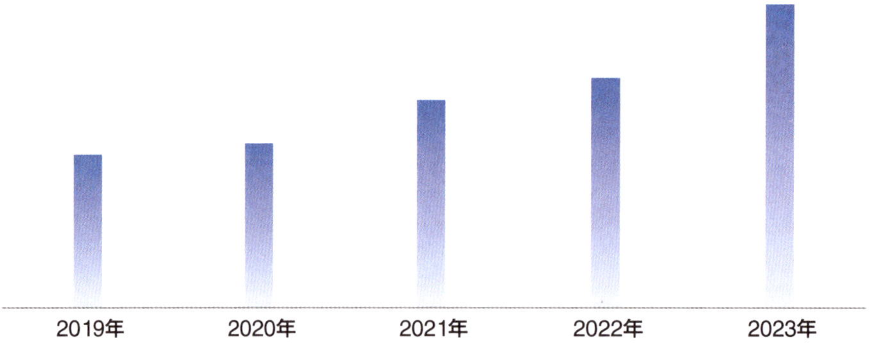

（2）德国硕士申请人主要来自双非和双一流高校

2023 年，“双一流”和“双非”院校学生依然是德国硕士主要申请群体，占比差距不大，分别为 42.3% 和 43.2%。来自海外高校的学生群体占比近五年来一直保持着比较稳定的趋势，而中外合作办学学生占比自 2021 年起逐年攀升，德国硕士的学历水平日益受到肯定。

从院校背景分布可以看出，德国高校对申请学生的学历包容度很高，录取指标多样，包含课程匹配度、平均成绩、语言成绩、科研实习经历等，并不严格限定院校背景。这也意味着任何学历的申请人只要能满足德国高校综合录取的条件，均有机会获得录取。

2019 年 ~ 2023 年德国硕士申请——院校背景占比

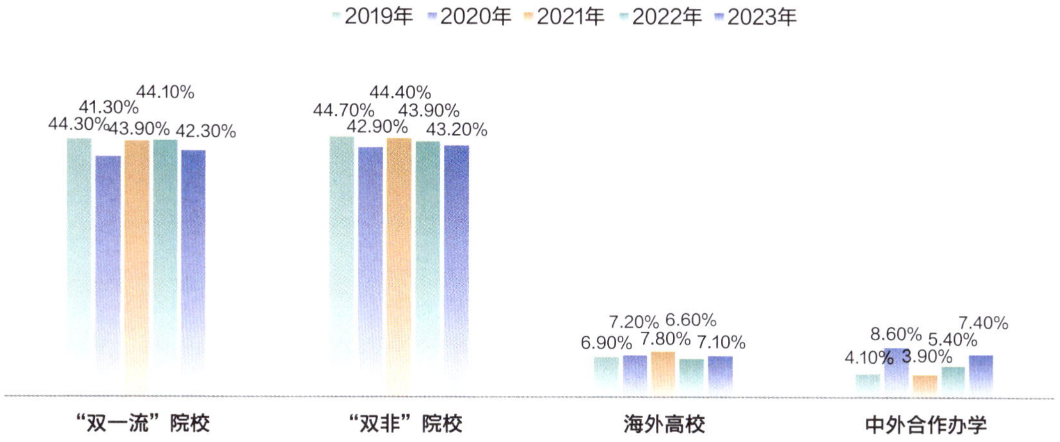

（3）超九成申请人提前两年及以上开始准备，申请周期逐渐延长

德国硕士申请的筹备时间大多较长，多数申请人筹备时间为两年及以上。从新东方欧亚教育近五年的申请趋势来看，筹备时间在两年以上的群体占比逐年上升，从 2022 起就超过了半数。这说明越来越多的学生会有意识地提前进行科学合理的选课、学习第二外语、积极参与校内外实习科研活动等，为本科毕业后“无缝衔接”硕士课程做好更加充分的准备。

2019 年 ~ 2023 年德国硕士申请——筹备时间占比

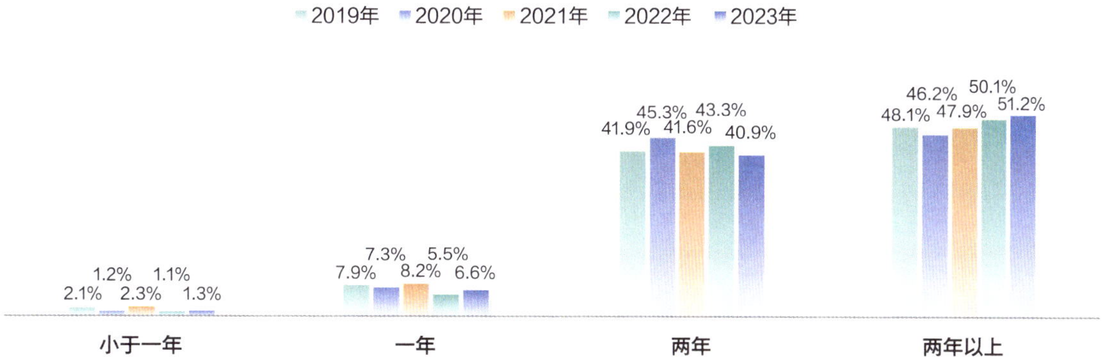

（4）近九成申请人选择德国精英院校

德国两大精英院校集群——TU9（九所精英理工大学联盟）和 U15（15 所精英研究型大学联盟）凭借卓越的世界排名、优异的师资力量、过硬的教育科研水平以及科学合理的课程设置，吸引了大量中国申请人。2023 年，两大精英院校集群申请人数总计接近 86%。

除此之外，德国其他综合类大学也凭借领先的专业排名及教育质量广受中国学生青睐，如曼海姆大学、耶拿大学、埃尔朗根－纽伦堡大学等。另外，有 6.1% 的申请人选择德国精英商学院，该类院校为学生提供了更贴近行业和市场需求的专业课程，学生不仅可以掌握实用的商科理论知识，还能够积累丰富的海外工作经验，提高在海内外的就业竞争力。

2019 年 ~ 2023 年德国硕士申请——院校类型占比

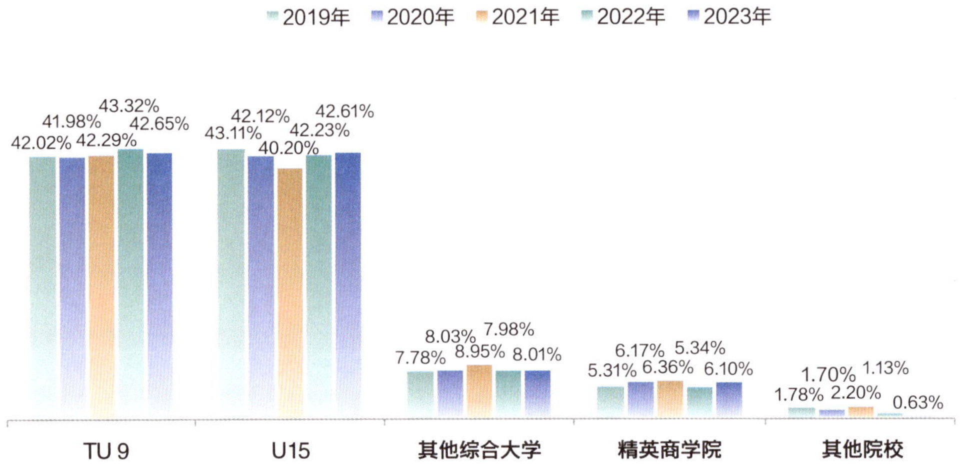

（5）七成申请人 GPA 在 80 分以上

2023 年，GPA 在 80 分以上的高分申请人占比达到 70%，较 2022 年上升 3 个百分点。德国很多院校在官网明确要求申请人的 GPA 不能低于 80 分，可以说 80 分是评判申请人的一个分水岭，申请人 GPA 越高，对院校来说越是一种学术实力的证明。

2019 年 ~ 2023 年德国硕士申请——GPA 占比

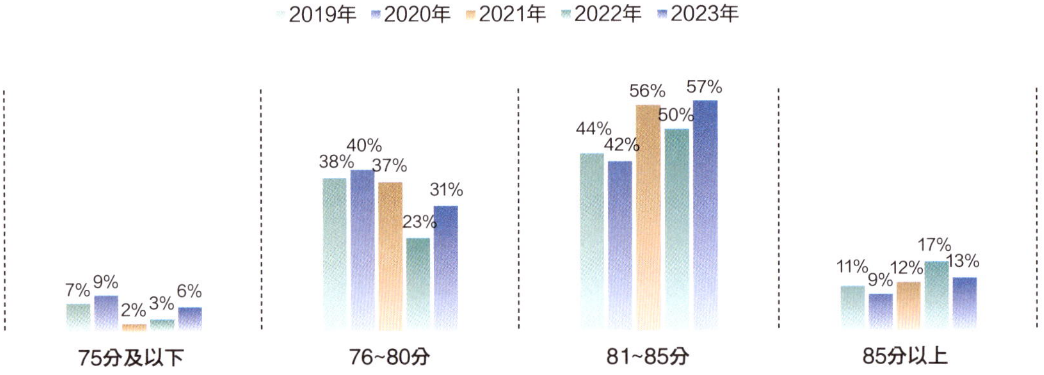

（6）六成申请者具备两段及以上科研论文、实习或工作经历

为了能进一步提高个人学术研究能力和申请竞争优势，越来越多的学生会在本科在校期间积极参与校内外科研活动，选择与自己专业相关或个人感兴趣的科研题目进行学术研究。2023 年有 60.1% 的申请人拥有两段及以上科研论文经历，较 2022 年占比上涨了 2.7%。

再来看实习 / 工作经验，近年来越来越多的德国院校也将实习证明或工作证明列入申请的必备材料。如卡尔斯鲁厄理工学院的机械专业硕士，要求申请人至少有 18 周的专业相关实习证明。2023 年德国硕士的申请人普遍拥有一段及以上的实习或工作经历，占比达 98.1%。其中，拥有两段实习 / 工作的人群占比最高，达 44.9%。

2019 年 ~ 2023 年德国硕士申请——科研论文经历占比

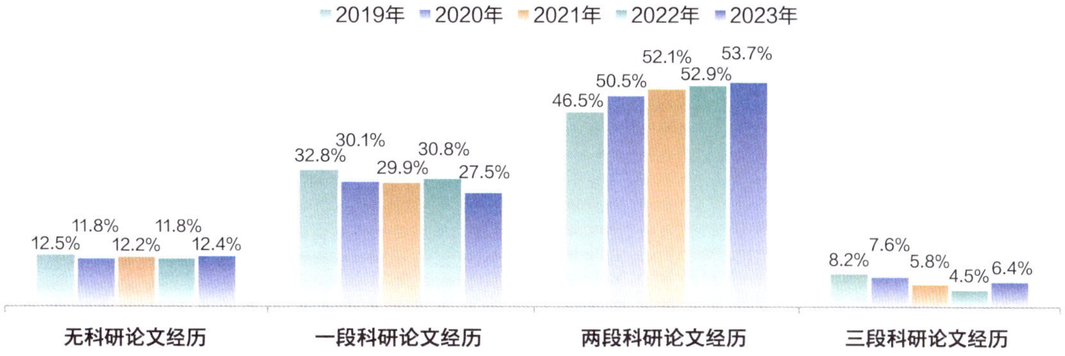

2019 年 ~ 2023 年德国硕士申请——实习 / 工作经历占比

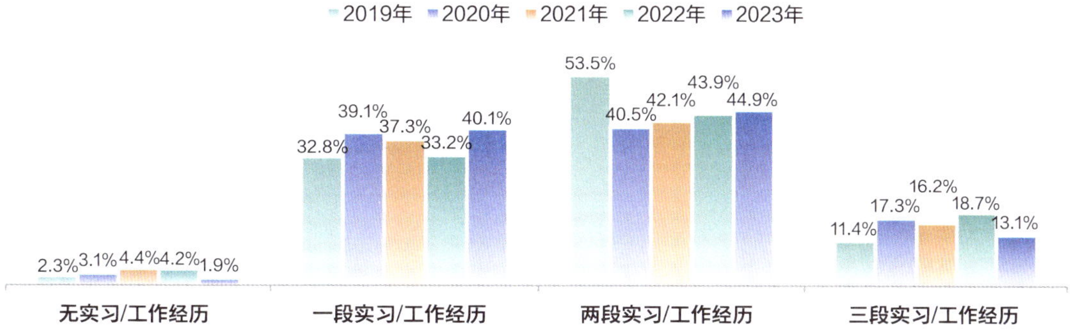

（7）硕士授课语言选择以德语为主，占比连续两年上升

2023 年，选择德语授课专业的学生为主流，占比 76.3%。一方面是因为德国院校硕士阶段以德语授课为主，分布于各类专业，学生可选择的余地较多；另一方面，多学习一门新的语言也能为申请人的未来学业和职业提供更多可能。

此外，德国硕士阶段也开设了约 1,500 个英语授课专业，集中在经济管理、自然科学和部分工科专业，因此也有 23.5% 申请人选择这些专业，申请更加方便快捷。

2019 年 ~ 2023 年德国硕士申请——授课语言占比

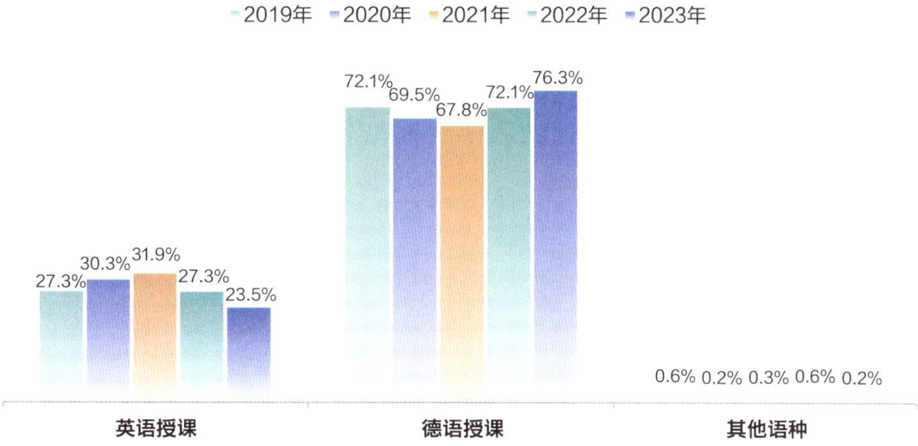

（8）德国硕士录取量连续五年上升

自 2019 年起，德国硕士录取数量呈现逐年上升的趋势。一方面是由于硕士一直是德国留学申请的主要阶段，申请量的逐年上涨从而也使得录取数量递增；另一方面在于德国高校对于申请学生所修学分有一定要求，而且多数专业为德语授课，学生需在申请前达到至少 B2 等级的德语水平，这两个申请门槛让越来越多的申请人选择提前两到三年就开始规划选课、学习德语、维持良好的在校成绩，做好充分的准备，因此录取数量稳步提升。

2019 年 ~ 2023 年德国硕士录取——录取数量趋势

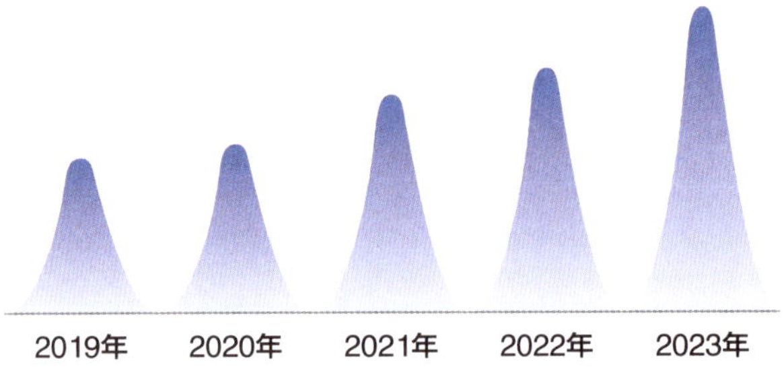

（9）工程类专业申请占比居高不下，连续五年申请占比超五成

自德国工业 4.0 计划实施以来，德国工业化水平飞速发展，在技术方面有很多领先突破，因此工程类专业作为德国传统的强势学科，一直吸引着大量的申请人慕名而来，2023 年工程类专业达到了 55% 的录取占比，与 2019 年水平相当。

商科类专业录取仅次于工程类专业位居第二，占比虽然较 2022 年有小幅下降，但依然是学生们的主要选择。德国高校开设的商科类英语授课科目日渐丰富，且这些专业本身非常重视实践应用技能的培养，在校期间会给予学生更多的实习机会，因而受到欢迎。

2019 年 ~ 2023 年德国硕士录取——专业占比

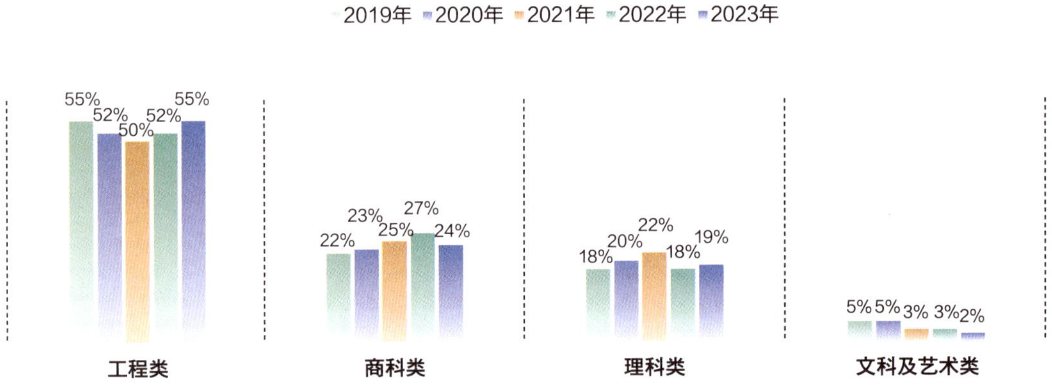

（10）超七成硕士生毕业后选择在德国就业

相比其他国家，德国的就业政策更为宽松友好，政府为德国留学生提供 18 个月时间的签证用于寻找工作，工作满两年即可申请永居。在如此利好的就业政策下，2019 年到 2023 年之间，超七成硕士毕业生选择毕业后在德国求职，两成选择回国发展，仅有不到 10% 的学生选择继续攻读深造。

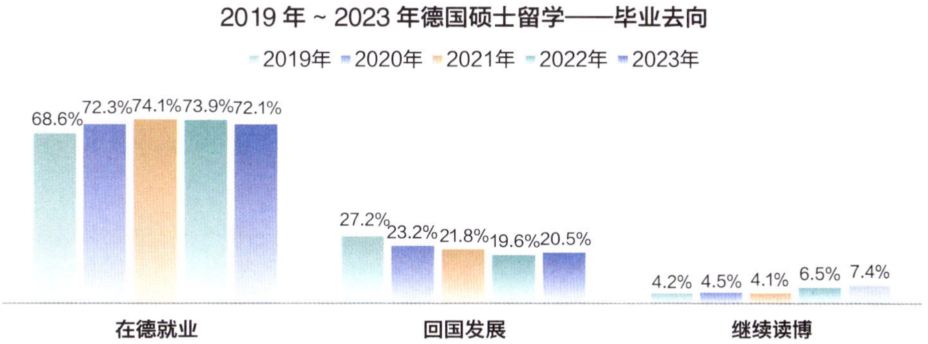

2. 德国硕士升学规划

（1）德国硕士教育体制介绍

攻读德国硕士（Master）学位的学生须积累 60~120 个学分，并通过硕士论文（Masterarbeit）来证明自己可以在规定的时间内，独立地进行学术研究，才会被允许毕业。

与此同时，德国高校还会为国际学生提供英语授课课程，截至目前共计开设德语授课硕士专业 18,000 余个，英语授课硕士专业 1,400 余个，学生可根据自身条件选择德语、英语或双语授课。

（2）德国硕士教育优势

德国硕士的留学优势与本科基本一致。不同的是，目前中德两国学位互认，在中国已经获得学位的大学毕业生有机会可以直接进入德国大学学习。

（3）德国硕士课程介绍

德国高等院校的分类已在本科升学规划中有所体现，这里重点讲解硕士的课程介绍。

德国硕士大多采取学分制，一般为 60~120 学分，所有课程通常开设在三个学期内，第四个学期为毕业论文阶段。大多数高校会按照专业模块开设专业课程。学生可以提前选定感兴趣或擅长的专业模块，并在该模块中进行选课。

德国大学鼓励学生自主学习，因此学生可以按照实际情况自主制订每学期的学习及考试计划。德国经济周刊 Wirtschaftswoche 公布了 2023 年德国大学专业排名，一共涉及九个专业，分别是企业经济学、国民经济学、经济工程、经济信息学、机械工程、电气工程、计算机、法律、社会工作。

（4）德国硕士申请要求

本科读满六个学期的申请人或毕业生，通过德国使馆文化处留德人员审核部（APS）举办的审核面谈，在满足目标院校的学分匹配度要求及语言要求的情况下，可申请硕士专业直接入学。在申请时语言成绩尚未达标者，有机会获得有条件录取。

（5）德国硕士申请材料

德国硕士录取主要综合参考以下几个方面：

- 中国大陆申请人需要有德国大使馆的 APS 审核通过证书
- 申请人在读的本科专业与预申请德国相应专业的课程匹配度
- 申请人所在的院校背景
- 语言成绩，即德语或英语成绩，具体参考所申请专业的授课语言及所申请专业对语言等级的要求（建议德语水平需达到 TestDaF 16 分；英语水平需达到至少 IELTS 6.0 分）
- GPA 平均成绩（建议 GPA 平均分达到 80 分以上）

- 推荐信（具体根据学校及专业进行准备）
- 实习证明（建议 12~18 周）
- 科研经历（可选）

需要注意的是，部分德国学校需要进行校内的资质审核，此时具体问题需要具体分析。另外，德国有部分专业因申请人数过多、学习位置有限而设置了名额限制，被称为受限申请专业，也就是“NC”专业（Numerus Clausus）。NC 专业大致分为两种，一种是全德受限，另一种是高校受限或者部分地区受限。

（6）德国硕士申请规划时间轴

时间阶段		申请准备
大一	当年 9 月 ~ 次年 6 月	· 适应大学生活，打好 GPA 基础，着手留学规划；同时开始德语学习
	当年 12 月 ~ 次年 2 月	· 利用完整时间，进行德语水平加强
	次年 7 ~ 8 月	· 参加第一段实习或科研，探索未来职业或科研方向
大二	当年 9 月 ~ 次年 6 月	· 保证 GPA 分数 · 参加职业测评，了解相关硕士专业课程设置、就业去向等
	当年 12 月 ~ 次年 2 月	· 利用完整时间，进行德语水平加强
	次年 7 ~ 8 月	· 参加德国暑期学校；提升软背景实力（参加有针对性的实习或科研）
大三	当年 9 月 ~ 次年 6 月	· 提升 GPA、准备德语考试，增加海外交换或科研经历
	当年 12 月 ~ 次年 2 月	· 德语强化与冲刺
	次年 7 ~ 8 月	· 复习本科所学知识 · 为德国使馆文化处留德人员审核部（APS）面试做好准备
大四	当年 9 月 ~ 12 月	· 参加 APS 审核；进行课程匹配，查找合适院校；参加德语考试
	当年 12 月 ~ 次年 3 月	· 成绩更新，确定最终选校方案，开始文书等材料准备
	次年 3 ~ 5 月	· 文书定稿，所有材料备齐，做好申请前的准备
	次年 6 ~ 7 月	· 德国申请窗口开放，进行学校申请
	次年 7 ~ 8 月	· 等待录取结果
	次年 8 ~ 9 月	· 拿到录取之后，准备签证，并在 9 月底成功抵达德国

（此时间轴仅为参考，一切以实际申请为准）

第六节　法国

一　法国本科数据解读和升学计划

1. 法国本科数据解读

（1）赴法读本科学生人数占比激增，上涨 10%

新东方欧亚教育申请数据显示，自 2018 年起，赴法留学生一直以就读硕士为主，且呈现出逐年上升趋势，在 2022 年达到峰值，申请人数占比达 79%。

在 2023 年硕士申请人数下降至 68%，与之相对应的是本科申请学生占比上升明显，同比 2022 年增长 10 个百分点。这主要是由于国际学生在全球范围的流动性持续增长，且法国院校类型众多，包容性强，除接受中国的普通高考外，海外各国高中学历学生、职高生、中专生也可以在法国找到适合就读的学校，因此学生赴法本科留学的意愿更加高涨。

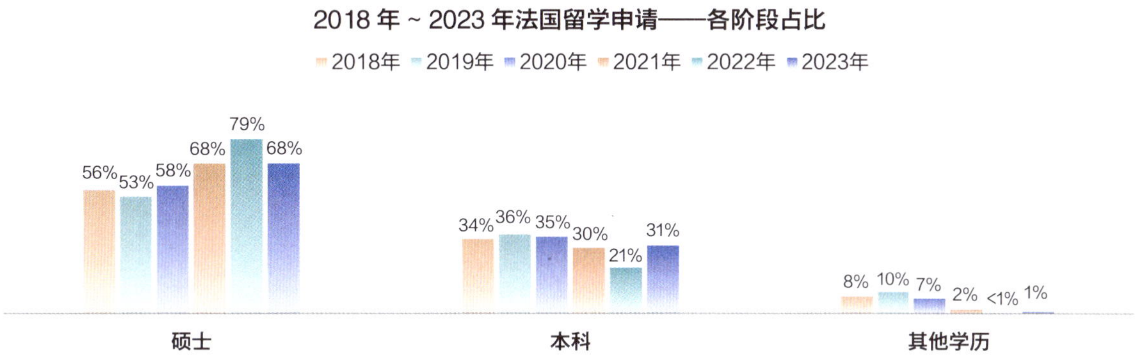

（2）直录学生占比呈上升趋势，预科依然是主流申请方式

申请入读法国本科的学生依然以通过语言预科入读为主，2023 年占比为 63%，较 2022 年有小幅度上涨。法语授课项目专业选择广泛，大部分学生会选择通过语言预科入读，一方面可以进一步提升自己的法语水平；另一方面也可以将这段时间作为过渡，帮助自己更好地适应学习生活。

在选择申请直录的学生中，一部分为申请高等商学院、政治学院及工程师学院英语授课的学生，另一部分则是高中三年外语科目为法语的学生。这两类学生一般拥有法语 B2/C1 或 IELTS 6.0~7.0 分及以上水平，他们具备的语言能力足以满足在法国当地的学习生活需求。

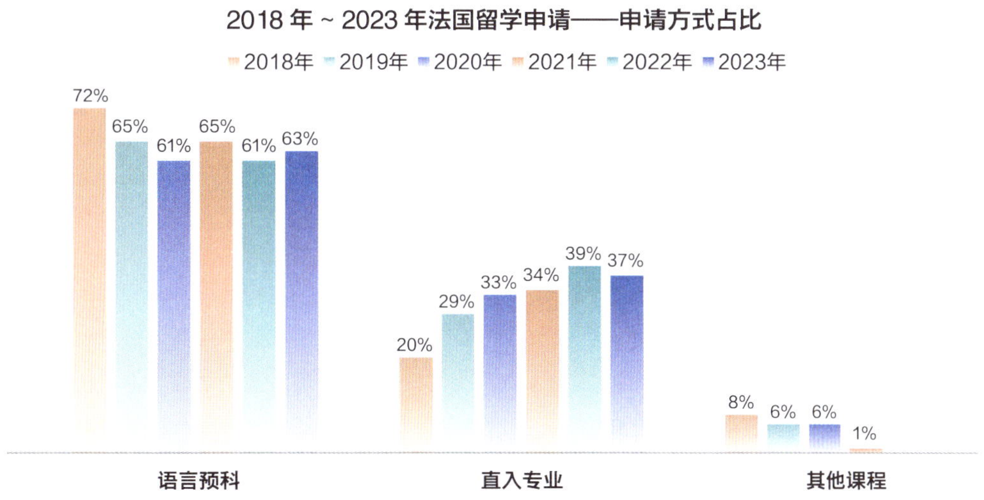

（3）精英院校[15]仍为申请主流，私立设计院校申请人数增加

精英院校申请人数虽然最多，但是出现了近六年来的首次下跌；私立艺术设计院校人数上升明显。目前

15 精英院校：工程师学院、行政学院、高等商学院、高等师范学院等法国“大学校”。

精英院校仍为主流申请院校，申请人数占比近五成，但总人数较 2023 年下降 8%。私立艺术设计院校涨幅明显，达到近六年来的峰值。

随着法国的精英教育体系被熟知，越来越多的学生及家长愈加青睐以高等商学院、工程师学院、政治学院为代表的精英院校。高等商学院申请周期灵活，招生审核形式更加多元，除了标准化成绩之外，还会参考学生的个人实践经历、社会经历、是否具备某领域的特长等多维度进行综合评估，这种灵活的申请方式也受到越来越多学生的青睐。

虽然法国公立院校的申请人数占比近六年来持续下降，2023 年占比为 40%，但由于此类院校开设的专业范围较广，学科齐全，并配有语言班或预科供学生提高法语水平，因此每年都有相当一部分学生会选择申请。

私立艺术设计学院人数上升明显，有赖于法国各个设计学院在国际各类专业排名上的表现。吸引了一部分对服装、动画、游戏、交互、影视及数字媒体领域感兴趣的学生申请。

2018 年 ~ 2023 年法国本科申请——院校类型占比

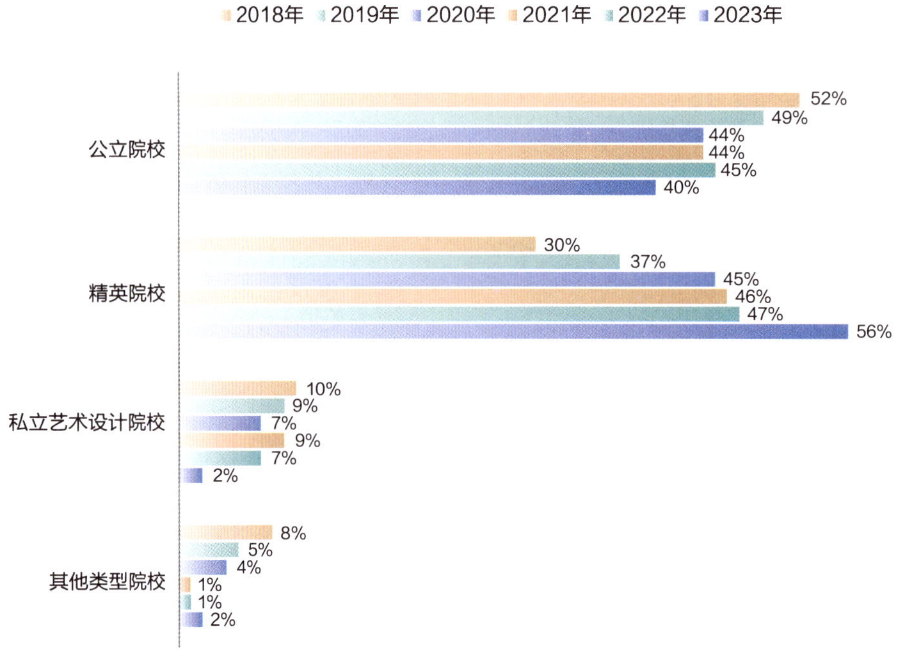

（4）经管专业连续为申请首选，艺术设计类人数上升明显

对计划赴法就读本科的学生来说，首先要重视的就是专业选择。赴法就读本科群体申请专业仍以经济管理为主。经济管理专业申请占比为 40%，较 2022 年同期上升 2%。商科类专业长期成为申请首选是由于法国高等商学院的准入门槛较为灵活，同时设有法语及英语课程供学生选择，为国际学生提供了极大的便利。

艺术设计类专业申请人数上升，主要由于近年来法国部分优秀私立艺术设计院校在全球专业榜单上的排名上升，受到了众多学生的青睐。

2018 年 ~ 2023 年法国本科申请——专业占比

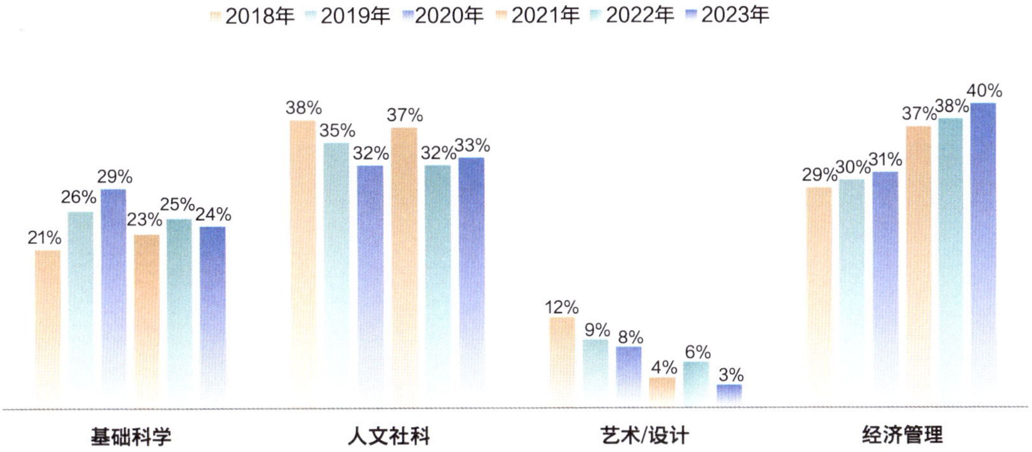

（5）参加法语考试的学生占比超五成

参加法语考试的学生仍然是主要群体，占比为 58%。作为法国的官方语言，生活的方方面面都涉及法语的使用。即使是申请英语授课项目，提交法语成绩也能从侧面体现出学生的学习能力，为申请锦上添花；另外“一带一路”的发展也使我国对小语种人才的需求量不断增加。

2018 年 ~ 2023 年法国本科申请——语言考试类型占比

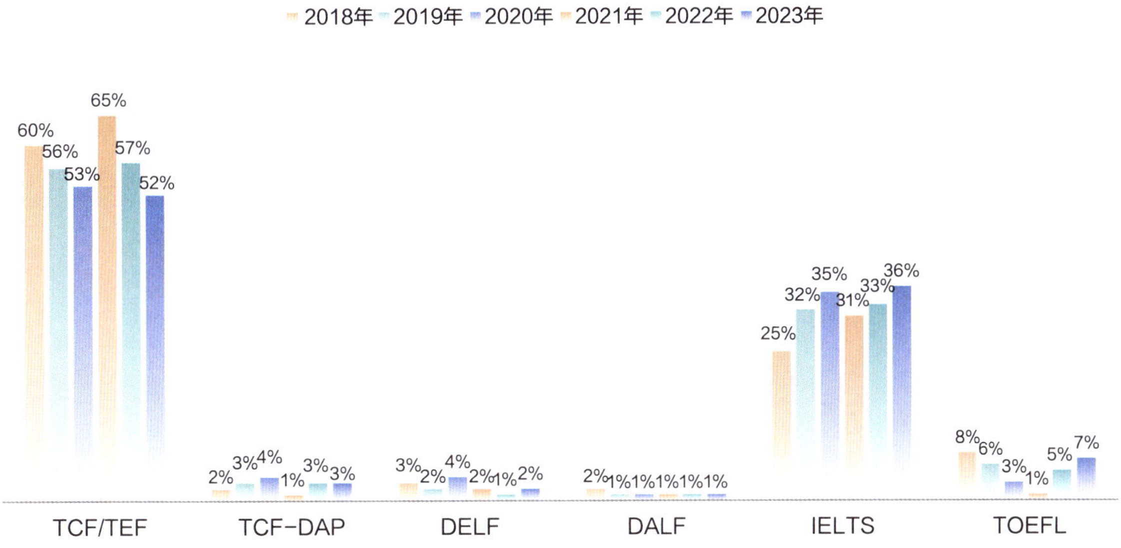

2. 法国本科升学规划

（1）法国本科教育体制介绍

法国是世界第六大留学生接待国，也是小语种国家中拥有国际学生最多的国家之一。法国高等教育历史悠久，教育及学术研究水平居于世界领先地位。77 所综合性公立大学、200 余所工程师学院、150 所工商管理学院、22 所建筑学院、120 所公立高等艺术学院及 3,000 所其他类型院校[16]，一起筑成了庞大的法国高等教育平台，保证了法国高等教育的质量。

16　以上数据来自法国高等教育署官网。

根据教学目标、培养目的、录取方式等不同，法国大学划分出了多种不同类型的高等院校，包括综合大学、工程师学院、高等艺术学院、工商管理学院及高等专业技术学院等。由于院校类型的多样化，学生在高等教育阶段的学制以及结束后所获得的文凭类型也各有不同。

各院校类型学制对比（常申请类）：

院校类型	本科	硕士
公立大学	3 年	2 年
高等商学院	3 ~ 4 年	1 ~ 3 年
政治学院	3 年	2 年
工程师学院	3 ~ 5 年 （高中起点为 5 年，本科起点 2 ~ 3 年）	
艺术设计院校	3 年	2 年

（2）法国教育优势

1）教育资源丰富，科研水平先进

法国高等教育院校众多，课程几乎覆盖所有学科领域，学生可任意挑选心仪的领域学习。此外，法国政府非常重视科学研究，其国家科学研究中心一直是全球先进的研究机构。法国诞生过 66 位诺贝尔奖得主和 13 位菲尔兹奖得主（全球仅 64 名）。

2）提供多语种授课

法语是 40 个国家和地区以及联合国、国际奥委会等国际组织的官方及工作用语，全球有近 3 亿人在使用法语。但除了法语授课外，法国高校还提供了超过 1,500 个英语授课科目，涵盖各学科领域以及各教育阶段，方便学生前往法国就读。

3）高等教育学历广泛认可

中法两国政府于 2007 年 11 月签署了《学位和文凭互认协议》，并在 2014 年和 2020 年各进行了一次修改，全面明确了中法两国学历互认的内容。中国政府承认所有法国政府认可的法国高等教育文凭，包括公立大学体系的学士、硕士、博士学位，工程师文凭，精英商学院文凭，以及其他公立、私立、艺术类院校文凭。

4）就业选择多样

法国高等教育机构侧重学生的职业化培训，学校非常注重校企合作，让学生在校期间能够获得更多与所学专业相关的实习机会，学生们毕业后更容易进入到与院校合作的企业中。

（3）法国院校分类及特色

1）公立院校

法国的综合大学（Les Universités Françaises）、公立美术学院（Les Écoles des Beaux-arts）、公立音乐舞蹈学院（Les Conservatoires de musique et danse/CRR）等公立院校因为直接受政府资助，学生每年只需支付 300 到 3,770 欧元不等的学校注册费即可。这类院校均拥有悠久的历史，学科设置齐全，教学资源及师资储备完善，是法国高等教育体系的重要基石。

2）大学校

与公立院校相对的另一类学校是大学校（Les Grandes Écoles），即高等专业学院，是法国特有的精英教育体系。这类院校通常专精于单一学科领域，专业设置也更加精细化。拥有“大学校”头衔的学校主要集中在商学院、工程师学院和部分人文社科类学校。这类院校有公立也有私立，费用每学年在 3,000 到 30,000 欧元不等。精英院校较综合大学更加国际化，除了提供传统的法语授课课程外，还会提供众多英语授课项目。

“大学校”体系中最具代表性的是法国的工程师学院，这类学院是法国工程治国的核心基础。工程师学院除了国家文凭外，还可以颁发工程师文凭。工程师文凭在法国拥有非常高的地位，受法国法律保护，是一种名誉的象征。

3）高等专科学校

第三类高等院校是高等专科学校（Les Écoles Spécialisées）。与中国的专科学校不同的是，这些专科学校是特指在设计、建筑等创造性领域进行人才培养的高等教育学院。学制与其他高等院校基本相同，以私立院校居多，也有少部分院校是公立性质。私立院校每年学费在 6,000 到 10,000 欧元不等，公立院校则完全免除学费，仅收取注册费。这些院校可以自行组织入学考试，同样可以颁发国家认可的本科及硕士阶段文凭。

（4）法国本科课程介绍

在法国高校的本科课程阶段，并不会为学生提供具体细分专业的课程，而是根据学生的志向将其归属于专业大类的教学之中。这样由广入深、由面到线的教学方式，在法国人眼里更加符合学生的认知规律。因此，法国公立大学的本科阶段都是三年通识教育（医药类除外），学生可在此期间随着学习的不断深入，明确未来专业方向，并可以在学习的不同阶段根据自己的兴趣转入其他项目、其他专业或是其他学校（转专业后的就读阶段需要视课程匹配、学分等因素综合确定）。专业性更强的教育和研究将会在硕士阶段为学生提供。

以下为比较热门的专业大类：

- **理工科类**：法国在航空航天、自然科学、计算机、核能核电、精细化学、制药、环境保护等领域的研究处于世界领先水平，这些领域的专家云集于法国的精英工程师学院及优质公立大学的理工学院。此类专业的教学方式根据相关领域企业的需要不断进行调整，教学内容、专业口径宽广，涉及多门学科，内容相对庞杂，涉猎广泛，能为未来的工作和研究打下坚实的基础。
- **经济管理类**：法国拥有金融、风险投资、红酒管理、物流与供应链、奢侈品管理、酒店旅游管理等优势专业，尤其是在金融、风险投资、奢侈品管理和红酒管理等领域，法国高等商学院均拥有相当高的水平。商科本科阶段教学主要为经管学科的通识课程，帮助学生夯实专业基础，也为学生在后续升学的专业选择时拓宽道路。
- **艺术及设计类**：法国素来以艺术闻名于世，其音乐、舞蹈、美术、绘画、雕塑、建筑设计、园林景观设计、服装设计、动画设计等享誉世界。法国拥有众多世界一流的艺术及设计院校，院校中任职的教授也有众多当代的名家大师，因此，留学法国是学习艺术及设计相关专业的不二之选。

（5）法国本科申请要求

1）公立大学 / 工程师学院 / 政治学院 / 公立艺术院校

- 高考成绩：申请公立大学最低达到本省本科线及以上；申请工程师学院最低达到本省本科线，数学单科达到 90 分以上，建议 100 分以上。
- 法语授课项目：直接入读专业正课需要学生持有 TCF-DAP[17] B2 及以上成绩、DELF B2 成绩或 DALF 成绩；就读语言班或预科项目则需根据院校要求酌情提供。

---

17 TCF-DAP 是所有希望直接进入法国大学第一阶段的课程或建筑学校学习的学生必须参加的考试。

- 英语授课项目：IELTS 6.0 分，TOEFL 83 分以上。

2）高等商学院 / 私立设计院校及其他类型私立院校

- 高考成绩：根据院校要求酌情提供，建议达到本省本科线。
- 法语授课项目：直接入读专业正课需要学生持有 TCF/TEF B2 及以上成绩、DELF B2 成绩或 DALF 成绩；就读预科项目则最低需要 TCF/TEF A2 成绩。
- 英语授课项目：直接入读专业正课需要学生至少拥有 IELTS 5.5 分或 TOEFL 75 分的成绩，IELTS 6.0 分或 TOEFL 80 分以上的成绩比较有竞争力；就读预科项目则最低需要 IELTS 5 分或 TOEFL 65 分。

（6）法国本科申请材料

- 个人简历
- 动机信（Lettre Motivation）
- 高中毕业生提供高中三年成绩单及毕业证，高三在读生提供现有成绩单及在读证明
- 高中会考成绩
- 高考成绩（如需）
- 语言成绩（法语授课项目根据院校要求提供 TCF-DAP、TCF/TEF、DELF/DALF；英语授课项目提供 TOEFL/IELTS）
- 艺考成绩（艺术生建议提供）
- 各类在校获奖证书或竞赛证书（如有）

除中国普通高中的毕业生外，在国内就读国际学校或普通高中国际部的学生，可凭其学习的相关国家高中课程考试成绩申请法国留学，如 AP、SAT、IB、A Level、加拿大各省的毕业会考成绩等。职业高中或中专毕业生，参加成人高考后，也可申请法国部分院校本科课程。

（7）法国本科申请规划时间轴

1）直入本科

以高二下半学期开始准备申请为例：

阶段规划	
时间阶段	申请准备
前期规划	· 学术背景分析 · 选择专业方向 · 划定院校范围 · 制定语言学习及考试计划
申请阶段	· Etudes en France[18] 注册（或申请注册） · 准备申请材料 · 确定申请学校 · 确定文书类材料 · 参加语言考试 · Etudes en France（或学校）面试辅导 · 参加面试

18 Etudes en France 系统是所有留法学生都会用到的一个系统。学生可以在此平台提交留学申请；在办理签证过程中，Etudes en France 系统也是预签证程序的第一步，通过此平台预约面签；参加预签证法语考试（TEF/TCF 考试）也在此平台报名。

续表

阶段规划	
时间阶段	申请准备
录取阶段	· 时常查看录取结果 · 获得录取通知 · 缴纳占位费（视学校情况而定） · 获得正式录取通知书 · 缴纳专业学费（视学校情况而定）
签证阶段	· 签证预约 · 获得签证 · 赴法留学

秋季开学	材料准备	语言考试	递交申请	面 / 笔试	录取结果	递签
公立大学	当年 6 ~ 8 月	当年 8 ~ 12 月	当年 10 ~ 12 月	次年 1 ~ 2 月	次年 4 ~ 5 月	次年 6 ~ 8 月
高等商学院 / 工程师学院	当年 3 ~ 9 月	当年 5 月 ~ 次年 6 月	当年 10 月 ~ 次年 6 月	当年 10 月 ~ 次年 6 月	当年 11 月 ~ 次年 7 月	次年 6 ~ 8 月
艺术院校项目	当年 8 月 ~ 次年 5 月	当年 9 月 ~ 次年 5 月	当年 11 月 ~ 次年 6 月	次年 1 ~ 6 月	次年 2 ~ 6 月	次年 6 ~ 8 月

（此时间轴仅为参考，一切以实际申请为准）

2）语言班 / 预科项目申请

以高三学年开始准备为例：

阶段规划	
时间阶段	申请准备
申请阶段	· 准备申请材料 · 确定文书类材料 · 预约法语考试 · 参加法语考试 · 学校面试（视学校情况而定）
录取阶段	· 时常查看录取结果 · 获得录取通知
签证阶段	· 辅导面签准备 · 参加面签 · 预约签证 · 获得签证 · 缴纳学费（视学校情况而定） · 赴法留学

	材料准备	递交申请	法语考试	录取结果	面签	递签
春季开学	当年 6 ~ 7 月	当年 8 ~ 9 月	当年 8 ~ 10 月	当年 10 ~ 11 月	当年 12 月	当年 12 月 ~ 次年 1 月
秋季开学	当年 11 月 ~ 次年 3 月	次年 1 ~ 5 月	次年 4 ~ 6 月	次年 5 ~ 7 月	次年 6 ~ 8 月	次年 8 ~ 9 月

（此时间轴仅为参考，一切以实际申请为准）

二 法国硕士数据解读和升学计划

1. 法国硕士数据解读

（1）工程师学院申请占比连续六年上升，高等商学院持续深受学生欢迎

法国硕士申请主要院校类型分别是高等商学院、公立院校[19]、工程师学院。法国公立大学排名持续走高，公立艺术类院校免学费，高等商学院国际排名稳定，这些对申请硕士阶段的学生都颇具吸引力。工程师学院增加了部分交叉学科项目，可以允许学生跨专业学习，申请占比连续六年上升。高等商学院的大多数专业也同样允许所有非商科背景的学生跨专业申请，近六年来深受中国学生欢迎。

2018 年 ~ 2023 年法国硕士申请——院校类型占比

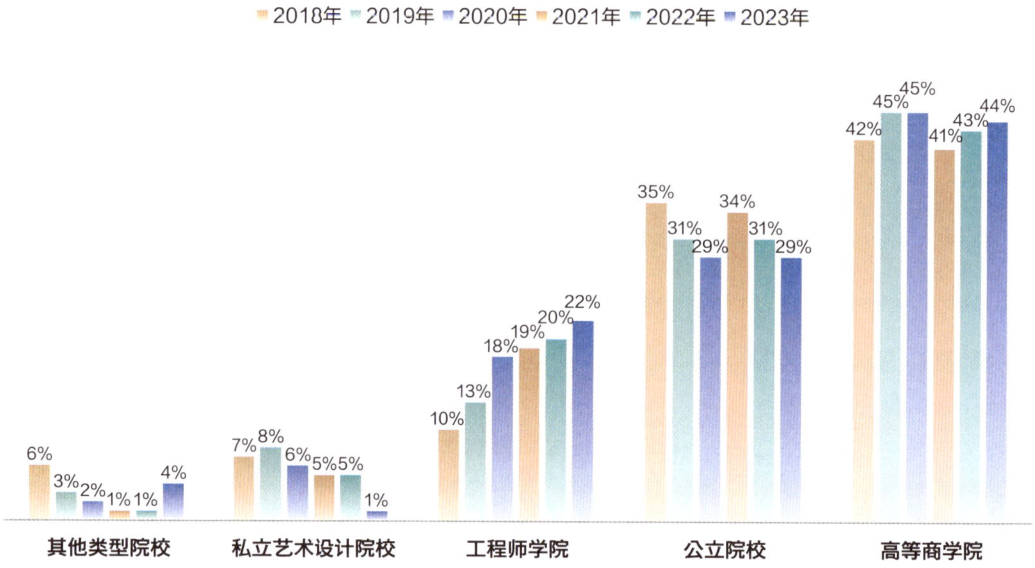

（2）近七成学生申请硕士专业直入

硕士阶段学历的主要申请方式依然为专业直入。究其原因主要是各类院校不断增长的英语授课项目满足了国际生直入申请的需求，降低了语言学习的时间成本。其次，工程师院校一般提前一年半左右启动申请，且大部分项目在申请阶段不强制提交语言成绩，让学生有了更充裕的时间学习法语。此外，有部分申请人在大一或大二已经启动了留学规划，提早进行语言学习并参加语言考试，这也为他们直接入学打下语言基础。

不过，2023 年通过预科进行申请的学生占比略有上升。考试人数增加，考位不足打乱了部分学生的备考及申请计划，因此他们选择通过预科进行学业衔接。

19 公立院校包括：公立大学、公立社科类院校、公立艺术类学院等。

2018 年 ~ 2023 年法国硕士申请——入学方式占比

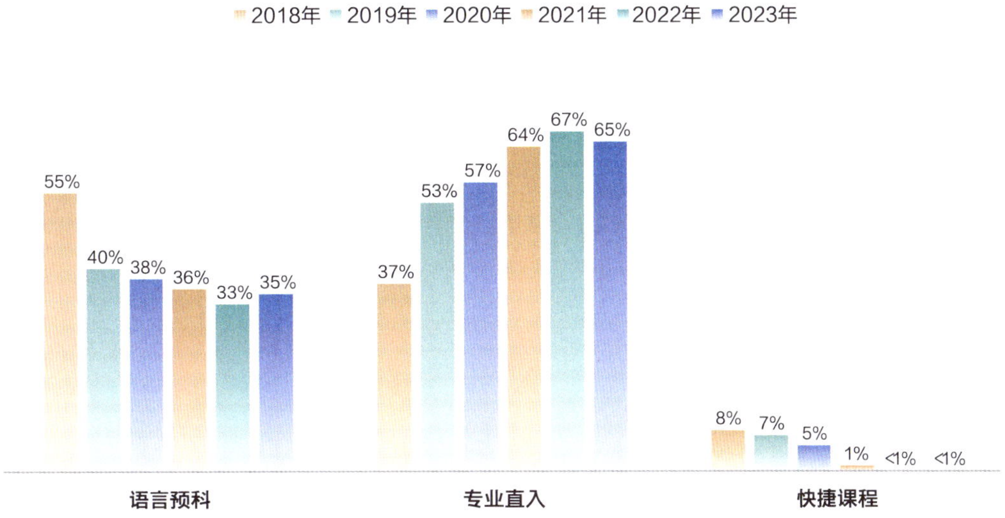

(3)近半数学生使用英语成绩申请硕士

选择以法语申请硕士的学生群体依旧是主流，占比为 56%；44% 的学生申请英语授课项目（含一部分英、法双语授课项目）。根据申请过程中学生的反馈，不同于高中阶段的申请人，本科在读及毕业的学生会更希望降低留学的时间成本，尽快完成学业回国就业。他们会优先考虑英语授课项目，以缩短留学准备周期。同时，法国高校英语授课的学位项目已经从 1,500 多个增加至 1,700 多个[20]，让学生有拥有了更大的选择空间。

2018 年 ~ 2023 年法国硕士申请——语言考试类型占比

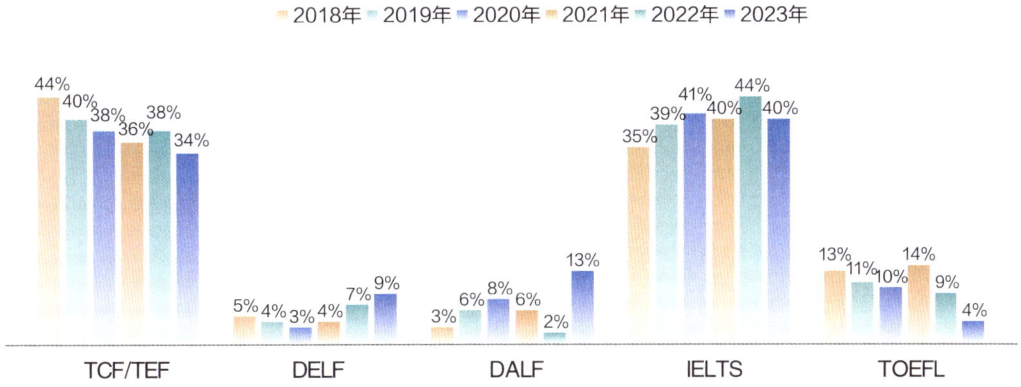

(4)经济管理专业申请人数占据“头把交椅”

2023 年经济管理类专业申请占比上升至 50%，较 2022 年上升 6%，是法国硕士申请量最大的专业领域。主要集中在高等商学院和少部分公立大学的经管学院。高等商学院的申请有两大特色，即英语授课和跨专业申请，为国际生和没有商科背景的申请人提供了多种可能。

和本科阶段一样，艺术设计类硕士申请人数也稍有上升。但与申请本科学生不同的是，硕士阶段的申请人在专业选择上更加多元化，申请的专业包括服装设计、影视（导演、音效、制作）、媒体技术等。法国拥

20 数据来自法国高等教育署网站。

有世界第一所服装设计学院 ESMOD 和全球时尚领域殿堂级院校 IFM 法国时尚学院等，也从侧面体现出本科毕业生在选择专业时，会结合未来的就业方面的因素，来决定申请的专业和院校。其他类包括香水、厨艺等定向职业类培训的专业，法国职业培训体系与就业市场关联紧密，此类专业全部是为对口行业培养技术型人才，各校均与行业内企业有合作关系，在就业方面有一定的保障，吸引了一部分有职业培训需求的申请人。

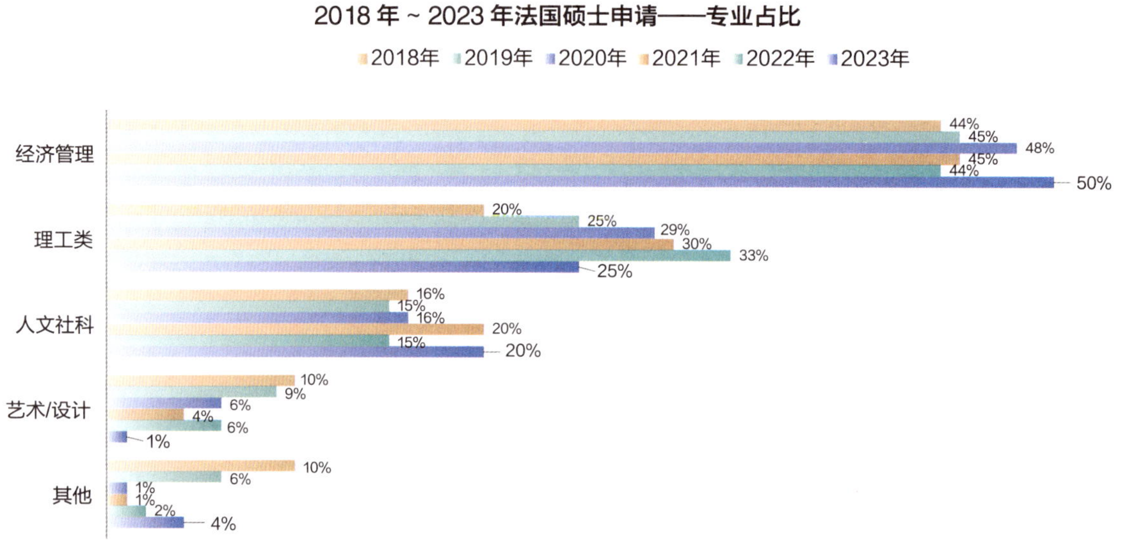

2. 法国硕士升学规划

（1）法国硕士教育体制介绍

根据法国高等教育署官网 2023 年公布的数据，目前法国当地拥有超过 392,630 名留学生，是全球接待留学生最多的国家之一。其中，256,220 名留学生就读于公立大学的本、硕、博阶段。另外，全法的博士在读生中有 38% 为留学生。

根据教学目标、培养目的、录取方式等不同，法国大学划分出了包括综合大学、工程师学院、高等艺术学院、工商管理学院及高等专业技术学院等多种不同类型的高等院校，学生在高等教育阶段的学制以及结束后所获得的文凭类型也各有不同。

各院校类型学制对比（常申请类）：

院校类型	硕士	博士
公立大学	2 年	3 ~ 4 年
高等商学院	1 ~ 3 年	3 ~ 4 年
政治学院	2 年	3 ~ 4 年
工程师学院	2 ~ 3 年	3 ~ 4 年
艺术设计院校	2 年	——

（2）法国硕士课程介绍

法国的教育优势及院校分类与特色已在本科升学规划中有所介绍，下面重点讲解法国硕士课程。

法国的硕士阶段一般是两年，分别被称作 M1 和 M2。M1 授课内容比较宽泛，大多数是基础课程；M2 课程则会更加精深和专业。部分院校 M1 到 M2 需要再次申请。

以下为热门专业参考：

- **法语**：目前全球有近 3 亿人使用法语。由于使用广泛，除传统的对外法语、应用法语、法语翻译等专业之外，法国的高校也针对不同的领域设立了相应的法语相关专业，如商务法语、法语语言工程、人机语言、创新语言研究、培训工程与国际合作、语言政策与数字化教学环境等专业。
- **航空航天工程**：法国拥有全世界第一所航空航天领域的高等教育院校——法国国立航空航天大学（ISAE），同时它也是法国精英教育体系中的一所工程师学院。近年来，跟随法国高校的改革大潮，航空航天大学与法国国立高等航空工程学院、法国国立机械与航空技术大学、法国高等航空技术与汽车制造学院及法国空军学院逐年合并，成立了 ISAE 航空航天大学集团。该集团与法国多所公立大学建立了联合培养机制，进一步提高了法国航空航天领域的教育及科研水平。法国航空航天类专业均面向全球招收相关领域的学生，学生录取后，可进行空气动力学、空间站架构、飞行器动力工程、飞行器设计、电子信息、能源、空中交通系统、机场运营管理等方向的学习和研究。
- **数学**：法国院校在数学领域拥有领先的教学及研究水平。截至 2022 年，法国共有 13 位数学家斩获了菲尔兹奖。法国院校中的数学分支极多，专业包括高等数学、基础数学、代数数论及应用、偏微分方程、统计学、生物统计学、数学计算机、统计与数据处理、生物数学、数学与精算科学、数学与密码信息学、金融保险风险工程等。
- **核工程 / 核能源**：法国是民用核能大国之一，核能研究已有数十年的历史，一直致力于民用核能研发。法国国内 75% 的电力供应都来自核能发电。由于大量使用核能发电，法国是欧洲温室气体排放量最低的国家之一。法国本土还建有配套的核燃料循环体系，在核燃料循环安全监管方面是国际同行的参照[21]。
- **经济管理**：商业领域学科一直是法国的优势领域之一。精英教育体系中的高等商学院，就是法国商科教育的杰出代表。此类院校的教学目的，就是为各大企业培养高水平商业人才。法国商学院的管理学、市场营销、金融等专业在 QS 全球商科硕士排名中也一直表现不俗。
- **艺术设计**：法国因其浓厚的历史文化底蕴及艺术氛围，吸引了多位中国著名艺术大师赴法深造，如林风眠、徐悲鸿、常玉、赵无极等。法国的艺术教育分支也是非常全面的，除了油画、素描、水粉、雕塑外，还有融合了当代艺术的装置艺术、实验艺术、造型艺术等方向。在设计方面，法国院校的专业更倾向于职业化，如服装设计、视觉传达、动画设计、游戏设计、室内设计、产品设计、珠宝设计等。

（3）法国硕士申请要求

1）公立院校

- 平时成绩：GPA 75 分以上。
- 法语授课项目：B2 及以上水平可申请专业直入，B1 水平可申请语言班或相关院校预科课程。
- 英语授课项目：IELTS 6.0 分 /TOEFL 83 分及以上水平可申请专业直入。

21 信息来自法国驻华大使馆官网。

2）私立院校

- 法语授课项目：B2 及以上水平可申请专业直入，B1 水平可申请语言班或相关院校预科课程。
- 英语授课项目：TOEFL 83 分 /IELTS 6.0 分及以上水平可申请专业直入，TOEFL 70 分 /IELTS 5.0 分可申请相关院校预科。

（4）法国硕士申请材料

- 全日制本科在读生证明、本科或以上学历毕业证明。
- 部分公立大学会要求申请人提供本科在读期间的专业排名。
- 相关专业背景证明，如本科课表等。
- 大学期间校级及以上级别竞赛获奖材料或社会实践材料。
- 艺术类学院校需提供作品集。
- 语言成绩单，部分院校项目可能需要提交 GMAT 或 GRE 成绩。

（5）法国硕士申请规划时间轴

以硕士直入规划为例：

时间阶段		申请准备
大一	当年 9 月 ~ 次年 6 月	· 融入大学生活、夯实本科成绩，参与校内各项活动，同时可参加部分社会活动（志愿者、义工等）
	次年 1 ~ 2 月	· 进行基础语言学习，根据学习情况确定最终授课语言（英语或法语）
	次年 3 ~ 8 月	· 根据语言学习情况，进行初期留学规划 · 暑期可参加法国短期留学项目，赴法了解法国高等教育院情况及当地文化生活
大二	当年 9 月 ~ 次年 6 月	· 提高在校成绩 · 开始系统语言学习 · 参加与专业相关的竞赛或实践活动
	7 ~ 8 月	· 参加第一次语言考试（英语或法语） · 根据目标院校申请要求，着手 GMAT/GRE 学习或参加科研活动
大三	当年 9 月 ~ 次年 6 月	· 巩固在校成绩 · 参加校际交流活动（如有） · 与留学规划师确定意向院校课程范围，选修相关课程，提高课程匹配度 · 继续提高语言水平 · 强化 GMAT/GRE（如申请需要） · 参加可提升软实力的实习或研修活动
	3 ~ 4 月 特殊院校项目 申请开放	· 确定申请方案 · 准备申请材料 · 撰写项目申请材料 · 报名入学考试
	5 月 特殊院校项目	· 参加院校入学考试
	7 ~ 8 月	· 完成实习或研修活动 · GMAT/GRE 出分（如申请需要） · 参加第二次语言考试（英语或法语） · 准备法国院校申请材料

续表

时间阶段		申请准备
大四	9 月 ~ 次年 6 月	· 确定最终申请方案 · 撰写申请相关文书材料 · 提交院校网申 · 参加相关院校入学考试（如有） · 参加相关院校面试 · 获得院校录取
	7 ~ 8 月	· 进行法国预签证流程 · 参加面签（如需） · 准备递签材料 · 递交签证申请 · 获得签证
	9 ~ 10 月	· 行前准备 · 正式赴法留学

（此时间轴仅为参考，一切以实际申请为准）

第七节　日本

一 日本本科数据解读，中学和本科升学计划

1. 日本本科数据解读

（1）超七成申请人来自普通高中，其他学校占比均有上升

新东方欧亚教育申请数据显示，在近三年申请日本本科的学生中，毕业于普通高中的学生占比超七成，但呈现出了下降趋势。来自国际高中、中专、职高和技校的学生占比均有不同程度的上涨，赴日本科留学的学生群体逐渐呈多元化态势。

2021 年 ~ 2023 年日本本科申请——学校背景占比

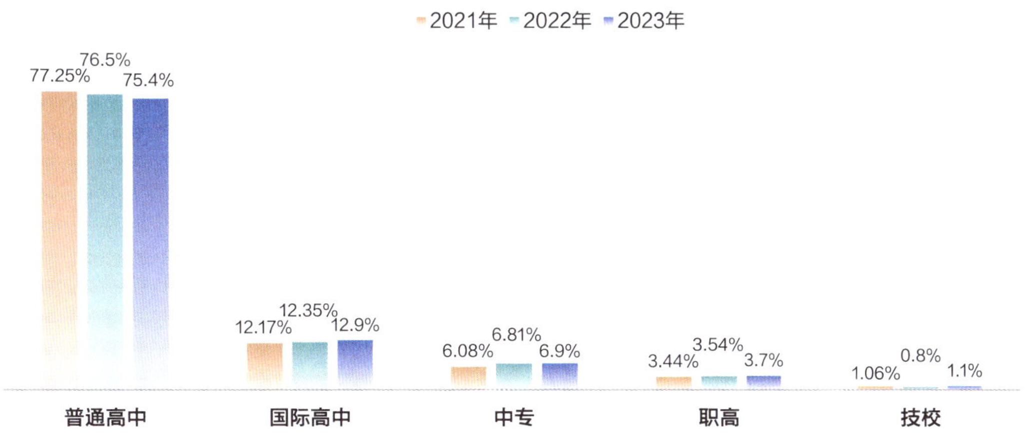

（2）约六成学生从高一、高二启动申请筹备，早规划意识渐强

从启动阶段来看，2023 年有更多学生选择从高二阶段开始准备，占比达到 43.2%，同比 2022 年增长了近 3%。与此同时，从高一阶段就开始筹备的学生占比飙升至 15.1%，较 2022 年有超六倍的增幅。由此可见，越来越多的学生意识到早规划的重要性，希望能尽早接受专业的升学指导，以便更好地申请日本本科。

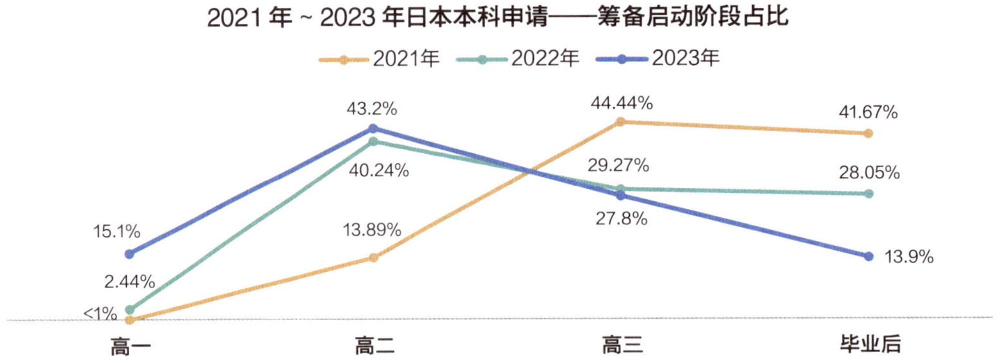

（3）东京等繁华地区更受留学生欢迎

2023 年，有更多学生将东京及周边地区作为自己的首选留学目的地，同比 2022 年增长了 6.03%。这是由于东京及周边地区高校林立，优质教育资源相对集中。此外，东京作为日本的政治、经济、文化中心，商业发达，生活方便，因此受到众多中国留学生的青睐。

与此同时，大阪及周边地区的申请占比也有微弱提升。可见当下留学生对生活环境的便利性和繁华程度有一定的倾向。

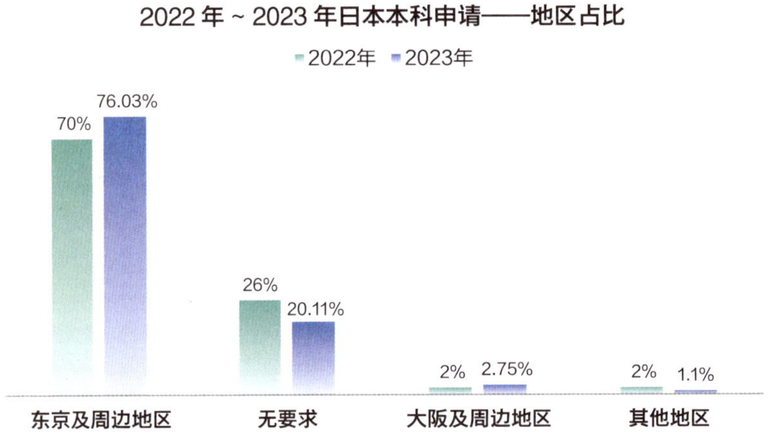

（4）“名校情结”依旧，早稻田大学和东京大学备受青睐

与中国的教育体制类似，日本也分文理科，不同的大学专业对申报学生的单科成绩要求也有所不同。

文科学生目标院校前三位分别为早稻田大学、东京大学、庆应义塾大学；理科学生目标院校前三位分别为东京大学、早稻田大学、东京工业大学。早稻田大学与东京大学两所院校由于历史、人文环境、学术成果等因素在国内知名度较高。除东京大学之外，其他位列日本旧帝国大学（京都大学、大阪大学、名古屋大学、东北大学、北海道大学、九州大学）也是颇受留学生欢迎的选择。

在 2023 年，一些相对小众的院校，如一桥大学、千叶大学等，也登上了 TOP 10 名单，可见学生对院校

的选择并不局限于“名气”，而是将目光更多地放在了学校优势专业及毕业后的就业率、深造率上。

2023 年日本本科申请——院校申请 TOP 10

文科生	理科生
早稻田大学	东京大学
一桥大学	早稻田大学
庆应义塾大学	东京工业大学
东京大学	京都大学
明治大学	千叶大学
筑波大学	北海道大学
法政大学	庆应义塾大学
大阪大学	筑波大学
北海道大学	名古屋大学
中央大学	九州大学

（5）文学、心理、机械、计算机相关专业人气颇高

在申请专业方面，2023 年文学和心理学在文科学生中的受欢迎程度颇高，占比均在 20% 以上；而理科学生则会将机械、计算机等工学相关专业作为自己的首选专业，合计占比超四成。这些专业在就业市场上的适用性较高，就业范围相对广泛，由此可见，赴日留学生更多会从未来实际的职业发展角度考虑专业选择。

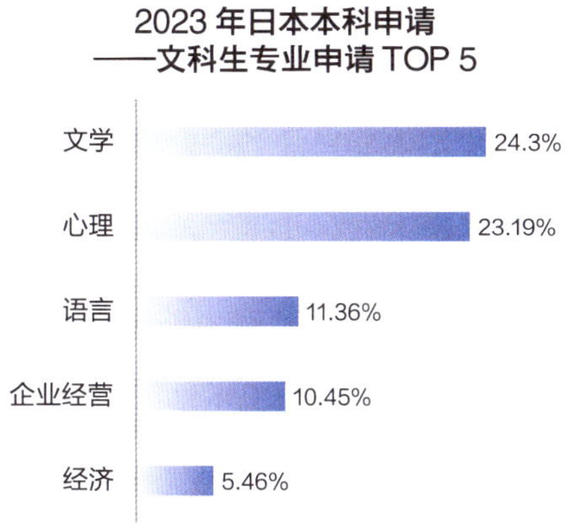

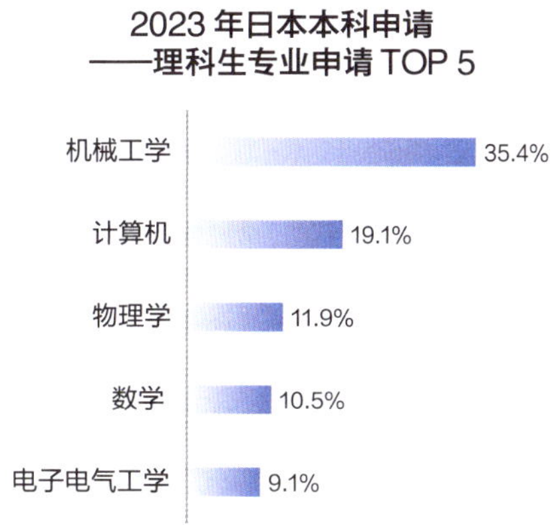

（6）上海、北京申请学生占比连续两年走高，高考竞争加剧或成主因

2023 年，来自上海、北京、山东、江苏、河南五地的学生占比较高，其中上海学生的涨幅最高，将近 10%；其次是来自北京的学生，占比为 12.9%。除北京和上海外，其他省份均为“高考大省”，这也说明这些地区的家长已经在考虑帮助孩子寻找更多升学赛道。

2022 年 ~ 2023 年日本本科申请——生源地占比 TOP 10

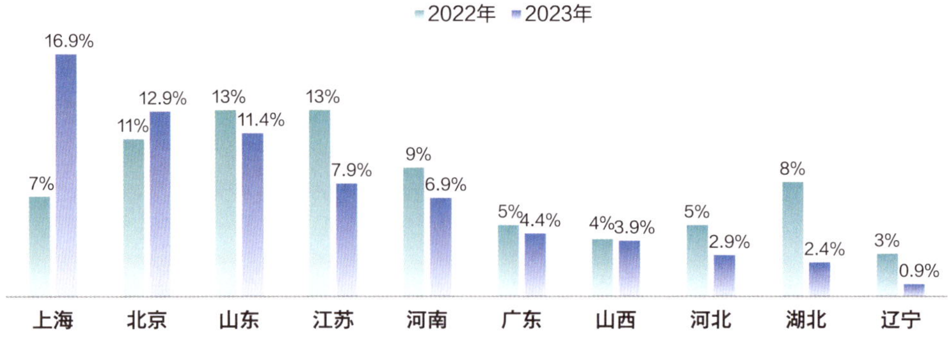

（7）超六成申请人 EJU 成绩在 600 分以上

在2023年申请日本本科的学生中，63%的考生EJU（日本留学考试）成绩在600分以上。EJU满分为850分，全球所有国家的留学生想要去日本读大学本科，基本上都需要参加这个考试。但区别于国内的高考，EJU成绩不是日本大学录取的唯一参考标准，而是进入日本大学的“敲门砖”，只有达到申报大学的分数要求才有资格报考该大学的校内考试。EJU 分数越高，也意味着竞争力就越强。

2023 年日本本科申请——EJU 考试分数占比

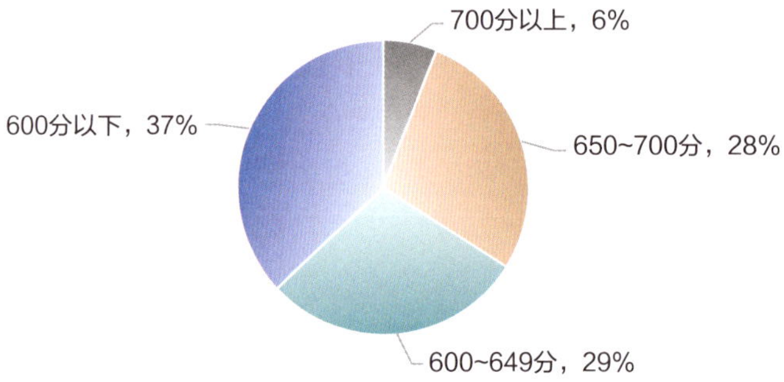

（8）超半数学生获得日本 TOP 30 院校合格录取

根据 2023 年前途塾学员数据统计，有 57% 的学员成功获得来自日本 TOP 30 院校的合格录取；有 86% 的学员获得来自日本 TOP 50 院校的合格录取，其中包括日本 7 所旧帝国大学、庆应义塾大学等世界名校及明治大学、立教大学等日本知名入学难度较高的院校。

2023 年，学生成功获得的合格录取中有约 76% 集中在名牌私立院校。这主要是因为日本的私立大学数量本身就占据主流地位，国立大学和公立大学数量相对较少，知名的早稻田大学、庆应义塾大学等都颇受中国学生青睐的私立大学。

2023 年日本本科录取——TOP 50 录取院校类型占比

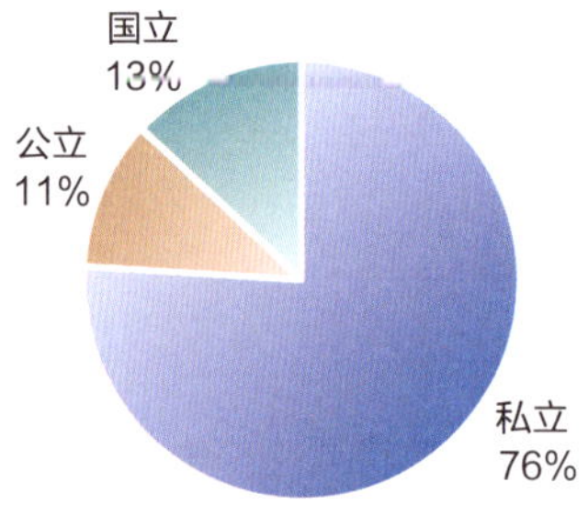

（9）录取专业以经济 / 经营学和工学类为主

2023 年，赴日参加 EJU 考试后的中国学生，有三成以上的文科学生被经济 / 经营学专业录取，其次是文学和社会学专业；有四成以上的理科学生被工学录取，约三成被计算机专业录取，近两成被建筑学专业录取。受疫情影响，毕业后选择直接回国的学生较多，赴日留学生在专业的选择上一般会优先考虑国内外的通用学科，可见他们对未来的规划相对清晰，对专业的选择更多注重实用性和可迁移性。

文科生合格专业及占比 TOP 3		理科生合格专业及占比 TOP 3	
专业	占比	专业	占比
经济 / 经营学	34.5%	工学	43.2%
文学	18.6%	计算机	30.8%
社会学	13.7%	建筑学	17.5%

2. 日本中学及本科升学规划

（1）日本中学及本科教育体制

日本政府在 1947 年公布了《教育基本法》和《学校教育法》，形成了小学六年、初中三年、高中三年、大学四到六年的教育体制。与中国相似，日本同样实行小学和初中共计九年的义务教育制度。结束义务教育后，大多数学生会继续升学就读高中。

日本高中每年 4 月为开学季，部分学校也允许学生 10 月入学。国内学生初中毕业后即可申请就读日本高中，如已经完成了高一或高二的课程学习，学生也可以插班编入日本高中，继续就读高二或高三。日本大学一般是四年制，医学、牙医学、药学、兽医学等专业为六年制。

在本科阶段，日本高校学费相对低廉（国立、公立大学每年约 3.4 万元人民币），且留学生的学费减免和奖学金机制丰富。同时，留学生可勤工俭学，每周允许合法工作 28 小时，很大程度上减轻了留学期间的经济负担。

（2）日本中学及本科教育优势

1）中学阶段，日语学习与综合能力培养的黄金期

通常来讲，高中阶段为学生学习和巩固日语比较高效的时期，这个时期学生与同龄人的接触相对频繁和紧密，更有利于地道的日语语言习惯的养成。

日本学校在高中阶段就开设有丰富的学生社团，如文学社、校报（校刊）、天文社、动漫社、辩论社、合唱团、器乐社和舞蹈队等。这些社团一般由学生自己策划开展活动，自己招募社团成员。日本高校对社团活动普遍都非常支持，还会为每个社团配备一到两位指导老师，指导提高社团活动的质量和水平，开发学生特长和兴趣，培养和提升学生的综合能力。

2）本科阶段，教育实力强劲，竞争压力相对较小

日本的科研、教学实力均处于亚洲前列，且教育资源充足。作为世界第三大经济体，日本非常重视教育，对专业的分类研究程度垂直且精深，700 多所大学中涵盖有 639 个专业学科，大部分专业学科都拥有世界一流的科研水平。

此外，日本高校对于学生的选拔并不以成绩为唯一指标，而是通过留学生考试（EJU）、校内考试、面试、推荐入学、自主招生等多种方式对学生进行考察，留学生可根据自己的能力水平、特长、兴趣选择适合自己的院校专业，提高录取概率。

3）留学性价比和安全系数高，就业政策利好

日本留学费用相对较低，约为欧美国家的三分之一，留学性价比相对较高。此外，在中学阶段，日本接收国际学生的中学大多采取封闭式管理，学生在校住宿，不仅相对节约生活成本，更保证了学生的安全。

同时，由于日本社会“高龄化”进程过快，导致劳动力严重匮乏。在持续“老龄化”“少子化”的社会现状下，日本政府对留学生在当地就业持支持态度，学生毕业后获得工作签证比例很高，薪资待遇公平合理。日本人以勤勉著称，日本企业也在世界上拥有较高的口碑，在日本就业，未来的职业发展空间也很大。

4）与中国地缘相近，海外生活更易适应

日本与中国时差仅有一小时，飞行距离三小时，同属于东亚文化圈，不论是在饮食还是生活习俗上都比较相近，较欧美国家更容易适应。日本自然环境优美，四季分明，生活环境干净便利，是世界公认的高国民素质的国家。日本的社会福利制度比较完善，法律相对健全，医疗技术先进，留学生也可以享受到国民健康保险，留学安全有保障。

（3）日本学校分类及特色

日本中学根据学校设立者的不同大致可分为国立中学、公立中学和私立中学。

国立中学的设立者为国立大学法人，它一般是大学的附属学校，同时也是协助大学教育研究、教育实习的教育研究校。公立中学设立者一般为地方自治体（都、县、市等），分为高中单独设置、中高一贯校等。高中单独设置学校仅教学高中课程，中高一贯校则包括了初中和高中的教学。原则上只有学校所在地区的居住者可以报考，在个别县还分有学区，上学区域有限制。私立中学设立者是学校法人，学校法人可以是个人也可以是民间团体。私立中学可以分为高中单独设置、中高一贯校、大学附属校等。

目前日本可招收外国留学生的高中均为私立高中，这些学校大多采用封闭式管理，学生需住宿在学校内，家长不可陪读。学生赴日期间，学校就是学生的法定监护人。

院校分类	教学风格	地域分布	学费（人民币）
国立高中	学生人数相对少，注重整体管理	全国分布	约 2 万元 / 年
公立高中	重视课程安排和教学	全国分布	约 1.5 万元 / 年
私立高中	根据学生特色进行教学，因材施教	主要集中在一、二线城市	约 5 万元 / 年

日本的大学分为国立大学、公立大学、私立大学三类。国立、公立大学是由地方或中央政府投资，教学风格偏学术，平均分布在日本各地，学费低廉，毕业生选择读研的比例较高。私立大学是由民间资本经营，教学风格偏实用，集中在东京、大阪等一、二线城市，学费较国立、公立大学更昂贵，毕业生选择直接就业的比例较高。

（4）日本中学及本科课程介绍

日本中学课程，分学科和科目两个层次。一个学科往往包含几个科目。日本高中的课程设置与国内高中差距不大，授课语言为日语，一般 15 点后不设置学科内容，均为社团活动时间，目的是培养学生的综合能力，开发学生的兴趣特长。

日本大学本科课程主要由学部基础及一般教养课程（公共科目）和两到四年的专业课程组成，大部分院校一年分为两个学期，少数院校为四学期制（即一学年划分为四个学期）。一般教养课程涉及人文、社会、自然科学等跨学科的知识学习，旨在扩展学生知识储备量。而到了专业学习领域，则设有学部和学科，根据学部、学科的不同，学习内容各异。讨论课是日本高校独具特色的授课形式，一般从第三学年开始，在专业教师的指导下，不同学年的学生齐聚一堂，围绕同一个主题研究并展开讨论，进行思维的碰撞。

日本大学本科阶段采用学分制考查方式，必修学分根据不同大学要求而异，学分不足则无法毕业。一次 45 分钟的课一般按 1 学分计算，各课程的学习时间从 10 周到 15 周不等。修得足够学分后认定毕业，成绩合格的可被授予学士学位。

在日本，同一地区的大学会合作建立学分互换制，其中“京都大学联合体”最为知名，以京都地区为中心，近 50 所大学的学生可以到友校学习相关课程，并获取学分。

（5）日本中学及本科申请要求

1）中学

- 学历要求：完成国内 9 年义务教育并取得初中毕业证书
- 年龄要求：年龄在 15~18 岁
- 语言要求：累计时长 1 年的线下日语学习证明（无法用日语等级替代），该证明一般由日语培训机构开具

2）本科

对于本科申请，EJU（日本留学考试）是关键因素。EJU 考试是针对留学生的统一考试，相当于日本留学中的高考。该考试每年举办两次，分别在 6 月和 11 月。文科分为日语、文综（政治、经济、社会、地理、历史）、文科数学三个科目；理科分为日语、理综（物理、化学、生物三选二）、理科数学三个科目。日语科目文理使用相同的试卷，数学科目分文理，理科数学的难度系数大于文科。几乎所有的日本大学都要求留学生参加该考试，在提交申请时，可以在申报大学指定的范围内选择最优成绩进行申请。

随着近年留学生对 EJU 考试备考的重视程度加深，越来越多的学生提前在国内便开始 EJU 课程的学习。但 EJU 考试区别于国内高考，它不是日本大学录取的唯一参考标准，而是进入日本大学的敲门砖，只有达到申报大学的分数要求才有资格报考该大学的校内考试。校内考试是由各大学独立命题举行，内容方式不尽相同，主要形式为小论文写作、学科笔试、面试等。

总而言之，日本大学是根据学生的日语能力、英语成绩（TOEFL 等）、EJU 考试成绩、校内考试成绩、面试表现以及书面材料来综合选拔录取学生，没有固定的标准。

根据新东方欧亚教育历年申请数据，学生可以根据以下标准作为参考：

目标	EJU 成绩（写作除外）	TOEFL 成绩
七所帝国大学[22]、早稻田大学、庆应义塾大学、东京工业大学、一桥大学、上智大学	680 分以上	85 分以上
GMARCH[23]、关关同立[24]及同等级私立/国、公立大学	640 分以上	70 分以上
大部分普通私立大学	600 分以上	50 分以上

（分数线仅供参考，以当年高校实际发布信息为准）

22 七所帝国大学：东京大学、京都大学、大阪大学、东北大学、名古屋大学、九州大学、北海道大学。
23 GMARCH：学习院大学、明治大学、青山学院大学、立教大学、中央大学、法政大学。
24 关关同立：关西大学、关西学院大学、同志社大学、立命馆大学。

（6）日本中学及本科申请材料

1）中学

- 入学申请书
- 初中毕业证 / 初中三年成绩单
- 护照、户口本复印件
- 4*3 厘米白底证件照，建议准备八张左右
- 日语学时证明
- 经费支付人的亲属关系证明
- 存款证明

2）本科

- 个人申请书
- 高中（预）毕业证明
- 高中成绩证明
- 个人陈述等申请材料
- EJU（日本留学生考试）成绩
- TOEFL 成绩（部分大学需要）
- 根据学校需求准备 JLPT（日本语能力试验）成绩

（7）日本中学及本科申请规划时间轴

1）中学

日本高中开学时间为每年4月，个别学校也有10月入学。如果10月入学，则需要先读半年的预备班（过渡语言环境的课程），然后4月再入读高一。因此日本高中会有两个申请季，若4月入学应在前一年的8~10月参加考试，若10月入学应在当年2~5月参加考试。

以4月入学为例，具体时间规划如下：

时间阶段		申请准备
初三	上学期	确定申请院校，抢占名额；学习日语
	下学期	持续学习日语
初三毕业后	当年 8 ~ 10 月	参加日本高中组织的笔试和面试
	考试后 2 周	获得录取通知书
	当年 10 月	准备所有签证材料
	当年 11 月	递交入国管理局申请
	次年 2 月	下发在留资格
	次年 3 月	办理签证，申请宿舍
	次年 4 月	入读高一

（此时间轴仅为参考，一切以实际申请为准）

2）本科

针对国内高中在读学生，日本本科留学有两种申请方式：一是申请日本语言学校后赴日参加 EJU 留学生考试及校内考；二是申请 SGU[25] 本科英文授课项目。随着赴日申请本科人数的逐年递增，越来越多的高中生选择在国内提前备考，节省时间成本，提高申请成功率。

时间		中国	日本
高一学年		学习日语基础，达到 JLPT-N3 水平	—
高二上学期		学习中高级日语，达到 JLPT-N2 水平	
高二下学期		开始学习 EJU 留学生考试知识点	
高三上学期		集中学习 TOEFL，获取考试成绩	
高三下学期	当年 4 月	—	入读日本语言学校
	当年 6 月		参加第一次 EJU 留学生考试
	当年 7 月		参加 JLPT 考试
	当年 8 月		参加以私立大学为主的夏季校内选拔
	当年 11 月		参加第二次 EJU 留学生考试
	当年 12 月		参加 JLPT 考试
	次年 1 月		参加以国、公立大学为主的冬季校内选拔
	次年 4 月		入读本科大学

（此时间轴仅为参考，一切以实际申请为准）

二 日本硕士数据解读和升学计划

1. 日本硕士数据解读

（1）规划时间逐渐缩短，更多学生在大四开始准备

根据新东方欧亚教育申请数据，近四年来，倾向在大四阶段开始筹备申请的学生占比逐渐增多，2023 年占比为 36.12%，与大三开始筹备的学生占比几乎一致。这可能是由于全球疫情的好转，各类考试不再频繁取消，一定程度上也减缓了学生留学考试筹备的压力，因此整体留学准备周期有所缩减。

25 SGU 项目全称为“Super Global University Project”，也就是全球优质大学项目。SGU 项目包含 37 所日本优质大学，英文授课，可以从国内递交申请材料直接申请，无需赴日考试，无需就读语言学校，直接获得日本高校录取。

2019 年 ~ 2023 年日本硕士申请——筹备时间占比

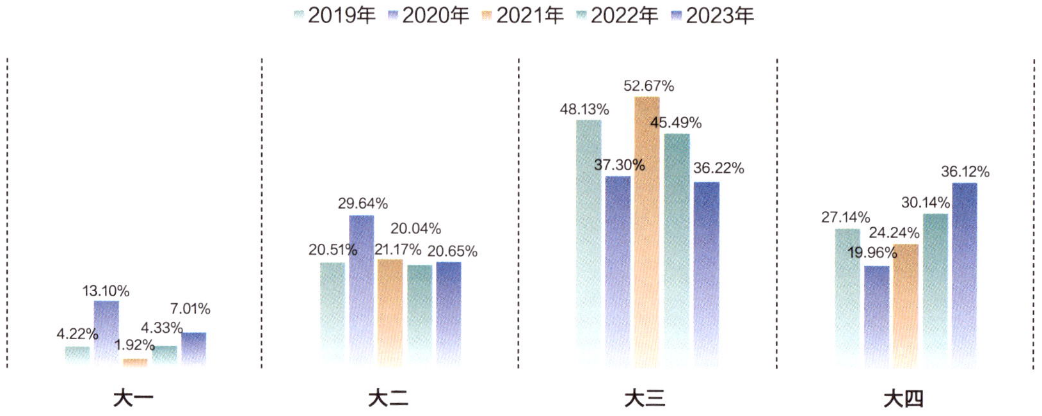

（2）绝大多数学生通过 JLPT、TOEFL 申请日本留学

在语言方面，由于东京大学和京都大学等部分知名院校对学生的日语和英语均有一定的要求，绝大多数学生会选择提交 JLPT 或 TOEFL 成绩。

在 2023 年，使用 N1 成绩提交申请的学生占比大幅下降，更多学生使用 N2 成绩来进行申请。JLPT 每年仅有两次考试机会，但由于此前疫情反复影响，部分考试场次临时取消，导致一部分学生没能进一步冲刺 N1，只能凭借 N2 成绩进行申请。

此外，通过其他考试来申请留学的学生数量占比也在增加，例如J.TEST[26]和TOEIC[27]。不过，由于J.TEST 考试难度相对较低，因此认可这类考试成绩的日本院校和专业也比较有限。

2019 年 ~ 2023 年日本硕士申请——日语考试类型占比

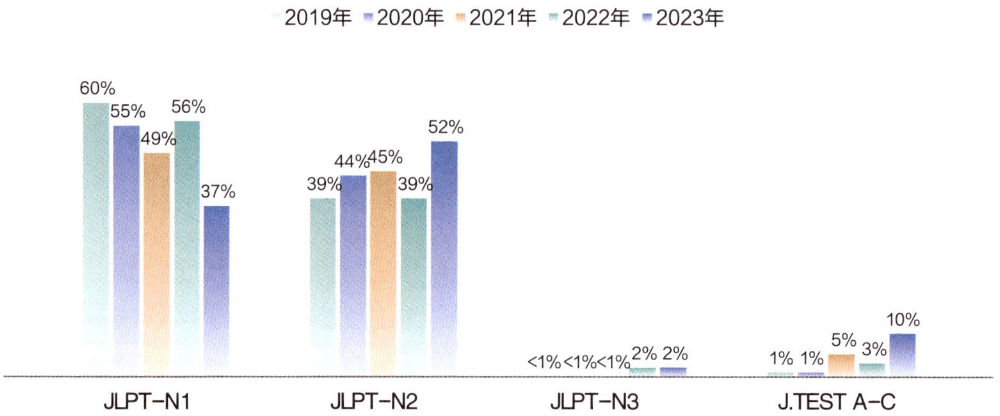

26 J.TEST 考试是指实用日本语鉴定考试。其主要功能就是对母语为非日本语的人员进行日本语能力的测试。在每年 1 月、3 月、5 月、7 月、9 月、11 月举行。

27 TOEIC，一般指托业，是针对在国际工作环境中使用英语交流的人群而制定的英语能力测评考试，日本部分高校和专业承认 TOEIC 成绩，以替代 TOEFL 成绩。

2019 年 ~ 2023 年日本硕士申请——英语考试类型占比

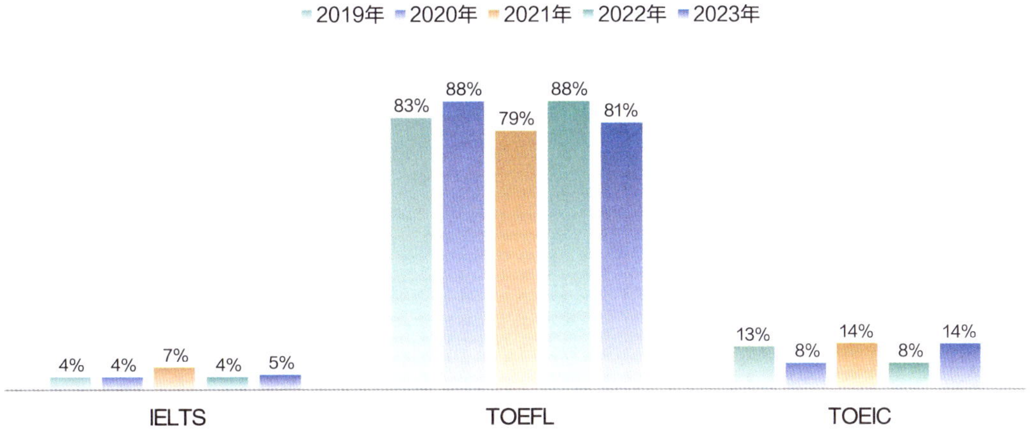

（3）国立大学更受欢迎，预科制度和学费是主要因素

近五年来，国立大学依然是更多申请人的最终选择。这是由于大多数中国学生都是以预科的方式进入到硕士阶段学习，而只有少部分的私立大学设有预科课程，选择较少。

此外，国立大学、公立大学收取的学费相对较低，在这里就读一定程度上可以减轻学生的经济压力。

近五年日本硕士录取——院校占比 TOP 15

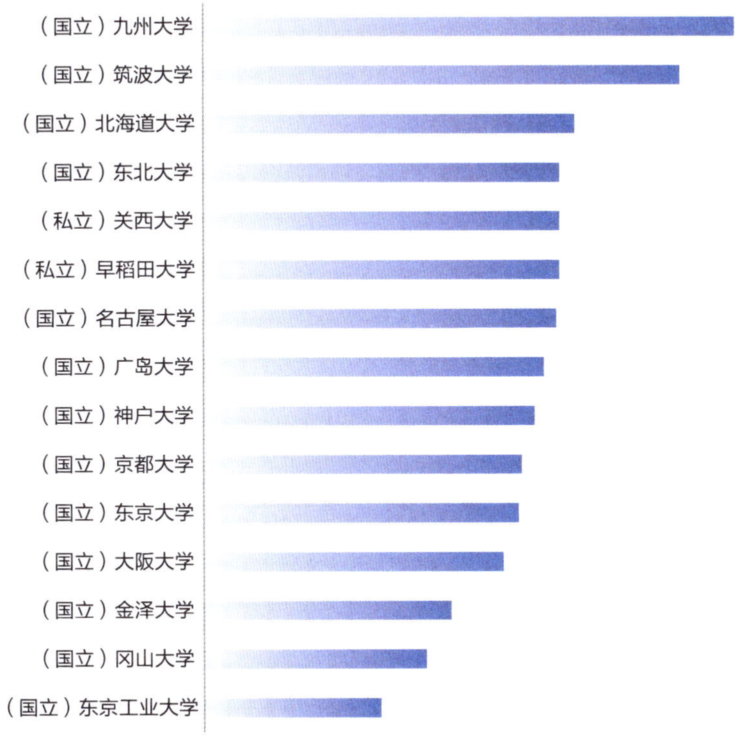

（4）理工科录取占比近半，艺术类专业逐渐受到关注

在录取专业方面，2023 年理工类专业的录取占比依然最高，达 48%。其次是文科和商科，占比分别为 24% 和 12%。从近四年的整体趋势来看，受国际经济环境低迷的影响，商科录取占比有所下滑，艺术专业则

逐渐受到更多申请人的关注，可见学生在选择专业的同时会兼顾到自己的兴趣和优势，也会关注全球整体的趋势发展。

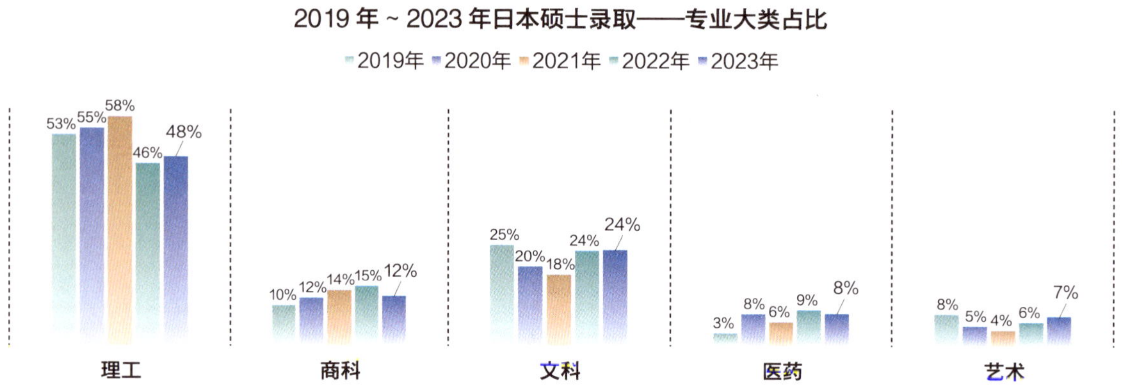

2. 日本硕士升学规划

（1）日本硕士教育体制介绍

日本与中国教育制度略有不同，日本所称的“研究生”并不是国内意义上的“硕士”，而是旁听生，相当于预科。设置“研究生”阶段主要是为了帮助学生提早适应日本大学的节奏。“修士”在日本才是真正意义上的“硕士”，学制两年，毕业后可获得硕士学位，受国际认可。

在日本高校，修士生与博士生被统称为院生，编制属于大学院。“研究生”一次签证最长时限为两年，学生需要在签证期内参加日本大学院的修士入学考试，通过后才能成为正式的修士生，继续攻读修士学位。

修士考试一年有两次，冬季在 2 月左右，夏季在 8 月左右，各个高校具体考试时间不尽相同。考试基本分为笔试和面试，笔试是由各个专业的教授出题，以结合教授自身研究方向的专业内容为主；面试则主要考查学生的语言能力和听力能力。

（2）日本硕士教育优势

日本是留学国家中性价比较高的国家之一，教育资源充足，学费却相对较低。同时，日本大学的奖学金对留学生非常友好，无论是私立大学还是国公立大学，都有机会申请到 30%~50% 的学费减免，甚至可以申请到全额奖学金。

日本劳动力缺乏，对外来就业人口非常友好。在日本毕业的留学生有很大机会可以在日本找到相应的职位和工作，并且就职签证申请较欧美国家而言相对容易。

日本地理位置、气候条件、生活方式、风土人情文化差异等方面与中国相差不大，距离也近，中国学生更容易适应。此外，日本国内交通方便，电气化铁路四通八达，超市林立，商品齐全，还有很多 24 小时便利店，以及马路上随处可见的自助贩卖机，生活十分方便。

（3）日本院校分类及特色

在日本，高校被划分为国立、公立与私立三类。国立性质大学是由日本文部省管辖，公立大学是由地方部门管辖，私立大学则是归于各财团法人管辖。目前日本国内拥有 810 所大学，其中 77% 为私立大学。日本高校中设置的“大学院”，相当于中国的研究生院，设有硕士课程和博士课程。

日本的大学院皆以教授独立的“研究室”为据点展开教学研究活动。硕士课程一般为两年，学生修满专业课程所修学分（一般为 30 学分以上），同时经过硕士毕业论文的审核以及一切考试后，即可获得硕士学位。

学校分类	管理归属	专业设置	教学风格	学费（人民币）
国立大学	日本政府	基本全专业覆盖	重学术	约 3 万元 / 年
公立大学	地方政府或组织	基本全专业覆盖	重学术	约 3 万元 / 年
私立大学	民间资本或财团	基本全专业覆盖	重实践	约 6.5 万元 / 年

（4）日本硕士课程介绍

日本大学院硕士课程（非艺术类院校）一般会要求学生根据学校规定在读两年或以上，修满足够的学分，并在最终的毕业论文审查中合格，才会被允许毕业。学校会为学生安排指导教员，指导教员们每一年度都会和学生讨论研究计划，并作为推进研究进展的指标。

硕士学分通常以 30/32 学分为上限，可从基础共通科目、选修科目、指导教员以及副指导的研讨会等修得，一个课程 2 学分，最终的毕业论文审查合格后会得到 4 学分。授课学分的认定，通常基于考查结果而定，考查由定期考试（期中、期末、随堂测验）、论文、各科目的发表、报告等综合判定是否合格并发放学分。

同时，学生成绩的评价会结合平时成绩、授课小组活动等进行综合考量。成绩评价一般分为：S 优异（90 分以上）、A 优（80~89 分）、B 良（70~79 分）、C 合格（60~69 分）、D 不合格（59 分以下）。

日本大学院艺术类院校的硕士课程多以必修与选修课程构成，必修课程大致占比为 70%~80%。根据专业的不同，所需的学分也有不同，大部分专业两年内修足 30~40 学分即可，歌剧专业与器乐专业等音乐类专业比较特殊，需要 40~50 学分。

艺术类专业多以作品制作和论文作为毕业条件。大多数专业以作品制作为主要考查重点，对作品制作附带的论文写作要求较低，其内容多为对作品的记录与阐述。而理论性比较强的专业如芸術学（即艺术学）、音乐学、文化财保存学（类似国内的文化遗产学）、艺术教育等专业则以毕业论文为考查重点，以论文质量来评定学生能否毕业。

（5）日本硕士申请要求

1）日语授课类专业

与中国类似，日本硕士也采用考试选拔制度。想要申请就读日语授课类专业的学生，需要参加修士考试。

参加修士考试途径主要有两种：直接参加修士考试和申请修士预科。

若选择直接参加修士考试，学生可以申请先就读日本语言学校，在读期间去对应大学参加修士考试；也可以利用短期签证，直接赴日参加修士考试。不同于中国统一的研究生考试，日本每所高校的专业分类和申请要求均有所区别，想要直接参加修士考试，需要找到对应专业的招生要求。一般需要先提交文书、语言成绩（日语 / 英语）、研究计划书等材料，获取教授许可，然后参加修士考试。

若申请修士预科，即日本研究生，一般情况下只需要获得教授的“内诺”[28]，就可以作为研究生身份进入到日本的大学中，一边跟着教授学习，一边准备硕士考试。申请日本研究生的要求比较灵活，一般需要向意向教授提交简历、研究计划书等材料，最终由教授决定是否招收。

28 “内诺”：译为“私底下承诺”。在留学申请的过程中，有“教授私底下同意了你的申请，承诺接收你”的含义。

日语授课专业要求（建议分数）				
院校档次	TOP 5	TOP 15	TOP 20	TOP 30
理工科	N2（140+）+ 英语（TOEFL 90+; TOEIC 860+; IELTS 6.5+）	N2（120+）+ 英语（TOEFL 80+; TOEIC 780+; IELTS 6.0+）	N2+ 英语（TOEFL 80+；TOEIC 750+）	N2/ 英语（TOEFL 75+；TOEIC 740+；IELTS 6.0+）
文科	N1（140+）+ 英语（TOEFL 90+; TOEIC 780+; IELTS 6.0+）	N1（120）+ 英语（TOEFL 80+; TOEIC 740+; IELTS 6.0+）	N1（120+）	N1
商科	N1（140+）+ 英语（TOEFL 90+; TOEIC 780+; IELTS 6.0+）	N1（120）+ 英语（TOEFL 80+; TOEIC 740+; IELTS 6.0+）	N1（120+）	N1
医学或药学	N2（120+）+ 英语（TOEFL 90+; TOEIC 860+; IELTS 6.5+）	N2+ 英语（TOEFL 80+；TOEIC 780+；IELTS 6.0+）	N2 + 英语（TOEFL 80+；TOEIC 750+）	N2/ 英语（TOEFL 75+；TOEIC 740+；IELTS 6.0+）
艺术类	N2（120+），建议申请国公立院校的学生有 TOEFL 或 TOEIC 成绩			

2）英语授课类专业（SGU/G30 项目）

G30 全称 Global 30，是日本前首相福田康夫联合日本文部科学省（即日本教育部）为了抢夺全球化人才和提高日本大学竞争力和国际化，在 2009 年开展的为引进 30 万留学生而实施的一个项目。

2014 年，日本文部科学省为了鼓励日本高校进一步加速国际化进程，原来的 G30 项目也随之升级为スーパーグローバル大学創成支援（英文名称：Super Global University Project），简称 SGU。根据日本文部科学省官方数据统计，目前超过 50 所大学拥有全英文授课学位项目。

英语授课项目为申请制，学生可提交文书材料、英语成绩、GRE 成绩（个别学校和专业需要）等材料直接进行申请，个别院校的理工科则需要联系教授取得事前录取或者参加笔试。

SGU 英文授课专业要求（建议分数）	
硕士专业	GPA：3.2+ 英语：TOEFL 95+；IELTS 6.5+；TOEIC 900+ GRE：320+

（6）日本硕士申请材料

日本硕士是以院校的研究科为单位进行招生的，不同的院校、专业，甚至不同的研究科都有自己单独的招生简章，对于申请材料的要求也有细微差别。通常来讲，申请日本硕士需要准备以下几种材料：

- 证件照：三个月以内拍摄，身穿正装，根据学校要求尺寸冲印
- 个人姓名章：印章要求圆形，名字或姓氏为繁体宋体
- 毕业 / 学位证明：如果还未毕业，需要准备预毕业证明以及学位预定取得证明
- 毕业院校成绩单：需盖上学校公章。如果学校有英文成绩单，需要一并开具出来；如果学校没有英文成绩单，需要自己翻译成日语或英语，有效期三个月以内
- 推荐信
- 研究计划书
- 语言考试成绩

（7）日本硕士申请规划时间轴

时间阶段		申请准备
大一	当年 9 月 ~ 次年 6 月	· 适应大学生活，打好 GPA 基础，着手留学规划
	当年 12 月 ~ 次年 2 月	· 日语和英语课程学习 · 如有意向申请 SGU 项目，则需要开始了解 GRE 考试
	次年 7 ~ 8 月	· 参加第一段实习或科研，探索未来职业或科研方向
大二	当年 9 月 ~ 次年 6 月	· 参加职业测评，了解相关硕士专业课程设置以及就业去向，同时继续参加难度更大、含金量更高的课外活动和实习项目、科研
	当年 12 月 ~ 次年 2 月	· 集中强化日语和英语学习 · 如有意向申请 SGU 项目，则需要开始对 GRE 考试进行系统学习
	次年 7 ~ 8 月	· 着手选择具体专业细化方向，并进行对应课题推进 · 7 月考第一次日语能力考试 · 如有意向选择 SGU 项目，则需要开始进行 TOEFL/IELTS 首考以及 GRE 考试准备 · 提升软背景实力（参加有针对性实习或科研）
大三	当年 9 月 ~ 次年 7 月	· 提升 GPA · 准备 7 月日语、TOEFL/IELTS 或 GRE 考试 · 寻求校内外科研经历
	当年 12 月 ~ 次年 6 月	· 日语、TOEFL/IELTS 以及 GRE（如选择 SGU 项目）强化与冲刺 · 继续实习或科研，提高平均绩点 · 选定自己要申的学校，研究科教授及相关课题，推进文书类材料工作
	次年 7 ~ 8 月	· 进行高含金量实习或科研 · 考出最终日语成绩与对应 TOEFL/IELTS 和 GRE 成绩
大四	当年 9 ~ 12 月	· 联系各个学校进行邮件沟通以及对应的直申
	当年 12 月	· 日语和 TOEFL/IELTS 可以进行最终刷分
	次年 4 月 ~ 8 月	· 补递材料，申请状态跟进，面试 · 签证，行前准备

（此时间轴仅为参考，一切以实际申请为准）

三 日本博士数据解读和升学计划

1. 日本博士数据解读

（1）博士筹备周期渐长，研一逐渐成为主流筹备阶段

自 2020 年起，从研一期间就开始筹备博士申请的人数占比逐年攀升，2023 年占比为 64%，筹备时间周期逐渐拉长。此外，从研三开始筹备的人群占比也有些许提升，这部分人群可能是希望通过读博来避免即将到来的就业压力，而选择临时“转轨”。

2019 年 ~ 2023 年日本博士申请——筹备时间

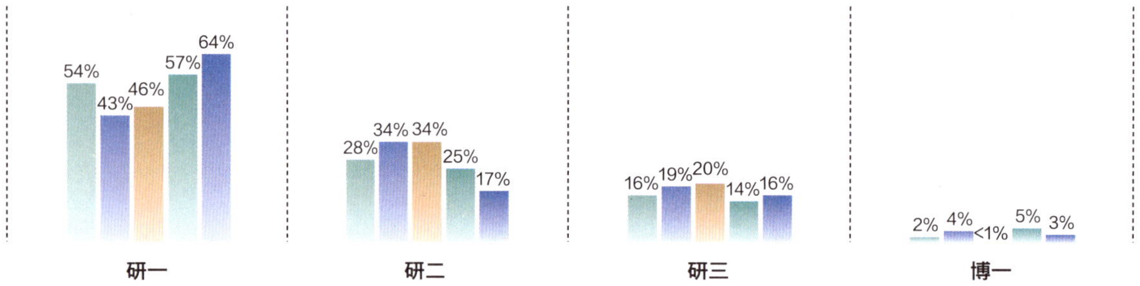

（2）超半数日本博士申请人来自中国普通院校

从院校背景来看，日本博士申请人主要还是来自国内院校。2023 年来自“双非”院校的学生占比最高，合计达到 55%；专科学生人数也有增多，达 2%。可见日本高校对学生院校背景并不会做严格的限制，只要学生达到录取标准便会给予入读的机会。

从整体趋势来看，211 院校学生在 2023 年人数回暖，来自二本院校学生近三年来占比持续下降，由于国内部分二本院校所设专业不是特别丰富，申请博士对这些院校出身的学生来说会受到一定的影响。

2019 年 ~ 2023 年日本博士申请——院校背景占比

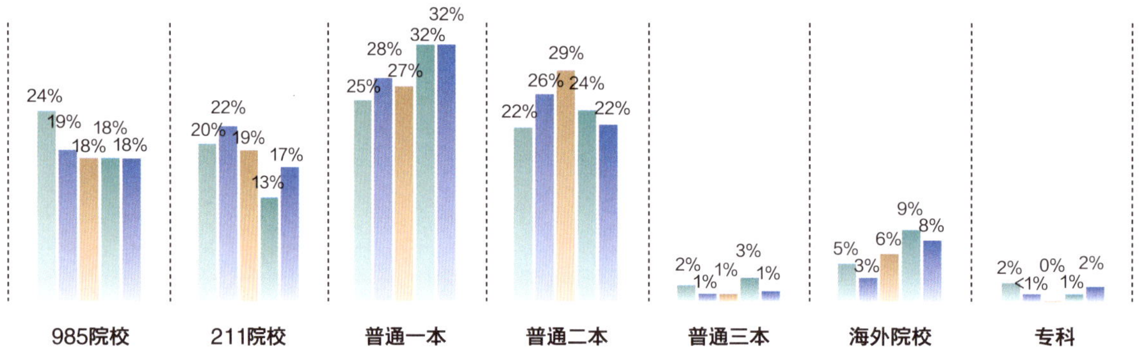

（3）国立大学为日本博士申请主流选择，奖学金是主要因素

近五年来，申请日本博士的人群更倾向选择国立大学。这是由于国立、公立大学的日本博士项目大多可以申请到学费全免或半免，而私立大学一般最多可以免除 30% 左右的学费，经济压力是申请人择校的主要因素之一。

近五年日本博士录取——院校占比 TOP 15

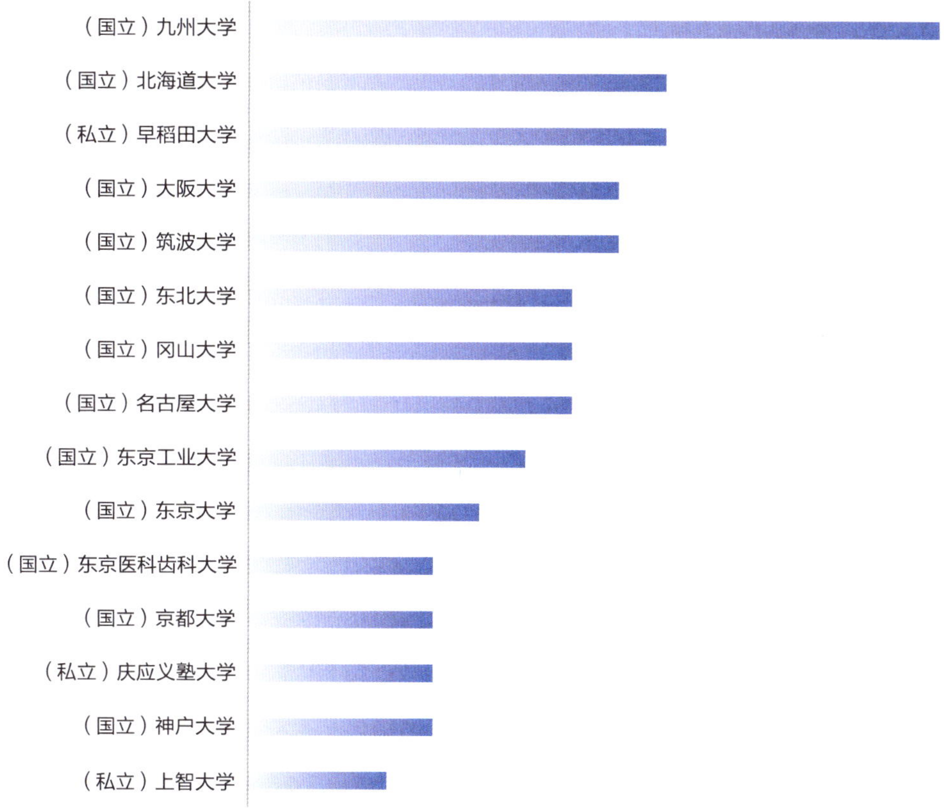

（4）医药专业“异军突起”，文、理、商科均有向下趋势

2023 年，医药类专业录取占比增长迅速，达到 48%，远超理工专业的 31%。之所以存在这种差异一方面是因为日本的医疗水平发达，不论是理论水平还是医疗实践都位居世界前列。此外，日本医学临床专业面向国际学生全面开放，且允许国际学生本科直申博士，这也吸引了不少学生前来求学。另一方面则是由于日本文部科学省（即日本教育部）在 2023 年年初宣布扩招硕博学生数量，医学类专业位列其中，因此录取数量激增。因此，赴日本读博的学生开始集中在医药专业，导致其他专业的申请人数与录取人数有向下趋势。

2019 年 ~ 2023 年日本博士录取——专业占比

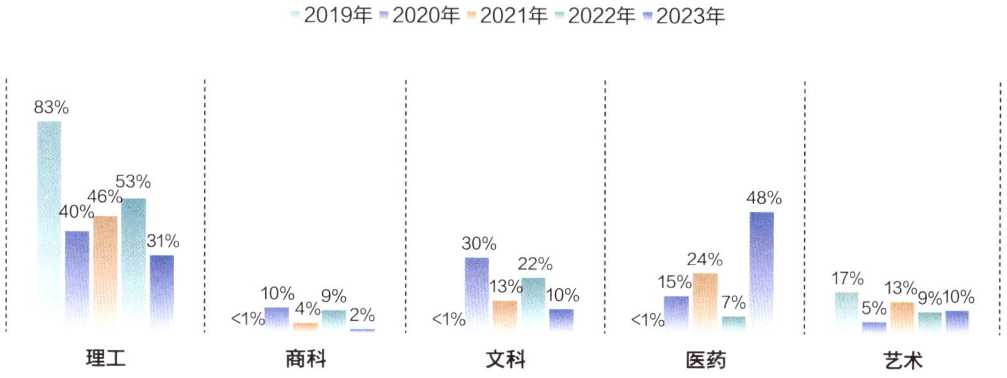

2. 日本博士升学规划

（1）日本博士教育体制介绍

日本博士学制一般为三年，部分专业如医学、牙医、兽医等为四年，毕业后可获得博士学位，受国际认可。博士生与修士生被统称为院生，编制属于大学院。博士考试一年一般有两次，冬季在 2 月左右，夏季在 8 月左右。考试基本分为笔试和面试，笔试是由各个专业的教授出题，面试则主要考查语言能力和听力能力。

（2）日本博士教育优势

日本是博士留学国家中性价比较高的国家之一，教育资源充足，但学费却相对较低。同时，日本大学的奖学金对留学生非常友好，无论是私立大学还是国公立大学，都有机会申请到 30%~50% 的学费减免，甚至可以申请到全额奖学金。

（3）日本博士课程介绍

日本院校的分类情况已在硕士升学规划中说明，这里重点讲解日本博士课程。

日本博士课程项目大致可以分为课程博士和论文博士两种。就读课程博士的学生需要修满 30 学分以上（包括硕士课程修得的学分），经过论文审查及通过所有考试，可被颁发博士学位；论文博士则可以不在学，根据学校的规定通过博士论文的审查和答辩后，也可获得博士学位。不过需要注意的是，目前国内对在日本拿到“论文博士”的留学生学位不予认可，如果学生未来计划回国发展，还需谨慎选择。

除此之外，依据各个大学的规定，部分高校也有开设五年一贯制博士项目（类似于国内的硕博连读），学生在获得四年制本科学位后直接申请攻读该项目的博士课程。

日本大学院艺术类院校的履修课程多以必修与选修课程构成，必修课程在总学分内大致占比为 70%~80%。

艺术类专业多以作品制作和论文撰写作为毕业条件，考查以作品制作为主，而作品制作附带的论文写作要求较低，内容多为对作品的记录与阐述。理论类专业如芸術学（即艺术学）、音乐学、文化财保存学（类似国内的文化遗产学）、艺术教育等专业则以毕业论文作为考查学生能否毕业的标准。

总体来说，日本博士课程的大部分时间用于研究活动，与硕士课程相比，要求出席的课程数量也相对减少。

（4）日本博士申请规划时间轴

日本博士的申请要求和材料准备与硕士申请基本相同，相关内容可参考日本硕士升学规划，下面是博士申请规划时间轴。

时间规划	申请准备
研一	· 适应硕士生活，打好 GPA 基础，着手留学规划 · 日语和英语课程学习 · 如有意向申请 SGU 项目，则需要开始了解 GRE 考试 · 参加实习或科研，探索未来职业或科研方向
研二	· 了解意向博士专业课程设置以及就业去向，着手选择具体专业细化方向，并进行对应课题推进 · 继续参加难度更大、含金量更高的课外活动和实习项目、科研 · 集中强化日语和英语学习 · 如有意向申请 SGU 项目，则需要开始对 GRE 考试进行系统学习，并开始推进 TOEFL/IELTS 的考试准备

续表

时间规划	申请准备
研三	· 继续提升 GPA · 考出对应的日语、TOEFL/IELTS 和 GRE 成绩 · 选定自己要申的学校、研究科教授及相关课题，进行文书类材料工作 · 联系各个学校进行邮件沟通以及对应的直申 · 申请状态跟进，面试

（此时间轴仅为参考，一切以实际申请为准）

第八节　韩国

一　韩国本科数据解读和升学计划

1. 韩国本科数据解读

（1）2023 年赴韩留学生人数创历史新高

十年来，赴韩留学生人数持续增长，在 2023 年达到峰值，合计 181,942 人，同比增加 9%。韩国留学日益火热。

2013 年 ~ 2023 年赴韩留学生人数

（数据来源：韩国教育部）

（2）中国留学生始终是赴韩留学主力军

从生源国籍来看，近五年赴韩的中国留学生人数保持平稳，2023 年在韩中国留学生人数占比近四成，占比虽略有下滑，但仍是赴韩留学的主力。随着韩国留学逐渐受到全球各个国家学生的青睐，赴韩留学生群体也越来越多样化、国际化。

2019 年 ~ 2023 年在韩留学生国籍分布

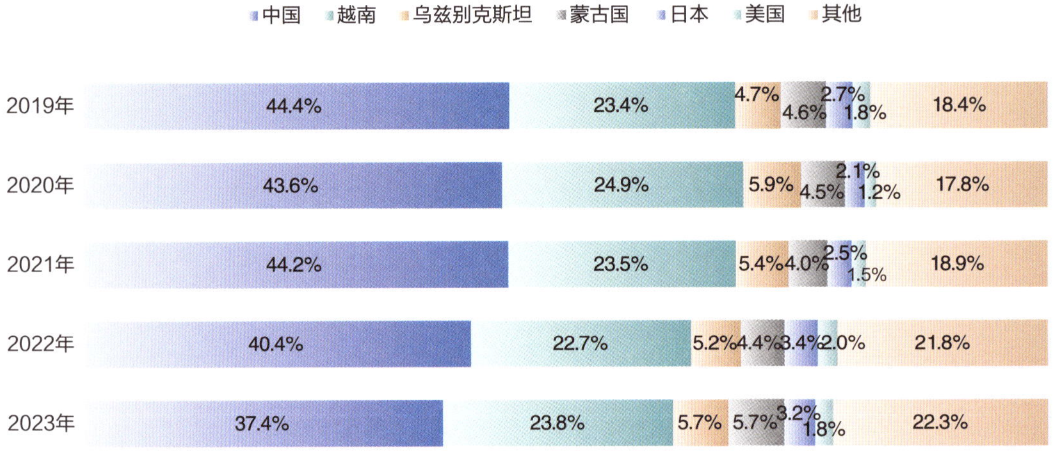

（数据来源：韩国教育部）

（3）本科依然是韩国留学的主要阶段

赴韩读本科虽然出现下降的趋势，在 2023 年占比位 48%，但仍是赴韩留学的主力军。韩国语学院学生数量也自 2019 年开始持续走低，但随着疫情国际环境的好转，韩国留学热度回温，语学院学生人数有了比较明显的增长。近期热门语学院学生人数处于高饱和状态，意向赴韩进行语言研修的学生，需提前做申请准备抢占名额。

2019 年 ~ 2023 年韩国高校中国留学生阶段分布

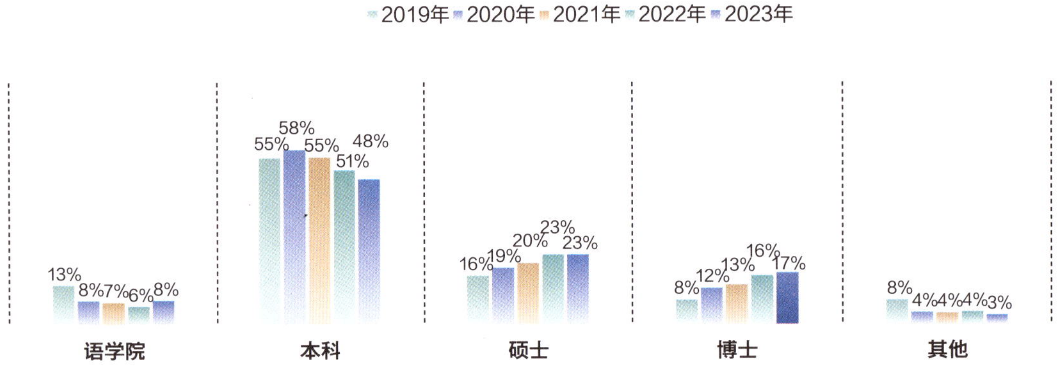

（数据来源：韩国教育部）

（4）汉阳大学连续两年成为最受欢迎的韩国大学

2023 年，本科阶段最受中国留学生青睐的韩国大学 TOP 10 院校与去年相同，甚至 TOP 4 院校的排名也维持不变，依次是汉阳大学、中央大学、庆熙大学和成均馆大学。

值得一提的是，嘉泉大学作为 TOP 10 院校的“黑马”，近年来大力发展国际教育事业，以突飞猛进的发展速度赢得越来越多中国学生的喜爱。

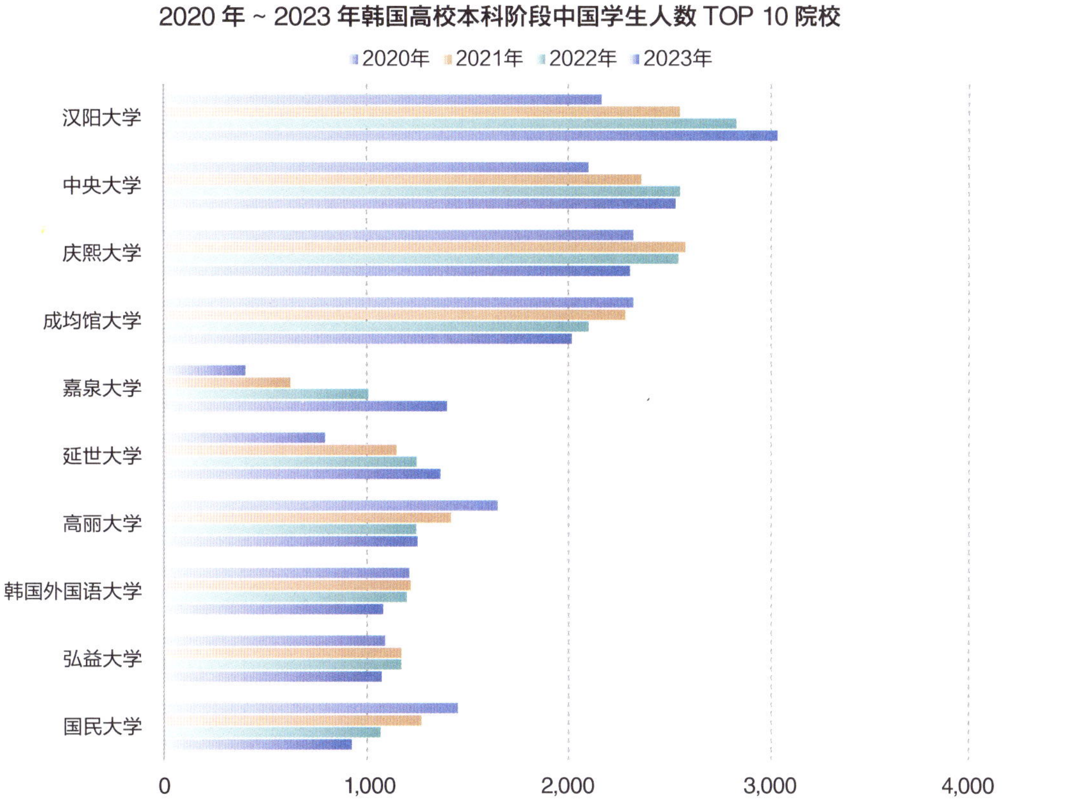

（数据来源：韩国教育部）

（5）2023 年韩国本科申请量大幅回升

新东方欧亚教育申请数据显示，2019 年到 2021 年赴韩读本科的学生人数迅猛增长。伴随着“一带一路”建设的不断深化，韩国凭借着高性价比和地缘优势吸引了不少学生前往就读。不过由于疫情期间国际大环境的日趋严峻，留学考试频繁取消，很多学生放缓了留学规划和赴韩脚步，因此 2022 年本科留学人数小幅回落平缓。但 2023 年留学考试逐渐恢复，韩国留学热再度飙升，伴随着国内“内卷”环境的加剧，越来越多的人把出国接受国际教育当成了另一种升学方式。

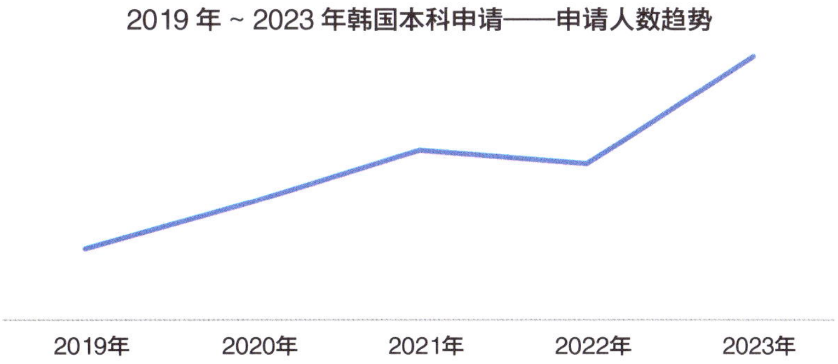

（6）商科、传媒与艺术三足鼎立

新东方欧亚教育申请数据显示，2023 年，商科依旧是申请占比最高的专业，较 2022 年上涨 3%。韩国高校提供的商科专业基本涵盖了市场营销、财务管理、人力资源等多个领域，在现代社会各个行业的应用范围广、需求量大。

此外，受韩国流行文化影响和国内传媒产业的迅猛发展，传媒相关专业的热度持续走高，近两年成为韩国留学第二大热门专业。

韩国的艺术专业也一直受到广大学生的青睐，2023 年申请占比为 22%，较 2022 年上涨了 5%。在国内艺考竞争日趋激烈的当下，相较于欧洲，韩国作为中国的友好邻国，距离相近、文化相通，越来越多的学生与家长将目光转向韩国艺术留学。

从整体专业分布来看，学生的专业选择趋于多样化和均衡化，更多学生会结合自身兴趣、职业规划以及社会的风向变化来决定自己学习的方向。

2019 年 ~ 2023 年韩国本科申请——专业占比

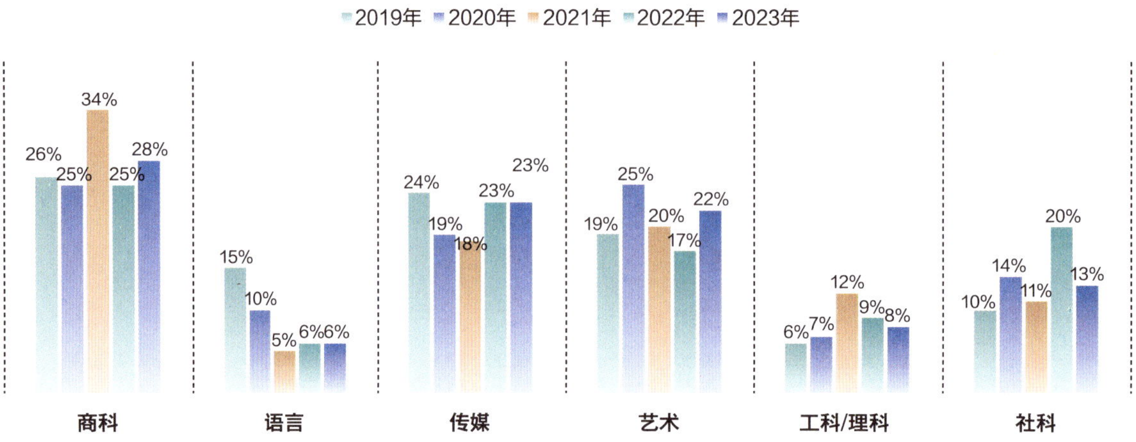

2. 韩国本科升学规划

（1）韩国本科教育体制介绍

与中国类似，韩国同样采取“6–3–3–4”结构的基本学制，即小学六年、初中三年、高中三年、大学四年。其中，小学和初中为义务教育阶段。但不同的是，韩国学校每年 3~8 月为上学期，9 月 ~ 次年 2 月为下学期。

韩国高等教育主要分为三大类：专科大学、本科大学及研究生院。大学教育的目的是教授并研究国家及人类社会发展所必需的学术理论及其应用方法，培养领导才能。本科大学的授课年限是四到六年，大多数专业为四年课程，医学、韩医学、牙医学等医学类课程为六年。大学所开设的专业也涵盖广泛，提供包括文学、法学、经营学、行政学、教育学、理学、工学在内的 30 多个专业课程。学生的毕业学分一般为 140 学分，修完学校规定课程即可获得学士学位。

（2）韩国本科教育优势

韩国大学教育资源丰富，师资力量雄厚，具有完善的留学生教育及管理体制。2023 年，韩国入围 QS TOP 500 的院校共计 17 所，部分高校的排名同比往年有明显上升，教育质量和水平有着进一步的提高。

此外，韩国高校的国际化程度也相对较高，大多数院校普遍拥有较多的具备留学背景的教授任职或任教，校方所提供国际交流、海外派遣等项目也十分丰富，国际学生也可以同本土学生一样享受国际化资源，参与这些海外交流项目。

对中国学生来说，韩国高校对中等教育学历限制较少，中专、职高、普高、国际高中、海外高中生均可申请。入学要求相对简单，学生只需提供高中同等学历证明、韩语或英语成绩单即可。

韩国高校本科课程的学费相对低廉，首尔地区一年的学费为 4 万 ~7 万元人民币，且奖学金丰厚，勤工俭学的机会很多，非常适合工薪家庭。

（3）韩国本科院校分类及特色

韩国本科院校根据建校主体的不同，大致可分为三类：国立大学、公立大学和私立大学。其中，国立大学由国家创办，共计 27 所，比较有代表性的国立大学有首尔国立大学、釜山国立大学、庆北国立大学等。公立大学建校主体为地方政府，韩国仅有一所，即首尔市立大学。私立大学建校主体则为各大财团，但仍由国家教育部门进行统一监管。无论是国公立还是私立大学，其文凭都受中国教育部认可。

韩国私立大学教学质量和教育水平相对较高，排名也比较靠前，在韩国排名前十所大学中，仅有一所国立大学即首尔国立大学上榜，其他均为私立大学。

院校分类	学校特色	学费（人民币）
国立大学 公立大学	· 主要分布在非首尔地区 · 留学性价比高 · 教学管理严格 · 招生模式相对固定	约 1.4 万 ~ 2.4 万元 / 学期
私立大学	· 优秀私立大学主要汇集在首尔地区 · 师资力量雄厚 · 奖学金丰厚 · 招生模式灵活	约 2.4 万 ~ 3.6 万元 / 学期

（4）韩国本科课程介绍

韩国大学的课程设置包括普通教养课程和专业课程两部分。

普通教养课相当于公共选修课或者是通识课程，根据学校的不同，归类也有所不同，但大多会分为社会、历史、哲学、语言、体育、文化、自然科学等几大类别。通常来说，学校会要求学生每个类别至少修读一门，从而保证学生能够全面发展，广泛学习各个领域的文化知识，培养复合型高校人才。

专业课包括专业教养课、专业必修课和专业选修课。专业教养课又称为专业基础课，是每个学生在学习必修课前所修读的基础课程的统称；专业必修课是指每个专业指定的必修课程；专业选修课是指除了必修课外的其他专业相关的课程。本科期间，学生需要把规定的专业必修课程全部修完，选修课修满要求学分方可毕业。

以韩国庆熙大学贸易专业为例，在本科学习期间，学生总共修满 130 个学分方可毕业。其中，专业教养课 12 个学分，专业必修课 12 个学分，以及专业选修课 40 个学分，剩余 66 个学分均为普通教养课学分。

从分数评价的角度来看，韩国大学每学期有两次考试，即期中和期末考试。考试形式也多种多样，包括演讲、报告书或研究书（与论文类似）、书面考试等。课程成绩评价也并非以考试成绩为定论，老师一般会综合出勤率、平时成绩和考试成绩而评定，等级一般分为A+、A、B+、B、C+、C、D和F。其中F为不及格，若获得此评定，学生需要在下学期重修这门课程。

（5）韩国本科申请要求

想要前往韩国留学本科阶段的学生可选择英语授课专业或韩语授课专业。不同的专业对申请学生也有不同的要求。

1）学历要求

- 本科新入：高中（预）毕业、中专 / 职高（预）毕业
- 本科插班：四年制大学二年级结业、二 / 三年制大专毕业

2）语言要求

- 韩语授课：TOPIK 3 级 +（不同学校、专业语言要求不同）
- 英语授课：IELTS 5.5 分及以上 /TOEFL 80 分及以上（不同学校、专业的语言要求不同）

（6）韩国本科申请材料

建议申请学生在入学前 6~9 个月准备完成入学所需申请材料（时效较短材料除外）：

- 学历材料：毕业证、学位证、成绩单及相应的公证认证材料
- 家庭材料：户口本及相应的公证材料、身份证、护照
- 存款材料：12 万元人民币定期冻结半年到一年（按学校要求）

（7）韩国本科申请规划时间轴

以高二开始筹备为例：

时间阶段	申请准备
高二上学期	· 了解韩语学习及留学资讯，明确意愿和方向 · 努力准备学业水平测试，利用课余时间进行韩语学习
高二下学期	· 重视各科成绩，顺利完成学业水平测试 · 初步制定留学方案，加快韩语学习步伐
高二暑假	· 开始韩语中高级学习，备考 TOPIK 考试 · 加强英语学习
高三上学期（10 月）	· 参加第一次 TOPIK 考试 · 针对考试成绩，做下一步语言提升规划
高三寒假	· 根据标化成绩及韩语成绩，确定申请的院校及专业方向
高三下学期（3 月）	· 头脑风暴，完成申请相关的素材收集提炼 · 准备申请材料
高三下学期（4-5 月）	· 最终 TOPIK 考试，建议尝试 IELTS/TOEFL 考试 · 递交材料，开始网申，跟踪申请进度，确保申请顺利进行 · 准备面试相关内容，锻炼面试技巧及能力
高三下学期（6 月）	· 获取院校的 Offer · 确定最终入读院校 · 缴纳学费，准备签证文件 · 办理签证，最终拿到签证
高三下学期（7-8 月）	· 参加出国前体检 · 预订机票，行前准备 · 顺利飞抵韩国，开始留学之旅

（此时间轴仅为参考，一切以实际申请为准）

二 韩国硕士数据解读和升学计划

1. 韩国硕士数据解读

（1）韩国留学连续两年以硕士项目为主

新东方欧亚教育申请数据显示，2023 年硕士阶段的申请人数继续保持增长，近三年合计上涨 7%。韩国留学性价比高，入学要求相对单一，学生拥有本科正规学历即可申请韩文授课、英文授课和中文授课硕士项目，有机会入读层次较高的院校，因此韩国的硕士项目持续受到中国学生的关注。

2020 年 ~ 2023 年韩国留学申请——学历占比

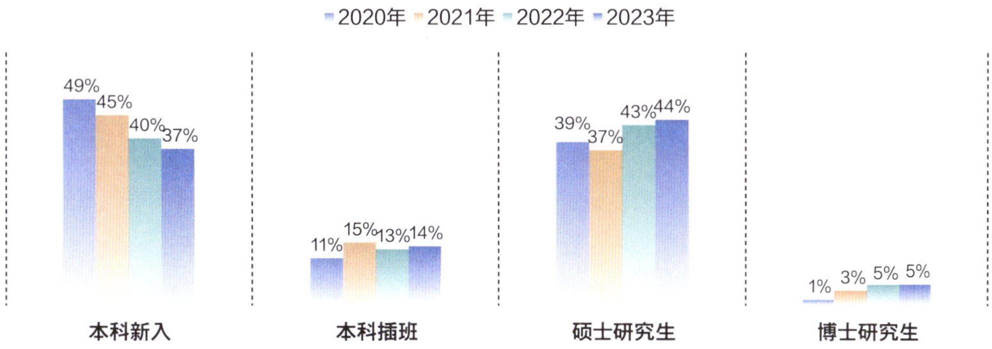

（2）韩国硕士申请人数近五年持续走高

韩国硕士申请人数近五年来持续走高。在 2023 年更是呈现出人数激增的情况。韩国作为小语种国家，在留学准备中的韩语学习是重中之重，且准备周期会更长，申请者不会因为一些客观原因轻易改变留学目的，可以说受大环境影响较小。

2019 年 ~ 2023 年韩国硕士申请——申请数量趋势

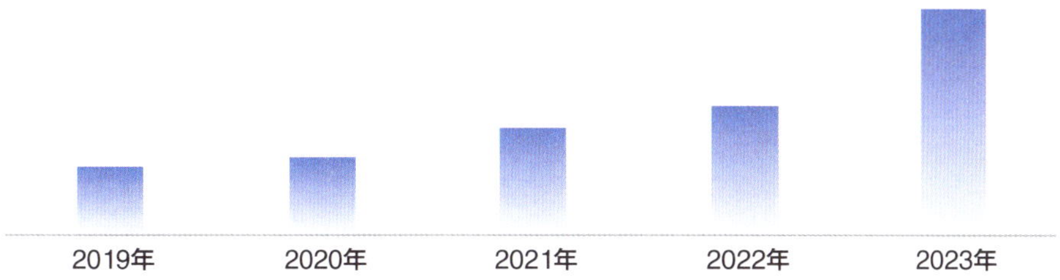

（3）首尔地区院校更受中国学生青睐

2023 年，硕士阶段的中国留学生数量最多的高校前三位依旧分别为坐落于首尔地区的庆熙大学、汉阳大学和成均馆大学。可以看出，由于首尔地区教育资源丰富，师资力量雄厚，且具有完善的留学生教育及管理体制，因而更加受到中国学生的青睐。

相较于本科宽松的招生政策，韩国的硕博研究生选拔流程相对复杂，评价标准更加多样化，尤其韩国一流大学及热门专业近年来入学竞争日趋激烈，所以意向申请者务必提前进行规划和准备。

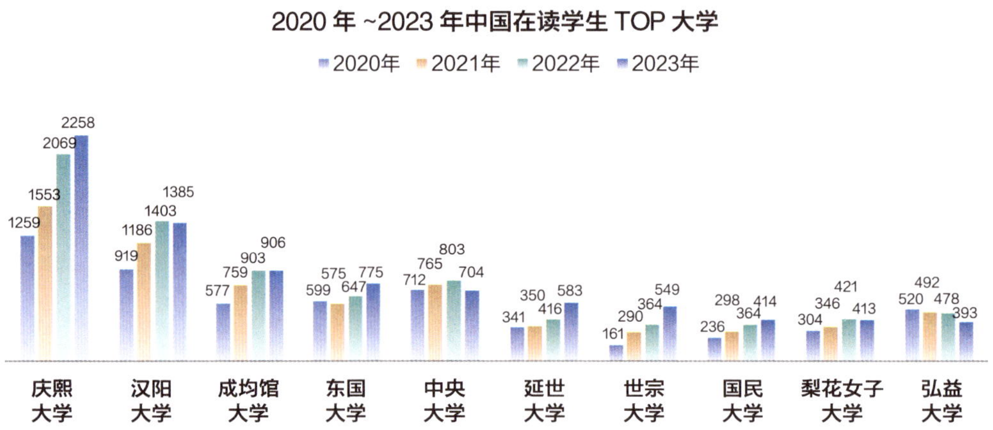

（数据来源：韩国教育部）

（4）商科超越传媒成为硕士申请热门专业

中国留学生青睐的韩国硕士专业依旧以商科、传媒、艺术为主。在 2023 年，商科占比首次超越传媒，成为申请量最高的专业。究其原因，主要是由于韩国很多知名院校陆续开设中文授课的商科专业项目，此类项目的特点是无需韩语和英语基础，学制短，投入小，因此受到大批中国学生的青睐。

得益于韩国发达的文化娱乐产业和艺术产业，相关的艺术类专业因而也令众多学子心生向往。不过，当前韩国名校传媒及商科专业申请竞争日益激烈，学校主要从学生本科院校背景、平均分、专业匹配、韩语及英语成绩、实习经验、获奖经验等多维度综合评价。

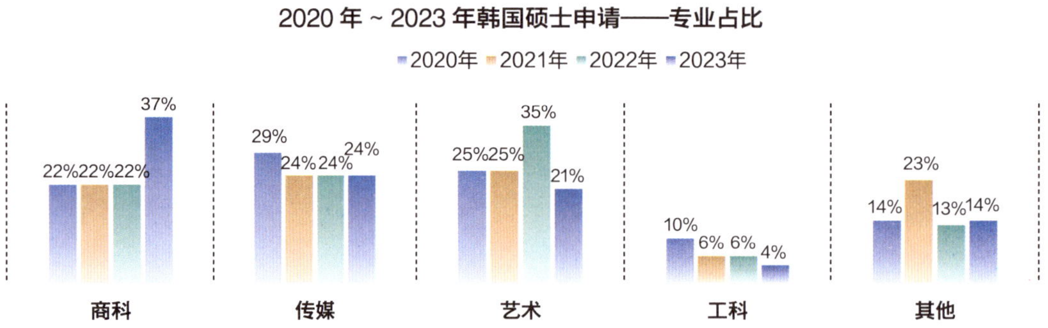

2. 韩国硕士升学规划

（1）韩国硕士教育体制介绍

韩国历届政府都非常重视教育，尤其是高等教育的发展。从 1960 年到 1980 年，韩国仅用 20 年就实现了高等教育的大众化，又用 15 年时间（1980 年 ~1995 年）成为世界上第一个实现高等教育普及化的发展中国家，并且在亚洲国家中较早地开展了研究生教育。

在借鉴了美国、日本等发达国家教育和培养模式的基础之上，韩国高校结合本国教育发展实际情况，不断对研究生教育进行改进和完善，从而形成富有本国特色的研究生培养体系和模式，即理论与实践紧密结合。韩国大学采用“产、学、研、销”一体化教学模式，注重为企业培养专业对口、能力匹配的人才。很多学生在毕业之前就已经进入企业里开始实习，这样既减缓了社会就业压力，又能消除人才断层，可谓是一举两得。

韩国硕士选拔流程相对复杂，评价标准多样化。大学会从学生背景院校层次、大学 GPA、语言成绩（韩语和英语）、软实力、面试表现等多维度进行评价选拔。近年来，韩国优质大学及热门专业申请人数逐渐增多，入学竞争更加激烈，建议学生务必提前做好申请准备，不断提升专业相关学术经历，丰富实践经验，从而提高自身的申请竞争力。

韩国大学硕士研究生（二年制）毕业要求学分为 24 分左右，需要学生撰写毕业论文或通过毕业考试方可算是真正完成学业。

（2）韩国硕士教育优势

1）留学性价比高

从资金成本上来看，韩国是性价比较高的留学目的国。高校保证金和学费都相对较低，给学生提供的奖学金却十分丰厚，学习成绩优异的学生可申请学费减免、研究经费等资金上的支持。

2）专业设置广泛

韩国坐拥众多知名高校，专业设置广泛，学生可以自由选择自己想要学习的专业方向，若理想专业与此前的专业背景跨度不大，学校也接受学生的转专业申请。

3）提供多语种授课方式

韩国高校在硕士阶段会开设韩文授课专业、英文授课专业和中文授课专业，满足更多学生的留学选择。

4）就业前景广阔

随着中韩两国合作的不断深入，无论是国家间的贸易往来，还是民间的商业活动，越来越多的韩资企业进入中国。熟悉两国文化、精通两国语言的相关人才更有可能在应聘时脱颖而出。

（3）韩国硕士院校分类及特色

韩国高等教育主要分为三大类：专科大学、本科大学及研究生院。根据教育目标不同，韩国研究生院又细分为三大类：一般大学院、特殊大学院和专门大学院。

一般大学院主要以纯学术教育为培养目标，传统专业较多，理论知识过硬，教授内容多以学术理论为主，毕业需要撰写毕业论文，是传统意义上的大学院。

特殊大学院非常重视实践，提供系统学习学术性及理论性的教学内容，但最终导向职业性与专业性，这一概念可以类比于中国的在职研究生项目。

专门大学院则是以就业为导向，工作之后（辞职或在职）申请的学生偏多。教学内容更注重实际操作，常见专业有与市场相关度高的专业学科如工商管理硕士（MBA）、公共管理硕士（MPA）等。

（4）韩国硕士课程介绍

韩国研究生院的课程设置灵活多样，且十分注重学科间的融合教学，学生可以选择与自己专业相关的其他学科的课程。部分学校学生可以不分年级、不分专业地自由选修校内开设的所有课程，课程考核合格后即可拿到学分。促进学生多学科领域学习，从而培养适合社会发展需求的综合素养。导师也非常尊重学生的选择，并不硬性规定必修课与选修课的比例，学生可根据自己的情况规划自己硕士阶段的课程结构，有很大的自主权。这种弹性的培养方式在开拓学生的学术思维和培养学生自主学习方面都大有裨益。

韩国研究生院的授课方式主要借鉴美国，采取研讨会（Seminar）方式进行教学。课堂内容大多是根据本研究室的授课内容展开讨论，让学生自己发表观点，提出问题，课堂气氛活跃。

对于学生成绩管理和毕业审核，韩国高校普遍采取多元化的考核方式，各科目的考核方式由授课教授自主决定。在毕业要求方面，硕士生在申请撰写论文之前需要通过一次严格的"综合考试"，这种考核方式可以让导师对学生几年来的学习和研究有一个比较客观的评估。此外，韩国高校和指导教师不会对硕士生发表文章有硬性要求，只要参与科研项目即可，但为了鼓励学生尽可能做出高水平的研究成果，一些高校会采取以国际期刊文章来代替硕士毕业资格考试和论文开题的方式，这在很大程度上激发了学生参与学术研究的积极性。

（5）韩国硕士申请要求

1）学历要求

- 全日制本科（预毕业）：在读证明或者学位证、毕业证齐全
- 专升本学历：专科毕业证、本科学位证、毕业证齐全

2）语言要求

- 韩语授课：TOPIK 3 级 +（不同学校、专业语言要求不同）
- 英语授课：IELTS 5.5 分及以上 /TOEFL 80 分及以上（不同学校、专业语言要求不同）
- 中文授课：无需韩语、英语成绩

（6）韩国硕士申请材料

建议申请学生在入学前 9~12 个月准备完成入学所需申请材料（时效较短的材料除外）：

- 学历材料：毕业证、学位证、成绩单及相应的公证认证材料
- 家庭材料：户口本及相应的公证材料、身份证、护照
- 存款材料：12 万元人民币冻结半年到一年（按学校要求）
- 背提材料：获奖证明 / 科研成果 / 实习证明等
- 语言材料：语言成绩单（英语和韩语）
- 文书材料：推荐信、个人简历、个人陈述等

（7）韩国硕士申请规划时间轴

时间阶段		申请准备
大一		· 了解韩语学习及留学资讯，明确意愿和方向 · 重视在校成绩，保持英文水平，并增加词汇量
大一暑假		· 进行相关性的科研 / 实习 · 整理相关信息，初步制定留学方案，开始韩语学习
大二		· 保持成绩，争取高 GPA · 积极参加学校各类竞赛及活动 · 利用课余时间坚持韩语学习，加强英语学习
大二暑假		· 继续参加专业相关的科研 / 实习，提升软实力背景 · 集中进行韩语中高级学习
大三		· 继续保持成绩，尤其专业课程或与申请专业相关的课程成绩 · 参加第一次 TOPIK 考试，针对考试成绩，做下一步语言提升学习规划
大三暑假		· 根据申请专业参加相关活动、实习、科研等项目 · 规划 TOEFL/IELTS 学习及考试
大四上学期	9 月	· 根据标化成绩及软实力背景确定申请的院校及专业方向
	10 月	· 进行 TOPIK、TOEFL/IELTS 考试 · 完成文书相关的素材收集提炼 · 开始着手撰写文书等材料

续表

时间阶段		申请准备
大四寒假		· 递交材料，开始网申 · 跟踪申请进度，确保申请顺利进行
大四下学期	4~5 月	· 准备面试相关内容，锻炼面试技巧及能力
	6 月	· 获取院校的 Offer · 确定最终入读院校 · 缴纳学费，准备签证文件 · 办理签证，最终拿到签证
	7~8 月	· 参加出国前体检 · 预订机票，行前准备 · 顺利飞抵韩国，开始留学之旅

（此时间轴仅为参考，一切以实际申请为准）

三 韩国博士数据解读和升学规划

1. 韩国博士数据解读

（1）韩国博士项目热度崛起，申请数量连续五年上涨

新东方欧亚教育申请数据显示，自 2019 年起，越来越多的学生倾向前往韩国修读博士学位，2023 年申请人数更是较往年有了翻倍的增长，可见赴韩读博的热度正在兴起。随着全球化的不断深入，相信未来韩国博士留学群体也将继续扩大。

2019 年 ~ 2023 年韩国博士申请——申请数量趋势

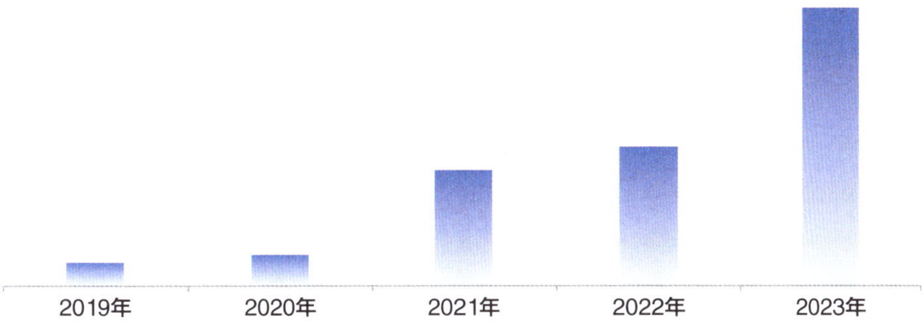

（2）博士院校选择呈多元化态势

在院校选择上，申请博士课程的学生更注重性价比，倾向选择学习年限短、申请难度小、留学成本低的院校。因此，博士在读人数较多的学校大多分布在非首尔地区，且以艺术类专业见长的院校居多。

2021年～2023年中国留学生韩国博士在读 TOP 10 院校

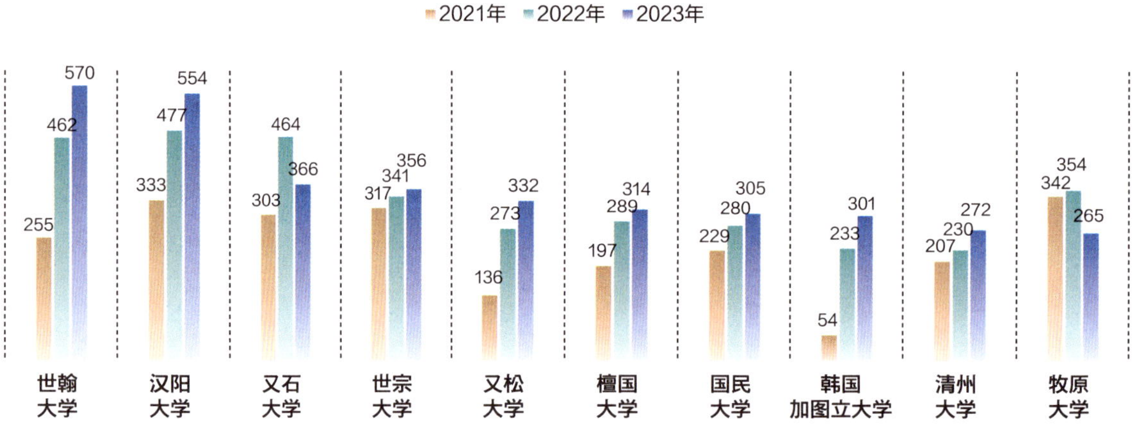

（数据来源：韩国教育部）

（3）韩国博士录取人数激增

根据新东方欧亚教育数据，自2019年起，韩国博士项目受到越来越多中国学子的关注，与此同时也越来越认可中国学生。

2019年～2023年韩国博士录取——录取人数趋势

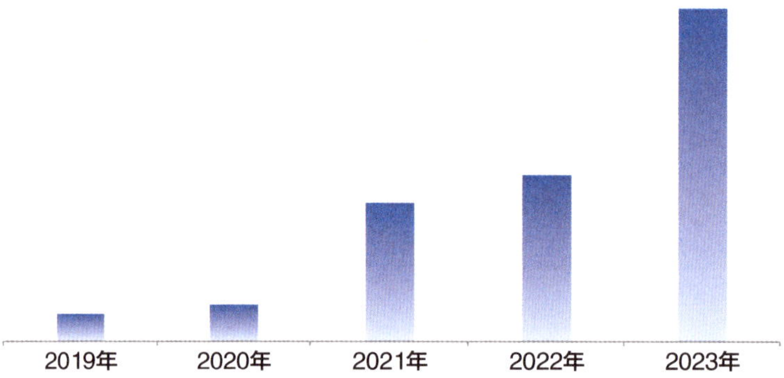

（4）音乐类专业为博士热门申请专业

博士项目中的音乐类专业最受中国留学生欢迎，占比33%，其中包含声乐、钢琴、管弦乐、音乐学理论等专业，申请人中不乏海外硕士学生。这主要得益于韩国发达的文娱产业和艺术产业，加之韩国流行音乐在中国的影响，相关专业深受学生青睐。

2023年韩国博士申请——专业占比

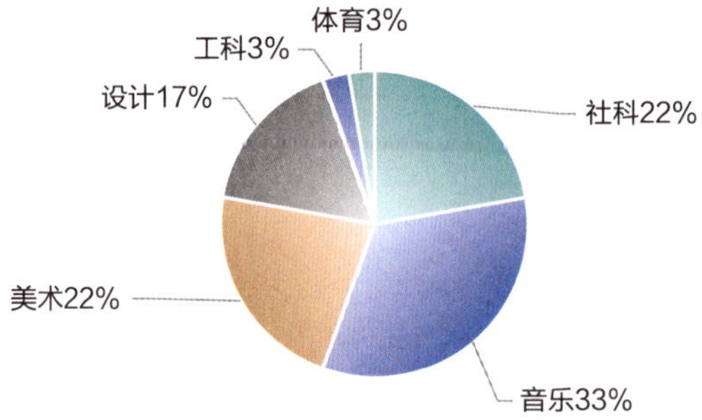

2. 韩国博士升学规划

（1）韩国博士教育体制

韩国博士阶段没有完全固定的学制。韩国教育部规定的博士学制为两年理论授课外加论文，也就是说学生上完两年的课程后需要继续完成论文及科研的任务。论文的长短一般由博士导师决定，最快也要一年才能完成。因此，韩国博士最快可以在三年左右毕业。不过，也有极个别中文授课博士课程可以在两年内完成。

（2）韩国博士教育优势

1）学术氛围浓厚

韩国高校普遍采用西方教育模式，学生们可以自由地讨论观点，学术氛围浓厚，能尽可能地调动学生的学术积极性，加强彼此之间的学习与合作。此外，韩国高校还会经常组织各类学术论文指导讲座，鼓励教师以及学生在学术、科研上有所建树，力争能走在学术前沿。

2）语言没有硬性要求

海外留学首先要面对的便是语言关。由于中韩双方在文化教育方面的交流日益密切，部分韩国院校放宽了对中国学生在申请博士时的韩语等级要求，也有不少高校开设了中文授课的博士学位课程，无需提交韩语成绩也可以申请读博，帮助学生免除韩语考试压力。

3）修读周期相对较短

韩国高校的博士学制一般为两到三年，部分韩国大学的毕业要求中并没有发表核心期刊的规定，因此只要最后一年完成毕业论文答辩，基本可以实现三年博士毕业。

（3）韩国博士课程介绍

韩国研究生院的博士阶段授课方式与硕士阶段相同，采取 Seminar 即研讨会形式进行教学。课堂上博士生会对一个选题进行广泛的讨论，不仅可以锻炼学生的科研学术能力及表达能力。同时导师也可以通过课堂上的讨论，掌握本研究室的工作进展以及学生的学习情况。学生的成绩管理和毕业审核方式与硕士相同，基本由授课的教授自主决定。

（4）韩国博士申请要求

- 学历证明：本科硕士学位证、毕业证齐全
- 韩语授课：TOPIK 3 级 +（不同学校、专业语言要求不同）
- 英语授课：IELTS 5.5 分及以上 /TOEFL 80 分及以上（不同学校、专业语言要求不同）
- 中文授课：无需韩语、英语成绩
- 申请材料准备与硕士相同

（5）韩国博士申请规划时间轴

时间阶段	申请准备
研一上学期	· 了解韩语学习及留学资讯，明确意愿和方向，初步制定留学方案，开始韩语学习 · 重视在校成绩，保持英文水平，并增加词汇量 · 进行相关性的科研 / 实习
研一下学期（4 月）	· 继续保持成绩，尤其专业课程或与申请专业相关的课程成绩 · 参加第一次 TOPIK 考试，针对考试成绩，做下一步语言提升学习规划
研一暑假	· 根据申请专业参加相关活动、实习、科研等项目 · 规划 TOEFL/IELTS 学习及考试（如需要）

续表

时间阶段		申请准备
研二上学期（9 ~ 10 月）		· 根据标化成绩及软实力背景确定申请的院校及专业方向 · 进行 TOPIK、TOEFL/IELTS 考试 · 完成申请材料相关的素材收集 · 开始准备文书类材料
研二寒假		· 递交材料，开始网申 · 跟踪申请进度，确保申请顺利进行
研二下学期	4 ~ 5 月	· 准备面试相关内容，锻炼面试技巧及能力
	6 月	· 获取院校的 offer · 确定最终入读院校 · 缴纳学费，准备签证文件 · 办理签证，最终拿到签证
	7 ~ 8 月	· 参加出国前体检 · 预订机票，行前准备 · 顺利飞抵韩国，开始留学之旅

（此时间轴仅为参考，一切以实际申请为准）

第九节　中国香港

一　中国香港本科数据解读和升学规划

1. 中国香港本科数据解读

（1）录取数量连续三年递增，趋势向好

新东方欧亚教育录取数据显示，2021 年到 2023 年中国香港地区高校本科录取数量持续上升。这是由于随着中国香港与内地在教育、经济等多方面合作的不断深化，香港地区高校面向内地开放的招生名额也在逐年增多，相信未来有更多的学生有机会前往香港地区体验“中西合璧”式的高等教育。

2021 年 ~ 2023 年中国香港本科录取——录取数量趋势

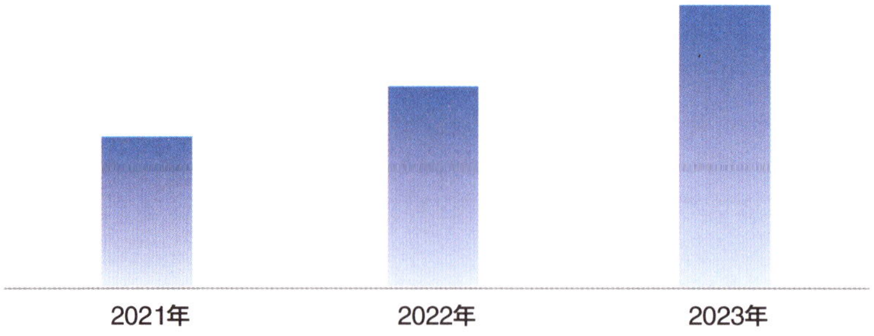

（2）国际高中学生占比上升至七成

中国香港地区高校本科阶段录取者以来自国际课程体系的学生为主，连续三年人群占比逐年提升，2023 年占比达 76%。中国香港地区高校普遍采用全英文授课，且教育体制和教学方式与海外国家类似，因此具有国际化背景的学生更容易受到中国香港地区院校的青睐。

来自普通高中体系的学生占比逐年下降，从 2021 年的 50% 下降至 23%。与此同时，来自海外院校的学生群体开始显现，占比 1%。

2021 年 ~2023 年中国香港本科录取——院校背景占比

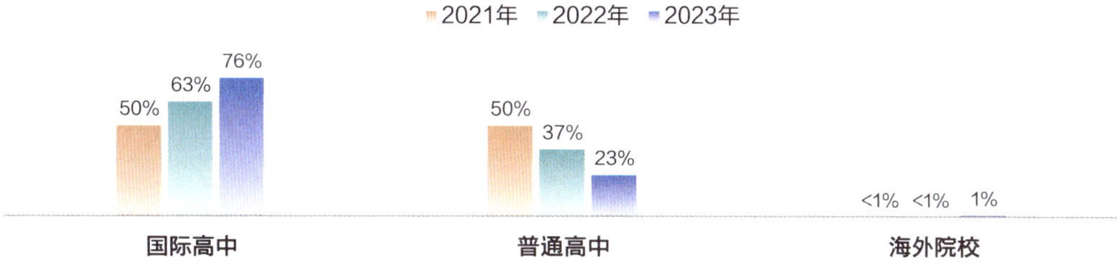

从国际高中学生群体分析来看，在 2023 年，中国香港地区院校在本科阶段录取 IB 和 A Level 课程体系学生占比相对均衡，占比分别为 37% 和 36%，其次为 AP 学生占比为 21%。OSSD 学生相对较少，占比为 6%。中国香港地区国际学校以开设 IB 课程为主，其次是 A Level 和 AP。因此，中国香港地区高校对这三类课程更加熟悉，也更倾向录取这三类课程体系的学生。

2023 年中国香港本科录取——国际课程体系占比

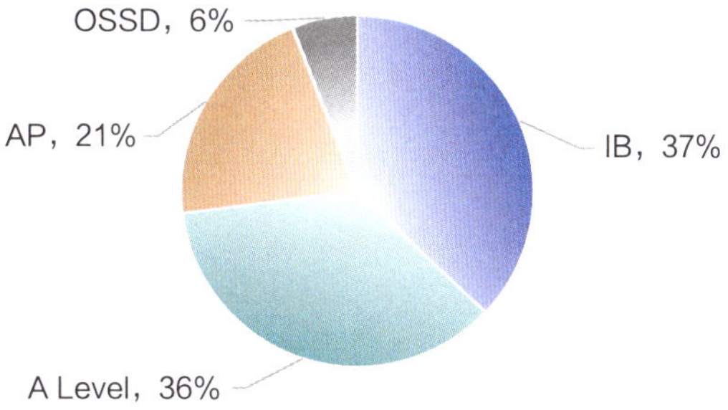

（3）雅思七分以上学生占比近六成，竞争更加激烈

2023 年，IELTS 成绩在 7 分及以上的学生占比近六成，其中 IELTS 7.5 分及以上占比较 2022 年上升了 2%。高分群体数量的增多可以看出学校对学生的背景考核非常重视，出色的语言成绩或将成为录取的重要参考标准。

2021 年 ~ 2023 年中国香港本科录取——语言成绩占比

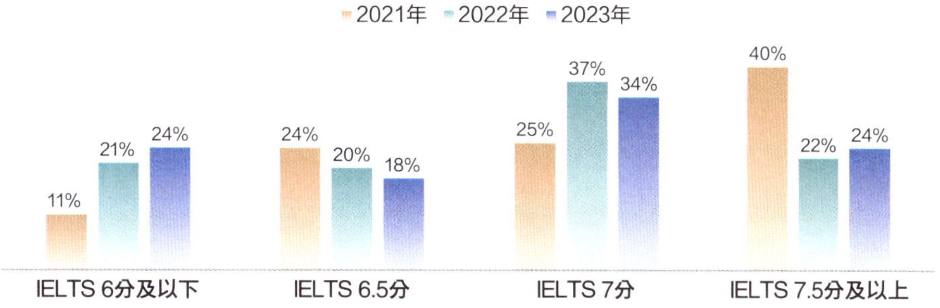

（4）TOP 3 院校本科录取竞争日益激烈

近三年来，获得中国香港地区排名前三名院校录取的学生占比上升明显。这些院校教育资源丰富，国际认可度高，是中国内地学生申请中国香港本科院校的主要选择，竞争相当激烈。

2021 年 ~ 2023 年中国香港本科录取——院校占比变化趋势

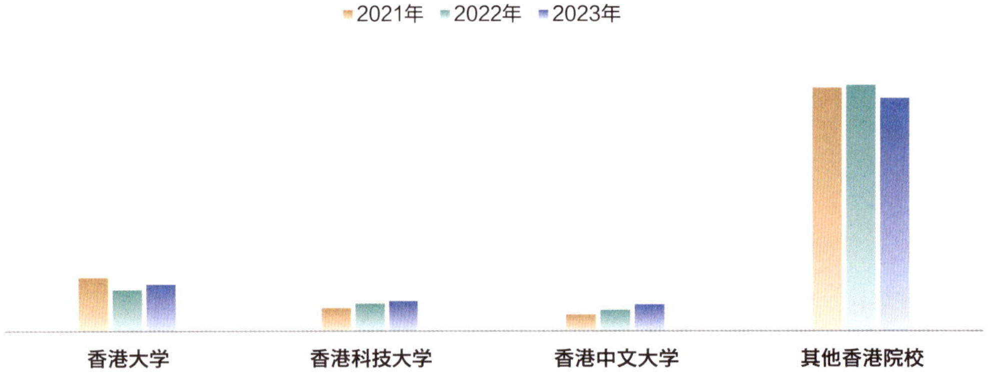

（5）录取专业主要为商科类

在 2023 年，录取专业占比排名 TOP 3 的依旧是商科、工科及社科类专业。其中商科类专业的录取占比最高，为 42%，较 2022 年大幅上涨。作为全球第三大金融中心以及重要的国际贸易、航运中心和国际创新科技中心，中国香港地区的商业和金融业高度发达，拥有很多知名投行与咨询公司，能给商科学生提供非常多的就业机会。

2023 年中国香港本科录取——专业占比

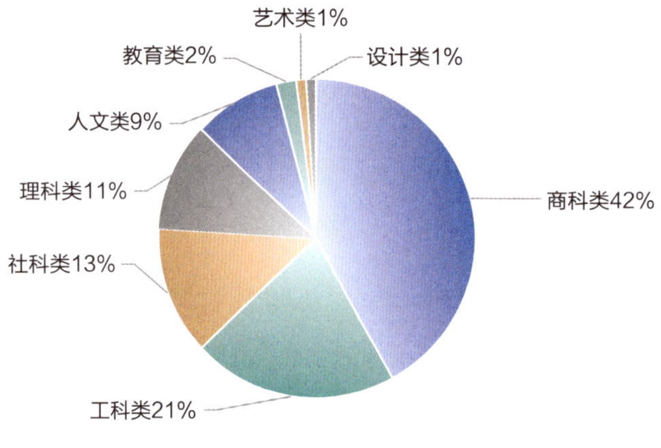

（6）超八成国际课程体系学生拥有科研 / 实习经历

作为亚洲教育比较发达的地区，中国香港高校有着较高的教育水准，因此本科申请竞争非常激烈。院校除了考查学生的学业成绩之外，对整体综合能力也有一定的要求。

新东方欧亚教育申请数据显示，国际课程体系学生中拥有科研 / 实习经历的人群占比超过八成，其中拥有两段科研 / 实习经历的学生占比最高，达 40%；有五段及以上科研 / 实习经历的学生占比较 2022 年上涨明显，有越来越多的学生已经清楚知道科研 / 实习经历对申请的重要性。

2022 年 ~ 2023 年中国香港本科录取——国际课程体系学生科研 / 实习经历占比

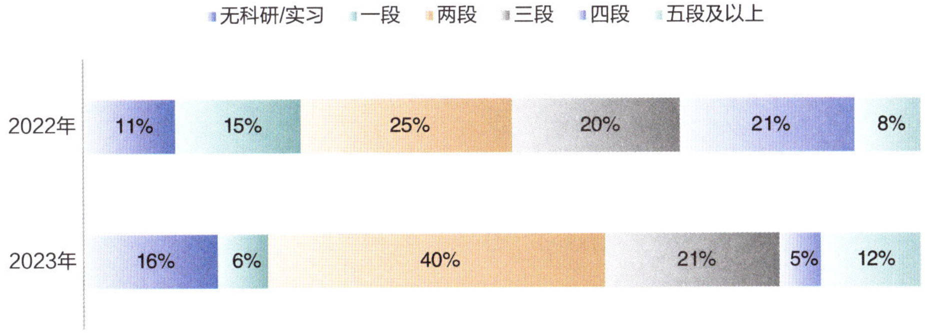

2. 中国香港本科升学规划

（1）中国香港本科教育体制介绍

中国香港因与内地生活环境差异小、留学费用相对较低等优势，一直以来都是深受学生欢迎的主流申请目的地之一。

中国香港本科的学制与内地高校相同，基本为四年制，每年 9 月开学。然而在申请和录取方式方面却与内地高校完全不同，申请香港本科主要有两种方式：一是通过当年应届的高考成绩进行申请；二是通过国际学生考试成绩进行申请，例如 SAT、IB 等。不管是通过哪种方式进行申请，中国香港院校都是择优录取。虽然每年都会有一个大概的录取分数线，但也不是所有达到分数线的学生都一定能被录取，因此学生还需要尽早筹备，以便能获得更有竞争力的成绩。

（2）中国香港本科教育优势

中国香港把中国人的智慧与西方教育制度优势合二为一，以良好的治安、自由的经济体系及较为完善的法制闻名于世。中国香港是全球知名的金融中心，也是全球最自由的经济体和最具竞争力的城市之一，在世界范围内享有盛誉。中国香港凭借其地缘优势及性价比，成为很多工薪阶层家庭的亚洲留学首选。

1）教育水平高

中国香港教育资源丰富，知名院校云集。中国香港高校普遍采用与内地不同的教学方式和理念，为学生提供了国际化的视野，同时全英文的教学也为学生提供了优良的语言学习环境。此外，中国香港高校所提供的学历受到国际广泛认可，也与内地高校学历互认。

2）费用相对较低，留学性价比高

中国香港本科的学费大多为 12 万 ~17 万港币 / 年，住宿费和生活费一般为 8 万 ~12 万港币 / 年，再加上近年来人民币保持升值势头，相较于大多数欧美高校，赴港求学的性价比较以前更高。

3）政策利好，就业机会大

中国香港高校与工商界一直保持着紧密的联系，有超过 9,000 家跨国公司在此设有区域总部，为学生提供广泛的就业实习机会。就读中国香港全日制本科的学生在毕业后，可在毕业日期（即毕业证书所载日期）起计的六个月内向入境事务处递交在港就业申请中国香港毕业生 IANG 工签，只须符合一般的入境规定，便可无条件获批留港两年，毕业生可以利用这段时间在中国香港寻找适合自己的工作。

（3）中国香港本科课程介绍

中国香港的教育受到英联邦教育体制的影响，在本科阶段非常重视学生的通识教育和全人教育。同时中国香港也依托于自身中西融合的独特气质，在教育方面融合了各种国际教育的优势，逐渐摸索形成自己独特的混合式教育模式，对学生的国际化交流给予众多支持。

在教育方法上面，主要采取讲座、辅导课、实验课多方并进的教育方式。教授讲座的内容精简，需要学生课后讨论，部分情况下会有辅助教授教学的助教老师在辅导课上给学生查漏补缺，最后实验验证。这样教授不需要做批改作业等繁重的教学任务，再加上有助教的辅助，也能够拥有更多的时间与学生深入探究、探讨相关问题，培养学生的科研兴趣。

以下为中国香港比较热门的专业大类介绍，以供参考：

- **商科**：中国香港依靠其繁荣的经济发展以及活跃的市场前景，当之无愧地成为了亚洲乃至世界重要的金融中心。迈入数字化时代后，中国香港高校融合商业、数据库、统计学、信息学、运营等各个领域的必要技能和知识，聚焦当下热点研究领域开展了一系列有关商业数据挖掘、大数据科技等课程，旨在培养多元化、专业化综合人才。香港大学的商业分析、市场营销，香港科技大学的金融学、国际管理，香港中文大学的会计、信息系统管理等都是王牌专业。
- **计算机**：伴随经济结构的调整，科技兴国战略的进一步实施，科学、工业、国防和教育事业需要一大批高素质的计算机专门人才。计算机凭借其较高的平均起步收入以及广泛的就业方向，备受广大学子青睐。每年前往中国香港求学的学生中，报读计算机专业研究生的学生占据了不小的比重。在 2023 年 QS 学科排名中，中国香港有三所大学的计算机科学专业跻身世界前 100 名行列，分别是香港科技大学第 40 名、香港中文大学第 53 名、香港大学第 61 名。
- **数据科学**：在大数据时代，每天都有海量的数据从社交媒体、消费者档案、全球经济等渠道产生。我们不仅要描述和理解这些复杂的数据信息，更重要的是揭示关键的信息，以便采取最佳行动。在传统的数据处理应用软件无法运作的情况下，数据科学专业的出现，为大数据时代的高性能分析开辟了新的前沿。香港大学、香港科技大学、香港中文大学、香港城市大学、香港理工大学以及香港浸会大学均开设了相关专业。
- **传媒**：中国香港作为亚洲的传媒中心、国际信息中心和中华文化出口基地，拥有 TVB、凤凰卫视等电视台或知名传媒公司。凭借背靠祖国、面向世界的地缘优势，中国香港继续保持着传媒文化和传播形式的多元化、国际化等特色。中国香港的传媒行业，在与内地日益频繁密切的交流合作中找到了更广阔的发展空间。中国香港八所公立院校均开设有传媒相关专业，尤其是香港城市大学的创意媒体学院，更是国内外首屈一指的创意产业、创新中心。
- **法学**：法学这门学科在中国香港高校教育体系中炙手可热，越来越多的法律人把这里作为法学深造的“伊甸园”。事实上，中国香港特别行政区的法律制度虽有区别于内地的法律制度，但其差异为法律从业者创造了更多的机遇，也因而培养了众多兼备两种法律知识体系的双边人才。香港大学、香港中文大学、香港城市大学都提供了专业性和灵活性更强的法学相关课程。

（4）中国香港本科申请要求

不同高校及专业对学生的要求不尽相同，以下为各高校的成绩参考，具体以报读专业官网要求为准：

1）高考生

- 高考成绩：申请香港大学、香港科技大学、香港中文大学的学生建议高于当地一本线 120 分以上；申请香港城市大学、香港理工大学、香港浸会大学建议高于当地一本线 50~100 分，综合条件优秀者有可能适当降低分数标准；申请岭南大学、香港教育大学的学生建议达到当地一本线以上；申请香港公开大学、香港树仁大学的学生建议达到当地二本线以上。

- 英语单科分数：申请香港大学、香港科技大学、香港中文大学、香港城市大学、香港理工大学、香港教育大学的学生建议高考英语 120 分以上；申请浸会大学、岭南大学、香港公开大学、香港树仁大学的学生建议高考英语 110 分以上；部分专业有特殊要求，如申请香港城市大学人文社会科学院的学生，高考英语成绩必须达到 125 分，而申请法律学及兽医学的学生的高考英语成绩更须达到 135 分。
- 面试表现。
- 科研实践、竞赛获奖等经历可作为申请加分项。

2）国际学校学生

- 标准化成绩（SAT、ACT、IB、A Level 等）
- 英语语言分数
- 面试表现
- 科研实践、竞赛获奖等经历可作为申请加分项

（5）中国香港本科申请材料

- 个人陈述等材料（如需）
- 高中在读 / 毕业证明
- 在校成绩单 / 高考成绩
- 标准化成绩单和语言成绩，如 TOEFL、IELTS 等

（6）中国香港本科申请规划时间轴

中国香港高校每年 9 月开学，申请流程根据高考生和国际生有所不同。

高考生（除香港中文大学及香港城市大学）一般为每年 10 月开放申请，次年高考成绩公布后一周左右发放录取结果，之后 7 月、8 月也会有补录的情况。

国际生为滚动录取，“先到先得”。一般入学前一年 10 月陆续提交申请，申请提交后 8~10 周（根据各学校和专业有所不同）获得面试机会或录取，录取会从每年 12 月持续发放至次年 6~7 月。

时间阶段		申请准备
高一	当年 9 月 ~ 次年 6 月	· 保持在校成绩 · 进行 TOEFL/IELTS 学习 · 明确留学意愿和方向 · 参加学校社团活动
高二	当年 9 月 ~ 次年 1 月	· 提升在校成绩 · 进行针对性申请规划 · 进行初步的学术阅读，对未来专业方向进行了解
	次年 1 ~ 2 月	· 寒假参加相关实训或课外活动
	次年 3 ~ 6 月	· 提升在校成绩 · TOEFL/IELTS 学习
	次年 7 ~ 8 月	· 参加暑期活动 / 夏校 · TOEFL/IELTS 强化学习

续表

时间阶段		申请准备
高三	当年 9 月 ~ 次年 4 月	· 递交申请，等待结果 · 持续英语学习（英语 /TOEFL/IELTS）
	次年 4 ~ 6 月	· 准备毕业考试 · 等待结果
	次年 6 ~ 7 月	· 办理签注

（此时间轴仅为参考，一切以实际申请为准）

二 中国香港硕士数据解读和升学规划

1. 中国香港硕士数据解读

（1）中国香港“八大”高校持续受到关注，港大、港科技增幅明显

根据新东方欧亚教育录取数据，中国香港八大高校（即八所公立大学的统称）为录取内地学生的主要院校，合计占比超九成，分布较为均衡。其中，香港城市大学和香港理工大学占比最高。从整体趋势上看，由于近几年中国香港各高校在 QS 排名中表现亮眼，让内地学生赴港求学的意愿大幅提升，申请人数也有所增长。

2020 年 ~ 2022 年中国香港硕士录取——“八大院校”录取趋势

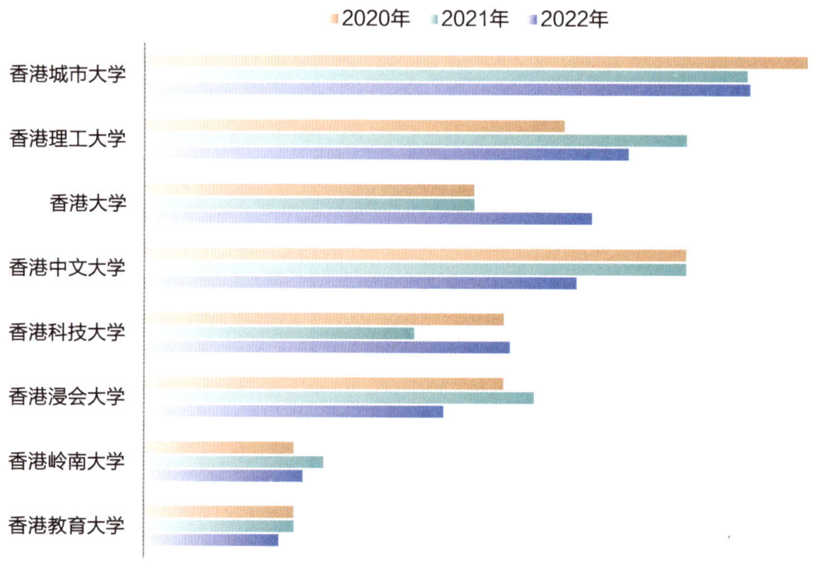

（2）GPA 和语言成绩高分人群占比飙升，竞争愈发激烈

2023 年，IELTS 成绩在 7.5 分以上的学生占比同比 2022 年上升 2%。同时，超六成学生 GPA 在 85 分以上，其中 90~100 分的学生占比从 5% 跃至 24%。有更多学生开始注意到 GPA 和语言成绩的重要性，他们也相对更容易受到中国香港院校的青睐，获得理想院校的录取，较高的语言成绩与 GPA 成绩说明中国香港硕士申请竞争愈发激烈。

2021 年 ~ 2023 年中国香港硕士录取——语言成绩占比

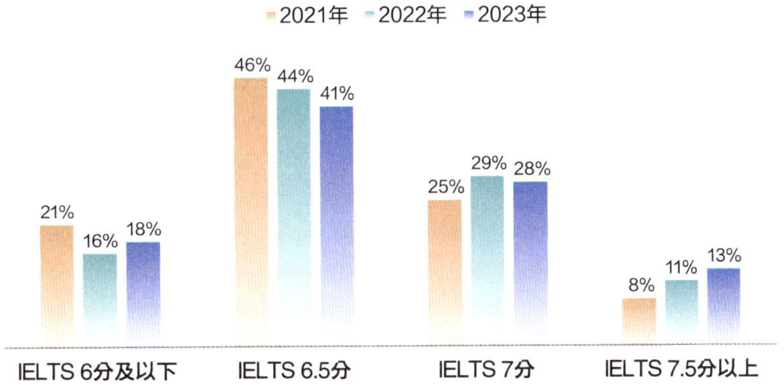

2021 年 ~ 2023 年中国香港硕士录取——GPA 占比

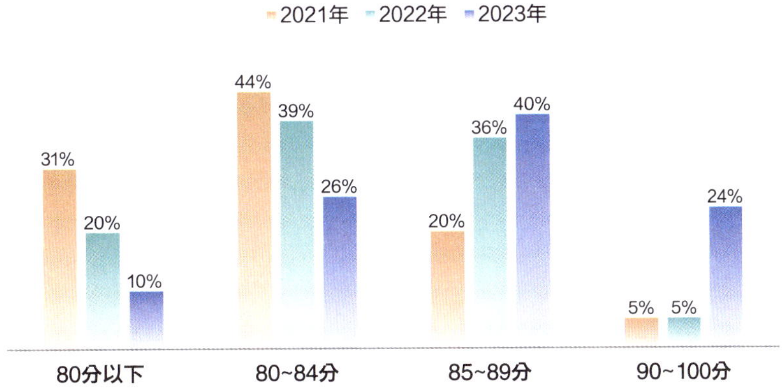

（3）“双非”院校学生占比超三成，院校背景非唯一考量指标

2023 年，中国香港地区院校录取的硕士生有超半数来自 985 和 211 院校。此外，“双非”院校占比最高，从 2022 年的 29.3% 上涨至 34%。中国香港地区院校对申请学生的院校背景并没有太多限制，仅作为考量指标之一，最终还是会根据学生的综合素质进行判定。可以说，中国香港地区院校已经成为很多“双非”学生的“逆袭”之选。

2021 年 ~ 2023 年中国香港硕士录取——院校背景占比

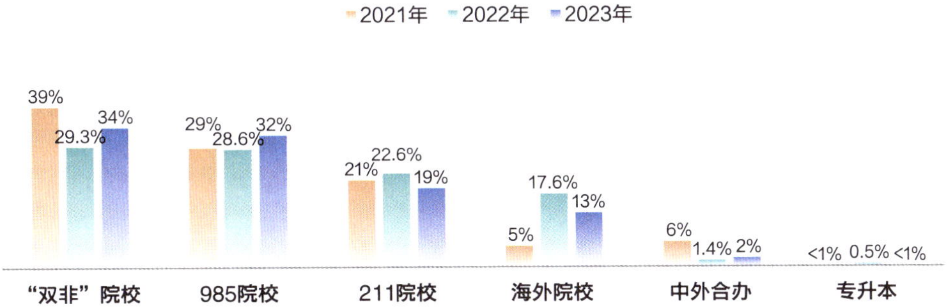

（4）商科、工科位居热门申请专业前二

2023 年，商科类和工科类专业录取学生最多，占比均超过 30%，成为最受内地学生欢迎的专业。这两大专业类别涵盖的细分专业非常广泛，尤其是商科类，不管是金融、会计、市场营销、人力资源等都十分热

门。此外，酒店管理、商业分析、奢侈品管理、供应链管理等专业都被中国香港地区高校归类为商科范畴，就业市场需求量大，因此考虑到未来职业发展，有不少学生将目光投向此处。

同时，我国近年来大力发展高新科技产业，在“新工科”建设方面更是投入了大量资源，这也让不少学生从中看到了工科的未来发展逐渐向好，进而就读此类专业。

2023 年中国香港硕士录取——专业占比

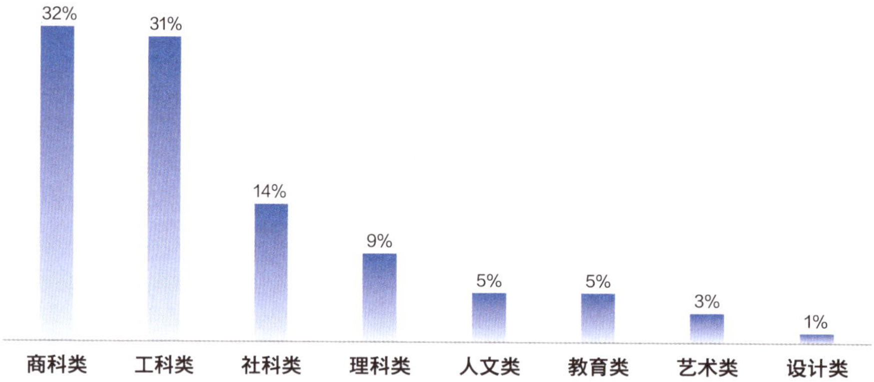

2. 中国香港硕士升学规划

（1）中国香港硕士教育体制介绍

中国香港的硕士课程采用英联邦教育体制，学制在一年到一年半。除此之外，信息开放、中西方文化融会贯通也是许多人想要到中国香港读书的原因。

中国香港高校的教育方式方法与内地高校不同，这里没有班级、主任和辅导员，课程与学习安排全靠学生自己，甚至连专业核心必修课程都可以自由安排，这种氛围让学生可以根据自己的时间节奏来调整学习进度，自由度高。此外，大多数学校的教授来自世界各地，大部分为知名院校博士出身，其中更不乏诺贝尔奖、菲尔兹奖的获得者。每位教授都有固定的办公时间，学生可以近距离或者单独与教授探讨学习中的困难和问题，而且教授大多平易近人，非常乐于与学生交流。

中国香港高校的申请流程简便，只需通过网上递交申请材料、参与面试，条件优秀者就可以被录取。学生不用远赴海外就可以感受不同的学习背景及文化特色，既能增长见识，又能开阔视野。同时，中国香港高校的学费与欧美高校相比较低，校方还会给予优秀学生丰厚的入学奖学金。学校的奖学金项目众多，学生可以用优秀的 GPA 成绩主动申请，一定程度上能降低求学成本，也激励了学生更加努力学习，争取更优异的 GPA 成绩。

随着内地地区经济的强劲增长，中国香港各大行业，尤其以金融、保险业为首的相关行业近几年尤为青睐招聘内地精英，有意开拓内地市场，因此有过在中国香港学习经历的内地学子在求职方面也有独特的优势。

（2）中国香港硕士教育优势

关于中国香港的教育优势大部分已经在本科升学规划中有所体现。与之不同的是，相对比大多数欧美学校，中国香港硕士学费较低，一般文理专业学费在 12 万 ~20 万港币 / 年，商科专业在 20 万 ~35 万港币 / 年，住宿费和生活费在 8 万 ~12 万港币 / 年。

此外，在中国香港修读全日制硕士并顺利毕业后，除了可以同本科毕业生一样，申请中国香港毕业生

IANG 工签并获得无条件留港 24 个月之外，在此期间如果找到工作，后续也可通过申请“优才计划”继续留港。目前，每年有超过半数的国际学生选择留港就业，平均年薪在 24 万港币左右。

（3）中国香港硕士课程介绍

中国香港的教育体系受英联邦教育体制的影响，在硕士阶段会分为授课型硕士和研究型硕士。

授课式硕士课程一般为一年制，通常只要修够学校和专业要求的学分即可毕业，课程设置贴近社会需要，保障学生在今后工作中学以致用。

研究型硕士课程一般为二年制，课程内容以研究方法和理论基础为主，对学生的独立研究能力要求比较高，学生的研究方向需与导师的研究方向有密切关系。对那些想要继续深造就读博士学位的学生来说，研究型硕士是增强专业能力和申请竞争力的极佳选择。当然在近几年的博士申请中，也不乏有授课型硕士学生成功获得了录取，因此建议学生在学习期间还是要保持良好的科研水平和论文能力，为将来的发展提供选择的空间。

（4）中国香港硕士申请要求

- 在校成绩：建议申请人在校成绩，即 GPA 不低于百分制的 80 分，均分不太理想的学生，也仍有希望通过提升软实力背景来弥补。
- 语言成绩：建议申请人 IELTS 成绩在 6 分以上，一些文科类专业建议在 6.5~7 分比较稳妥。
- 实习经历：建议申请人有两段以上的实习经历。
- 面试环节：主要为线上全英文面试，对申请结果有重要参考价值，建议申请人对自己本科阶段所学内容有充分的了解，并保持较好的英文口语沟通能力。

（5）中国香港硕士申请材料

- 成绩单、在读证明或毕业证和学位证
- 学信网学位 / 学历认证
- 语言考试成绩，如 TOEFL、IELTS 成绩
- 部分院校和专业需提供 GRE/GMAT 等的相关考试成绩
- 推荐信
- 实习或工作证明
- 存款证明，用于签证阶段
- 其他补充申请材料，如获奖证书、论文及作品集等

（6）中国香港硕士申请规划时间轴

时间阶段		申请准备
大一	当年 9 月 ~ 次年 6 月	· 保持在校成绩 · 明确留学意愿和方向 · 参加学校社团与社会实践活动 · 有计划地选择大二课程
大二	当年 9 月 ~ 次年 1 月	· 提升在校成绩 · 进行针对性留学规划 · 进行初步的学术阅读，对未来专业方向进行了解
	次年 1 ~ 2 月	· 寒假参加相关实习

续表

时间阶段		申请准备
大二	次年 3 ~ 6 月	· 提升在校成绩 · 进行 TOEFL/IELTS 备考学习 · 参加与专业相关的科研活动，争取在核心期刊发表论文 · 确定申请专业方向及备选院校 · 有针对性地选择大三课程
	次年 7 ~ 8 月	· 参加暑期实习 / 夏校 · 进行 TOEFL/IELTS 备考学习
大三	当年 9 月 ~ 次年 1 月	· 提升在校成绩 · 参加科研活动 · 准备语言考试（TOEFL/IELTS）
	次年 1 ~ 2 月	· 语言强化学习与备考
	次年 3 ~ 8 月	· 初步确定申请院校及专业 · 根据专业要求针对性准备 GRE/GMAT/LSAT 等相关考试 · 准备文书申请材料
大四	当年 9 ~ 11 月	· 确定最终申请院校 · 准备学术材料等 · 所有申请材料齐全后，递交申请
	当年 12 月 ~ 次年 2 月	· 准备入学笔面试（如有需要） · 获得院校录取结果
	次年 3 ~ 5 月	· 选择入读院校并确认
	次年 5 ~ 8 月	· 申请学校住宿 · 拿到国内学校毕业证，学位证及最终成绩单，换取无条件录取和签注确认函 · 准备签注材料办理签注
毕业后	9 月	· 顺利离境，入读理想院校

（此时间轴仅为参考，一切以实际申请为准）

第十节　新加坡

新加坡硕士数据解读和升学规划

1. 新加坡硕士数据解读

（1）超九成硕士学生被新加坡 TOP 2 院校录取

新东方欧亚教育录取数据显示，2023 年被新加坡国立大学和南洋理工大学这两所知名院校录取的学生占比超九成。这两所院校凭借雄厚的教学和研究实力，连续多年位列 QS 排名亚洲高校前列，一直以来令众多学子向往。

2021 年 ~ 2023 年新加坡硕士录取——院校占比

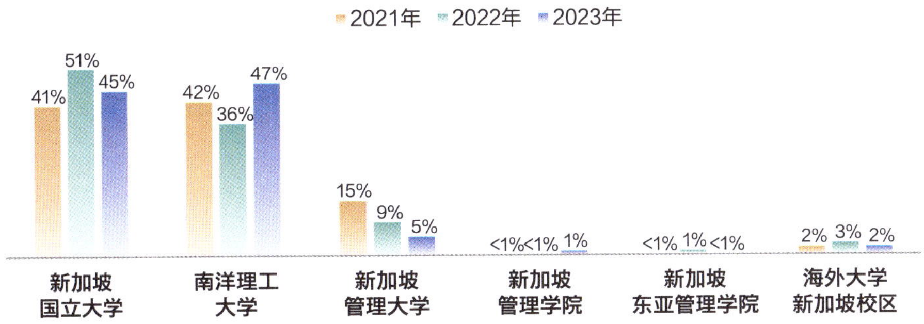

（2）录取者多来自 985、211 院校，中外合作学校也占有一席之地

2023 年，录取学生中本科毕业于 985、211 高校的占比超七成。可见院校背景仍然是新加坡院校考查硕士申请人的重要标准之一。但与此同时，新加坡院校还会根据学生的综合素质进行评定，因此“双非”院校的录取者也有约 7% 的比重。

值得注意的是，2023 年来自中外合作办学院校的学生录取占比较 2022 年有明显上升，达 6.5%，可见具备国际化教育背景在申请中将会是优势，未来新加坡审核中国学生的评定标准也会更加多元。

2022 年 ~ 2023 年新加坡公立院校硕士录取——本科院校背景占比

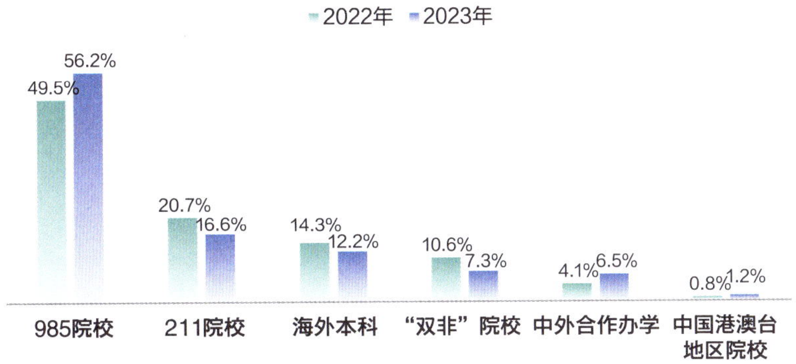

（3）语言高分学生更容易被录取

2023 年，IELTS 成绩在 7.5 分阶段的被录取学生人数同比 2022 年飙升，占比从 9% 升至 13%。与此同时，7 分及以上高分人群也较往年有所增长。这说明语言成绩作为录取的基准条件，院校普遍比较重视，成绩优异的学生也会更容易受到院校的青睐。

2021 年 ~ 2023 年新加坡硕士录取——语言成绩占比

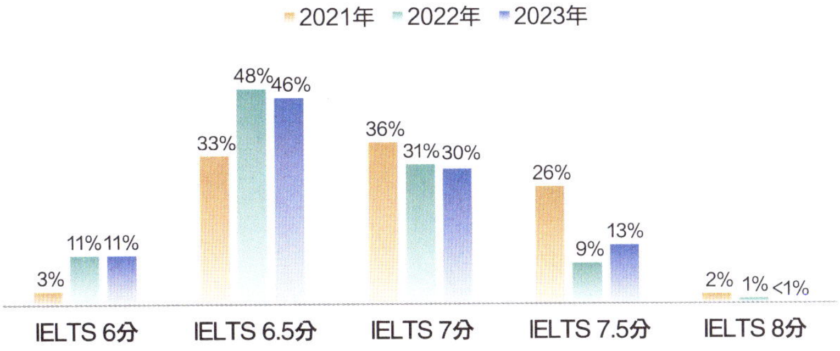

（4）理工科录取人数占比近七成，商科、人文社科逐年下降

从录取专业来看，近三年来理工科录取人数占比逐年递增，2023 年达到峰值 67%。一方面是由于新加坡制造业在几年来的发展趋势非常显著，拥有包括航空、船舶、电子、化工等多个领域里的先进技术。产业不断发展同时，也提供了诸多就业机会，因此吸引了越来越多的学生前来就读理工科专业。

另一方面，受近几年国际形势紧张及经济环境低迷的影响，许多学生对商科、人文社科类专业持有观望态度，他们更倾向选择目前就业形势良好的理工科专业。

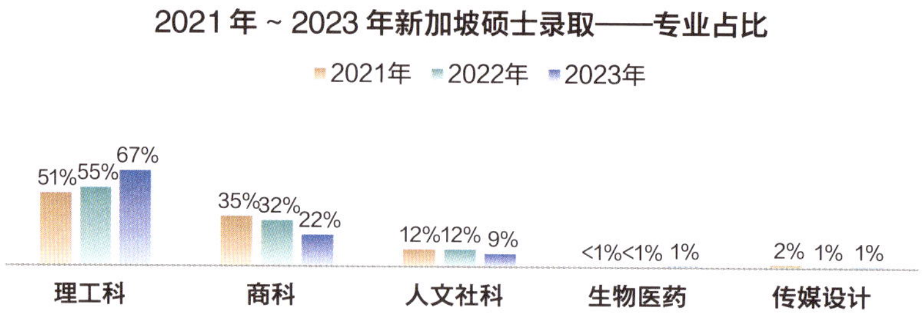

2. 新加坡硕士升学规划

（1）新加坡硕士教育体制介绍

新加坡硕士学制在一到一年半左右。学校数量不多，按照学校性质可分为公立学校和新加坡海外院校直属分校两类。

之前中国家长最关心的就是学生在新加坡私立院校毕业后直接回国能否获得中国教育部留学生服务认证中心的教育认证。针对学历认证问题，2018 年新加坡教育部与中国留学生服务中心达成一致，目前已经有至少八所大学的学生毕业后持所获得学位可以直接获得学位认证报告，从根本上解决了原来私立大学学位不受认证而影响中国学生选择新加坡优秀私立大学的问题。

（2）新加坡硕士教育优势

1）签证审核周期短，通过率高

新加坡拥有众多对华人的利好政策，使中国学生在新加坡的学习和生活更加得心应手，其中最重要的莫过于签证政策。新加坡为每一位即将前往留学的学生开通了绿色签证通道，自递交材料起最快 14 个工作日内即可获得签证邀请函，而且通过率非常高，让即将赴新加坡留学的学生真实地感受到这个国家的诚意以及政府部门的办事效率。

2）教学质量高，各阶段学历全球认可

新加坡拥有两所在世界名列前茅的学府，这使新加坡的教育在国际范围内更加知名，从而也带动了新加坡的整体教育质量。不仅如此，新加坡还拥有多所优质私立大学和国际校区，其中不乏英国伦敦大学、澳大利亚伍伦贡大学以及都柏林国立爱尔兰大学等优质学府的国际校区，让学生在新加坡就可以享受世界范围内的优质教育资源。

3）教学模式先进，真正的“东西结合”

东西方教育各有优势，新加坡有效地结合了两者的优势，形成了独特的新加坡式“轻应试开放教育”。教学课堂生动有趣，以引导为主，但又保留了应试教育对基础能力的培养，让学生能够在不断巩固基础的同时，不会丧失对学习的兴趣，从而让学生长期保持有效的学习动力。

4）双语环境

新加坡国内有 76% 左右的华人，但是官方语言以英语为主。中国家庭经常担心的没有英语环境学不好英语，或在英语环境中丢失中华传统等问题，可以在新加坡得到完美的平衡。

5）安全、健康的生活环境

新加坡有“花园城市”的美誉，蓝天、白云是这里的自然常态。虽然自然资源相对匮乏，饮用水和很多食品都是依靠进口，但为了保证百姓的饮食安全，新加坡政府对进口产品的质量监督十分严格。

6）留学性价比高

新加坡作为英联邦国家，学费较欧美国家高校而言相对较低，研究生学费每年 15 万 ~27 万元人民币左右，但教育质量很高，因此在性价比方面颇具优势。此外，新加坡的生活费比较稳定，基本的衣食住行每年需 10 万 ~15 万元人民币左右。

（3）新加坡院校分类及特色

<table>
<tr><th>院校性质</th><th>院校名称</th><th>院校特点</th></tr>
<tr><td rowspan="4">常见公立院校</td><td>新加坡国立大学</td><td>· 世界排名常年位居前列
· 师资力量雄厚，教育质量高
· 社科专业实力强劲，理工科水平高
· 学生未来工作机会多</td></tr>
<tr><td>南洋理工大学</td><td>· 世界排名高
· 师资力量雄厚，教育质量高
· 理工科见长，细分专业位居世界前列
· 学生未来工作机会多</td></tr>
<tr><td>新加坡管理大学</td><td>· 以商科为主
· 毕业生多在国际知名银行及投资银行工作</td></tr>
<tr><td>新加坡科技设计大学</td><td>· 由新加坡教育部、美国麻省理工学院和中国浙江大学三方联合创建
· 以工科见长
· 学生有机会到另外两所院校进行交换学习或转学，还有机会获得双学位</td></tr>
<tr><td>常见私立院校</td><td>新加坡管理学院、
新加坡楷博高等教育学院、
新加坡 PSB 学院、科廷大学等</td><td>· 每一所院校都有自己的优势专业，学生可根据自身未来发展选择相应学院</td></tr>
</table>

（4）新加坡硕士课程介绍

新加坡承袭英联邦教育体制，硕士类型分为授课型和研究型两种。就读授课型硕士的学生主要以修课和做项目为主，根据学校的要求修完课程并达到相应的学分即可毕业。研究型硕士则以科研为主，对毕业论文的要求很高，一般会要求论文既要有原创性也要有价值，达到导师和学校的要求才能毕业。

以下为比较热门的专业，以供参考：

- **金融**：新加坡国立大学和南洋理工大学的金融学项目不仅致力于学生在专业深度和广度方面的提高，更会提供一整套金融工具，用以透彻地理解财务管理分析、资产定价、金融中介以及金融市场的潜在趋势，着眼于金融业宏观水准上的创新，让学生时刻保持着对当下新兴技术的新鲜感，在复杂诡谲的金融市场中与时俱进，掌握一手行业资料。

- **市场营销学：**电子技术的飞速发展改变了传统市场营销的职能，市场营销技术不仅关注决策的产出和制定，同样强调目标受众的精准把握与引导。在此背景下，南洋理工大学的市场营销专业致力于培养市场营销方向未来的领军者。通过将人工智能与机器人学相关知识引入课程，这个项目不仅潜移默化地深化了学生对消费者行为的洞察，而且鼓励学生将全面的理论知识付诸实践，拉近了与市场营销项目的距离。
- **人工智能：**人工智能为当下热点领域，南洋理工大学所提供的项目强调人工智能理论、技术和工具，以解决多种类型约束下的现实世界问题，如训练数据有限的问题和大数据问题。核心课程侧重于机器学习和深度学习等人工智能知识的基础，而不同领域的广泛选修课，如图像、视频、文本和物联网数据等，可以加深对这一专业领域的理解和认知。
- **计算机：**现代社会对计算机科学和信息技术日益增长的需求让这个新兴领域备受关注，新加坡国立大学计算机学院下开设的课程全面覆盖了计算机科学、信息系统、信息通讯安全、人工智能等的方方面面，综合灵活的课程安排给予学生充分的选课自由。

（5）新加坡硕士申请要求

- 在校成绩：建议申请人在校成绩 GPA 不低于百分制 85 分，平均分不太理想的学生可以通过软实力背景提升来弥补。
- 语言成绩：建议 IELTS 6.5~7 分比较稳妥。
- 实习经历：实习经历作为与标化成绩相对应的重要审核元素，应受到学生的重视。
- 面试环节：线上英文面试，对申请结果有重要参考价值。

（6）新加坡硕士申请材料

- 在读证明或毕业证学位证，成绩单
- 学信网学历学位认证
- 语言考试成绩，如 TOEFL/IELTS、GRE/GMAT 等
- 推荐信
- 实习或工作证明
- 存款证明
- 其他补充申请材料，如获奖证书、论文及作品集等

（7）新加坡硕士申请规划时间轴

时间阶段		申请准备
大一	当年 9 月 ~ 次年 6 月	· 保持在校成绩 · 明确留学意愿和方向 · 参加学校社团与社会实践活动 · 有计划地选择大二课程
大二	当年 9 月 ~ 次年 1 月	· 提升在校成绩 · 进行针对性留学规划 · 进行初步的学术阅读，对未来专业方向进行了解
大二	次年 1 ~ 2 月	· 寒假参加相关实习

续表

时间阶段		申请准备
大二	次年 3 ~ 6 月	· 提升在校成绩 · 进行 TOEFL/IELTS 备考学习 · 参加与专业相关的科研，争取在核心期刊发表论文 · 确定申请专业方向及备选院校 · 有针对性地选择大三课程
	次年 7 ~ 8 月	· 参加暑期实习 / 夏校 · 进行 TOEFL/IELTS 备考学习
大三	当年 9 月 ~ 次年 1 月	· 提升在校成绩 · 参加科研 · 准备语言考试
	次年 1 ~ 2 月	· 语言强化学习与备考
	次年 3 ~ 8 月	· 初步确定申请院校及专业 · 根据专业要求针对性准备 GRE/GMAT · 准备文书申请材料
大四	当年 9-11 月	· 确定最终申请院校 · 准备学术材料等 · 所有申请材料齐全后，递交申请
	当年 12 月 ~ 次年 2 月	· 准备入学笔面试（如有需要） · 获得院校录取结果
	次年 3 ~ 5 月	· 选择入读院校并确认
	次年 5 ~ 8 月	· 申请学校住宿 · 拿到国内学校毕业证，学位证及最终成绩单，换取无条件录取和签注确认函 · 准备签注材料办理签注
毕业后	9 月	· 顺利离境，入读理想院校

（此时间轴仅为参考，一切以实际申请为准）

第十一节　欧洲英语系国家

欧洲英语系国家硕士数据解读和升学规划

1. 欧洲英语系国家硕士数据解读

欧洲英语系国家指的是以英语为主要授课语言的欧洲国家，具体为爱尔兰、荷兰、匈牙利、瑞士、瑞典、丹麦、芬兰及挪威八个欧洲国家。以下为欧洲英语系国家硕士阶段数据解读。

（1）约半数申请人来自 985、211 院校，学生背景多元

新东方欧亚教育申请数据显示，2023 年，在申请欧洲英语系国家留学的群体中，来自 985、211 院校的学

生占比最多，达51.6%，与往年相比有一定的涨幅。与此同时，还有少部分其他院校背景学生，其中包括来自专科的学生。这说明欧洲英语系国家院校更看重申请人的综合能力，对院校背景和学历包容性相对较高。

从近三年学生院校背景的数据来看，学生背景多样并且占比保持平稳，可见欧洲英语系国家对硕士申请者的背景接受度比较高。

2021年～2023年欧洲英语系国家硕士申请——院校背景占比

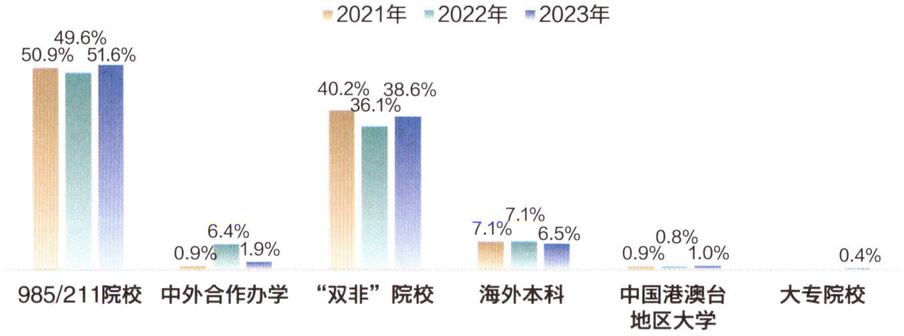

（2）爱尔兰硕士申请数量连续三年上升

爱尔兰的信息科技和软件产业发达，有“欧洲硅谷”之称，吸引了不少相关专业方向学生前往深造。从近三年的数据也能看出，申请爱尔兰留学的学生人数呈直线上升的趋势，相信未来的竞争会愈发激烈。

2021年～2023年欧洲英语系国家硕士申请——爱尔兰申请人数趋势

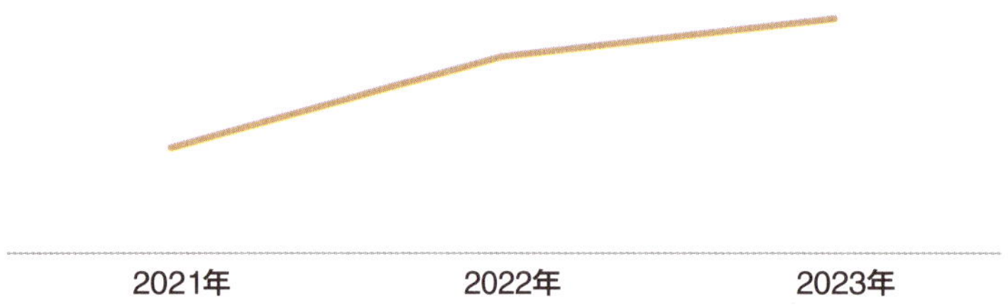

（3）录取数量连年攀升，以TOP 200院校为主

2020年至2023年，欧洲英语系国家硕士录取数量呈逐年上升的趋势。一方面是由于这些国家的硕士项目普遍采用英语授课，对申请人的限制较少；另一方面则是由于部分国家对入学标准进行了调整，例如爱尔兰在2022年和2023年均接受Duolingo考试分数，荷兰在2023年取消了对中国学生学历和英语能力的认证等。这些政策的调整在一定程度上降低了申请人的材料准备难度及考试压力，因此申请量的骤增也带动了录取率的提升。

2020年～2023年欧洲英语系国家硕士录取——录取数量趋势

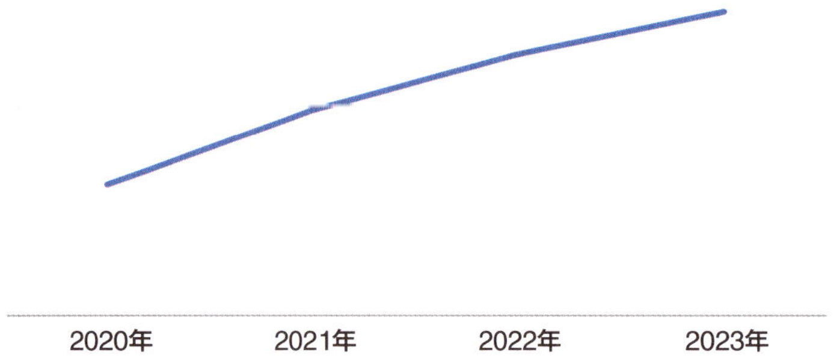

值得一提的是，在 2023 年有 28 % 的学生录取到了 QS 排名前 100 名的院校，47% 的学生录取到世界前 100~200 名区间的高校，合计占比超七成，整体表现优异。

2023 年欧洲英语系国家硕士录取——院校排名占比

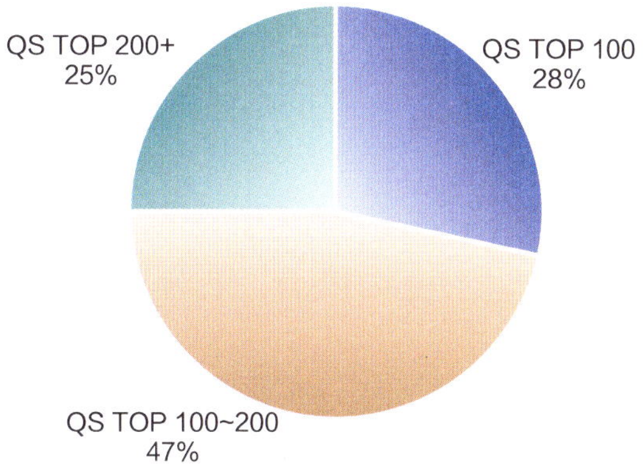

从国家维度来看，2023 年录取中国学子最多的国家分别为爱尔兰和荷兰，这两个国家的高校如都柏林大学、圣三一学院、阿姆斯特丹大学等知名度都相对较高，因此申请学生也更多。

2023 年欧洲英语系国家硕士录取——国家占比

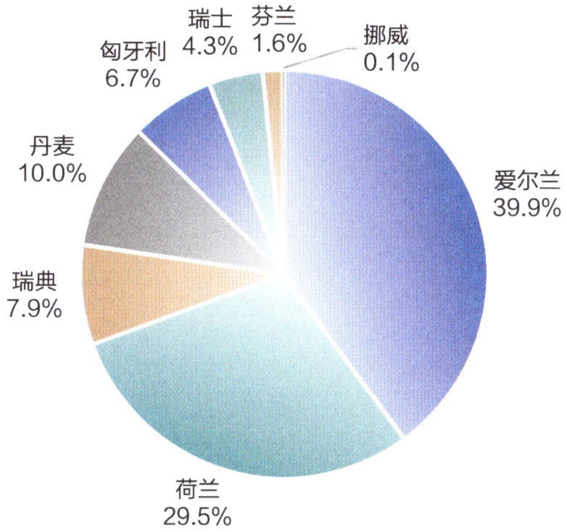

（4）半数学生通过提交 IELTS 成绩获得录取

在语言考试方面，欧洲英语系国家普遍认可 IELTS 和 TOEFL 考试分数，部分国家如爱尔兰也接受 Duolingo、PTE 等其他国际语言考试成绩。在 2022 年，受疫情影响考试频繁取消，不少学生会选择 Duolingo 等其他考试进行申请。但到了 2023 年，主流考试线下考场逐渐恢复，有半数学生通过提交 IELTS 成绩获得录取，相较 2022 年仍有增长，可见 IELTS 成绩是留学生申请欧洲英语系国家硕士项目的主流选择。

2022 年 ~ 2023 年欧洲英语系国家硕士录取——英语考试类型占比

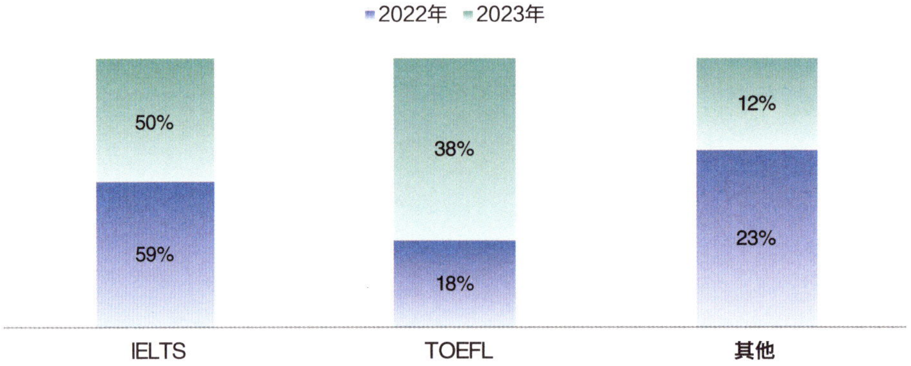

（5）录取成绩标准集中在 GPA 80 分及雅思 6.5 分以上

在录取分数方面，63% 的录取学生 GPA 位于 80~90 分之间，16% 的学生达到 90 分以上，二者合计占比近八成。可以看出，欧洲英语系国家大部分院校对学生成绩要求比较适中，普遍集中在 80~90 分区间。

2023 年欧洲英语系国家硕士录取——平均 GPA 占比

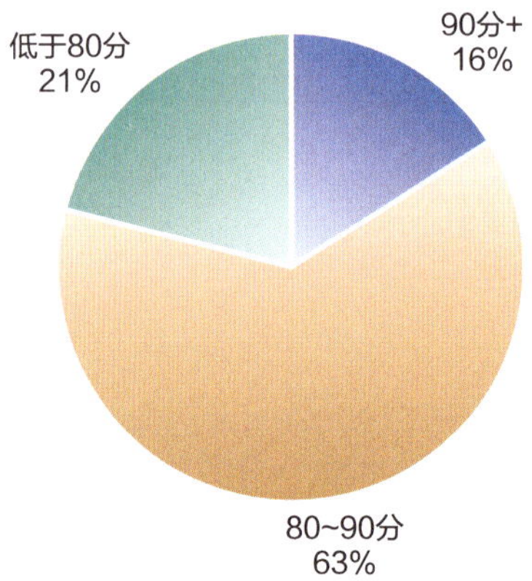

在语言考试方面，2023 年超半数录取学生的语言成绩达到 IELTS 6.5 分，IELTS 7.0 分及以上的人群占比达 38.6%，同比 2022 年有明显上升，可见学校对学生英语水平要求也越来越高。

2022 年 ~ 2023 年欧洲英语系国家硕士录取——英语成绩占比

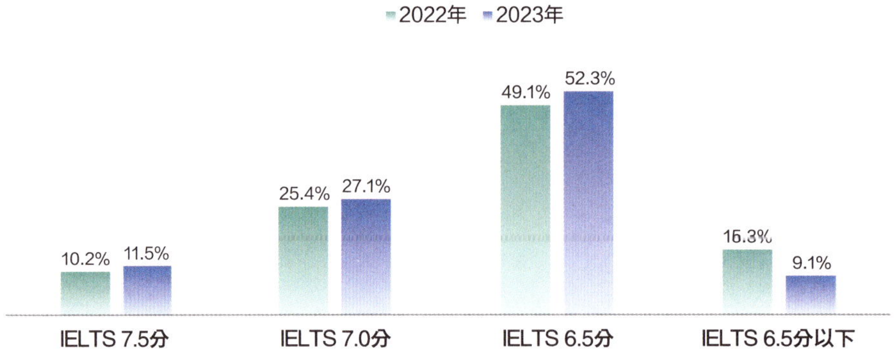

2. 欧洲英语系国家硕士升学规划

欧洲英语系国家主要指的是以英语为主要授课语言的欧洲国家，根据新东方欧亚教育的申请情况，具体为爱尔兰、荷兰、匈牙利、瑞士、瑞典、丹麦、芬兰及挪威八个欧洲国家。以下为欧洲英语系国家硕士阶段升学规划介绍。

（1）欧洲英语系国家硕士教育体制

1）爱尔兰

爱尔兰是六大传统英语母语国家之一。大学按照性质可以分为国立大学、理工学院以及私立学院。其中国立大学和理工学院均为公立性质院校，前者注重学术研究，后者注重具体实践。

爱尔兰的教育制度趋近于英国，高校提供的硕士课程通常分为授课型硕士（Taught Masters）和研究型硕士（Research Masters）两种。授课型硕士学制通常为一年，主要通过课堂教学和考试进行，毕业需要完成一篇论文。研究型硕士学制通常为两年，主要通过研究项目进行，最后需要提交一篇研究报告或论文，才可以毕业。

通常情况下，爱尔兰大学的硕士申请周期一般从 10 月底至 11 月初开始，截止时间普遍为来年 6 月，期间采用滚动式录取，遵循“先到先得，录满为止”原则，因此热门专业有提前截止的可能性。

2）荷兰

荷兰大学按照培养模式分为研究型大学（U 类）和应用型大学（H 类），两类大学都提供本科和硕士项目，其中硕士项目根据专业不同，学制均为一到两年不等。

研究型大学更注重对学生学术能力和思维方式的培养，主要提供研究型硕士项目，适合以学术发展为导向的申请者。这类项目的教育目标是培养学生的研究能力，为他们进一步进行博士研究或在学术界、政府和企业等领域从事研究工作做准备。

应用型大学则与当地企业联系比较紧密，主要提供应用型硕士项目，这类硕士项目主要是为了培养学生的职业技能，为他们未来在特定行业或领域工作做准备。

值得注意的是，荷兰高校绝大多数硕士项目不允许跨专业申请。不过，有部分高校的商业管理类专业及独立商学院的商科专业，只要申请学生的 GMAT 分数达标，学校或会弱化对申请学生本科背景的要求。

通常情况下，荷兰大学的硕士申请周期为 10 月至次年 4~5 月，且大部分院校均不提供语言班或预科，因此计划想要留学荷兰的学生需要尽早做好申请规划和准备。

3）匈牙利

博洛尼亚进程（Bologna Process）是 29 个欧洲国家于 1999 年在意大利博洛尼亚提出的欧洲高等教育改革计划，该计划的目标是整合欧盟的高教资源，实现欧洲高教和科技一体化。匈牙利是博洛尼亚进程的早期参与国之一，学生获得匈牙利高校的毕业证书和成绩，可以毫无障碍地在其他欧洲签约国家里寻找就业机会。

匈牙利高校所提供的硕士课程通常为两年的全日制学习。其高等教育学历在欧洲及全球范围内都有很高的认可度，无论是继续深造还是求职都很有优势。

4）瑞士

瑞士同样为博洛尼亚进程签约国之一。公立大学硕士课程通常需要一年半到两年的全日制学习，这种课程注重理论研究和知识深化，学生需要完成一项研究项目并撰写硕士论文，适合希望在特定领域进行深入研究的学生。

私立大学比如瑞士酒店管理学院的硕士课程通常为一到两年，包含半年到一年的实习期。这种课程更注重职业技能的培养，学生需要完成课程学习和实践项目，适合希望提升职业技能或转行的学生。

5）北欧四国

北欧四国指丹麦、瑞典、挪威和芬兰这四个国家。这些国家的硕士教育体制有许多共同的特点，例如均为欧洲博洛尼亚进程体系签约国；硕士项目学制一般为两年（瑞典个别院校的商科类专业会提供一年制硕士项目）；教育理念均强调研究和创新，鼓励学术自由和独立思考。在这里求学的硕士学生可以根据自己的兴趣选择研究方向，并有很大的自由度来设计自己的学习计划。但他们通常也需要进行大量的科研工作，并在完成所有课程或项目的学习后撰写结业论文，方可毕业。

同其他欧洲大陆国家一样，北欧四国的硕士项目也对申请者本科专业背景有严格的要求。北欧四国的院校会直接规定申请者本科阶段必须学过一定学分的特定课程才被允许提交硕士申请，因此想要通过转专业申请去北欧四国的高校读硕士基本很难实现。

（2）欧洲英语系国家教育优势

1）爱尔兰教育优势

在经济发展方面，爱尔兰充满活力，在科技领域有着卓越的实力和创新能力，许多世界知名的科技公司在这里设立总部或开办机构。此外，爱尔兰还拥有许多优秀的本土企业，实习和求职机会相对较多，学生在留学期间可以获得海外实习经历。

在语言方面，爱尔兰作为欧盟国家中除英国以外以英语作为第一语言的国家。这对许多想要在欧洲留学的中国学生来说是一个非常受欢迎的选择。省去了从头学习第二语言的烦恼。

在学费方面，相较于其他欧洲国家，爱尔兰的学费和生活费都比较便宜，而且爱尔兰还允许留学生合法打工，可以减轻留学生的经济负担。

爱尔兰的教育质量非常高，院校都有着悠久的历史和很高的教育水准，主要是政府对教育非常重视，教育体系非常完善。爱尔兰的大学和高等教育机构都享有很高的声誉，其学位和学历得到国际广泛认可。此外，爱尔兰的教育体系注重实践和创新，学生能够获得丰富的实践经验和独立思考能力。

爱尔兰政府就业政策相对友好，允许留学生合法打工。国际学生毕业后，还可直接享有一到两年的工作签证的时间用于找工作。

2）荷兰教育优势

荷兰高校以严谨的学术态度、位居前列的世界排名、越来越高的雇主认可度，以及相对适中的留学花费，成为很多工薪阶层留学的首选。

荷兰也是最早使用英文授课的非英语国家，目前已经开设 2,000 多个英文专业课程，专业涉及商科、管理、法律、人文、农学、城市建筑、计算机、教育、工程等。96% 的荷兰当地人可以流利地使用英文。

荷兰留学费用一年学费加生活费总共 20 万左右，从经济的角度，能满足大多数中国家庭送孩子出去留学的需求。在荷兰生活费用相对较低，每月 900~1,000 欧的生活费是可以满足学生正常开销的。同时，荷兰高校奖学金多且种类丰富，包含政府奖学金、学校奖学金（学费减免）和赞助商奖学金暨橙色郁金香奖学金等，申请奖学金机会多，这也大大减轻了留学的经济负担。

荷兰留学可以申请拿到的是申根留学签证，可以在欧洲 20 多个国家通行找工作。欧洲返签的留学国家签证通过率基本可以达到 100%，无资金担保要求。在荷兰留学毕业的学生会获得一年工作签证，学生可以在这一年里在荷兰找工作或者实习。

3）匈牙利教育优势

匈牙利整体的教育质量在欧洲乃至全球有很高的评价。匈牙利的大学在各类国际排名中名列前茅，尤其是在医学、工程、艺术和自然科学等领域。匈牙利科学技术非常发达，拥有多个优势学科，其中名列前茅的便是医学领域。作为生命科学最重要的学术领域之一，大部分欧美国家的医学专业都不接受国际留学生申请。匈牙利是少有的向中国学生全面开放医学专业的国家，无申请限制。在匈牙利大学获取的医学学位受到国际认可。

在费用方面，匈牙利的学费相比于其他欧洲国家更为亲民，一般一年总花费在 10 万元人民币以下。

在语言方面，许多匈牙利的研究生课程都提供英语授课，这对英语为母语或英语水平较好的学生来说，是一个很大的优势。

4）瑞士教育优势

瑞士社会治安一直都比较良好，这也令该国境内政治稳定且经济发达，是世界最具有竞争力的商业驻地。同时，瑞士多语种的语言环境为学生学习第二门或第三门语言创造良好的条件。

瑞士留学签证成功率相对高。按大多数院校的规定，在申请周期内，被录取的学生只要出具 20 万元或以上人民币的资金证明，并交纳半年或一年学费，即可办理入学申请和出境手续，不需要资金历史存期和各种繁琐的担保手续。

在瑞士，企业和大学是一个紧密合作的状态。企业需要人才和研发创新，学校需要资金来培养人才。因此，在瑞士读书的学生拥有大量机会参与到企业科研项目实践中，了解最新市场需求及行业发展方向。

同时，作为欧盟申根国之一，在瑞士求学的学生可以在学习之余利用假期去其他申根国家和地区领略当地风光。

5）北欧四国教育优势

北欧四国的教育体系和许多科研领域都处于世界领先地位，在全球范围内享有很高的声誉。

北欧四国的大学在全球排名中名列前茅，提供高质量的教育。许多大学都有一流的教师和研究设施。硕士阶段大部分的北欧的课程提供英语授课，且国际学生学费相比其他欧洲国家和美国、加拿大等国家较低，对国际学生非常友好。

另外，北欧国家的生活质量在全球范围内名列前茅，包括公共服务、医疗保健、环境质量等。同时，北欧国家是世界上最安全的国家之一，学生可以在这里安心学习和生活。

（3）欧洲英语系国家申请要求与材料

欧洲英语系国家虽然国别较多，但主要申请材料基本大致相同，具体如下：

- 中英文在读证明 / 学位证毕业证（在校学生提供在读证明，毕业生提供毕业证和学位证）
- 中英文成绩单
- 文书材料（主要包括个人简历、个人陈述、推荐信、课程描述）
- 语言成绩（IELTS、TOEFL 或者其他所申请学校可接受的语言考试成绩单），部分国家可后补
- 艺术类专业需要提交作品集
- 部分商科学生需要提供 GMAT 考试成绩，部分理工科学生需要提供 GRE 考试成绩

（4）欧洲英语系国家院校类型及课程介绍

国家	学校分类	学校特色	学费（人民币）	语言要求
荷兰	研究型大学（U 类）	科研能力培养为导向	10 万 ~ 16 万元 / 年	IELTS 成绩普遍要求 6.5 分或以上
	应用技术型大学（H 类）	就业培养为导向	8 万 ~ 13 万元 / 年	IELTS 成绩普遍要求 6.0 分或以上
爱尔兰	国立综合大学	科研能力培养为导向	10 万 ~ 13 万元 / 年	IELTS 成绩普遍要求 6.5 分或以上
	理工学院	就业培养为导向	8 万 ~ 11 万元 / 年	IELTS 成绩普遍要求 6.0 分或以上
瑞士	公立大学	科研能力培养为导向	每学期只收取几千元人民币的注册费	IELTS 成绩普遍要求 6.5 分或以上
	私立大学（酒店管理学院）	酒店管理专业类型的院校为其主要特色	20 万 ~ 50 万元 / 年不等	IELTS 成绩普遍要求 6.0 分或以上
北欧四国	公立大学	科研能力培养为导向	8 万 ~ 10 万元 / 年	IELTS 成绩普遍要求 6.5 分或以上
	应用科技类大学（芬兰）	就业培养为导向	5 万 ~ 10 万元 / 年	IELTS 成绩普遍要求 6.0 分或以上
匈牙利	公立大学	主要依赖政府资金，课程设置收政府限制	3 万 ~ 5 万元 / 年不等（除医学、艺术类专业）	IELTS 成绩普遍要求 6.0 分或以上
	私立大学	主要依赖私人资金和学费，提供更多的课程选择	3 万 ~ 5 万元 / 年不等（除医学、艺术类专业）	IELTS 成绩普遍要求 6.0 分或以上

（5）欧洲英语系国家申请规划时间轴

以下时间轴适用于大部分欧洲英语系国家：

时间阶段		准备内容
大一	9 月 ~ 次年 6 月	· 保持在校成绩 · 明确留学意愿和方向 · 参加学校社团活动
大二	9 月 ~ 次年 1 月	· 提升在校成绩 · 进行针对性留学规划 · 进行初步的学术阅读，对未来专业方向进行了解
	1 ~ 2 月	· 寒假参加相关实习
	3 ~ 6 月	· 提升在校成绩 · 进行 IELTS 备考学习 · 参加与专业相关的科研，争取在核心期刊发表论文 · 确定申请专业方向及备选院校
	7 ~ 8 月	· 参加暑期实习 / 夏校 · 进行 IELTS 备考学习

续表

时间阶段		准备内容
大三	9 月 ~ 次年 1 月	· 提升在校成绩 · 参加科研 · 准备语言考试（IELTS、TOEFL）
	1 ~ 2 月	· 语言强化学习与备考
	3 ~ 8 月	· 初步确定申请院校及专业 · 根据专业要求针对性准备 GRE/GMAT · 准备文书申请材料
大四	9 ~ 11 月	· 确定最终申请院校 · 准备学术材料等 · 所有申请材料齐全后，递交申请
	12 月 ~ 次年 2 月	· 准备入学笔面试（如有需要） · 获得院校录取结果
	3 ~ 4 月	· 选择入读院校并确认 · 准备签证
	5 ~ 8 月	· 申请学校住宿 · 拿到国内学校毕业证、学位证及最终成绩单，换取无条件录取和签证确认函 · 准备签证材料办理签证
	9 月	· 顺利离境，入读理想院校

（此时间轴仅为参考，一切以实际申请为准）

第十二节　各国家和地区的艺术留学

一　各国家和地区艺术留学数据解读

1. 本科艺术留学数据解读[29]

（1）本科艺术留学人数下降，未来或有回升趋势

在 2020 年之前，本科艺术留学人数占比较高，超过 50%，是艺术留学的主要群体。但受到近几年大环境影响，选择出国就读本科的艺术留学生略有递减。根据斯芬克申请数据显示，2024 年本科人群占比降低 5%，达到 31%。随着留学市场逐渐回暖，预计明年本科艺术留学人数占比将恢复到 40% 左右。

29　本文数据中年份代表意向 / 实际申请入学年份，斯芬克提供的服务为申请前的艺术培训，因此学生会在申请前几年接受斯芬克的服务。本文中 2024 申请季及之前的数据为实际申请数据，2025 为基于目前学生申请意向的预测数据。

2017 年 ~2025 年斯芬克本科艺术留学申请——就读阶段占比

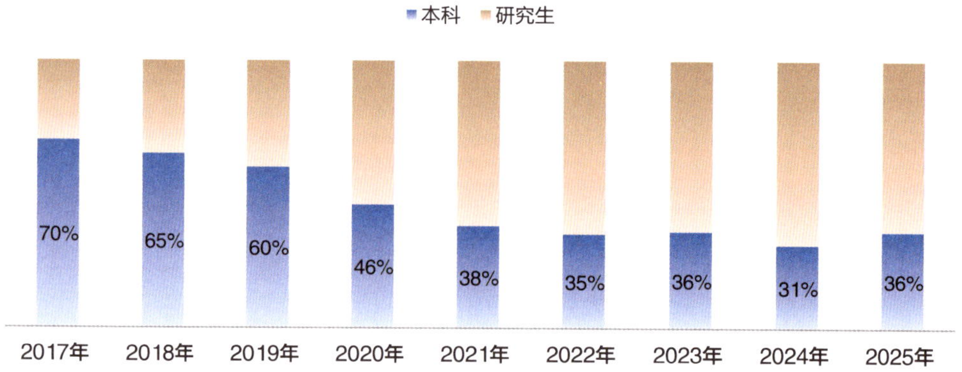

（2）英国连续三年成为艺术留学首选国

在 2024 年，英国继续保持艺术留学群体的首选国家地位，并且与美国的差距继续拉大，占比达到 51%。英国作为历史悠久的艺术大国一直吸引来自世界各地的留学生，因此想要前往英国就读艺术类本科的学生群体日渐庞大，已超过想要前往美国就读艺术本科的学生人群。

近年来，共建“一带一路”倡议不断深入，欧亚留学市场不断蓬勃发展，以法国、西班牙、日本等为代表的欧亚国家及地区因其高性价比的留学费用和移民优势，受到更多本科留学申请群体的青睐，申请占比持续上升，预计未来两年占比将达到 16%。

2017 年 ~ 2025 年斯芬克本科艺术留学申请——国家选择占比

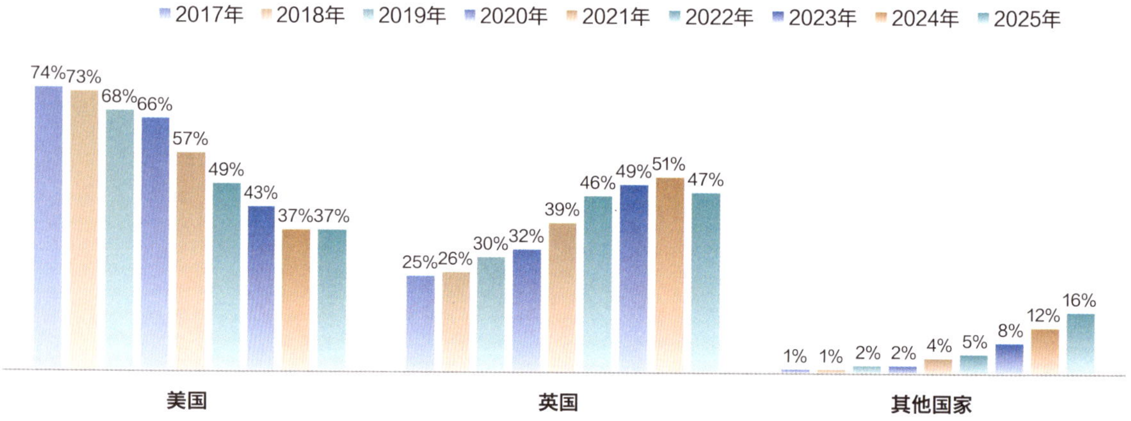

（3）艺术院校与综合大学兼选成为申请主流

越来越多申请本科留学的家庭在选择学校时，除了艺术院校之外，还将目光投在开设艺术专业的综合大学上。同时，也因为综合大学的艺术专业在以往并不被大多数申请人所热衷，反而成为另辟蹊径、冲击知名院校的另一种选择。

开设艺术设计专业较多的综合大学有美国的宾夕法尼亚大学、耶鲁大学、哥伦比亚大学、纽约大学、密歇根安娜堡大学、加州大学洛杉矶分校等，以及英国的剑桥大学、伦敦大学学院、爱丁堡大学、格拉斯哥大学、曼彻斯特大学、谢菲尔德大学等。

（4）热门本科艺术类院校集中于英、美两国

2024 年，艺术设计的热门本科申请院校 TOP 5 分别为伦敦艺术大学（UAL）、英国创意艺术大学（UCA）、萨凡纳艺术设计学院（SCAD）、加州艺术学院（CCA）和艺术中心设计学院（ACCD），前两所位于英国，后三所在美国。这些院校都是综合性较强的设计学院，覆盖专业广，可以满足学生对不同专业的申请需求，同时可为学生提供接触更多交叉学科的机会，体验跨专业学习和跨界合作。

斯芬克申请数据显示，有接近半数美国本科艺术留学的学生会选择申请萨凡纳艺术设计学院和加州艺术学院；而申请英国本科艺术留学的学生中，有超过 70% 的学生会选择本科阶段院校排名靠前的伦敦艺术大学。

2024 年斯芬克本科艺术留学申请——院校申请占比 TOP 5

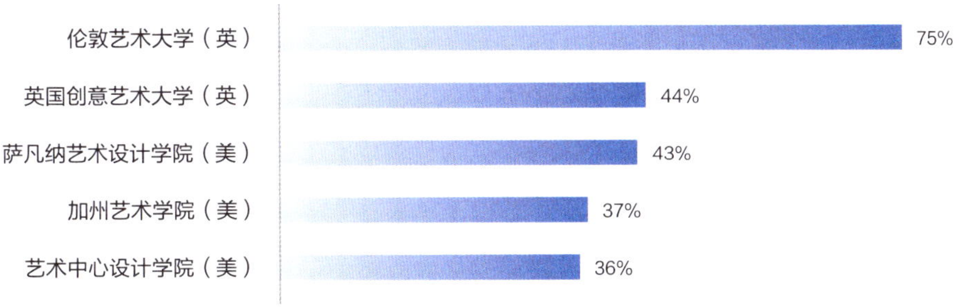

（5）TOP 3 热门本科艺术专业保持稳定

从近三年的申请数据来看，本科申请占比 TOP 3 的专业是游戏动画、服装设计和音乐专业。音乐专业也是首次超越插画设计，进入到前三的序列中。

从 2024 年的数据可以看出，服装设计和插画设计都有比较明显的占比下降，幅度分别在 5% 和 9%。工业交互、时尚管理、电影等专业在近几年来占比趋于稳定，可见当前有不少学生们在专业选择上并不会随波逐流，而是根据自己的意愿和特长进行选择。

2020 年 ~ 2025 年斯芬克本科艺术留学申请——主流专业类型占比

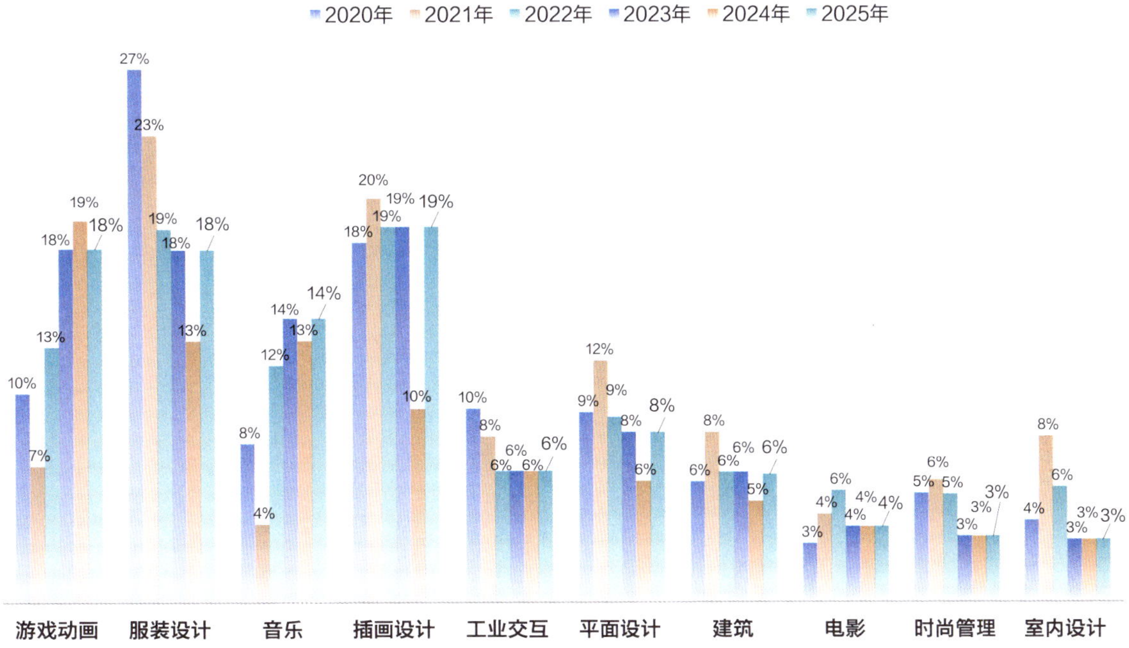

（6）音乐制作仍为音乐类专业申请首选，多元化专业选择趋势明显

2024 年在本科艺术音乐类专业的申请上，音乐制作专业占比约 41%，虽然较 2023 年有所下降，但依旧是中国留学生的首要专业选择。音乐制作指的是作曲、作词、编曲、录制、混音、后期制作等一系列创作工作。这类专业会为学生提供从基础理论、编曲手法，再到录音技术和混音指导等比较全面的学习内容，就读此专业的学生未来就业方向非常广泛，因此深受欢迎。

流行演唱、器乐表演也是学生普遍选择申请的专业。不过从近两年对比来看，选择美声、音乐剧及其他音乐科系的学生占比明显增长，可见专业选择开始有了多元化趋势。

2023 年 ~ 2024 年斯芬克本科艺术留学申请——音乐类专业占比

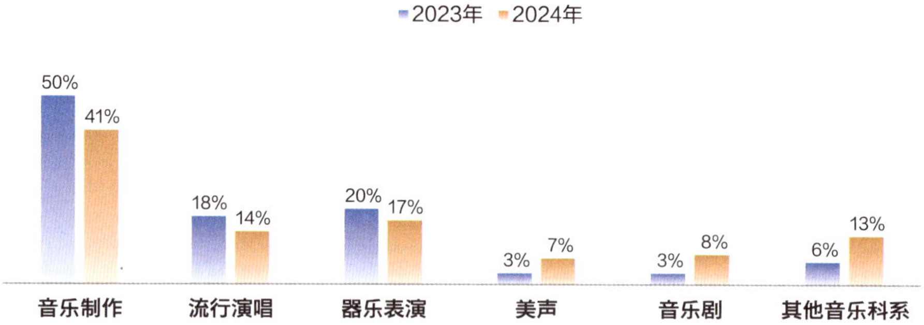

（7）TOEFL 90 分以上申请者占比超八成

2023 年，TOEFL 成绩 90 分以上的申请者占比高达 85%。可见，随着申请人数的增加，海外艺术院校在招生时对标准化成绩有了更高的要求，优异的标化成绩已经成为录取的基础条件。

因此，除了提高自己标准化成绩之外，作品集的质量成了录取的关键因素和主要评判依据。换言之，想拿到理想院校的录取，标准化成绩是“入场券”，而作品集是最终晋级的“核心武器”。建议学生在申请过程中要注重提升自己对艺术应用的理解和实践，并花费一定的时间和精力完善自己的艺术作品集。

2023 年斯芬克本科艺术留学申请——TOEFL 成绩分布（免考学生除外）

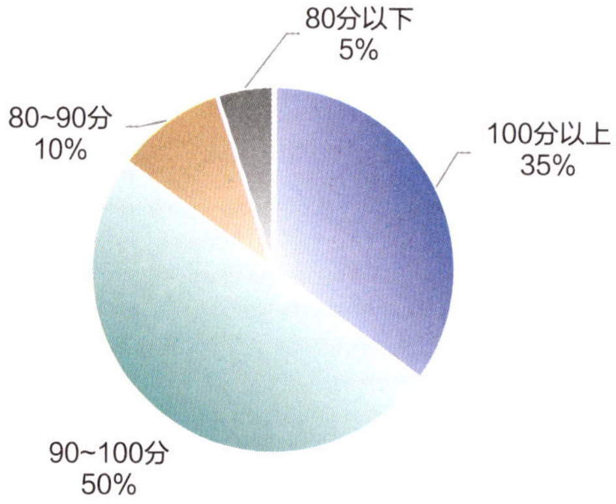

（8）半数学生提前一年及以上开始筹备申请，临时转轨人数渐涨

近些年，不少学生和家长都意识到提前筹备规划的重要性。2021 年至 2023 年，长线学生占比呈现出递增趋势。随着国际经济形势日渐开放，预计未来会有不少中国家庭对留学更具信心，在发现学生不适应当前所处的教育环境后，会选择让孩子及时转轨。

当下，以伦敦艺术大学（UAL）、格拉斯哥大学艺术学院（GSA）、爱丁堡大学艺术学院（ECA）为代表的一批英国院校对学生的考量已不再仅仅是通过作品集和语言成绩，而是发展到对申请人全方位背景的考察。提前一年半或两年开始筹备更有利于学生利用申请准备时间有针对性地提升背景实力及作品集水准，进而帮助自己获得心仪院校的录取。

2020 年 ~ 2024 年斯芬克本科艺术留学申请——筹备时间为提前一年及以上学生占比

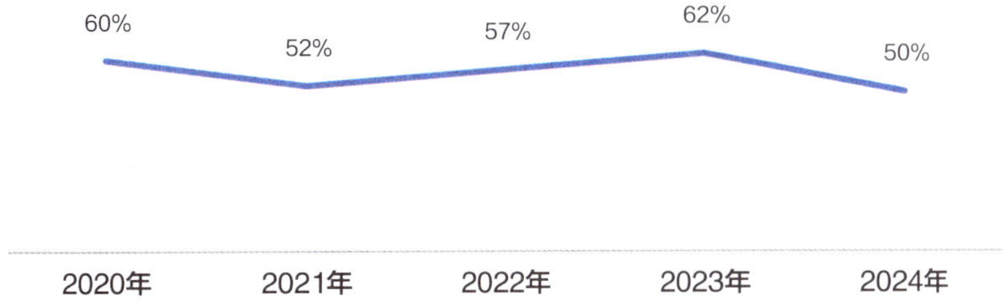

2. 硕士艺术留学数据解读[30]

（1）硕士申请群体稳定占据主流，且有攀升趋势

根据斯芬克申请数据，从 2020 年起选择出国就读硕士的学生就超过了本科申请学生，成为艺术留学的主流群体，2024 年占比达到峰值 69%。预计 2025 年艺术留学的硕士申请人依然会稳定占据主流，学生人数占比将会保持在 60% 以上。

2017 年 ~ 2025 年斯芬克硕士艺术留学申请——就读阶段占比

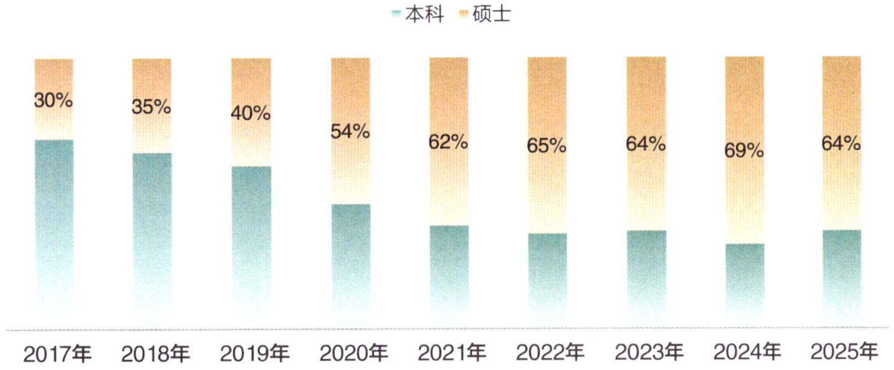

（2）英国申请占比呈向下趋势，美国有所回暖

在留学目的国的选择上，2024 年英国继续维持 69% 的占比，占据主要位置。美国下滑至 16%，其他国家则继续保持增长，占比达到 15%，几乎与美国持平。

这一方面是因为英国在艺术设计领域具有很强的创新性，很多专业在全球领先；另一方面，一年制硕士的时间优势也得到了众多申请人的肯定。因此，绝大部分申请人会优先考虑申请英国的院校。

此外，国家艺术设计类院校虽然体量有限，但大部分欧亚国家及地区的艺术院校因其高性价比、地域与中国相近等优势，近年来也逐渐受到硕士申请群体的青睐，申请占比逐年攀升。

30 本文数据中年份代表意向 / 实际申请入学年份，斯芬克提供的服务为申请前的艺术培训，因此学生会在申请前几年接受斯芬克的服务。本文中 2024 年申请季及之前的数据为实际申请数据，2025 年数据为基于目前学员申请意向的预测数据。

2017 年 ~ 2025 年斯芬克硕士艺术留学申请——国家选择占比

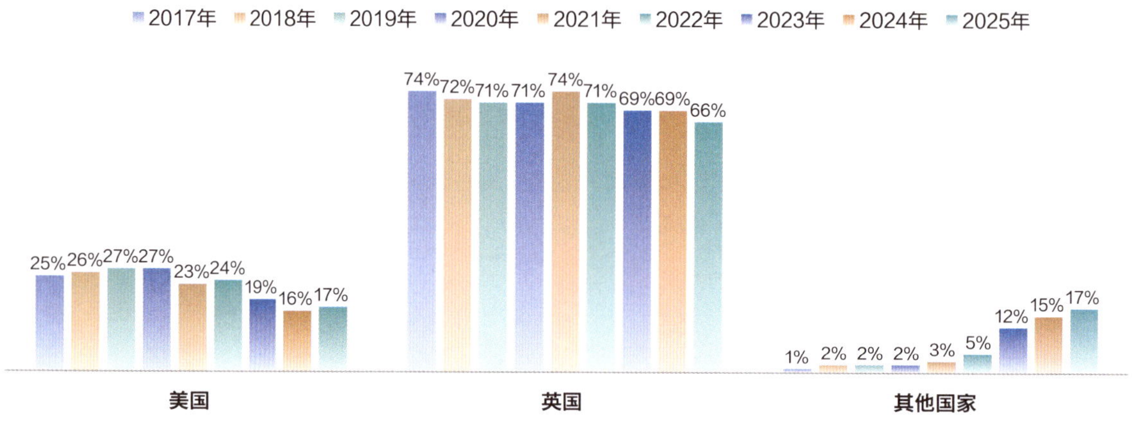

（3）艺术院校与综合大学兼选成为主流

越来越多申请硕士留学的学生在选择学校时，除了选择艺术院校之外，还将目光投向了开设艺术专业的综合大学上。综合大学的艺术专业在以往并不被申请人所热衷，反而成为另辟蹊径、冲击知名院校的另一种选择。

开设艺术设计专业较多的综合大学有美国的宾夕法尼亚大学、耶鲁大学、哥伦比亚大学、纽约大学、密歇根安娜堡大学、加州大学洛杉矶分校等，以及英国的剑桥大学、伦敦大学学院、爱丁堡大学、格拉斯哥大学、曼彻斯特大学、谢菲尔德大学等。

（4）热门硕士艺术留学院校集中在英国

在 2024 年，硕士艺术留学的热门申请院校 TOP 5 分别为伦敦艺术大学（UAL）、皇家艺术学院（RCA）、金斯顿大学（KU）、伦敦大学金史密斯学院（Goldsmiths）、格拉斯哥艺术学院（GSA）。五所院校均都地处于英国，它们都是综合性较强的设计学院，覆盖专业广，可以满足学生对不同专业的申请需求，同时可为学生提供接触更多交叉学科的机会，体验跨专业学习和跨界合作。申请英国艺术硕士的学生普遍更倾向选择伦敦艺术大学和皇家艺术学院。

2024 年斯芬克硕士艺术留学申请——院校申请 TOP 5

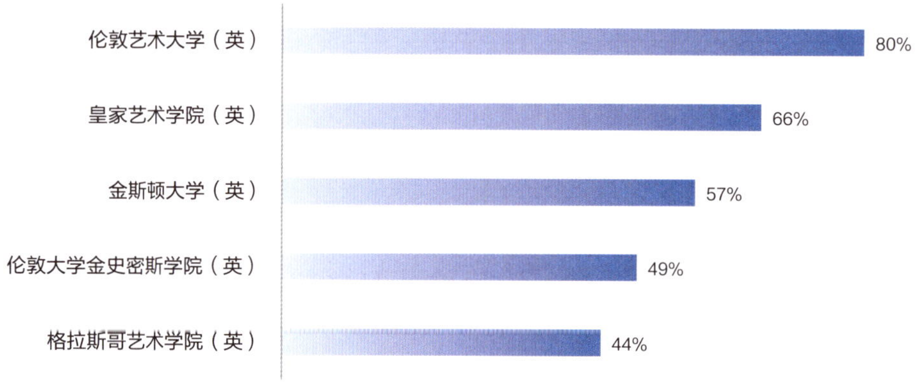

（5）专业选择呈多样化发展趋势

硕士申请占比最多的艺术类主流专业包括工业交互、游戏动画、插画设计。在专业选择上，由于当下学生的专业选择呈现出多元化趋势，越来越多的小众专业如版画、雕塑等开始对主流专业进行分流，因此2024年主流专业占比有下降的趋势。究其原因，这与国家的经济及产业发展密切相关。随着各色艺术类人才在国内市场的需求不断增加，越来越多的学生选择跻身艺术行业，并追求广泛多样的发展，选择方向也更加多元。

2020年～2025年斯芬克硕士艺术留学申请——主流专业占比

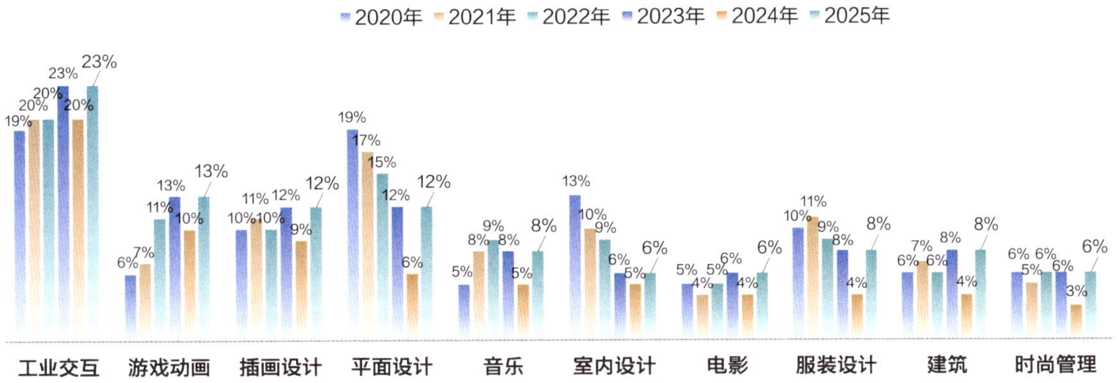

（6）器乐类专业首次成为音乐类硕士申请的主流选择

近三年在硕士艺术音乐类专业的申请上，器乐表演占比提升至26%，首次成为中国留学生选择的主流专业。

近年来，国内流行音乐及音乐产业飞速发展，市场亟待有识之士学成归来，引领行业变革。具备海外背景的音乐人往往能带来先进的想法和技术，为国内的音乐行业注入新鲜血液和力量。根据斯芬克申请数据，其他音乐类专业申请占比由2023年的18%增长到44%，这与当下音乐细分领域全面增长、学生专业选择更加多元有关。更多学生开始依据自己的兴趣爱好申请与以往相比比较小众的专业，这也对主流音乐专业申请带来一定的分流。

2022年～2024年斯芬克硕士艺术留学申请——音乐类专业占比

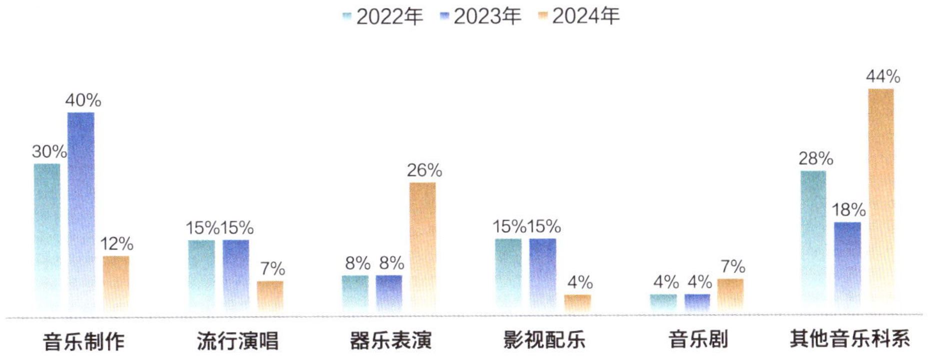

（7）TOEFL 90分以上申请人占比超八成

2023年，TOEFL成绩90分以上的申请人占比高达85%。可见，随着申请人数的增加，海外艺术院校在招生时对标准化成绩有更高的要求，提高TOEFL等标准化考试的分数几乎已经成为硕士申请人的共识。

在标化成绩优异已经成为普遍现象的背景下，作品集的质量就成了录取的关键因素和主要评判依据。换言之，想拿到理想院校的录取，标准化成绩是“入场券”，而作品集是最终晋级的“核心武器”。建议学生们在申请过程中要注重提升自己对艺术应用的理解和实践，并花费一定的时间和精力完善自己的艺术作品集。

2023 年斯芬克硕士艺术留学申请——TOEFL 成绩分布图（免考学生除外）

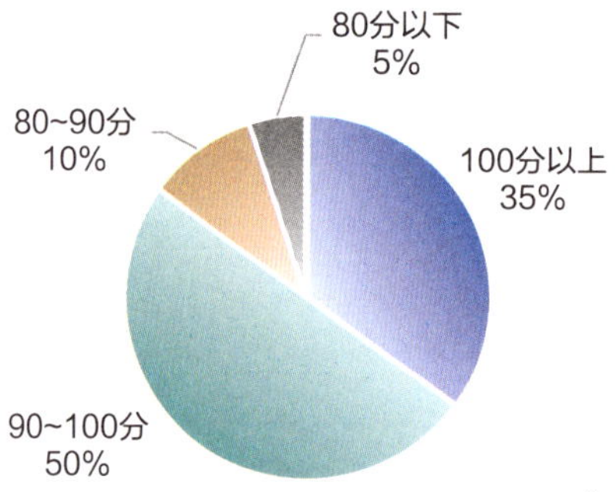

（8）44% 的学生提前一年及以上开始筹备申请，对硕士申请更具信心

从近几年斯芬克服务学生的数据来看，学生和家长越来越意识到提前筹备的重要性，开始准备艺术申请的时间越来越提前。这是由于不少艺术类院校和专业在对申请学生进行考量时，更关注学生的全方位背景。因此，软实力背景也成了学生申请时比拼的关键。

但在 2024 年，仅有 44% 的学生选择提前一年及以上开始筹备申请，这可能是由于不少家庭发现当下国际形势已经日趋稳定，对留学持有积极乐观的态度，希望能尽快让孩子出国留学，拓展国际视野。

2020 年 ~ 2024 年斯芬克硕士艺术留学申请——筹备时间为提前一年及以上的学生占比

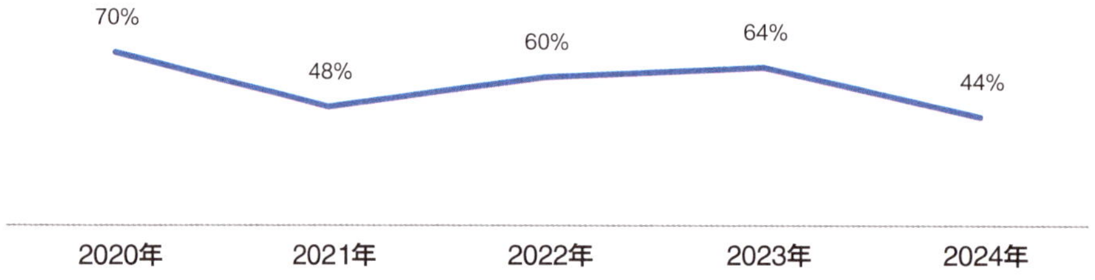

二 各国家和地区艺术留学升学规划

1. 本科艺术升学规划

（1）本科艺术教育优势

1）专业开设丰富全面

艺术设计领域涉及广阔的专业细分，可划分为以下几大类。

➢ 视觉艺术与设计

设计类专业，包含建筑设计、交互设计、服装设计、平面设计、动画设计、游戏设计、影视等与商业设计相关的所有专业；纯艺术类专业，包含油画、版画、雕塑、插画、摄影、媒体艺术等与非商业艺术相关的所有专业；艺术理论与管理类专业，包含艺术管理、艺术史、策展、文化管理、文化政策、时尚管理、奢侈品管理等专业。

➤ 音乐表演艺术与设计

古典音乐表演专业，包含各类古典器乐表演、古典唱法声乐表演专业；现代音乐表演专业，包含各类现代器乐表演、流行演唱表演专业；音乐设计类专业，包括音乐制作、声音设计、影视配乐等与商业音乐相关的专业；音乐理论与管理类专业，包括音乐管理、音乐教育、音乐学、民族音乐学等专业。

总体来看，视觉艺术设计类有近 150 个细分专业；音乐表演艺术与设计类专业有近 100 个细分专业，是一片可以任学生驰骋的专业蓝海。

2）成熟的现代高等艺术教育体系

海外部分发达国家的现代艺术教育、现代艺术设计专业教学体系已经走过了数百年的历程，积累了相对完善、科学的美育认知发展规律，是我们可以汲取的经验所在。因此，出国深造选择艺术领域是一个不错的选择。

3）拥有更多的艺术教育资源

在 QS 艺术院校排行榜中，全球 TOP 100 的艺术院校大多分布在美国、英国、澳大利亚以及欧洲多个国家和地区，其中皇家艺术学院、伦敦艺术大学、帕森斯设计学院、罗德岛设计学院位居前列；知名的综合大学也同样拥有不错的艺术资源，如麻省理工学院、米兰理工大学、代尔夫特理工大学等。因此，出国学艺术的同学有机会接触到更丰富的师资和行业资源。

4）注重学生的全面培养，与行业前沿紧密结合

世界一流的艺术院校拥有成熟的人才培养方式——注重对学生智识的全面培养，而不仅限于本专业内的学识。同时，知名院校的部分专业还承担着推进行业发展的重大意义，是行业的探路人，为行业的未来发展探索更多可能，因此业内前沿的企业与知名院校间都有着密切的合作交流。

（2）艺术院校分类及特色

在海外众多院校中，涉及艺术专业的院校大致可分为两类，分别是综合类大学和艺术类学院。综合类大学如美国的耶鲁大学、纽约大学、加州大学洛杉矶分校等，和英国的剑桥大学、伦敦大学学院、爱丁堡大学等；而艺术类学院则以美国的罗德岛艺术学院、普瑞特艺术学院、加州艺术学院等，和英国的伦敦艺术大学、格拉斯哥艺术学院、英国建筑联盟学院等为代表。

综合大学拥有多元的专业设置，文理工商等各学科门类均有开设，因此艺术设计专业的硕士生在此学习也就不仅仅是单纯的专业领域内的学术学习，更有跨学科之间的交互学习。艺术、设计与文理工商等学科门类的跨科系合作设计，让学生的学术提升方向有更多元化的选择。

艺术类学院拥有专业领域内更多细分方向课程的纵深研究与实验。一些院校坚持以职业为导向，将课程与商业实践紧密结合，把学生培养为业内一流的设计人才为目标；也有一些院校坚持以学术为导向，相关的课题研究和学习更具前瞻性、实验性，以期待学生未来能成为引领相关专业未来发展方向的人才。不论是学术实验还是商业实践，两种艺术类学院均是在艺术这一领域内深入前行。

（3）本科艺术课程介绍

下面以地处纽约的两所典型院校：纽约大学和帕森斯设计学院为例，对比两所院校的本科课程设置特点。

➤ 纽约大学

作为“新常青藤联盟”院校之一，纽约大学一向以前卫、先锋的学术理念和自由、多元的学术氛围驰名全球，因此受到非常多学生的青睐，每年的申请竞争也格外激烈。该校的帝势艺术学院是全美最佳的艺术学

院之一，学院内开设有本科、硕士、博士等不同级别的课程。优势专业包括电影、表演、新媒体交互艺术、游戏设计等。

帝势艺术学院共有三大学系。分别是新兴媒体学系（Institute of Emerging Media）、电影电视学系（Maurice Kanbar Institute of Film & Television）、表演艺术学系（Institute of Performing Arts）。

“新兴媒体学”这一概念将许多互联网企业或组织形态从IT行业的大框架内分离出来，赋予它们一个全新的定义，更加准确地描绘和强调了这些互联网品牌们的传媒、传播性质，从设立之初就注定了其具有引领时代的意义。

新兴媒体学系细分专业主要有：

- 交互媒体艺术（ITP & IMA）
- 游戏中心（NYU Game Center）
- 摄影及影像（Photography & Imaging）
- 音乐录制（Recorded Music）

其中，游戏中心的课程非常广，包括但不限于桌游设计、主机游戏设计、H5游戏设计、AR/VR游戏设计、游戏2D美术/3D美术、游戏动画、游戏UI、游戏史、编程、游戏商业、游戏剧情设计、游戏学、游戏开发、游戏音乐、游戏新闻、电竞、玩具设计等。

电影电视学系细分专业主要有：

- 电影研究（Cinema Studies）
- 戏剧写作（Dramatic Writing）
- 电影研究生（Graduate Film）
- 电视电影本科（Film & Television，BFA）

表演艺术系细分专业主要有：

- 艺术与政策（Art Politics）
- 舞蹈（Dance）
- 舞台电影设计（Design for Stage & Film）
- 戏剧（Drama）
- 表演研究生（Graduate Acting）
- 音乐剧舞台剧写作研究生（Graduate Musical Theatre Writing）
- 表演研究（Performance Studies）

其中，舞台电影设计专业包括场景设计、戏服设计、灯光设计以及制作设计。

可以看到，纽约大学的课程设置兼具了艺术与人文、艺术与技术的学科领域，具有强大的教学资源和校友网络资源。在这样的综合大学内学习艺术，既可以专注所学专业，也可以选修校内开设的其他专业课程、结识不同背景的人脉资源。

帕森斯设计学院

作为一所世界知名的设计学院，帕森斯设计学院共拥有五个学院，开设27个学科项目，本科生专业包含建筑设计、传媒设计、设计与技术、服装设计、美术、插画、室内设计、产品设计、摄影、整合设计、城市设计、战略设计和管理等。其中最受欢迎的三个专业分别是服装设计、室内设计和视觉传达。

该校的服装设计专业位列全美第一名，著名校友包括：Anna Sui（安娜·苏）、Mengdi Wu（吴梦迪）、

Alexander Wang（王大仁）、Jason Wu（吴季刚），以及为 Louis Vuitton 打响服装设计名号的 Marc Jacobs（马克·雅可布）等。

创新是服装设计专业的传统，环保也是服装设计考虑的另一关键因素。该校服装设计专业的学生除了会学习缝纫、立体裁剪、样式制作等技巧，素描和数码设计也是需要掌握的。大四时，学生还需要将这些所学知识，投入运用到毕业作品集的准备当中。

帕森斯设计学院在 1906 年建立了美国第一个室内设计项目，老师经常参与学生的设计过程，并会对他们的创作进行专业的指导和点评。同时，该校采用小班教学的模式，教学理念强调环境管理和文化敏感性的独特融合。大四时，学生会加入设计工作室，为客户设计一个非营利的项目。

视觉传达设计美术学士项目则提供课程、实习以及包括出版设计、网页和手机设计、品牌化、广告学、商业化设计通用标准学习、信息设计、动画设计和环境设计的赞助项目。通过在排印工艺和交互设计这类核心领域长达一年的基础学习，学生能掌握多样的设计方法和媒介，通过制作引人注目的信息，以有意义的方式叙述出来，并精心策划将它们传向世界。

帕森斯设计学院一向鼓励学生从事与社会接轨的合作项目，如在纽约的各个工作室、机构和办事处积累工作经验，毕业后可以从事广告、动画和广播制图、图书和杂志设计、信息可视化、交互设计、展会和零售设计、建筑和环境制图、服装设计或其他领域的工作。

综上所述，综合类大学和艺术类学院在开设专业和课程时各有特点，学生还需依据自己的优势、需求、规划进行合理选择。

（4）本科艺术申请要求

艺术类本科的申请要求主要聚焦于三大核心板块：

- 学术准备：高中教育背景中的学术准备，以及校外标准化考试要达到学校的相应要求。
- 专业能力：作品集与个人陈述等申请材料是必备，要与申请专业相匹配。
- 软实力：背景提升活动与比赛表现要出众。

（5）本科艺术申请材料

本科艺术留学主要需要做以下七大类材料的准备：

- 作品集（Portfolio）
- 文书类材料（Essays）
- 在校成绩（GPA）
- 标准化成绩（Standardized Tests）
- 活动与背景（Background）
- 选校（School Selection）
- 面试（Interview）

（6）本科艺术申请规划时间轴

时间阶段	申请准备
高一上学期	· 入学选课，稳固成绩基础 · 参加校内校外背景提升活动，确定申请专业 · 学习 TOEFL/IELTS，练题与模考
高一寒假	· 参加社会实践类活动，与专业是否相关均可，以丰富申请背景为主 · 可申请国外院校的线上课程 / 夏校
高一下学期	· 保持在校成绩稳步上升 · 学习 TOEFL/IELTS，适时参加一次正式考试 · 参加校内外活动，尝试中低等难度艺术设计类竞赛
高一暑假	· 参加社会实践类活动，与专业是否相关均可，以丰富申请背景为主 · 可参加跨文化学习（夏校等）
高二上学期	· 课程难度增加，仍需保持在校成绩稳步上升 · TOEFL/IELTS 保持学习强度 · 如申请院校需要 SAT/ACT 考试，则需要提前学习准备
高二寒假	· 参与与专业相关的社会实践与竞赛 · TOEFL/IELTS 此阶段考出目标分数为最佳 · 可申请国外院校的线上课程 / 夏校
高二下学期	· 高阶课程学习，保持并提升在校成绩 · 参与与专业相关的艺术设计类竞赛 · 如申请院校需要 SAT/ACT 考试，此阶段可参加一次正式考试 · 院校调研及择校定校，梳理申请院校申请要求和截止日期
高二暑假	· 参与与专业相关的社会实践及竞赛 · 可参加跨文化学习（夏校等） · 如申请院校需要 SAT/ACT 考试，此阶段可再次参加正式考试 · 进入申请材料写作阶段，主文书破题与定稿
高三上学期	· 高阶课程学习，保持良好 GPA · 如申请院校需要 SAT/ACT 考试，此阶段参加最后一次正式考试 · TOEFL/IELTS 最终冲刺 · 开通网申系统 · 开具成绩单、推荐信等申请材料 · 各院校独立文书写作与定稿 · 作品集收尾 · 递交早申请阶段的院校网申及所有材料
高三寒假	· 追踪早申请院校的申请结果 · 根据常规批次院校的申请要求做最终的作品集与文书调整与完善 · 递交常规批次阶段的院校网申及所有材料
高三下学期	· 跟进申请后续所需事宜 · 面试准备（如有） · 确定入读院校，缴纳押金，申请宿舍与选课等事宜 · 准备签证文件 · 顺利拿到高中毕业证，离校前开具入读院校要求的学术材料 · 办理签证，行前准备

（此时间轴仅为参考，一切以实际申请为准）

2. 硕士艺术升学规划

（1）硕士艺术教育优势

目前主流的留学目的国，如英国、美国、澳大利亚、加拿大等，相较国内拥有更多的艺术教育资源。在QS 艺术院校排行榜中，全球 TOP 100 的艺术院校多分布在美国、英国、澳大利亚以及欧洲多个国家和地区，其中皇家艺术学院、伦敦艺术大学、帕森斯设计学院、罗德岛设计学院位居前列；知名的综合大学也同样拥有不错的艺术资源，如麻省理工学院、米兰理工大学、代尔夫特理工大学等。因此选择硕士艺术留学的同学，有机会接触到更丰富的师资和行业资源。此外，从拥有较强国际声誉的院校毕业，也可以为未来的职业发展奠定一个夯实的基础。

纵观国内各行业、学术界的领军人物，几乎大多都拥有跨文化学习或工作的经历。放眼全球化的世界发展格局，具备跨文化的学习和实践经验，能给自己的人生打开更广阔的视野和认知，打破固有思维的局限，带来突破性的成长。

随着中国经济的飞速发展，国内的就业、创业市场空间巨大，近年来，越来越多的艺术留学生选择归国实现自己的价值。大部分留学目的国都是世界一流的发达国家，其经济的高度发展和文化、教育、科技的高度发达，让艺术留学无论是从专业内前沿知识、观点、经验、技术、认知的学习与锻炼，还是归国就业发展，都具备更大的可能性。

（2）硕士艺术课程介绍

关于艺术院校分类及特色，在本科升学规划中已有提及。下面以硕士艺术留学的热门院校——伦敦大学学院（UCL）、伦敦艺术大学（UAL）与皇家艺术学院（RCA）为例，进行具体分析。

以建筑专业为例，作为英国最大、最先进的多学科研究型建筑学院之一，伦敦大学学院巴特莱特建筑学院的研究领域包括建筑学、规划学、建筑项目管理、城市发展规划、环境设计及其他空间研究领域。不仅涉及建筑学领域的设计，还包括与建筑相关的景观、规划、城市发展、政策等学科专业，领域内学科的设置丰富多元且有序。

伦敦艺术大学作为世界级的艺术院校，以出色的业内师资和硬件设施闻名。其拥有七个学院，设置艺术专业逾 200 个。该校的各个学院风格不同，其中坎伯韦尔艺术学院、切尔西艺术与设计学院和温布尔登艺术学院并称 CCW，这三个学院艺术氛围浓厚，所侧重的专业也以纯艺术、室内设计、插画、舞美为主；伦敦传媒学院则是以传媒管理类为主；而伦敦时装学院则侧重的是服装设计制作，培养学生的动手能力；中央圣马丁作为其中最出名的学院，意在培养超一线的设计师，如 Alexander McQueen（亚历山大 · 麦昆）、John Galliano（约翰 · 加利亚诺）等均毕业于该学院；最新的创意计算机研究所成立于 2018 年，教学重点倾向于计算机科学与艺术的结合。

皇家艺术学院（后简称“皇艺”）是一所全研究制艺术院校（无本科教育），硕士的课程设置侧重于实验性，并与产业实践的密切结合。学院的教授均为国际知名艺术家、从业者和理论家。作为世界级的艺术与设计学院，皇艺也是迄今历史最悠久的艺术教育机构之一，被誉为“全球艺术与设计大师的摇篮”，学术声誉冠冕全球。在 QS“艺术类学术声誉”评估指标中，皇艺是全球唯一一所多年蝉联满分的学校；在 QS 世界大学学科排名“艺术与设计类”中，该校至今已连续九年（2015 年至 2023 年）蝉联全球第一位。

由此可以发现，不同的院校类别和教育培养目标，决定了学校各自不尽相同的课程设置。

（3）硕士艺术申请要求

艺术硕士的申请要求主要聚焦于三大核心板块：

- 本科教育背景中的学术准备达到学校相应的要求
- 课题研究 / 实验等软性背景出众
- 作品集、个人陈述、推荐信等申请材料是必备的，同时要与申请项目相匹配

（4）硕士艺术申请材料

硕士艺术留学主要需要做以下七大类材料的准备：

- 学术材料（Academic Material）
- 精准的匹配选定校项目（Programs Selection）
- 个人陈述和艺术陈述（Personal Statement & Artist Statement）
- 研究计划（Study Proposal）
- 作品集（Portfolio）
- 作品集文字阐述（Portfolio Statement）
- 面试（Interview）

（5）硕士艺术申请规划时间轴

时间阶段	申请准备
大一上学期	· 保持学习、提升 GPA · 尽可能多的尝试自己感兴趣的课程课程，了解自己的兴趣所在 · 加入学校社团，体验大学美好丰富的课余生活
大一寒假	· 参与社会实践，与专业与否相关均可，以学习观察商业社会运行为主 · 可申请国外院校的短期课程 / 夏校
大一下学期	· 保持学习、提升 GPA · 多修习博雅人文社科类科目，保持阅读量，为未来的创作打下文化基础 · 关注大二、大三学长 / 学姐的选课、学习经验
大一暑假	· 参与社会实践，与专业与否相关均可，以学习观察商业社会运行为主 · 可参加跨文化学习（夏校等）
大二上学期	· 开始专业课学习，打好基础，保持 GPA · 多关注小组设计作业，习得团队合作能力 · 与教授建立联系，可参与力所能及的学术助手工作
大二寒假	· 参与与专业相关的社会实践 · 跟随教授，参与与专业相关的学术实践 · 可申请跨文化的课程项目
大二下学期	· 专业课程深入而广泛的认真学习，保持 GPA · 有意识地锻炼自己在小组设计项目中的作用和价值，发挥性格优势，成为项目的组织者、领导者 · 通过一年的专业学习，思考未来的方向选择 · 尝试将自己的设计参与进社会 / 高校内的竞赛 · 如申请专业需要 GRE 考试，则需要提前学习准备 · 开启符合国外院校所需的设计基础课程，并助力平时课程

续表

时间阶段	申请准备
大二暑假	· 参与与专业相关的社会实践 · 可参加跨文化学习（夏校等） · 跟随教授，参与专业相关学术实践 · 开启 TOEFL/IELTS 学习
大三上学期	· 核心专业课程增多，保持良好 GPA · 提前研究国外硕士课程项目的课程设置 · 锚定目标，提前为硕士所需知识做好准备 · 更多参与自己擅长方向的教授所带领的学术实践 · 持续参加商业 / 高校相关竞赛 · 第一次 TOEFL/IELTS 考试 · 作品集准备开始
大三寒假	· 深入参与社会实践，努力获得一线企业的实习机会 · 深入跟随教授完成专业学术项目 · 第二次 TOEFL/IELTS 考试 · 作品集准备中
大三下学期	· 明确申请的目标院校及院校要求 · 持续参加商业 / 高校相关竞赛 · 保持良好的专业课程 GPA · 保持与教授深入的交流和学术实践 · 作品集核心项目推进
大三暑假	· 核心一线专业实习参与 · 最后一次 TOEFL/IELTS 考试、GRE 考试（如需） · 作品集核心项目收尾
大四上学期	· 作品集定稿、排版 · 匹配各院校各项目的文书材料完成 · 所需学术材料准备完毕 · 申请所需额外资料准备完毕 · 递交申请并完成申请后续跟踪所需事宜 · 准备面试 · 保持良好的专业课程 GPA
大四下学期	· 保持良好的专业课程 GPA · 完成毕业论文设计 · 准备录取后续事宜，如占位费押金等 · 准备签证事宜 · 顺利拿到本科学位证书，离校前开具相关学术材料 · 办理签证，飞赴理想院校

（此时间轴仅为参考，一切以实际申请为准）

第3章

第二外语考试分析及指导

第一节 日语

自 2020 年以来，受疫情影响，JLPT[1] 考试（日语能力考试）报名人数相较高峰期的 2019 年 12 月持续下滑。随着疫情相对稳定，2023 年 7 月的考试人数开始回升。根据官网公布的 2023 年 7 月考试数据，全球共有 698,062 人参加了这次考试。相较 2022 年 7 月的 426,225 人有明显上升，但是仍未超过 2019 年 12 月的历史最高人数 718,063 人。此外，从考试的通过率来看，2023 年 7 月 N1 级别考生的合格率为 34.0%，相较于 2022 年 7 月同期的 30.2% 有所提升。题目的难度没有太大变化，但是几乎没有出现以往考试中的原题。为了顺利通过考试，获得理想的成绩，要求考生必须提高自己的综合能力及应考能力。

2024 年的两次考试将在 7 月 7 日和 12 月 1 日举行，报名参加的考生必须提前做好准备。接下来，从以下几方面对考试的具体情况和备考策略进行详细分析。

一 JLPT 考试 2023 年考情分析

1. 打分机制严格，国内及海外整体考试合格率偏低

根据官网数据，全球 JLPT 考试报名人数增幅平缓，考试的合格率根据当年考试难易程度，虽然会发生小范围波动，但从整体来看，N1 级别的合格率基本维持在 30%~40%，N2 级别的合格率大部分在 35%~45%。JLPT 考试的分数不采用净得分，而是采用“尺度得分”(采用一种叫作“等化”的方法，可以始终用相同的尺度来测试分数)，能够更加准确、公平地将考生在参加考试时的日语能力体现在分数中。

对日语学习者来说，JLPT 考试应该算是比较难通过的，必须有坚实的日语基础，备考充分、有效，才能够顺利通过。

2023 年第 1 次（7 月）的数据[2]

级	N1	N2	N3	N4	N5	合计
报名人数	141,392 (106,312)	166,348 (120,895)	156,773 (90,330)	168,750 (68,050)	64,799 (40,638)	698,062 (426,225)
实考人数	120,407 (90,299)	144,712 (103,093)	136,237 (75,210)	148,410 (55,544)	52,374 (32,359)	602,140 (356,505)
合格人数	40,975 (27,246)	60,870 (38,505)	59,479 (35,332)	63,184 (25,323)	26,522 (17,499)	251,030 (143,905)
合格率	34.0% (30.2%)	42.1% (37.3%)	43.7% (47.0%)	42.6% (45.6%)	50.6% (54.1%)	41.7% (40.4%)

1 JLPT（The Japanese-Language Proficiency Test），即日语能力考试，是由日本国际交流基金会及日本国际教育支援协会建立的一套较为完整的考试评价体系，并于同年开始在有关国家和地区实施。该考试在日本国内由考试实施委员会，决定其方针、实施计划、考试内容及证书的授予标准等。该委员会下设规划委员会和考试委员会。规划委员会负责实施计划的制定和考试结果的分析评价；考试委员会负责试题的命制。

2 括号内为前一年同期考试数据。

2022 年第 2 次（12 月）的数据[3]						
级	N1	N2	N3	N4	N5	合计
报名人数	95,979（107,792）	113,293（119,637）	106,481（97,818）	122,823（59,156）	67,717（35,807）	506,293（420,210）
实考人数	80,518（89,537）	97,119（101,398）	90,737（82,283）	107,539（48,511）	55,536（27,264）	431,449（348,992）
合格人数	24,782（30,926）	32,131（42,079）	37,704（37,219）	43,798（21,073）	26,267（16,989）	164,682（148,286）
合格率	30.8%（34.5%）	33.1%（41.5%）	41.6%（45.2%）	40.7%（43.4%）	47.3%（62.3%）	38.2%（42.5%）

（数据来源：日语能力测试官网 https://www.jlpt.jp/）

2. 考试更加重视实际语言交际能力

JLPT 考试不仅考查考生的词汇及语法知识，还重点考查考生在生活中的实际运用能力。因此，日语能力考试通过测试“语言知识”“读解”“听解”这三个部分，综合考核考生的日语交流能力。其中 N1 和 N2 级别中测试的是考生能够在多大程度上理解在现实生活中的各个场景使用的日语。针对这一变化趋势，要求考生加强听、说能力，学会如何运用日语，提高日语的综合运用水平。

二 JLPT 考试 2024 年备考建议

JLPT 考试主要考查两方面的内容：

- 考生具体能够掌握多少文字、词汇和语法，主要在语言知识部分进行考查；
- 在实际交流中能否应用所掌握的文字、词汇和语法，这部分主要体现在读解和听解中。

N1、N2 级别的认定标准如下：

等级	认定标准 通过“读”“听”的语言行为体现各等级的认定标准 各等级还需具备能够实现这些语言行为的语言知识	
N1（能够理解广泛场合的日语）	读	・能够阅读有关广泛话题的报纸社论、评论等逻辑性稍强、抽象度高的文章，理解文章的构成及内容。 ・能够阅读有关各类话题的有深度内容的读物，理解上下文及具体的表达意图。
	听	・能够听懂广泛场合中正常语速的连贯对话、新闻及讲座内容，深入理解上下文含义和内容、出场人物的关系及内容的逻辑构成等，并掌握大意。
N2（能够理解日常场景中的日语，并在一定程度上理解广泛场合的日语）	读	・能够阅读和理解有关广泛话题的报纸及杂志报道、解说、简单评论等论点清晰的文章。 ・能够阅读有关一般性话题的读物，理解上下文及表达意图。
	听	・不仅在日常场合，还能在广泛场合听懂接近正常语速的连贯对话及新闻，理解上下文含义、出场人物关系，并掌握大意。

（内容来源：日语能力测试官网 https://www.jlpt.jp/）

3 括号内为前一年同期考试数据。

1. 语言知识

综合近几年的情况来看，语言知识部分的难度基本持平。其中语法部分对基础知识点考查的比重越来越高，考生的基础知识是否扎实，是否有完整、系统的语法知识框架等，都是考试考查的重点和难点。

这就要求考生一定要注意日常的学习积累，尤其不能忽视初级部分的学习；到中、高级，还必须要掌握对日语语法体系的整体认识，学会从整体的视角来处理语法问题。其次，对语法的实际应用能力也尤为重要。具体到考试内容，一是增加了很多日常口语表达，使对语法知识的考查不仅局限于书面语，更多地包含了生活中使用频率很高的日语表达方式；二是考试中组合形式的文法题目数量逐渐增多，由于考试中题目的数量有限，因此多数会采用组合形式，用一道题目来考查多个知识点。针对这种类型的题目，要求考生必须学会灵活应用文法，并且提高对文法的分析能力。在平时的学习中，对文法绝对不能死记硬背，要学会应用基础文法来分析复杂文法。

对于词汇部分，考生普遍反映会有一些比较难的词汇，这也是近年来词汇的变化趋势之一。日语能力考试对考生的词汇有两个方面的要求，一是掌握的词汇量，二是生活中的实际应用。无法通过考试或者考试成绩不理想的很大一部分原因在于词汇量不够以及词汇基础薄弱。针对这一点，要求考生从学习日语的初期就重视词汇的背诵和积累，同时还要把词汇应用到句子和文章中。

综合来看，无论是语法还是词汇，在备考中都有两个重点，一是基础要扎实，保证掌握基础的文法条目和词汇的数量；二是要提高应用的能力，在日常学习中学会分析文法的内在联系，多听、多读、多在日常应用中积累。建议考生从日语入门时就贯彻这样的学习方法，不能只局限于学会书本上的知识。

2. 读解

从 2022 年到 2023 年考试的内容和考生的答题情况来看，读解部分的难度几乎逐年提升，尤其体现在 N1 部分，不论是文章的整体内容，还是解题关键句本身，都增加了难度。为应对这一变化，考生在平时的学习和备考中，要更加注重阅读能力的提升。一是要在考前提高自己的应试技巧，对考试中可能出现的重点、难点内容做出针对性的复习。另外，也是最重要的，是在平时学习中的积累。阅读其实是能否通过考试的关键点，同时阅读能力是一种综合分析能力，不仅要求考生具备较高的词汇量和基础语法知识，更重要的是要求考生能够应用具体的语法、词汇能力，对长难句进行准确而快速的分析。建议在平时的学习中，加大阅读的比重，对广泛的题材进行阅读，这不仅有助于提高应试的阅读能力，更能巩固和提高语言整体应用能力。总之，要想在考试中取得理想的分数，备考期间的学习方法固然重要，平时的积累更不容忽视。

3. 听解

听解部分一直是考生认为最难的部分，同时也是最能考查考生功底、最能体现应用能力的部分。由于 JLPT 考试越来越重视实际应用，因此听解部分的难度也一直在增加。具体来讲，考题的场景和内容，越来越贴近日常生活，因此在对话中会出现大量的口语表达。而这些正是考生相对比较欠缺的。因此，在基础学习中，要增加听力练习的比重，积累生活中常用的地道口语表达，通过课本、外教课、动漫、新闻等多种途径，进行有意识的训练。此外，在备考阶段必须针对以上变化趋势，进行相应的复习和技巧训练。保证每天一小时以上的听力时间，反复针对历年考试的内容进行精听，彻底弄懂每个词的含义，对重点内容进行总结归纳，提高应试能力。

4. 总结

近年来，参加 JLPT 考试的人数以及赴日留学的人数逐年增加，考试的要求也逐年提高，越来越注重基础知识以及语言能力的应用。因此，考生要想顺利通过考试，不仅考前需要加倍复习，还需要从日语学习的初期开始扎实掌握基础知识，进行听、说、读、写各方面的学习，同时在学习的过程中要多分析多积累，努力提高实际应用能力。

学习日语不仅是为了顺利地通过考试，更是为了使留学生活更加顺利，只有利用多种渠道不断学习和练习，才能真正地掌握日语。

第二节　韩语

一　TOPIK 考试 2023 年考情分析

在 TOPIK 考试（韩语能力考试）中，TOPIK Ⅰ只考查听力和阅读两个部分，TOPIK Ⅱ考查听力、写作和阅读三个部分。因各地区时差关系，具体时间略有不同，考试时间以当地时间为准。TOPIK Ⅰ考一节，TOPIK Ⅱ考两节。

考试类别	TOPIK Ⅰ		TOPIK Ⅱ		
考试节次	1 节（100 分钟）		第 1 节（110 分钟）		第 2 节（70 分钟）
试题领域	听力	阅读	听力	写作	阅读
试题类型	客观题		客观题	主观题	客观题
试题数量	30 个	40 个	50 个	4 个	50 个
题型总分	100 分	100 分	100 分	100 分	100 分

自 2014 年 7 月 20 日第 35 回考试起，TOPIK 考试的等级判定以总分来决定，划分标准如下：

类别	TOPIK Ⅰ		TOPIK Ⅱ			
	1 级	2 级	3 级	4 级	5 级	6 级
等级判定	80 分以上	140 分以上	120 分以上	150 分以上	190 分以上	230 分以上

针对不同等级，考试主办方对考生的要求也不同，具体标准如下：

考试类别	等级	语言能力要求
TOPIK Ⅰ	1 级	能够理解并表达“自我介绍、买东西、点菜”等日常生活用语。
		能够理解并表达“自己、家人、兴趣、天气”等私人话题。
		掌握近 800 个基础词汇与基本语法，能够组织简单的语句。
		能够理解并读写简单的、与生活相关的文章与实用文。

续表

考试类别	等级	语言能力要求
TOPIK Ⅰ	2 级	能够理解并表达“打电话、求助”等日常生活所需的交际用语。
		能够理解并表达在“邮局、银行”等公共场所所需的交际用语。
		掌握约 1,500 ~ 2,000 个词汇，以段落为单位，理解私人与熟悉的话题。
		可区分正式场合与非正式场合的韩语表达。
TOPIK Ⅱ	3 级	日常生活用语表达无障碍。
		对自身熟悉的社会题材或专业文段进行简单讨论。
		正确理解书面语与口语的基本特点，并能准确使用。
	4 级	具备在一定程度上执行业务所需的韩语表达能力。
		能够理解“新闻、报纸”中的评论内容，比较正确流畅地理解、使用日常社会性、抽象性话题。
		理解常用的惯用语和韩国代表性文化相关话题。
	5 级	具备一定程度的专业领域或业务执行所需的语言能力。
		理解“政治、经济、社会、文化”等不熟悉的领域的话题。
		能够正确地区分并使用正式场合、非正式场合的口语、书面语。
	6 级	较为准确并流畅地使用专业领域或业务执行所需的语言能力。
		理解并使用“政治、经济、社会、文化”等不熟悉的领域的话题。
		虽然没有达到韩语母语水平，但在表达理解上没有阻碍，可以自然地沟通。

二 TOPIK 考试改革内容

从 2023 年开始，韩国国立国际教育院在 TOPIK 考试（韩语能力考试）中增加了“口语评价考试”。现行 TOPIK 考试中仍只包含三个科目，分别是听力、阅读、写作，但无论是在大学、企业、学术场合，还是在实际考试中，口语能力的必要性逐渐凸显。

2023 年 11 月 18 日韩国正式举办第一届 TOPIK 机考考试（IBT），2024 年拟定举办三届。考场内使用电脑 / 平板电脑进行考试，考前先进行现场认证，在线登录个人信息并自拍，个人信息验证后开始测试耳机、键盘。

机考考试（IBT）题型与纸质考试（PBT）题型相同，但是中、高级考试听力和阅读的题量和时间减少，写作时间增加了 5 分钟，总时长为 2.5 小时。三科连续进行，中间没有休息时间。听力、阅读和写作的注意点如下：

- 听力部分无法跳过题目，无法提前查看后面的题目，无法返回修改，要在极短的时间内准确理解题目和听力内容，且答题机会只有一次。因此，机考考试相较于纸质考试对答题准确度的要求更高，难度上也更难。
- 阅读部分机考考试和纸质考试没什么不同，可以返回修改答案。只是需要注意排序的题目，需要把选项按照顺序拖动到方框里完成答题。

- 写作时间上虽然比纸质考试增加了 5 分钟，不过考虑到必须打字输入，考生需要练习并提升韩语打字速度。
- 口语部分计划增加，未来将变成“听力 + 阅读 + 写作 + 口语”的综合考查。

2022 年 11 月举行的第一届口语考试是独立的，所有考生可以自愿报名参加。而且，按照官方给的分数线，并没有把口语分数并入总分来划分等级，因此预计 2024 年口语部分也是独立的。根据计划，2024 年将举办两次口语考试，考生规模预计 1 万人左右。预计 2025 年增加到 2 万人参加口语考试，预计 2027 年增加到 5 万人。口语模考会在韩国本土先举办，确认没有问题后再推广到国外。届时，首先会在中国、日本、越南等考生数较多的国家举办。

口语考试增加后，建议考生多接触韩语原文资料，有条件的可以同韩国人进行交流，或从有考试经验的培训机构获得韩语听、说专业训练。

1. 考试目的

- 向母语为非韩语的海外同胞及外国人指明以沟通为中心的韩语学习方向。
- 评测韩语沟通能力，考试结果用于韩国大学留学和就业等的依据。

2. 报考对象

- 韩语学习者和希望赴韩留学者。
- 希望在国内外韩国企业及公共机构就职的人。
- 外国学校在读或毕业的海外同胞。

3. 成绩有效期限

考试成绩公布之日起两年内有效。

4. 考试时间

类别	入场结束时间	本人确认及注意事项播放	考试开始时间	考试结束时间
TOPIK 口语	11:00	11:00 ~ 11:20	11:20	11:50

5. 试题类型

题目	类型	准备时长	作答时长
1	听提问答题	20 秒	30 秒
2	看图扮演角色作答	30 秒	40 秒
3	看图进行对话	40 秒	60 秒
4	完成对话	40 秒	60 秒
5	材料解析	70 秒	80 秒
6	表达意见	70 秒	80 秒

6. 等级划分

等级	TOPIK 口语考试等级					
	1 级	2 级	3 级	4 级	5 级	6 级
等级判定	20 分以上	50 分以上	90 分以上	110 分以上	130 分以上	160 分以上

7. 评价要素

评价要素	内容
内容及问题完成度	· 是否使用了与问题相符的表达方式？ · 是否详尽回复了所提问题？ · 谈话结构是否符合逻辑？
词汇应用	· 是否使用了与谈话情景相符的语言？ · 是否使用了丰富的词汇与表达方式？ · 词汇及表达方式的使用是否准确？
语言表达能力	· 发音和语调是否自然？ · 语速是否得当？

三 TOPIK 考试 2024 年考试时间

2024 年的海外考试次数增加到八次，包含五次纸质测试（PBT）和三次机考测试（IBT）。根据韩国教育部发布的信息，为了应对外国留学生逐年增加的需求，预计将 TOPIK 海外考试次数增加两倍。从 TOPIK 实行规划来看，2024 年海外考试次数即将扩大至八次，预计中国大陆考试次数会增加至三到四场，后续以中国官网为准，目前尚未确定[4]。

根据韩国教育部计划，纸质考试覆盖的国家扩大至 90 个，机考考试的覆盖国家扩大至 10 个。原仅在韩国国内实行的机考测试，2024 年计划分三次在 10 个国家正式实施。

考试场次	韩国报名时间	中国大陆报名时间	韩国考试时间	中国大陆考试时间	成绩公布
第 92 次	12 月 5 日 ~ 12 月 11 日	—	1 月 21 日	—	2 月 22 日
第 2 次 IBT 机考	1 月 16 日 ~ 2 月 2 日	—	3 月 23 日	—	4 月 16 日
第 93 次	2 月 13 日 ~ 2 月 19 日	1月8日~1月17日	4 月 14 日	4 月 14 日	5 月 30 日
第 94 次	3 月 12 日 ~ 3 月 18 日	—	5 月 12 日	—	6 月 27 日
第 3 次 IBT 机考	4 月 9 日 ~ 4 月 26 日	—	6 月 8 日	—	7 月 2 日
第 95 次	5 月 21 日 ~ 5 月 27 日	—	7 月 14 日	—	8 月 22 日
第 4 次 IBT 机考	7 月 23 日 ~ 8 月 9 日	—	9 月 28 日	—	10 月 22 日

4 检索日为 2024 年 1 月 19 日。

续表

考试场次	韩国报名时间	中国大陆报名时间	韩国考试时间	中国大陆考试时间	成绩公布
第 96 次	8 月 6 日 ~ 8 月 12 日	预计 7 月中下旬	10 月 13 日	10 月 13 日	11 月 28 日
第 97 次	11 月 10 日	—	—	—	12 月 19 日

考生须严格按照以上报名时间，采取网上报名方式报名，可直接上网注册个人信息，网上支付考费，考点不受理报名事宜。

中国报名网站为：https://topik.neea.edu.cn/

韩国报名网站为：http://www.topik.go.kr/

四 TOPIK 考试 2024 年备考建议

自 2014 年 7 月 20 日第 35 回考试起，TOPIK 中、高级考试更改科目设置，删除了“语法和词汇”的专项分类，词汇不再作为单独科目进行考查，语法也仅在阅读中单设四道题。但是，这些变化并非意味着考试弱化了对语法与词汇领域的考查。

在外语学习过程中，听力和阅读属于语言的“输入”，而写作与口语表达属于语言的“输出”。考生需要先把通过听力和阅读接收到的语言内化，然后才能将其“为我所用”。“输入”与“输出”的逻辑关系无须赘言。在外语学习过程中，只有大量的语言输入才有可能促成语言习得的发生。

语法与词汇，二者看似隐于无形，实则却又无处不在。改革后的考试不过只是将其换了一种形式，投射在了听力、阅读和写作部分。尤其是中、高级的听力和阅读部分体量占比较大，除了熟知题型和技巧之外，若能佐以丰富的词汇量和扎实的语法体系，取得高分便易如反掌。

1. 词汇

词汇的积累不是从一本单词书的第一个单词到最后一个单词的机械重复记忆，最好的积累词汇的方法是在语境中熟悉单词的使用。韩语与中文的对译是最简单的方式，重复多遍就可以记住，但是这种机械记忆留存时间较短，而且在没有语境联想的情况下，同义词极易混淆。所以这就要求考生在背单词的同时多了解该词的含义、形态，在词组或句子中搭配使用时的条件与限制等。通过词组、惯用搭配、常用句、典型例句等背单词，必会事半功倍，而且在记住单词的同时还能积累写作素材，一举多得。

2. 阅读和听力

因为阅读和听力部分体量较大，很多考生都有做了无数道题却成效寥寥的苦恼。建议考生做题切莫贪多求快，备考期间最好能够根据题型进行分项练习，一次专攻一个类型，了解出题模式，各个击破。阅读部分答题时间有限，在分项练习时最好能够进行限时训练，逐步提高做题速度。听力和阅读的原文也是积累词汇的绝佳素材，做完题后需及时整理归纳。刚开始整理归纳会比较费时，但却是有效积累考试高频词汇的不二法宝。

3. 写作

TOPIK 考试的写作部分一共有四道题，分别为两道填空（10 分钟完成）、小作文（10 分钟完成）和大作文（25~30 分钟完成）。

写作部分拿高分相对较难。作为主观题，它不仅要求考生对词汇和语法的积累，还要求考生能够正确地拼写单词、语言表述精准以及文章组织合乎逻辑。这部分虽然只有四道题，但在备考期间需要付出比听力和阅读更多的努力，针对不同的主题多读、多写。如果最开始写成篇文章比较困难，可以从练习写句子开始，逐渐完成段落的书写，最后再组段成篇，写成完整的作文。完成一篇好作文并非朝夕之事，需要平日不断积累，厚积而薄发，考场写作才能下笔如有神。以下为写作部分的备考建议，仅供参考：

- 不建议使用初级语法进行撰写。使用初级语法，即便没有错误分数也不高，而用中、高级语法写，即便语法错误分数也会相对更高。
- 不能用非格式的口语表态，一定要用格式体终结词尾。
- 大作文落笔之前先考虑开头、中间部分、结尾分别写什么内容，合理分配好结构。

第三节　德语

一 TestDaF 考试 2023 年考情分析

德国大学认可的语言证书有 TestDaF[5]（德福）证书、DSH 证书、Telc 等级证书和歌德证书。对于在中国国内的考生而言，TestDaF 考试是认可度最高、最便捷、参加人数最多的德语考试。

TestDaF 考试自 2003 年入驻中国之后，基本题型并未发生过重大变化。但在 2019 年，TestDaF 在官网上透露了考试改革的消息，表示考试内容和题型会有一定的变动，考试形式在未来将全部变成机考。新机考的开始实施时间是在 2020 年，已经在德国境内试点，后续会逐步对全世界的考点进行替换。截止到 2023 年，机考形式未在中国国内施行，之后或将陆续引入。

二 TestDaF 考试改革内容

从考试时间来看，TestDaF 机考考试（der digitale TestDaF）总时长是 3 小时 10 分钟（不包含休息时间），而纸质考试（der papierbasierte TestDaF）总时长是 3 小时 15 分钟（不包含休息时间），从时间角度来看差异不大。根据官网的描述，不管是哪种形式的考试，从语言水平测试难度的角度来说都是一致的，最大的不同就是考试的形式发生了很大变化。

在旧版考试试卷中，一共有三道阅读题、三道听力题、一道写作题和七道口语题。而新版机考改革后，不仅对各科目的题型进行了拆分，题量也增加了。其中阅读增加到七道题，分别为选择题、排序题、简答

5　TestDaF 考试是由德国 TestDaF 考试学院集中命题、阅卷，在全球各专门的考试中心举行，根据考试成绩，所有应试者将得到由 TestDaF 考试院签发的不同等级证书。

题、匹配题、阅读题、匹配题和图表题；听力增加到七道题，分别为填空题、记录题、判断题、选择题、匹配题、选择题和能力题；写作增加到两道题，分别为表格描述和话题论述；而口语依旧是七道题。

1. 整体改革趋势

（1）题量增加，出现大量新题型

听、说、读、写四个考查部分由原来共计 14 个任务增加到 23 个。虽然每道题的长度变短，但题型和题量有所增加，要求考生适应新题型的考查方式，并在考试中快速反应和转换。

（2）综合考查听、说、读、写能力

考试改革后，每个考查单项之间的关联性明显加强。例如，作答口语部分的题目时，考生需先读懂给出的文章材料或听懂一段演讲，在此基础上再进行口语作答。写作题目也需要先读懂给出的材料再进行总结或论证，且对改写、总结、复述能力提出了更高的要求。

（3）更加注重总结概括能力的考查

对细节的考查有所减少，更加注重的是对语料的整体理解把控、改写总结以及自我观点的发表和论述，更加注重德语实际应用能力的考查。

（4）考查形式和内容更加符合德国留学真实课堂场景和生活场景，涉及当今社会热门话题

考查内容与时俱进，听、说、读、写四个部分都涉及当今社会的热门话题，例如 2023 年 TestDaF 考试就出现了“线上考试”主题。此外，口语题中出现了在研讨会（Seminar）上的发言、简短的报告（Referat），听力题中出现了观看教授上课的视频并记录关键信息等考查形式，与德国真实课堂更加接近。

（5）考试形式改为机考模式

机考的形式带来了两大挑战：

- 对德语字母输入提出了更高要求，考生必须尽早熟悉德语键盘，熟练用电脑进行德语输入。
- 需按照顺序作答，超过每个小题规定时间，必须进入下一题，无法返回作答。

2. 题型与内容

（1）阅读部分

- 由三道题改为七道题，共计 35 个小题，作答时间 55 分钟（包含每个小题之间 20 秒休息时间）。
- 题目类型丰富，全方位考查考生阅读理解能力，尤其是归纳能力和意图判断能力。

任务（Aufgabe）	答题时长	题目数量	题目类型	难度
任务 1	4 分钟	5	选词填空，四选一，选项较为相似	简单
任务 2	5 分钟	5	段落排序，注意文段间的过渡	简单
任务 3	15 分钟	7	选择正确选项，四选一	偏难
任务 4	6 分钟	4	语句归纳判断，八选四，四个干扰选项	适中
任务 5	9 分钟	7	判断：符合 1、符合 2、符合双方（Beide）、不合适（Passt Nicht）	偏难
任务 6	7 分钟	4	选择正确说法并将正确说法归类，八选四，四个干扰选项	适中
任务 7	7 分钟	3	在总结中选出与文章和图表信息不符的三项	适中

（2）听力部分

- 由三道题改为七道题，共计 30 个小题，作答时间 31 分钟左右（包含每个小题的订正誊写时间）。
- 题目类型丰富，整体难度有所下降，音、视频配合更加具有真实性，更加注重考生对内容的整体理解。
- 所有题目只能听一遍。

任务（Aufgabe）	答题时长	题目数量	题目类型	难度
任务 1	3 分钟	5	听对话填表格，主题与现 TestDaF 第一题相同	简单
任务 2	6 分钟	4	听采访类对话，按照要求填空，类似现 TestDaF 第二题主题	适中
任务 3	3 分钟	2	听 Vorlesung，然后标出总结中不相符的两点内容	适中
任务 4	4 分钟	6	视频题：看采访，判断：符合 1、符合 2、beide、passt nicht	适中
任务 5	7 分钟	4	视频题：看讲课（配关键字和图片），记录每题关键词	适中
任务 6	7 分钟	5	听演讲选出正确选项，四选一	偏难
任务 7	1 分钟	4	标出文章中与所朗读内容不符的词，注重发音	简单

（3）写作部分

由一篇大作文改为两篇小作文，作答时间各 30 分钟，共计 1 小时。

任务（Aufgabe）	答题时长	题目数量	题目类型	长度
任务 1	30 分钟	1	根据主题进行正反观点论证	200 词
任务 2	30 分钟	1	根据文章与图表完成规定写作任务，改写与总结	100 ~ 150 词

（4）口语部分

- 数量仍为七道题，每道题的内容形式均有变化，更加接近德国高校正式上课的场景和生活场景。
- 需按照顺序作答，如超过每个小题的规定时间，必须进入下一题，无法返回作答。
- 准备时间中包含读题或者听力的时间，单纯的准备时间减少。
- 整体难度有所上升，不再单纯考查口语能力，部分题目需要在看懂文章或听懂演讲的前提下进行作答。

任务（Aufgabe）	读题&思考	答题时长	题目类型	难度
任务 1	30 秒	45 秒	给朋友建议并解释，类似于现在的第五题	简单
任务 2	45 秒	1.5 分钟	支持或反对某一观点并给出优劣势，非正式场合的谈论	简单
任务 3	4 分钟	2 分钟	阅读、总结和复述文章内容，研讨会场景	适中
任务 4	2.5 分钟	1.5 分钟	根据图表内容及一位同学的发言，发表自己的观点并论证	适中
任务 5	2 分钟	2.5 分钟	根据给出的关键词和要求做简短报告，正式场合	困难
任务 6	2.5 分钟	2 分钟	对一段演讲复述点评，表明自己的立场并解释，正式话题	困难
任务 7	1.5 分钟	1.5 分钟	对一个论题进行评价，给出建议	适中

三 TestDaF 考试 2024 年考试时间

1. 全球考试时间

电脑标识为机考考试，纸笔标识为纸质考试。

2024 年					
考试日期	编号	报名时间	成绩公布时间	考试形式	报名链接
6. Februar 2024		01.11.2023~25.01.2024	ab 05.03.2024		
12. März 2024	T122	01.11.2023~08.02.2024	ab 23.04.2024		
26. März 2024		01.11.2023~14.03.2024	ab 23.04.2024		
18. April 2024		02.01.2024~09.04.2024	ab 16.05.2024		
16. Mai 2024	T123	02.01.2024~18.04.2024	ab 27.06.2024		
6. Juni 2024		02.01.2024~27.05.2024	ab 05.07.2024		
17. Juli 2024	T124	02.01.2024~13.06.2024	ab 28.08.2024		
6. August 2024		02.01.2024~25.07.2024	ab 03.09.2024		
17. September 2024		02.01.2024~05.09.2024	ab 15.10.2024		
15. Oktober 2024	T125	02.01.2024~12.09.2024	ab 26.11.2024		
12. November 2024		02.02.2024~30.10.2024	ab 10.12.2024		
30. März 2024	C060	04.01.2024~23.01.2024	ab 11.05.2024		
6. Juli 2024	C061	25.04.2024~14.05.2024	ab 17.08.2024		
2. November 2024	C062	22.08.2024~10.09.2024	ab 14.12.2024		

2. 国内考试形式

国内均为纸质考试。

四 TestDaF 2024 年备考建议

截至 2024 年 1 月，已公布的国内 2024 年的 TestDaF 考试日期均为纸质考试场次，且考试频次保持不变。

由此可以预见，至少要到2025年以后才有可能降低中国TestDaF纸质考试的频次。

对于已经进入TestDaF备考阶段或者已经开始一段时间德语学习的考生，目前TestDaF纸质考试的备考资料、考试应对技巧都非常完善，考生们可以全力以赴备考。此外，无论纸质考试还是新版机考考试，都将重心放在社科类和当今社会热门话题相关的内容上。因此，计划参加2024年TestDaF考试的考生需多多积累通识类、常识类背景知识，比如高校课程设置、高校日常生活等相关知识，这些都有可能出现在考题中。同时，考生也要多关注人文科技类文章和国际焦点新闻，这对扩充知识储备很有帮助。

刚刚开始德语学习的考生也不要感到迷茫，考试形式虽然千变万化，但不离其宗，主旨都是对德语实际运用能力的考查。广大考生可以从A1阶段开始，除了扎实地学习语法内容之外，还要注重固定搭配的积累，并进行交际听说能力的训练。想要在短时间内通过考试，高效地梳理和掌握德语语法规则是一定不可忽视的基石。同时，也要通过大量课堂练习开口说话，熟悉德国课堂和生活的真实场景，培养语感和德语实际运用能力。此外，尽快开始练习德语键盘输入也是必不可少的。

1. 建议一：TestDaF 词汇通关

TestDaF考试要保证总分16分以上的成绩，词汇量应该达到6,000~8,000词，其中包括在A1到B2阶段学习掌握的4,000词基础德语词汇和4,000词左右的TestDaF必备词汇。按照备考时间80天计算，考生至少应该复习两遍，那么40天背诵4,000词，每天应该背诵、认知、应用100词，而基础词汇量不到4,000词的考生，每天背诵的词汇量应该在150~200词。大多数考生在备考TestDaF的时候，已经掌握的词汇量是远远不足4,000词的。在有知识漏洞的情况下，考生要在定量的基础上学习分类背诵考试词汇。

TestDaF必备词汇的分类有：Schulerziehung（学校教育）、Studium（大学学习）、Mehrsprachigkeit（多语言性）、Karrierechancen（职业机会）、Universum und Raumfahrt（宇宙和航天）、Energieversorgung（能源供应）、Pflanzen und Tiere（植物与动物）、Psychologie（心理学）、Medizin（医学）、Medien und Technik（媒体与技术）、Computer und Internet（计算机与互联网）、Sport（体育）、Musik（音乐）、Reise und Verkehr（旅游与交通）、Kunst（艺术）、Unterkunft（住宿）、Essen（食品）、Finanz und Wirtschaft（金融与经济）、Literatur（文学）、Politik（政治）、Geschichte（历史）、Religion（宗教）、Bevölkerung（人口）等。

考生可以先背诵一个单元的主题词汇，再根据同类词汇练习同一主题的听力和阅读文章，就能够在长难句中理解词汇的用法，和文章的上下文关联对应，掌握整体含义。这种集中突破的战术，比单纯的词根词缀记忆更有利于提高TestDaF解题的正确率。

2. 建议二：基础语法通关

TestDaF考试只考查阅读、听力、写作、口语四项。虽然不单独考查语法，但是TestDaF考试阅读和听力部分的很多题目都要求掌握基础语法知识，才能正确作答。在TestDaF考试写作和口语部分的评分标准中，明确提到了从句的应用等语法要求。TestDaF考试涉及的语法考点如下：

- 功能动词
- 形容词，形容词升级对比（原级比较，比较级，最高级）
- 分词结构和关系从句
- 情态动词
- 第一虚拟式和第二虚拟式

- 时态
- 主动态和被动态
- 写作必备从句
- 动词化和名词化
- 篇章结构
- 不定式结构

以上语法点均曾出现在 TestDaF 历年考题中，部分语法点在 TestDaF 考试中反复出现。考生必须熟练掌握才能在考场上快速准确反应。

3. 建议三：长篇阅读速读通关

TestDaF 官网上对 TestDaF 阅读部分的第二篇文章说明中明确提到，LV2 的长度是 450~550 词，LV2 阅读时间是 20 分钟。而 TestDaF 阅读部分的第三篇难度更高，长度到达了 550~650 词，阅读时间同样是 20 分钟。

由于TestDaF阅读文章较长，难点词汇、长难句、综合语法现象会集中出现，很多考生往往会用30分钟，甚至 50 分钟来完成一篇阅读文章，虽然平时练习时答案正确率比较高，但这并不是 TestDaF 考场中的实战演练。因此，备考 TestDaF 考试，首先应该挑选 600 词左右的德语科技类文章，用 15 分钟的时间，在有生词的情况下要求自己读完，且做到 80%~90% 的正确率。建议考生每天阅读两到三篇 600 词左右的德语科技或报刊文章，在 15 分钟内熟练完成的情况下，再开始做 TestDaF 题目。

4. 建议四：听力速记通关

以 TestDaF 听力第一篇 HV1 举例说明。TestDaF 考试院已经明确提到，HV1 长度在 350~400 词，时长大约 2 分钟。考生只能听一遍，要记录八个问题的短语答案。如果具体数字化，就是要求考生在两分钟时间里记录 20~40 个单词。很多考生，不要说边听边记录了，就是在两分钟里抄写正确 20 个德语单词也不一定能做到。因此，想要通关 TestDaF 考试的考生，应该在考前至少拿出两周时间，每天踏踏实实做听力速记，可以不对应具体的问题，但先要求自己在 2 分钟内正确记录 20 个任一篇听力文章中的相关内容词汇。只有做到这一步，才有可能在 TestDaF 考试中拿到高分。

5. 建议五：仿写德式论证通关

说到德语写作，大多数中国考生还停留在拿着德语助手翻译中文意思的阶段，或者考前临时抱佛脚去背诵模板。在这里提醒各位考生，TestDaF 考试已经举办了 20 年，大多数 TestDaF 考试的作文阅卷老师已经在 TestDaF 考试院工作了十几年，各种各样的作文模板阅卷老师都见过，他们已经可以从这些套路中轻易判断考生的实际写作水平如何。如果某位考生水平不高，只是背诵模板，大概率会被阅卷老师发现。在这样的情况下，考生在 2024 年备考 TestDaF 时，一定要回归基本要求。

在 TestDaF 考试备考书籍中，不仅给出了写作论证的小段落练习，还给出了各种各样具体的写作连接用词练习。考生可以按照书中的要求，在限定时间内（最好在 10 分钟内），仿写基本的论证段落，做到语句通顺、表意完整，然后再强化整篇作文。

6. 建议六：德语口语发音通关

关于口语，TestDaF 考官最先评价的是发音，包括语速（Sprechtempo）、语音（Aussprache）和语调（Intonation）这三个方面。也就是说，发音好在 TestDaF 考试中会得到非常高的评价。很多中国考生把 TestDaF 口语的准备重点放在了答题内容上，有时候按照写作的模式来准备口语答题内容，用了很多从句，内容繁冗，这在 TestDaF 口语中是吃亏的。

虽然说发音是 TestDaF 口语最先要突破的重点，但是考生也不能像学习初级德语那样一个单词、一个句子地来练习发音，而是应该学习抑扬顿挫的长句连读，最好的办法是跟读五分钟左右长度的德语报告。口语五级题是以论证和报告的形式出现，如果考生能像德国人做报告一样来控制自己的语速、强调重点句型，会给考官留下非常好的印象。需要注意的是，TestDaF 口语切忌一味求快，按照听力材料中的语速流畅表达就可以达标。如果发音有瑕疵，还说得特别快，考官会认为考生在背诵模板。

随着 TestDaF 机考考试日益临近，建议考生按照上文中的六个守则，打好基础。毕竟，TestDaF 纸考考试还是有很多规律和备考经验可以借鉴的，也是在目前最有可能帮助各位考生获取高分的考试形式。

第四节　法语

一 DELF 考试和 DALF 考试

1. DELF 考试和 DALF 考试 2023 年考情分析

为了能够更加全面地提高和证明个人的法语能力，越来越多的学生积极了解并参加 DELF[6] 考试和 DALF[7] 考试。与此同时，没有留学需求而将法语学习作为单纯兴趣爱好的法语学习者，或者想要提供职场竞争力的法语学习者，往往也更倾向于参加 DELF 考试和 DALF 考试。

2023 年参考人员包含法语专业学生、出国留学的学生、国内攻读哲学或文学等专业的硕士或博士，以及兴趣爱好者等各类人员。该考试在中国考区的认可度逐年上升，势头强劲。2024 年参加 DELF 考试和 DALF 考试的人数预估可达到 8,000~10,000 人次。

参加考试的等级占比中，B1、B2、C1 和 C2 级别的考试人数逐年递增，尤其是 C1、C2 级别更是呈现了“考位难求”的趋势。因为法国大多数公立学校和私立学校的部分专业，对持有 B2 级别以上证书的外国学生免除法语语言学习。也就是说，持有 DELF 考试 B2 级别证书的学生可以直接入读申请专业就读正课，节约了读语言的时间。另外，DELF 和 DALF 考试证书作为终身语言文凭，对考生来说有很大的吸引力，很多职场人士也会选择参加考试，以便提高自己在职场上的竞争力。因此，近年来参考人数不断增加。

6　Diplôme d’ é tudes en langue française 法语学习文凭。

7　Diplôme approfondi de langue française 法语高级学习文凭。

2. DELF 考试和 DALF 考试改革内容

2019 年 5 月，CIEP[8] 官网发布了 DELF 考试和 DALF 考试改革计划。本着确保测试的有效、可靠和公平的原则，CIEP 修订了 DELF 考试 A2、B1 和 B2 级别考试的测评标准。DELF 各等级考试原计划于 2020 年起逐步改革，并引入全新考试形式。鉴于 2023 年已有其他国家的考区使用了改革后的题型，因此 2024 年中国考区也有使用新题型的可能。

具体的改革项目如下：

- **题型调整**：取消开放式问答的题目，增加多选题，旨在确保阅卷标准统一化，提高阅卷结果的可靠性。
- **题量调整**：DELF A2 考试的听力考试将会由七个音频材料、21 小题增加到 14 个短音频材料、22 小题；DELF B2 考试的听力材料将会由两个材料（长、短听力材料各一篇）变为五个短音频材料；A2 考试的阅读从八篇小文章、20 小题增加到 11 篇小文章，24 小题；B1 级别阅读从五篇小文章、32 小题改为六篇小文章、30 个小题；B2 考试的阅读从两篇增加到五篇，题目数量不变，增加了一道提出自己观点的题目，与作文不一样，这种题型很难套用模板，旨在考验考生的表达能力和批判性思维。
- **时长调整**：DELF 考试 A2、B1、B2 级别的时长可能会调整；B1 级别变化较大，阅读理解考试时长会从现在的 35 分钟增加到 45 分钟，总时间也从 1 小时 45 分钟增加为 1 小时 55 分钟。目的是让考生有充足的时间尽量答完考题，以确保测试内容覆盖的完整性和考评结果的高质量。
- **取消 DALF 考试文理分科**：DALF 考试 C1、C2 级别将取消文理分科。考试会采用适用于所有考生的材料，无论其专业是何领域。

鉴于推广这些新的考试形式需要做相关测定分析，预计将会有为期三年的过渡阶段，期间新旧考试将会交替出现。虽然目前中国考区还未实现题型改革，但是也建议考生备考时考虑到改革的可能性，全面复习。

同时，官方提及 2024 年 DELF-DALF 青少版考试会以新形式出现，但是没有透露更多细节。

3. DELF 考试和 DALF 考试 2024 年考试时间

每年各个级别都有三次考试机会，分别在 3 月、6 月、11 月。一般 C1 和 C2 级别的考试在考试月的上旬举办，B2 级别在中旬举办，A1、A2、B1 级别在下旬举办，报名日期为考试日期前一到两个月。

2024 年 DELF/DALF 考试日历（下半年）		
6 月	报名时间	4 月 8 日 ~ 4 月 19 日
	考试时间	6 月 1 日 ~ 6 月 2 日 6 月 15 日 ~ 6 月 16 日 6 月 22 日 ~ 6 月 23 日
	出成绩时间	7 月 8 日

8 CIEP 即法国国际教育研究中心，是法国国民教育与高等教育部旗下负责实际操作国际教育合作项目的公立机构。同时也负责对外法语考试 DELF、DALF、TEF、TCF 等考试的考核与认证工作。

续表

2024 年 DELF/DALF 考试日历（下半年）		
11 月	报名时间	9 月 2 日 ~ 9 月 13 日
	考试时间	11 月 9 日 ~ 11 月 10 日 11 月 16 日 ~ 11 月 17 日 11 月 23 日 ~ 11 月 24 日
	出成绩时间	12 月 9 日

4. DELF 考试和 DALF 考试 2024 年考试备考建议

- 建议想要申请法国公立大学直入专业的学生参加 DELF B2 考试，申请哲学类、法律类、社科类、语言文学类和建筑类的学生则参加 DALF C1/C2 考试。
- 至少提前三个月开始备考。
- 自主练习：扩充词汇量；进行大量的写作练习，通过例文仿写和多读法语报纸、杂志来提高和巩固写作能力；增加法语文章的阅读量，提高文章阅读速度；每日进行听力练习，保证每日最少一小时的听力练习时间，训练听力灵敏度及捕捉关键词、关键句的能力，并尝试速记听力中出现的关键词、关键句，出现陌生词汇时迅速记录，注意背诵。
- 定期进行模拟题训练，推荐书目:《法语 DELF 考试全攻略（B2）》《法语 DALF 考试全攻略（C1、C2）》等。
- 参加考试时，由于听力理解部分播放速度较快，建议训练速记能力和抓取重点信息能力；由于阅读理解部分文章篇幅较长，建议先看问题，再将问题带入文章进行阅读，寻找答案。学会将文章分成几段，每段抓取重要信息以便迅速答题。
- 虽然 DELF A2、B1 和 B2 考试的形式可能有所变化，但是考查的核心能力是不变的，即要求考生在阅读和听力理解能力上有坚实的词汇量做基础；在口语和写作部分未做改变的前提下，要求考生的语法和口语表达能力过硬，才能顺利通过考试。

二 TEF 考试和 TCF 考试（预签证考试）

1. TEF 考试和 TCF 考试 2023 年考情分析

TEF（Test d'Evaluation de Français）考试是一项由巴黎工商会组织的法语水平测试。TCF（Test de Connaissance du Français）考试则是由法国国际教育研究中心（France Education International）应法国教育部的要求而设立的，考试由必考部分和选考部分组成，常说的 TCF 考试指的是 TCF 必考考试。

对于语言学习周期较短、想要在短期内去法国留学的学生来说，TEF 考试和 TCF 考试是比较适合的。尽管 TCF 考试和 TEF 考试的成绩单有效期仅为一年，但相比 DELF 考试和 DALF 考试，TEF 考试和 TCF 考试（必考）全部采用机考形式，考题全部为单选题，不考查写作和口语，相对更容易达到申请所需分数。

自 2019 年考试改革之后，TEF 考试和 TCF 考试的频次安排大幅度降低，考生最早只能报考一个月之后的考试，这对考生来说意味着需要比往年更加努力备考，尽可能一次考出理想成绩，以节约重考带来的时间成本。

2023年TEF考试各个考点的出现频率都很稳定，这意味着改革后的TEF考试重新出现在了考生的视野中。改革后的 TEF 总分改为 699 分，取消倒扣分，会在考后一个月左右出成绩。

值得注意的是，如果要去法国读本科一年级（L1），需要参加 TCF-DAP 考试，这和一般说的 TCF Tout Public 考试有些区别。前者相较后者增加了对写作能力的考查，需要学生写三段作文，写作部分总时长为一小时。

- 作文 1：单词数要求在 60~120 词
- 作文 2：单词数要求在 120~150 词
- 作文 3：单词数要求在 120~180 词（第一部分 40~60 词，第二部分 80~120 词）。

2. TEF 考试和 TCF 考试 2024 年考试时间

全年均可报名预签证考试。考试结束一个月后，考生才会收到正式考试成绩。如果对成绩不满意，可以再次报名，一个考期最后一个级别考试后的一个月左右可以查询成绩。

2024 年预签证法语考试日历（下半年）	
6 月	17 日 ~ 21 日；24 日 ~ 28 日
7 月	15 日 ~ 19 日；22 日 ~ 26 日
8 月	19 日 ~ 23 日
9 月	9 日 ~ 13 日
10 月	14 日 ~ 18 日
11 月	11 日 ~ 15 日
12 月	9 日 ~ 13 日

3. TEF 考试和 TCF 考试 2024 年备考建议

与 DELF 考试和 DALF 考试一样，准备留学法国的学生如果能在 TEF 考试和 TCF 考试中取得 B2 级别的成绩，可直接就读所申请专业的正课，也就节约了到达法国后学习语言所需的时间成本。而要达到 B2 级别，就要求考生在平时积累良好的语法基础与词汇量，并进行考前冲刺与模拟测试，这样才能达到理想的成绩。即便在考前不具备冲击 B2 的能力，也至少要考到 B1，这样才有助于面签的顺利通过。因此备考环节十分重要，考生需要充分了解题型。

TEF考试是法语类考试中题型和题量最大的考试，因此要求考生在考试前先了解每个题型具体考查内容，再按照各个部分的考题技巧进行复习。需要注意的是，TEF 对语法的考查很详细，考生可以适当加强语法部分的复习。

TCF 考试共 91 题，题量比 TEF 考试少，但是对词汇量要求较高。两种考试都分为听力、语法和阅读三部分，但题型和题量不同，因此要分开备考。

（1）听力部分

TEF 考试的听力部分注重积累主题词汇，比如听力的公共场所题就要求考生了解机场、火车站等场景相关的词汇，而电话留言题要求考生熟悉不同场合用语方式的区别。

TCF 考试的听力题比 TEF 考试更难，需要考生训练抓取重点信息的能力，尤其对于长篇听力，要主动厘清听力的逻辑组成，将信息分段处理。特别要注意疑问句的出现，因为疑问句往往就是下一段内容的总结。在平时练习时，要注意精听和泛听的结合，学会抓住重点词汇和信息，以便在选项中完成正误排查。想考 B2 的考生建议每日进行至少半小时的听力练习。

（2）语法部分

TEF 考试对语法的考查相当严格，所有从 A1 到 B2 级别的常见语法点都会涵盖，因此考生需要着重复习虚拟式、条件式、各类从句、复合型时态中的配合和固定动词搭配，不断夯实语法基础。

TCF 考试除了考查语法外，还要求考生以丰富的单词量为依托，去冲击更高级别的分数。

（3）阅读部分

对于阅读部分，考生要学会分析不同题材阅读文章的做题方法，做题前需要快速浏览题目，学会通过读题来快速定位文章答案。由于两种考试都采用单选题模式，所以要求考生具有很强的速读能力，这样才有可能答完整套试题。

第五节　西班牙语

一　DELE 考试 2023 年考情分析

DELE 考试作为西班牙语等级水平考试，其证书是由塞万提斯学院以西班牙教育科学部的名义颁发的官方证书，能有效证明证书拥有者的西班牙语水平和西班牙语运用能力。

目前 DELE 考试在中国设有七个考点，分别是：北京外国语大学、上海外国语大学、中国香港城市大学专上学院、四川外国语大学、大连外国语大学、广东外语外贸大学和黑龙江外国语学院。

2024 年 DELE 考试费用：

- DELE A1：770 元
- DELE A2：880 元
- DELE B1：1,000 元
- DELE B2：1,330 元
- DELE C1：1,370 元
- DELE C2：1,520 元
- DELE A1 青少年：770 元
- DELE A2/B1 青少年：1,000 元

1. 听力

（1）A2/B2 级别

从 2023 年的考试来看，五道大题难度不分先后，场景分布比较稳定，题型也较为固定，这对处于复习阶段的考生来说非常有益。只要练熟题型和打好基础，在考场上沉着应对不会有太大偏差。

A2 级别考试的第三大题的话题多围绕着活动信息、商业信息和生活提醒展开；第四大题话题围绕媒体、失物招领、课程、餐厅和旅行预订等内容展开，此类题型话题相对确定。

B2 级别的听力考试关键有三点：词汇量，适应语音、语调与语速，审题与专注。

DELE 听力考试结束后立即收卷，几乎没有完整的涂卡时间，建议考试时合理安排涂卡，尽量随做随涂。

➤ **短对话：六道题，三选一**

小技巧：六段短对话，每段对话听两遍，内容主要是生活、学习、工作等场景，可能包含俚语和日常用语。由于该题是本部分的第一题，请一定要提前看题，熟悉对话主题。

➤ **长对话：六道题，要求选出每个描述分别对应哪个人，有可能两个都不是**

小技巧：做这道题时应注意连接词，比如 aunque、sin embargo 等，还有同义词转换、近 / 反义词等都很重要。这部分内容很贴近生活，可能会用到俚语。此外，不能完全依赖关键词，如果的确没有听到，不要怀疑，可能真的没有提到这个句子，因为还有一个选项是两个人都没说过这句话。

➤ **长对话：访谈类，常带有拉美口音，六道题，三选一**

小技巧：拉美口音中有的单词发音与西班牙口音完全不同，但会出现在考题中，可能会对理解造成困难。所以建议考生平时听一些拉美口音的对话、新闻等。该部分的窍门是可以根据主持人的问题，预判接下来的内容属于哪道听力问题。而且有的选项含有绝对和禁止的意思，大概率也是错的，提前看听力题的时候可以注意一下，预先做排除。

➤ **主题信息配对：六道题，10 个选项，要求根据六段独白的内容选择其对应的主要观点**

小技巧：抓住每个人的主要观点，掌握尽可能多的细节。第一遍可以在听完每个人的独白后，立刻在相似选项中标注数字 1、2、3，最后可能有两个选项都有 1，那么在听第二遍的时候进行确认，可以有效提高正确率。

➤ **长对话、访谈或独白等：六道题，三选一**

小技巧：这种长对话，一般来说每段开头、结尾和转折处，出现答案的频率比较高。还有就是关键词，如果真的听不懂，可以把题干的关键词圈出来，重点听。

（2）C1 级别

作为高级别西班牙语考试，听力考查相对于 A、B 级别来说难度上升了一个阶段，除了内容更加学术、录音长度更长之外，还需要听懂西班牙语在各个国家的口音。这就要求考生在训练时不要只听西班牙口音的材料，还要对所有西班牙语国家的口音进行练习。

在考试过程中建议先看题后听原文，考试时录音材料中可能会出现嘈杂的背景声、在很远的地方接电话、访谈、菜市场上的杂音等，先看题会有助于识别场景和理解部分内容，同时在训练时可以选择嘈杂环境，尽量给自己增加训练难度。

➤ **题目 1：根据听力内容，选词 / 词组填空，12 选 6**

小技巧：通常是一些学术型、科技型的报告或者讲座等，听力材料较长，无关内容较多，注意力容易分散，所以一定要提前阅读题干，圈画出关键词，可以记笔记，在听到相关词时及时做出反应。注意空格内所需的词性（是名词、形容词，还是词组）。

➤ **题目 2：共四组对话，每组对话两道题，共八道题，选择题三选一**

小技巧：本题难度不是很大，通常是 A 与 B 的交谈，了解两方讲到的信息点，逐个判断正误就可以。

➤ 题目 3：根据听力内容，六道选择题，三选一

小技巧：本题通常是访谈、采访类的题材，采访某位艺术家、作家等，受访者可能有口音，采访背景也不一定清晰，可以记笔记，双方谈话内容是和题目的顺序匹配的，所以提前看好题目按顺序听。

➤ 题目 4：10 个小对话，10 道选择题，三选一

小技巧：本题中的对话通常非常短，重要的是要听懂且抓住说话人的态度和意向。

2. 口语

（1）A2/B2 级别

作为初级西班牙语考试，A2 级别比较注重考查语音和基础语法的掌握，所以在考前进行语音的短期培训是非常有必要的，例如进行元音的发音练习和连读规律的练习。

B2 等级的考试则要注重对语言的灵活运用。由于口语考试有两个考官，考试可以适当大声说话，让两个考官都能听清楚。如果考试过程中发现讲错了可以进行自我纠正，不会扣分。口语考试中要多跟老师进行眼神交流，可以有效缓解压力并提高表达的说服力。可以写提纲，但不可以全程照着念，草稿上写出关键词用以提示思路即可。

同一套考题可能在两年内会循环使用，比如 A2 口语考试中第一道大题重复出现对休假活动的考查。所以针对这些主题提前准备，口语考试对考生来讲就容易很多。

➤ 话题评述

从一个话题的若干观点中选择三到四个观点，就其优缺点进行评论。老师会根据话题随机提出几个问题与考生展开对话。该项任务通常有若干题目备选，实际考试时抽签从三张纸中抽出两张，再选择其中一个进行评述。

该类题的主题主要为社会问题，常见主题有垃圾、厨余垃圾、青少年教育、运动中的暴力行为、交通、禁烟等。此外还有音像制品版权、是否在城市中央禁止通行汽车、买车缴税、骑自行车、在高速公路出口设置停车场、医院节约成本可以做出哪些举措等。

小技巧：此题主要考查考生在分析事项优缺点的能力及观点表达能力。建议自己赞同和反对的观点分别选择一到两个。有时观点表达的流畅度可能比内容的说服力更重要。在评述时，应注意逻辑清晰、语义明确，先总起，再评述，最后做总结。尽量丰富自己的句式，不要一直重复一个词。

➤ 根据图片表述特定场景并就其进行对话

常见图片主题有找工作、家庭纠纷、课堂惩罚、遛狗、人权等。

小技巧：这项任务考查考生的想象力和表达能力。描述图片通常就是几个人、在哪里、什么时间、什么表情、穿着什么、可能发生了什么事、接下来可能发生什么、你有没有类似的经历等。注意描述的逻辑性，先描述图片中有的东西，再发挥想象描绘前因后果。

➤ 评论某一调查数据结果，2~3 分钟

常见主题有对抗气候变化的手段、回收旧物、多用公共交通、用电力车、家里装太阳能、获取健康信息的方式、人工智能、科技影响等。

小技巧：这部分的题目是没有准备时间的，同样是随机选择，二选一。一般是看一个类似问卷调查的表，提出一个自己的观点，纸张背面会有该问卷在西班牙的调查结果，然后就自己的观点和大多数西班牙人的观点之间的异同发表论述。

（2）C1 级别

在进行高级别考试时，注意一定要和面试官、考官进行主动问候和告别，以此表示感谢。

- **题目 1：先阅读文章，然后口述观点，可以二选一**

根据题干，这一部分的论述分为以下五个段落结构：

- 第一段，总结主题 Tema central
- 第二段，列明主论点 + 分论点 Ideas principales y secundarias
- 第三段，阐述对主题 / 论点的看法 Comentario sobre ideas principales
- 第四段，作者的意图 Intención del autor si procede（如有）
- 第五段，总结陈词 Conclusión

除了在前文写作小技巧中提到的“范本”，要把“关联词词组”熟记于心，另外一个就是对可能的热点话题大类进行提前准备，这样可以在二选一的时候迅速找到自己准备过的话题，方便打开话匣子。

- **题目 2：根据第一篇内容，与面试官进行观点交锋**

在实际考试中，题目 1 和题目 2 是连在一起考试的，自己先发表观点，然后面试官向你提问，所以在准备期 20 分钟的时候，很重要的一点是预测考官的问题并稍做准备。

- **题目 3：临时给出四张图片和面试官一起讨论哪一张是最适合主题的图片，也可以二选一**

这一部分考验的是与对方协商的能力，看完一分钟图片以后，通常面试官会让考生先做选择，根据指示判断哪一张照片 / 图片最适宜做宣传海报、哪一种方式最适合城市发展等，然后一起对这四种选项进行逐一探讨。

特别要注意本题应试中，可以独立发表观点。过程中，打断面试官、质疑面试官、不赞同面试官（以礼貌的方式）都是可以的，听不懂的也可以向他提问，同时也要注意听他的观点，随时互动表示赞同还是持保留意见，但是目标是双方达成一致，也就是在试着各自说服对方并且讨论了每个选项的利弊以后，最终有一个两个人共同权衡后的提议，而不是任意一方固执己见。

小技巧：准备口试的过程中，很重要的一点，也是备考书目中反复强调的，一定要把自己的口头作文录下来。每一次听录音都是一次模拟，不要放过每个小问题，回听录音，改掉口头禅或者常犯错的语法点，有针对性地纠错，避免再次犯错。

3. 阅读

（1）A2/B2 级别

阅读理解部分综合考查单词和语法，除了平时多背单词熟悉课文，考生还要注意阅读的广泛性，锻炼自己的泛读能力，加快自己的阅读速度，因为考试时间有限，一定要安排好做每个题目的时间，避免在某一道题上纠结太久而因小失大。

根据近期的考试内容来看，A2 阅读保持低难度，对该水平考生难度不大；B2 级别阅读词汇量、句型需重点对待。

- **根据文章内容，六道选择题，三选一**

小技巧：通常来说，第一篇文章考查大意理解，难度不大，认真阅读分析之后就会找到答案。注意：有的题会有陷阱，比如 total、siempre、en ocasion 等表示程度的词汇，一定要仔细分析，但是不建议在第一篇文章花费太多时间，因为后面还有很多题。

▶ **四段短文，10 道题，要求选出每个选项分别对应哪个人**

小技巧：主要是考查对文章信息的准确理解和逻辑性。一般都是生活类话题，比如工作、节日等。难点在于有些问题会很抽象，和文中的关键句联系不起来，这种时候可以多读几遍，联想各种可能性。

▶ **文章填充，要求从八个选项中选出合适的六句话填充到合适的位置**

小技巧：这项任务通常是阅读理解部分最难、准确率最低的。建议先通读全文，了解文章主旨之后再去做题。可以看看空出的地方有没有指代词（lo, la, le...）和连接词，有的可能存在因果关系，还有的是做一个总结。最常见的是前文提到过的某个东西，后文会用 el/la/este/esta 等来指代，这个时候一定要弄清主语。有时还可以借助选项首字母的大小写来判断其在文章中的位置。

▶ **完形填空，14 道单选，三选一**

小技巧：这项任务考的很多都是冠词、前置词和短语，还有一般过去时和过去未完成时之间的区别、何时使用虚拟式等语法点，一般正确率比较高，但也不要掉以轻心。

（2）C1 级别

▶ **题目 1：根据文章内容，六道选择题，三选一**

小技巧：本道题注重考查考生对于细节理解的把握，切忌以偏概全和“想当然”。做题时首先找到题干中提到的原文中的关键词，然后前后比对，特别要圈画出表示可能性的语句（如 es posible que、preferiría 等），以及表示副词带有极端意味的语句（如inmediatamente、todo等）。即使原句与选项基本相同，但是“可能性”或者“完全性”等不一致就坚决不能选。

▶ **题目 2：将句子插入原文中，选择题，七选六**

小技巧：该题是所有阅读题目中难度最大的一道，考查考生对文章逻辑的整体把握能力。做题时，要注意在段落中圈画出插入语句的人称以及变位，检查与前后文是否一致。插入的句子可能是前文的反例、列举、条件、结果、原因、举例等情况。

▶ **题目 3：根据文章内容，六道选择题，三选一**

小技巧：与题目 1 的技巧相似。

▶ **题目 4：根据每段大意，选出段落对应的“概述”，八条概述对应六个段落，即有两段需要分别选择两条概述**

小技巧：虽然各段落的主题都类似，但每个段落还是有细微差别的。建议考生可以先看选项，然后在读原文时总结关键词，特别是与其他段落有明显区别的关键词，这就是该段落的侧重点。

▶ **题目 5：完形填空，14 道选择题，三选一**

小技巧：本题主要考查语法和词汇，关注空格前后的词组搭配。在这里建议参考备考书目 *El Cronómetro* 的附录 *Apéndice 2* 总结的语法点。

4. 写作

DELE 考试从 2013 年开始已历经 11 年，写作考试题型非常稳定，变化不大，即便将来有变化也会提前说明，考生可以放心报考。写作题目通常是由两到三道题目构成，一篇书信、通知等，另一篇是作文。具体可分为如下几个类型：

▶ 就某句谚语或辩题进行举例分析和阐述观点。

▶ 就某件要发生或过去已发生的事进行描述或陈述，在行文中一定要保证时态不要有重大失误。

- 想象型主题。比如，假定考生是某公司的经理，要处理某个商业纠纷，应如何处理；再比如，假定未来出现某种未知的高新技术，考生如何让它为社会提供福祉，又有可能会出现怎样的消极影响等，时态通常为陈述式中的将来时、条件式或虚拟式等。

建议针对写作部分一定要有至少半年的备考期，写作作为“语言输出项”有这样三个必经的阶段，只有做到三步走，才可以获得写作单项的理想分数：

- 输出先输入——要写好一篇文章，必须要增加自己的阅读量和语料积累。
- 输入必输出——积累之后一定要进行相关的练习。
- 输出必修改——写完之后一定要请相关领域的专家或老师给指导，根据考试的评分标准，指出出现的问题及提升方法。

（1）B2 级别

- **第一篇写作先听录音再写作，150~180 词**

小技巧：这项任务为听一段文章录音（两遍），根据录音内容和试卷上的提示写一封书信。建议在记录录音内容时，一定要记下涉及时间、地点、人物和数字等的信息。通常情况下是发一个新闻，然后据此给某人 / 机构写一封信发表自己对此事的看法或意见。

书信主题大致可以分为三类：建议类、投诉类和申请类。在写作过程中一定注意书信格式的规范，包含抬头、称呼、道别和签名等。

- **第二篇写作评论性文章，二选一，150~180 词**

选择 1：分析表格数据，就分析结果写一篇文章并发表自己的评论。

选择 2：按要求写文章，一般是为报纸撰写文章或者写博客随笔。

小技巧：该项任务考查考生收集数据和评述数据的能力。两篇写作都要特别注意正确使用连接词，让文章条理更加清晰。

（2）C1 级别

- **题目 1：先听后写（必选，C 级要求 220~250 个词）**

第一题的关键是主要观点以及有理有据的表达，强调论点的结构性和逻辑性，注意关联词的适当运用，不需要追求文章的华丽和过多的创意。

小技巧：在临考前一定要有作文的范本，如果完全靠临场发挥，不但写作时间不够用，文章也会不够有条理。

- **题目 2：二选一（注意不是两篇都要写，C 级要求 220~250 个词）**

第二题一般来讲会提供两种选择：选择一是写一篇报告；选择二是写一篇信函或邮件。若选择写信或写邮件，就一定要注意格式的规范。

以写信为例，抬头必须写好接收方、接收地址、日期以及寄信地址。接收方尽量选择机构或者公司的 Director，校园投诉写给 Rector 等。内容若是好事则阐明双方获益，坏事则需要说明各方损失。末尾要道别、签名，按需还要写上附件等。这样就显得比较完整，且有理有据。还要补充的一点是，考场上不要打过于完整和细化的草稿，可以把每一段的论点关键词写出来，否则时间会来不及。

二 DELE 考试 2024 年备考建议

基于 2023 年的 DELE 考试情况，对于 2024 年 DELE 考试的备考提供如下三点建议：

1. 尽早、全面地进行留学规划

DELE 考试有报名时间限制，且需要两三个月才能拿到成绩，因此无论是考试报名还是整体备考都必须尽早规划。DELE 考试是西班牙留学整个计划中最重要的一部分，此外还有留学申请的准备，所有与留学申请相关的工作都必须进行全方位的科学规划。

对于 DELE 考试报名的计划，第一考虑要素是备考的时间，需提前一年到一年半的时间来准备；第二要素是考前练习，需在考前进行考试辅导；第三要素是考试时间的选择，建议选择寒暑假，因为考生在此期间可以脱产学习，集中准备后考试效果最好。在寒暑假后各安排一次考试，考试安排固定下来后考生也能更安心地备考，同时也有了目标和动力。

2. 提高西班牙语能力，科学备考

西班牙大学对 DELE 考试如此看重，正是因为其公平性和可测评性，所以 DELE 考试是真实考查西班牙语能力的测验。考生最好的备考策略是夯实基础，提高能力。考生需要针对DELE考试的阅读、听力、口语、写作四科各自的能力要求，进行高效练习。

同时，可以请经验丰富的老师来进行针对性辅导，他们能更好地把握考试趋势。比如，就 DELE 考试的听力来说，众多话题当中，有三类比较高频的话题：经济商业话题、工作话题、生活话题。

建议考生在备考时务必要注意夯实自己的西班牙语能力，熟知各个单项的重点、难点及解题方法。

3. 把握权威信息，关注 DELE 考试趋势

除各项具体的备考工作之外，考生也需要随时关注有关 DELE 考试趋势的权威分析和相关信息，以应对随时可能出现的考试变化。

三 SIELE 考试 2023 年考情分析

SIELE 考试是利用数字化手段对考生西班牙语语言水平进行评估和认证的测试系统。它是由 IC（塞万提斯学院）、UNAM（墨西哥国立自治大学）、USAL（萨拉曼卡大学）和 UBA（布宜诺斯艾利斯大学）创建认可的，并兼顾了西班牙语不同使用区域的语言差异。SIELE 考试可以进行完整的考试，还可以进行单项或多项测试（比如只进行听、说、读、写的单项考试），结果最晚将在三周内收到，适合需要快速拿到成绩证明的考生，有效期为五年。

2023 年是 SIELE 考试在中国实施的第八年，考试机制更加成熟，分为听、说、读、写四个环节，每个环节题目依次从易到难，且每人会拿到不同的题目。考试时间为三个小时，中间任意两个环节中共可休息 15 分钟。虽然考试形式与 DELE 不同，为上机考试，但是题型和 DELE 保持一致。每周都有五场以上的考试，可在 SIELE 考试官网查询具体时间。

目前开设 SIELE 考试的省 / 市有：

- 华北地区：北京
- 东北地区：黑龙江、吉林、辽宁
- 华东地区：上海、江苏、浙江、福建、山东、台湾
- 中南地区：湖北、河南、湖南、广东、中国香港特别行政区
- 西南地区：重庆、四川
- 西北地区：陕西

SIELE 考试包括阅读理解、听力理解、书面表达和口语表达四个部分，考生可以选择综合统考或者其中的一个或几个单项考试（对于需要语言成绩证书申请西班牙大学的考生，一定要选择完整的综合测试，也就是 SIELE Global）。

考试总时长为三小时，满分为 1,000 分（每个单项测试的满分为 250 分）。

1. 阅读

（1）注意事项

- 题目之间不可以来回跳转，一旦进入下一个题目，就不可以再返回修改答案了。
- 在题目 2 和题目 4 这两个板块，问题之间可以互相切换，但要注意，切换时可能答案会重置。
- 在考试页面的右上角有倒计时，可以借此判断做题速度。

（2）备考小技巧

- 词汇量可谓是备考当中的重中之重，不论对于听、说、读、写哪个部分，词汇量都是奠定基础的根本。
- 根据每个题目不同的题型，找到自己薄弱的部分进行专项训练。资料可以参考DELE考试的备考材料，两者之间的题型都是互通的。
- 推荐考生可以到网上找到一些以时事或常考题材为内容的阅读材料进行练习，但在运用这些材料时，应该更多注重“质”而非“量”，一份材料用好之后，在“听、说、读、写”四个方面都会有提高。

（3）阅读题型介绍

- 题目 1（A1 难度）：五篇 40~80 词的小短文，每篇后面有一道选择题，答案三选一；也可能是一篇短文、信件、广告等，使用的是日常生活中的基本词汇。
- 题目 2（A2 难度）：阅读一篇 250~300 词的长语段，回答五道选择题，答案三选一。
- 题目 3（B1 难度）：阅读三段文字，将其与八个以“¿Quién?”开头的问题进行对应。
- 题目 4（B2 难度）：阅读两段不完整的文章，每段有四个空，提供五个选项，根据上下文选择最合适的句子，有一个干扰选项。
- 题目 5（B2~C1 难度）：阅读一篇 400~500 词的文章，12 个空，每个空的答案三选一，完形填空的模式。

2. 写作

（1）注意事项

- 在考试页面右上角有倒计时，可以借此来判断做题速度。
- 题目 2 需要选择，只有 30 秒的时间，大家要尽快做决定，避免时间到了自动跳转。

（2）备考小技巧

- 无论是书信类作文还是评论性文章，平时可以先将模板写好、背熟，到时候在考场上就可以快速将需要写的内容和模板结合。
- 推荐考生通过阅读 / 听力材料来积累好词好句，这样既保证语言使用地道，而且不需要再额外花费时间收集。
- 平时打字慢的考生可以提前练习打字，提高打字速度，毕竟 SIELE 考试是机考。

（3）写作题型介绍

- 题目 1（A1~B1 难度）：阅读一段简短的文本，根据格式要求写信件、邮件、论坛或博客的回复。
- 题目 2（B2~C1 难度）：根据一段 50~70 词的报纸开头，写一篇 250~300 词的评论性短文或书信（二选一）。

3. 口语

（1）注意事项

- 口语部分的准备时间以及录音时间相对 DELE 考试会比较短一些，需要提前做好充分准备，不要没想好或者话没说完，考试就结束了，导致分数成绩偏低。
- 比较特别的是题目 4 和 5，这两个部分的主题要有关联性，这个不是自动跳转的，需要自己手动选择。
- 在考试页面的右上角会有一个倒计时，不过口语考试本身录音也会倒计时，所以影响甚微。

（2）备考小技巧

- SIELE 的口语考试主题通常也是环保、科技不分家，外加教育、环境等方面的主题。
- 常备几个固定提分的句型，要做到烂熟于心，总会有用得到的时候。
- 推荐考生使用听力材料进行锻炼，模仿其发音，练习语速和读音。

（3）口语题型介绍

- 题目 1（A1 难度）：回答四道有关个人性格的问题，两道 A1 水平，两道 A2 水平。每题都要先听问题（无文字），然后点击“开始录音”回答问题，可以听两遍。
- 题目 2（A2 难度）：从两张照片中选一张，照片为日常生活场景，并根据要求进行描述。有两分钟的准备时间，可在电脑上写草稿。描述时限为两分钟。
- 题目 3（B1 难度）：给出两个模拟的私人情景，选择一种根据要求进行模拟；再给出两个模拟的正式场景，选择一种根据要求进行模拟；每题有一分半钟时间回答。题目无音频，只有阅读。
- 题目 4（B2 难度）：在两个选项中选择一个话题，阅读一段相关的文本并回答三个问题。问题为音频形式，无文字提示，所选话题也将被用于题目 5。
- 题目 5（C1 难度）：给出与题目 4 相同话题的两个观点，选择一个进行一段独白，表达赞成或反对；有两分钟的准备时间，可在电脑上写草稿。描述时限为三到四分钟。

4. 听力

（1）注意事项

- 题目 1 开始时，看到要从 15 个里选五个，考生心里会特别紧张，但是仔细观察，其排列都十分有规律。同一类型的几个选项会聚集在一起，每个问题明确看出要问的是哪个类型，认真听就可以了。

- 题目 6 是一种新题型，需要在听的过程中，对文章内容了解清楚便于做出选择。
- 这是考试中唯一没有倒计时的考试部分，需要考生把握好做题时间和及时作答。
- 每个题目之间不可来回跳转。
- 把握好时间，预留时间看题。

（2）备考小技巧

- 做练习题。尽管有新题型，但仍然可以通过 DELE 考试的备考资料来帮助复习，准备考试。
- 平时多听多练。推荐考生使用 RNE En Directo 这个手机应用，打开就可以收听西班牙当地广播电台频道，同时也可以根据自己的需求，找一些科技、环保等考试常考题材的频道进行订阅收听。当然“每日西语听力”里面的听力材料也是非常不错的。

（3）听力题型介绍

- 题目 1（A1 难度）：听一段对话两次，根据对话选择最合适的词填空，共五道题、15 个选项。生活化日常对话。
- 题目 2（A2 难度）：听一段音频两次，回答五个问题，三选一。简单的新闻或广播片段，日常话题。
- 题目 3（B1 难度）：听八个人物的独白，从 11 个选项中选出每人对应的信息。非正式场合独白，个人经历相关的话题。
- 题目 4（B2 难度）：听一段采访两次，回答八个问题，三选一。广播或电视采访，涉及公共、学术和专业领域。
- 题目 5（B2~C1 难度）：听一段独白，分割为六个部分，每部分听两次并回答一个问题，三选一。包括研讨会、新闻、演讲相关话题。
- 题目 6（C1 难度）：听一段独白两次，从 12 个选项中选择六个与文章内容相关的选项。

四 SIELE 考试 2024 年备考建议

对于初次接触 SIELE 考试的考生，建议在资金充足的条件下先进行尝试，了解自己的短板在哪里，再对词汇、语法、听力和口语进行针对性练习。

1. 词汇

可用 DELE 考试词汇进行准备。但为提高听说能力，还要把同类词汇集中起来复习。在看一篇文章时，要有意识地进行词汇积累，并在平时多进行练习，以便能在考试中灵活运用。

2. 语法

对语法内容掌握不扎实的考生，可以借助培训班来进行学习，夯实基础。

3. 听力、口语

最后一个阶段是听力和口语，建议考生在考前每天限定时间进行精听和泛听练习，口语则需要在考前针对固定题型进行陈述练习。

4. 写作

笔试题分为两个部分，考试时间一共为 50 分钟。在第一部分，建议按照题目要求回复信件，内容不宜写得过长，这样会耽误第二部分的考试。另外，考生需要注意写信件的基本格式。第二部分可以选择写作文或者正规书信，考试的时候不必刻意数自己写了多少字，电脑会显示字数符。建议在考试之前锻炼用电脑写文章，熟悉键盘操作，避免考试中由于不熟悉键盘操作浪费时间。

第六节　意大利语

一 CILS 考试和 CELI 考试 2023 年考情分析

CILS[9] 意大利语水平证书是测试意大利语作为第二外语的交流能力的正式证书，由锡耶纳外国人大学颁发。CELI[10] 意大利语语言认知水平证书则是由佩鲁贾大学语言评估认证中心颁发。根据与意大利外交部的协议，两种语言考试均得到意大利官方认可。

CILS 考试由五个部分组成，分别是听力、阅读、语法结构分析、写作和口语。每单项成绩达到及格标准视为合格，将获得相应语言证书。部分项目未达标可在 18 个月内补考单项。

CILS 考试分数标准

级别	总分	听力		阅读		语法		写作		口语	
		满分	及格	满分	及格	满分	及格	满分	及格	满分	及格
A1	60 分	12 分	7 分	12 分	7 分	12 分	7 分	12 分	7 分	12 分	7 分
A2	60 分	12 分	7 分	12 分	7 分	12 分	7 分	12 分	7 分	12 分	7 分
B1	100 分	20 分	11 分	20 分	11 分	20 分	11 分	20 分	11 分	20 分	11 分
B2	100 分	20 分	11 分	20 分	11 分	20 分	11 分	20 分	11 分	20 分	11 分
C1	100 分	20 分	11 分	20 分	11 分	20 分	11 分	20 分	11 分	20 分	11 分
C2	100 分	20 分	11 分	20 分	11 分	20 分	11 分	20 分	11 分	20 分	11 分

每个阶段的 CILS 考试用时有所不同，见下图：

CILS 各阶段考试时间安排（单位：分钟）

	A1	A2	B1	B2	C1	C2
听力	30	30	30	30	40	40
阅读	30	40	50	50	70	80
语法	30	40	60	60	75	90

9 The Certification of Italian as a Foreign Language，即作为第二外语的意大利语水平证书。
10 Certificato di Conoscenza della Lingua Italiana，即意大利语水平证书。

续表

CILS 各阶段考试时间安排（单位：分钟）						
	A1	A2	B1	B2	C1	C2
休息	15	15	15	15	15	15
写作	30	40	70	70	90	90
口语	10	10	10	10	15	15

CELI 证书考试则由四个部分组成，分别是阅读、写作、听力、口语。每个等级考试内容略有不同，要求笔试部分和口语部分均达到及格分才视为最终考试合格，将获得相应语言证书。笔试部分未合格需全项补考笔试，口试未合格需单独补考口试。

CELI 考试分数标准					
级别	总分	口语		笔试	
		满分	及格	满分	及格
A1	32 分	16 分	8 分	16 分	8 分
A2	130 分	40 分	25 分	90 分	54 分
B1	160 分	40 分	22 分	120 分	72 分
B2	200 分	60 分	33 分	140 分	84 分
C1	200 分	60 分	33 分	140 分	84 分
C2	200 分	50 分	28 分	150 分	89 分

每个阶段的 CELI 考试用时有所不同，见下图。

CELI 各阶段考试时间安排（单位：分钟）					
	A1	A2	B1	B2	C1
第一套试题	75	120	120	135	165
休息				10	10
第二套试题	听力 + 口语	20	20	45	75
第三套试题				25	25
口语	6	10	12	15	20

1. CILS 考试 2023 年考情分析

根据 2023 年 CILS 考试情况分析，CILS 考试逐渐趋于平稳化，试题难度与近三年相差不大，试卷通篇会确定某一核心主题，其中在听力、阅读和写作中都会涉及该话题相关内容，以下针对较为常见的 A2、B1 等级考试题型及内容进行分析。

（1）听力

CILS 考试听力均为同一大题录音，共播放两遍。第一遍播放前不单独留出时间审题，需要在第一遍听力过程中记笔记并理解对话，因此在两遍听力中间的审题时间尤为重要。

A2 级别的两道大题形式整体不变。P1 为分段小对话，每段对话对应一题，常在选项和原文中设置近义词或同义词。P2 为整段大对话，一段对话对应六道题，题干以对内容的总结形式提问。A2 听力内容以日常生活主题对话为主。

B1 级别的三道大题形式整体不变。P1 为分段小对话，每段对话对应一题，选项相对 A2 更长，语法难度略微提升。P2 为整段大对话，一段对话对应七道题，形式多为叙述类的采访或谈话，内容偏向日常生活，经常出现同义词或易混淆表达增加难度。P3 为整段大对话，14 选 6 选择文中出现的信息，形式多为说明类的独白，内容多以介绍课程、产品、活动等为主，需要掌握信息区间，先审题再听内容。

（2）阅读

A2 级别的三道大题形式整体不变。P1 为短篇文段，对应四小题提取信息，文章内容多以简单的说明文（介绍地点、节日、店铺等）和信件、日记等叙事文为主。P2 为四段独立的小文段，各自选择正确信息对应，小文段内容多为告示、广告的形式，涉及运动、课余生活、语言课程、博物馆、美术馆等内容，选项中通常会以总结的方式变相表达文中同义的内容，考查词汇量。P3 题干为标题加一句话，需要结合标题与句中对应信息，在多个选项中选择匹配的后一句，选项往往会出现混淆项目，考验考生细心阅读和判断对应信息的能力。

B1 级别的三道大题形式整体不变。P1 为长篇文段，相较 A2 级别文段长度有大幅提升，小题增加为七小题，题干及选项的长度也有所增加，重在考查对对应信息的判断能力。P2 为长篇文段，与 A2 形式不同，改为 15 选 7 的对应信息题，考查考生对应关键词和辨别信息的能力。前两篇文段多以说明文形式呈现，内容涉及环保、健康、学习等方面。P3 为 11 个句子排序，考查考生对应信息的能力，只要能够找到前后对应内容就比较容易得分。

（3）语法分析

A2 级别的三道大题形式整体不变。三篇都是短篇文段完形填空，第一篇考查形容词的性数变化，正确掌握形容词和名词的语法内容就很容易得分。第二篇考查动词语式时态变位，根据 A2 水平教学要求，主要涉及直陈式、命令式和条件式。第三篇为选择题，考查考生词汇量和理解能力。

B1 级别的四道大题形式整体不变。前三篇都是长篇文段填空。第一篇考查冠词、前置词以及缩合前置词，因为文段中提示了前置词，因此只需要多加注意是否使用缩合形式，比较容易得分。第二篇考查动词语式时态变位，根据 B1 级别水平教学要求，主要涉及直陈式、命令式、条件式和虚拟式。第三篇为选择题，考查考生词汇量，相较于 A2 考题，选项中增加了自反动词等涉及语法内容的选项，因此也考查考生相应的动词规则。第四篇为判断文案类型题目，共八个小题，只要正确掌握信息，也比较容易得分。

（4）写作

A2 和 B1 都是两篇作文，形式上比较类似，内容一般比较贴近生活日常，如旅行、租房、生活经历、介绍朋友等。第一篇大作文一般为叙事类，题干可能以一句话的形式或图片加一句话的形式出现，一般会在题干中包含对时态、内容要点的要求，因此着重考查考生审题和逻辑思维的合理性。第二篇小作文一般有格式要求，通常要求信件、告示、网站评论等形式，题干中有明确要求出现的信息，因此只要细心审题，回答的要点齐全，格式正确，就比较容易得分。

（5）口语

A2 和 B1 级别考试都分为两道大题。第一题为对话形式，核心问题题干已经给出，考官会根据对话内容略有拓展。第二题为自述形式，题干比较简洁，有时也会以图片形式出现。话题方面都偏向于日常生活和个人基本介绍，B1 级别考试也会涉及对个别的社会现象的讨论。B1 级别考试对口语的要求会较高，语速不宜过慢，语法的正确率也要尽量高。

2. CELI 考试 2023 年考情分析

根据 2023 年 CELI 考试情况分析，CELI 考试同样逐渐趋于平稳化，试题难度与近三年相差不大。与 CILS 考试相比，涉及词汇类型更广泛，词汇量更大，但是题型难度并不算太高。CELI 考试以笔试全项目算总分的形式算成绩，因此对于偏科的考生会有一些互补的机会。以下针对较为常见的 A2、B1 级别考试题型及内容进行分析。

（1）阅读

不同于 CILS 考试，CELI 考试的阅读部分同时包含了对语法和词汇的考查内容，因此题量较大，占据笔试部分的大部分内容，形式也非常多样。

A2 级别的阅读题分为五道大题。P1、P2 均为根据句子或文段内容对应图片，意在考查考生词汇量以及描述方位、命令式等用法，可能会涉及较多的生词，需要找关键词对应关键信息。P3、P4 均为句子配对，重点考查语法、时态搭配、宾语代词等。P5 为阅读小文段选择正确信息，本题重点考查阅读能力，即对应关键词、判断信息正误等。A2 级别的阅读题主要内容均为日常生活相关内容，涉及语言学习、艺术展览、社交媒体、健康运动等，2024 年的考题依然会以这些话题为核心。

B1 级别的阅读题分为五道大题。P1 为阅读小文段选择正确信息，P2 为阅读大文段判断信息正误，两题都在考查阅读能力，需要考生注意对应关键信息和判断信息，两大题的内容都比较紧跟流行，例如近两年考题中的核心内容是 Blog 和 YouTube 等社交平台，但内容依然以生活相关内容为主，基本不涉及科普类说明内容。根据趋势来看，2024 年考题依然会与互联网生活相关。P3、P4 均为语法选择题，重点在于词汇用法辨析、时态辨析，难度不大，易得分。P5 为语法题代词填空，综合考查代词的应用，准确掌握语法，易得分。

（2）写作

A2 级别有两道大题。第一大题以文段填空形式出题，并不完全属于写作内容，更多倾向于阅读原文理解内容，结合常用的句式填空，内容非常基本，偏向于自我介绍、家庭介绍和简单叙事。第二大题是综合信息写作，题干一般会提供做过的事情和没做的事情，要求考生串联成文章，提供的信息比较多且清晰，相对信息少的 CILS 考试会更易得分。

B1 级别为有三道大题。第一大题以问卷形式出现，由标题确定主题，每一问题提出一个要求，形式更接近书面形式的问答题，注意符合题干要求即可，内容一般涉及假期、喜好、娱乐活动等。第二大题和第三大题为主观写作内容，第二大题为小作文，可能以写信件、告示或回信格式出题，因此需要考生先阅读获取信息再根据要求写作，口吻偏向对话。第三题为大作文，题干给出基本的情境和写作的要求，内容比较泛，因此也考查了考生的逻辑思维能力，合理扩充题目要求的内容。

2024 年考试作文形式应该不会发生太大的变化，内容也会保持比较生活化，因此建议考生还是要有针对性地分类整理词汇备考。

（3）听力

A2 级别的听力部分有四道大题，整体语速较慢，内容都是比较贴近日常生活的口语用法，每部分的大题题干会有少量关于内容的提示。前两道大题为分段小对话，考生应着重听关键词进行对应。后两道大题为较长篇的叙述，需要考生通过审题获取文章内容信息，并听关键词、记笔记。

B1 级别的听力部分有三道大题，整体语速有所提高，但是发音比较清晰，内容多为介绍、说明或通知，因此内容也更为广泛，涉及杂志、图书馆、博物馆等。前两道大题为小段叙述，要先阅读题干，抓住关键词。最后一道大题实际为两题，有两篇长篇的叙述，需要分别判断信息，做长篇听力时需要注意集中精神，不能在生词或疑惑点上面钻牛角尖。

听力是中国考生弱项，CELI 考试的好处是可以用其他项目分数弥补，但分数尽量避免过低，会影响整体成绩，还是需要考生在日常学习过程中增加练习。

（4）口语

A2 和 B1 级别口语都分为两种题型。题型一为图片加文段描述，这一题型难度较低，文段中有对情境的描述和对考试叙述内容的基本要求，在此基础上与考官进行相关内容的对话。题型二为描述图片，A2 为简单的情景小漫画，主要内容是生活的日常场景，如郊游、喝咖啡、做饭等。B1 为单幅的照片，内容多为城市地标、亲情关系等人文内容。

口语的评分依然是对语法准确度、内容要点是否齐全、语速和发音标准等进行评判。

三 CILS 考试和 CELI 考试 2024 年考试时间

2024 年进行四场 CILS 考试，其中六个级别的考试（A1、A2、B1、B2、C1、C2）目前公布了两季：夏季考试（6 月份）、冬季考试（12 月份）；2024 年还设有 A2、B2 的春季考试和 A2 级别的秋季考试。

2024 年进行三场CELI考试，其中六个级别的考试（A1、A2、B1、B2、C1、C2）有两季：夏季考试（6 月份）、秋季考试（11 月份）；春季只有 A1、A2、B1、B2 级别的考试。

两项考试均不允许一个人在同一季考试中，同时参加不同级别的考试。

四 CILS 考试和 CELI 考试 2024 年备考建议

总的来说，2023 年这两大考试形式相较往年并没有新的变化，考试主题也逐渐趋于稳定，大部分已经在 2019 年到 2022 年出现过同类型试题。

从以往经验总结来看，在要求掌握的语法范围方面，A2 级别要求掌握名词、冠词、形容词、数词、介词、缩合前置词、动词的语法学习，时态最需要掌握的是现在时、近过去时及其他少量但可能出现的未完成时、近愈过去时、将来时、命令式等。而 B1 级别则在 A2 级别的基础上增加代词应用。此外，需要考生关注的是，几乎每年都会涉及的语法点为自反动词。

在话题方面，考查形式主要集中在人物采访、活动介绍、广告通知等场景，内容多为社交媒体、环境保护、旅行、艺术及饮食文化方面的主题。建议考生在复习过程中分类整理词汇，按照主题或场景记忆更有助于写作和口语的备考。

词汇量是参加语言考试的基本能力，考生应在背单词提升词汇量的同时，掌握意大利语基本的词根、词源、词缀等，扩充词汇量。较为薄弱的听力部分，则需要考生在日常学习过程中多听多练，比对意大利人的语音发音习惯与自己发音习惯的不同，也能提高口语的流利程度。

第 4 章

国际课程升学体系规划

第一节　AP

AP（Advanced Placement）课程是由美国大学理事会（College Board）主持，在高中阶段开设的具有大学水平的课程。美国高中课程一般分为普通课程、荣誉课程和 AP 课程。AP 课程并非独立的一套高中课程体系，而是高中课程体系的一种补充，让在高中学习阶段有余力、有能力、成绩优秀的学生有机会先修部分美国大学基础课程，以获得美国大学学分。

AP 课程成绩可以在以下几个方面帮助学生：

- 展示学生的能力，证明其学业水平，从而在大学申请中脱颖而出。
- AP 成绩在国际上认可度很高，可以作为多国申请的学术补充。
- 进入大学后，抵扣相应课程学分，免修同类课程。
- 节省时间甚至可以提早毕业。
- 省下部分大学学分费用。

一　AP 课程设置

目前，AP 课程设有七大类学科共 39 门课程。在世界范围内受到广泛认可，对应有严格的标准化考试。

以下为常见 AP 课程：

英语	世界语言	数学与计算机科学	科学	历史和社会科学	艺术	跨学科
英语语言和写作	汉语语言与文化	微积分 AB	生物	比较政府和政治	艺术史	Capstone：专题研讨
英语文学和写作	法语语言与文化	微积分 BC	化学	欧洲历史	音乐理论	Capstone：学术研究
—	德语语言与文化	计算机科学 A	环境科学	人文地理	绘画	—
	意大利语语言与文化	计算机原理	物理 1	宏观经济学	二维艺术设计	
	日本语语言与文化	统计学	物理 2	微观经济学	三维艺术设计	
	拉丁语	预备微积分	物理 C：电磁学	心理学	—	
	西班牙语语言与文化	—	物理 C：力学	美国政府与政治		
	西班牙语文学与文化		—	美国历史		
				世界历史		

二 AP 选科建议

AP 体系的科目较多且分支较复杂，很多都是考生在初中没有接触过的科目，所以在选择时会有些无所适从，下面提供几点建议供考生参考。

1. 选几科

在数目上，建议选四科以上。对申请美国大学的考生来说，需要考虑心仪学校的梯队。一般来说，排名越靠前的学校，申请考生的 AP 成绩相对更高、选择科数相对更多。如果想申请常春藤院校，建议选择 6~10 科。

考取科目的数量固然重要，但前提是成绩质量。考虑到很多考生除了标准化考试和 AP 考试外，还要参加各种各样的社会实践活动，所以建议考生根据自身精力和能力，合理规划时间。先保证考试科目的成绩可以拿到 4~5 分，标准化考试能够达标。如果还有余力，可以选择更多的考试科目。

2. 怎么选

对于纷繁复杂的科目，首要原则就是根据自己的兴趣来选择。考生可以提前了解感兴趣科目的具体学习内容，看是否和自己的预期一样。否则在学习过程中发现不合适后再转科，耗费的时间和精力成本都是巨大的。

下面推荐一些 AP 体系的热门科目：

➢ 微积分

微积分是最受考生欢迎的科目之一，其优点在于课程结构较为简单，知识点横纵拓展度较少，分数获取难度较低，同时还可以轻松在大学换取学分。另外，微积分作为 AP 课程体系中少有的纯数学科目，对构建学生的逻辑思维、解构能力都有着至关重要的作用。作为高等数学的入门模块，在各个专业当中也都占有一席之地。

➢ 英语语言与写作

英语语言与写作是中国考生文科类首选科目，帮助考生在申请过程中体现竞争优势，塑造候选人文理兼修的形象。此外，备考该科目对考生同期准备的托福、SAT/ACT 等标准化考试也可以起到良好的补充作用。语言与写作科目侧重学习非虚构文本的修辞分析，培养学生所需的分析和写作技能，对应美国绝大多数大学在大一课程中设置的必修科目“学术写作”的内容。虽然获得 5 分的比率较低，但是取得 4 分的成绩依旧可以在申请中起到亮眼作用，也可作为大部分院校换学分的分数门槛。

➢ 经济学

经济学作为热门科目，由于其相较于纯文科类科目对英语语言能力要求较弱，相较于纯理工类科目对学术能力要求门槛偏低，以及对大多数高中学生来说是全新科目、学习起点的水平相同，一直以来广受中国考生欢迎。经济学本身也是 AP 这样的国际教育体系区别于传统公立教育的重大特色之一。

除此之外，考生还需要考虑自己申请的主专业。如果以物理、机械工程、计算机为目标的考生，建议选择微积分 BC、物理 C、化学、计算机科学等科目。计划在大学中主攻经济、会计、心理等社会科学的考生，建议选择微积分 BC、宏观经济学、微观经济学、统计学等科目。另外，美国大学相比英国本科体系更看重学生的全面发展，所以即使考生想要申请的主专业为文科或理科，都建议搭配一些其他领域的科目以参加考试。例如，考生在学习理工类科目的同时，可以兼修人文社科类科目，也可以尝试学习感兴趣的艺术类、语言类科目，如果掌握较好就可以参加考试，让自身的学科属性更丰富。

第二节 A Level

一 A Level 课程介绍

英国高中课程一般为四年，前两年称为 GCSE（General Certificate of Secondary Education），为普通中等教育证书；后两年称为 A Level（General Certificate of Education Advanced Level），为普通教育证书高级水平。

一般来说，GCSE 课程是为 A Level 课程做准备的，而 A Level 考试成绩是英国大学入学的重要参考标准，类似中国高考。与中国高考各省分卷类似，英国 A Level 考试也由七个不同的考试局提供。其中，有三个考试局在中国大陆提供国际 A Level（International A Level，即 IAL）课程及考试，分别是爱德思（Edexcel）、剑桥国际考评（CAIE Cambridge Assessment International Education）和牛津 AQA。三个考试局分数的国际认同度是相等的。

随着英国高中教育在世界范围内的认可度日益增长，GCSE 和 A Level 课程进入国际市场，称为 IGCSE（International GCSE）和 IAL（International A Level），成为国际学校的标准化课程之一，也成为国际范围内大学入学的参考标准之一。例如，英联邦几乎所有大学，以及美国、新加坡、日本等世界一流大学都接受 A Level 成绩作为申请材料。美国一些顶尖大学还注明“提供 A Level 成绩可以免交 SAT 成绩，并且 A Level 成绩可以与 AP 成绩一样换取大学学分”。

二 A Level 选课建议

第一年的 A Level 课程被称为 AS（Advanced Subsidiary）阶段，第二年称为 A2 阶段，学生可以从 70 多门课程中选择 3~4 门学习。从短期来说，A Level 的选课会直接影响到大学的专业选择；从长远来说，更是会影响到日后的职业路径。因此，A Level 选课可以说是迈向职业道路的第一步，需要得到相当的重视，如果第一步都走错了，以后的路会更加难走。面对这些丰富的课程，需要从以下两个方面进行考虑：

1. 找到成绩与兴趣的平衡点

如果有非常喜欢的学科，不妨尝试一下。但是鉴于有时候考生对学科的学习内容会想当然，所以建议考生提前预习相关内容以确定该学科是否适合自己。选课之前，考生需要对自己有准确的认识，对课程有全面的了解，确定自己在每一门课上的天赋和学习成果能达到什么程度，确定自己对每一门课程的兴趣有多少。

一般来说，中国考生选择最多的科目是数学、进阶数学、物理、化学、生物、地理、经济、会计、商科、计算机、信息、心理等。

2. 参考申请专业和学校的要求

如果已经有目标大学和目标专业，一定要在学校官网找到心仪专业的“必考科目（Required Subject）”和“不推荐科目（Non-preferred Subject）”。

以下是部分热门专业的选课建议：

- 数学相关专业

建议选择：数学、进阶数学

推荐学校：牛津大学、剑桥大学、帝国理工学院、华威大学、杜伦大学

- 经济学相关专业

建议选择：数学、经济、商务研究以及进阶数学

推荐学校：牛津大学、剑桥大学、伦敦政治经济学院、伦敦大学、华威大学

- 工程类有关专业

建议课程：数学、物理、经济数学、化学、生物、环境科学、地理

推荐院校：牛津大学、剑桥大学、帝国理工学院、伦敦大学、伦敦国王学院、爱丁堡大学、布里斯托大学、华威大学、圣安德鲁斯大学、巴斯大学

- 医学类相关专业

建议课程：数学、化学和生物

推荐院校：剑桥大学、牛津大学、帝国理工学院、伦敦大学学院、布里斯托大学、爱丁堡大学

- 建筑学相关专业

建议课程：数学、物理、艺术史、化学、地理、艺术

推荐院校：剑桥大学、伦敦大学学院、爱丁堡大学、曼彻斯特大学、巴斯大学

- 心理学相关专业

建议课程：数学、生物、心理学、物理、社会学

推荐院校：剑桥大学、牛津大学、伦敦大学学院、伦敦国王学院、爱丁堡大学

- 计算机科学

建议课程：数学、进阶数学、物理、化学和计算机科学

推荐学校：剑桥大学、牛津大学、帝国理工学院、布里斯托大学、南安普顿大学

- 会计和金融

建议课程：数学、经济、政治和高等数学

推荐院校：华威大学、伦敦政治经济学院、布里斯托大学、诺丁汉大学

第三节　IB

一　IB 课程介绍

IB 课程是国际文凭组织 IBO（International Baccalaureate Organization）为全球学生开设从幼儿园到大学预科的课程体系，其中 PYP 项目（Primary Years Program）是为 3~12 岁的学生提供的课程，对标为国内课程

的幼儿园到小学；MYP 项目（Middle Years Program）是为 11~16 岁的学生提供的课程，对标为国内课程的初中；DP 课程（Diploma Program）即国际文凭课程，是为 16~19 岁的学生提供的课程，对标为国内课程的高中或预科。

IBDP 是全球公认在三大国际课程中最具挑战的课程体系，这也为 IBDP 的毕业生在大学申请时带来了较高的认可度。美国和包括英国在内的顶尖欧洲大学都认可 IB 的证书，并且与 AP 类似，可以将所学课程转换为至多一年的学分。已经有一千多所大学认可 IB 成绩，IB 成员学校也遍布世界各地。

二 IBDP 课程设置

IBDP 采取全球统一理念和标准，对英语有很高的要求。IBDP 课程包括六大基础学科和三大核心课程。六大学科组分别是语言与文学、外语、人文社科、科学、数学以及艺术。三大核心课程分别是知识论 TOK（Theory of Knowledge）、拓展论文 EE（Extended Essay）和社会实践 CAS（Creativity，Activity，Service）。每门课程还会根据深度和广度分为高级（High Level，后文简称 HL）与标准（Standard Level，后文简称 SL）两个层次。

学生必须从五个学科组（第一至第五学科组）中各选修一门课程，以保证对最佳语言、（一门或多门）外语、社会科学、实验科学和数学获得广泛的知识和理解。学生还必须从第六学科组中选修一门艺术课程，或从第一至第五学科组再选修一门课程。每一门科目都可以在高级课程或普通课程之间选择，但是要学习少则三门多则四门高级课程（240 学时），其余课程选择为标准课程（150 学时）。就课程可选择性来讲，IB 没有 A Level 和 AP 那么灵活，这是因为 IB 强调的是学生的综合发展，所以偏科较为严重的学生应该谨慎选择。

IB 课程量较大，特别是写作量非常大，学生需要投入大量时间和精力在课业以及课外活动上。这对学生的时间管理能力提出了很高的要求。即使再聪明的学生，如果时间安排不合理，也无法在 IB 项目中表现出众。IB 课程对语言的要求也非常高，听、说、读、写都要精通，因此如果英语基础较弱，也不推荐选择 IB 课程。

以下为常见 IB 课程：

数学	科学	个人与社会	外语	语言与文学	艺术
高等数学	生物	商业管理	经典语言	语言一：文学	舞蹈
数学研究	化学	经济学	语言二	语言与文学	电影
数学	计算机	地理	纯外语	文学与表演	音乐
数学：分析与方法	设计技术	环球政治			戏剧
数学：应用与解读	环境系统与社会	历史			视觉艺术
	物理	信息技术与全球化			
	运动、锻炼与健康科学	哲学	—	—	
—		心理学			—
	—	社会与文化人类学			
		世界宗教			

三 IBDP 考试介绍

IBDP 对学生的评估分为校内评估和校外评估，在课程结束时会通过校外评估来测评学生的能力，即毕业统考。中国考生基本参加 5 月份的毕业考。考生所选的学科无论是 HL 还是 SL，每科总分均为 7 分，另加核心课程 3 分，总分共 45 分。得到证书的合格分数为 24 分，通常认为 38 分以上为高分。

四 IB 选科建议

建议考生从以下两方面考虑选科：

兴趣 / 院校 / 专业偏好

兴趣是最好的老师，如果对某一门科目有绝对的兴趣，那么可以提高这一科的选科优先级。IB 的课程内容多且时间紧迫，如果能够享受学习过程，有助于调整高中的学习节奏，并在一定程度上降低压力。当然也存在一些需要考生"用爱发电"的科目，比如艺术类的视觉艺术（Visual Arts），课程内容耗时且不易拿高分，在选择前一定要谨慎考虑。如果对于学校和专业都有明确的目标，那更应该根据学校要求合理选科，扬长避短，并且避免选择不推荐科目（Non-preferred Subject）。传统科目如物理、化学、经济等被称为"一般首选科目（Generally Preferred Subjects）"，可以作为考生在六大科目中的优先选择。当然，考生也可以对目标院校和专业进行更细致地搜索。

高分率

很多时候考生对不同科目没有特别强的偏好，那么为了得到理想学校的录取，提高分数才是硬道理。建议考生参考 IB 官方每年更新的统计公报（Statistical Bulletins），里面有详尽的各科得分率数据。

要注意的是，在对比 SL 和 HL 的得分率时，要意识到选科的动机。经常会看到有些科目 HL 7 分率高于 SL 7 分率，这并不能说明 HL 更好拿分，而是某些科目选择 HL 的考生基础更好，这也就是所谓的幸存者偏差，在数学科目的成绩统计中就非常明显。考生应该在对自身实力有比较清晰的认知的情况下，结合官方的考试数据做出选择。

第四节 OSSD

OSSD 的全称为加拿大安大略省高中文凭（Ontario Secondary School Diploma），是安大略省教育部为加拿大本土 9~12 年级高中学生设计的课程。学生入读 OSSD 课程后会注册加拿大安大略省高中学籍。和加拿大安大略省本土高中生学籍相同，可在官方网站进行学籍查询。学生在毕业后会获得加拿大安大略省官方颁发的与本土学生相同的毕业证。

学生通过选修不同的课程获得 30 个高中课程学分、通过安大略省高中文学水平测试（OSSLT）、完成 40 个小时的社区服务后，即可获得高中文凭，且能够以加拿大应届毕业生的优势身份申请国际知名大学。

OSSD 和其他国际课程体系最大的不同在于考评方式和教育体制。OSSD 作为非应试类教育体系，根据学生在整个课程中表现给出成绩，其中 70% 的成绩来自平时测验、作业和其他活动，30% 来自每门课程的结课考试。OSSD 课程采取学分制，学制灵活，可以满足不同学生的多样化需求。学生既可以根据目前的年级灵活性地选择转入 OSSD 课程体系学习，也可以根据自己未来的专业方向选择喜欢或者擅长的科目。

此外，部分海外知名院校免除 OSSD 学生在申请时递交语言成绩，只需 OSSD 12 年级英语课（ENG 4U）达到相应成绩即可。例如，澳大利亚蒙纳士大学对 OSSD 学生的语言要求只需 OSSD12 年级英语课（ENG 4U）达到 50%，即可免除递交 IELTS、TOEFL 成绩。

OSSD 成绩被全球认可，可以用于申请美国、加拿大、英国、澳大利亚、新西兰、中国香港、新加坡、欧洲等国家和地区的大学，其中包括美国常春藤大学及排名前 30 名的院校、英国牛津大学、剑桥大学，新加坡国立大学、南洋理工大学，香港大学、香港科技大学等世界知名院校，真正实现了全球大学联申。

第五节　HKDSE

一 HKDSE 课程介绍

香港中学文凭考试（HKDSE），英文全称为“Hong Kong Diploma of Secondary Education Examination”，俗称“香港高考”，是由香港考试及评核局所主办的公开考试。首届 HKDSE 于 2012 年举办，是被国际所认可的学历证明。学生完成三年全日制高中课程后，参加 HKDSE 考试，成绩合格者可获得香港中学文凭证书。

HKDSE 课程与其他国际课程最大不同在于可以用中文参加考试。除了英语外，HKDSE 其他科目可以选择用简体中文来答题。HKDSE 课程由必修和选修组成，必修有四门，即英语、语文、数学、公民与社会发展，另外还有物理、化学、生物、经济等多门选修课程，涵盖了艺术、商业、人文学科、语言学、社会科学、科学和技术等领域。学生可选择 5~6 门科目进行学习并参加考试。

HKDSE 课程在国际上的认可度相对较高。许多海外大学，特别是英联邦国家的大学，都承认并接受 HKDSE 课程的成绩作为入学资格之一，其中就包括牛津大学、剑桥大学等世界名校，以及悉尼大学、墨尔本大学、新南威尔士大学等澳洲八大院校。此外，美国、加拿大等北美国家的大学以及新加坡、马来西亚等亚洲国家和地区的大学也都认可 HKDSE 成绩。

需要注意的是，不同的大学和专业对 HKDSE 课程的具体要求不同。因此，学生在申请时，需要在官网查阅具体要求，以确保满足所有入学条件。

二 HKDSE 选科建议

在选修科目前，建议考生了解目标学校的招生要求和高中选修科目之间的关系。许多高校会要求考生在高中时修习特定的科目，如物理、化学、生物等。例如，如果考生希望申请工程学院，应该选择修习物理、数学和化学课程，这样就可以符合大学招生要求，增加成功申请工程学院的机会。

第5章

留学考试
考情分析及备考建议

第一节　IELTS 考试

2023 年全年一共进行了 42 场 IELTS 纸质考试和数百场 IELTS 机考考试。鉴于目前 IELTS 机经中较少覆盖考频密集的机考考题，本节主要基于纸质考试机经来分析 2023 年的 IELTS 考情，同时为 2024 年的 IELTS 备考提供相应的建议。

一 IELTS 2023 年考情分析

1. 听力

就 2023 年 IELTS 听力考试的题型分布而言，填空类与选择类题目比例基本持平。填空题占比 43%；选择类题目合计占比 57%，其中包括单选题及多选题（33%）、匹配题（19%）和地图题（5%）。

2023 年 IELTS 考试——听力题型考查次数占比

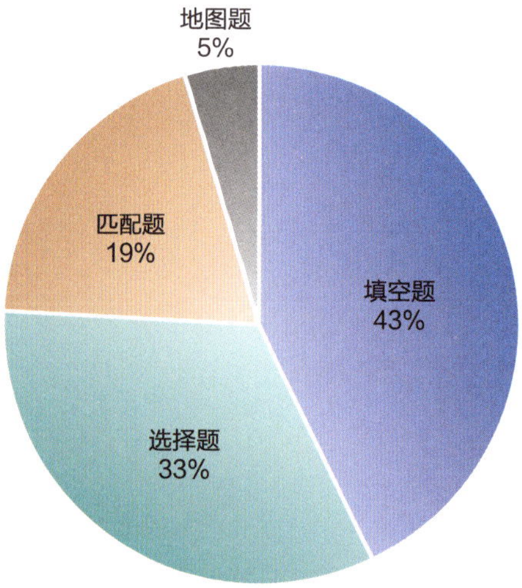

再细分来看，Part 1 和 Part 4 整体仍以填空题为主。在 42 场纸笔考试中，Part 4 全部是填空题，而 Part 1 只有三次出现了选择类题目。

Part 2 和 Part 3 仍是选择题占主导地位，占比达到 56%，远超匹配题。另外，42 场考试中有 12 场考查了地图题，尽管题目数量较少，但平均下来每月都要考一次。结合具体考情来看，地图题考查时间分布相对随机，8 月 26 日至 9 月 9 日期间连续三场考查了地图题。

2023 年 IELTS 考试——听力题型考查次数分布

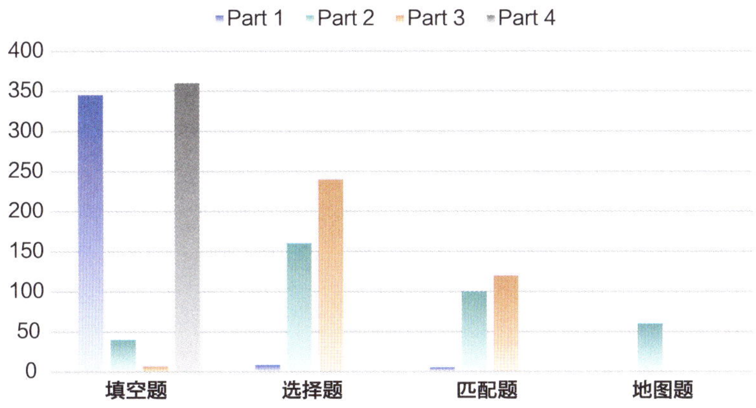

从主题和场景来看，Part 1 和 Part 2 的场景主题依然是以旅游、预订场景和活动咨询场景为主，其中旅游场景的占比较去年有所上升，活动咨询场景比例与去年持平，传统的预订场景仍保持一定的比例。在 Part 2 中，场地介绍、产品介绍和培训介绍仍是考查重点，与真题和往年考情保持一致，产品介绍中比较新颖地增加了一些关于兴趣课的介绍。

Part 3 的场景依然以师生之间以及学生之间的课业讨论为主，课程反馈与实习反馈的讨论略有增加。课业讨论涉及比较广泛的话题和专业，如文学、营养学、生物、农业、食品、环保等。其中，音乐专业的话题尤其需要关注，在 Part 3 和 Part 4 中均有出现，在 42 次考试中共出现四次，与往年相比频率较高。

Part 4 的学术讲座主题与往年类似，涉及人文历史、理工科、生物、商业等学科。其中生物主题出现 12 次，较 2022 年略有上升，可以说生物主题依然是 Part 4 备考的重点。其次是人文历史主题，共出现 10 次，主题涉及新西兰艺术家的介绍、北非游牧民族、油画复原等，同比 2022 年出现的比例有所上升。

整体上看，Part 1 和 Part 2 中旅游场景内容增多，活动预订场景占比较高。Part 3 和 Part 4 仍与 2022 年大致相同，Part 3 需要特别关注专业课讨论、课程实习反馈，Part 4 则需要关注生物主题及人文历史主题。考生在备考时需要多关注与上述场景或主题有关的基础词汇，在备考期间有针对性地进行练习。

2023 年 IELTS 考试——听力话题考查次数占比

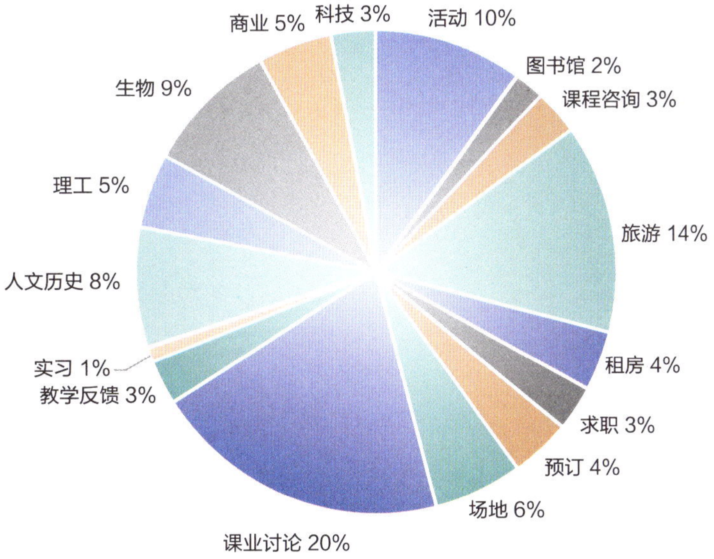

2. 阅读

在2023年的42场考试中，科学和科技类说明文与议论文合计占比接近四分之一，成为本年度阅读文章中的主流话题，大概率会出现在第二篇或第三篇阅读文章中。该话题类型要求考生在较短的时间内理解新的信息，对考生阅读认知能力要求较高。

42场考试中还多次出现有关动植物话题的文章，由于该话题常出现在第一篇阅读文章，因此对考生快速进入阅读状态，并根据题目要求提取文章细节信息能力要求较高。

除此之外，考题中也出现了与商业经济、文学与语言以及事物发展史相关的话题。其中事物发展史作为第一篇阅读文章考查频率较高，另外两类话题则高频出现在阅读第二篇或第三篇。值得注意的是，建筑类话题较2022年也有所增加。

2023年IELTS考试——阅读话题考查次数占比

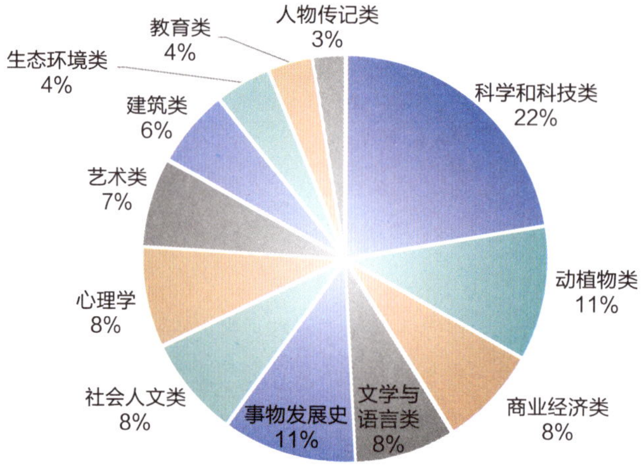

从题型情况来看，填空、判断这两大类题型占比较高。其中填空题的占比最大，为35%，主要出现在第一篇说明文中，考查考生的扫读和精读能力。其次是判断题，占比达23%。2023年的考试除了常规的第一篇说明文考查判断题之外，还有多次同时在第三篇议论文中考查判断题的情况。匹配题的考查频率与2022年保持一致，题型占比维持在30%左右，其中段落大意题考频最高，其次是段落信息匹配题，其他匹配题比如人名、观点匹配题等占比共为14%。

2023年IELTS考试——阅读题型考查次数占比

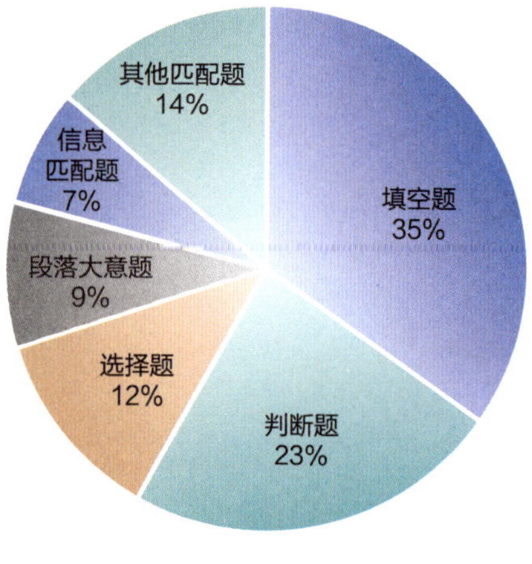

最后需要说明的是，在 42 场考试中，几乎每场考试都是两篇说明文和一篇议论文，甚至 2023 年 1 月 14 日的考试考了三篇说明文。根据每场考试的文章类型分析，大部分时候第一篇和第二篇考查说明文的频率较高，而第三篇一般为议论文类型。

3. 写作

在 2023 年的小作文考试中，动 / 静态数据图的考试频次与 2022 年相比均发生了变化。动态数据图考查频率与 2022 年相比进一步增加。在 2023 年的 42 场考试中，动态数据图出现了 31 次，占比 68.89%，与 2022 年相比提升了近 20%。

与此同时，2023 年静态数据图考频有所下降，仅出现了七次，占比 15.56%。虽然静态数据图出现的次数不多，但仍建议考生认真备考，做好后续考频增加的准备。

从图形类别进行分析，与 2022 年一样，柱状图依旧是 2023 年最常考的图形，共出现了 12 次，占总量的 27%。而其他图形，如折线图、饼状图、表格或混合图的考频相似，占比均在 11%~16%。

非数据图（地图和流程图）的考频相较于 2022 年有所上升。其中，地图的考频略有上升，2023 年该题型一共出现了六次，比 2022 年出现的次数多了两次。地图题的考查以区域变化描述为主。

2023 年 IELTS 考试——小作文题型考查次数占比

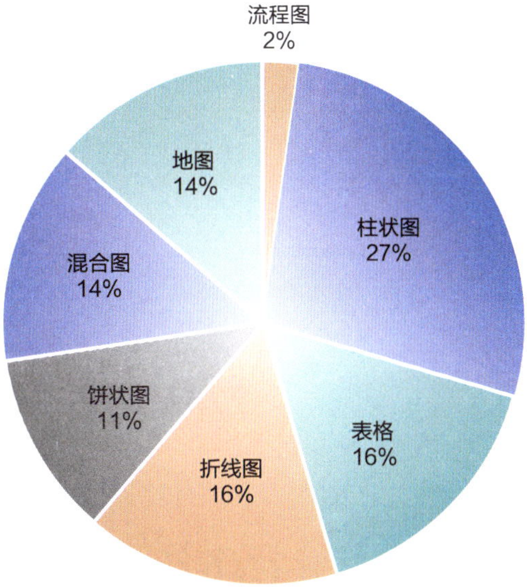

就大作文的考试情况而言，与往年相比，2023 年变化不大，同意与否依旧是占比最高的题型。全年该题型共出现了 18 次，占比 40%。双边讨论题型考查频次有所上升，目前共出现了 14 次，占比 31%。利弊分析题型在 2022 年一共考了 11 次，而 2023 年仅出现了四次。其他题型考查次数与 2022 年的次数相差不大。整体上看，同意与否和双边讨论依旧是热门题型，需要考生着重准备。

2023 年 IELTS 考试——大作文题型考查次数占比

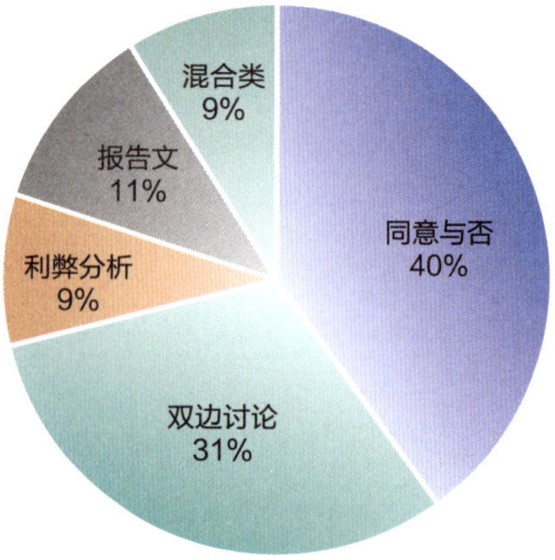

在话题方面，社会类和政府类话题的考查次数最高，整体难度较大。题目涉及的内容有公民权益、政府职能、经济发展、职场待遇等，对年龄较小的考生来说是很大的挑战，不容易想到合适的观点。教育类话题的考查次数与往年相比有所下降，2023 年仅出现六次，主要是与科目设置或教育的功能相关。整体而言，除了政府类和社会类两大高频话题之外，其他话题的考查频次较为接近。考生在备考时，仍需要对各大话题的观点和语料有所涉猎，减少碰到陌生话题的概率。

2023 年 IELTS 考试——大作文话题考查次数占比

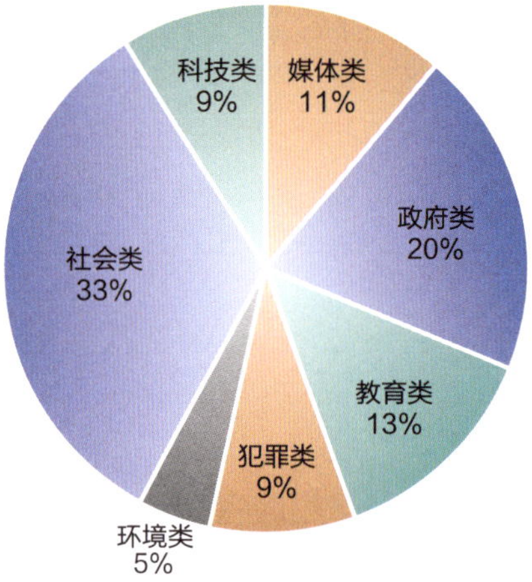

4. 口语

无论考生选择纸笔考试还是机考，2023 年的 IELTS 口语考试仍以视频通话考试形式为主。视频通话形式的口语考试仍保留IELTS特有的“人人对话”考试模式，且在考试内容、评分标准、考试时长、难度等级、考试题型和安全设置等方面与现场对话的口语考试保持完全一致。

值得一提的是，IELTS 官方今年在部分国家和城市（包括中国香港和中国澳门）实行了“One Skill Retake”也就是“拼分”政策。这就意味着，口语有了单科重考的机会，这对很多对口语单项分数有要求的考生来说是一个利好消息。但需要注意的是，凡是重考过 IELTS 某一科的成绩都会被单独标注，而且不是所有学校都接受“One Skill Retake”成绩。

换题频率与往年相同，2023 年 IELTS 官方分别在 1 月、5 月和 9 月对题库进行了更新。题量和去年相比也几乎没有差别。每一个季度的题库大概含有 28 个左右的 Part 1 话题和 50 个左右的 Part 2 & 3 话题。

在 2023 年 1 月至 4 月的题库中，出现了 26 个 Part 1 话题，其中 14 个是当季新题，12 个是上季保留题。5 月至 8 月的题库中，出现了 28 个 Part 1 话题，其中有 14 个当季新题，14 个上季保留题。9 月至 12 月的题库中，出现了 28 个 Part 1 话题，其中包括 14 个当季新题和 14 个上季保留题。由此可以看出，每个季度新题 Part 1 话题都会被完整地保留到下个季度，作为保留题出现。

在每一季度新题 Part 1 中，都会出现相当一部分的“老题新考”，也就是一些过去考过的 Part 1 又以新的形式再次出现了。例如，2023 年 1 月至 4 月 Part 1 中出现了 7 个“老题新考”的话题，占比达 50%，而在第二季度以及第三季度中的占比更高，达到了 70%~80%。因此，遇到换题季的考生也无需太过惊慌，仍有可能遇到上季话题。

2023 年 1 月 ~ 4 月 Part 1 新题	
新题	老题新考
Outer space 外太空	Music 音乐
Staying up 熬夜	Jewelry 珠宝
Noise 噪音	Small businesses 小微企业
Library 图书馆	Chocolate 巧克力
Schools 学校	Art 艺术
Keys 钥匙	Happy 开心
T-shirt T 恤	Weekend 周末

在 Part 1 考查的话题中，首先保留了往季 IELTS 口语的必考话题：Work & Study（工作 & 学习），Hometown（家乡），The area you live（居住地）以及 Accommodation（住所）。在季度更新的新题中，仍然多以日常话题为主。其中，日常具体物品类型话题占比仍较高，但是也会出现一些较为抽象类型的 Part 1 话题，例如：Concentration（专注力），Dream & Ambition（梦想 & 野心），Outer space（外太空）等。各位考生也要注意复习这些抽象类型的话题，这些话题比具体类型的话题难度更高。

9 月 ~ 12 月 Part 1 具体物品	9 月 ~ 12 月 Part 1 抽象概念
Chatting 聊天	Concentration 专注力
Transport 交通	Ambition 野心
Run 跑步	Outer space 外太空
Film 电影	Noise 噪音
Helping others 帮助他人	Dream 梦
Fishing 钓鱼	
Clothes 衣物	
Map 地图	

续表

9月～12月 Part 1 具体物品	9月～12月 Part 1 抽象概念
Musical instruments 乐器	
Tea and coffee 茶和咖啡	
Robot 机器人	
Gifts 礼物	
Geography 地理	

在 Part 2 & 3 话题方面，2023 年延续了往年的出题风格。首先，Part 2 所有话题基本可以分为四类：人物、地点、事件和物品。在 Part 2 和 Part 3 四类话题考查频次方面，物品和事件类型占比较大，人物和地点占比较少。其次，2023 年延续了在 Part 2 中“老题新考”的风格，即主题不变，在限定词中做出改变。最后，Part 3 问题还是和 Part 2 主题相关，但是在问题深度和广度上都有所提高。

在考查形式上，延续了双向讨论的风格，同时会根据考生的回答继续提问和讨论。

2023 年 IELTS 考试
——Part 2 新题占比（1月~4月）

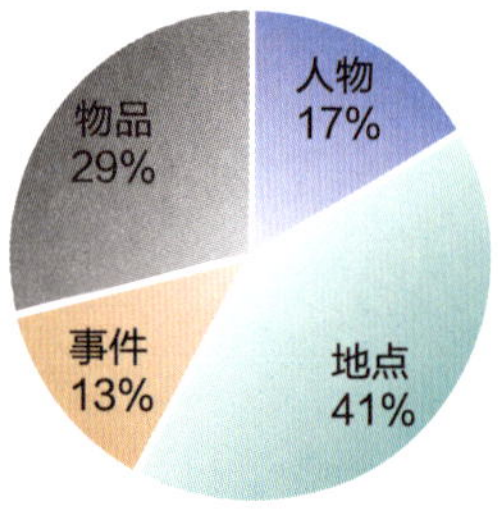

2023 年 IELTS 考试
——Part 2 新题占比（5月~8月）

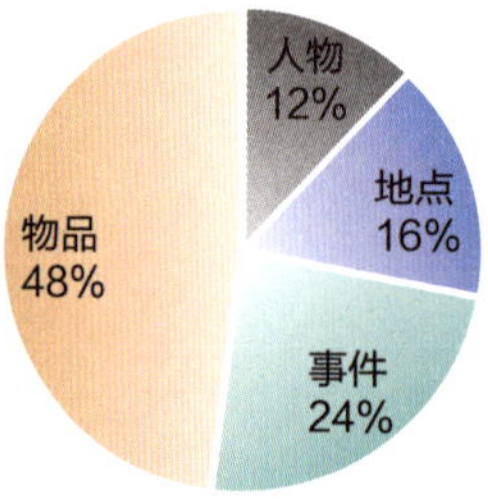

2023 年 IELTS 考试
——Part 2 新题占比（9月~12月）

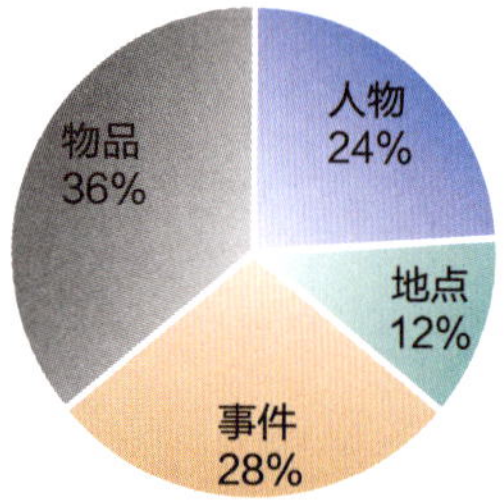

二 IELTS 2024 年备考建议

1. 听力

从 2023 年考情来看，填空题依然应为备考的重点。考生需要在平日做真题时积累相应的场景词汇，确保自己能够听到发音后立即反应出单词的拼写和意思，还要注意听清单词的单复数。

在平时做题还需注意以下几点：首先，控制审题时间，要快速且准确地分析长题干。其次，要准确识别关键定位词，同时注意题干中的限定信息，这样在听录音时能更精准地找到答案词。最后，考生需要培养自己的预测能力，除了基本的预测词性以外，还需要预测答案词的范围，如建筑、动植物、材质以及具有消极或积极意义的形容词等等。

从题型比例来看，选择题占比仅次于填空题，同样需要重点备考。考生在平时的训练中要注意限时完成对题干和选项的分析，尤其要重视题干中的限定词，对可能存在的干扰进行一定的预测，明确自己在录音中要捕捉和理解的关键信息，并对干扰项加以分析和识别。在平时的练习中，建议考生在完成题目后对错题进行归因分析，总结错误原因并归类记录，识别答案句的关键同义替换和干扰内容的错误原因。

2. 阅读

从 2023 年的数据统计中可以看出，填空题和判断题的考查频率较高。在难度较大的匹配题中，对标题匹配题和段落细节匹配题的考查频次较高。因此，考生一定要熟悉不同类型的题型组合，这样在开始考试时，可以先通过观察题型的组合，快速思考做题顺序，这样不仅可以提高做题效率，还可以提升正确率。

同时，大家还需要注意第一篇题型除了较常见的判断题 + 填空题的搭配外，每隔一两个月还会出现一次非常规题型，其中涉及匹配题的频次较高，比如小标题匹配题或段落细节匹配题。该题型放在第一篇考查，一般难度不会太大，但由于该题更倾向于考查考生对文章段落内容的理解能力，对高效阅读理解的能力要求较高。

第二篇阅读和部分考试的第三篇阅读主要涉及段落大意题或段落细节匹配题，这两种题型主要考查考生快速了解文章篇章结构和不同段落内容的细节差别的能力。建议不太擅长这两类匹配题的考生可以先完成较简单、好定位的其他题型，然后回顾原文已读内容，构建段落已知信息的框架结构，再做段落大意题或者段落细节匹配题。

除了以上的常见题型设置的篇章外，今年考试在第三篇文章还经常出现以下两种三题型设置的篇章类型，即“填空题 + 单选题 + 判断题”，以及“单选题 + 判断题 + 匹配题”。2023 年的第三篇阅读主要目的是考查考生对于文章段落细节信息的快速理解能力。由于第三篇阅读文章内容会有较多细节，考生一定要为其留足充分的答题时间。建议按照题型顺序做题，特别是第一题为顺序题时，尽量先找到该题型的定位词，并从文章首段开始找寻定位句，再依次完成第二和第三大题型。同样，若碰到不好定位或者难以理解的题目时，一定要先放下，把后面好做的题目完成后，再用多余时间去思考之前没有做出来的题目。

3. 写作

小作文的备考难度适中。结合考频，考生可以优先备考动态数据图，其次是静态数据图。对于时间充裕的考生来说，地图和流程图也建议认真准备。若时间有限，可以通过分析高分范文和学习图表来进行写作训练。

此外，考生还可以寻找题型之间的共性，高效备考。如 2023 年考试频率最高的柱状图，其实与折线图、饼状图、表格等题型在数据分析方面和语言表达方面具有诸多相似性，考生可以针对相似题型进行集中练习，提高备考效率。与大作文不同，小作文的语言表达具有较高的可预测性，比如动态数据图一定会考查对趋势的表达，而静态数据图则侧重对比方面的表达，考生可以在考前重点背诵相关搭配，提高小作文写作语言质量。

在大作文方面，近五年考查的题型相对稳定，频率较高的题型基本都是同意与否题。因此，考生可以优先准备这类题型。除了准备不同题型的篇章结构和答题技巧之外，考生还需重视题型之间的共性，如论证方法和审题技巧等。常见的论证方法无非是因果论证、举例论证、对比论证等，这些也需要重点准备，以不变应万变。

2023 年大作文题目整体难度较大，考查话题具有一定的深度，需要考生具备相关话题的知识储备或语料积累。考查的话题包括：公民是否需要纳税；政府是否应该为每一个无法买房的人提供免费住房；经济发展是否会导致道德沦丧；教育的目的等等。

从举例的话题可以看出，大作文考查话题跨度非常大，包括政府、社会、教育、文化等，若考生缺乏相关积累，容易因缺乏观点而无法完成作文或影响内容发挥。因此建议考生在备考时，需要有意识地积累常考话题的观点，并注意观点是否具有普适性，这样可以减少备考压力。同时，考生也需要注意科目之间的相通性，可以结合其他科目进行观点和语言的补充，提高备考效率。

最后需要提醒考生的是，写作是一种输出，考试技巧和语料输入固然重要，但是考生仍需要在考前进行大量的练笔。建议考生在备考期间，每周至少练习 1~2 篇作文，只有这样，才可以把学习到的论证方法、高分语料和观点等知识应用到实际写作中。同时，由于考试时间的限制，考生需要在考前结合大小作文的建议完成时间进行计时练习（大作文 40 分钟，小作文 20 分钟），避免考试时由于写作时间不够而影响文章的完整性。

4. 口语

口语备考首先要注意方式方法。很多考生在准备口语时会陷入误区，花大量时间去查单词，准备逐字稿，从而减少甚至省去开口练习的时间。口语作为一门输出单项，只有开口练习才是有效练习，花大量的时间书写答案并不是有效的备考方式。如果只是写答案，那是在练习写作，而不是口语。

口语准备时间和口头输出时间的建议比例为 1:2。例如，考生如果花了 30 分钟准备口语答案，就应该花一小时练习口头输出，这样才能发现自己的问题，从而进行有针对性的提升，提高口语的流利度和发音。

口语评分标准是口语得分的重要指标，考生应该了解评分标准中的采分点。根据自己的目标分数，分别从四个维度（流利度和连贯性，词汇多样性，语法多样性和准确性，发音）进行逐个突破及提高。值得一提的是，很多考生容易过度关注词汇和语法，从而忽略流利度和发音。

在口语回答中使用 less common words（非常见词汇）固然重要，但要使用恰当，才能拿到相应的分数。在语法方面，考生除了需要注意常见的五类错误，如第三人称单数（简称三单）、过去式、单复数、冠词和比较级以外，还需要多多关注语法的多样性，多使用复杂结构，这样才能尽可能地获得高分。在流利度和发音方面，各位考生可以根据自己的偏好选择合适的材料，进行跟读和模仿。每天练习至少 20~30 分钟，才能有效提高流利度，增强发音特点。

最后，建议各位考生在考试之前，把当季题库至少全部看一遍，提前准备好回答的思路和内容，这样就能避免因为没有思路而出现的犹豫和卡顿。口语是需要每天练习的，临时突击口语效果不佳，只有每天坚持练习，练就扎实的功底，才能取得理想的成绩。

第二节　TOEFL 考试

从 2023 年开始，TOEFL 考试的改革引发了广泛关注，考试的变化包括考试时间缩短、题目数量减少、写作任务的变化以及界面更新等。这些改革给 TOEFL 考生带来了诸多挑战和机遇。本节内容将回顾 2023 年 TOEFL 考试的各项数据，同时为 2024 年的备考提出建议。

一 TOEFL 考试改革内容

1. 改革解读

（1）题目数量减少

在本次改革中，阅读和听力部分取消加试，对题量进行了精简。阅读部分由原本的三篇文章减少到两篇，共 20 道题目；听力部分则由三篇 Lecture（学术讲座）和两篇 Conversation（对话）组成，共 28 题。虽然题量有所减少，但是这也意味着在总分依旧保持不变的情况下，容错率会大幅度降低，这对考生来说是一个新调整。

（2）考试时间缩短

本次改革取消了 10 分钟的中场休息时间，再加上题目数量减少和题型变化，考试整体时长从三小时缩短至两小时，其中阅读部分考试时间调整为 35 分钟，听力部分总时长为 36 分钟，写作部分也缩减至 30 分钟。这些时间上的调整对考生的考试策略和时间管理提出了更高的要求。

（3）写作部分内容调整

写作部分中的独立写作被删除，替换为学术讨论写作。新题型要求考生在 10 分钟内回应指定话题并提供论据，模拟课堂上的学术讨论。这一改变增加了考生对学术知识掌握速度的要求，给阅读速度和写作效率带来了挑战。考生需要通过更多的练习和备考，以完成新的写作任务。而综合写作中的题目也更加多样化，听力和阅读部分的关系不再总是完全的反驳。考生需要更灵活地应对这些新题型。

（4）界面布局变化

阅读机考的布局从之前的左边题目右边文章段落变成了右边题目左边文章段落。这一变化或许会影响考生的阅读习惯，考生需要适应新的考试界面。此外，听力考试部分不用点 OK 键再转至下一页了，翻页速度更快。

2. 改革分析

总的来说，本次考试改革在时间长度、题目数量上都做了很大精简，可以看出考试命题方有意降低考生的考试疲惫感，利用更短的时间测试出考生的真实英语水平和思辨能力。

从各个考试板块来看，阅读篇幅变少、页面清爽，相比之前海量题目考生能略微轻松一些，但同时题目难度依旧。取消听力加试让大部分考生觉得相对轻松许多，但仍需把握好做题节奏，而且题目难度不变，听力仍旧是四个科目中难度相对较大的。写作题型的变更可以说有利有弊，对参加考试之前没有充分做好学术讨论准备的考生来说，时间过于紧凑，书写过程中基本没有大量删改的机会。在这里也提醒考生一定要提前准备，适应新题型的答题节奏，合理安排好答题时间。

3. 改革对备考的影响

对 TOEFL 首战的考生们来说，这次改革无疑是一大福音。缩短后的考试会让考生的压力大幅度减少。对于这部分考生而言，除了刷 TPO[1] 熟悉考试题型以外，只需要针对新型写作题目提升自己的写作能力即可。

---

1 TPO 是英文 TOEFL Practice Online 的缩写，即 TOEFL 在线考试练习，包含 TOEFL 历年真题，还原真实考试场景，是为参加机考 TOEFL 考试（TOEFL iBT）以及想要提高专业英语水平的考生提供的一个全真模拟 TOEFL 网考的考试平台。

而对参加两次考试甚至是多次备战的考生而言，最重要的一点是要改变自己平时的做题习惯，从平时模考的长时间“奋斗”状态中解放出来，调整自己的做题节奏。而拥有一定TOEFL写作基础的考生对新的“学术讨论”写作题型不用太过担心，因为学术讨论写作更加简练且符合考生们的日常实际应用，多看几篇官方提供的范文，整理好思路，拿到高分不是难事。

二 TOEFL 2023 年考情分析

1. 阅读

从话题维度来看，根据 2023 年全年的数据统计，TOEFL 阅读文章涉及的主要话题仍然和往年基本相同。占比最高的是生命科学类，细分话题包括动物学、植物学、生态学等。社会科学类文章的占比紧随其后，细分话题包含历史、人类学、商贸、工业、农业等。另外，环境科学类文章较往年的比例有所上升，包括海洋学、气象学等细分话题。其余所涉话题包含考古学、天文学、地质学和艺术类。

2023 年 TOEFL 考试——阅读话题考查次数占比

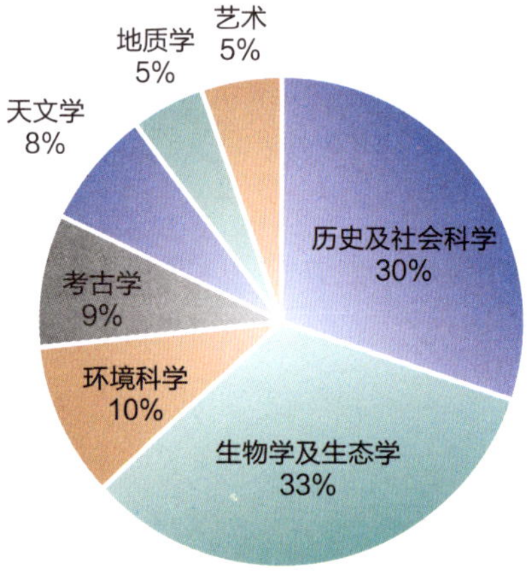

从题型来看，改革后的 TOEFL 考试题型与往年区别不大。词汇题在每篇文章中仍占 1~2 题。而事实信息题和否定事实信息题仍然在所有题型中占主导地位，推断题、修辞目的题占比次之。句子插入题仍然保持每篇文章 1 题，句子简化题每篇文章 0~1 题。在多选题中，文章小结题的占比仍然远远高于表格匹配题。在现行考试中，指代题已经不太能见到了。

2. 听力

在 2023 年的听力对话考试中，两篇对话仍以学生服务场景和拜访教授的办公室场景呈现。

在学生服务场景的话题中，社团活动话题有 36 篇，是出现数量最多的话题，占比约为 46%。其他话题按照占比从高到低的排序依次为：打工兼职话题、其他话题（如奖学金申请）、宿舍话题、图书馆话题。值得注意的是社团活动话题在数量上较去年有较大提升，这也提示考生在备考对话时可以多关注一些北美大学校园里常见的校园活动。

2023 年 TOEFL 考试——听力学生服务场景话题考查次数占比

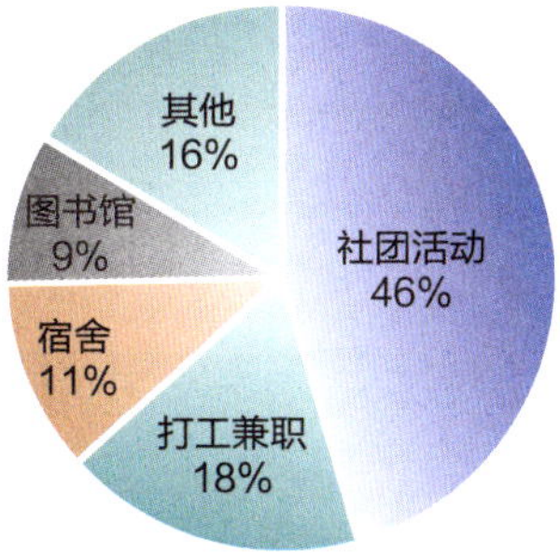

在办公室场景对话中，学生和某个学科的教授经常会对一些学术内容进行讨论，如作业论文或课程学术内容等。由于讨论的话题学术性较强，考生有时会觉得这个场景偏难，听起来像半个讲座。在这类场景中，作业论文及学术讨论占据了绝大多数情况，基本每场考试都会出现。其中作业论文和学术讨论考了 29 篇，各占 39%。其他两个话题分别为课程事务和项目申请。

2023 年 TOEFL 考试——听力办公室场景话题考查次数占比

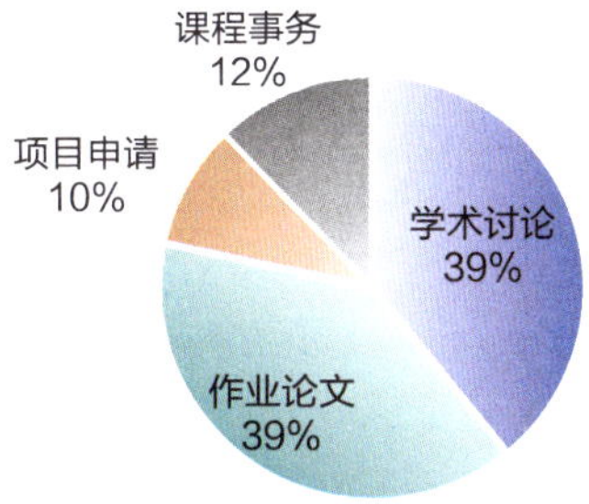

预计在 2024 年，TOEFL 听力考试对话场景和内容仍会保持前两年的出题趋势。同时需要提醒考生两点，首先是有不少考生反映对话语速比学术讲座要快，也呈现出越来越难的趋势。因此，在平时训练的过程中要更加注意日常对话时的语速和表达特点（如口语用词、说话人的口误、话只说一半等现象）。建议平时可以多看看校园题材的美剧，既可以调剂平时的学习压力，也可以接触鲜活真实的日常口语。其次，考生对北美大学校园学习生活需要有一定的了解，特别是要知道遇到各种困难都会去哪些行政办公室解决。可以通过浏览北美大学校园的官方网站来了解大学里的各行政机构。通过查看这些行政机构的网页，不仅能了解它们的职能，还能积累相关的常考背景词汇。

2023 年听力讲座部分仍由四大类学科构成，分别是艺术（Arts）、生命科学（Life Science）、自然科学（Physical Science）和社会科学（Social Science）。但这四类学科的占比并不均衡，其中生命科学类讲座最多，社会科学类讲座最少。

2023 年 TOEFL 考试——听力讲座学科考查次数占比

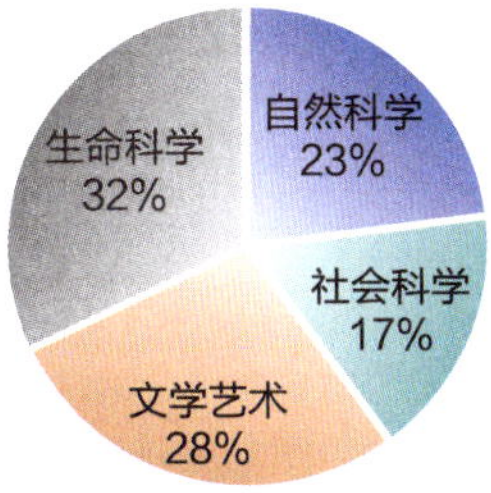

从话题维度来看，2023 年不同话题的考查频次与前两年的情况基本一致，热门话题分别为文学艺术、生物学、天文学和考古学。

在自然科学类讲座中，需要特别注意地质学和物理学两个学科。在地质学类讲座中，会考到如地壳板块运动、火山及冰川的形成；在物理学类讲座中，会考到如何用物理理论解释物理现象，如莱顿弗罗斯特效应（Leidenfrost Effect）等等。这两个学科涉及的背景知识往往比较抽象或陌生，考生在考试状态下如果听到全新的概念很容易造成理解困难。因此在备考过程中要给予这类话题足够的关注，在备考时就积累一定的相关背景知识。

2023 年 TOEFL 考试——听力讲座热门话题考查次数占比

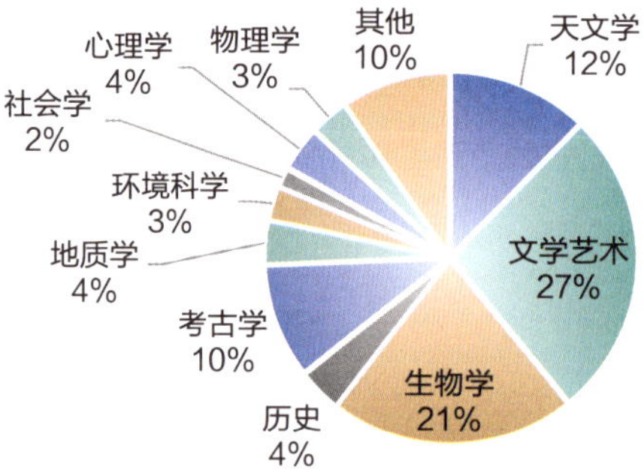

3. 口语

本文统计了从 2023 年 1 月 4 日至 2023 年 10 月 29 日共计 76 场 TOEFL 考试。现以这 76 场考试真题作为样本分析 2023 年 TOEFL 口语考试趋势，并与 2022 年做出对比。

（1）Task 1

2023 年，TOEFL 口语 Task 1 依然是大量重复往年题库，新增的题目较少。在大量重复的题目中，考查话题自然也是遵循往年考试的大致趋势。

2023 年 TOEFL 考试——口语 Task 1 话题考查次数占比

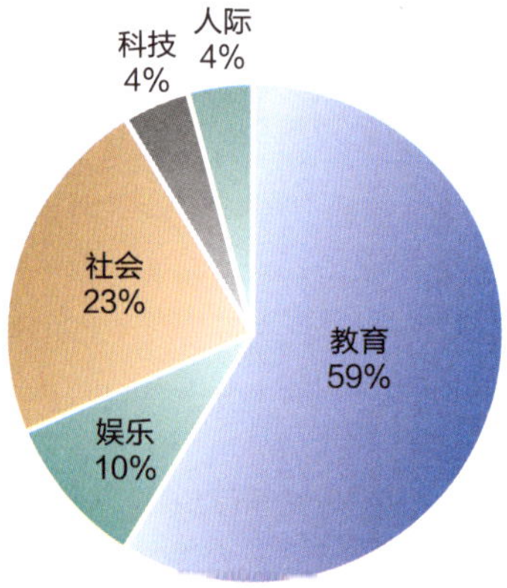

通过数据可以看到，在常考话题中教育类话题是绝对主流，这其中除了学习话题，也包含了校园活动等生活中的常见话题。社会话题（含工作类）占比也依旧稳居第二位。与 2022 年相比，可以看出教育类话题占比在今年有较大幅度的提升。

2022 年 ~ 2023 年 TOEFL 考试——口语 Task 1 话题考查次数分布

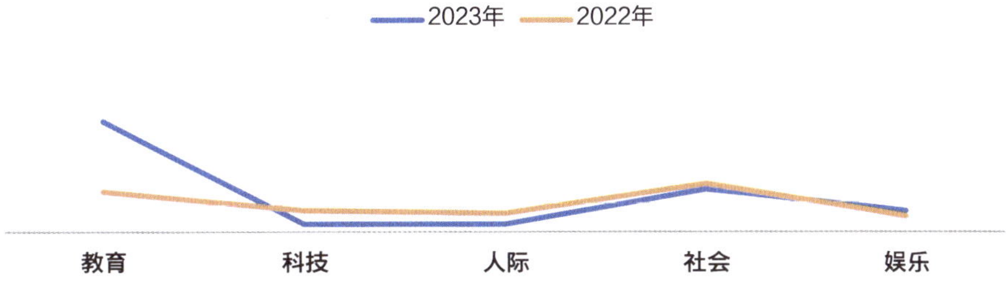

(2) Task 2

Task 2 的考查主题较为稳定，主要围绕着学校服务、学校政策、学校课程、学校活动及学校设施展开。值得注意的是，在 2023 年考试中出现了七次听力说话人态度并非绝对支持或者绝对反对，而是混合的态度。这类题目的出现比例较 2022 年有所上升。其余题目仍然遵循以往的出题思路。

2023 年 TOEFL 考试——口语 Task 2 话题考查次数占比

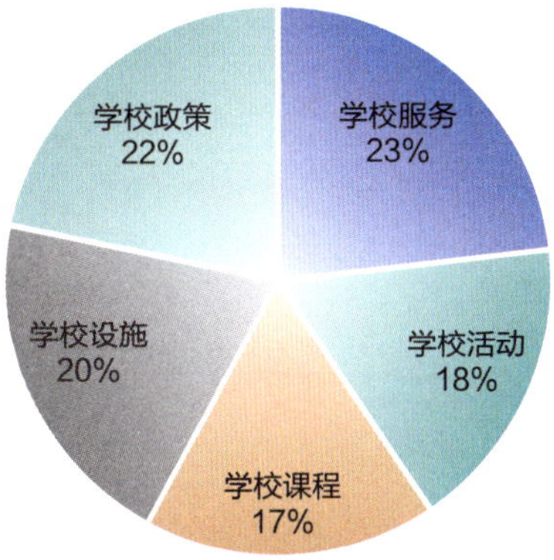

在话题考查次数分布方面，与 2022 年相比，这五类话题分布更加平均，其中学校政策、学校活动话题占比有所增加。

2022 年 ~2023 年 TOEFL 考试——口语 Task 2 话题考查次数分布

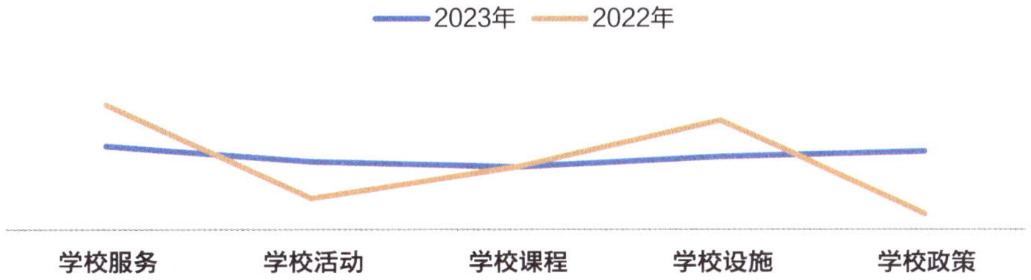

(3) Task 3

在 2023 年，心理学话题取代了生物，登上该题型考查话题的榜首，其次为生物，第三位是商业。心理学、生物及商业三门学科占据了本题型话题的 81%。

2023 年 TOEFL 考试——口语 Task 3 话题考查次数占比

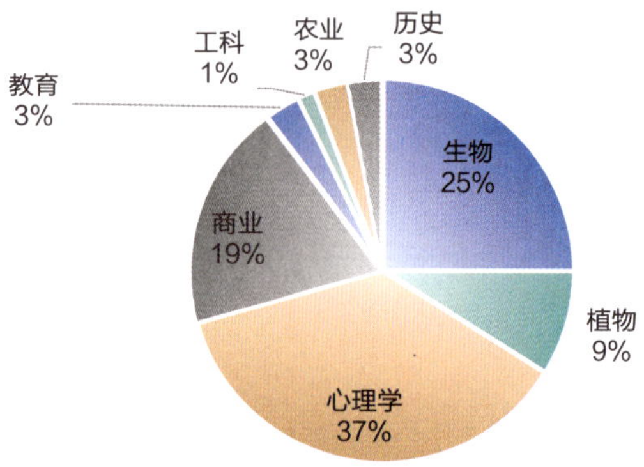

与 2022 年不同的是，2023 年未出现环境科学类话题，但新增了农业和历史两类学科话题。

2022 年 ~ 2023 年 TOEFL 考试——口语 Task 3 话题考查次数分布

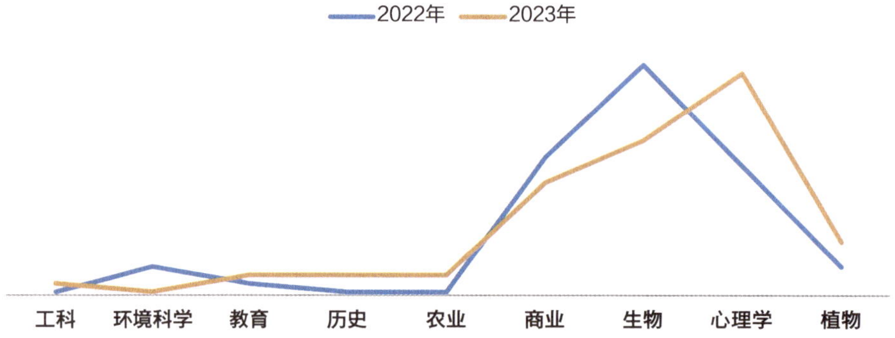

（4）Task 4

Task 4 主要以学术讲座形式来呈现，涵盖的知识面宽度较大，不仅涉及自然科学，也涉及天文、考古等学科。在 2023 年，生物类话题（包括动植物）考查频率远超其他主题，占比为 47%。生物、商业及心理学三门学科依然是考生做题时最常遇见的话题，考查概率为 73%。

2023 年 TOEFL 考试——口语 Task 4 话题考查次数占比

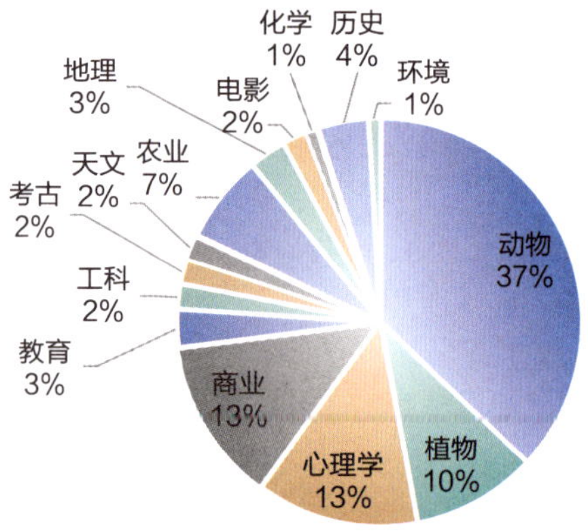

从下图可以看出，2022 年和 2023 年学科话题的考查趋势非常接近。

2022 年 ~ 2023 年 TOEFL 考试——口语 Task 4 话题考查次数分布

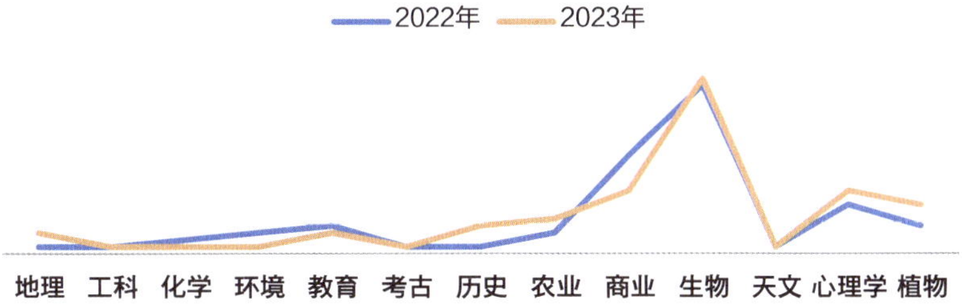

4. 写作

2023 年，TOEFL 写作发生了较大的变革。独立写作在 7 月 26 日删除，取而代之的是学术讨论写作，无论从考查形式还是内容上，都发生了显著的变化。

在改革前的独立写作话题中，教育类的话题位居榜首，在已经统计的 49 场考试中有 19 场都是教育类话题，政府类和生活类话题紧随其后，整体上和前几年的话题分布比例基本一致。

2023 年 TOEFL 考试——独立写作话题考查次数分布

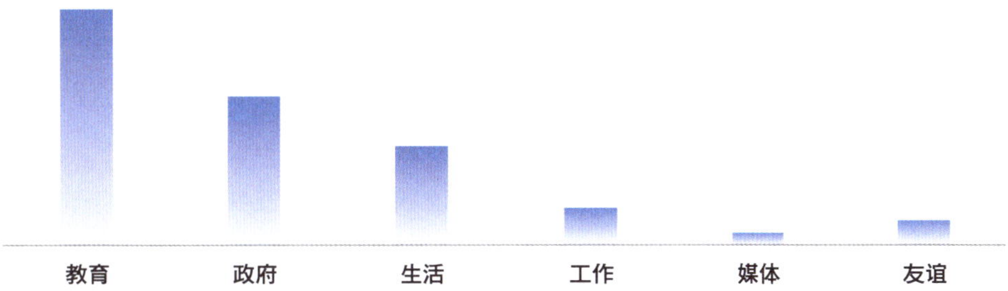

在改革之后，学术讨论写作话题类型考查的内容和独立写作基本一致，政府、教育和生活依然是出现频率最高的三类话题，但在占比上有了比较大的变化。在已经统计的 29 场考试中，政府职能类和生活类话题远超教育类话题，两者出现频率并列第一。值得注意的是，此前的独立写作中鲜有媒体类话题出现，但在改革后的考试中，媒体类话题出现了三次。因此考生在备考写作的时候，可以继续借鉴之前独立写作的热门话题题库，充分备考，同时也要加强对冷门话题如媒体类话题的题目练习和语料积累。

2023 年 TOEFL 考试——学术讨论写作话题考查次数分布

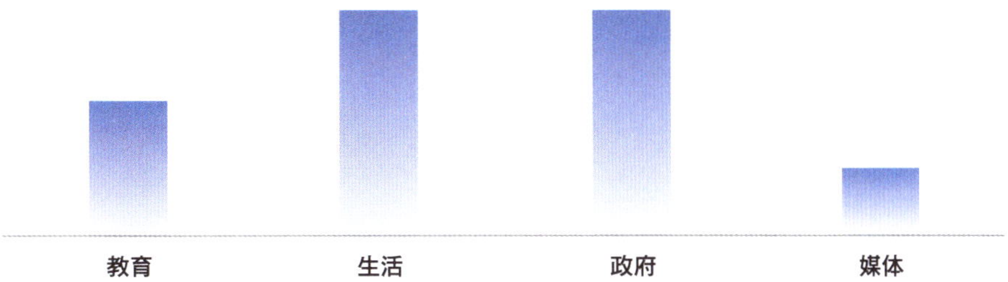

相比之下，综合写作并未发生太大的变化，从话题来看可以划分为三类：社会科学、自然科学和生物科学。

从考频上看，在 2023 年已经统计的 78 场考试中，社会科学和生物科学分别以 53% 和 38% 的占比位居第一和第二；自然科学出现频率相对较低，和 2022 年的占比基本一致；生物科学类的考题占比和去年相比稍有下降。建议考生在平时备考中，多积累这两类话题的相关词汇，并增加对于相关话题题目的练习。

三 TOEFL 2024 年备考建议

1. 阅读

从近三年的 TOEFL 阅读考试情况来看，接下来的阅读考试所涉及的话题大类仍会以生物类、历史类为主。环境科学、考古学、地质地理学、艺术类因涉及难度较大的学科词汇，也不能忽视。考查题型和涉及的阅读技能与往年相比没有太大变化，仍然包括扫读关键信息、推测词义、识别句间关系、识别段落结构等。考生们在备考时，既要熟悉相关话题，也要不断提升自己的综合阅读能力。

（1）分析数据，确立目标，精准规划

从 TOEFL 考试官方披露的 2022 年考试数据来看，中国考生在 2022 年的阅读平均分为 24 分，较 2021 年提高 1 分。总平均分首次突破 90 分大关，较 2021 年提高 3 分，较 2018 年提高 10 分。

年份	阅读	听力	口语	写作	总分
2022 年	24 分	23 分	21 分	22 分	90 分
2021 年	23 分	22 分	20 分	22 分	87 分
2020 年	23 分	22 分	20 分	22 分	87 分
2019 年	21 分	20 分	20 分	20 分	81 分
2018 年	21 分	19 分	19 分	20 分	80 分

（数据来源：TOEFL iBT 全球托福数据报告 2022 年）

与往年相同，阅读是中国考生在所有单项里平均得分最高的单项。从全球托福 iBT 考试成绩百分等级对照表可以看出，阅读单项 24 分以上的考生在全球占比 54%（击败了 46% 的考生），阅读单项 30 分的考生在全球占比 11%（击败了 89% 的考生）。相比之下，其他单项 24 分的全球占比更靠前，如口语单项 24 分以上的考生在全球占比 25%（击败了 75% 的考生），而口语单项 30 分的考生在全球仅占 2%（击败了 98% 的考生）。由此可看出，相对于其他单项，能取得阅读单项高分的可能性更大。因此在备考策略上，建议考生根据自己所处的阶段来设立精准的目标，合理分配各单项的复习时间。比如，中、低分段的考生在两个输入单项（阅读与听力）应分配更多的精力，提升基础能力，这样才有可能突破全球平均分，进而更明显地提升总分。而高分段的考生则应更加注重练习的准确性而非练习的数量，加深对考试的理解，争取取得 29~30 分的成绩。

（2）注重阅读技能，提升综合能力

TOEFL 考试改革对阅读单项考查的能力没有发生变化。考生仍需要在考试中有效阅读大学水平的学术类文章，准确提取并理解有效信息。在备考时，考生应注重提升如下技能：

- 查找信息（Reading to find information）
  - 浏览文章，定位关键信息。
  - 提升阅读的流畅度与速度。
- 基本信息理解（Basic comprehension）
  - 理解文章的主旨大意、主要观点、关键事实和细节信息；根据语境理解词汇和指代关系。
  - 理解文章中未能明确阐述但强烈暗示的信息。

➤ 通过阅读学习知识（Reading to learn）

- 识别整篇文章的结构和写作目的。
- 理解观点之间的关系。
- 能以回顾主要信息为目的，将文章中的重要信息填入表格或做简要总结。
- 推断文章中的观点是如何相互联系的。

（3）复习面面俱到，切忌盲目刷题

在把以上考试要求的技能进行拆分时，阅读单项复习可分为以下模块：词汇、句意理解、逻辑分析和篇章结构分析。很多考生在备战阅读考试时，只注重总的练习量，而不分析自己在各个模块中的具体问题，导致备考效率偏低，提分效果不佳。建议考生在保证练习量的同时，随时关注自己在如下模块的进步，调整努力的方向从而达到事半功倍的效果。

1）词汇

在阅读考试中，如果想要取得 25 分左右的高段分数，考生需要掌握 8,000~10,000 的词汇量。因此，在备考初期，考生要特别重视词汇的积累。需要掌握的词汇包括基础词汇（初、高中词汇以及大学四级词汇）、TOEFL 高频词汇及学术词汇。

对于中、高分段想要冲刺满分的考生，则更需要注重词汇的用法和理解的准确性，比如语境中的一词多义等。考生在积累单词时需要结合文本进行精读，否则一味孤立地背诵单词，会导致句意理解的偏差。建议高分段考生在积累单词时，多多查阅权威的英英词典，了解准确释义。

2）句意理解

从阅读单项设置的句子简化题就可以看出，TOEFL 考试非常重视考生在句子理解方面的能力。考生在备考初期，需要系统梳理语法知识体系，夯实语法基础，并进行大量的语法分析训练，确保自己能顺利提取句子的主干，识别不同的修饰成分及其功能，并通过语法分析准确理解句意。长难句的分析可以结合句子简化题一起练习。

3）逻辑能力和篇章结构分析

对信息的梳理离不开对句间逻辑、段落脉络的分析。考生在备考过程中，需要先练习分析句子内部和句子之间的逻辑关系，积累常用的关联词，进而拓展到分析段落内部的脉络、段落与段落之间的关系、作者写作意图、整篇文章的结构。在备考初期，考生应多多积累体现句内逻辑、句间逻辑的具体表达，提升对信息之间关系的敏感度。在备考中后期，考生需注重整理段落和篇章的结构，可着重练习将文章重点信息转化为表格形式或思维导图形式。

（4）分析现状，合理备考

针对不同基础的考生，可参考如下建议进行针对性学习和训练。

1）15 分以下的考生：夯实基础

本阶段的考生，阅读单项得分在总分中占比较低，引发这一现象的最大问题是词汇量不足、语法知识不扎实，从而导致在抓取文章明确阐述的基本信息时会遇到较大阻碍。因此在备考时，此阶段应弱化刷题，着重关注提升自己的词汇量，夯实语法基础，明确句子主干，准确、完整理解句意。

2）16~20 分的考生：巩固强化

本阶段考生仍具有一定的词汇缺口，对学术词汇的积累也需要加强。考生应重点训练词汇题、事实信息题、否定事实信息题、句子简化题等基础题型，理解句子基本意思，分析和积累同义替换和改写的表达。在

日常做题中，应注重对错题的分析。

3）20~25 分的考生：能力提升

本阶段考生已经具备了相当的词汇量，一般对中等及以下难度的句子理解都能做到准确流畅。考生应在备考时做好查缺补漏，关注推断题、修辞目的题、句子插入题和文章小结题的训练，重点分析句内和句间的逻辑关系，以及段落和篇章结构。日常做题注重训练阅读速度、严格限时，提升对考试强度的适应。本阶段考生仍然要保持良好的习惯，做好错题分析，并勤查英英词典，加深对语言本身的理解。

2. 听力

（1）起点分数不到 16 分的考生

本阶段考生的主要特征为词汇和辨音基础不够扎实，能听懂的真题内容不多。建议本阶段考生不要急于求成，应该一步一个脚印提高自己的基本功。在背好单词的基础上，进行大量的语篇精听练习，打好听力基础。

在做精听时，可以分三个步骤进行。第一步，先听一遍全文，理解大意。如果完全听不懂，证明文段太难，可选一篇难度稍低的练习。第二步，以句子为单位逐句精听。把听到的句子用中文或英文复述，每个句子最多放 3~5 遍，标记没听到的地方。第三步，分析听力材料。结合听力内容对没听到的内容做分析，如果是词汇问题就记录生词，反复背记；如果是语音现象问题，就学习及熟悉语音现象，跟读模仿，巩固记忆。注意，跟读模仿很重要，是不能省略的步骤。

（2）起点分数在 16~23 分的考生

本阶段考生的主要特征为多数已学过 TOEFL 课程，知道听力考试的考点和题型。词汇基础尚可，能快速理解一些简单的语音现象，但如果听力句子较长、语音现象较密集，则会出现理解困难。其余特征还有能听懂全文大意和框架，但是一些细节含糊不清，容易在细节考点上出错。

建议本阶段考生集中使用考试真题来练习。练习时分三步：第一步，在考试状态下做题（如做笔记、计时作答等）；第二步，对答案，标记错题和有疑惑的题；第三步，学习听力原文，通过听一句复述一句的方式，记忆及反复练习自己不会的单词和语音现象，对语言难点进行定向扫除；同时，要关注笔记内容，看看自己是否能记下与出题点有关的细节，删掉多余内容，补充遗漏内容，并对错题进行分析。

（3）起点分数在 24 分以上的考生

本阶段考生词汇基础比较扎实，部分考生甚至已经考完 SAT 或 GRE 考试，打算考出 TOEFL 高分。本阶段考生的共同特点是，如果遇到的听力文段中有自己熟悉的学科背景知识会有较好的发挥，反之则表现一般。同时，有些考生由于对考点的预判不够准确，会在细节上有一些遗漏。

建议本阶段考生抽出一段备考时间，集中攻克自己不熟悉的学科。练习的步骤参考 16~23 分考生使用真题来练习的方法，同时注意积累不熟的学科背景知识和学科常考词汇。

3. 口语

2023 年，ETS 官方并未进行明显的出题思路调整，对考生备考来说这是利好消息，因为这意味着各方沉淀下来的成熟备考经验可以有效缩短考生备考时间，提高备考效率。备考材料依然以近年真题以及官方发布的 TPO 为主。TOEFL 考试本质上是考查考生的学术英语能力，即在美国校园里学生的口语水平能否应对日常的学习与校园生活，因此对考生的口语水平要求是比较高的。考查的题型不仅有独立题这类需要在计时情况下有理有据地论证自己的观点的题型，还有需要快速提炼材料关键信息、整合信息进行复述的综合题，因此考生需要多方位、多维度地提升自己的英语实力，不仅需要练习口语，还需要提高阅读和听力水平。

TOEFL 口语的评分标准为语言表达、语言使用与话题展开这三个维度，目前会影响中国考生口语分数的主要原因为流利度不足且语调不够自然、语言使用不够准确（中式英语以及词汇、语法使用错误）以及内容逻辑连贯性欠佳等。

针对流利度与语调的问题，建议考生采取以下方法。第一，每日预留时间朗读英语材料，最好找原汁原味的英语素材，TPO 真题中的对话类听力材料也可以拿来做跟读，模仿其中的语音语调。坚持每日跟读模仿有利于提升整体语感，增强对语调以及重读、弱读等语音现象的熏陶，有利于养成好的语音习惯。第二，现有的 TPO 真题套数并不算很多，因此使用时，建议每道题进行反复、多次的利用，在重复中逐渐提升自己组织语言的速度，进而提高流利度。

对于语言使用不够准确的问题，建议考生可以在平时背诵单词的同时，背诵积累一批常见的词组搭配。因为很多词组都是固定搭配，其释义不能直接从中文翻译过去，直译会引起考官的误解，影响答案内容的可理解性；另外，在练习中考生也需要注意关注自己一些错误的语言习惯，在考试中尽量避免出错。

而对于内容逻辑连贯性的问题，中国考生一方面需要注意积累常见的逻辑关系连词，如因果关系、转折关系、对比关系等的连词，在恰当的地方加上这些词即可，这样能够适当增强回答的逻辑连贯性。但同样也需要注意，并不是用了逻辑连词就等于内容一定有逻辑，尤其在回答独立口语题的推理论证时，要注意逻辑推理链的完整，主论点、分论点和推理论证应该是依次展开，逐渐拆解论点并详细进行论证，不擅长于此的考生平时可以多阅读英语的议论文，多看真题的回答范例，模仿学习其中的逻辑推理方式。除了上面提到的这些备考方法之外，考生还可以结合今年的考情，适当增加常考的学科词汇积累，比如心理学、生物与商业，并且记熟词汇的正确发音，这对提升听力理解与口语复述的准确度也有所帮助。

4. 写作

结合 2023 年和之前几年的考试趋势不难看出，在 2024 年综合写作部分还会以社会科学和生物科学类的话题为主。而在学术讨论部分，教育生活、工作、政府职能类依然会成为主流，对过去独立写作的小众话题的考试频次也可能会增加。针对这样的趋势，建议考生按照以下建议备考：

- 根据话题准备表达。改革后学术讨论话题和改革前独立写作话题范围和考查内容基本一致，考生可以通过练习独立写作中的不同话题来应对改革后的学术讨论写作。另外，改革后学术讨论高频话题范围相比独立写作还有一定调整，考生需注意在考前准备时尽量覆盖所有话题中的题目。
- 思路整理。学术讨论写作涉及生活和学习各个方面的话题，所以要求考生对一些常见的现象有所了解，才能做到言之有物，建议考生集中针对自己不熟悉话题的真题，搜集一些相关的人例和事例，拓展自己的思路，保证考场上能够流畅应对各种类型的题目。
- 时间规划很重要。新题型的写作时间从之前的 30 分钟压缩到 10 分钟，这要求考生要更好地做好时间规划。在下笔前，留出一分钟的时间，做好谋篇布局，先列出段落的分论点，然后思考支撑分论点的说理和例子，这样才能对要写的内容做到心中有数，在写的时候才不容易跑题，并且确保文章内容的连贯性。最后建议争取留出一分钟检查文章中的拼写和语法错误，保证文章的准确度，因为 TOEFL 官方采用的作文评分系统 E-rater 在辨识语言错误方面很准确，也很敏感。
- 加入流利度练习。很多考生在考试时都出现过写作速度慢，在规定时间内写不完或者是写完了没时间检查的问题。究其原因，无外乎打字速度慢，分论点构思时间长，或者是遣词造句耗时长等。训练方法有很多，建议考生平时多进行计时练习。

- 作文一定要批改。最好能找到专业老师批改自己的作文，因为靠自己摸索耗时耗力，方向也不好确定。如果连写十篇文章都是同样的错误，那么错误就根深蒂固，很难改正了。在老师指出确切的问题之后，考生要进行反思和总结，避免同样的错误反复出现，这样才能保证自己的文章有稳定的提高。
- 考前看机经，列提纲。练习机经的时候，不仅要想到分论点，还要列出具体的原因和例子。这样即使没有考到机经里的题目，也能有效锻炼考生头脑风暴的能力，这有助于考生在考试中更快地想到分论点以及进行展开论证。
- 切忌使用模板。机械地背诵一些华丽的句子带入文章中，不仅不能帮助考生拿到高分，反而有可能被判定为抄袭。建议大家在练习时逐渐找到适合自己的写作思路和表达模式，这样不仅可以有效地提高写作速度，还能很好地保证文章前后逻辑的连贯性。
- 积累学术词汇。综合写作的阅读和听力中经常会涉及一些专有名词，如果不认识，必然会影响考生对于听力细节的抓取。建议考生在备考时，有针对性地积累托福学术词汇，避免由于词汇而影响综合写作的发挥。
- 训练笔记技能。综合写作的阅读和听力部分都需要记笔记，虽然阅读文章在听力之后还会出现，但是阅读部分提示了后面听力中的重要信息，所以也需要记录关键词，以此降低听力的难度。考生可以学习一些常见的笔记符号，并且熟悉考试中经常出现的逻辑连接词，在记笔记的时候有的放矢，并在备考过程中，不断修改自己的笔记，提高笔记效率。
- 背诵综合写作的高频表达。综合写作在行文过程中会出现一些常见的表达，比如“认为”“反对”“相反地”等，建议考生在考前积累至少三个以上上述表达的替换词，并且在自己的行文中熟练应用，从而帮助考生在复述听力内容时节省时间。
- 掌握改写和总结的方法。综合写作部分涉及对于部分阅读内容的改写和听力内容的总结，这就要求考生在平时练习时，就要掌握基本的改写和总结方法。

第三节　GRE 考试

2023 年对 GRE 考试来说意义非凡。题型、题量及考查形式自 2011 年以来一直都很稳定的 GRE 考试于 2023 年 9 月 22 日迎来了改革。本节将解读 GRE 改革前后的变化，同时为 2024 年的备考提出有效建议。

一 GRE 2023 年改革解析

1. 文字推理（Verbal Reasoning）

（1）总体情况

改革前，计分的文字推理包括两个部分：第一个部分共 20 道题，包括 10 道填空题和 10 道阅读题，总时长为 30 分钟；第二个部分共 20 道题，包括 10 道填空题和 10 道阅读题，总时长为 30 分钟。

备考时，建议考生把解题速度控制在填空 10 道题用 10 分钟答完（平均 1 道题 1 分钟）；阅读 10 道题用 20 分钟答完（包括读文章时间，解题平均 1 道题 2 分钟）。从对应的分数来看，文字推理计分的题目数量是 40 道，对应 40 分，平均 1 道题 1 分。

填空和阅读分别占文字推理题量的 50%，备考中双科同比重展开；题量大，时间紧，对考生的解题速度和专注度有很高的要求。但时间分配较规整，方便考生在平时练习或考试中计算时间，合理分配。

改革前 GRE 考试题量			
部分	内容	时间	分数
分析性写作（Analytical Writing）	逻辑立论文（Issue）	30 分钟	0 ~ 6 分
	逻辑驳论文（Argument）	30 分钟	
文字推理（Verbal Reasoning）	20 题 / 部分（共 2 个）	30 分钟	130 ~ 170 分
数量推理（Quantitative Reasoning）	20 题 / 部分（共 2 个）	35 分钟	130 ~ 170 分
加试	20 题	30/35 分钟	不计分
出题顺序		Issue+Argument+VQVQV	
		Issue+Argument+QVQVQ	

改革后，取消加试环节，计分的文字推理部分仍然是两个：

第一个部分 12 题，包括 7 道填空题和 5 道阅读题，总时长 18 分钟；

第二个部分 15 题，包括 7 道填空题和 8 道阅读题，总时长 23 分钟。

考试题量减少，做题时长也相应减少，对每道题要求的平均速度基本不变：第一个部分的 7 道填空题用 7 分钟作答，5 道阅读题用 11 分钟；第二个部分的 7 道填空题用 7 分钟作答，8 道阅读题用 16 分钟。文字推理部分总题量减少为 27 题，但对应的总分数仍然不变，得分区间为 130 分到 170 分，平均每道题接近 1.5 分。

改革后，填空占比 14/27（约 52%），阅读占比 13/27（约 48%），阅读比重有所下降，但因整体下降幅度不大，所以备考比重无需调整，与填空持平。新版文字推理考试中题量和时间不规整，考试过程中不方便计算时间，需要平时更加严格限时训练，培养对每道题解题速度的敏感度。此外，改革后每道题的平均分值变高，容错率降低。

改革后 GRE 考试题量			
部分	内容	时间	分数
分析性写作（Analytical Writing）	逻辑立论文（Issue）	30 分钟	0 ~ 6 分
文字推理（Verbal Reasoning）	12 题	18 分钟	130 ~ 170 分
	15 题	23 分钟	
数量推理（Quantitative Reasoning）	12 题	21 分钟	130 ~ 170 分
	15 题	26 分钟	
出题顺序		Issue+VQVQ	
		Issue+QVQV	

（2）答题情况的变化

GRE 考试为计算机自适应性考试，即计算机会根据考生前一个部分的答题情况，给考生分配后一个部分的题目难度，而题目本身的难度系数又决定题目的分值，难度越高，所对应的分值就越高（注意：上述讲到的平均分，是根据题量和总分计算的算术平均数，没有考虑难度系数这一因素）。GRE 改革后，仍然保留了自适应性这一点，考生需要了解如何利用自适应性，让自己更容易达到目标分数。

改革前，第一个文字推理部分题目的难度系数都是中等（Medium）：如果答对题目数量为 0~6 道，第二个部分会进入简单（Easy）模式，所对应分数为 130~152 分；如果答对题目数量为 7~12 道，第二个部分将继续保持中等（Medium）模式，所对应分数为 142~162 分；如果答对题目数量为 13 题及以上，第二个部分将进入高难度（Hard）模式，所对应的分数为 150 分及以上。考试有加试环节，加试环节也服从自适应出题模式。

改革前文字推理表现及分数图

情况	部分 1	部分 1 表现	部分 2	分数预估
1	中等难度（Medium）	做对 0 ~ 6 题	简单难度（Easy）	130 ~ 152 分
2	中等难度（Medium）	做对 7 ~ 12 题	中等难度（Medium）	142 ~ 162 分
3	中等难度（Medium）	做对 13 ~ 20 题	高难度（Hard）	150+ 分

改革后，第一个文字推理部分题目难度系数仍然都是中等（Medium）。因题量变化，如果考生还想保持在中等模式，第一个部分至少要做对五道题。如果想进入高难度（Hard）模式，则至少要做对九道题。

为了拿到更高的分数，考生应尽力让自己在考试中不掉档，甚至升档，这样才有机会进入难度系数高、分值高的模式。而这个前提是在第一个中等难度部分要努力提高自己的正确率。

改革后文字推理表现及分数图

情况	部分 1	部分 1 表现	部分 2	分数预估
1	中等难度（Medium）	做对 1 ~ 4 题	简单难度（Easy）	130 ~ 152 分
2	中等难度（Medium）	做对 5 ~ 8 题	中等难度（Medium）	142 ~ 162 分
3	中等难度（Medium）	做对 9 ~ 12 题	高难度（Hard）	150+ 分

（3）填空

GRE 填空有两大类题型：第一大类是句子填空题（Text Completion），包含单空题、双空题和三空题；第二大类是句子等价题（Sentence Equivalence），也就是通常说的六选二题型。两大类题型在这次改革中没有变化，但是不同题型的占比发生了变化。改革前的 GRE 填空题包括 60% 的句子填空题和 40% 的句子等价题，每个部分的比例固定，其中单空题、双空题、三空题共计 12 道题，占比 60%；六选二题型共计 8 道题，占比 40%。

而改革后的填空题的两类题型占比均衡，句子填空题和句子等价题各占约 50%。每个部分分配比例不固定（3+4&4+3），其中单空题、双空题、三空题共计 7 道题，占比 50%；六选二题型共计 7 道题，占比 50%。具体分配如下：

- 第一个部分有 7 道填空题，通常情况下有 1 道单空题、1 道双空题、1 道三空题、4 道六选二。

- 第二个部分有 7 道填空题，根据不同的难度区间，会有三种可能：
  - 简单模式：通常情况下有 2 道单空题、1 道双空题、1 道三空题、3 道六选二。
  - 中等模式：通常情况下有 1 道单空题、2 道双空题、1 道三空题、3 道六选二。
  - 高难度模式：通常情况下有 1 道单空题、1 道双空题、2 道三空题、3 道六选二。

根据上面填空题的比例和时间分析，再结合不同题型的能力要求和难度情况，我们可以得出以下几个结论：

- 填空题重要性提升，填空在文字推理板块中的占比增加，整体上比阅读多一道题。
- 从长难句和逻辑角度来看，填空题整体变得简单，因为六选二题目比例上升，双空题和三空题的比例下降。
- 从单词角度来看，填空题对词汇量的要求更高，填空题的特点是单词背得好，正确率容易提升；不背单词，正确率将会更低（原本通过上下文能推测答案和单词相对简单的双空和三空题减少）。
- 填空题的生词变多，通过研读 2023 年的真题可以发现，高难度模式的题目生词多且偏僻，冲高分段的考生要持续巩固词汇，同时注意整理做题时遇到的生词。

（4）阅读

GRE 阅读部分分别由短文章、中文章、长文章及逻辑单题组成。其中，短文章字数为 120~150 词，中文章字数为 150~180 词，长文章字数为 400~450 词。题型分为三类：单选题（五个选项选一个）；不定项选择题（三个选项不确定选几个）以及选句子题（没有选项，在文章中标出满足要求的句子）。

改革前阅读在每个部分的构成			
文章	每篇题数	部分 1 篇数	部分 2 篇数
短文章	2	1	3
中文章	3	1	1
长文章	4	1	0
逻辑单题	1	1	1
总题目数		10	10

改革后，GRE 阅读在篇幅和数量上都进行了调整。首先，取消了长文章，这无疑对考生是一大福利。其次，文章篇幅减少，改为共三篇短文章、两篇中文章，备考压力也减轻了不少。值得注意的是，平均到每道题的时间并没有太大变化，考生平时仍需加强阅读的中、短篇文章限时训练。逻辑单题只有一道题，仍不作为备考重点。由于题型没有变化，考生可以继续按照之前的备考习惯梳理每类题型的解题点。

改革后阅读在每个部分的构成			
文章	每篇题数	部分 1 篇数	部分 2 篇数
短文章	2	1	2
中文章	3	1	1
长文章	4	0	0
逻辑单题	1	0	1
总题目数		5	8

从以上分析可以明显感受到 GRE 阅读的变化，也能帮助考生及时调整备考阅读的策略，比如不再备考长篇文章，转为专攻中、短篇阅读。但鉴于 GRE 阅读在题型、考查阅读重点及对考生的能力要求上基本没有变化，所以考生在备考方向上可以大致延续之前的策略：一方面要提升语言能力，包括扩大词汇量和提高长难句分析和翻译的能力；另一方面要掌握 GRE 阅读的逻辑特点，学习如何读文章，以及如何读题和解题。

2. 数量推理（Quantitative Reasoning）

数量推理部分由原来的每部分 20 题（35 分钟），共两个计分的部分（可能会存在一个额外部分的加试），转变成现行的 12 题和 15 题的两部分，相应的完成时间为 21 分钟和 26 分钟，删除加试。第一个部分保留了图表题，第二个部分则完全删除该题型。

知识点方面，算术（arithmetic）、代数（algebra）、几何（geometry）、统计（statistics）四大板块都保留了下来，每个板块题量占比仍为 25% 左右。考试形式仍然为机考，题型仍然包括单选、多选、填空。

	旧版 GRE 数量推理部分	新版 GRE 数量推理部分
第一个部分	20 题（35 分钟）	12 题（21 分钟）
第二个部分	20 题（35 分钟）	15 题（26 分钟）
考查知识点	算术、代数、几何、统计	算术、代数、几何、统计
题型	单选、多选、填空	单选、多选、填空
其他变化	每个部分一道图表题	第二个部分删除图表题
分数区间	130 ~ 170 分	130 ~ 170 分

总结可知，数量推理方面除了题量变少，其他变化不大。但在得分方面，因为题量减少，所以计分方式和容错率有所变化。考试官方给出的多份分析报告指明，数量推理部分对简单题的容错率大大降低，如果答错的是难题，则扣分有限。也就是说，如果考生在考试过程中错了两道难度系数为 5 的题目，最后还是可以拿到像 169 分这样的高分。但是如果错了两道难度系数为 1 或 2 的题目，则最终的分数可能只有 167 分。

因此，想要取得满意的分数，第一步是保证基础题目不要出错，第二步才是做对难题。这一结论不光与判分标准有关，还与 GRE 题目的难度分类有关。在一场 GRE 考试中，数学部分的基础题目占比达到 90% 及以上。除了 90% 的基础题目，剩下 10% 左右的题目难度相对较大，主要考查考生对数的性质的了解和读题的能力。

3. 分析性写作（Analytical Writing）

写作这一科是这次改革变动较大的科目，对写作分数的影响也相对较大。变动在于取消了逻辑驳论文（Argument），只留下逻辑立论文（Issue）部分，而这一变动直接导致得分难度增加。因此考生需要调整备考思路，实现更为精准的提升。

（1）分数变化

改革前的算分方式是两篇文章求平均值，如果逻辑驳论文（Argument）可以考到 4.5 分，逻辑立论文（Issue）3.5 分，取平均分后可以获得 4 分。

改革后写作的分数仅取逻辑立论文（Issue）的分数，因此大部分考生会出现比之前少 0.5 分的情况。即在水平不变的情况下，上面提到的 4 分考生只能获得 3.5 分。因此，考生备考时需要在这部分投入更多的精力，才能保住之前的写作分数。

（2）题库变化

不同于 TOEFL 写作等其他语言类考试的写作考试，官方会把逻辑立论文（Issue）考试全部的考试题目提前公布出来，也就是逻辑立论文（Issue）题库。改革前题库中有 149 道题，改革后官方在原有的题库中删除七道题，又新加了 16 道题目。因此，目前题库中共有 158 道题目。但官方没有提到评分标准等其他变化，因此考生的备考内容没有变化，注意补充这 16 道新增题目的思路即可。

（3）评分标准

基于官方给出的评分标准，考生如果要开始进行逻辑立论文（Issue）训练，最好有 TOEFL 写作单科 23 分及以上的分数或 IELTS 等考试的同等分数作为基础，以免语言能力不足造成观点表达障碍。申请 Top 30 院校的理工科硕士项目的考生，建议写作目标分数为 4.0 分，最好不要低于 3.5 分；申请 U.S. News Top 30 院校的理工科博士项目的考生，建议写作目标分数为 4.5 分，最好不要低于 4.0 分。申请 Top 30 院校的文史类项目的考生，建议冲击 4.5 分。

二 GRE 2024 年备考建议

1. 文字推理（Verbal Reasoning）

（1）填空

词汇是 GRE 考试的重中之重，词汇基本可以分为三类：

- 基础词汇：即高考和四、六级词汇。无论是备考 TOEFL 还是 GRE，这类词汇都是重点，要求考生不能只是认识，还要会读、会说、会写、会用。
- TOEFL 词汇：除了一些听力和阅读中的专有名词，还包含部分四、六级词汇。这类词汇要求考生至少看到能立刻认识（阅读），听到能够很快反应过来（听力），如果能在口语和写作中使用一些高级词汇最好。
- GRE 词汇：对于 GRE 词汇并不需要会读、会写、会拼、会用，只要求考生能够迅速反应出精准的英文和中文解释即可。因此能够立刻想到词义是最重要的。此外还需要掌握同义词和熟词僻义。

背单词要遵循的核心原则是“一次大量，多次重复”。具体背单词的量根据个人实际情况而定，但是需要多次重复。在这里请考生注意两点：第一，在复习时应该遮住中文释义，试图回忆这个单词的意思。第二，及时做好标记。这样在后续复习的时候可以把记号多的单词作为重点复习对象。

（2）阅读

下面将从单词、长难句、文章类型、题目类型和选项多个角度出发，给考生提供全方位的 GRE 阅读备考建议。

1）单词

首先要明确，通常所指的 GRE 词汇，比如高频词汇、同 / 近义词、核心词汇等，一般都是用于备考填空题。真正用于备考阅读的 GRE 词汇，相对较少。阅读中涉及的大多数词汇仍然是基础词汇，包括四、六级词汇和 TOEFL 词汇。因此，对于词汇量较小，尤其是 TOEFL 或 IELTS 词汇量较少的考生，建议先增加基础词汇量，再开始备考 GRE。

2）长难句

改革后的 GRE 阅读只包含短篇文章和中篇文章，相比长文章信息量较少，因此文章中的每句话都很重要。而且从长度和复杂度来看，GRE 阅读的长难句都比 TOEFL 和 IELTS 高一个台阶。因此考生必须具备快速分析句子结构、抓住句子主干并翻译理解的能力。建议考生在备考初期集中练习长难句分析，不要求说出每个词的语法成分，但必须分清主次。

3）文章类型

GRE 阅读的文章题材涉猎广泛，具备对应科研背景的考生在某类文章上确实有较大优势，比如熟悉美国历史的考生，在读到美国民权运动、内战等相关文章时会更容易理解。但 GRE 考试是面向所有文科类、理工科类或商科类考生的，并不需要考生具备多学科的背景知识，考生只需要培养逻辑阅读能力，能以清晰的逻辑思维应对各类题材文章即可。因此，考生在做题之前都要先读文章，抓住文章的核心主旨和结构框架以及作者在文章中的身份。

- 识别核心主旨，需要考生具备前后文对应意识，读每句话时都要建立与前文之间的逻辑对应，找到顺承和转折的点。
- 抓住结构框架，需要考生先学习并了解 GRE 阅读的常见结构类型及其出现的标志，再结合实际的文章来分析。
- 作者的身份指作者在文章中是否表达了自己的观点或评价态度，考生要识别态度类词汇以及作者观点的表达形式。

4）题目类型

题干在解题时尤为重要，考生需要识别该题的考点是考查主旨、结构、细节，还是考查作者观点等。识别题型可帮助考生决定解题步骤和判断解题要点。在备考过程中，考生要学习每个题型的表达形式，根据题干问法，快速找到与其相关的答案信息。

5）选项

通过分析大量的阅读题目可以发现，GRE 阅读的正确答案有时候与考生预期的答案并不相符。因此，考生在审视选项时要尝试带着“挑刺”的眼光，通过找到错误选项的错误点来进行排除。此方法需要考生能对错误选项的类型或表达方式保持敏感（比如绝对化概念 any、unique、only、first 等），这样才能在短时间内排除错误选项，找出正确答案。

2. 数量推理（Quantitative Reasoning）

结合官方指南对考生的能力考查要求，以下是一些备考建议：

- 数量推理部分对中国考生而言难度较低，但是要考高分或者满分仍然需要针对性地下功夫。
- 中国考生在了解数学概念及数量表述的英文形式上需要做功课。
- 对于学习年代相对久远的算术以及代数部分，按照官方指南系统地梳理知识点，进行查漏补缺很有必要。
- 练习数量推理部分时，考生要养成良好的计算习惯，避免出现低级的运算错误。

很多情况下，中国考生在做中文的数量推理题时大多感觉轻松，而同样的题出成英文形式就会看不懂或者做错，很大一部分原因是不认识一些术语的英文表达。对于这种情况，建议将《GRE 数学官方指南》后面的数学概念做全面的梳理。不论是算数、代数还是几何以及数据分析部分，都建议考生将《GRE 数学官方指南》后面的考查概念梳理透彻，同时读完并做完《GRE 数学官方指南》和官方的 Quant 150 题，有针对地巩固易遗忘或者记忆不牢固的知识点。

此外，建议广大考生养成用草稿纸进行规范运算的习惯，即在计算的过程中尽量条理清晰地罗列每一步，养成运算有据的好习惯。这样一方面在纠错时有据可依，另一方面可以减少因省略步骤而导致的心算失误。

3. 分析性写作（Analytical Writing）

以下是根据写作科目的不同目标分数，分别给出的有针对性的备考建议。

（1）目标 4 分及以上

对于这类考生，提升方向在于进行有条理、有说服力的段内论证，这是逻辑立论文（Issue）能否拿到 4 分的关键。

段内论证简单来说就是论点、说理论证和举例论证。但是这个框架并不能支撑考生完成具体的一个主体段，落在纸面上的段落要求有清晰、逻辑连贯的句间关系，并且内容都与论点相关。所以说理部分需要做到内容顺承，持续递进，最终导向结论。例子的功能是为有说服力的说理进行助攻，恰当的例子要求符合文章背景，例子的重点是紧密贴合之前的说理。

（2）目标 3~3.5 分

这类考生需要在题目理解、论点构思和语言表达三部分着力。

题目理解和论点构思：提前构思文章是很有必要的。很多题目只有一句话，没有更多解释，所以做到准确理解是有难度的。在审题时，需要避免掉入一些极端词的陷阱，比如 totally（完全地）或者 every（每一个）的出现并不代表需要不断举反例去反驳。此外，很多文章需要考生有足够的时间进行头脑风暴，并且对题目的话题有一定了解，才能给出有洞察的视角和观点。逻辑立论文（Issue）考查的是考生对社会现象的看法，所以备考需要看一些高频以及高难度的题目，设想大纲，储备相关话题词汇，以形成基本的写作思路。

语言表达：语言要求精简清晰，以阐明单句重点信息为首要目的，这要求考生们有准确梳理并归纳自己想法的措辞能力。尤其要注意避免为了追求使用高级词汇和复杂句式而导致内容空洞，不明所指。

综合来看，GRE 考试改革后，考生需要为写作部分付出更多时间和精力。考生需要首先理解评分标准，然后在备考思路正确的前提下制定合理的备考计划。备考过程中，需要的资料主要是逻辑立论文（Issue）题库。此外，还需要注意训练自己相对薄弱的话题以及高频题目，为这些题目储备相应的例子。

最后，GRE 备考最重要的就是早规划、做模考。早规划就是要先明确 GRE 的需求。近年来对 GRE 成绩有要求的学校越来越多。越是竞争激烈的项目，越对 GRE 成绩有明确的要求，部分专业甚至对文字推理和数量推理都有分项成绩的要求，所以要明确自己的底线目标，尽早做规划。做模考可以帮助考生更好地分析自己在备考 GRE 当中最大的问题在哪里，提高备考效率。

第四节 GMAT 考试

2023 年春夏之际发布了 GMAT 的改革信息。自 2023 年 11 月 7 日开始有一段时间是新旧考试版本并行的阶段。从 2024 年 1 月 31 日起，GMAT Focus Edition（以下称为新版）正式取代原有版本的考试。

一 GMAT 2023 年改革解析

首先，不论是新版考试还是旧版考试，保留的成绩都是自考试当日起之内的五年有效，在申请的过程都会发挥效力。另外，考生所熟知的终生考试次数上限是八次的规定，在新旧考试交替之际仍有特别强调：不管参加的是旧版考试还是新版考试，都只能是八次；混合参加是加总在一起也不能超过八次。因此要有效规划考试，不浪费任何一次正式考试的机会，这对 GMAT 考生来说是非常重要的。

下面就新旧版本的考试在细节上进行对比：

新旧版 GMAT 考试对比		
特点	GMAT Focus Edition 考试（新）	GMAT 考试（旧）
考试结构	三个科目：定量推理、文本逻辑推理、数据洞察	四个科目：定量推理、文本逻辑推理、综合推理和分析性写作
总题数	64	80
考试时长	2 小时 15 分钟	3 小时 7 分钟
总分范围	205 ~ 805 分	200 ~ 800 分
答题顺序	可以自选答题顺序进行答题	考生需从三种固定答题顺序中选择一种进行答题
检查与编辑	在每个科目末尾，可以用剩余时间检查所有答案，并对每科目不超过三个答案进行编辑重答	不适用
成绩单	官方成绩单现在包含详尽的考试表现解读	考试费用中仅包含基础版成绩单，详细成绩单需额外付费
考试总次数	在连续 12 个月内可以尝试参加 5 次考试，每位考生一生共可参加 8 次考试	

通过比对可以看出，新版考试题目变少，时长变短，题型重新分类。其中，新增了数据洞察，去掉了分析性写作模块。如果拆分得更细，文本逻辑推理部分有更进一步的变化。

1. 新旧版考试分数对比

新版考试满分 805 分，最低分 205 分，所有分数都以 5 结尾，而旧版考试分数则是以 0 结尾，这样可以直观地通过分数区分新旧两个版本的考试。在新版考试中，定量推理、文本逻辑推理和数据洞察三个考查科目的每科满分为 90 分，最低分为 60 分。

虽然 GMAT 600 分和 GMAT Focus 605 分看起来很相似，但它们代表了不同技能的不同表现水平。而且由于 GMAT Focus 考试总分和小分的记分方式都发生了变化，因此将 GMAT Focus 考试的分数与 GMAT 考试的分数进行对标是不合适、不准确的。

两个不同版本的考试成绩不是一个衡量标准，不应该直接比较。为了更好地了解考生在 GMAT Focus 考试中取得的成绩，除了分析总分外，百分位排名（比多少个考生表现得更好）也是重要的参考依据。例如，百分位排名为 75% 意味着比其他 75% 的考生表现得好。

2. 新版 GMAT 考试科目介绍

GMAT Focus Edition 由三个科目组成，都考查考生在管理专业研究生项目中取得成功所需的特定技能。

改革后 GMAT 考试科目组成			
科目	题型	题量	时长
文字逻辑推理	Critical Reasoning（逻辑）Reading Comprehension（阅读理解）	23	45 分钟
定量推理	Problem Solving（问题求解）	21	45 分钟
数据洞察	Data Sufficiency（数据充分性） Graphics Interpretation（图表解读） Multi-Source Reading（多源推理） Table Analysis（表格分析） Two-Part Analysis（二段式分析）	20	45 分钟
考试顺序	自己可以选择三个科目的顺序		
休息	可选择某个科目结束后休息一次，休息时长最多为 10 分钟		

定量推理（Quantitative Reasoning），通俗来说就是数学，是旧版本的数学题中的 Problem Solving（解决问题）题。从知识点考查维度来看，新版考试不再考查几何问题。不过不管是新版还是旧版考试，数学题向来都是中国考生的优势所在和“必争之地”，同时也是投入产出比非常高的一个科目。但越是这样的科目，越不可以轻敌。在这个科目上可能会遇到以下问题：

- 语言问题导致题目阅读不准确。同样的题目，如果有翻译，就可以很顺畅地做题，但是如果自己读题干，速度和准确度都会降低，那么这种情况就是语言问题。
- 知识点遗忘。考生对很多知识的掌握仍停留在高中阶段，需要重新学习巩固。
- 知识点的迁移。考生还会遇到特殊情况，从表面上看，语言问题得到解决，知识点也都复习到位，但是遇到一些题目还是不知道用哪个知识 / 公式 / 方法最合适，甚至可能舍近求远，浪费大量时间。这个问题就需要通过做足够的练习或学习适当的课程来帮助解决，毕竟考试的本质是与时间和准确率的博弈。

文本逻辑推理（Verbal Reasoning），通俗来说就是语文。旧版考试的语文科目包括句子改错（俗称语法）、逻辑和阅读三个科目。新版考试已经删掉了改错科目，只保留逻辑和阅读两个科目。删掉句子改错有利也有弊：很多中国考生认为句子改错是比较难的科目，删掉句子改错题型可以明显降低考生的备考难度；弊端则是学习句子改错的过程能迅速强化考生的语言功底，让考生的长难句阅读能力得到飞速提高，从而也能在逻辑和阅读两个科目上受益。不论考不考句子改错，考生都需要清楚的是 GMAT 考试的本质不是为了考查英语语言能力。

数据洞察（Data Insights）可以说是新科目，但也不算是一个全新的科目。旧版的考试里有个科目叫 Integrated Reasoning，即综合推理。这个科目在旧版考试中虽然是必须要被考查的一个环节，但是不计入总分，因此在先前的考前培训和备考环节中，很多教师和考生都并未予以关注。

新版考试里，综合推理（Integrated Reasoning）连同旧版里的数据充分题（Data Sufficiency）共同构成了数据洞察这个新科目。数据充分题由于归属数学板块，所以在旧版考试里也是受到重视的。综合推理则是实现了“大翻身”，从不计分模块变成计分模块的重要组成部分。这也意味着考生的备考重心将会发生变化。数据洞察里的综合推理题目包含了图表题、表格题、二段分析、多源推理等，这些题目将在考生未来的备考环节中成为更需要关注的题型。

改革后 GMAT 考试数据洞察部分具体题型	
Item Type（题型）	题量（共 20 道题）
Graphics Interpretation（图表解读）	20%～30%（4～6 道题）
Multi-Source Reasoning（多源推理）	10%～20%（2～4 道题）
Table Analysis（表格分析）	10%～20%（2～4 道题）
Two-Part Analysis（二段式分析）	10%～20%（2～4 道题）
Data Sufficiency Analysis（数据充分性分析）	20%～40%（4～8 道题）

二 GMAT 2024 年备考建议

根据考试变化，下面给 2024 年以及之后参加 GMAT 考试的广大考生们一些备考建议。

先过好语言关。在申请环节中，TOEFL 或 IELTS 成绩很重要。根据教学观察，一般语言考试跟 GRE/GMAT 考试的备考时间配比是 2∶1 或者 3∶1。例如，一个学生在语言考试上需要花八个月左右的时间备考，那么在 GMAT 考试上可能需要四个月。GMAT 考试本是技巧性更强的考试，不鼓励备考时间过长，因此在备考时建议先解决语言问题。解决语言问题后，不论面对 GMAT 哪个科目，至少不会因为“读不懂”“读不准”而造成做题障碍。GMAT 考试成绩的有效期是五年，比 TOEFL 成绩的有效期长，部分考生会担心在大学期间过早考 TOEFL 成绩容易过期，于是希望先考 GMAT。但是如同前文所说，在英语不够扎实的情况下贸然启动 GMAT 学习，会有寸步难行的阻碍感，很容易破坏考生一气呵成的备考流畅性。

关注《GMAT 考试官方指南》（OG），谨慎刷题，题海战术无效。OG 是 Official Guide（官方指南）的简称。作为官方出版物，OG 里面的题目全面涵盖了考点，所以考生在备考初期和中期需要重视对 OG 的使用。中国考生常常会因为此前的教育经历进行题海战术。但事实上，这很可能是 GMAT 备考的误区。客观地讲，《GMAT 考试官方指南》的更新并不迅速，不同年份的版本有很多重复的题目，这造成考生能够在市面上接触到的真题数量是有限的。考生如果大量刷题而没有掌握正确方法，就可能造成真题几乎都做完了但东西没学会的局面。这也会导致考生在备考中后期无题可用或者模考频频遇见重题，甚至都分不清是自己记住了答案还是真学会了的局面。

留足备考周期，关注模考。从教学经验来看，四个月左右的备考期是足够的。但广大考生需要注意的是，因为保持良好的 GPA、参加实习和学校活动会占据考生很多时间，而且很多时候考生无法预知以上方面的准备是否能顺利达到预期，所以多留一些时间，就能更好地应对意外状况。

另外，模考对任何考试都很重要，对 GMAT 考试更是如此。很多考生觉得即便限制终生只能参加八次正式考试，这个次数也不少了，但如果考生考了三四次还没有顺利出分，心态就会发生很大变化，容易变得焦虑。因此建议考生根据模考结果合理规划好时间：一是模考频次不宜过勤，一个月左右一次即可。二是模考距离正考要有一定的时间间隔。因为模考的核心目的是训练做题节奏和发现问题、解决问题，如果模考和正考时间太近，那么即使发现了问题也来不及解决了。

日常训练就要有计时意识。GMAT 考试的特殊性决定了它均等地使每个人的考试时间都很紧张，作为自适应性考试，考生答得越好遇到的题目就越难。在考试过程中，每个考生都在挑战自己能力的上限，因此时间都相对紧张。计时会帮助考生提升敏锐性，合理安排时间。经过长期训练，考生不容易出现因为时间分配不合理而答不完题目或者草草完成考试时间却未能充分利用的情况，所以计时对考生合理分配时间有直观的效果。

第五节　SAT 考试

一　SAT 考试改革解析

2023 年，国际考区率先实行 SAT 机考。全年一共进行了七次机考，首场机考是在 2023 年 3 月 11 日。SAT 考试主办方美国大学理事会（College Board）并不仅仅是简单地把 SAT 纸笔考试转换成线上版，而是对其进行了全面改革，对参加考试的考生和举办考试的考场来说，都更灵活也更安全。本节将详细介绍 SAT 机考改革的内容，并针对实考体验和出分情况给出具体分析。

1. 改革内容

SAT 机考中的每场考试均由两个部分组成：阅读与写作部分以及数学部分。考生需要在 64 分钟内完成阅读和写作部分，在 70 分钟内完成数学部分。

每个部分由两个长度相等的试题模块组成。每个阅读和写作模块时长为 32 分钟，每个数学模块时长为 35 分钟，每个模块单独计时。当每个部分的第一个模块答题时间用完时，系统将跳转到第二个模块。当考生完成阅读和写作部分后，会有 10 分钟的休息时间，之后会转到数学部分。每个部分都包含少量未标注的不计分题目，用于后台参考。

SAT 机考考试介绍

标题	读写部分	数学部分
考试形式	两阶段自适应测试设计：整个阅读和写作部分由两个独立计时的模块组成	两阶段自适应测试设计：整个数学部分由两个独立计时的模块组成
考试题量（包含计分和不计分的题目总量）	第一模块：25 道计分试题和 2 道不计分试题 第二模块：25 道计分试题和 2 道不计分试题	第一模块：20 道计分试题和 2 道不计分试题 第二模块：20 道计分试题和 2 道不计分试题
每阶段时间	第一模块：32 分钟 第二模块：32 分钟	第一模块：35 分钟 第二模块：35 分钟
考题总数	54 道考题	44 道考题

续表

SAT 机考考试介绍		
标题	读写部分	数学部分
考试时间	64 分钟	70 分钟
成绩报告	总分 读写部分和数学部分的单独分数	
考试类型	单独问题 四选一多项选择题	单独问题 75% 的四选一多项选择题 25% 的主观问答题
题目范围	文学、历史 / 社会研究、人文、科学	科学、社会科学、现实世界问题
信息图表	有，包括表格、条形图、折线图	有

2. 改革分析

（1）各单项具体改革情况及难易度变化

阅读和写作：SAT 机考的阅读和写作部分使用的是较短的文章段落，主要涉及与大学学习相关主题的文章内容，每一个文章段落单独对应一道考题。考点内容范围及考题分布如下：

SAT 机考阅读和写作部分考点内容范围及考题分布			
内容范围	说明	考查知识点 / 技能	计分题分布
信息和观点	使用理解、分析、推理技能和知识，以及从文本和信息图形中定位、解释、评估及整合信息和观点的能力	· 中心思想和细节 · 寻找证据（文字、数据） · 推论分析	12～14 道考题
技巧与结构	使用理解、词汇、分析、综合推理技能和知识来理解和使用上下文中的高实用性单词和短语，以修辞方式评估文本，并与类似主题的文本建立联系	· 上下文中的单词 · 文本结构和目的 · 跨文本的联系	13～15 道考题
观点表达	使用修改文本的能力来提高书面表达的有效性并满足特定的修辞目标	· 修辞综合 · 过渡	8～12 道考题
标准英语语法	使用编辑技能和知识修改文本以符合标准英语句子结构、用法和标点符号的核心用法	· 语法修辞完整 · 形式、结构和含义	11～15 道考题

可以看出，相比于纸笔 SAT，机考 SAT 把原来分开的阅读、写作与语言两个部分的考试，合并成了阅读与写作部分。不过在实际考试中，考生还是可以从提问方式上明确区分阅读题目和写作题目，因此依然可以将阅读和写作分开作为两个单项来备考。

虽然 SAT 机考采用较短的文章段落单独匹配题目的出题形式，但是在文本复杂性和学科基础知识上的难度并没有变化。因此考生在备考时还是需要注重基础词汇、语法以及理解能力方面的提升，不能因为文本变短而降低自己对基础实力的要求。

数学：整个数学部分都允许使用计算器。考生可以在考试当天使用批准的计算器，或者使用在考试应用程序内自带的图形计算器。考点内容范围及考题分布如下：

SAT 机考数学部分考点内容范围及考题分布			
领域	描述	知识和技能考点	考题分布
代数	分析、流利地求解和创建线性方程和不等式，以及使用多种技能流利地求解方程和方程组	· 单变量线性方程 · 双变量线性方程 · 线性函数 · 双变量中的两个线性方程组 · 单或者双变量线性不等式	13 ~ 15 道考题
高等数学	展示学习高级数学课程的能力，包括对绝对值、二次、指数、多项式、有理、根式和其他非线性方程的理解	· 等价表达 · 单变量非线性方程组 · 双变量方程组非线性函数	13 ~ 15 道考题
解决问题和数据分析	应用关于比率、比例关系的定量推理了解和应用单位费率分析和解释一元和二元数据	· 比率、比例关系和单位百分比 · 单变量数据：中心和散步的分布和度量 · 双变量数据：模型和散点图 · 概率和条件概率 · 从样本统计和误差范围推断 · 评估统计声明：观察性研究和试验	5 ~ 7 道考题
几何和三角学	解决关于面积和体积的问题；角、三角形和三角学；圆	· 面积和体积 · 线、角和三角形 · 直角三角形和三角学 · 圆	5 ~ 7 道考题

可以看出，关于使用计算器的规定变化使数学部分的答题更接近于现实生活中使用计算器的方式。尽管如此，数学对于考生在求解过程中的计算能力依旧有很高的要求。此外，数学中也会有个别题目有较长的题干，在一定程度上加大了题目难度和答题的时间压力。从备考角度来说，建议考生不要因为可以使用计算器而降低对自己计算能力的要求，同时也要加强长题干数学题目的练习，训练自己的理解能力和做题速度。

（2）新旧版 SAT 出分情况的变化分析

SAT 机考采用多阶段自适应（MST）方法，这意味着可以更公平准确地检测考生的真实水平，确保考试结果的可靠性。

在 SAT 机考中，每个部分（阅读和写作部分、数学部分）都分为两个模块。考生在第一个模块中会面临各种难度的问题组合，随后根据第一个模块的作答表现，考生会进入不同难度的第二个模块。这意味着考试题目会“适应”考生的个人情况，把问题调整到更适合考生的水平。

所有的考题都是以正确或错误来判分，答对得分，答错不扣分，考生即使猜错答案也不会丢分。计分会综合考虑每道题的难度、类型，以及回答正确与否。每部分最后的得分会被转换为 200~800 分。

考试后，考生可以拿到成绩报告，其中包含：总分（400~1,600 分），读写部分和数学部分的分数，读写部分和数学部分的知识与技能分析（各包含四个领域）。考生可以查看每个部分、每个领域的大致考题数量及占比，以及自己在每个内容领域的表现，根据这部分成绩报告的解读找到自己提升的方向。

综上，SAT 机考成绩报告不再公布错题个数，而是标注弱势题型；机考题目也不根据单一题型赋分，而是综合难度和题型来进行赋分。

（3）实考体验分析

在 2023 年已有不少考生参加了改革后的 SAT 机考，实考体验的反馈中有以下几点值得关注。

对体力和耐力的要求下降。SAT 机考从原来纸笔考试的 3 个小时缩短为 2 小时 14 分钟，整个考试过程更简洁高效，让考生不再那么累。

不同的压力来源。从时间和题量的改革来看，考生平均在每道题上分配到的答题时间更多了。但是，由于 SAT 机考采用了一个文章段落匹配一道单独考题的模式，导致考生在考场上回答每道题时都要重新阅读一段新的文本。所以从阅读量上来看，要求不降反增。

答题节奏调整，时间压力增大。对于阅读和写作部分来说，如果考生在第二模块进入难度较高的模块，题目和选项的长度会明显增加，对阅读速度和答题思考速度都有很大挑战。数学部分，虽然大多数考生都可以顺利完成第一个模块的题目，但是第二模块如果进入难度较高的模块，最后几题的题目难度会明显上升，如果继续维持第一模块的答题节奏，很有可能会在第二个模块中感觉时间不够。所以考生们要结合自己的模考经验来调整好答题节奏。

出分分数段变化。从实考的出分情况来看，在机考机制下的出分呈现出“中间大，两头小”的模式。中国考生低分段的人数减少，高分段的人数也同样凤毛麟角。高分段对于基础实力、审题细致、思路严谨几个方面的要求都非常高。

二 SAT 2023 年考情分析

1. 综合考情

（1）考试人数变化

根据 SAT 考试官方美国大学理事会公布的数据，2023 年的全球考生人数较去年上涨 10%，已经基本接近 2020 年的数据。

2017 年 ~ 2023 年 SAT 考试——参考人数（单位：百万）

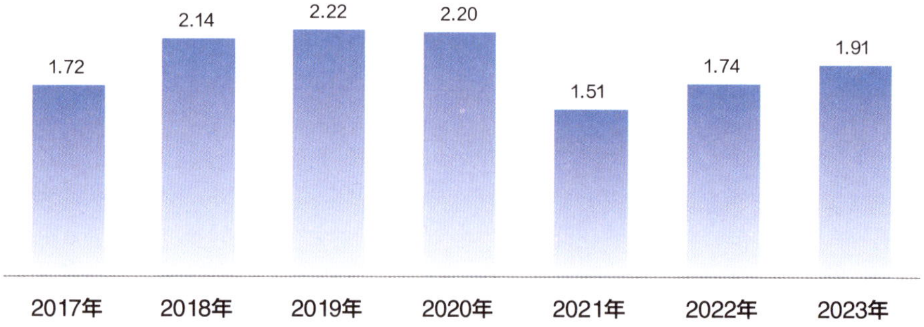

（数据来源：《2023 年 SAT 全球成绩报告》*2023 SAT Suite of Assessments Annual Report*）

（2）成绩分布

在美国大学理事会发布的 2023 年 SAT 全球报告中，官方较为详细地列出了不同维度的数据信息。从全球整体数据来看，1,400 分已经是全球排名前 7% 的成绩了，大部分考生的总分集中在 800~1,190 分之间。而在高分区域内，大部分考生在数学单项上会比文科有更好的成绩表现。

细化考生群体之后可以发现，虽然 1,400 分是全球前 7% 的分数，但对于亚裔考生而言，1,400 分只能排名前 25%，所以对于想要申请美国 Top 30 院校的考生而言，想要在国际生中脱颖而出，1,400 分远远不够。

（3）全球平均分 / 亚洲（中国）考情

从 2023 年全年的均分数据来看，全球平均分（1,028 分）创下了历史新低，比 2022 年的均分（1,050 分）还要低 22 分。但是中国考生的均分不减反增，逐年增高，2023 年机考改革后整体均分甚至高达 1,384 分，在所有国际生乃至亚裔考生群体中都高居榜首，同时比全球均分高 356 分。

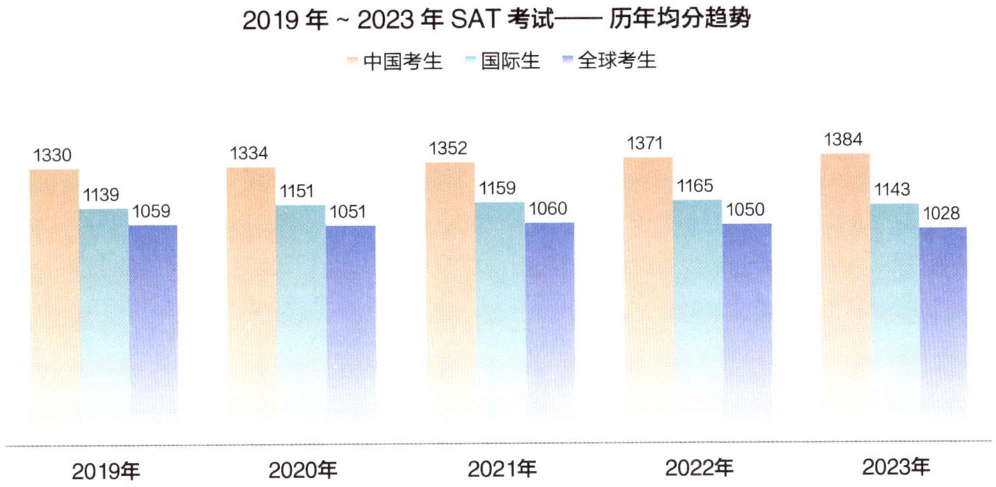

（数据来源:《2023 年 SAT 全球成绩报告》*2023 SAT Suite of Assessments Annual Report*）

在单科方面，文科和数学单科均分自然也远超全球考生，数据趋势走向和之前的总分趋势一样。不难看出，无论是中国考生还是全球考生，数学分数都高于文科分数，其中，中国考生的数学优势更大，总分自然就能进一步拉开差距。

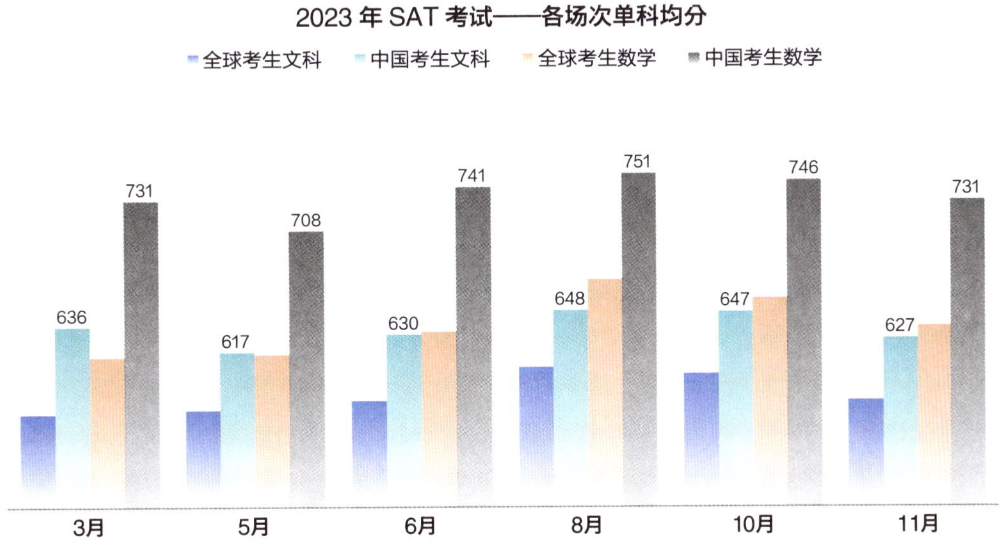

（数据来源:《2023 年 SAT 全球成绩报告》*2023 SAT Suite of Assessments Annual Report*）

（4）成绩提交情况

除了绝大部分的美国大学外，还有 70 多个国家和地区的超过 450 所大学接受用 SAT 成绩申请入学或者奖学金，包括澳大利亚、加拿大、欧洲、东南亚的很多热门名校。据美国大学理事会官方统计，近年来选择用 SAT 成绩申请非美国大学的世界考生占比逐年提升，并且预计未来也会进一步提升。

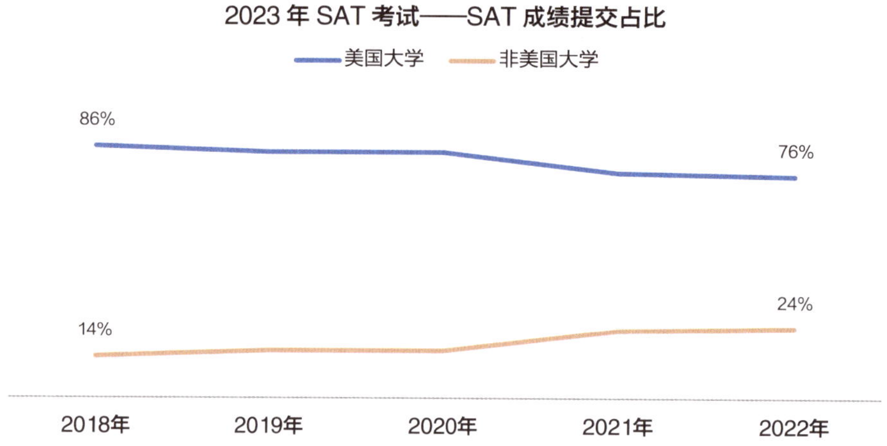

（数据来源:《2023 年 SAT 全球成绩报告》*2023 SAT Suite of Assessments Annual Report*）

2. 单科考情

（1）文科单项

结合 2023 年的实际考情来看，考试的整体难度和官方出具的四套机考练习题（之后简称四套题）难度持平，大部分考法都在四套题中出现过，包括词汇题中的单词选项也出现了重复的情况。

从文本体裁和内容上看，虽然纸笔 SAT 考试中的历史文章（即美国建国文献和重要领导人演讲稿等）在机考中没有出现，但是涉及历史话题的社科 / 人文文本依然存在。机考增加了话剧和诗歌文本，由于涉及古英语以及独特的文本结构和韵律，所以读起来并不轻松。但实际考试中的主流文本体裁仍然是科学文本，文学文本以小说节选为主。另外，文本内容丰富度有所增加，话题涵盖民俗文化、人文社科、道德心理、自然科学等。

从题型上看，每个题型的考频符合官方指导性文件《SAT 机考整体框架结构详细说明》，也和四套题基本一致。考试中题型和题量的占比参考：语境词汇题 8~12 题，文本结构 / 目的题 3~5 题，双篇题 1~2 题，细节/主旨题 2~4 题，图表证据题 3~5 题，文本证据题 3~5 题，文本推断题 3~4 题，语法题（句子结构、标点、词法等）12~14 题，逻辑连接词 5~7 题，修辞综合题 5~7 题。

（2）数学单项

数学还是中规中矩的常规四套题考点，包括直线斜率、二次函数根的判断、单位换算、x 或 y 轴截距、相似三角形、概率计算等。第一模块的难度不大，甚至有些题目就是换了四套题中原题的数据。但是大部分考生反馈，第二模块的难度远大于第一模块，很多考生在做第一模块时，时间绰绰有余，但是在做第二模块的时候时间明显比较紧张。最主要的原因是题目文字量变大以及计算量变大，同一个知识点会变化问法反复考查，需要考生对知识点非常熟悉，对做题速度有一定要求，而且有一定的计算量。所以在理解考点、掌握了公式定理后，数学还是要扎实刷题，总结错题，熟悉各种可能的问法。

3. 考试难度分析

随着 SAT 机考在全球持续进行，2023 年美国也加入了机考的队伍，考试的题型、题材、难度等，规律逐渐清晰。下面将从阅读、文法、数学三个科目入手，分别分析机考考情以及不同模块之间的难度变化。

（1）阅读

SAT 机考阅读科目的题型可以分成两大类：信息与观点（Information and Ideas）和段落和结构（Craft and Structure）。第一类包括中心思想和细节（Central Ideas and Details）、文本证据与数据证据（Command of Evidence: Textual & Quantitative）和推理（Inferences）三种；第二类包括词汇（Words in Context）、文本结构和目的（Text Structure and Purpose）和双篇互联（Cross-Text Connections）三种。

每一种题型都会存在简单、中等、困难三种难度模式，分布在考生考到的两个模块中。不同模块涉及的题型基本是一样的，但是难度占比会稍有不同。

从题型本身的难度上来看，文本证据与数据证据和推理属于比较难的类别，考查考生较为综合的能力，包括文本明示和暗示信息分析、文本逻辑分析、文本和选项关系的分析。同时这几种题型中也会出现较多的长难句，让题目在语言难度上“为难”考生。

文本证据与数据证据和推理也逐渐占据了 2023 年的阅读难题榜单的大部分，不管是文本或图表本身的逻辑，还是选项内逻辑和句型复杂程度，都持续将试卷的难度推向了新高，尤其是在题目考查到“支持（Support）”和“驳斥（Weaken）”时，考生往往需要认真比对每个选项之间的异同，这就占用了很多时间，压缩了后续做题的时间。因此，备考 2024 年 SAT 机考的考生，仍然需要在这几种题型上格外留意。

（2）文法

SAT 机考文法科目包含两种题型：观点表达（Expression of Ideas）和标准英语用法（Standard English Conventions）。第一种为篇章类题目，包括逻辑过渡（Transitions）和修辞综合（Rhetorical Synthesis）；第二种为语法类题目，包括句子结构（Boundaries）和基本语法规则（Form, Structure, and Sense）。

同理，每种题型都会有简单、中等、困难三种难度模式，但是从题型本身的难度上来看，逻辑过渡和句子结构独占鳌头。因此，在中等难度模式中，可以看到两大类、四小类题型基本都会出现；但是在简单模式中，对标准英语用法的考查会包含更多基本语法规则，例如时态、代词等；而在困难模式中，标准英语用法题型会考查更多句子的结构，对基本语法规则的考查占比显著下降。

从能力考查的方面来看，逻辑过渡词涉及的逻辑面广，要求考生熟练掌握每一种逻辑的用法，并且要能区分相似的逻辑；而句子结构则综合考查了考生对句子结构的各方面分析，包括句子成分、复合句、标点、结构等，需要考生具备熟练的语法分析能力。这些题型在 2023 年的考试中多次出现，因此，也会成为 2024 年的重要考查对象。

SAT 机考文法中还有一类重要的新题型，即修辞综合题。从细节支持到全局概括，从相关性到关键点定位，这种题型需要考生快速准确地处理题干所要求的信息。目前考试中这类题目在不同模块中的出现次数不稳定，有时候不出现，也有题目数量多达 4~5 道的情况。考虑到本类题目文字阅读量比语法题和逻辑词更多，考生需要留意自己的阅读速度和对指定信息的快速处理能力。

（3）数学

SAT 机考数学科目包含四大类知识点：代数、高等数学、几何与三角函数、数据分析。

不同模块之间的难度区别主要表现在阅读量和知识点考查的综合程度。通过统计发现，简单、中等、困难三个难度模块中，题目字数和知识点考查的综合程度都呈上升的趋势，这也说明对考生的题目阅读能力和知识点灵活运用的考查是逐渐增加的。

从知识点本身的难度上来说，高等数学中的指数与线性增长、二次函数，以及数据分析中的统计，都是考生需要格外关注的部分。

从 2023 年的考情来看，知识点本身的难度导致考生出现扣分的情况仍然不容忽视，比如指数增长与线性增长的区分、指数函数中周期的问题等，都会结合较长的题目背景，给考生设置一道“坎”。而统计中的方差、散点图、边际误差，也是备考要留意的重点。

机考改革之后还有一大扣分区，就是很多考生在困难模式中遇到了比纸笔考中的题目更难的题目。这类题目多数以二次函数、指数函数、图像、统计等为背景，给考生造成了不小的麻烦。还有很多考生反馈，考试中会遇到个别计算量稍微大一些的题目，少则耗时三五分钟、多则七八分钟的时间，这也会影响后续的做题节奏。

从数学的考法变化上不难看出，官方在刻意地降低学生的题目阅读压力，把更多的重心转移到对数学本身的考查。2024 年这种趋势应该会持续，也就是说，考生在数学考试中仍然会遇到计算量和难度兼具的题目，这就要求考生不仅要掌握机考的所有知识点，还要能够灵活、快速、准确地进行分析和计算。

三 SAT 2024 年备考建议

1. 冲刺 1,400 分的考生

希望冲刺 1,400 分的考生，在阅读和文法方面要关注词汇记忆和语法学习。未达到 1,400 分的考生一般存在较多的阅读理解障碍和语法规则问题，因此首先要有充足的储备以应对语言障碍。其次，要注意通过做练习题训练自己的逻辑思维能力，以达到考试的要求。

在数学方面，要注意对知识点的理解和掌握，以及保证计算的准确率。

2. 冲刺 1,500 分的考生

希望冲刺 1,500 分的考生，在阅读和文法方面已经有一定的积累和训练，但是对较难的词汇和语法的掌握可能不够牢固，要注意持续积累单词，以应对困难模式中较难的词汇题和较难的文本。同时，可以大量练习长难句的分析，积累这方面的错题，反复复习，有助于提高对语法中难度较大的句子结构题目的把握。此外，通过官方文本进行逻辑训练，可以更大程度地掌握阅读中的证据类题目和推理类题目以及文法中的逻辑过渡题目。

在数学方面，准确率尤为关键，一定要避免失误。并且要在难题上下功夫，训练自己对知识点的灵活运用能力和计算能力。

第六节　ACT 考试

一 ACT 2023 年考情分析

每年 10 月，ACT 考试官方都会发布年度成绩报告。在一份总结性报告中（数据主要来自北美考生），ACT考试官方从参考人数、成绩分布、各组均分等各个维度呈现了2022 年到2023 年度较为详尽的考试数据。本节将详细分析 2023 年 ACT 的整体考试情况。

1. 考试人数

ACT 的考生人数与 SAT 考生人数相近。虽然新冠疫情对于 ACT 考试的冲击比较大，但是近两年考试人数开始回升，2023 年美国本土有 1,386,335 名考生。由于官方的年度报告以北美本土数据为主要依据，所以全球考生人数不明。不过结合新东方的服务数据来看，2023 年上半年 ACT 考试人数和去年基本持平，但是下半年受到 SAT 机考回暖冲击，更多考生选择参加 SAT 而非 ACT 考试。

2017 年 ~ 2023 年 ACT 考试——全美参考人数

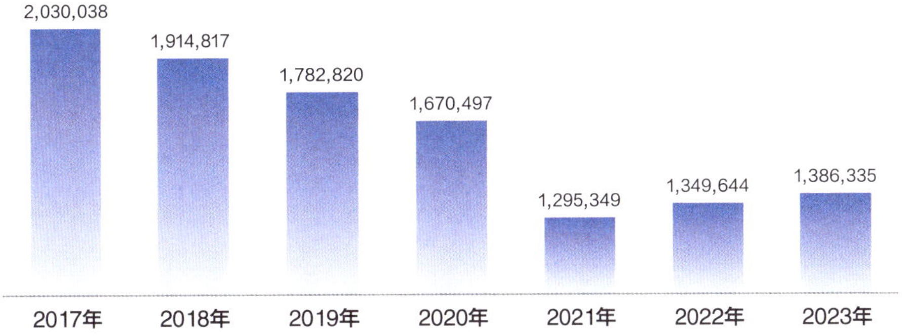

（数据来源:《2023 年 ACT 考生数据报告》*2023 ACT Profile Report*）

2. 成绩分布

从成绩来看，ACT 考试的美国全国平均分已经连续五年下跌，今年平均分仅为 19.5 分，是近十年来的最低分。

2022 年至 2023 年 ACT 考试获得满分的考生仅有 2,542 人，占全体考生的 0.18%，而去年满分考生占比为 0.2%，这一数值也在降低。总分 30 分即超过 95% 的考生，总分为 28 分即超过 91% 的考生。从单科数据来看，各科的满分人数为：英语 8,722 人，数学 4,248 人，阅读 20,032 人，科学 7,485 人。

对美国本土考生而言，显然 ACT 的阅读和英语相对简单，科学和数学难度更大。因此擅长理科且阅读速度不慢的考生，参加 ACT 考试是非常有利的。

3. 成绩提交情况

多国联申是目前留学申请的主流趋势。在申请过程中，部分考生在申请美国 Top 50 院校时会倾向于提交 30 分及以上的成绩；在申请 Top 30 时，32 分及以上的成绩才会比较稳妥；藤校和 Top 10 院校还是青睐绝对高分的考生，大部分申请人也确实手握 34 分及以上的成绩。

和 SAT 考试一样，除了绝大部分的美国大学外，还有 70 多个国家和地区的大学接受用 ACT 成绩申请入学或者奖学金，包括中国香港、加拿大、欧洲等很多地方的热门名校，多伦多大学、英属哥伦比亚大学、香港大学等都是国内 ACT 考生的热门选择。

4. 单科考情

（1）ACT 英语

ACT 英语共有五篇文章，每篇文章 15 道题目，共 75 道题目，考生需要在 45 分钟内完成。其中包括两大部分考点：纯语法题（虚拟语气、倒装、限定 / 非限定性定语从句、平行结构、比较结构、垂悬结构、逻辑主语、动词、代词、介词、标点等）以及篇章题（过渡、增减句子、逻辑词、总结、排序等）。

2023 年 ACT 英语整体考试中规中矩，难度系数是比较正常的，也没有出现特别难的词汇题，但是有一些文章理解起来会对考生有比较高的要求。

总体来说，ACT 英语是相对好提分的，其考查的语法知识比较稳定。但由于内容庞杂，所以在备考的时候需要面面俱到。在熟悉考点和做题方法的基础上，考生需要通过大量刷题来提高自己的答题速度。

（2）ACT 数学

ACT 数学共有 60 道题目，考生需要在 60 分钟内完成，可以使用计算器。相比于 SAT，ACT 数学考点会有增加和深挖，比如增加了矩阵的考点；对三角函数的考查更加深入，不只考查角度、弧度，还加入了对正弦定理、余弦定理的考查等。同时对于高等数学的知识点也有涉猎，比如正态分布、反三角函数、高次方程图像等。在一些题目的考查也比较灵活，有图有介绍，在一定程度上有助于考生理解题干。

在备考过程中，考生一方面需要熟练运用所有的知识点，尤其像矩阵等不太熟悉的内容，争取每个知识点都背得滚瓜烂熟并且会做题；另一方面，要有效地模考并且整理错题，了解同类题型的考点和解题方法。

（3）ACT 阅读

ACT 阅读的语言难度高于 TOEFL，对速度要求也非常高。ACT 阅读一共有四篇 800~900 词的文章，每篇文章对应 10 道题目，考生需要在 35 分钟内完成阅读并作答。四篇文章的题材 / 体裁并不相同，分别是：小说、社科、人文和自然科学。2023 年，小说篇章依旧选取了近现代的名家小说节选，话题涉及家庭、亲情、友情以及个人自我成长等。意识流小说出现过两次，理解难度较大，其他文章都是中规中矩，不过小说题材的文章对于细节内容出题较多且考查得比较细，因此考生在阅读时需要加强对细节信息的理解和记忆。

需要注意的是，2023 年社科文章中的政治话题考过好几次，包括言论自由、政府制度等，对于不了解美国政体以及历史的考生来说读起来难度较大。

在备考时，建议考生首先还是要积累并夯实词汇量，并且多注重对于英文释义和例句的积累，知道词汇的具体使用语境。其次，熟悉细节考点，比如时间顺序、因果、比较等都是常考的细节，这就要求考生在读到这些信息的时候就要有意识地提前记忆。最后，由于四篇文章的体裁不尽相同，建议考生多阅读经典著作，多储备生物、农业、经济、历史名人等背景信息。最后就是提速，多做模考以适应考试节奏。

（4）ACT 科学推理

ACT 科学推理要求考生在 35 分钟内阅读 6~7 篇文章，完成共 40 道单选题。《ACT 官方指南》中提到 ACT 科学推理考查的内容涵盖生物学、化学、物理学以及地球与空间科学（包括地质学、海洋学、天文学、气象学等）。

2022 年 ~2023 年科学推理考试，除了个别题目涉及的知识点难度比较大以外，大部分都中规中矩，大多是常规的数据推理、实验推理等。

考生在作答时，面对考点和难度不同的 6~7 篇文章，不能平均用力、一概而论，因为难度系数的不同注定了有的题目用时较多，有的用时较少。同时，为了应对不同知识点和话题背景，建议考生多学习一些基础词汇以及相应学科的基础知识。

（5）ACT 写作

尽管 SAT 取消了写作，越来越多的学校也取消了写作成绩的提交，但 ACT 写作的考情一如既往地稳定，只不过参加 ACT 写作考试的考生越来越少。一是因为 ACT 总分的考取比较波折，二是 ACT 写作和 TOEFL 写作有诸多相似之处，考生们都有相应的积累。

二 ACT 2024 年备考建议

下面根据不同分数段的考生细化备考指南，并列举在备考过程中建议使用的官方材料以及工具。

1. 24~27 分数段的考生

从备考难度和提分容易度来说，这个分数段中大部分考生在数学单项上还没有取得满分或者是高分，所以建议优先复习并突破容易提分的数学科目，重点学习自己不太熟悉且较难的 ACT 数学考点（如矩阵、较复杂的三角函数、指数函数和对数函数等）。在掌握知识点后，就要进行刷题练习，提升对数学题目的熟练度，从而保证自己能在规定时间内完成答题。

对于剩下的三个科目，最大的任务就是打好基础。首先，英语科目的备考聚焦于基础语法点的梳理以及单词积累。相较于文法知识点，语法知识点比较固定、提分快，考生通过系统的语法学习可迅速提升成绩。其次，阅读单项由于其文章难度和对做题速度的要求，并不是这个分数段考生重点练习和突破的方向。由于语言基础相对薄弱，这个阶段的考生一定要打好词汇基础，才能减少后期阅读文章时生词带来的阻碍。所以在这个备考阶段，考生可以先忽略考试的时间要求，用《ACT 官方指南》或者较早的真题，通过精读的方式，提升自己的语言能力并适应不同话题的文本难度。最后，ACT 科学推理对于很多没有用英文接触过科学相关知识的考生来说，在专业词汇的理解上也会有很大难度，处在这个阶段的考生一定要打好词汇基础，加强对专业学科词汇的积累，例如生物、化学、物理、地质、天文等学科的词汇。

2. 28~32 分数段的考生

大部分考生都集中在这个分数段，此时数学科目的成绩基本已经接近满分，经过系统的学习，数学错题基本集中在常错的几种题型上，做好错题分析尤为重要，同时要通过规律性模考保持做题手感。此分数段的考生应该将备考重点放在科学推理和英语上。

如果在之前的分数段备考中，考生们已经夯实了基础语法知识点，那么这个备考阶段就要掌握并熟悉文法考点（语法点 + 篇章），并且提升做题速度。由于 ACT 英语题量大、时间短，所以要求考生要能根据选项快速判断题目考点。ACT 英语的篇章考点涉及对文本结构的梳理，所以建议考生总结文章话题和生词，保证刷题数量的同时也保证练习效果最大化。

处在这个分数段的考生，科学推理基本也是处于 28~32 分之间，还是需要通过聆听老师的讲解和进行训练来进一步熟悉科学推理文章的形式和题目问法，合理分配阅读和答题时间。一般来说，建议把更多的时间用在审题和做题上，如果题目明确表示需要结合文章知识点作答，且这个知识点是自己比较陌生的内容，考生们再按需阅读文章中的对应内容。同时，这个阶段还要做好科学词汇以及基础学科知识点的积累。

阅读仍然不是亟需突破的短板，这个分数段的考生大部分语言基础已经过关，可以理解大部分文章，但是速度可能偏慢。所以在做题和备考策略上，考生们可以考虑“保三争一”，通过放弃一篇或半篇文章来确保正确率。

3. 33~36 分数段的考生

这个分数段属于高分阶段，考生大部分科目都已经取得满分或高分，但是如果仍然有刷分或者想考出 35 分及以上成绩的需求，那么阅读科目绝对是这个时期的复习备考重点。

阅读的提分主要有两个方向：提升正确率以及提速。对于速度达标但是阅读比较粗糙、正确率不高的考生，一定要做错题分析整理，明确到底是因为没有找到细节信息还是因为理解错词句意思导致错题，做好有针对性的提升。对于正确率较高但是速度不达标的考生，可以通过上课学习老师讲解的分析方法，掌握文章阅读重点和题目常见出题点，并通过大量练习来熟悉方法论的实操。同时，学会合理分配阅读和答题时间。一般比较推荐的读文章和做题的时间配比约为 1:1，例如读文章花费约 3 分 30 秒至 4 分 30 秒；答题花费 4 分至 4 分 30 秒。

最后，对于自己不擅长的短板话题需要做好有针对性的积累，可以查找相关话题背景资料，多阅读相关资料文献。

第七节　AP 考试

一　AP 考试介绍

1. AP 课程改革

2023 年，美国大学理事会在美国西雅图举办了 AP 全球年会，会议邀请了全球顶尖的 AP 教育学者，共同探讨了 AP 课程的发展趋势并公布了 AP 考试的重点改革内容。

四门 AP 物理考试在考试内容与考试形式方面均有所调整；此外，新科目 AP Precalculus 于 2023 年秋季正式推出，2024 年将进行首考。

2. 考试形式改革

AP 物理 1、AP 物理 2、AP 物理 C 力学和 AP 物理 C 电磁学四门科目的考试形式、考试内容、考试大纲以及考查能力在 2025 年均将进行改革。

在考试形式方面，AP 物理 1 与 AP 物理 2 将取消多项选择题；AP 物理 C 的考试时间将会延长至三小时，题量也会有所增加。改革后，四门 AP 物理的考试形式将会统一，具体如下：

考试部分	考试时间	题量	考试内容
Multiple Choices 选择题	90 分钟	50 题	每题 4 个选项，且均为单选
Free Response 简答题	90 分钟	4 题	Mathematical Routine 分值：10 分 Translating Between Representations 分值：12 分 Experimental Design and Analysis 分值：12 分 Qualitative/Quantitative Translation 分值：8 分

3. 考试内容

AP 物理 1 最大的变化是考点会加入 Fluids（流体力学）的内容，目前这部分内容在 AP 物理 2 中有所考查。微观层面的流体力学内容会被删除，对于不清楚这部分概念的考生来说，是一个利好的消息。

对于为什么要添加此部分知识点，官方也给出了解释：流体力学部分的知识点和力学关联度较高。比如，流体中的浮力分析和力学中的受力平衡相挂钩，伯努利方程也与能量部分有很好的契合。

同时，美国大学理事会在调查了美国众多高校的大学物理课程后发现，流体也是大学物理课程中重要的一部分。新增流体力学的内容可以更好地帮助考生应对大学物理课程，同时也能让物理 1 的学分兑换更加有说服力。

AP 物理 2 不再考查流体力学的内容，狭义相对论与量子波动方程两部分的内容也将被删除。替换为以下新增考点：

- Mechanical Wave & Sound 机械波和声波
- Specific Heat 比热
- Blackbody Radiation 黑体辐射
- RC Circuits RC 电路

关于 RC 电路部分的内容，目前的考试只会考查初始状态和末状态，改革后会考查充、放电过程，比如电容充电过程中电流如何变化，但不会涉及公式和计算。AP 物理 C 力学和电磁学的考试内容将不会有太大变化。

4. 考试大纲与考查的能力

AP 物理 C 此前考查的很多知识点并未在旧考纲中体现，而新考纲会将这些知识点明确标出，方便考生和授课老师更好地理解考纲考查的内容。

AP 物理 1 的新考纲将考查能力与知识点分开。旧版考纲中一个考点可能只考查一种能力，而在新版考纲中，考点与考查能力可以随意搭配，一道题可能涉及多个知识点，而同一个知识点也可能有多种考查形式，考试将会变得更加灵活。

这就变相要求考生们需要对各个知识点进行综合学习，提升对于各知识点的理解，以及对不同知识点之间的内在逻辑的思考能力。

5. 新增 AP Precalculus 科目（预备微积分）

美国大学理事会还公布，AP 考试将增加一门新科目——AP Precalculus（预备微积分）。相关课程在 2023 年秋季正式走进课堂，首场考试在 2024 年举行。

这门课程可以帮助考生掌握更严谨的数学概念和技能，夯实数学基础，同时也给考生们提供更多的考试选择。

AP 预备微积分课程的主要内容包括：Functions（函数）、Modeling（建模）、Symbolic Manipulation（符号操作使用）以及 Covariation（共变），知识点相对较少且相对简单，可以帮助考生更好地衔接、过渡到 AP Calculus 微积分课程。

对于一些数学基础比较薄弱，且未来大学要学习的专业偏文科或艺术类方向的考生来说，如果觉得 AP 微积分 AB/BC 学习起来难度或挑战过大，可以选择 AP 预备微积分作为自己的一门 AP 成绩。对于数学基础优良的考生，建议最终还是要考 AP 微积分 BC。

二 AP 2023 年考情分析

AP 成绩为 5 分制，满分 5 分为极优秀，4 分为优秀，3 分为及格，大多数学校接受 3 分的成绩，这也是 AP 考试受到全球考生关注和欢迎的重要原因。下面将着重分析 2023 年 AP 考试在全球的情况，帮助考生和家长更好地了解 AP 考试的现状。

2023 年全球 AP 5 分率整体上涨，在全部 38 门科目中，超过 71% 的科目的 5 分率有所提高。

其中，数学与计算机类科目的 5 分率较高，并且在持续上涨；社科类科目，如 AP 宏观经济学、AP 微观经济学以及 AP 心理学等，5 分率也均有所提高。

这些都是中国考生选择较多的科目，在 5 分率上涨的大趋势下，大家可以将这些科目列入选科范围进行学习。

类别	科目	2023 年			2022 年
		5 分率	4 分率	3 分率	5 分率
数学与计算机类	AP 微积分 BC	42%	16%	20%	40.9%
	AP 计算机科学 A	27%	22%	18%	26.5%
	AP 微积分 AB	22%	16%	20%	20.2%
	AP 统计	15%	22%	23%	14.3%
	AP 计算机科学原理	12%	23%	33%	12.1%
	AP 预备微积分	2024 年首考			
历史和社科类	AP 微观经济学	18%	26%	22%	16%
	AP 心理学	17%	23%	20%	16.9%
	AP 宏观经济学	16%	23%	25%	15.3%

部分科学类科目的 5 分率虽然略有下降，但 5 分率的居中值并没有太大的浮动，如 AP 物理 C 力学的 5 分率在 25% 上下浮动。

2020 年至 2022 年，因疫情原因，AP 物理类四门科目的考试内容和考试形式有比较大的变动，对 AP 考试有一定影响。2023 年是疫情后的第一次大考，5 分率有一定的起伏是比较正常的现象，科学类科目依然是中国考生选择较多的科目。

类别	科目	2023 年			2022 年
		5 分率	4 分率	3 分率	5 分率
科学类	AP 物理 C 电磁学	31%	24%	13%	30%
	AP 物理 C 力学	23%	28%	22%	25.3%
	AP 化学	15%	27%	33%	11.4%
	AP 物理 2	15%	17%	36%	15.1%
	AP 生物	14%	23%	27%	14.8%
	AP 环境科学	8%	28%	17%	9%
	AP 物理 1	8%	18%	19%	7.4%
英语类	AP 英语语言文学与写作	15%	28%	34%	16.6%
	AP 英语语言与写作	10%	20%	26%	10.2%

以下为 2023 年 AP 全球各科目 5 分率分布情况以及升降对比的详细数据。

2023 年 AP 考试——5 分率分布

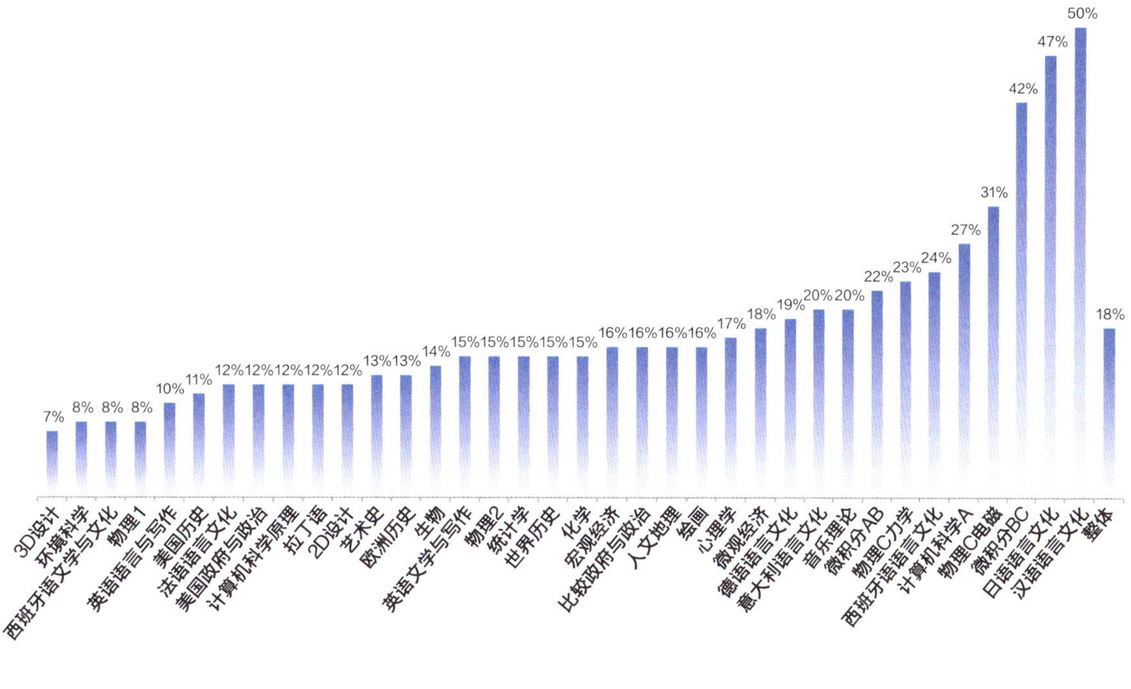

2022 年 ~ 2023 年 AP 考试——5 分率差值变化

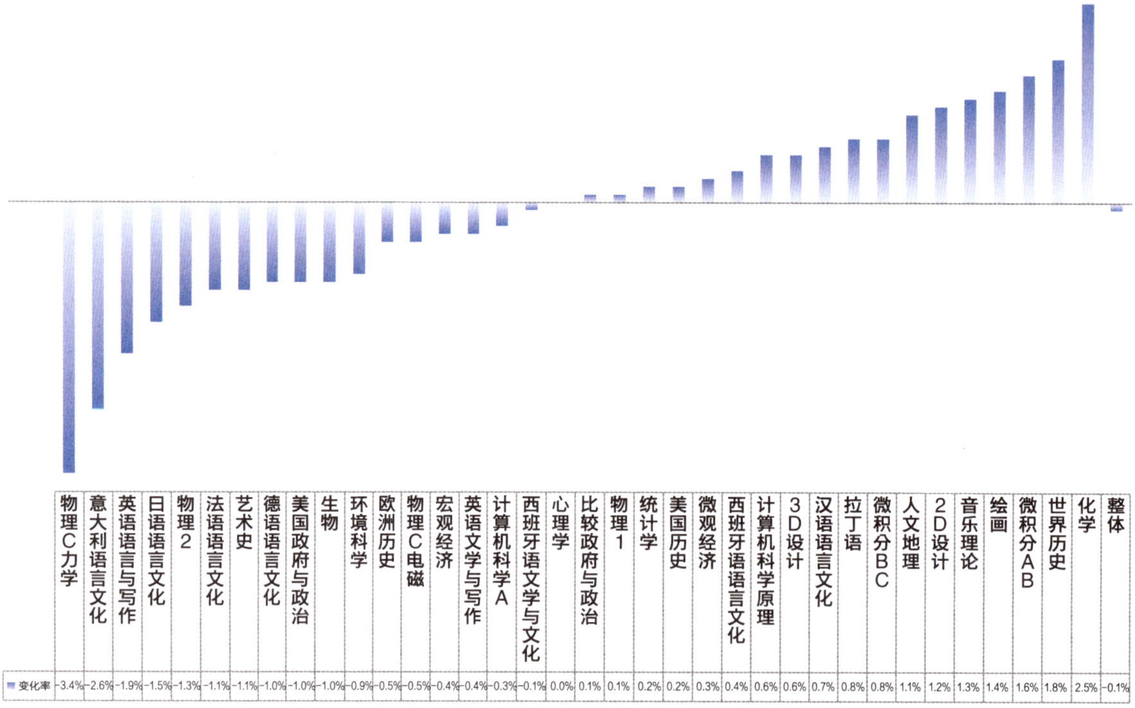

1. 中国考生 AP 5 分率分析

下图对比了 2020 年至 2022 年获得 3 分及以上成绩的中国 AP 考生的比例变化情况。

可以看到，中国考生的 AP 成绩非常优秀，AP 平均分达到了 3.4 分。2022 年，有 72% 中国考生的 AP 成绩都达到了 3 分及以上。不过，与 2020 年（79%）相比下降了 7%。

究其原因，2022 年很多城市的 AP 考试都因疫情原因被取消了，尤其是北京、上海、广州、深圳等生源质量好、出分率比较高的城市，这导致中国考生的整体成绩有所下降。

而 2023 年所有 AP 考试如期举行，从目前已经统计的 AP 成绩来看，中国考生的 AP 高分比例较去年会有所提升，大概率会恢复至 2020 年的水平。

2022 年中国 AP 成绩的分布

年份	1	2	3	4	5	3 分及以上
2022	16%	12%	18%	24%	30%	72%
2021	12%	13%	18%	25%	32%	75%
2020	8%	13%	21%	26%	32%	79%

通过对考试及分数情况的分析，可以发现最受中国考生欢迎的十大科目分别是：AP 微观经济学、AP 微积分 BC、AP 宏观经济学、AP 统计学、AP 物理 1、AP 心理学、AP 物理 C 力学、AP 计算机科学、AP 微积分 AB、AP 化学。

2. AP 学习规划

对想要申请美国本科的考生来说，在进入国际学校体系时，面临的不仅有语言能力的挑战与初升高知识点的跨越，还有学习多门陌生的科目（比如经济学、心理学等）的压力。

因此，初三毕业后的暑假是至关重要的学习阶段。建议考生们在这个暑假就开始学习 AP 课程或 Pre-AP 课程，争取在高一就参加 2~3 门 AP 考试，如果能顺利取得 5 分，那后续的学习压力会少很多，备考节奏也会相对轻松很多。

在高二和高三上学期的 9、10 月份要开始同步学习 3~4 门 AP 科目，参加下学期 5 月份的 AP 考试并取得合格的成绩。

以下是高中三年 AP 学习的备考规划轴，供大家参考。

	7月	暑假	8月	9月	10月	11月	12月	1月	寒假	2月	3月	4月	5月
初二	Pre-AP, AP 提前学												1~2门AP
高一	AP 提前学			—	AP 备考								2~3门AP
高二	—				AP 备考								3~4门AP
高三	申请材料 面试准备				EA/ED 截止	加州系截止	RD 截止	AP 备考					1~2门AP

三 AP 2024 年备考建议

针对特定科目，建议考生注意一些常用备考点，下面以常考的数学类科目为例进行讲解。

1. AP 微积分 AB/BC

- 充分的习题训练。微积分 AB/BC 考查的章节较多，需要考生能够熟练运用大量知识点解题。建议考生借助教科书和网站上的相关习题资源进行高频训练，重点关注解题的过程和思路。
- 微积分概念的英文表达。解题包含较多的微积分性质分析以及实际应用解释，考查考生用英文输出答案的能力。建议考生在学习中主动用英文陈述知识点的关键内容，并按阶段总结应用题型的叙述易错点。

2. AP 统计学

- 培养计算器应用能力。考试所有内容允许使用图形计算器求解，考生在学习中需要持续使用计算器进行各种统计计算的操作和验算，做到充分利用其功能，进行高效解题并降低计算失误率。
- 清晰分类统计知识点。统计学问题因题目长度大于微积分课程，要求考生能够高效拆解题意对应考点，所以考生需要在备考过程中训练各个考查知识的数据 / 概率模型的特点和关键词信息，提升读题速度和精准度。
- 统计学论证术语。解题时经常要求考生给出选择模型 / 分类的统计学依据，考生需要根据评分标准充分训练从统计量联系到统计结论的对应关系，以及相关术语的标准表达能力。

第八节　A Level 考试

A Level 考试主要由英国七大考试局组织举办，国内常见的三大考试局分别是牛津 AQA、剑桥 CAIE 和爱德思 Edexcel。各考试局的 A Level 教材、教学大纲、课程设置和考试形式不尽相同，但最终的成绩都是同样有效的。在提交大学申请时，考生所提交的 3~4 门 A Level 成绩可以是出自不同考试局的成绩。例如，数学和进阶数学科目的完整成绩出自爱德思 Edexcel，商务科目的完整成绩出自剑桥 CAIE。

三大考试局的赋分标准基本一致，均采用 UMS（Uniform Mark Scale，即统一成绩等级）和 Raw Mark（原始成绩）相互转化而来。A Level 整体的考试，包括 AS 部分和 A2 部分。最高得分等级为 A*。获得 A* 要同时达到两个必要条件：

- 学科总分（AS+A2 全阶段）达到 A 等的标准。
- A2 成绩达到 90% 的 UMS 标准。

考试局官方首先会根据原始成绩（Raw Mark）进行 UMS 转化。转化标准会根据每次考季的试卷难度、成绩分布等因素浮动调整，最终形成分数线（Grade Boundary）。举个简单的例子，假设在 1 月的 U1 试卷，获得 63 分的成绩就是 A 等。而在 6 月考季的 U1 试卷中，因为试卷难度较高、整体成绩偏低，只需要达到 57 分就可以获得 A 等成绩。

本节将对 2023 年国内常见的三大考试局的考情进行分析，并给出备考建议。

一　牛津 AQA 考试局 A Level 2023 年考情分析

牛津 AQA A Level 课程是模块课程，包括 AS Level 和 A Level。两个阶段的教学方式类似，但 A Level 的知识难度更大，通常也需要更长时间才能完成。

2023 年 6 月的考季开放了 11 门 A Level 科目，分别是数学、进阶数学、物理、化学、生物、商务、经济、地理、心理学、英语语言学和英国文学。下面是根据牛津 AQA 官方文件 *Oxford AQA International Provisional Results Statistics*（《对于国际牛津 AQA 考试的成绩统计》）披露的数据信息的分析。该文件是仅针对英国本土以外的国际 A Level 考生的数据，中国考生的也包含在内。

1. 牛津 AQA 考试局 AS Level 考试数据统计

在 2023 年 6 月的考试中，牛津 AQA 考试局 AS 阶段的整体 A 率为 26.5%，与 2022 年相比下降 8.2%。获得 A 率最高的科目是进阶数学（56.0%），其次是物理（30.4%）、数学（29.9%）、化学（26.5%）。理科类科目的整体 A 率依然占大多数。

2023 年 AS Level 考试——牛津 AQA 各科目 A 率占比

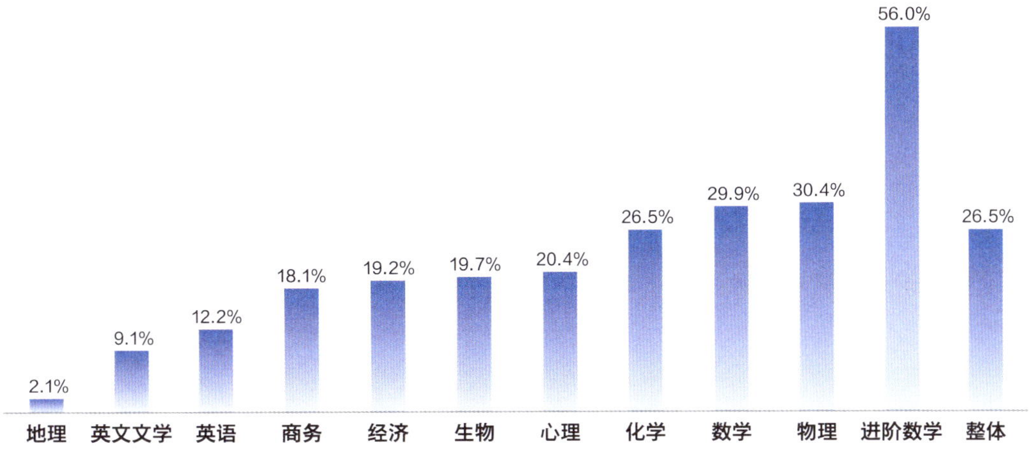

再来看 2023 年相较 2022 年 A 率的涨跌情况。可以看到所有科目的 A 率均表现为下降状态。其中下降最多的也是 A 率最高的科目：进阶数学。除此之外，数学、经济、物理均有大幅的下降。

2022 年 ~ 2023 年 AS level 考试——牛津 AQA 各科目 A 率差值变化

	进阶数学	数学	英语	经济	物理	地理	化学	英文文学	心理	生物	商务	整体
■ 变化率	-16.4%	-12.2%	-10.8%	-10.2%	-8.6%	-8.4%	-8.0%	-7.3%	-4.1%	-2.9%	-1.4%	-8.2%

2. 牛津 AQA 考试局 A Level 考试数据统计

在 A Level 阶段 A^* 率及 A 率的分布呈现出类似 AS 阶段的状态，即理科科目不管在 A^* 率还是 A 率方面都大大超过社会以及人文科学类科目。整体 A^* 率为 14.2%，A 率为 37.2%。但是和 AS 不同的是，A Level 阶段 A^* 率最高的是数学（22.9%），进阶数学（11.4%）仅排到了第四名。物理以及化学在 2023 年 6 月考季的表现仍然稳居前三。

而在 A 等及以上占比方面，进阶数学常年稳坐第一把交椅，该科目依旧是高分段必冲的学科。在其之后的仍是物理、数学、化学三大理科支柱科目。

2023 年 A Level 考试——牛津 AQA 各科目 A* 率及 A 率占比

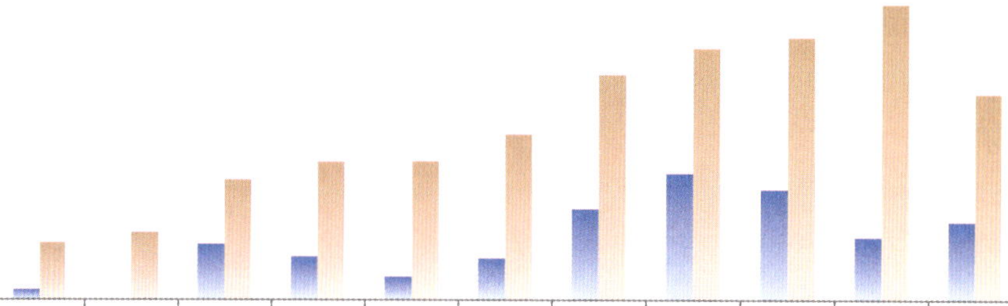

	地理	心理	商务	英文文学	生物	经济	英语	化学	数学	物理	进阶数学	整体
A*	0.0%	1.8%	0.0%	10.1%	7.8%	4.2%	7.5%	16.5%	22.9%	20.0%	11.4%	14.2%
A	0.0%	10.3%	12.2%	21.7%	24.9%	25.0%	29.9%	40.7%	45.4%	47.4%	53.4%	37.2%

对比 2023 年及 2022 年 6 月考季的整体情况，与 AS 一样，所有科目的高分段人数占比均有不同程度的下降。进阶数学下降最多，下跌了 27.5%。而在常考科目中，物理学科的 A^* 率相对比较稳定。

2022 年 ~ 2023 年 A Level 考试——牛津 AQA 各科目 A* 率差值变化

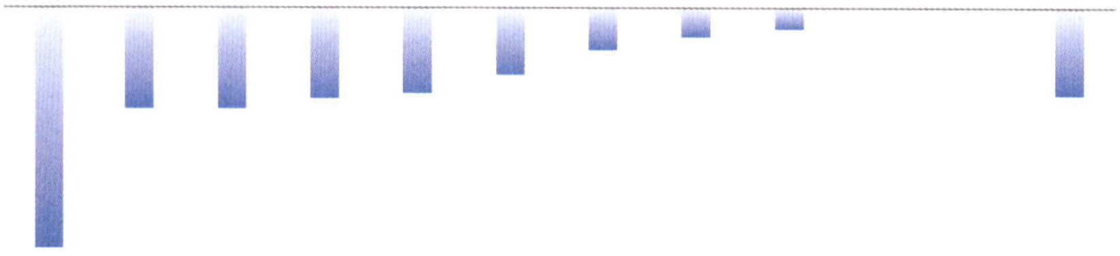

	进阶数学	经济	数学	化学	英语	生物	心理	商务	物理	英文文学	地理	整体
变化率	−27.5%	−11.6%	−11.6%	−10.4%	−9.8%	−7.7%	−4.8%	−3.3%	−2.4%	0.0%	0.0%	−10.0%

3. 历史数据分析

通过以上数据可以看到一个现象，即很多科目在高分段人数占比存在极大优势的情况下，相较 2022 年仍然有大幅的下降。将 2019 年至 2023 年考试科目的 AS 阶段 A 率以及 A Level 阶段 A^* 率进行年份的横向对比之后，可以发现，从整体数据来看，2023 年的人群占比正在回到 2019 年的数值。例如 2023 年的整体 A^* 率（14.2%）和 2019 年的 A^* 率（13.2%）仅仅相差 1%。常考科目如数学、物理、化学和进阶数学也呈现出同样的趋势。

在经历过 2021 年的高分段占比高峰后，整体数据的态势逐渐平衡下来。这里可以很清楚地看到，就算是其他两个考试局的常考科目——经济（牛津 AQA 2021 年首考），AS 阶段的 A 率以及 A Level 阶段的 A^* 率仍受到了不小的冲击。数据背后透露出了考试局对于高分段人群的调整趋势。未来几年内，预计这些数据将进入小幅浮动的状态。对考生而言，首先要清楚地认识到 2021 年高分段占比情况应该很难再出现了。

2019 年 ~ 2023 年 AS Level 考试——牛津 AQA 各科目 A 率分布

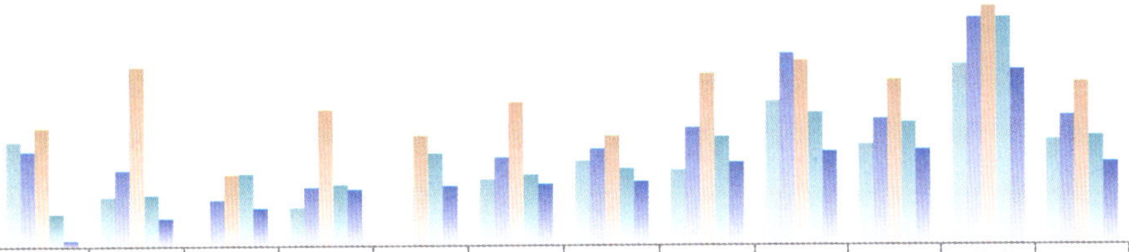

	地理	英文文学	英语	商务	经济	生物	心理	化学	数学	物理	进阶数学	整体
2019年	33.3%	15.8%	—	12.2%	—	21.1%	26.9%	24%	45.7%	32%	57.5%	33.5%
2020年	30.4%	24.3%	14.8%	18.7%	—	28.2%	30.8%	37.5%	61.2%	40.2%	72.4%	41.2%
2021年	37.9%	57.4%	22.9%	43.5%	35.2%	45.8%	35%	54.9%	59.1%	52.9%	76.2%	52.1%
2022年	10.5%	16.4%	23%	19.5%	29.4%	22.6%	24.5%	34.5%	42.1%	39%	72.4%	34.7%
2023年	2.1%	9.1%	12.2%	18.1%	19.2%	19.7%	20.4%	26.5%	29.9%	30.4%	56.0%	26.5%

2019 年 ~ 2023 年 A Level 考试——牛津 AQA 各科目 A* 率分布

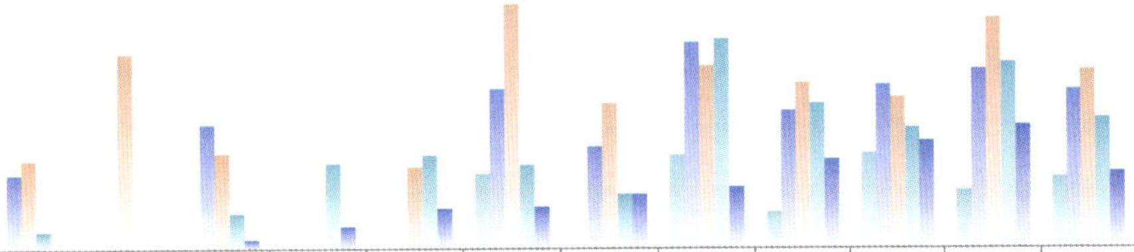

	商务	地理	心理	经济	英语	生物	英文文学	进阶数学	化学	物理	数学	整体
2019年	—	—	—	—	—	13.9%	—	17.3%	6.7%	17.6%	10.7%	13.2%
2020年	13.9%	—	23.2%	—	—	29.7%	19%	38.3%	25.6%	30.4%	33.3%	29.5%
2021年	16.5%	36.4%	17.8%	—	15.2%	45.5%	27.1%	34%	30.8%	28.1%	42.8%	33.2%
2022年	3.3%	—	6.6%	15.8%	17.3%	15.5%	10.1%	38.9%	26.9%	22.4%	34.5%	24.2%
2023年	—	—	1.8%	4.2%	7.5%	7.8%	10.1%	11.4%	16.5%	20%	22.9%	14.2%

2019 年 ~ 2023 年 A Level 考试——牛津 AQA 各科目 A 率分布

	地理	心理	商务	英文文学	生物	经济	英语	化学	数学	物理	进阶数学	整体
2019年	—	—	—	—	27.8%	—	—	42.2%	39.6%	44.1%	42.3%	40.4%
2020年	66.7%	41.1%	47.2%	52.4%	49.5%	—	—	61.6%	63.5%	66.0%	71.0%	61.3%
2021年	54.5%	43.0%	49.5%	74.6%	62.0%	—	36.4%	61.5%	70.4%	60.7%	68.1%	62.5%
2022年	18.8%	26.5%	25.3%	30.4%	32.5%	52.1%	32.7%	51.7%	60.1%	50.2%	73.2%	50.4%
2023年	—	10.3%	12.2%	21.7%	24.9%	25.0%	29.9%	40.7%	45.4%	47.4%	53.4%	37.2%

二 牛津 AQA 考试局 A Level 2024 年备考建议

在如今的大背景之下，考前的备考节奏以及时间管理的重要程度不言而喻。除了制定长期复习规划、合理安排真题试卷“刷题”以及提高语言能力等基础备考策略外，考生还需要了解牛津 AQA 考试局试卷的一些特点。

1. 牛津 AQA 考试局试卷特点

首先牛津 AQA 考试局和其他两个考试局在试卷的设置以及知识点分布上均存在不同程度的差别。

以必考的数学科目为例，牛津 AQA 在 AS 阶段需要学习 P1（数学 1）、PSM1（数学、统计、力学），A2 阶段需要学习 P2（数学 2）、S2（统计 2）或 M2（力学 2），共计四张试卷。在试卷总量上，牛津 AQA 有很大的优势。牛津 AQA 各张试卷之间几乎不存在知识点交叉。

2. 合理安排各单元的复习节奏

在了解了牛津 AQA 的特点之后，还要分析需要注意的要点。下面还是以最重要的数学科目为重点展开分析。

A Level 的所有考试局在进入考试季之后，考试时间会安排得比较密集。密集期甚至会出现一周要参加三场或以上考试的情况。牛津 AQA 考试局虽然将 P、S、M（数学、统计、力学）合并到一张试卷同时考查，好像显得不同系列之间没有调整时间，但是试卷数量少的优势反而给考生预留更多的复习时间。而且牛津 AQA 的试题总量相对较少，从整体上看，考生的压力可以得到适当的缓和。在备考节奏上，要注意试卷的分布情况，比如数学科目，P、S 和 M 系列的复习进度要相对保持一致，不要出现太大的进度偏差。建议制作备考日历，标注每日需要进行的“刷题”、复习和总结任务。

3. 注重学科特性

以 2023 年 6 月考季的物理 U1 试卷为例，该考卷共有 24 道题目，总分为 80 分。在物理科目的试卷中部分 A 和部分 B 的主观题大致可以分为四类题型，对应的分数占比分别为计算题（39.4%）、论述题（27.3%）、证明题（24.2%）、画图题（9.1%）。除了常规的计算题目之外，占比第二多的是论述题。针对理科科目，牛津 AQA 考试局通常会要求考生能运用理论知识解释具体的现象。物理是一门实验科学，考生对很多知识点的困惑是无法通过高中的知识结构完全解决的，一定要清楚这些知识点在实际情况下的应用。

三 剑桥 CAIE 考试局 A Level 考情分析

CAIE A Level 考试同样分为 AS 和 A2 部分，AS 的最高评级为 A，AS 和 A2 总成绩的最高评级为 A*。由于 CAIE 同一次考试会有多个考区，不同考区使用的试卷和组合不同，所以官方会根据不同试卷的难度给出不同的评级分数线。每一年的 CAIE 评分表当中，都会给出考试组成部分的各档位分数线和可选组合的各档分数线。下面将根据 CAIE 官方文件 Grade Thresholds，并通过几个主流学科在 2023 年 6 月考试的分数线变化来分析各科的考试变化趋势。（受疫情影响，剑桥 CAIE 考试局取消了 2020 年 5 月、6 月的所有考试，因此以下图表不包含 2020 年的数据。）

1. 数学

从近五年的 A 和 A* 分数线统计图可以看出，在 2023 年 6 月考季的数学分数线确实明显高于改革前且处于疫情期间的 2021 年和 2022 年，但低于 2019 年的分数线。数学考试的难度有所提升。

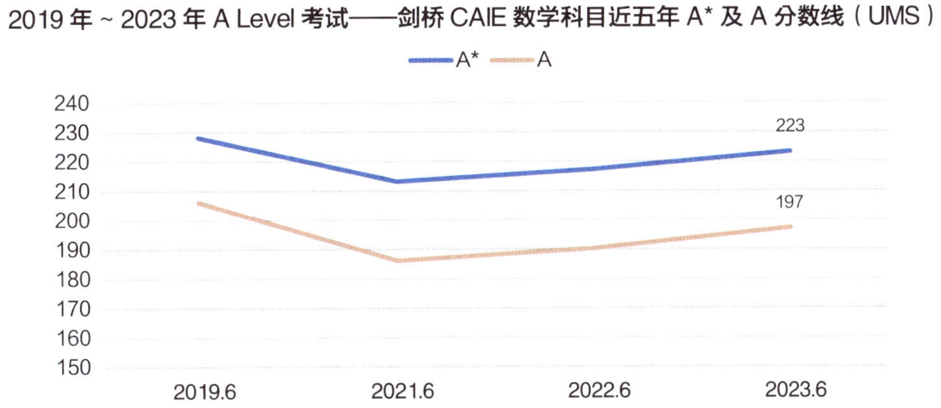

通过分析近五年各模块 A 分数线可知，相较于 2019 年，中国大陆考区数学各模块的分数线在 2023 年并没有很大波动，但是数学 1 和力学试卷在 2021 年和 2022 年的分数线并不高。由此可见，经过两年的磨合期后，考生才逐渐习惯改革之后的剑桥 CAIE A Level 数学。

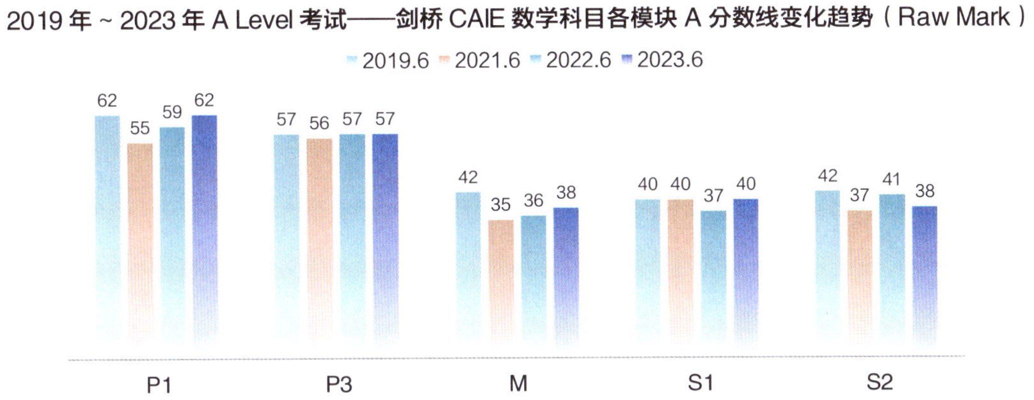

从 2023 年 6 月的试卷题目来看，考试难度相较前两年并没有很大区别，考查特点主要体现在以下几个方面。

- 新考纲知识点的考查。数学科目自从考试改革以来频繁考查新加入的知识点。例如，在 2023 年的中国区数学 1 试卷中，出现了函数变换和圆的内容，考查考生们对函数变换顺序和图像的理解，以及圆的方程和二次方程组的综合应用。
- 代数表达类题目。2023 年的数学 1 考题中在数列一题中使用了代数符号而不是具体数字，考生需要使用代数运算完成大部分的推导，最后才能得到方程或不等式求解。这种题型在 2021 年和 2022 年各自 11 题的微积分大题中也有所体现。
- 微积分大题依然占比最高。无论在数学 1、数学 3 还是力学模块中，微积分大题都是考试重点。在 2023 年的数学 1、数学 3 和力学卷中，其分值分别为 16 分、19 分和 10 分，平均占比 22.5%。尤其是数学 3 卷在加入反正切函数相关的新知识点后，分式函数积分的变化很多。

2. 物理

2023 年，剑桥 CAIE 物理的分数线相较 2022 年有显著的提升，有不少考生反映，在拿到跟去年相同分数的情况下，等级却没有去年考试的同学高。

2021 年至 2022 年的分数线相比 2019 年有明显的下滑，而 2023 年官方也放出消息——分数线将向 2019 年靠近，A Level 物理的 A* 线和 A 线相比去年都有超过 10 分的涨幅，并且与 2019 年的分数线都只有不到 10 分的差距，很多老师和考生都感到 2023 年的 A/A* 非常难拿。

2019 年 ~ 2023 年 A Level 考试——剑桥 CAIE 物理科目分数线变化趋势（UMS）

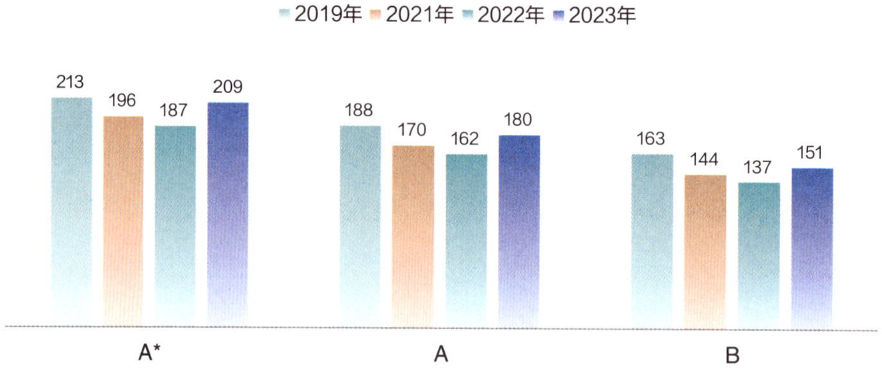

再来看一看东亚考区各试卷的 A 线变化。2023 年大部分试卷的 A 线仍低于 2019 年，如果接下来的分数线都向 2019 年靠近，那么在试卷难度没有明显起伏的情况下，想要拿 A 或者 A* 的难度肯定是超过前两年的。对于想拿到总评 A 或者 A* 的考生来说，需要尽量在 AS 阶段就拿到相对更高的卷面分数，才能减轻 A2 阶段的分数压力。

2019 年和 2023 年 A Level 考试——剑桥 CAIE 物理科目不同试卷号 A 分数线变化（Raw Mark）

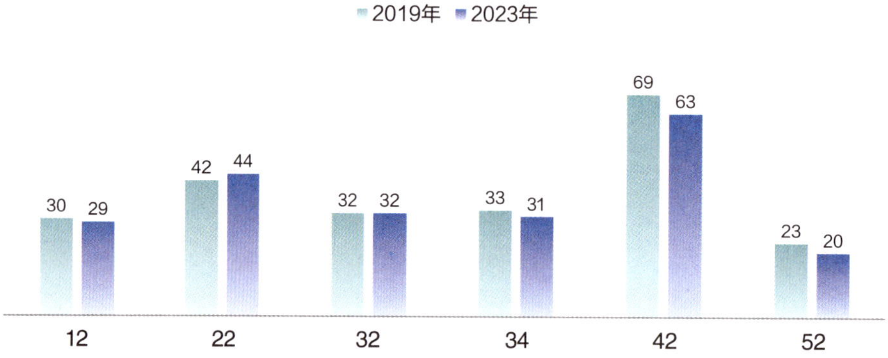

3. 化学

从近五年的 A/A* 分数线统计图中可以看出，化学科目在 2023 年 6 月考季的等级分数线高于 2021 年和 2022 年的分数线，但却低于 2019 年的分数线，也就是说，2023 年的试卷难度有所提升。

2019 年 ~ 2023 年 A Level 考试——剑桥 CAIE 化学科目 A/A* 分数线（UMS）

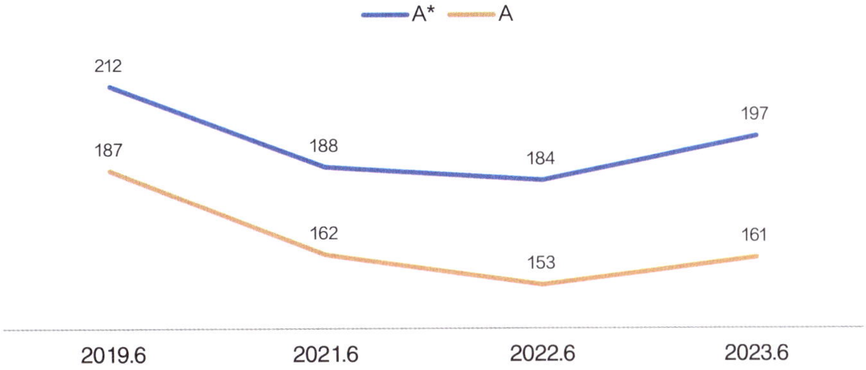

再来看各模块的情况。从近五年每个试卷的 A 分数线（Raw Mark）可知，相较于 2019 年，2023 年中国大陆考区 12、32、52 组合的分数线并没有太大的波动。

不过，简答题（component 22）等级 A 的分数线比 2019 年同期低了 10 分；简答题（component 42）等级 A 的分数线比 2019 年同期低了 11 分。这两张试卷分别占整个 A Level 分数的 23% 和 38.5%，合计 61.5%，可见这两张试卷难度的提升导致了 2023 年 6 月的等级分数线低于 2019 年。

2019 年 ~ 2023 年 A Level 考试——剑桥 CAIE 化学科目不同试卷号 A 分数线（Raw Mark）

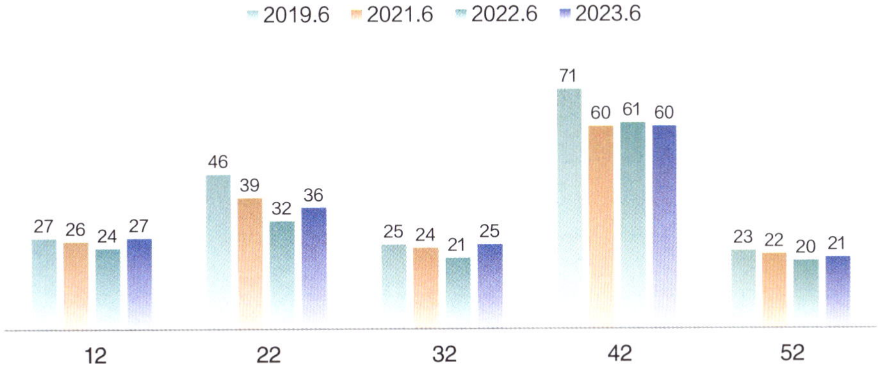

从今年 6 月的简答题（component 22）来看，考试难度有所提升，原因主要体现在以下几个方面：

- 新考纲知识点的考查。虽然化学从 2022 年开始启用新考纲，但是此前官方可能考虑到疫情的影响，对新考纲知识点的考查较少。在 2023 年的试卷中，出现了电负性变化解释、氯气对水的净化等新知识点。
- 注重考查对知识点的解释和运用能力。在新考纲中，关于试卷 2 的评估目标，AO2（处理、应用和评估信息的能力）占比增加 5%，这项能力对考生的化学素养要求更高，这在试卷中也有所体现。比如，有的题在题干中给出了考生不熟悉的有机反应机理，要求考生分析反应物质的作用和反应的过程。

4. 经济

2023 年，剑桥 CAIE 经济学迎来了考纲改革后的第一场考试，很多考生在考前都在猜测会考查哪些新知识点以及试卷 2 题量是否会增加。比较幸运的是，中国考生使用的 2 卷，尤其是两张简答题卷（试卷 2 和试卷 4）均未出现考查新知识点的大分值题目，所以过往试卷的练习对本次考试还是有很重要的参考意义。

但是其他考区的试卷，比如试卷 2 的 3 卷，宏观论文题部分出现了被纳入 AS 考纲的有关收入循环流动模型均衡的题目。新考点在第四章第二小节中，由旧考纲的 A2 阶段移至现在的 AS 阶段。不过调整后考点的考查对于 2023 年考试的影响不是很明显。

从单张卷子的等级阈值来看，新旧大纲的试卷 1 和试卷 3 两张选择题卷相较于 2022 年几乎无变化。但是，因为试卷 2 增加了一道论文题，得分变得更难，拿到 A 所需要的原始分百分比也随之下降。试卷 4 的题量虽然没有改变，但是由于调整了论文题的分值（由 25 分下调至 20 分），所以得分难度也有所降低，拿到 A 所需要的原始分百分比从 60% 上升至 62%。

对 2023 年中国区 AS 经济考生来说，满分 90 分的两张 paper 卷面分拿到 47 分（52%）就可以取得 A 评级，相较于去年的 56% 略有下降。

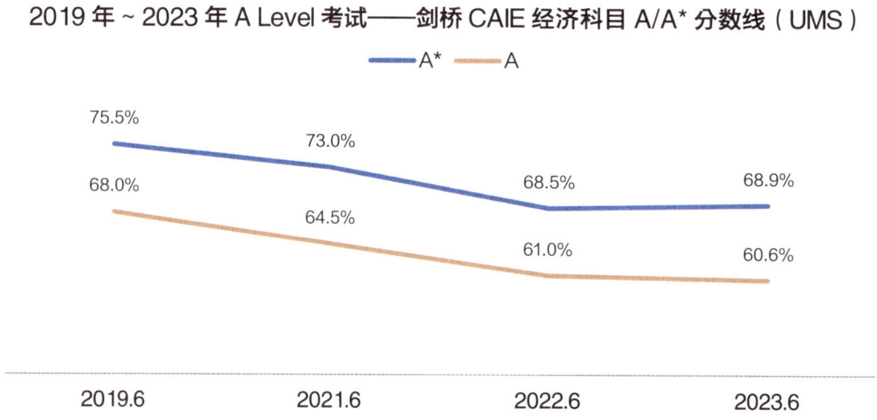

从整个 A Level 的评分等级来看，四张试卷得分在 60% 以上可以拿到 A，接近 70% 可以拿到 A*，相较于旧考纲基本持平。通过这些细节的对比可以发现，虽然考卷结构和知识点都迎来了新的变化，但是在第一次实考中带来的影响并不大。

四 剑桥 CAIE 考试局 A Level 备考建议

由于考纲的变动，CAIE 各科在题目形式和考查重、难点上相较于以前的考试有很多变化，下面根据不同科目的考试变化给考生们提供最新的备考建议。

1. 数学

可以预测新增加的考点，如函数变换和圆的内容在近期的考试中会持续出现，考生在备考时需要充分研究近三年的题目样本并进行刷题，重视对新知识点的理解和复习。对于代数表达类题目，考生需要充分了解数字特征，明确关键变量，熟练掌握数学计算，这样才能不受复杂表达式的影响而从容解题。在备考时，尤其是在 A2 阶段，考生需要对各类积分公式、积分方法和常见函数等价变换再积分的知识进行系统学习归纳，避免遗漏考点。

基于以上特征，虽然今年 CAIE 数学的分数线相对前两年较高，达分标准相对严格，但是试卷特征比较固定，重、难点清晰。考生们在复习时，只要抓住新考纲的知识点考试风格，夯实数学运算基础，重视知识体系的完整搭建，就可以在考试中取得理想的成绩。

2. 物理

虽然 2023 年夏季卷的分数线与前两年相比提高了，但是题目难度并没有明显的降低。经过三年多的考试积累，部分从 2019 年考纲改革后加入的新知识点已经有了比较充足的真题数量，比如波动中的多普勒效应、粒子和核物理部分的夸克等，都是当时很多考生因为不了解试题要求而容易丢分的知识点。

也有部分知识点已经不再考查了，包括 A2 部分的信号传输（Communication）、运算放大器（Electronic）等，都是在以前的考试中应用性很强的内容。特别是考到运算放大器时，很多考生会因为不理解元件的工作原理而犯难。之后备考 A2 考试的考生需要注意，在“刷题”时可以避开这些已经不再考查的内容。

2022 年考纲改革后，以往经常出现 4~6 分文字类题目的 4 卷减少了纯靠记忆的高分值文字描述题，把分数拆分到了更多的作图和计算题中。今年的 42 卷中，10 道题中有 8 道出现了图表，并且有 6 道直接考查作图。对比之下，2019 年以前的 4 卷 12 道题中只有 1~2 道考查作图，要求考生将物理现象与图像关联起来。剑桥 CAIE 越来越偏重考查考生对于知识点的全面理解，从概念、计算、图像等不同的维度进行思考。所以考生们在学习和备考过程中要注意从多个角度思考物理现象。

3. 化学

化学需要背诵记忆的内容较多，所以除了日常的课堂笔记外，最好在复习备考时再将重点的反应、方程式和反应现象整理出来，进行重点记忆。化学的内容可以将无机和有机分开整理记忆，效率更高。“刷题”时，重点注意自己的错题集中在有机还是无机部分，以便随时巩固。化学细碎的知识点较多，所以一定要认真看书，遇到不明白的错题时一般都能在书上的对应章节找到对应的知识点。有些较偏的知识点虽说考到的概率不大，但是在非常重要的大考中，每一分都要重视，所以看透书与笔记是化学学习中最基础也是最重要的部分。

4. 经济

经济是一门偏文的科目，对于背和写的要求较高。经济内容大体可分为宏观和微观两部分，也可将两部分分开复习。选择题的重点在于较细的知识点，“刷题”时要注意重复率高的知识点并进行复习巩固。简答题的考点较广，要写的内容也较细。因为简答题有两部分可以选做，所以可以着重准备自己最擅长的几个考点。在备考简答题时，不需要把每题都完整写完，但要想好每道题的大体思路，再核对一下答案的大纲。对于自己重点准备的题型，选最典型的几道题完整回答几遍，并请老师帮忙批改，了解自己少写的内容，在考前再重点复习。

总体来说，虽然今年剑桥 CAIE A Level 分数线整体提高，A 和 A* 没有前两年好获得，但是对于能够把握考试局考查的重点和考试风格变化的考生来说，早规划、早准备还是可以取得十分理想的成绩的。

五 爱德思 Edexcel 考试局 A Level 2023 年考情分析

下面将根据爱德思 Edexcel 考试局官方文件《对于国际 Edexcel A Level 考试的说明及成绩统计》（*Edexcel International Advanced Level Specifications Grade Statistics*（*Provisional*）*-International Only*）进行分析。

1. 爱德思 Edexcel 考试局 AS Level 考试数据统计

在 2023 年 6 月的考季，AS Level 共计进行了 20 个科目的考查，总参考人次达到 52,101 人，相较于 2022 年 6 月考季同比增加 9.18%，符合爱德思考试局从 2016 年开始参考人次逐年增长的趋势。其中，参考人数最多的科目为数学，考试总人次达到 16,143 人，较去年增长 4.95%。紧随其后的是化学、物理、生物，三个科目之间的参考人数相差不多。之后是商务与经济，参考人数仅为理科科目的一半左右。从数据中不难看出，爱德思考试局 AS 阶段考试对语言要求相对较低，更偏重理论知识的理科科目，是国际考生们的首选。

2023 年 AS Level 考试——爱德思 Edexcel 各科目参考人数

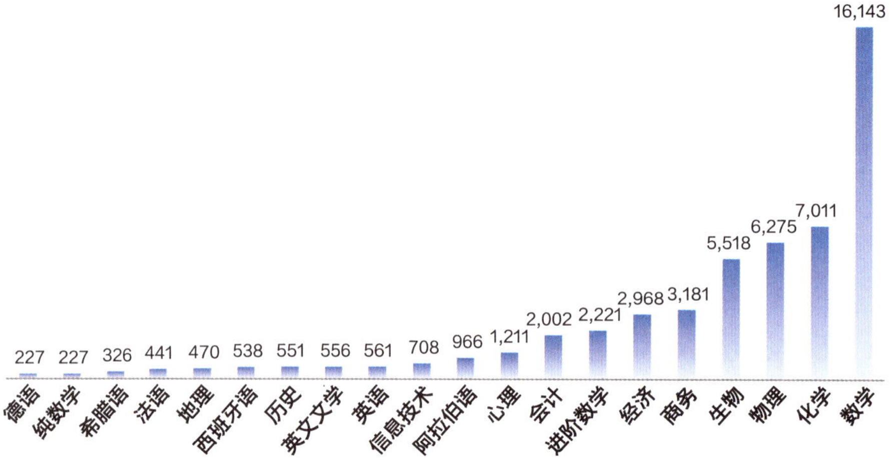

2. 爱德思 Edexcel 考试局 A Level 考试数据统计

而在 A Level 阶段，数据呈现同样的趋势。共计进行了 21 个科目的考查，总参考人次达到 43,737 人，相较于 2022 年 6 月考季同比增加 2.55%。其中，参考人数最多的科目为数学，考试总人次达到 13,347，较 2022 年下降 0.41%。参考人数紧随其后的依次是化学、物理、生物。

2023 年 A Level 考试——爱德思 Edexcel 各科目参考人数

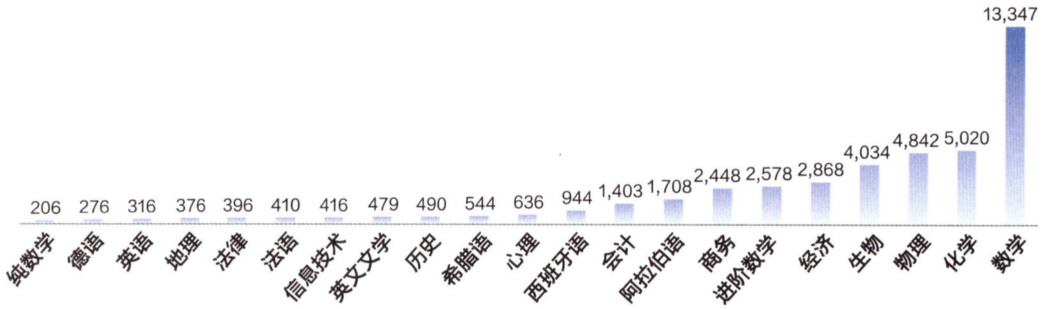

3. 爱德思 Edexcel 考试局 A Level 考试数据分析

从全球数据来看，和 2022 年相比，大多数科目的考生人数均有大幅度提升。其中中国大陆学生常考的进阶数学、数学、物理、化学、生物、会计、商务学科，参考人数都有增长。仅在进阶数学、数学以及会计科目有小幅度下降，分别下跌 4.7%、0.4% 和 5.8%，属于每年的正常人数浮动。涨幅最大的科目为商务，增长 9.4%。而化学和物理科目则变动不大，仅增长 2.3%。

2022 年 ~ 2023 年 A Level 考试——爱德思 Edexcel 各科目参考人数占比差值变化

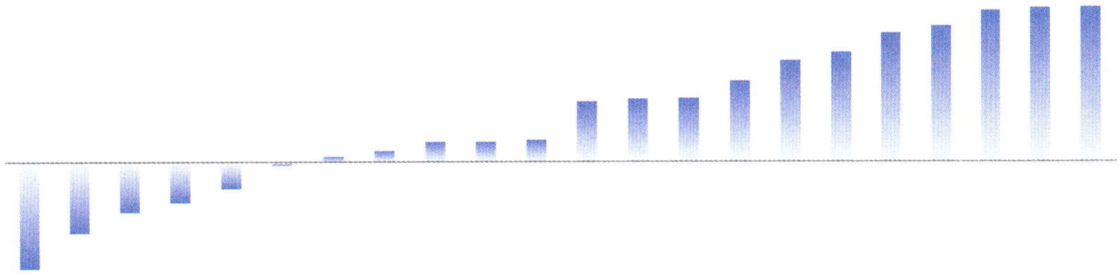

	纯数学	信息技术	会计	进阶数学	法语	数学	历史	西班牙语	物理	化学	整体	阿拉伯语	经济	生物	商务	希腊语	德语	英文文学	地理	英语	心理	法律
■ 变化率	-12.3%	-8.2%	-5.8%	-4.7%	-3.1%	-0.4%	0.6%	1.3%	2.3%	2.3%	2.6%	7.0%	7.3%	7.3%	9.4%	11.7%	12.7%	14.9%	15.7%	17.5%	17.8%	17.9%

再来看各学科 A* 以及 A 等级以上人数占比的数据汇总。整体 A* 率为 11.9%，具体来看，进阶数学的 A* 率依旧遥遥领先，同时 A 率在常考科目中也是最高的。紧随其后的是生物、数学、化学、物理学科，基本高于或接近整体平均 A* 率。而社会科学如经济、商务和会计学科的 A* 率相对较低，但 A 等及以上占比则与自然科学相对持平。人文科学的高分率比较分散，其中最高的是阿拉伯语。常考的心理学科 A* 率为 9.7%，略低于平均水平。

2023 年 A Level 考试——爱德思 Edexcel 各科目 A*&A 及以上人数占比

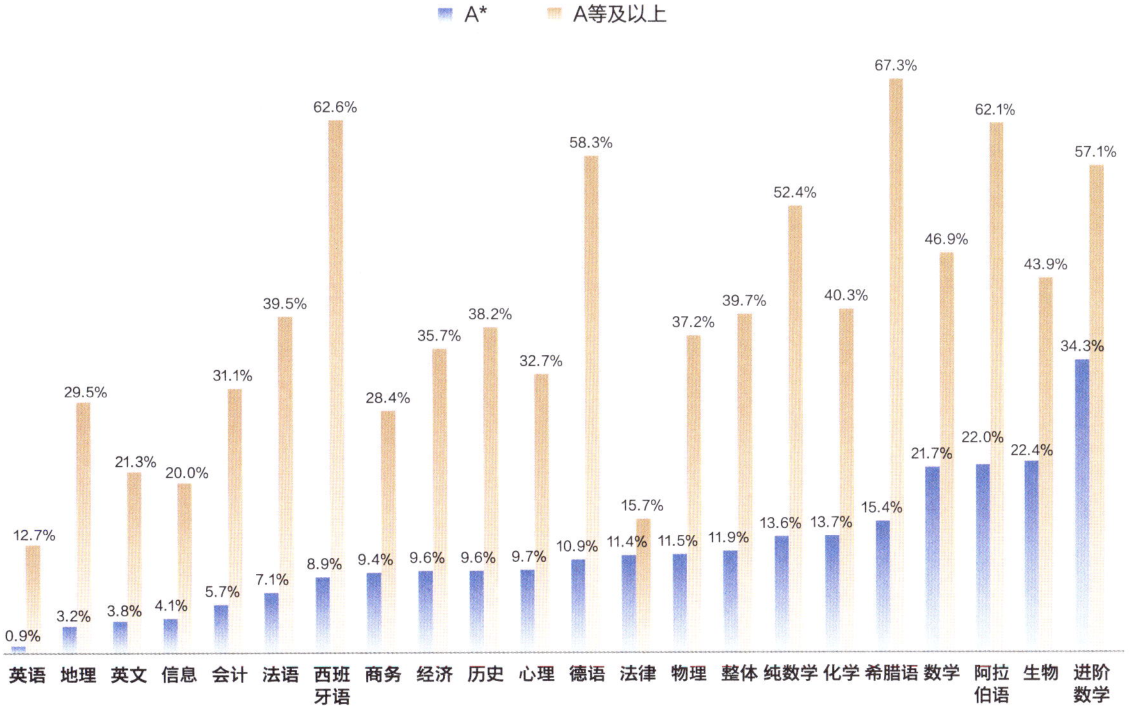

除了整体的高分占比分布外，虽然爱德思 Edexcel 考生人数整体不断增长，但通过对比 2022 年及 2023 年考季各科目 A* 率数据可以发现，2023 年除商务学科有极小幅度的增长外，其他科目均呈现大幅下降。A Level 各科目 A* 率整体跌幅达到 38.7%，而进阶数学、数学、化学、物理、经济、会计等科目均下跌超过 20%。所有科目 A 等级以上人群的占比均有不同程度的下降，整体下跌 21.9%。

2022 年 ~ 2023 年 A Level 考试——爱德思 Edexcel 各科目 A* 人数占比差值变化

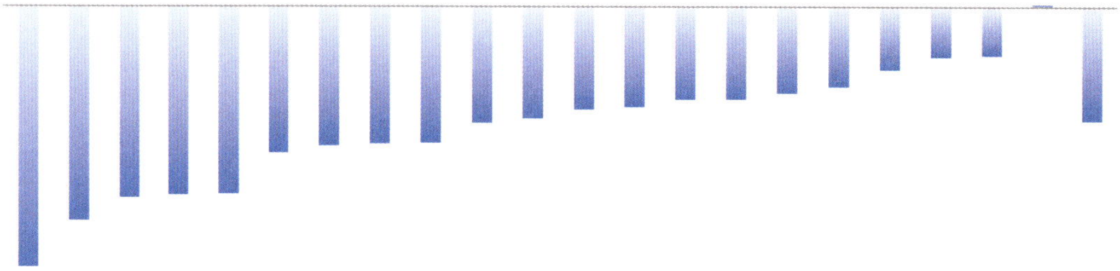

	英语	英文文学	会计	信息技术	地理	心理	历史	纯数学	阿拉伯语	经济	德语	物理	法律	西班牙语	化学	希腊语	进阶数学	数学	生物	法语	商务	整体
■ 变化率	-89.0%	-73.0%	-65.2%	-64.3%	-64.0%	-50.0%	-47.5%	-46.7%	-46.5%	-39.6%	-38.1%	-35.0%	-34.1%	-31.5%	-31.5%	-29.4%	-27.2%	-21.4%	-17.0%	-16.5%	1.1%	-38.7%

2022 年 ~ 2023 年 A Level 考试——爱德思 Edexcel 各科目 A 人数占比差值变化

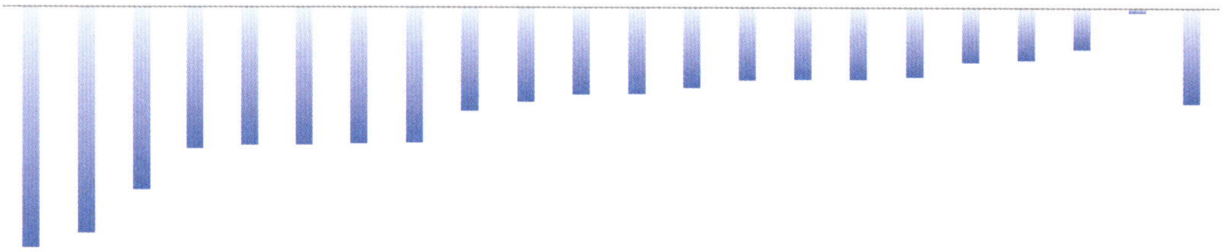

	法律	英语	英文文学	信息技术	会计	经济	心理	地理	物理	进阶数学	法语	阿拉伯语	化学	数学	德语	商务	生物	历史	纯数学	西班牙语	希腊语	整体
■ 变化率	-55.3%	-51.9%	-42.0%	-32.4%	-31.6%	-31.6%	-31.3%	-31.1%	-23.8%	-21.7%	-20.0%	-19.9%	-18.4%	-16.7%	-16.5%	-16.5%	-15.9%	-12.6%	-12.1%	-9.5%	-1.0%	-21.9%

通过对比 2019 年至 2023 年 A Level 主流科目的 A* 人数占比以及 A 等级以上人数占比两项数据维度可以发现，自 2019 年开始，高分人数占比大幅增长，在经历了 2021 年的高峰期后，A Level 高分人数占比逐渐回归理性。以含金量最高之一的进阶数学科目为例，2019 年 A 等及以上人数占比为 56.6%，在高峰期的 2021 年则达到了 84.3%，增幅 30.1%。而常考科目物理也从 29.1% 攀升至 59.2%，增幅近一倍。

2019 年 ~ 2023 年 A Level 考试——爱德思 Edexcel 主流科目 A* 人数占比

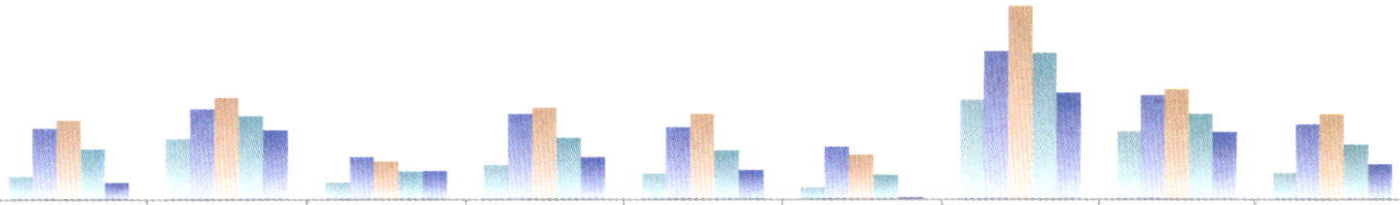

	会计	生物	商务	化学	经济	英语	进阶数学	数学	物理
2019年	7.7%	19.7%	5.8%	11.3%	8.6%	4.1%	32.0%	21.9%	8.7%
2020年	23.0%	29.1%	13.9%	27.6%	23.3%	17.0%	47.7%	33.5%	24.2%
2021年	25.5%	33.0%	12.4%	29.5%	27.5%	14.4%	62.1%	35.2%	27.3%
2022年	16.4%	27.0%	9.3%	20.0%	15.9%	8.2%	47.1%	27.6%	17.7%
2023年	5.7%	22.4%	9.4%	13.7%	9.6%	0.9%	34.3%	21.7%	11.5%

2019 年 ~ 2023 年 A Level 考试——爱德思 Edexcel 主流科目 A 及以上人数占比

	会计	生物	商务	化学	经济	英语	进阶数学	数学	物理
2019年	27.4%	36.8%	34.1%	33.3%	37.9%	7.1%	56.6%	45.9%	29.1%
2020年	48.5%	55.2%	32.7%	54.8%	51.5%	30.0%	76.7%	59.9%	50.4%
2021年	58.1%	61.0%	39.0%	61.7%	58.3%	33.5%	84.3%	65.6%	59.2%
2022年	45.5%	52.2%	34.0%	49.4%	52.2%	26.4%	72.9%	56.3%	48.8%
2023年	31.1%	43.9%	28.4%	40.3%	35.7%	12.7%	57.1%	46.9%	37.2%

而反观 A Level 在 2016 年至 2019 年之间的数据可以发现，高分人群占比一直是保持小范围浮动、整体提升的状态。同样以进阶数学和物理学科为例，进阶数学的高分人群占比在 2016 年至 2019 年期间，浮动不超过 5%，而物理学科的浮动则是 3.3%。增幅最大的生物科目为 12%。通过以上分析，可以预见的是在接下来的几年里，应该不会再出现如此高比例的高分占比，数据状态大概率会保持小范围浮动的趋势。与此同时带来的是一定的紧迫感，因为高分占比的空间又会被压缩到 2020 年之前的水平。

2016 年 ~ 2019 年 A Level 考试——爱德思 Edexcel 主流科目 A* 人数占比

	会计	生物	商务	化学	经济	进阶数学	数学	物理
2016年	11.5%	7.7%	2.0%	9.0%	3.8%	27.4%	17.8%	5.4%
2017年	6.9%	9.8%	2.4%	10.2%	4.6%	26.9%	18.1%	5.5%
2018年	5.6%	16.5%	2.5%	11.0%	6.4%	28.1%	21.1%	7.9%
2019年	7.7%	19.7%	5.8%	11.3%	8.6%	32.0%	21.9%	8.7%

六 爱德思 Edexcel 考试局 A Level 2024 年备考建议

Edexcel A Level 的考试设置较为灵活，主要体现在分卷考试。针对不满意的单元可以进行单卷复考，直到达到理想的成绩为止。尽管如此，考生在 1 月及 5 月大考季的备考压力还是很大的。一般来说，考生会选择学习 3~4 个科目。在学习和备考时最优先考虑的就是备考策略。由于涉及多个科目，每个科目又分多张试卷，所以合理的时间分配就显得尤为重要。建议考生在备考期注重以下几点：

- **制定长期复习计划**。可以根据已选科目，计算出每个科目的学习总时间。一般来说，如果备考 3~4 个科目，每门科目每周的学习时间安排 4~6 小时为宜。除此之外，要合理安排不同阶段的学习重心。在新知识学习阶段，要以基础知识点的背诵和理解为主。在完成一个章节的学习之后要进行知识点的总结和梳理，明确章节之间的关联性。在考前冲刺阶段，要以真题为核心，总结套路性题目，比如数学的基本运算、物理的描述性题目以及经济的论文题目，将同类题型横向铺开，观察相同点和不同点。
- **多做历年真题**。做历年真题是提高考试应试能力的最直接方式。考生一定要收集往年的真题，反复进行练习。通过大量做题，可以找到每个科目较难的知识点，以及高频出现的题型。同时也可以分析出题目的考点变化方向，尤其是最近几年的趋势。此外，做题过程中还要总结每个题型的标准解题思路和备考策略，熟练掌握这些可以帮助考生应对考试中的不同题型，在规定时间内高效、正确地答题。要想取得理想的数学成绩，需要在学习中重视对数学知识的理解，熟悉考查的知识点，融合与延伸题目的出题方向，做好考试题目融合以及深入考查应用知识点的准备。备考时要注重锻炼考试心态，养成良好的计算习惯，提高解题准确性和完整性，不在会的题目上因为少步骤、少叙述、少单位或答案有效数字格式而丢分。利用好往年的真题，多练多反思，就可以做好考试准备，从容应对分数线的客观上涨。
- **加强专业英语能力**。由于爱德思 Edexcel 是一个英国的考试机构，其 A Level 考试对考生的英语语言能力也有一定要求，尤其是该考试的题目文字量整体比较大。虽然一些题目不要求完全理解背景资料就可以做题，但想要保证完全识别题目的考查点以及答题方向，还是需要具备一定的基础语言分析能力。在经济、商务等社会或人文科目中，语言的要求就更加明显，不仅要求知识点达标，还对回答文字内容的逻辑性有更高的要求。理科科目的论述文字同样也需要保证表达的严谨性。例如在物理科目中，针对论述题就有着明确的赋分标准。要求回答内容呈现连贯的逻辑结构，各部分之间的关联性明确，保持完整的论证思路。所以在学习学科知识的同时，一定要加强自身的语言功底。

第九节　IB 考试

一 IB 2023 年考情分析

2023 年，IBDP 考试全球通过率为 80.01%，相对于 2022 年（85.6%）有明显下降。科目均分由 5.13 分降至 4.84 分，全球平均分为 30.24 分，低于 2022 年（32 分），基本恢复至疫情前的数据。与此同时，从 2023 年起，IB 官方不再公布全球满分人数数据，旨在平等地庆祝所有 IB 考生在新一年的 IB 考试中取得的成绩，不搞特殊化。

1. 考试人数变化

2023 年，IB 全球共有 179,922 名考生，相比 2022 年的 173,880 名上升了 3.4%。其中 DP 文凭候选人总数为 116,265 人，实际参考人数为 91,421 人。其中 73,149 名考生顺利通过各项考核获得 DP 文凭，占比为 80%。

中国大陆地区的考生人数为 4,729 人（2022 年为 4,659 人），中国香港地区的考生人数为 2,275 人（2022 年为 2,213 人），中国台湾地区的考生人数为 489 人，中国澳门地区的考生人数为 72 人。整体都呈现微弱的上升趋势。

2. IBDP 考试成绩变化

（1）总分变化情况

从近五年的均分变化上可以看出，继 2021 年的均分高位后，近两年的均分持续下降，2023 年的均分水平已降至接近疫情前的水平。

2019 年 ~ 2023 年 IBDP 考试——总平均分

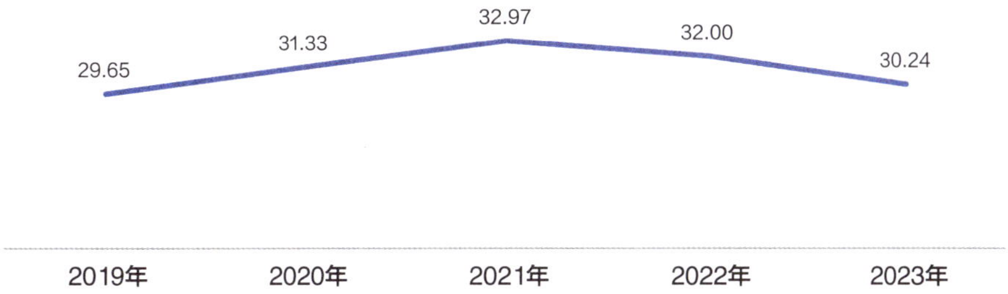

从分数分布来看，30 分以上的各分数段人数占比连续两年下降。虽然无法再从官方获取满分考生的数据，但从 40 分以上人数占比来看，全球共有 8,113 位考生拿到 40 分及以上的成绩，相比 2022 年的 13,045 人有明显的减少。

2019 年 ~ 2023 年 IBDP 考试——各分数段人数占比变化

总分	2019 年	2020 年	2021 年	2022 年	2023 年
大于 23 分	18.14%	11.51%	8.42%	10.92%	16.10%
24 ~ 29 分	30.41%	26.59%	20.60%	23.09%	28.30%
30 ~ 34 分	26.11%	28.05%	26.94%	27.81%	26.95%
35 ~ 39 分	17.73%	22.86%	25.65%	23.48%	19.78%
40 ~ 45 分	7.61%	10.99%	18.39%	14.70%	8.87%

（2）核心课程得分情况

2023 年，核心课程的平均分迎来近五年内的首次下降，由去年的 1.53 分降至 1.39 分。3 分率跌破 10%（9.75%），接近一半的考生（48.87%）仅拿到 1 分甚至零分。

2019 年 ~ 2023 年 IBDP 考试——核心课程平均分

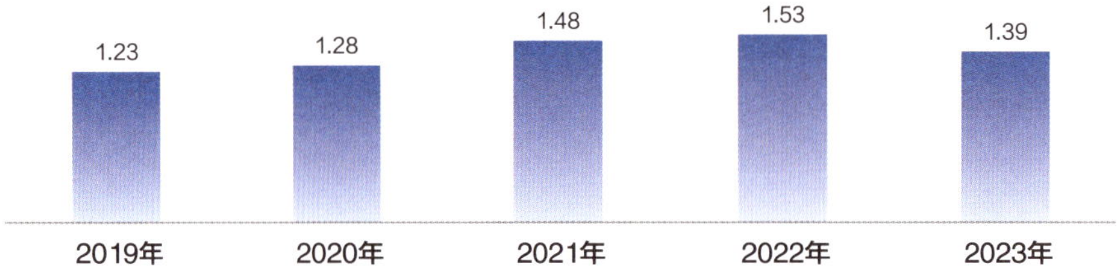

2019 年 ~ 2023 年 IBDP 考试——核心课程得分考生人数占比

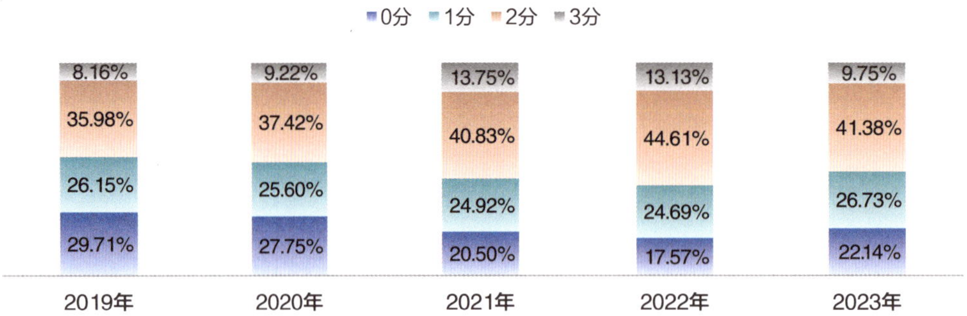

（3）各科目组成绩解读

总体来看，学科类别中考生人数最多的是个人与社会（Individuals and Societies），共 159,100 人（2022 年为 153,128 人）。各项成绩指标最高的是语言习得（Language Acquisition），也就是第二语言，7 分率达到了 14.3%，是 2023 年唯一一组 7 分率超过 10% 的学科类别。然而在 2022 年有四类学科组的 7 分率都超过了 10%，第二语言更是高达 20.2%。各科目赋分的收紧由此可见一斑。

2023 年 IBDP 考试——不同学科组成绩分布

学科组	考生人数	平均等级	1 分率	2 分率	3 分率	4 分率	5 分率	6 分率	7 分率
语言和文学研究	134,004	4.83	0.0%	0.9%	7.6%	29.7%	35.2%	22.7%	3.9%
语言习得	101,462	5.24	0.1%	1.7%	7.1%	17.4%	27.1%	32.4%	14.3%
个人与社会	159,100	4.74	0.4%	4.2%	11.4%	24.9%	29.8%	21.6%	7.6%
科学	130,405	4.35	1.3%	9.2%	20.0%	23.8%	21.8%	15.7%	8.2%
数学	106,946	4.37	2.9%	10.0%	16.2%	22.9%	22.6%	16.6%	8.8%
艺术	27,509	4.38	0.4%	4.3%	19.7%	32.1%	23.9%	15.2%	4.5%
跨学科	20,315	4.24	1.5%	8.2%	22.3%	25.7%	23.7%	13.2%	5.5%
总计	679,741	4.67	0.9%	5.2%	13.0%	24.5%	27.4%	21.0%	8.0%

1）第一科目组：语言 A

从全球的数据来看，语言 A 科目中考量最大的非英语类课程（ENGLISH A LAL/LIT）莫属，但是中国考生大多会在语言 A 课程中选择中文来减轻压力。继 2022 年 7 分率的大幅降低后，今年中文课程的出分数据仍然呈现颓势，是近五年内（包含疫情前）均分及 7 分率最低的一次。即使是标准中文 A 课程，也只有 3%~6% 的考生可以取得 7 分的成绩。高级别中文 A 课程的 7 分率更是低于 3%，相较于标准级别英文低了接近 2%。从中文科目的分数分布来看，绝大多数的考生拿到了 5 分及以上的成绩，相较于去年（6 分）下滑了一个等级。

2）第二科目组：语言 B

2023 年，高级别中文 B 课程的 7 分率被标准级别反超，由 2022 年的 56% 下降至 33.7%。不过从整体看，两门中文 B 课程的均分下降幅度并不是很大，仍有 80% 左右的考生可以在高级别中文 B 课程中拿到 6 分及以上的成绩，与 2022 年基本持平。不过这门课程的考生总量不是很多，2023 年共有 793 人参加了高级别中文 B 课程的考试 / 评估。

英文 B 课程的均分变化幅度较小，但是 7 分率还是从 2022 年的 20% 下降至 13%~16.5%。尽管如此，60% 以上参加英文 B 考试的考生还是能拿到 6 分及以上的成绩。相较于 2022 年的 70% 虽然略有下降，但是人数仍然十分可观。

大部分中国地区考生会在语言类课程中选择中文 A+ 英语 B 的组合，一般阅读能力极强的考生才会考虑两门都选 A，如果两门课程都在 3 分以上还可以拿到双语文凭（Bilingual Diploma）。要注意无论是中文课程还是英文课程，老师给考生选择的阅读作品在一定程度上会影响最后的考试分数。高级别语言类课程阅读量要更大，课外花费时间会更长。但是结合今年中文 A 课程出分的情况，不排除未来中国地区的考生会做出一些选科上的改变。

3）第三科目组：个人与社会

古典希腊和罗马研究这门小众课程仍然占据个人与社会学科组 7 分率最高的位置。在这一组别中，中国地区考生常选的课程有经济、地理、历史和心理学。经济高级别课程的 7 分率略有下降，由 2022 年的 19.7% 降至 14.6%，是有商科专业意向考生的首选课程。地理高级别课程虽然相对小众但是 7 分率也比较高，达到了 13.8%。全球考量十分可观的历史高级别课程 7 分率在 2023 年持续下跌，达到了历史最低值 2.7%，是除全球社会信息技术课程（Information Technology in a Global Society）外最低的课程。

4）第四科目组：科学

物理、化学和生物都是中国考生熟悉并经常选择的课程，意向为理工科专业的考生更是会在第四科目组选择两门高级别课程来增加录取竞争力。从今年的数据来看，物理高级别课程 16.6% 的 7 分比例明显高于其他课程，紧随其后的是化学高级别（10.7%），这两门课程都是高分比例较高的科学课程。生物全球考量最高但是高分率明显低于另外两门，这是因为生物作为一门偏文的理科专业，适合不具备理科思维但要满足文凭要求的考生，但又因为词汇数量庞大且记忆内容多而很难考取高分。

5）第五科目组：数学

在第五科目组中，总共有四门课程供考生选择。2021 年改革后的数学分为应用与解读（Mathematics: Applications and Interpretation，简称 AI）和分析与方法（Mathematics: Analysis and Approaches，简称 AA）两门课程。AI 标准级别课程非常简单，适合计划学习艺术、法律等专业的考生。AA 标准级别课程与之前的数学标准级别课程没有太大的区别。AI 高级别课程增加了原本的课程中统计学和图论算法的内容，比较偏应用和实际，适合目标专业为商科的考生。AA 高级别课程内容比较抽象化，增加了微积分的内容，比较偏向于纯数学，适合以后想要学理科和工程类的考生。

从数据能够明显看到 AI 高级别课程 7 分率在 15% 左右，但是 AA 高级别课程的 7 分率明显下降，仅有 8.5%。AA 课程难度确实较高，即使是来自普通高中的考生转轨也会因为一些没有接触过的内容而在学习时略显吃力。两门数学的标准级别课程 7 分率甚至还低于高级别课程，这是因为数学作为必选科目，无论自身能力如何都至少要选择一门标准级别课程来满足申请要求。所以大家可以看到两门数学标准级别课程的参考人都有四万左右，其中包含了很大一部分数学基础较弱的考生，因此拉低了这些科目的 7 分率。

6）第六科目组：艺术

艺术类科目对于绝大多数考生来说都不是必选项，所以很多考生会选择在第二 / 三 / 四科目组中再选一门来满足申请条件。从考量数据来看，艺术类科目的考生人数明显偏低，高分率也起伏不定。一些有乐器基础的考生会选择音乐标准级别课程 / 高级别课程，但是 IB 课程的考查内容不仅有演奏等基础能力，还包括编曲等国内考级并不强调的内容，音乐高级别课程的 7 分率也仅有 8.3%。值得一提的是视觉艺术高级别课程这门课的 7 分率只有 4.0%，是众多考生感兴趣但是不容易得高分的一门课。

（4）拓展论文（Extended Essay）成绩情况

根据 IB 官方统计数据显示，两门语言类别的拓展论文 A 率最高，分别为 17.0%（语言 B）和 15.3%（语言 A）。然而大部分的考生（44.7%）都会选择第三组科目来选择拓展论文的写作，A 率为 7.3%，还是明显低于语言类拓展论文的。

拓展论文提交量前十的科目相较于 2022 年毫无变化。选择英语 A 和历史的考生最多，均达到一万两千人以上，但是英语 A 论文的平均成绩明显高于历史平均成绩。

二 IB 2024 年备考建议

2024 年 IB 考试将是遵循旧考纲考查方式的最后一年。2025 年 5 月开始，中国 IB 考生常选的物理、化学、生物、计算机科学等科目的考试将迎来适应新考纲的第一次考试。

对 2024 年以及更远的未来要参加 IB 大考的考生来说，以下建议或许可以帮助大家取得一个理想的成绩，并顺利被梦中情校录取。

1. 关于学科考试

- **合理规划时间。**制定合理的学习计划，考虑每个科目的学习情况，优先复习需要重点关注的科目，确保每个科目都有足够的学习和复习时间。应用边际效应递减规律进行复习，注意在有限的备考时间内集中精力提高分数。
- **重视往年真题。**多做历年试卷和模拟试卷，熟悉考试形式和难度。通过做题，快速掌握知识点和应试技巧，同时总结错误和不足，及时调整学习方法和策略。
- **及时反馈。**避免盲目复习，及时获得反馈。通过与同学交流、教师批改和自我反思，了解自己的学习状况，纠正错误，提高复习效率。如果在某个学科上遇到困难，一定要立即寻求帮助。无论是和老师讨论，还是参加学习小组，或寻求专业辅导，都可以降低犯错成本。
- **提升英语水平。**由于 IB 考试有大量的英语阅读和写作，建议考生提升自己的英语水平。多读英语书籍、观看英语电影、电视剧，培养英语语感和增加词汇量。在备考过程中，练习题干朗读，提升阅读速度和准确理解题干的能力。
- **放松心情，劳逸结合。**IB 考试压力较大，考生要调整心态，轻松应对考试。保持良好的心态，相信自己平时的努力和积累会在考试时发挥作用。足够的休息、适当的运动和健康的饮食也有助于提高学习效果。

对于各科目的内部评估一定要遵循赶早不赶晚的原则。如果学校统一安排在高二完成，就一定要及时收集高分案例并形成自己的构思。

2. 拓展论文（EE）和知识论（TOK）

拓展论文要选择自己擅长或喜欢的科目，最好与未来可能选择的专业相关。在开始前要与导师保持密切的交流，明确研究问题和大纲，并按照评分标准仔细调整论文结构，确保反思（Reflection）部分也符合要求。知识论也要认真对待，仔细研读理解评分标准并完成汇报演讲（Presentation）和小论文（Essay）。

3. 社会实践（CAS）

社会实践应该贯穿各位考生的 IB 学习生涯。活动参与要注意长期坚持（社团、体育运动、志愿者等），并完成社会实践项目（CAS Project）和反思（Reflection）。社会实践虽然不占分，但不可忽略。

第十节 HKDSE 考试

一 HKDSE 发展趋势及改革

2023 年，HKDSE 报考人数同比 2022 年出现了小幅回暖，这是 HKDSE 报考人数在经历了多年下降之后再次迎来的回升。这种迹象也表明 HKDSE 考试受到了越来越多的精英家庭关注。

2014 年 ~2023 年文凭考试报考人数			
考试年度	学校考生	自修生	总数
2023 年	43,117	7,706	50,823
2022 年	43,032	7,032	50,064
2021 年	43,994	8,137	52,131
2020 年	45,931	6,756	52,687
2015 年	62,237	11,933	74,170
2014 年	66,613	13,002	79,615
注：除 2015 年为该年 2 月数据，其他年度为截至前一年 12 月数据；报考人数与最终应考人数不同；不包含 2016 年至 2019 年的数据。			

HKDSE 考试成绩不以具体的分数，而是以等级的方式呈现（从不予评级 U 到最高的 5**），即通过每个科目拿到卷面总分数的百分比匹配对应的分数值。

香港考试及评核局公布的历年考试报告只统计当年拿到不同分数等级（1~5**）的考生人数，但不会有分数值对应的 HKDSE 分数。总体来说，在 5 分的考生中，前 30% 的考生会获得 5*，前 10% 的考生会获得 5**，具体可以参考往年的分数线。

不过由于每年考试题目难度以及参考人数的不同，造成了不同年份以及不同科目得满分的条件是不同的，如果当年题目比较难（例如 2014 年），或者像疫情期间考试的特殊情况（例如 2020 年至 2022 年），即使卷面分数相对较低也可能被记作 5** 满分。

二 HKDSE 2023 年考情分析

根据香港考试及评核局的数据统计，2023 年中国香港地区范围内共有 42,391 名学校考生和 6,371 名自修生参与 2023 年度文凭考试。以下为不同科目成绩的具体分析。

1. 中国语文科

2023 年有 88.3% 及 60.4% 的日校考生分别于中国语文科取得第 2 级或以上及第 3 级或以上的成绩，较去年分别上升 0.5 及 0.7 个百分点；10.9% 的日校考生则考获第 5 级或以上成绩，较去年上升 1.3 个百分点。

2. 英国语文科

英国语文科的整体成绩与去年差不多，78.9% 的日校考生获第 2 级或以上成绩；53.4% 及 10.3% 的日校考生则分别取得第 3 级或以上及第 5 级或以上的成绩。

3. 数学科

在数学科目中，有 82.2% 的日校考生取得第 2 级或以上成绩，14.4% 则取得第 5 级或以上成绩，两者均与去年接近。

4. 通识科

2023 年是通识科目最后一届考试，90.4% 的日校考生取得第 2 级或以上成绩，较去年微升 0.6 个百分点；9.6% 的日校考生则取得第 5 级或以上成绩，与去年接近。

5. 科目组合情况

在科目组合方面，报考 4+2（即 4 门核心科 +2 门选修科）及 4+3 组合的考生分别占总数的 68.4% 及 21.3%。另亦有 145 人报考 4+4，占比为 0.3%。

科目组合	学校考生数目（%）
4 门核心科目 +1 门选修科目	2,737（6.3%）
4 门核心科目 +2 门选修科目	29,486（68.4%）
4 门核心科目 +3 门选修科目	9,183（21.3%）
4 门核心科目 +4 门选修科目	145（0.3%）
备注：核心科目包括中国语文、英国语文、数学必修部分及通识教育；选修科目包括甲类、乙类及丙类科目。	

甲类选修科目中，生物科报考人数最多，其次是经济科和化学科。乙类（应用学习科目）的总报考人数有 4,360 人，较 2022 年增加超过 20%，报考人数最多的科目为西式食品制作，共有 548 人。丙类（其他语言科目）总报考人数为 578 人，相较 2022 年增加约 10%，报考人数最多的科目为日语，有 479 人。

三 HKDSE 2024 年备考建议

自 2012 年推行起，HKDSE 已经经过数次的调整。对于目前的考试而言，教育局认为高中四大核心科目占据了考生大部分时间，导致考生缺乏时间参与这些科目以外的多元学习经历，因此决定优化 DSE 考试，减轻考生压力，让他们拥有更多课余时间，科目的内容改变主要发生在中文、英文和通识科。

1. 中文科

HKDSE 中文科共设有五卷，分别是卷一阅读理解、卷二写作能力、卷三聆听及综合能力、卷四说话能力以及卷五校本评核。从 2024 年开始，DSE 中文科将取消卷三和卷四，只保留卷一、卷二和校本评核，卷三和卷四所考核的能力将融合到保留的考核部分。

这样的改革可能会让考试变得较简单。在过去，有不少考生认为口语卷难度太高，题目难以掌握，而且成绩容易受到同组考生影响，取消卷三可以在某种程度上减少考生的压力以及受其他考生影响的变数。另外，试卷数量的减少也可以在一定程度上减少操练，不过考试的实际难度依然有待观望，考生不应轻视。建议考生在备考时将机械式操练试卷的时间花在提升语文基础能力上，以应对卷一及卷二的考核。

2. 英文科

英文科改动不大，仅缩减了部分题目、简化了校本评核，减轻了考生的备考压力。但实际上，英文科对于内地考生而言可能比较难掌握，而本次改动也没有带来太大实质的影响，难度也没有大幅减少，仍需考生重视。

3. 公民与社会发展科

原“通识及公民教育科”在 2024 年更名为“公民与社会发展科”，维持必修必考。课程内容由原来六大主题删减至三个主题——“一国两制”下的香港、改革开放以来的国家、互联相依的世界，同时取消了成绩的等级制度。

这样的改革不仅大大降低考试难度，也减少了考生之间的竞争。公民与社会发展科的课程内容涉及中国课题，内地考生对其可能拥有较为全面的基础认知，存在优势。

第十一节　TOEFL Junior 考试

作为 TOEFL 青少测评体系中的重要一员，TOEFL Junior 考试在设计之初就对青少年英语学习者的特点进行了充分调研并参考了大量科学研究结果，这也奠定了其在测评体系中的权威性。TOEFL Junior 考试能很好地测评考生的英语能力并预测考生未来在留学生活中的能力，从而为美国初、高中学校提供有效的入学参考。因此，越来越多的考生更倾向于选择 TOEFL Junior 考试作为国际学校入学成绩和美国高中留学申请标准化考试的第一站。

一 TOEFL Junior 考试动向

为了更好地推广考试及服务考生，考试官方在 2023 年进行了以下改动。

1. 考试安排

继 2022 年考试官方开放在家考试后，2023 年又新增了八个中国大陆城市作为考点，分别为武汉、厦门、福州、长沙、海口、西安、沈阳、重庆，为考生考试带来了更多的便利。

月份	考试日期	考试城市
2024 年 5 月	5 月 18 日	北京、上海
2024 年 6 月	6 月 23 日	北京、上海
2024 年 7 月	7 月 14 日	北京、上海
2024 年 8 月	8 月 10 日	北京、上海、南京、杭州、深圳、广州、成都、苏州、武汉、重庆
	8 月 24 日	北京、上海
2024 年 9 月	9 月 14 日	北京、上海
2024 年 10 月	10 月 19 日	北京、上海
2024 年 11 月	11 月 16 日	北京、上海
2024 年 12 月	12 月 15 日	北京、上海

2. 考试内容

从 2023 年 10 月 28 日的考试场次起，TOEFL Junior 正式引入写作模块，实现“听力、阅读、语法、口语、写作”全方位检测，以考促学形成“学、练、测”的科学闭环。同时，TOEFL Junior 测试分为“笔试部分”“口写部分”及“全项考试”三种类型。

形式	笔试部分			口写部分		全项考试				
	纸笔			机考		笔试 + 机考				
科目	听力	语言形式与含义	阅读	口语	写作	听力	语言形式与含义	阅读	口语	写作
时长	40 分钟	25 分钟	50 分钟	18 分钟	40 分钟	笔试：115 分钟			口写：58 分钟	
分数范围	600 ~ 900 分			0 ~ 16 分		600 ~ 900 分			0 ~ 16 分	

同年考试官方更新了部分科目与 CEFR 级别对应的分数关系，给考生和家长提供更加科学的能力描述参考。

3. 考试费用

全新升级的“全项考试”价格为 1,200 元 / 人 / 次,“口写部分”价格为 600 元 / 人 / 次，笔试部分价格不变。

二 TOEFL Junior 2023 年考情分析

随着 TOEFL Junior 考试在中国大陆地区的知名度与影响力的提升，该考试受到越来越多家长的青睐。根据ETS官方数据显示，在2023年考量排名前10的城市中，上海和北京依旧是全国考生数量贡献较大的城市，深圳、杭州、南京、广州、重庆依旧位列其中。值得关注的是，扬州、开封、宁波跻身于前10序列。

2023 年，TOEFL Junior 考生的平均年龄为 11 岁，其中 10~12 岁考生，即 2011 到 2013 年出生的孩子，大约占总人数的 76%。

2023 年 TOEFL Junior 考试——考生年龄分布

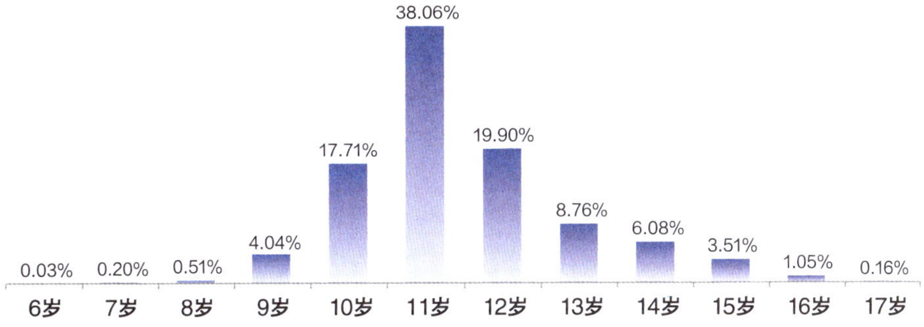

（数据来源：ETS）

从平均分数来看，各年龄段的平均水平略有不同。其中，10 岁考生的平均分（793.3 分）最高，人数占比最多的 11 岁考生的平均分为 788.6 分，12 岁考生的平均分为 786.1 分，综合来看 10 岁 ~12 岁考生的平均分为 789.3 分。

2023 年 TOEFL Junior 考试——10~12 岁考生分数平均分

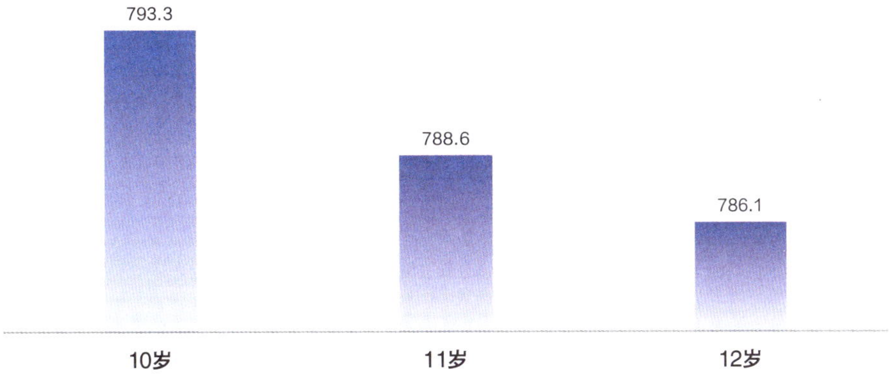

（数据来源：ETS）

因地区差异及考生英语水平的不同，TOEFL Junior 考试的平均成绩也有一定的差别。全国 TOEFL Junior 纸笔考试的平均分为 780.4 分，平均分最高的城市是苏州的 809.2 分，超过深圳，但深圳同比 2022 年平均分提升了 5 分。北京和上海由于考生基数较大，平均分略低，但相比于 2022 年均有所提升，说明考生的平均水平在逐年提升。

2023 年 TOEFL Junior 考试——Top 14 城市平均分分布

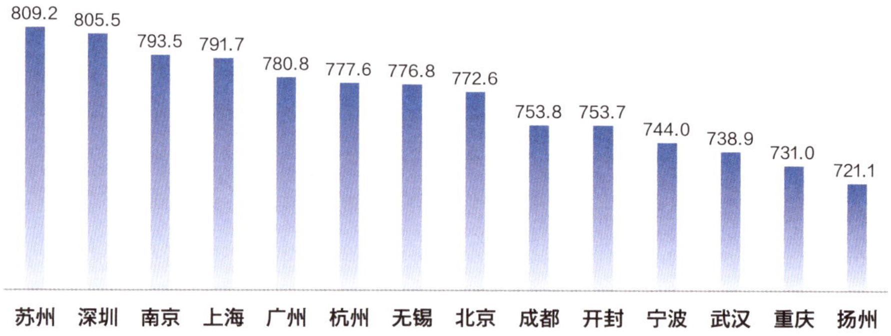

（数据来源：ETS）

从总分等级占比分布情况也可发现，高分考生（785~900 分）占比为 56.2%，已超过参考人数的一半。更多考生在学习和备考 TOEFL Junior 的时候会以高分作为目标，甚至会通过刷分来达到目标分数。这和越来越多的学校会用 TOEFL Junior 成绩来筛选申请者相关。

近三年的单项平均分趋势均保持一致，即听力理解＞语言形式与含义＞阅读理解。在 2023 年度的 TOEFL Junior 考试中，听力理解部分依旧表现最好，全国平均分为 265.9 分；其次为语言形式与含义（下图中简称“语文”），全国平均分为 258.6 分；分数最低的板块是阅读理解，平均分为 255.9 分。总体来看，各单项的平均分均有 1 分左右的下降，与参考人数增多有关。

2023 年 TOEFL Junior 考试——全国总分及单项平均分分布

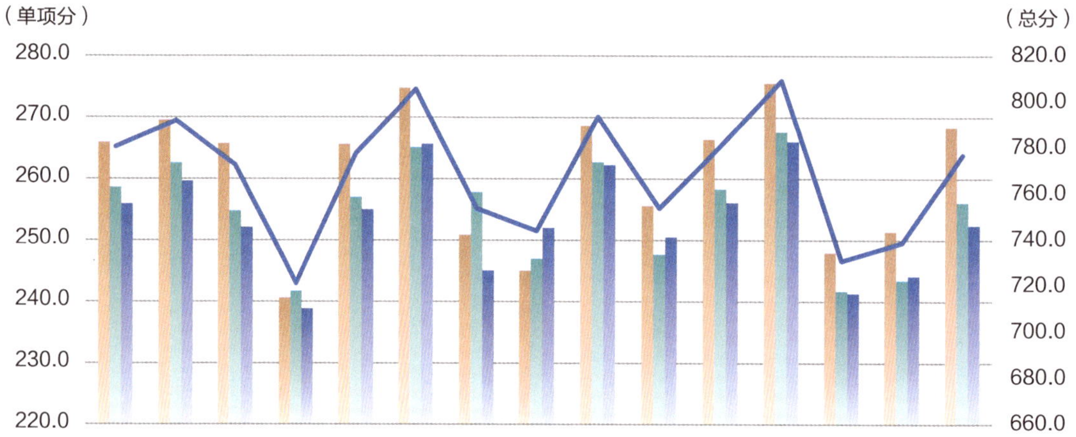

	全国	上海	北京	扬州	杭州	深圳	开封	宁波	南京	成都	广州	苏州	重庆	武汉	无锡
听力	265.9	269.5	265.7	240.6	265.6	274.8	250.9	245.0	268.6	255.6	266.4	275.6	248.0	251.4	268.4
语文	258.6	262.6	254.8	241.7	257.0	265.1	257.8	247.0	262.7	247.7	258.3	267.6	241.7	243.4	256.1
阅读	255.9	259.6	252.1	238.8	255.0	265.6	245.0	252.0	262.2	250.5	256.1	266.0	241.3	244.1	252.4
总分	780.4	791.7	772.6	721.1	777.6	805.5	753.7	744.0	793.5	753.8	780.8	809.2	731.0	738.9	776.8

（数据来源：ETS）

1. 听力理解

听力理解部分主要考查学术和非学术两种题材，包括课堂说明、对话、学术演讲和讨论。语速大约为

135 词 / 分钟、吞音和连读现象多且仅播放一遍。话题真实复现美国校园生活及环境中的内容。

题型主要覆盖主旨题、细节题、目的题、推断题、预测题、语气题和修辞结构题七项听力技能。在课堂说明和对话部分关注主旨题、细节题、目的题、预测题的考查，在学术演讲和讨论的部分，除前四项的考查外，增加了对推断题、语气题和修辞结构题的考查。

2023 年 TOEFL Junior 考试——听力题型考查次数占比

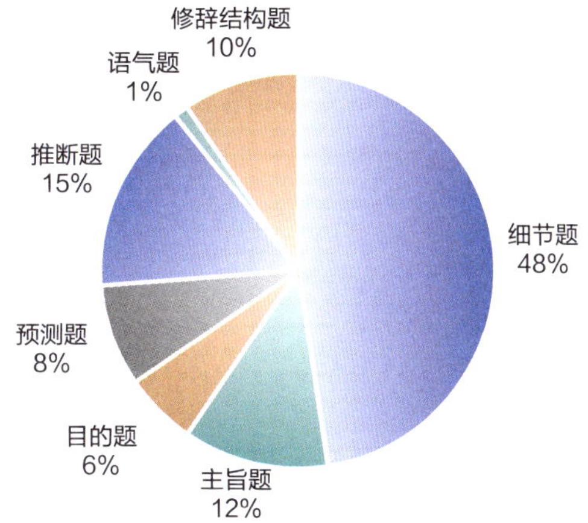

（数据来源：ETS）

2. 语言形式与含义

TOEFL Junior 语言形式与含义部分主要考查考生的语法、词汇及其表达，考查形式类似完形填空。考试内容强调语境，要求考生活学活用，而不是停留在知道的层面。考试内容分为篇幅较短（4~5 句话）的信件、通知公告、记叙文和篇幅较长（8~10 句话）的学生习作、课文节选、杂志文章的语法挖空选择题。

考生在文本中需要分析语法结构并做出正确的选择，使得文章通顺、语意流畅。整体测试依托文章阅读，更贴近在现实语境中考核词汇和语法，其中句式组合部分的考查较为综合且占比较高，需考生在备考中特别关注。

2023 年 TOEFL Junior 考试——语言形式与含义题型知识点考查次数占比

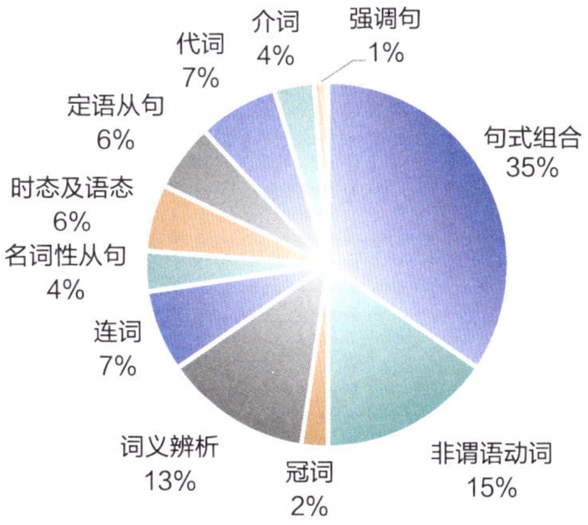

3. 阅读理解

TOEFL Junior 阅读部分涵盖非学术文章和学术文章，非学术类包括应用文（通知、电子邮件、书信等）、记叙文（适龄的虚构故事、校园新闻、人物传记等），学术类包括说明文（典型教科书中的文章，如社会科学或科学教材等）或议论文（通俗或学科类话题等）。考查的能力方向分为全文理解和片段处理，考查考生理解文章大意的能力、推断能力和逻辑能力，总体评估考生在以英语为媒介的场景中的阅读能力。

基于考生情况，应用文和记叙文部分对考生而言较为简单，学术文章阅读部分是考生需要发力的重点方向。

2023 年 TOEFL Junior 考试——阅读理解题型考查次数占比

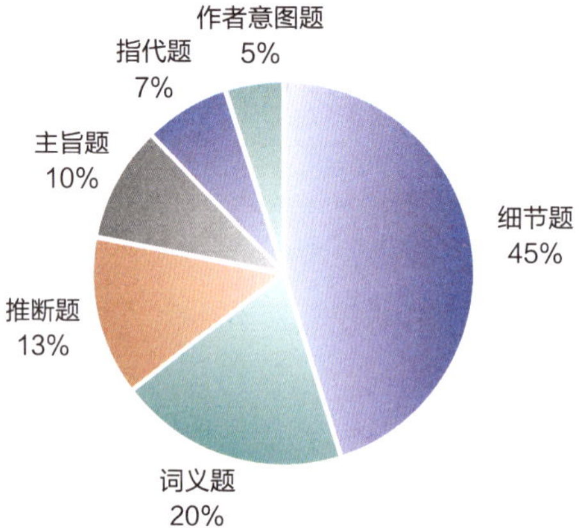

4. 口语

TOEFL Junior口语单项包含四个部分：朗读、描述图片、非学术类讨论及学术讨论。满足对考生听、说、读、写及综合考查的需求，也能更好地为后续的考试备考做铺垫。建议考生一定不要忽视口语部分，虽然口语考试目前只存在于机考，但是考查方向和题型与 TOEFL 考试非常相似，只是话题难度不同。考生需要注意提高自己的口语流利度、词汇使用及逻辑性，日常多进行相关话题的训练并进行录音，然后听录音进行纠正。

5. 写作

TOEFL Junior 写作单项包含四个部分：选词填空、邮件回复、观点写作和听力概述，旨在考查考生在社交和人际交往、教学指导和学术环境的沟通能力。考试内容融合了听、读、写、词汇及语法综合技能考核，形式上除了段落及文章，还涉及图表；话题包含人文、地理、历史、科学等多个学科领域，趋近于 TOEFL 考试。同时，因为是机考形式，对于没有接触过线上答题的考生来说也是一个挑战。

三 TOEFL Junior 2024 年备考建议

1. 听力理解

对中国考生来说，听力理解的难点主要为学术听力的部分，虽然听力是单项表现最好的，但想要得高分也不容易。TOEFL Junior 听力充分体现了“所听即所得”，没有陷阱，所以考生都是因为没听懂而选不对答案。考生可以从以下方面进行提升：

- **扩充词汇量。**TOEFL Junior听力会经常出现美国学校日常学习生活中使用的词汇和一些常见学科词汇，国内考生对此比较陌生。考生可以通过大量阅读英语原著或背诵核心词汇来提升词汇量，同时考生要边听边背，做到听到单词后能立刻反应的效果。在记忆的过程中也要关注词汇发音、连读和弱读等，建议考生在文本中熟悉和练习词汇。
- **多听多练。**听力能力的提高重点在于多听，尤其是对文本材料的精听。考生需多花时间进行大量的听力材料训练。
- **熟悉题型。**考生要认真学习、理解和掌握每种题型的解题技巧，在日常学习中除了对基本功的提升，更要多做真题或模拟题。

2. 语言形式与含义

备考语言形式与含义最重要的依旧是词汇的储备。官方建议 TOEFL Junior 备考词汇量需要高于 4,000 词，这里通常指的是通用词汇和学术词汇。其中，TOEFL Junior 的核心学术词汇为 1,700 词左右，其余通用词汇大约在 2,300 词左右。

语法部分则要求考生对考试中可能会出现的语法现象有正确的理解并作出选择。考生需要建立完整的语法框架，对于语法规则先理解、后应用。阅读地道的英文文章、积累词汇搭配与语感也是提高熟练度的主要途径。同时考生要进行大量的练习，把握整篇文章的主要内容，理解行文逻辑与结构、句与句之间的关系是能否取得高分的重点。

3. 阅读理解

中国考生在阅读理解板块一直相对薄弱，尤其不擅长学术题材。这反映了考生在词汇积累、阅读速度及文章理解、推断能力等方面的能力有待提升。备考时应注意以下几点：

- **词汇积累、辨析。**重视前文提到的学术词汇与通用词汇的积累，考生不仅要了解单词基础含义，还要掌握一词多义、词汇引申义等，因此原著阅读的重要性不言而喻。
- **阅读速度。**有的考生在平日练习时正确率较高，但是到考试中却常常因做不完题目而丢分，这是阅读速度过慢造成的。这类考生在备考时，需注意计时完成练习，观察自己的做题速度是否达到考试的要求。此外，考试型阅读与日常阅读不同，要学习考试策略，考试不要求考生对每个句子有 100% 的理解，因此也不要因为有不认识的单词而耽误了题目的完成。
- **长难句理解。**TOEFL Junior 考试重视考生在句子理解方面的能力。考生需要夯实语法基础并进行语法分析的训练，确保自己能顺利提取句子的主干，识别不同的修饰成分及其功能，并根据语法准确理解句意，并结合句子简化题进行相关练习。
- **考试技巧。**各种题型有自己的特点，做题方法正确可以事半功倍。考生在平时应当大量练习，针对不同的题型梳理不同的答题思路，掌握针对性的解题方法。

4. 口语

TOEFL Junior口语单项包含四个部分：朗读、描述图片、非学术类讨论及学术讨论。满足对考生听、说、读、写及综合考查的需求，也能更好地为后续的考试备考做铺垫。建议考生一定不要忽视口语部分，虽然口语考试目前只存在于机考，但是考查方向和题型与 TOEFL 考试非常相似，只是话题难度不同。考生需要注意提高自己的口语流利度、词汇使用及逻辑性，日常多进行相关话题的训练并进行录音，然后听录音进行纠正。

5. 写作

TOEFL Junior 写作单项包含四个部分：选词填空、邮件回复、观点写作和听力概述，旨在考查考生在社交和人际交往、教学指导和学术环境的沟通能力。考试内容融合了听、读、写、词汇及语法综合技能考核，形式上除了段落及文章，还涉及图表；话题包含人文、地理、历史、科学等多个学科领域，趋近于 TOEFL 考试。同时，因为是机考形式，考生应提前练习线上答题。

第十二节　SSAT 考试

SSAT（Secondary School Admission Test）考试是对申请美国、加拿大等国私立中学的考生来说非常重要的入学考试，即“美国中学入学考试”。随着优质私校的择校选人要求越来越高，除了北美地区，SSAT 考试成绩也会被中国香港和内地的优质国际高中作为选拔参考标准之一。它主要评测考生是否具备进入美国私立高中就读的学习能力，涵盖对考生的数学、语文以及理解与推理能力的测试，考查考生的逻辑思维和发展潜力。而考试结果将为学校招生官提供考生几个科目的相关能力信息并预估考生未来能否取得学术成就。考试内容难度较高，偏学术性考查，强调批判性思维和解决问题的技能，这些也是美国私立高中所关注的能力点。

1. 考试场次及时间安排恢复正常

2023 年 8 月 1 日，SSAT 考试中国管理中心与美国招生理事会（EMA）如期宣布 2023 年至 2024 年 SSAT 考试安排并正式开放报名通道。整学年考试安排全面恢复至疫情前状态，本年度一共有六次考试机会，国内一共有五次考试机会，考场分布在北京、上海、成都三个城市，取消了深圳的考试安排，但中国香港地区也正常设置了各月份的考试安排。

2023 年 ~ 2024 年 SSAT 考试——纸考标准测试日期

考试时间	考场	考试级别
2023 年 10 月 14 日	国际考场（包括中国） 美国、加拿大考场	Middle Level Upper Level
2023 年 11 月 11 日	国际考场（包括中国） 美国、加拿大考场	Elementary Level Middle Level Upper Level
2023 年 12 月 9 日	国际考场（包括中国） 美国、加拿大考场	Elementary Level Middle Level Upper Level

续表

2023 年 ~ 2024 年 SSAT 考试——纸考标准测试日期		
考试时间	考场	考试级别
2024 年 1 月 6 日	国际考场（包括中国） 美国、加拿大考场	Middle Level Upper Level
2024 年 2 月 3 日	仅有美国、加拿大考场	Middle Level Upper Level
2024 年 4 月 20 日	国际考场（包括中国） 美国、加拿大考场	Middle Level Upper Level

结合申请节奏，此考试时间安排对 2024 年秋季入学及申请的考生较为友好，考生可以在下半年合理安排 SSAT 考试的学习时间，更好地准备和实现 SSAT 出分。

但如需进行 2024 年秋季申请的考生最好争取在 12 月前的考试达成目标分数，1 月 6 日的考试只能作为补充性成绩提交给学校。4 月份的考试多用于下一年度的考试实战模拟或国内国际学校的入学考试使用，不能作为申请使用。而北美地区保持历年考试安排及节奏不变，北美考生可以选择考试中心笔试、在家考试和到 Prometric Test Center 机考。因 1 月份之前每月的考试在国内均有考场设置，申请考生以国内考试为主进行准备即可。

2. SSAT 考试多变为必选项，要求水涨船高

伴随着疫情好转和低龄留学要求水涨船高，2023 年大多数美国高中已将 SSAT 考试成绩由 Test-Optional 变为必须提交选项，个别学校出现明确不可以使用 ISEE 考试替代 SSAT 考试的情况，故使 SSAT 考试在 2023 年成为了申请美国、加拿大等国优质私立中学的必经之路，且对考生的分数要求也越来越严格，从以下例子中可见一斑。

- 知名寄宿高中（SAT 平均分在 1,350~1,400 分以上的学校）申请要求：TOEFL 成绩和 SSAT 成绩都需要，TOEFL 分数最好在 110 分以上，SSAT 分数在 2,300 分上（90% 以上）。
- 知名走读高中（SAT 平均分在 1,350~1,400 分以上的学校）申请要求：SSAT/ISEE 成绩必须提供，TOEFL 成绩在 100 分以上，SSAT 分数 2,000 分以上（60% 以上）。
- 中上等寄宿高中（SAT 平均分在 1,300~1,350 分以上的学校）申请要求：TOEFL 成绩和 SSAT 成绩都需要，TOEFL 分数在 105 分以上，SSAT 分数在 2,200 分以上（80% 以上）。
- 中上等走读高中（SAT 平均分在 1,300~1,350 分以上的学校）申请要求：大部分学校只要求 TOEFL 成绩，SSAT 成绩可以不提供。TOEFL 分数在 80 分左右。部分可以接受 TOEFL Junior 分数。

需要注意的是，2023 年 12 月 1 日起，SSAT 美国官网将不再接受中国居民的注册申请，SSAT 中国官网将正式开放考位，成为中国居民注册申请 SSAT 和 Snapshot 考试的官方唯一通道。此外，SSAT 和 Snapshot 的考试费及相关服务费将会增加。

总而言之，SSAT 考试结合了美国中学对考生语言及能力方面的多重考核，以高质量高标准的要求筛选优秀且拔尖的孩子。在美国高中申请越来越激烈的情况下，SSAT 考试以其科学性及严谨性在测评考生的学术能力中发挥着不可小觑的作用。

一 SSAT 2023 年考情分析

SSAT 考试分为三个级别，分别是初级（Elementary Level）、中级（Middle Level）和高级（Upper Level）。在 2023 年，SSAT 考生仍以美国高中申请、美国初中申请或国际学校入学为主，故考生考试级别主要集中在高级（Upper Level）以及少量中级（Middle Level）上。在考试设置上，只有 2023 年 11 月和 12 月的考试可以进行初级（Elementary Level）的考试。

2023 年，在中国大陆地区落地执行的考试（Standard Test）共计五场，考生可以在五个场次中进行报名，并根据自己的需求进行合理安排，没有准备好的考生也会略延迟至后续考场或多次报名考试，导致整体参考人数有所增长。10 月 14 日北京首场考试有两个考场，共计 290 名考生参加本场考试，较 2022 年 11 月的第一场考试有一定的人数下降。11 月 11 日的考试北京共有两个考场，共计 300 名考生参加考试。

本文主要结合 2023 年已进行的 1 月、10 月、11 月、12 月四场考试（Standard Test）进行回顾和分析。整体考试延续以往风格和状态，以老题为主，加上少量题目更新或新题，难度稳定不变。其中，10 月考试延续以往风格，整体偏简单且重复往年真题比例较高，考生整体感受较好，出分较高；11 月考试整体难度上升，新题比例增大，阅读难度较高。

1. 词汇部分

在 2023 年，词汇模块整体大比例重复往年考试旧题，新题占比较小且新题多为旧题翻新，完整新题没有出现超纲的词汇，均为常考词汇。SSAT 考试题目词汇词源来自三大部分：一是 TOEFL 基础及常考词汇，占比为 55%；二是 SSAT/SAT 学术考试常见及核心词汇，占比为 35%；三是部分高难度 GRE 或法语词汇，占比为 10%。建议考生合理分配备考精力和侧重点。

同义词题目仍以 SSAT 核心词汇和常考词汇为主，新题出现的方式多是原词不变、答案变化，或原词变为其他词性，答案同时发生词性变化的考查。因此，在备考过程中，考生需关注 SSAT 核心词汇不同词性的变化；在刷题时，除了关注题干单词，选项中的词汇依旧是考生备考关注的重点。

2023 年的四场考试中，类比题常考六大类比关系：同义关系、反义关系、人物关系、作用关系、事物关系和程度关系，整体占比 75.9%。考生在备考过程中需特别注意对以上六大逻辑关系的理解及掌握，并结合常考逻辑关系进行对应的训练，巩固相关知识，例如 10 月考试中人物关系考得比较多，这要求考生不仅要认识单词，还要具备一定的常识，至少要知道一些职业主要是做什么的以及某类人物有什么具体的特征。除此之外，组成关系、种属关系、位置关系、用途关系、结果关系、地点关系等均有出现，但占比较小。因旧题占比较大，从考生考试角度而言，本年度的类比题难度较为友好，但考试本身难度不低，建议考生扎实备考及准备。

2023 年 SSAT 考试——词汇类比题各关系考查次数占比

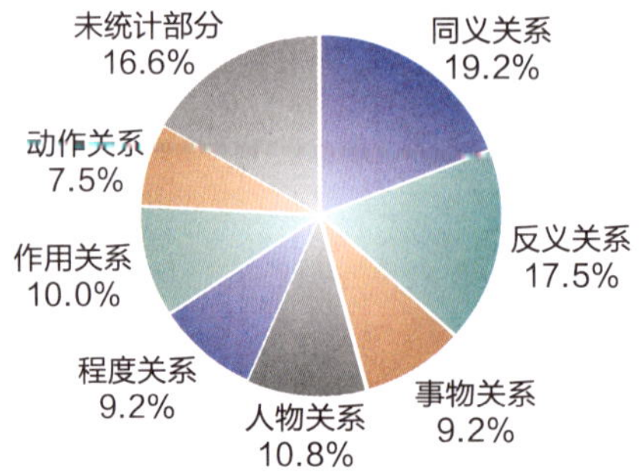

2. 阅读部分

阅读部分整体以老文章和题目为主，增加了 1~2 篇新文章，题目进行了部分更新，新文章难度不低且选材较新。从文体角度来看，今年考试保持以往风格，侧重对文学类阅读的考核，涵盖小说、诗歌、人物传记、历史题材的文章，整体占比 75%，体现了学术考试及美国中考的定位。说明文和议论文部分仅占 22%，足以证明在TOEFL类语言考试之后，参加SSAT考试更需重点关注文学类阅读，了解文学类阅读的出题风格，而 TOEFL 阅读的高分并不一定能满足 SSAT 阅读考试的要求。SSAT 阅读文学部分偏重对于重点作家和重点作品的考查，例如美国诗人亨利·华兹华斯·朗费罗（Henry Wadsworth Longfellow）、美国小说家杰克·伦敦（Jack London）、美国著名小说家及诗人薇拉·凯瑟（Willa Cather）等，建议考生关注这些作家的不同作品以及同一作品的不同选段，哪怕是针对同一选段，题目也可能会有相应的更新。因此，阅读部分的备考建议长线规划和提前准备，深入阅读及分析对应的小说、诗歌等文学作品，短线冲击阅读高分难度较高。

2023 年 SSAT 考试——阅读文本题材考查次数占比

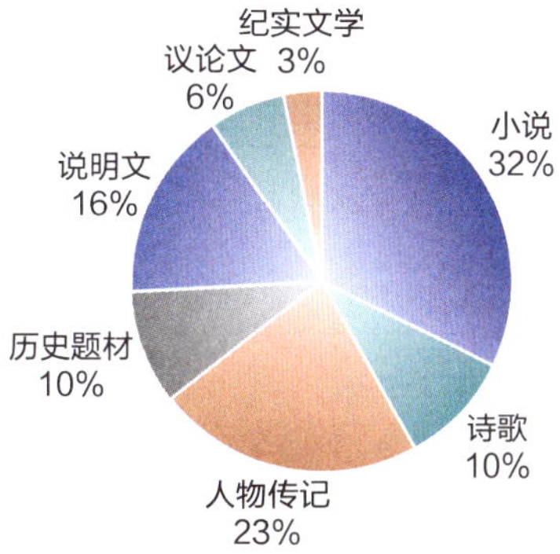

2023 年每场考试的阅读部分均涵盖八篇文章及对应题目，在有限时间内，文章的增多意味着考生阅读速度需要提高。因文章类型不同，文章整体篇幅集中在 110~373 词，与 TOEFL 长段阅读的多题目不同，SSAT 多为每篇文章后配置 4~5 道题目，阅读速度是务必要训练的。

在阅读题型方面，整场考试仍以常考题型（细节题、词汇题、主旨题）为主，整体占比 71%，旨在测试考生准确理解句子、合理整合信息以及结合上下文理解词汇的能力。推断题、文章出处题、态度题和修辞题均有出现，但占比较小。从综合备考角度而言，考生仍需注意多样题型的训练。

2023 年 SSAT 考试——阅读题型考查次数占比

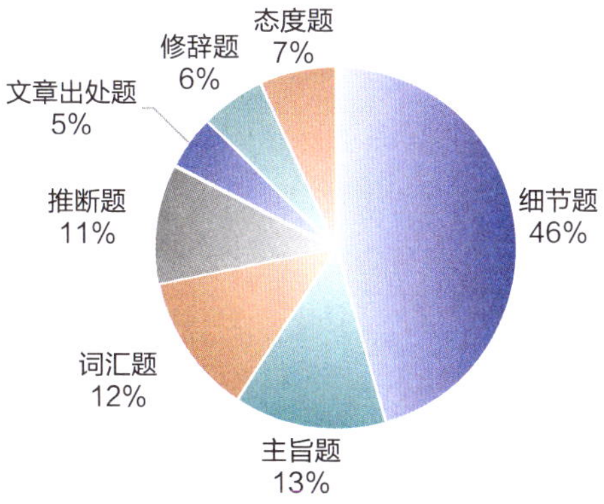

3. 数学部分

数学整体难度和题型分布依旧保持固有命题风格，涉及的知识点较为简单，对于数学较好的考生来说优势突出，但学校会更加关注每个考生数学部分的成绩。数学整体知识点无超纲情况，各个月份考试涉及的知识点略有不同，但整体均在考试知识点范围内，建议考生根据知识点清单详细梳理及备考，整体涉及知识点汇总详见备考部分。

对于公立体制学校的考生来说，大多数考生基础运算能力比较扎实，知识点学习一般比较深入但进度较慢，所以一些知识点可能在学习时并未接触，例如低年级考生在正负数运算的学习进度上相对偏晚，这就需要多花费精力学习新的知识点，用于准备 SSAT 考试。此外，英语基础相对较弱以及没有接触过英文数学教学的考生还需要在备考初期做好数学专业词汇及基础日常词汇的背诵积累，为后续的学习扫清读题障碍。而对于国际学校或海外学校的考生来说，对英文数学并不陌生，题目敏感度及题目解析能力相对较强，但对于知识点往往掌握得不牢，基础计算能力相对薄弱，需要在前期知识点的学习上多查缺补漏，完善每个知识点对应题型的解题技巧。

二 SSAT 2024 年备考建议

备考SSAT考试，首先要设定自己的目标分数（一般美国Top 50高中SSAT目标分数需达到2,250分以上），这是与考生所要申请的学校息息相关的。同时，不同的分数目标也代表着不同的学习方案和准备强度。再次提醒家长及考生，因 SSAT 考试本身的难度较高，建议考生有一定的 TOEFL 考试分数（一般建议 90 分）之后再进入 SSAT 的学习，这样备考更加有效。

1. 词汇部分

词汇是考试各单项的基础，备考前要了解考试本身对各个级别词汇的要求，包括不同单项如阅读、词汇和数学对考生词汇量的要求。中国大陆地区考生备考 SSAT 考试主要集中在高级（Upper Level）和中级（Middle Level）两个级别，整体目标词汇量固定在 8,000~12,000 词内，考生备考压力大，但要注意考生的入口问题。备考高级的考生，建议 TOEFL 达到 90 分之后再开始，这个分数也就意味着考生基本已掌握 6,000 左右的词汇量。备考中级的考生，建议 TOEFL 达到 80 分之后再开始，这时考生已具备 5,000 左右的词汇量。因此，考生需要基于目前已有的词汇量和所需要达到的词汇目标，合理规划所需攻克的剩余词汇和核心词汇。以下是有关词汇备考的建议。

首先，有效背诵词汇，过重点、过核心。备考的不同阶段要有不同的侧重点，初期可以从 SSAT 词汇表入手，根据每一个列表先筛选出感觉模糊的词汇，剔除已会的词汇，制成自己专属的 SSAT 词汇表重点记忆，每日制定单词背诵计划，严格设定闹钟分组计时、定量背诵并与练习结合。中后期要将重心集中在核心词汇表和每个阶段中的错题，进行归纳总结、集中记忆。如果盲目记忆全量词表，大部分考生会维持在会的会，不会的依旧不会的状态。语言学习的周期复习、反复记忆及定期复习尤为重要，在制定单词记忆计划时要明确每日复习任务及新记忆的部分，新旧词搭配并合理设定不同的时间节点，进行周期复习。

其次，拓展词根、词缀和词源，夯实单词。当单词积累到一定数量，必要的词根词缀知识能帮助考生将背过的词汇串联在一起，从而扩充和巩固考生的单词储备。这也可以在解答同义题或面临一些不熟悉词汇的拆分或答题分析中起到辅助作用。了解一定的词源知识，从语音学到词汇演变史到外来词，可以帮助考生更有效地记忆和掌握词汇。

最后，熟悉题型，在实战中积累解题策略。单词最好的习得方法就是通过语境来学习，而最好的学得词汇题型的方式则是大量的题型训练和实战模拟。基于词汇的两种题型有不同的训练方式：同义题练习可与日常单词的记忆结合起来，重点按照同义词词组去记，结合平时大量的题目练习进行相关积累。在此基础上，类比题更注重考生的逻辑推理及判断能力，即需要考生具备一定的分析能力，能识别词汇或短语之间的逻辑关系，因此需重点关注同义关系、反义关系、事物关系、人物关系、程度关系这五大常考关系的掌握，其他关系在冲刺高分中仍需关注。高频训练、有效刷题、针对性的总结和反思，才能达到高效学习并取得目标分数的目标。

2. 阅读部分

SSAT 中、高级阅读部分包含七篇左右的文章，涵盖议论及说明文、诗歌、小说、戏剧、人物传记等，文学性强，会涉及大量的生词，包括学术类和文学类词汇，因此考生在准备 SSAT 考试的过程中需要进行大量的单词积累，才能有效地提升自己阅读的速度以及答题正确率。以下是对于阅读部分的备考建议。

首先，基于 TOEFL 考试，加强文学类阅读。SSAT 与 TOEFL 不同的是，阅读除了考天文、地理、科学的文章外，还会有一半甚至超过一半的文章属于小说和诗歌等文学体裁（根据各月份考试，占比会略有不同）。TOEFL 已达到 90 分以上的考生在部分说明文和议论文的答题中没有太大问题，但需特别关注的是，SSAT 说明文考查范围甚广，会涵盖美国历史重点事件（土著人的相处、独立战争等）的介绍，需要考生对美国历史有一定的了解。小说、诗歌、人物传记等文学类阅读，对公立体系成长起来的缺乏文学积累的考生有一定的难度，需要高强度的训练。因此，如有未来备考 SSAT 或 SAT 计划的考生，建议做好长线规划，尽早开始阅读英文原著，特别关注 SSAT 常考的 43 本小说，熟悉文学体系。同时，也给自己日常背、记单词提供一定的语言环境来复现单词，这样可以帮助考生的语言学习，使得后面的考试更快出分。

SSAT 阅读考试文学类阅读体裁及说明	
小说	长篇原著小说中的节选片段
诗歌	选自英美著名诗人的作品，长度一般为 8 ~ 16 行，考查十四行诗等多种诗歌形式
人物传记	自传或传记，多为美国历史名人、政治人物以及作家等

其次，强化训练，提升阅读速度。有了词汇量的积累和文学阅读基础之后，日常计时阅读训练是必不可少的，因为考生在实考中需要在 40 分钟内答完 7~8 篇阅读下的题目，阅读速度达到了 75 词 / 分，已超出以往各项标准化考试的要求，因此日常需要进行大量的阅读以及模拟题的练习。建议考生考前要进行至少每月 100 篇左右的阅读练习以及多次模拟考试，才能对阅读的整体节奏和考试时间有一个好的把握，不建议以实考作为第一次限时训练，容易使考生手忙脚乱。

最后，有效学习，练习阅读技巧。因 SSAT 阅读部分难度较高，需要考生集中进行文学类阅读技巧和能力的学习，比如积累诗歌中的生僻词、一些诗歌中常出现的古英文内容，还要注意断句、倒装、意象及常见的修辞手法的理解训练等。同时，对于主旨题、细节题、推断题、观点态度题和修辞手法题等相关解题技巧和做题步骤的把握，建议寻求专业老师的教学指导，这样可以使得大量的阅读练习更有意义和针对性。

3. 数学部分

SSAT 数学注重考生对于基本概念的理解与对实际问题的分析能力，基本考试范围比较宽泛但难度不高。相对于前两个单项，数学部分对于中国考生相对是比较友好的，但也因此要求考生在数学部分需要拿到满分或近乎满分的成绩以证明自己的学习力。此部分考生需精准掌握 150~200 个数学核心词汇，能够精准地理解题干的要求。其次，梳理重点知识点和自己是否存在数学知识点的漏洞是至关重要的，可参考下表进行自查。建议考生进行大量限时练题，强化巩固知识点并总结典型题目。这样在考试当中正常发挥，注意答题时间及速度的把控即可。

另外，考试除去基本的数学能力考查，文字理解题占据着很大的比例，涉及各个方面的知识点，常见的有路程与速度问题、年龄问题、利润与折扣问题、工作效率问题、事件概率问题等，这类题往往有很多累赘的语句，考生在做文字题时要注意提高快速锁定关键词、抓取有效信息的能力。

SSAT 中高级考试数学常考知识点	
知识类别	考查知识点
简单数论	简单四则运算，指数运算，基本数字含义，分数、小数、百分数运算，单位换算，实际应用题，根式，打折百分比的多重折扣
函数以及方程	未知数使用，一元一次方程，二元一次方程组，一元一次不等式，一元一次函数，一次函数斜率问题，二次方程，二次函数
几何问题	特殊三角形，勾股定理，面积公式，周长公式，多边形内角和，图形的平移变换，几何图形的基本词汇，点的平移对称旋转，圆形的重点知识点考查，立体几何体积
概率以及推理问题	概率事件，简单的推理问题，排列组合问题，统计学问题

综上所述，SSAT 考试作为美国高中名校申请的敲门砖，扮演着不可或缺的角色。作为一项测评，它不仅帮助考生锻炼语言的精准度和极致的语言逻辑思维，也会帮助考生挖掘认知的深度，拓展学识的宽度。SSAT 的学习过程也在不断提升考生的理解能力、归纳反思能力、交流能力和思辨性思维等必要的底层能力，为未来美国高中的学习做好铺垫和衔接。

第十三节　AEAS 考试

AEAS（Australian Education Assessment Services）考试是为想要赴澳大利亚就读的优秀中小学生特别设计和选定的综合性测试，旨在综合评估考生从小学到高中阶段的英文水平和综合能力，已成为国际学生申请和入读澳大利亚精英中学的最主要途径。目前有超过 180 所的澳大利亚精英私立中学将 AEAS 考试作为申请和入读本校的重要参考指标，该考试英文部分的成绩还与正式入校前读的英语强化课周数直接相关。

目前全澳大部分私校都接受 AEAS 考试，几乎所有悉尼和墨尔本的私立学校都要求申请人提供 AEAS 成绩报告，如考生目标是第一梯队学校，建议 AEAS 英文 70 分以上，数学及逻辑高于 7 分；目标院校为第二梯队学校，建议 AEAS 英文至少 50 分，数学及逻辑约 6~7 分。同时，在申请备考时需要特别关注的是，AEAS 成绩有效期为一年，如果首考分数不理想，重考需间隔三个月以上。因此建议在开学日期之前的 8~14

个月提前参加考试，第一是确保在申请澳大利亚知名私立学校时还有申请位置，第二确保给正课前的语言课程预留充分的时间，避免延误正式入学时间。

再来看考点情况，据AEAS考试官网信息可知，2023年AEAS考试参考人数较2022年有一定比例的上涨，特别是在北京和上海地区。其中，AEAS考试在中国大陆地区开设考点的城市没有变化，在12个城市（北京、成都、大连、广州、杭州、哈尔滨、南京、青岛、上海、沈阳、深圳、西安）可以直接参加AEAS考试。但从考点及考试日期安排来看，2022年除上海以外，其他城市的考试场次安排仅为一个月一次，时间选择上非常有限。2023年~2024年北京地区在八个月份中新增了考场，而上海地区在7月、8月、10月出现了三场考试的情况，可以看出本年度参加AEAS考试的人数有了一定的涨幅。

城市	日期
北京	5月18、25日，6月15日，7月6、20日，8月3、17日，9月7日，10月19日，11月2日，12月7日
成都	5月25日，6月22日，7月6日，8月24日，9月21日，10月26日，11月16日，12月14日
大连	5月25日，6月29日，7月27日，8月24日，9月21日，10月26日，11月23日，12月14日
广州	5月25日，6月22日，7月20日，8月17日，9月21日，10月26日，11月16日，12月14日
杭州	5月26日，6月23日，7月21日，8月18日，9月22日，10月27日，11月17日，12月15日
哈尔滨	5月25日，6月29日，7月27日，8月24日，9月21日，10月26日，11月23日，12月14日
南京	5月18日，6月1日，7月6日，8月3日，9月7日，10月19日，11月2日，12月7日
青岛	5月18日，6月1日，7月6日，8月3日，9月7日，10月19日，11月2日，12月7日
上海	5月18、25日，6月15、29日，7月13、27日，8月10、24日，9月7、21日、10月19、26日，11月9、23日，12月7、14日
沈阳	5月18日，6月15日，7月13日，8月10日，9月7日，10月19日，11月9日，12月7日
深圳	5月18日，6月1日，7月6日，8月3日，9月7日，10月19日，11月2日，12月7日
西安	5月18日，6月15日，7月13日，8月10日，9月7日，10月19日，11月9日，12月7日

作为与“墨尔本大学语言考试研究中心”的专家合作开发的规范考试，AEAS考试不仅测试考生的英语水平，还对考生进行数学推理能力以及综合能力的评估，向学校提供有关考生的更详尽信息，以便协助学校做出是否录取该考生的决定，并给出该考生需要读英文强化课程的周数建议。

AEAS英语分数	英语程度	英语预备课程周数		
		10~12年级	7~9年级	4~6年级
0 ~ 25	初学者	40 ~ 48	30 ~ 40	12 ~ 20
26 ~ 35	初级	30 ~ 40	20 ~ 30	6 ~ 12
36 ~ 45	初中级	20 ~ 30	12 ~ 20	4 ~ 6
46 ~ 60	中级	12 ~ 20	8 ~ 12	0
61 ~ 70	初高级	8 ~ 12	4 ~ 8	0
71 ~ 79	中高级	4 ~ 8	0	0
80+	高级	0	0	0

（AEAS英语水平考试成绩与英语预备课程周数对照表）

为帮助考生及其家庭熟悉 AEAS 考试模式及备考、了解澳大利亚学校信息以及帮助留学机构和留学生家庭了解更多澳大利亚学校动态和 AEAS 相关信息，AEAS 官方也就此些方面，为家长和考生提供了英语能力线上模拟测试系统、澳大利亚学校信息系统（australianschools.aeas.com.au）和其他线上及线下活动，帮助家长和考生更好地了解学校动态及 AEAS 相关信息，进行留学规划、获取学校信息、备考并实战模拟。

此外，在 2023 年 8 月，AEAS 官方还宣布，除澳大利亚外，越来越多的新西兰知名学校也将 AEAS 列入他们的入学申请材料中。接受 AEAS 成绩报告的新西兰学校详细可在 aeas.com.au 上进行查询，这也意味着 AEAS 考试可以帮助考生实现多项选择。

一 AEAS 考试 2023 年考情分析

AEAS 考试是为想要赴澳大利亚就读中小学（主要是私立中小学）的考生提供的特别设计和选定的综合考试，考试形式为纸笔考试，其综合评估的结果不仅能表明考生能力与其所申请年级的匹配度，还可以帮助考生查漏补缺，找出考生仍然需要提升的地方。

AEAS 考试面向的是小学（4~6 年级）、中学（7~9 年级）和高中（10~12 年级），每个年级考试的侧重部分不同。各级别包括三个部分，第一部分是英语水平考试（English Language Proficiency），第二部分是数学推理能力考试（Mathematical Reasoning Ability），第三部分是非语言试题的综合能力考试（Non-Verbal General Ability）。其中英语水平考试时间为两个小时，考试内容包括以下五个部分：

考试内容	考试时间	试题数量
词汇	20 分钟	20 ~ 25
阅读理解	30 ~ 35 分钟	20 ~ 30
写作	30 分钟	1
听力	20 分钟	20 ~ 25
口语	10 ~ 15 分钟	3 ~ 4

1. 词汇

从考生实际数据可知，词汇模块是英语部分得分较低的一项，大部分中国考生停留在 7~8 分左右。这与考生词汇掌握不扎实，以及考查方式一般不采用国内英文考试常见的单选题形式有一定的关系。AEAS 针对词汇考查包括三种题型：单词英文释义题、单词填空题和单词拼写改错题。从考题设置的角度而言，词汇单项侧重于对同义词英英理解、单词拼写、单词运用（一词多义、固定搭配等）和句内意群理解的灵活考查，故单纯地认识词汇并不满足考试的要求，熟练拼写和运用至关重要。其次，考试词汇覆盖较广，在单套题目中会涉及小学至高中阶段的核心词汇，答题速度要求、准确率要求又相对较高，且题型设置中没有单选题的形式，无法用模糊记忆和排除法选对单词，故考生熟练掌握单词的英文意义、使用、搭配和拼写非常关键。值得注意的是，在听、说、读、写等语境中对词汇的综合运用有助于考生备考词汇部分。

2. 阅读理解

阅读部分通常会给 2~3 篇不同题材的文章，要求考生在 30~35 分钟内完成 20~30 题，题型包括选择题，是非判断题和补充完整句子等。此部分考查的不仅是考生的词汇量和对语句的理解，也包括对整篇文章逻辑的整理及推理能力。

阅读部分文体侧重考核考生对记叙文和说明文的理解，内容及文章选材多选自当地新闻或期刊，故文章中会涉及较多澳大利亚本地的文化背景知识。阅读考查形式和题型设置类似 IELTS 考试的多篇文章多题型（单选、填空、配对、是非、表格等）混搭及组合，对快速阅读、适应不同题型并寻找原文的定位技巧有较高要求。每道题平均只有一分钟的答题时间，考生要在一分钟的时间内快速读懂、理清答题思路并排除答案陷阱，对大多只在 7~10 年级参加 AEAS 考试的考生来讲，是不小的挑战。而且，词汇的挑战在阅读文章中也无处不在，而且对词汇量的要求也更大。

3. 听力理解

听力部分要求考生在 20 分钟之内听完 4~6 篇不同类型的对话或说明性独白，并在规定时间内完成 20~25 道题目，题目类型涉及主观题和客观题两种形式，多为单选、填空、配对、是非、表格等多种题型混搭。听力材料的选择与阅读较为相似，常选用澳大利亚校园背景或生活信息，多以澳大利亚口音为主，听力音频只播放一遍，考生需提前进行语音、语调的练习。从题型角度，听力部分整体以细节题为主，但对澳大利亚文化背景的理解、注意力的集中程度、听记的准确度要求甚高，也有较多的题目陷阱，对考生英语综合能力的考核较为严格，也符合考试官方对于考生英语能力的全面评估，同时对标语言课程周数的目标。

4. 写作

AEAS 的写作时间是 30 分钟，分值为 20 分，写作字数在 150 字以上。随着考试级别的提升，写作部分的要求由 4~6 年级的简单的应用文，逐步提升为 10~12 年级的命题作文，要求考生在规定时间内撰写有社会深度、抽象思维或现实意义的辩证文章。结合考生年龄，实际准备 10~12 年级考试的考生多为 8~9 年级的学生，要求其在限定时间内完成一篇思路清晰、论证缜密、语法准确的作文是有一定挑战性的。考官将根据文章内容与题目要求的相关性（Content and Relevance）、文章的结构或观点的衔接（Organization and Linking of Ideas）、语法的准确性和词汇量（Grammar and Vocabulary）和词汇拼写以及标点的使用（Spelling and Punctuation）四大评分标准进行综合打分。考生需要注意文章的逻辑性，全文观点清晰并保持一致，文章结构清晰并用相应的细节来论证即可。

5. 口语

口语考试时长是 10~15 分钟，讨论的话题是专门针对考生的知识背景设计的，考生要对指定的题目做简短的陈述，完成相关的问题解答和讨论。在第一部分面试（Interview），考官一般会结合日常生活话题和考生进行交互式问答，熟悉彼此。需注意，虽在评分中此部分不计入分数，但对考官留下好的印象是很重要的。

第二个部分为看图说话，此部分也是考生比较熟悉的题型，考生需要分别描述两张图片（一般是比较生活化的场景图片）并回答与图片相关的问题（涉及情感态度、生活经历等）。考官直接会提问在图片中看到了什么，考生需要尽可能完整且有逻辑地描述图片中的信息、内容要素等，回答没有内容上的对错。本部分考查考生描述、信息比较和表达观点的能力，对于描述生活场景的熟练度、在生活场景中口语组织能力以及由普通事物向外发散的思维能力。

最后一部分为考生的独立输出。考生需要根据一张图片，给出图片的主题和一些与话题有关的问题。考生准备两分钟后，将独自进行一分钟的描述（可以按照给出的问题进行展开），接着回答相关的问题。此部分话题在高年级段的考试中有一定的难度，考官将从流利度和连贯性、词汇量、语法多样性和准确性，以及发音这四大维度进行综合考评和打分。

二 AEAS 考试 2024 年备考建议

1. 词汇

AEAS 考试本质上是一项语言测试，综合测评考生的语言能力，词汇部分不仅是最难得分的单项，也是其他英文单项的基础，因 AEAS 考试涉及的词汇范围较广，考生要特别关注单词的掌握。AEAS 各级别考试对应的单词量要求如下表所示：

考试级别	单词量要求
4 ~ 6 年级	1,800 ~ 2,000 词
7 ~ 9 年级	4,000 ~ 5,000 词
10 ~ 12 年级	6,000 ~ 8,000 词

AEAS 词汇考试对于词汇的考查范围较大，比大部分考生（AEAS 考生以 7~9 年级居多）在公立初中就读时 1,600 核心英文词汇的要求有较大差距，因此考生需要一个长远的单词记忆规划以及行之有效的记忆方法。记忆单词的方法因人而异，考生可以根据个人习惯选择适合自己的方式，但在备考过程中，要特别关注对单词 MFPU 的综合掌握。

MFPU 是 Meaning、Form、Pronunciation 以及 Use 的缩写。单词的 Meaning（具体释义）不仅仅指单词的中文意思，更多强调的是单词的英文释义，用英文来理解和解释词汇不仅可以帮助考生解答词汇部分的第一题型，还可以更好地帮助考生完成阅读理解部分的 paraphrase（同义转换）定位。其次是 Form（单词形式），在备考过程中，首先要关注的是对单词拼写的精准掌握，即核心 3,500 词中的每一个单词都可以精准无误地写出来，同时要全面掌握同一词根的不同变型，以及词根词缀的学习。Pronunciation（单词发音）是指单词正确的发音及对单词的听识，这对口语和听力部分是非常重要的。但要特别注意的是，因为 AEAS 考试为澳大利亚的官方考试，建议考生要加强对澳大利亚口音发音的专项训练。在做好以上准备的同时，考生还要掌握单词的灵活运用（Use），即单词的一词多义、固定搭配及在句子语境下推断空缺单词的能力。

在备考题型时，对于词汇基础概念和根据句子语境推断空缺单词的题型，其根本都是在考查考生对于词汇含义的理解，只是正向和反向推断的方式不同，因此考生可以按照这个思路来精准备考。指定每天复习的词汇列表，看单词说含义及同义词，或者看含义说单词，并适当用词汇造句，巩固词汇在语言表达中的使用，这样在考试中才会得心应手。

2. 阅读理解

阅读理解部分常包含 2~3 篇不同体裁和主题的文章，考题中不仅包含基础的选择题题型，还会在同一篇文章下出现判断正误、填空、回答问题等多种题型。这就要求考生不仅能够准确把握文章表达的内容，精准提炼重要信息，分析词汇含义，还要具有一定的逻辑推理能力。考生要想在短时间内做对题目拿到高分，需要词汇和各项阅读能力的依托。

AEAS 阅读所涉及的题材较为广泛，通常一次考试中，不同种类的应用文、说明文、议论文会搭配出现，且专业性相较于听力文本会更强。因此对于备考的考生来说，需要在平时做广泛的阅读积累，建议多阅读原版英文期刊，多接触各个领域的文章，这样就能够积累一定的专业词汇和不同领域的话语逻辑。

阅读书籍及内容的选择需要满足两个条件，一是适合考生阅读能力，二是符合考生兴趣。例如考生可以在蓝思官网测试蓝思阅读指数，了解自己的阅读指数之后，根据 −100~+50 的区间选择等于或者略高于自己当前级别的图书。当然，兴趣很重要，所以在那些书目中还是要挑自己喜欢的阅读。如果觉得这种方式太复杂，也可以去书店挑选英文图书或期刊，打开之后发现一页上不认识的词在五个左右，并且书的内容对自己也有吸引力，能读下去，也可以作为阅读训练材料。

不过，如果备考时间短并且已经有了备考计划，则不建议做这些拓展阅读，仅根据老师制定的计划完成即可，里面会有单词和阅读要求，按照计划完成才能最有效地利用时间。在 AEAS 10~12 年级的阅读考题中，有时也会涉及对于阅读文本逻辑的考查，也就是文本结构，因而考生在备考时也需尝试用梳理写作提纲的方式梳理每一篇阅读文本的框架，这对于 AEAS 写作备考也是有帮助的。

3. 听力理解

AEAS 考试听力考查呈现三大特点：听力只读一遍且题目没有固定的顺序，澳大利亚相关的本地生活化内容及发音特点，专业性较强的话题及词汇。针对以上特点，考生在备考过程中，需要特别关注听力部分的训练及能力夯实提升。

首先，考题顺序和文本的叙述顺序未必完全一致，因此在AEAS听力备考时，要格外注意做好听力笔记，掌握一定的做笔记技巧；尽可能多地模拟真实考试情景，快速浏览考题，限时只听一次文本完成考题。即便题目考点在文本中出现的位置随机，但只要考生通过大量练习做到“听得懂”，便可以轻松应对。

其次，文本和发音偏向澳大利亚本地生活化的内容，日常备考时对于当地文化生活的了解和学习也是除了语言学习之外需要关注的。在听力材料的选择上，建议考生要多看多听澳大利亚的生活化选材及电视新闻，例如澳大利亚广播公司（ABC）的新闻广播，了解本土文化和语言表达，培养耳朵灵敏度。题材方面除关注日常生活、学习、兴趣等相关题材外，注意扩大对多学科多领域的知识储备量，提升阅读的深度和广度。

听力题型和阅读相似，通常在一篇听力文本下，会随机包含选择题、填空题、判断正误、表格题等不同种类的考题。从应试角度而言，一定要大量做题、反复做题、旧题新做，提高对特定话题和题型的熟悉度，才能做到熟能生巧。日常练习时要多听写完整的句子，注意时态、单复数以及分辨字母大小写等问题。

4. 写作

AEAS 写作的考查维度主要包含语言表达准确度、词汇使用，以及内容是否合理扣题和文本逻辑，在低龄考段还会额外关注考生的词汇拼写。考题在低龄段多以叙述文形式出现，到了高年级则多为议论文，更加要求考生有清晰的辩证思考能力和写作思路，考生需要根据不同考段的写作要求有针对性地备考。写作时不能重复运用一些简单的词汇句法，要学会运用同义词使自己的语言表达更加丰富，并且在语句表达上适当结合使用复杂句、长短句，使文章更加有层次感。

像前面提到的，AEAS 写作和阅读理解的备考是相辅相成的，平时的阅读量对于写作能力的提升有非常大的帮助，只有平时阅读积累的素材足够多，考试的时候才会有更加清晰的思路，才会有更多内容和语言基础用于考生的个人写作。所以考生在正式动笔之前，最好简单地列出考题题目的提纲，帮助自己理清接下来的写作思路、如何分段以及每一段的侧重内容，这对于顺利写作很有帮助。

5. 口语

AEAS 口语考试是一对一测试且为实际场景下的考官测试，故在备考阶段，考生需与老师进行全真模拟，提前熟悉考试场景及流程。考生进入考场的时候要先和考官打招呼，做一些简单基础的自我介绍，接下来就进入正式的考试流程。考官会让考生先就一个题目进行独立阐述和表达，然后再进行互动提问。通常题目会以话题卡片或图片的形式出现，考生也会拿到一部分问题提示，作为独立表达的思路。

日常口语提升需要多听多说，鼓励考生大胆流利地表达，多听英文广播及熟读英语文章，尽可能进行全英文对话和交流，给考生全英环境，增强语感，提升英文口语表达的流畅度。其次，从备考的角度出发，口语会涉及不同的话题，考生可以多关注与澳大利亚相关的一些话题和地道表达。同时，口语考试中可能会问到一些衍生题目，如观点类问题，平时练习的时候就要注意口语表达的思想性，慢慢做到自然表达，这样才能真正提高口语水平。备考时，考生可以用思维导图的方式就一个问题有可能被探讨的方向进行主动的发散性拓展，把给出的题目和自己所擅长的部分联系起来，使自己在这一阶段的表达更加饱满，这样面对考官随机提出的问题，也能更加轻松地应答。

特别要注意的是，口语考试不是单纯的考官提问考生回答的被动过程，更加注重使用语言进行沟通交流的能力，考生也可以就考题向考官提问，提高互动性，这样也可以使考官觉得考生落落大方，善于表达，有思考能力。

总之，AEAS 考试作为澳大利亚及新西兰中小学入学的重要参考指标，在评估考生综合能力及入学适配度上起着重要标尺的作用。因此长短线结合，扎实提升语言能力，不仅是官方倡导的考试学习及备考方式，也是考生个人成长和未来开启澳大利亚及新西兰留学之路的最佳选择。

第6章

中国留学生就业概况

第一节　用人单位对留学生的态度和招聘情况

一 用人单位对留学生的认可度更高，超三成认为留学生必不可少

2024 年调研数据显示，从用人单位的角度来看，留学热度较去年有所增长。从连续六年的调研数据来看，留学热度经历了短暂的回落后，从 2022 年开始回升，保持上涨的态势。

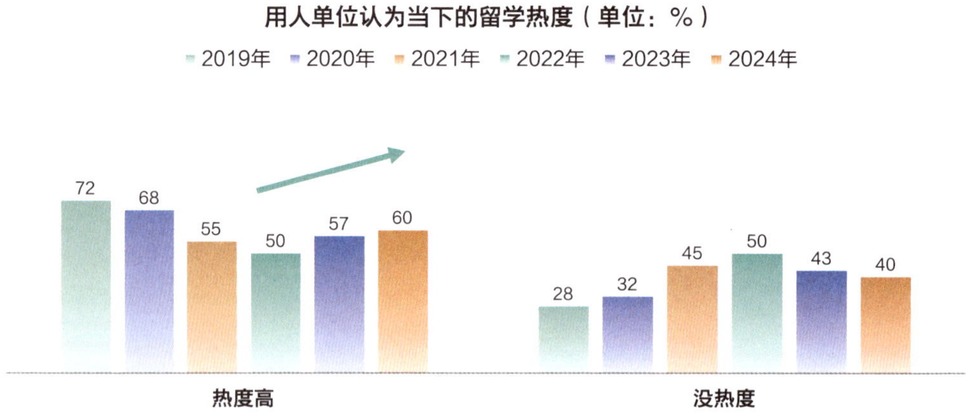

从招聘趋势看，越来越多的用人单位表示愿意招聘留学生，各用人单位对留学生持欢迎的态度，并且有 36% 的用人单位认为留学生是必不可少的，相较于 2023 年上涨 1%，未来仍有上升的趋势。

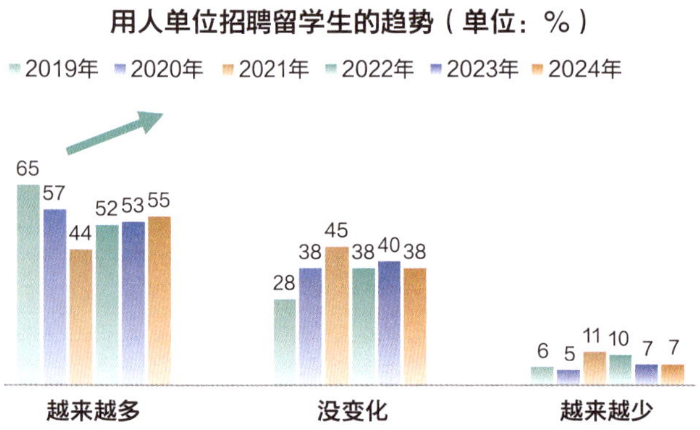

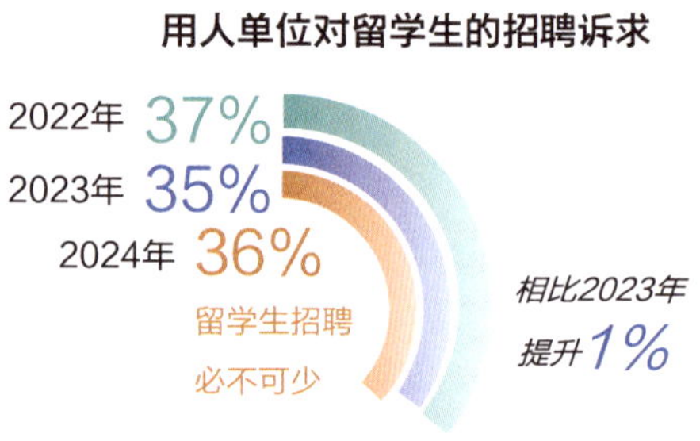

二 超八成用人单位认为留学具有意义

根据 2024 年调研数据显示，有 84% 的用人单位认可留学，认为留学能够给学生带来积极的影响，能够使学生开阔视野、增加人生经验、锻炼独立自主的能力、转变思维方式。这些能力能够被应用在工作中，帮助留学生胜任工作内容。

用人单位对出国留学的评价（单位：%）

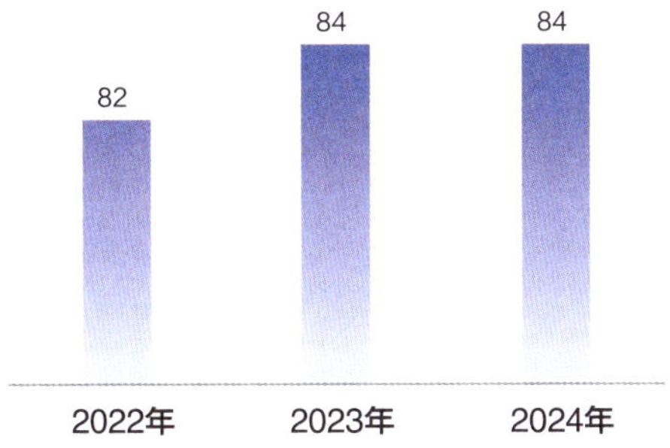

用人单位认为留学有意义的因素（单位：%）

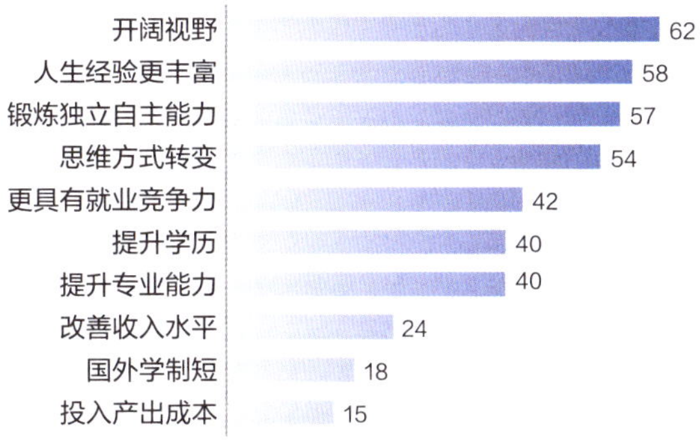

三 拥有美、英留学背景的学生更受用人单位青睐

2024 年调研数据显示，55% 的用人单位在招聘时会对求职者的留学国家和地区具有一定的倾向性，其中对有美国留学背景的学生认可度更高。

与此同时，用人单位对美国，英国之外的国家和地区认可度出现不同程度的上升，澳大利亚、法国与德国逐渐得到认可。

用人单位对留学国家 / 地区的倾向性（单位：%）

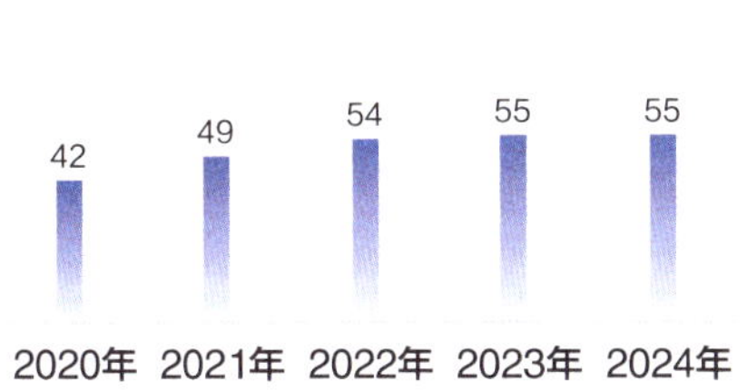

倾向留学国家 / 地区 TOP 10（单位：%）

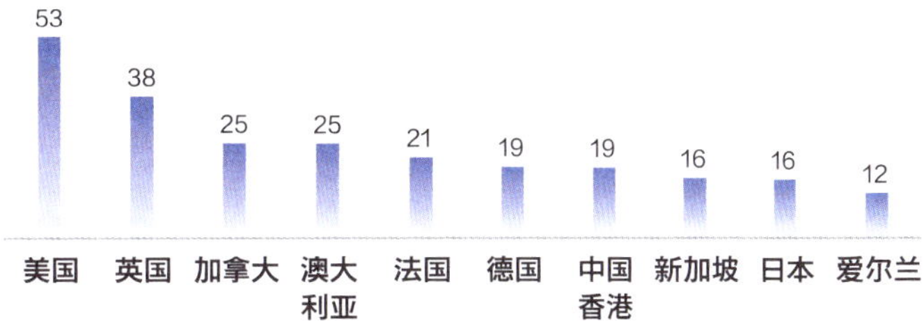

四 工作经验与专业是否对口依然被用人单位看重

2024 年调研数据显示，在招聘过程中，用人单位在招聘留学生时更关注留学生是否有相关工作经验与实习经验，是否专业对口。从近两年的调研数据来看，用人单位对实习经验的关注度不减。这对于意欲毕业后就业的留学生而言，无疑释放了一个重要的信息，即优秀的实习经验依然是就业的加分项。

用人单位倾向录取留学生的背景（单位：%）

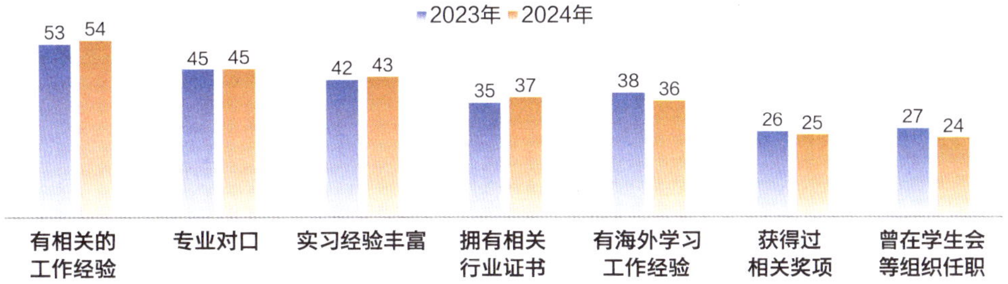

五 招聘企业以私营为主，网络为主要招聘渠道

2024 年调研数据显示，招聘留学生的用人单位主要是私营企业，网络招聘是主要的渠道，员工的内部推荐占比也比较高。现在内部推荐的方式在一定程度上能够增加求职者的入职机会，这使员工推荐成为仅次于网络招聘的主流求职形式。

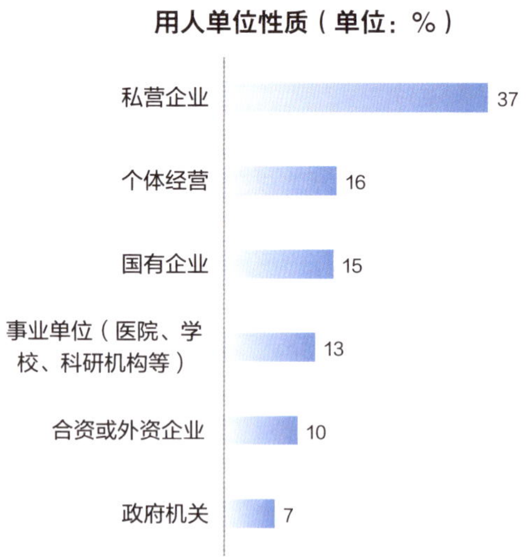

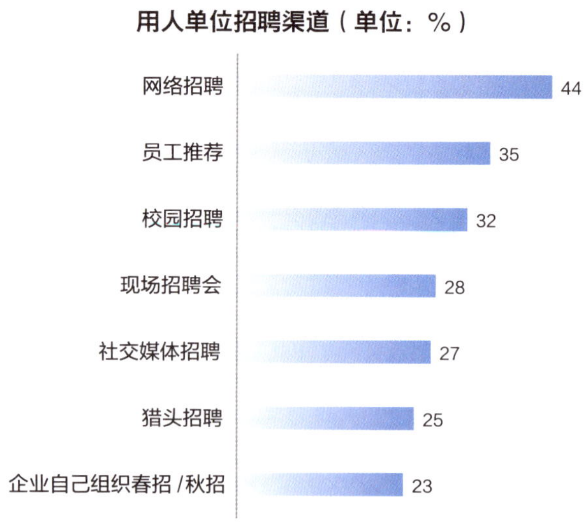

六 留学生的创新性、表现力更受用人单位认可

2024 年调研数据显示，创新能力、表现力、社交能力与语言能力是用人单位较为认可但留学生不自知的优势。而根据整体数据也能看出，用人单位对留学生的评价普遍高于留学生自评。不过，留学生对自己的学习能力和抗压能力比较自信，但这两点在用人单位看来优势有限。

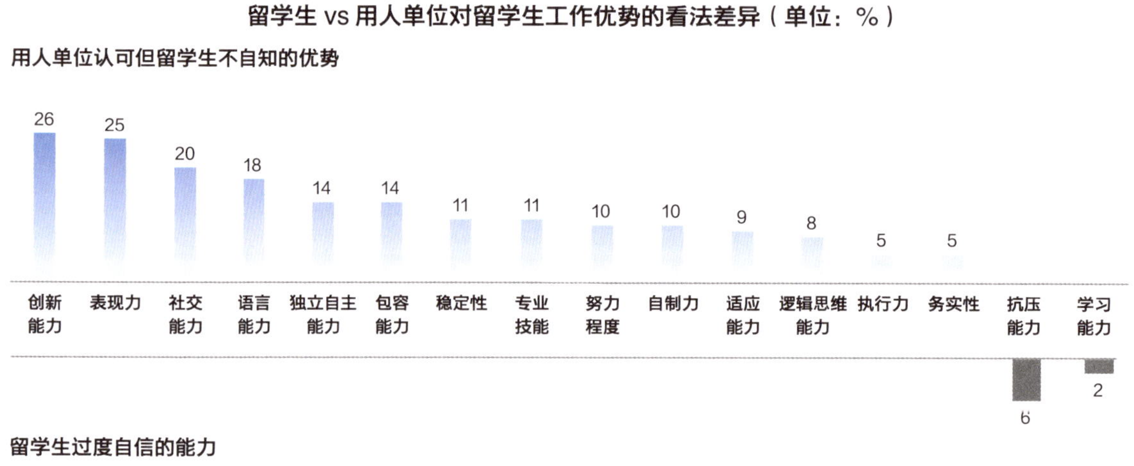

七 留学生薪资普遍高于国内学生，具备更强的高薪竞争力

在薪资方面，用人单位为留学生提供的工资区间普遍高于国内高校毕业生工资水平，这意味着留学生在薪资水平上普遍具备优势。尤其是15,000元以上的工资区间，留学生有更大的机会获得高薪。

留学生 vs 国内高校毕业生工资水平（单位：%）

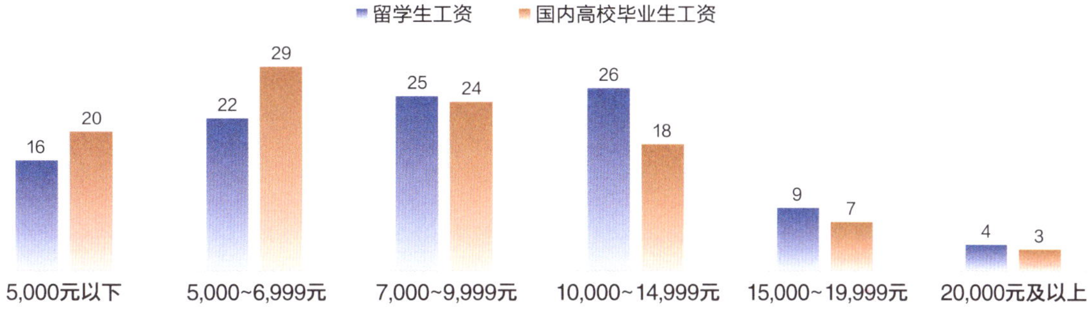

第二节 留学生就业服务选择

一 就业服务需求连续四年上升，更多学生通过第三方寻找实习实践机会

前途出国就业力项目推广管理中心服务数据显示，近四年来希望通过第三方机构获得知名企业实习及科研实践机会的学生人数增长明显。学生们普遍开始有意识地通过借助多种渠道来为自己的简历添砖加瓦，提升留学申请或求职应聘的竞争力。

2020年～2023年前途出国就业力项目推广管理中心——服务人数趋势

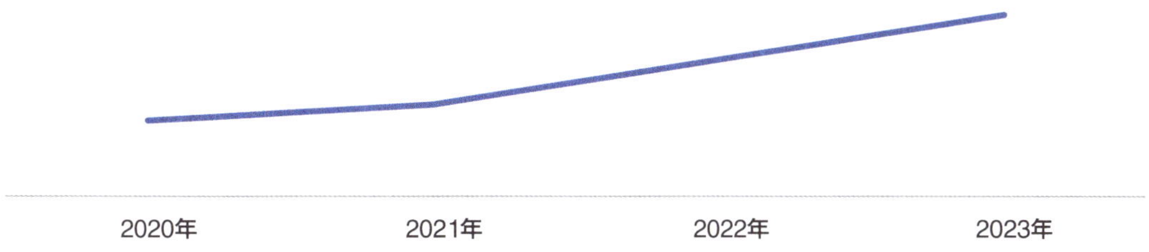

二 科研体验类项目连续三年上涨，与企业实践类项目一起成为学生背景提升的主要需求

从背景提升项目的选择来看，学生普遍的需求集中在科研体验和企业实践两大类。根据前途就业力项目推广管理中心数据，科研体验类项目和企业实践类项目服务的学生人数，占整体背景提升项目的90%。2022年，科研体验类项目的服务人数首次超过企业实践类项目服务人数，成为丰富学生个人综合实力、提高申请竞争力的主要选择。

2020 年 ~ 2023 年前途出国就业力项目推广管理中心——不同项目类别服务人数趋势

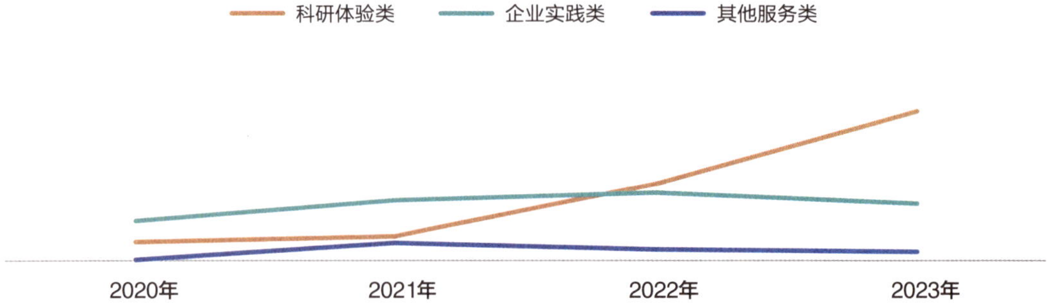

三 海外导师背景提升项目需求增长，学生更加关注就业深造续航能力

从海外导师指导的背景提升项目需求来看，2021 年至 2023 年学生对海外实习、求职和回国就业指导的需求日渐高涨。为了更好地让学业衔接就业，学生对背景提升的需求也不再只局限于留学申请，更延伸到了毕业后的求职和多元就业路径的选择，对职场续航能力的关注持续提升。

2021 年 ~2023 年前途出国就业力项目推广管理中心——海外背景提升项目服务人数趋势

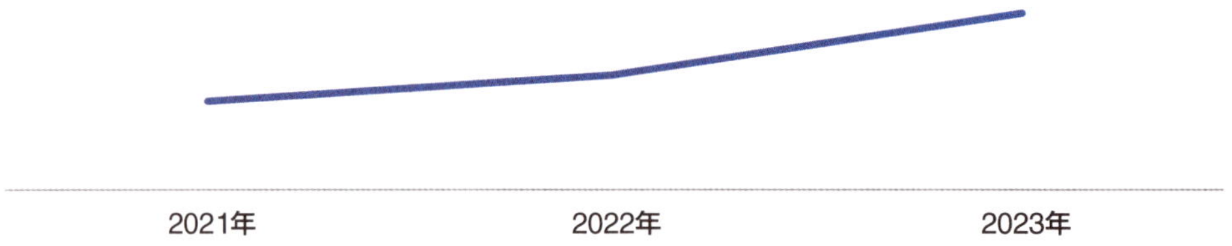

四 背景提升项目成为学生普遍选择，高峰期集中在春季开学和暑假

从选择背景提升服务的时段来看，2023 年学生参加背景提升项目的高峰主要集中在春季开学季和暑假，两者都是学生在规划留学申请的过程中丰富个人经历比较理想的时间段。3 月参与背景提升项目可以为秋季申请做足准备，而暑期则是因为学生的时间较为宽裕。此外，通过数据也能看出，学生选择背景提升服务也有延展到平日的趋势，背景提升已经成为更多学生的需求。

2023 年前途出国就业力项目推广管理中心——学生选择背景提升服务的时间

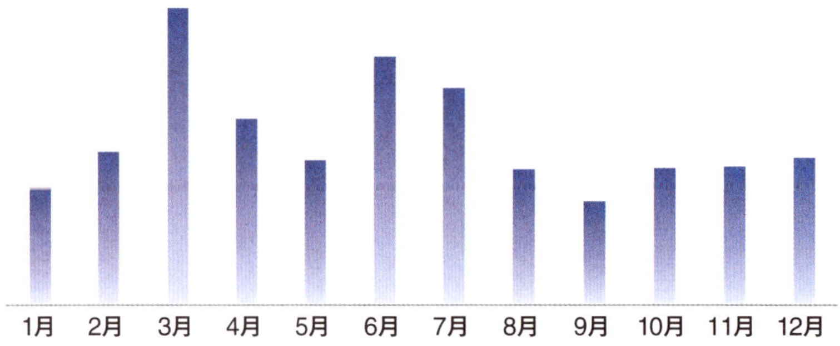

第7章

中国留学生境外生活解读

第一节　留学准备指导

收到心仪院校的录取通知想必是留学申请路上最令人兴奋的一个时刻，但是开心之余也代表学生要正式开始海外留学的行前准备。海外院校通常有秋季和春季两个开学季，其中多为秋季开学，需要学生在 7~9 月集中报道，所以在收到录取通知后还有几个月的准备时间。中国学生去留学需要做哪些准备也是很多学生和家长一直以来关心的问题，其中不仅涉及入学手续的准备，同时也包含很多生活方面的准备。

一　入学手续类准备

除了必要的签证类材料，根据各国家和地区的院校要求及入境要求，体检和疫苗也是必要的准备事项，具体需要接种的疫苗种类和体检要求可以根据院校实际要求完成，务必注意提交的时间和方式，以免影响注册。

同时部分国家及地区的院校也会要求学生开具国内毕业院校的成绩单，并在规定时间内提交给学校，如果是临近毕业的学生，建议最好在离校前确认好所需的成绩单材料并提前开具完成，以免离校后或暑假期间学校无法办理。

此外，中国学生前往海外留学还会涉及档案存放的问题，这部分要遵照学生所在地的具体要求，通常是可以存放在当地的留学人员服务中心或者人才交流中心，注意千万不要把档案放在家里，以免造成档案遗失或者日后无法转递。

二　生活类准备

生活类准备涉及衣、食、住、行等方方面面，尤其对第一次独立生活的学生来说更要准备得细致一些，尽量减少海外学习和生活可能带来的不适应。

住宿是海外读书的首要生活问题，未成年学生一般会选择住在寄宿家庭，或入读寄宿类学校。本科学生通常会选择申请学校宿舍，申请成功率也相对较高。海外院校和国内院校在住宿方面有一些区别，国内大学通常是由学校直接分配宿舍，开学后缴纳费用即可，但海外院校会有一个宿舍申请的过程，学生们需要提前关注该方面的信息，以免错过申请时间。已成年的学生，尤其是研究生学生，如果没有申请到学校宿舍或学校不提供宿舍，也可以选择住在校外的公寓或租房。针对家长送孩子去海外上学需要住几天的情况，可以选择预订酒店或民宿类型的房源。后文的“留学住宿”会根据新东方合作方“异乡好居”提供的数据对海外住宿情况进行详细分析。

住宿安排好之后，学生们就可以准备购买机票了。国际机票的价格在开学高峰期波动会相对较大，在确保开学时间、住宿时间和签证没问题的情况下建议尽早购票。如果涉及转机的航班，建议学生要额外关注转机时间、过境签证、行李额和是否行李直达的问题。比如入境美国时，政策要求抵达美国第一站就需要办理入境手续和重新托运行李，这就至少需要预留三小时的转机时间，如遇开学高峰期所需的时间会更长。如果家长持旅游签证送孩子上学，也需要注意尽量提前购买返程机票，以免海关查询回程行程单。

海外就医也是很多家长和学生关心的问题。一些留学国家的就医费用昂贵，同时医院的类别也和国内医院有所差异，导致有些学生在就医方面会遇到阻碍。通常大部分院校都会协助国际学生购买海外留学生保险，比如北美院校的学费中会包含保险费，英国和澳大利亚在办理签证时则需提前购买保险，大部分欧亚地区的国家的院校也会提供保险方案的选择。大家确认入读院校后可以提前关注该部分信息，如果学校不提供保险，目前国内及海外也有提供留学生保险的相应机构以供选择。购置保险后，在就医前还需要确认保险涵盖的报销医院以及学校校医院的理赔情况等。

关于行李部分的准备，一般国际航班都有行李额的要求，超重费用较高，一个人携带也非常不方便，所以建议大家可以尽量精简行李。除了衣服和必要的生活用品、学习用品外，其他物品比如被褥、枕头等都可以选择抵达目的地后在当地超市购买。但是注意提前查好留学国家的违禁品要求，避免携带盗版书籍、种子、含有违禁成分的药品等。另外建议学生可以提前准备一张留学国家当地的电话卡，一般国际机场的 WiFi 信号不稳定，如果遇到需要给家里报平安、联系接机人等问题，则需要一张信号稳定的电话卡。一般国内可购买到的海外电话卡，在落地后都可以直接插卡使用。

第二节　留学生活数据解读

一　留学需求

根据前途出国跨境服务中心的服务人数可以看出，当下中国留学生家庭对于跨境服务的需求日趋强烈。尤其是在疫情后，对于跨境服务需求的人数涨势迅猛，有更多留学生和家庭希望能通过更为轻松稳妥的方式提前安排好自己后续的留学行程如机票、住宿等。

2020 年 ~ 2023 年前途出国跨境服务中心服务人数

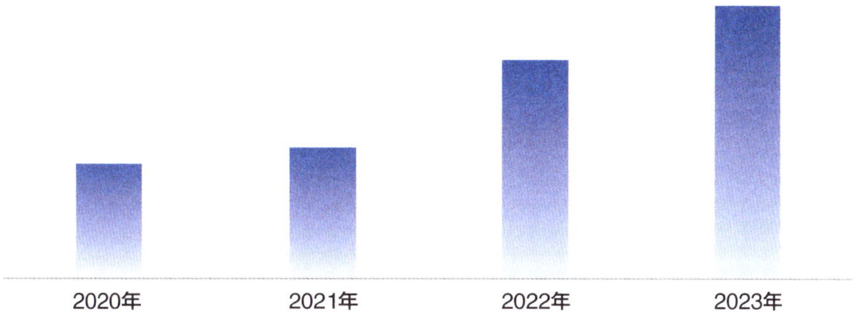

根据前往不同留学地的人数趋势，可以发现除了前往美国的留学生之外，其他国家和地区的留学人群对跨境服务的需求也都在不断攀升。尤其是欧洲和亚洲地区的留学生，在 2023 年对跨境服务的需求上涨明显，这与近年来欧洲和亚洲地区的留学热度攀升不无关系。考虑到欧洲和亚洲国家和地区较多，且不同国家和地区的流程和需求不同，有更多留学生希望通过第三方的协助来顺利开启留学之路。

2020 年 ~ 2023 年前途出国跨境服务中心不同留学地服务人数

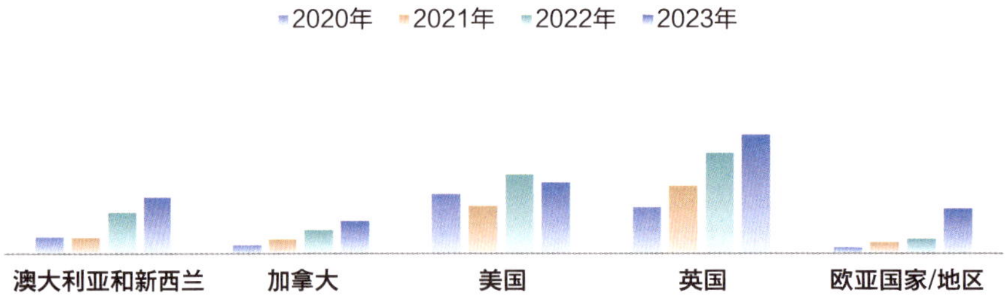

二 留学住宿

1. 美国：赴美租房预定集中在暑期，9 月后平均租金低于往年

2023 年，随着国内的全面开放，整体留学市场情况已经有了回升的趋势并且市场逐渐回归正轨，赴美留学的申请人数和签证发放数量也在回升。根据数据显示，2023~2024 学年赴美住宿预订集中在 3~8 月，相比前一年，整体预订高峰呈现重合的形式，在 6~8 月也有相对较多的学生选择房源。

2022 年 ~ 2023 年美国留学生租房时间趋势

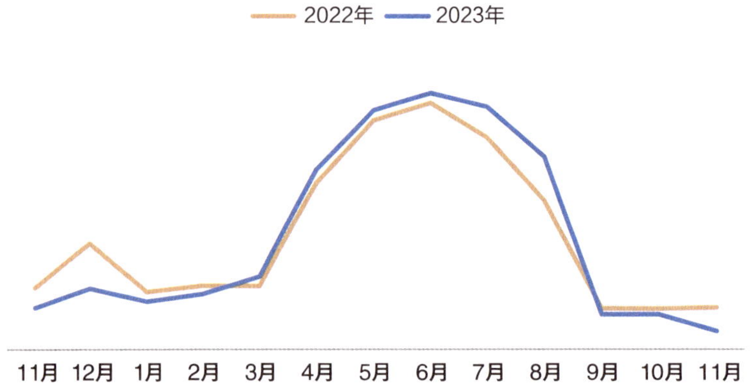

从租金方面来看，2023~2024 学年美国整体市场留学租房花费呈现较为平稳的状态，平均在 1,200~2,500 美元，9 月后整体平均租金低于 2022~2023 学年，不同城市的涨幅会略有不同。

2022 年 ~2023 年美国房源平均租金趋势

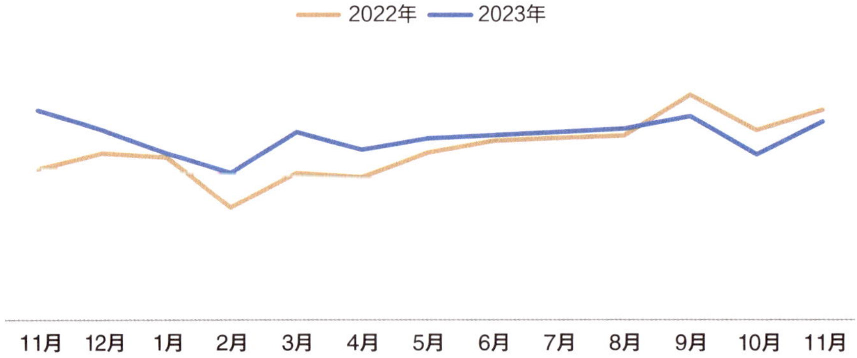

赴美留学生在选择房源时一般会重点考虑六个方面：社区的安全性、通勤的距离和所需时长、整租还是合租、房间设施、周围配套设施、房租包含的费用以及额外需要支付给房东或大楼的费用。在 2023 年，更多赴美留学生会选择住在楼体偏新或设施更好的学生公寓。学生公寓通常配有家具、房型多样、有统一的前台管理和门禁，住户群体基本都是周边学校的学生，安全也会相对有保障，位置一般也是位于学校周边，对于没有车的新生而言是非常便利的。

而一些对当地比较熟悉且买车的学生，可能会在第二或者第三学年选择相对远一点的社会型房源，这类房源房间面积一般更大，虽然没有家具，但学生们可以按自己的喜好布置房间，同时也可以找熟悉的同学合租来分担租金。

美国的校外公寓户型一般分为 Studio（房间内带有简易开放的厨房和独立卫生间），1B1B（1 个卧室和 1 个卫生间），2B2B（2 个卧室和 2 个卫生间），3B2B（3 个卧室和 2 个卫生间），4B2B（4 个卧室和 2 个卫生间）以及 4B4B（4 个卧室和 4 个卫生间）等。在户型偏好上，不少学生倾向于两室及以下的户型，因为这类户型在性价比更高的前提下，相对有更多的独立空间，公共区域没有太多人一起分享，同时又有室友互相照应。

2. 英国：学生公寓连续五年受到绝对欢迎，各城市租金整体大幅上涨

英国在国际学生中的受欢迎程度逐年提高，伴随留学数量的增长，英国的留学生住宿情况也发生了一定的变化。随着英国租房市场趋于成熟，住房的选择变得更加丰富，通常可以分为两大类：学生公寓和非学生公寓。

学生的公寓一般非常靠近学校，有 24 小时监控和保安，房租包括所有水费、电费和网费，配有洗衣房、健身房、影音室、学习室等，部分特殊公寓还配有免费工作日早餐和入室打扫服务等。此外，学生公寓一般只有持 T4 学生签证的学生才可以申请，保证了入住人员的单一性。综合以上特点，从 2019 年起中国留学生也越来越倾向选择学生公寓。

2019 年 ~ 2023 年英国留学生住宿选择趋势

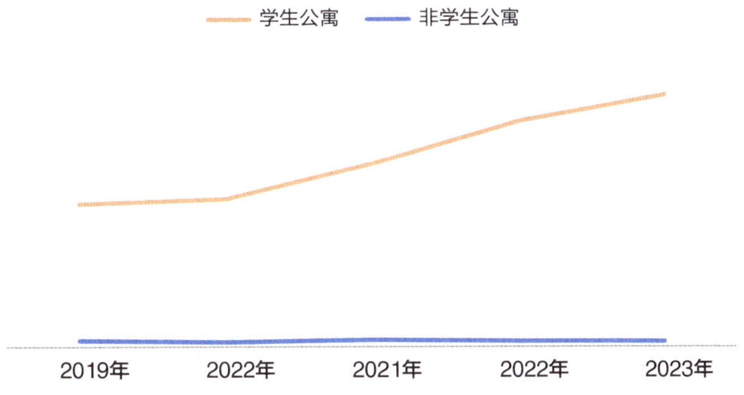

非学生公寓主要包含社会型公寓和民宅整租和合租。从 2019 年起，针对非学生公寓的住宿类型，中国学生对其中社会型公寓的偏好逐年提高，对民宅（House）的需求持续下降。这是因为相比之下，虽然社会型公寓租金更高，但提供的服务种类多，如养宠物、停车等，可居住面积更大，居住环境相对更加安全，因此深受留学生的欢迎。

2019 年 ~ 2023 年英国留学生非公寓住房类型选择趋势

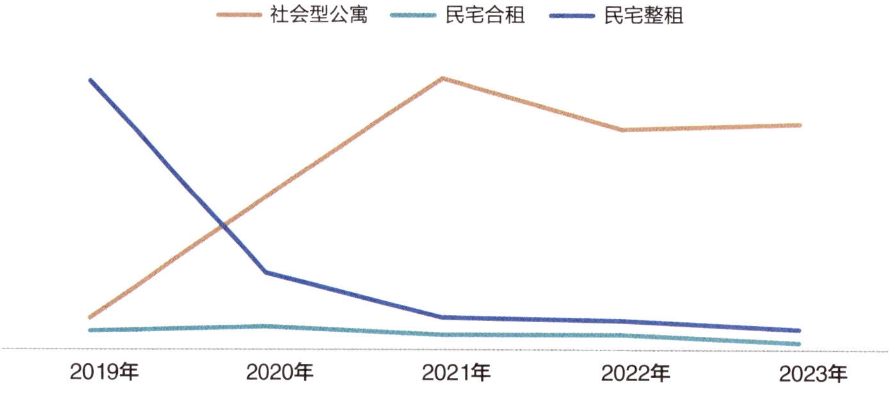

在户型选择上，一般独居的留学生会更倾向选择住 Studio（房间内带有简易开放的厨房和独立卫生间），结伴而居的学生们则普遍会选择 Ensuite（套间，每个学生拥有独立的房间和卫生间，共用客厅和厨房）。但近几年受疫情的影响，选择拥有独立厨房的 Studio 户型的学生也在不断增长。

房源关注度方面，在 2023 年秋季开学季期间，学生们对于热门城市的关注明显增加，比如格拉斯哥、南安普顿、曼彻斯特等，这与该城市大学排名的提升有紧密联系。从预定数量来看，热门城市的订单同比 2022 年增长 30%，这说明中国留学生对大型城市和热门城市倾向性越来越高，其中伦敦、格拉斯哥、南安普顿、曼彻斯特、利兹、谢菲尔德热度提升尤为明显。

2022 年 ~ 2023 年英国留学生房源咨询城市占比 Top 15

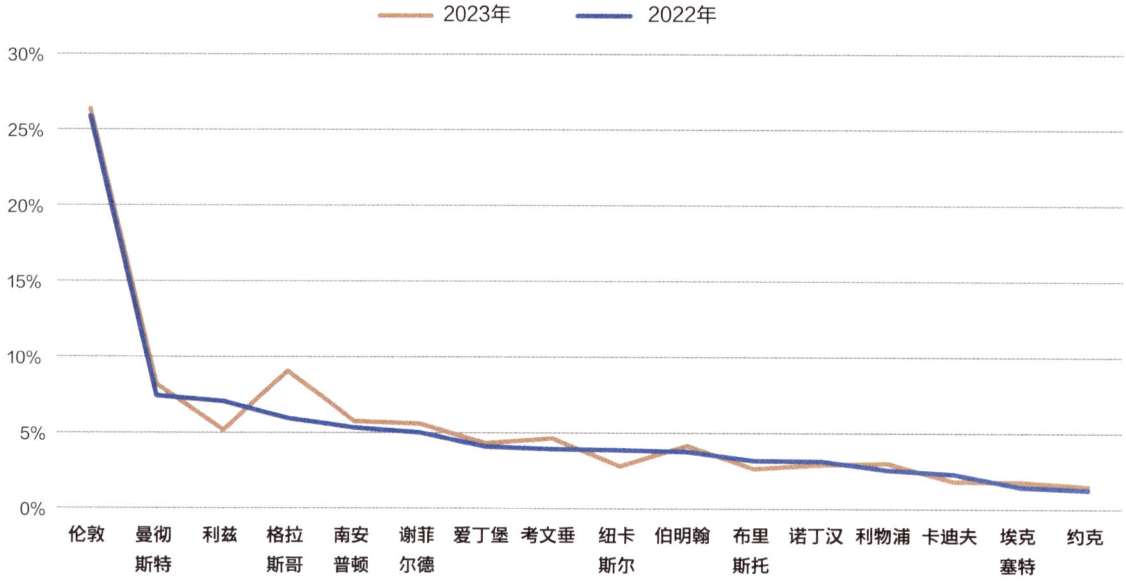

在租金方面，受能源危机和供需关系的双重影响，近两年的英国各城市房源租金价格普遍上涨，且涨幅较大。此外，随着预定节奏的加快，房源剩余数量的减少，价格会比房源开放初期更高。

2022 年 ~ 2023 年英国各城市起始租金价格变化趋势

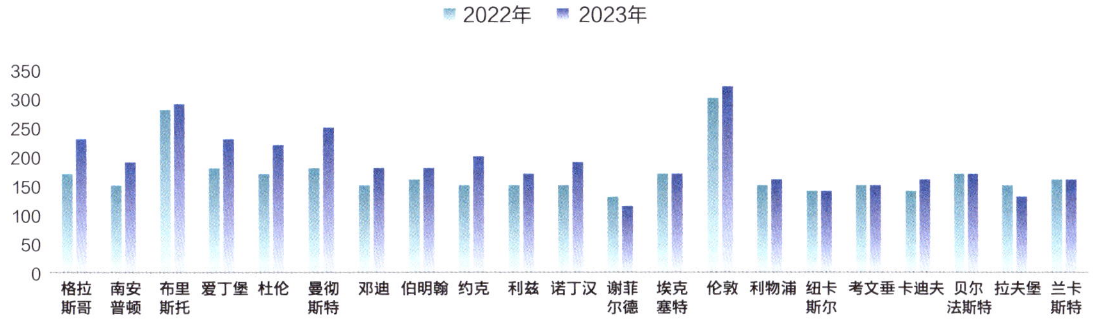

3. 澳大利亚：学生公寓仍是首选，套间户型更受欢迎

出于安全考虑及留学低龄化发展，绝大多数留学生会将学生公寓作为入境澳大利亚的第一个住处。澳大利亚留学生公寓的安全性及配套设施相对更加完善，深受家长和学生欢迎。但由于房源数量非常有限，在租房高峰期，部分城市很快就会出现一房难求且房租上涨 20%~30% 的情况。因此，也有越来越多的留学生会选择合租社会公寓，来减轻房租压力，但选择这种方式需要比较和考虑很多因素，包括房东、价格、房客生活习惯等。

房型通常有四类选择：前两类的 Studio 和 Ensuite（套间）与英国同名房型类似；第三类是 Twin Share（多人卧室，指可以同时入住两人及以上的卧室，公共设施也需多人共享）；第四类为 1 Bedroom（类似国内的一室一厅，卧室和厨房之间有单独的门隔开）。在 2023 年，学生们更倾向于选择套间户型，该户型在所有户型当中的性价比较高，既能满足学生独立居住的需求，价格又低于 Studio。

2022 年 ~ 2023 年澳大利亚留学生户型选择占比

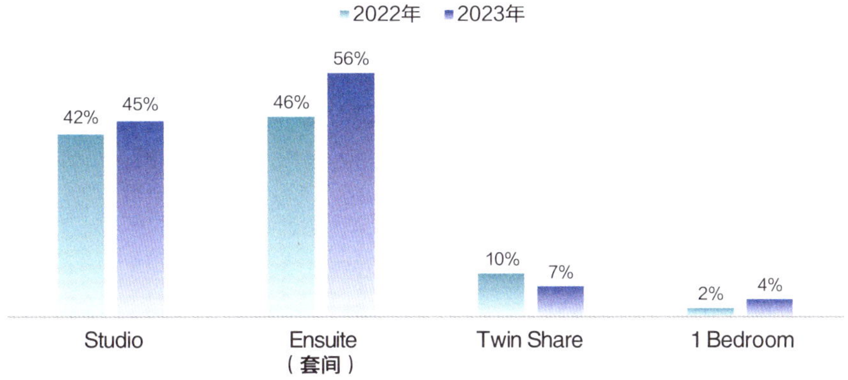

对比 2022 年，2023 年澳大利亚整体租金都有了非常明显的上涨。澳大利亚国境全面开放，大批留学生返澳导致房源市场供不应求的状态越加明显，部分城市出现一房难求的状态，租房价格也顺势不断上涨。

2022 年 ~ 2023 年澳大利亚房源租金变化趋势

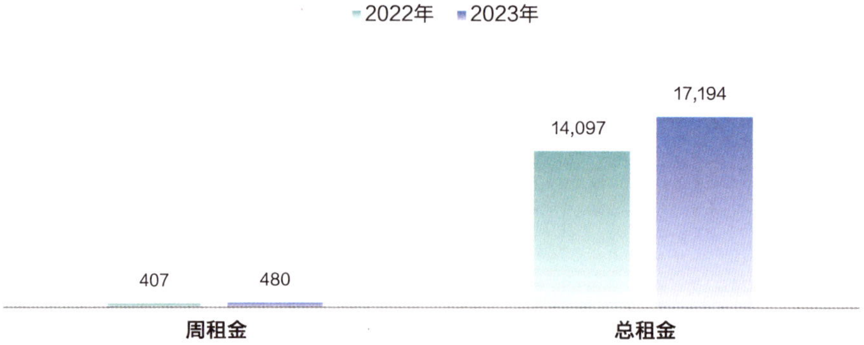

4. 加拿大：社会型公寓更受欢迎，整体租金稳步上涨

加拿大地区的住宿选择，大致可分为五个类型。第一类是学生宿舍，大部分加拿大大学和学院会为国际学生提供宿舍，这些宿舍通常位于校园内或学校附近，为学生之间的跨文化交流提供助力。第二类是寄宿家庭，一些学生会选择寄宿家庭，与当地家庭共同生活，不仅能更贴近当地的文化，还有助于学生适应新的生活环境。第三类是学生公寓，学生公寓是专门为学生提供住宿的建筑或单元，这些住宅通常位于学校附近，旨在为学生提供方便、安全的住宿选择。第四类是社会型公寓，在大城市如多伦多、温哥华和蒙特利尔，有许多公寓可供选择，涵盖了从经济型到高档的各种租金水平，租住在社会型公寓的学生们能够更好地融入当地社区，并体验加拿大的生活方式。第五类是民宅（House），在部分城市中有一些专门为留学生设计的民宅，这些民宅通常提供基本的生活设施，为留学生提供了一个互相学习和支持的环境。

从加拿大 2023 学年的数据来看，有 73% 的留学生选择入住社会型公寓，22% 选择入住学生公寓，5% 选择入住民宅。但在不同的加拿大城市，学生们在住宿的选择上也呈现多元化趋势。在多伦多，有 80% 的留学生选择社会型公寓，14% 选择学生公寓，而仅有 6% 选民宅。而在蒙特利尔，有 88% 的留学生选择入住学生公寓，仅有 12% 选择入住社会型公寓。

在房源咨询方面，相较于 2022 年，加拿大留学生在 2023 年租房咨询量整体前置。不同于 2022 年在 2~7 月的平缓上升，2023 年的咨询量从 1 月开始就呈现了较快的增长并持续到 7 月达到最高的峰值。

2022 年 ~ 2023 年加拿大留学生房源咨询趋势

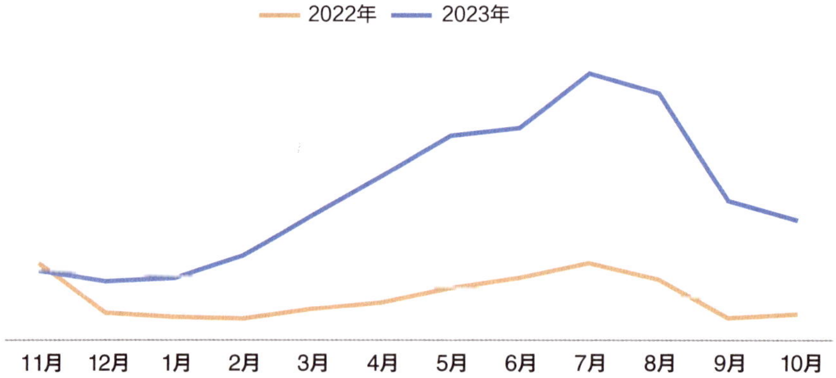

再来看租金变化。以多伦多的一居室为例，2023 年租金同比上涨 16% 左右，租金在 9~10 月的时期达到

最高峰，10 月开始逐渐下跌。租金的上涨使一些中国留学生在换房的时候持观望的态度，大部分留学生会选择直接续租或先观望到 11 月租金下调的时候再更换。

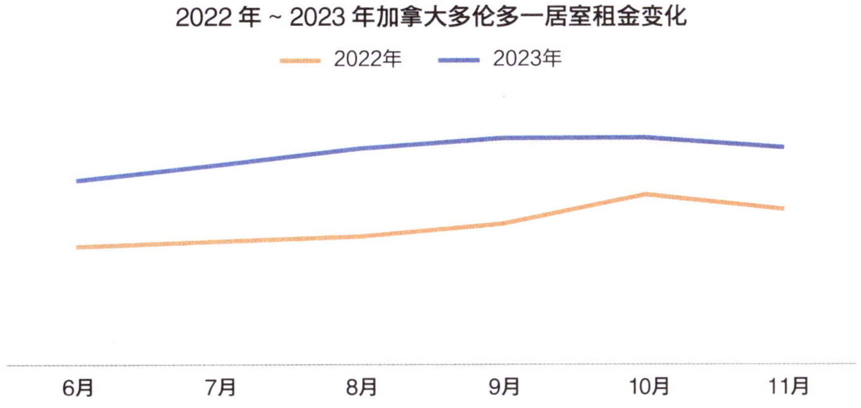

三 留学安全

由于留学国家和地区与中国在文化、法律和社会环境等方面存在差异，留学生要保证平安留学，就需要特别注重安全素养的养成，并将安全的主动权牢牢掌握在自己手中。

首先，树立安全意识。在出国前熟悉留学国家和地区常见的安全风险和隐患，有意识地提高警惕、主动规避风险，学会辨识相对安全的时间、地点、人和行为。其次，掌握基本的安全知识。包括出入境安全（如知晓禁止携带和限制携带的物品）、交通出行安全（如明确与国内有明显区别的交通法规）、心理安全（如应对学业和社交压力的方法），以及中外文化和法律差异等。再者，掌握必要的安全技能。包括消防技能和应对突发情况的技能，如心肺复苏、海姆立克急救技能等。最后，养成良好的安全习惯。好习惯的养成需要日常积累。比如开车、走路时不看手机；在没有封闭的站台等火车、地铁时，注意防止被挤落；到比赛、演出等公共场所时，第一时间观察好紧急出口和疏散通道等。当习惯成自然，安全就更有保障。

近年来，留学国家和地区的电信诈骗案件频发，大约有超过 20 万的中国留学生在开启留学生活时遭遇了不法分子的骚扰。很多中国留学生在抵达境外后会频繁接到诈骗电话。2023 年 1 月到 9 月，中国驻英国曼彻斯特总领事馆接到诈骗报警 80 多起，涉及总金额近一亿元人民币。鉴于诈骗犯罪的频发，中国留学生须知远离诈骗的五大原则。

- 提高警惕：不要轻信陌生人的话，尤其是电话、邮件、短信等电子信息的内容。如果接到可疑的电话或信息，一定要谨慎处理。如果对方自称是领事馆、移民局、警察局或其他政府部门的工作人员，需要求对方提供工号等有效身份证明，并核实相关信息。
- 保护个人信息：不要轻易将个人信息提供给陌生人，如护照号码、驾照号码、银行账号、信用卡号、SIN 工卡号码、家庭住址等敏感信息。避免将个人信息随意发布在社交媒体上，以免被不法分子盗取利用。
- 注意网络安全：留学生需要加强自身网络安全意识，保护自己的电子设备和账户安全。尽量不要在公共场所随意连接不可信的 WiFi，以免被网络病毒或黑客攻击。在使用网上支付功能时，务必核实网站的真实性。

- 学习法律知识：留学生需要了解当地的法律法规，遵守当地的法律规定。如果遇到问题，应及时向当地警方或领事馆寻求帮助，不要听信假消息或者交付高额“罚款”。
- 保持清醒的头脑：对于涉及金钱或者重大决策的事情，留学生需要冷静思考，不要被高额利润或者虚假承诺所迷惑，以免被骗。

总之，留学生在出国前了解海外安全知识、培养安全能力、养成安全习惯，从而保障自身留学安全，是实现留学价值的重要前提。

第8章

中国留学生境外学术数据解读

第一节　学术培训需求数据解读

学术培训需求连续四年提升，文凭类课程更受欢迎

近四年来，对学术培训存在需求的人数持续增长。值得注意的是，2023 年增幅较大，相比 2022 年增长了 28%，这与海外全面放开有着密不可分的关系。伴随着国际交流的恢复，留学生对海外学术学习或学术能力提升的需求也与日俱增。

2020 年 ~ 2023 年前途出国学术项目推广管理中心——服务人数趋势

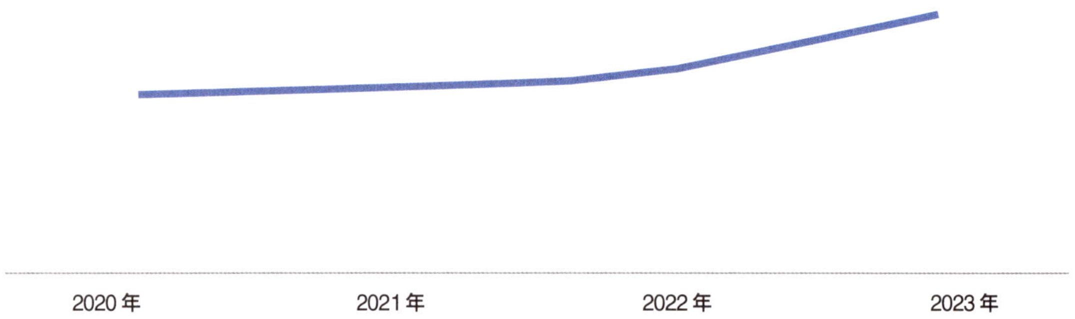

在服务分类上，选择辅导类课程、文凭类课程、语言类课程[1]还有背景提升类课程的人数增长较快，整体占比有较大幅度的上升。选择先修类课程的学生人数与往年相较基本持平，但由于其他课程选择人数增长迅猛，使得其占比数值出现了向下的趋势。

与此同时，文凭类课程的需求占比有较大提升。文凭类课程大多以预科项目的形式出现，攻读文凭类课程不仅可以帮助学生更好地适应国外教育体制和学习方式，同时也可以凭借预科项目实现高考留学双轨并行，提供升学保障。

2022 年 ~ 2023 年前途出国学术项目推广管理中心——课程类型

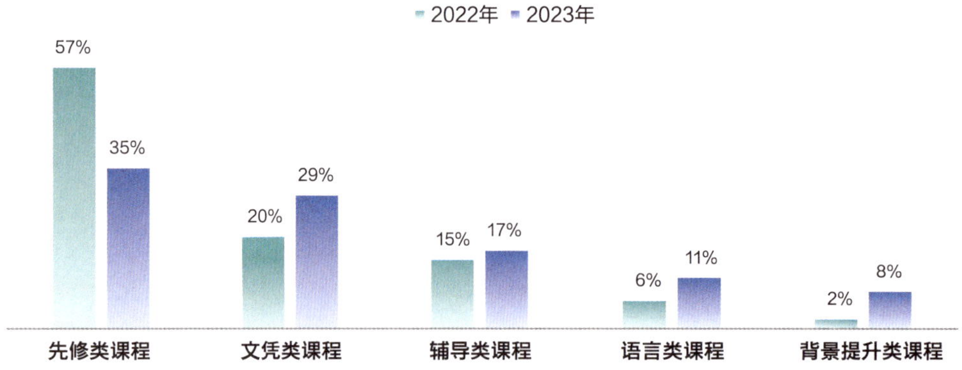

1. 先修类课程中，一对一课程最受青睐

先修课程是海外高校非常常见的一类课程，主要是为了让在高中或本科阶段学有余力的学生，有机会先

1　语言类课程为海外高校内测培训课程，不包含 TOEFL、IELTS 等考试培训课程。

修部分大学甚至是研究生的课程，常见的一些先修课有微积分、经济学、线性代数等。

在 2023 年，选择参加一对一先修类课程的学生占比最高，达到了 50%。一对一先修课程可以为学生提供个性化学习规划和支持，因此深受学生的欢迎。此外，在针对不同阶段学生的学术课程中，为本科预科学生提供的英领计划及英国当地学术课程选择占比分别为 34% 和 2%，为研究生学生设计的学术先锋课程选择占比为 14%。可见本科预科学生对先修课程的需求更大，更希望能凭借先修课程的优异成绩来证明自己的学术实力，从而申请到优质院校。

2023 年前途出国学术项目推广管理中心——先修类课程选择占比

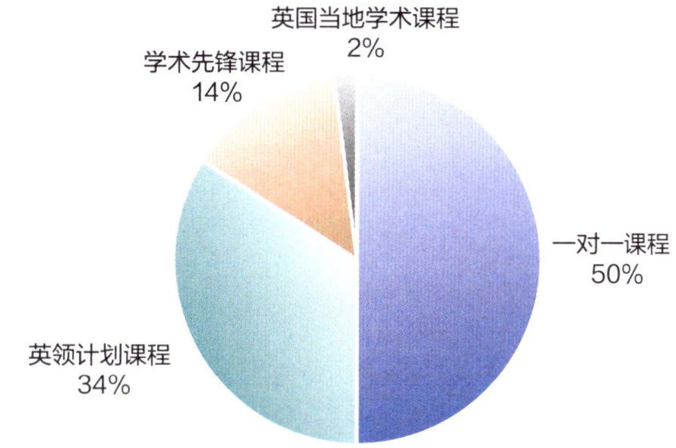

2. 文凭类课程中，OSSD 和新南预科是主流选择

在文凭类课程的选择中，加拿大高中文凭 OSSD 课程需求度最高，占比达 49%；其次是澳大利亚新南威尔士大学预科课程（后文简称新南预科），占比为 33%；美国中学文凭及预科课程和新加坡国际预科课程的需求较小，占比分别为 12% 和 6%。

值得一提的是，新加坡国际预科课程虽然占比较小，但其开设时间较短，一经开设就受到了大量学生的关注。学生在参与新加坡国际预科课程之后，只要成绩通过即可直接衔接海外院校新加坡分校的国际大一项目，为更多学生提供了接受国际教育的途径和选择。

2023 年前途出国学术项目推广管理中心——文凭类课程选择占比

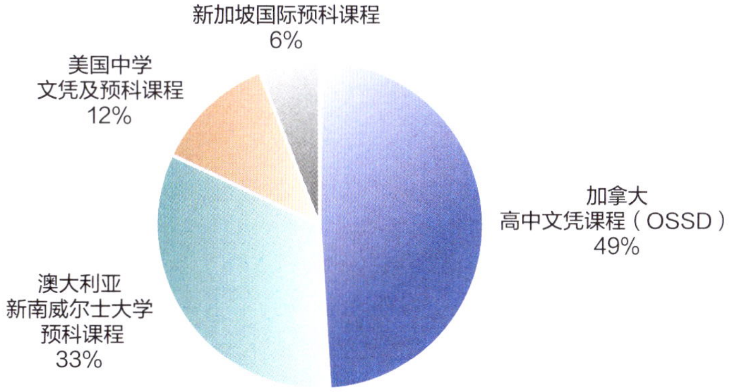

加拿大高中文凭 OSSD 课程因其成绩可以申请英国、美国、加拿大、澳大利亚等多国大学而受到广泛欢迎。该课程以网络授课为主，与平时上课时间不冲突，因此近四年来，选择同步修读 OSSD 课程的学生人数越来越多，在 2023 年增长尤为明显，涨幅达 27%。

2023 年前途出国学术项目推广管理中心——文凭类课程选择占比趋势

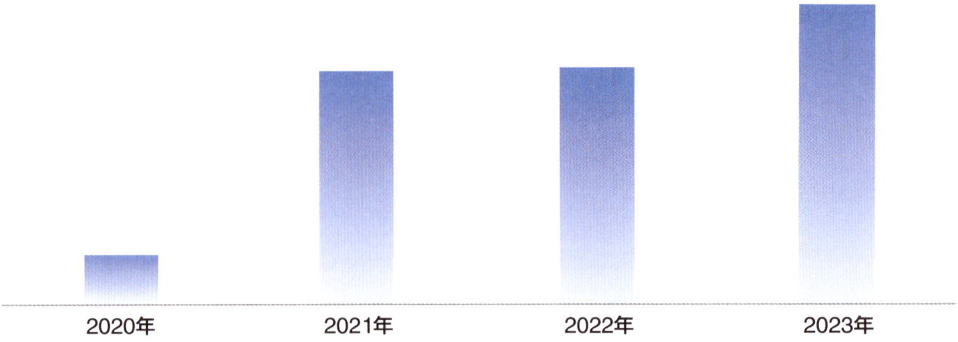

澳大利亚新南威尔士大学预科课程在 2023 年也受到不少学生的欢迎。在这个课程中，学生通过九个月的线下学习就能参加澳大利亚新南威尔士的省考，并可以凭此成绩直接申请澳大利亚和新西兰的高校，很大程度上缓解了学生的高考压力。这种相对便捷的升学途径吸引了不少学生前来参与，人数涨幅高达 257%。

2022 年 ~ 2023 年前途出国学术项目推广管理中心——新南预科服务人数趋势

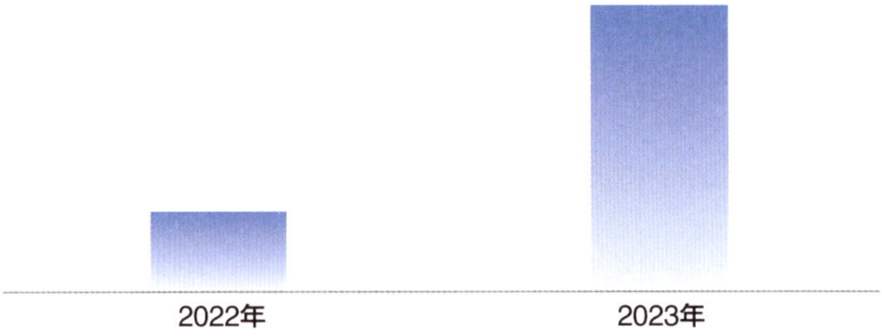

3. 辅导类课程中，中国留学生在金融、经济、学术写作上更需帮助

辅导类课程主要是给正在海外学习的中国留学生提供一对一的学术答疑辅导，帮助他们取得更好的成绩。由于国内外教育体制和学习方法存在较大差异，对辅导类课程存在需求的学生人数连续四年快速增长，2023 年的增长率达 47%。

2020 年 ~ 2023 年前途出国学术项目推广管理中心——辅导类课程服务人数趋势

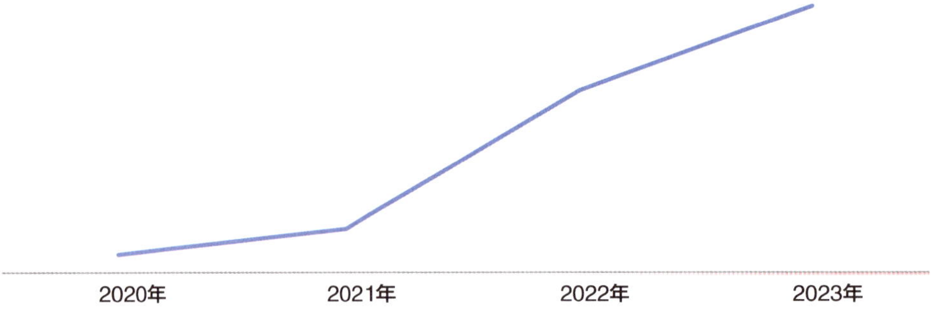

从答疑次数看，商科类基础课程如金融、经济、会计，学术写作，计算机，数学课程如高等数学、基础数学、统计等科目的答疑需求相对较高，这些课程大多为数据关联性较强的课程，可见尽管中国学生的数学基础相对扎实，但在需要探究性思维和创新能力的大学阶段仍会存在力不从心的现象。

2023 年前途出国学术项目推广管理中心——辅导类课程不同科目答疑次数 Top 10

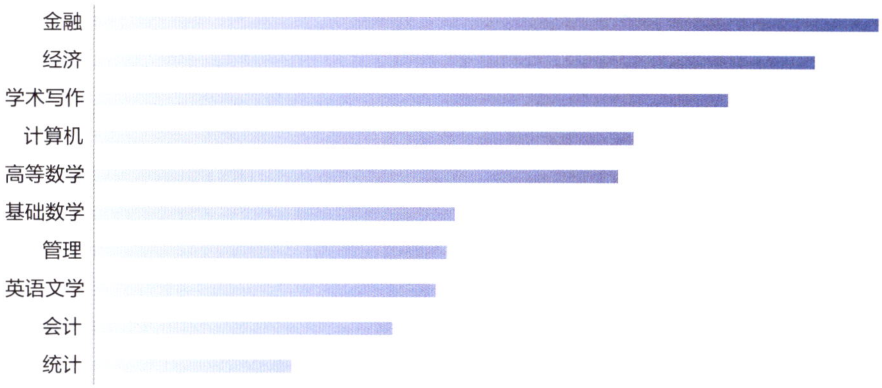

答疑需求的时间周期也存在一定规律性，一般是 3 月和 11 月需求最多，这个时间段比大多数院校设定的期末考试时间早两个月。也就是说，很多中国留学生从期中开始就需要借助第三方力量来帮助自己提高成绩。

2023 年前途出国学术项目推广管理中心——辅导类课程答疑时间周期

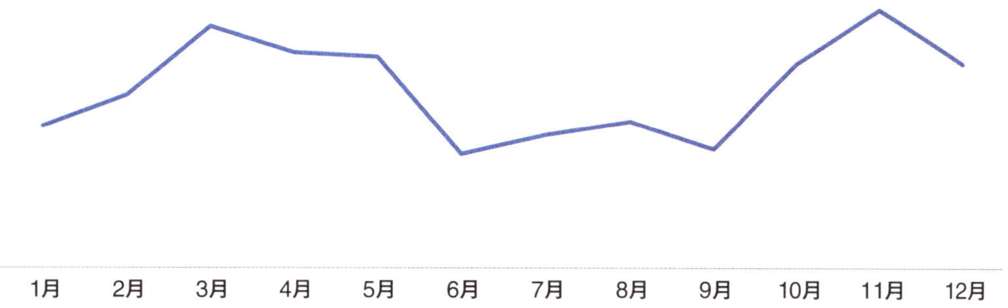

4. 背景提升课程中，美国数学竞赛和 AST 培训需求强烈

2023 年，参与背景提升类课程的学生对美国数学竞赛 AMC 的培训需求尤为强烈，人数占该类课程的一半。其次是 AST 考试学习人数，占比为 33%。

美国数学竞赛 AMC（American Mathematics Competition）是由美国数学协会于 1950 开始举办的用于筛选数学人才的赛事，每年约有 60 万学生报名，是全球学生参与人数最多的数学竞赛之一。在竞赛上取得优异成绩的学生会被邀请参加美国数学邀请赛 AIME 考试（American Invitational Mathematics Examination）。因为 AMC 在国际上具有较高影响力，对申请海外知名高校能提供很好的助力作用，因此备受学生欢迎。

2023 年前途出国学术项目推广管理中心——背景提升类课程选择占比

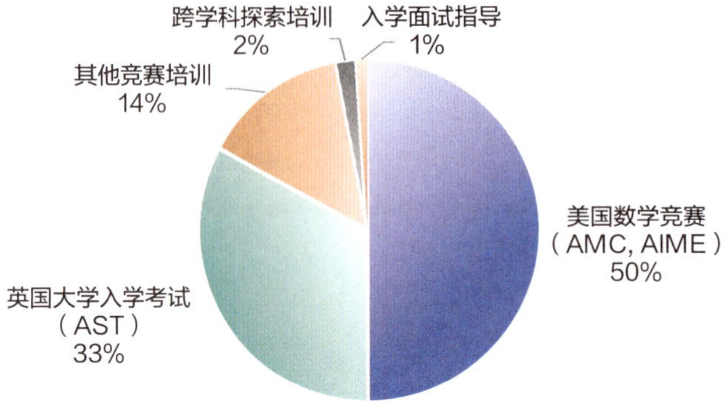

艾思特（AST）考试是中国首个国际标准化大学入学考试，是立足于国内普通高中基础课程，为以剑桥大学为首的一批世界一流大学遴选招收中国学生的国际性学业水平考试。考试科目有英语、数学、物理、化学、生物和经济，一般学生会选择三门科目参加考试，考试分数为每门 300 分。该考试主要考点和国内高考重合度较高，英文考试受到英国一流大学的认可，且可以凭成绩免预科直入英国大学本科，因此受到很多想要通过高考留学双轨并行的学生的欢迎。近两年，随着关注 AST 考试的家庭越来越多，参加考试培训的学生人数也相应增加。同比 2022 年，2023 年参加考试培训的学生人数增长了 206%。

2021 年 ~ 2023 年前途出国学术项目推广管理中心——背景提升课程 AST 服务人数趋势

5. 语言类课程的参与人数连续三年激增

近三年来，参与语言类课程的学生人数持续增长，2023 年较 2022 年的增长率为 182%。

语言类课程主要是由 VEPT 内测的班课课程和一对一英文能力提升辅导课程组成。VEPT 课程全称为 Versant English Placement Test，作为线上语言测试体系，其成绩目前可用于英联邦、北美、欧亚国家和地区等海外院校的申请。部分学生通过五周共 100 小时的学习就可以通过考试，免读语言班直接入读海外院校。随着该考试普及度的增加，参与相关培训课程的学生人数也有明显增长。

2021 年 ~ 2023 年前途出国学术项目推广管理中心——语言类课程服务人数趋势

第二节　不同国家留学生对学术的需求情况

一　美国

1. 中学生对学术服务需求逐渐强烈，低龄化趋势日趋显著

前途出国留学服务数据显示，2020 年至 2023 年，意向赴美读中学的学生越来越关注学术水平的提升。2023 年需要第三方学术服务的学生占比较 2022 年上涨 0.7%，整体呈上升趋势。

2020 年 ~ 2023 年美国中学留学服务——学术服务选择占比

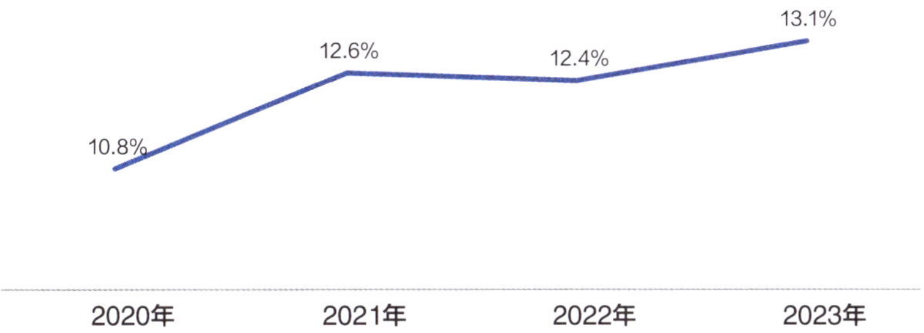

从不同阶段学生的学术服务选择趋势，也可以看到赴美留学的中学生群体对学术需求呈现低龄化趋势。近四年来，学术服务主要选择阶段由 11 年级逐渐向 10 年级转移，对留学的规划逐渐前置。同时，随着国内高一转轨美国中学群体人数的逐年增长，利用学术服务做好中美教育衔接与过渡也是很多家庭的选择。

值得注意的是，12 年级学生对学术服务的需求也存在上升趋势。这个阶段是提升学术能力和 GPA 分数的最后冲刺时期，有不少学生希望能在申请前进一步提升自身优势，帮助自己收获心仪的 Offer。

2020 年 ~ 2023 年美国中学留学服务——选择学术服务的阶段

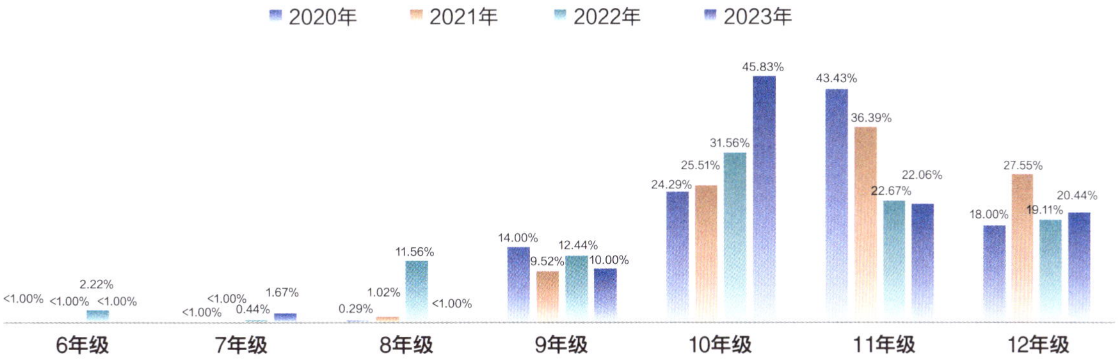

2. 学术能力在美国本科申请中至关重要

学术能力一直以来都是美国大学录取学生最基本的评估要素。美国高校会将申请人的在读高中背景、课程体系与难度作为学术能力的评估基础。前途出国留学服务数据显示，意向留学美国本科的学生对学术服务需求连续三年占比最高，超过总数的六成。此外，竞赛指导和实习科研服务的需求占比也在逐年提升。

竞赛、实习科研对于美国本科申请者来说是加分项，但通过近三年的数据可以看出，伴随着美国本科申请日渐激烈，加分项逐渐变成必选项。申请人除了需要维持较高的学术水平之外，还需拥有丰富的竞赛背景及实习科研经历才有可能脱颖而出。

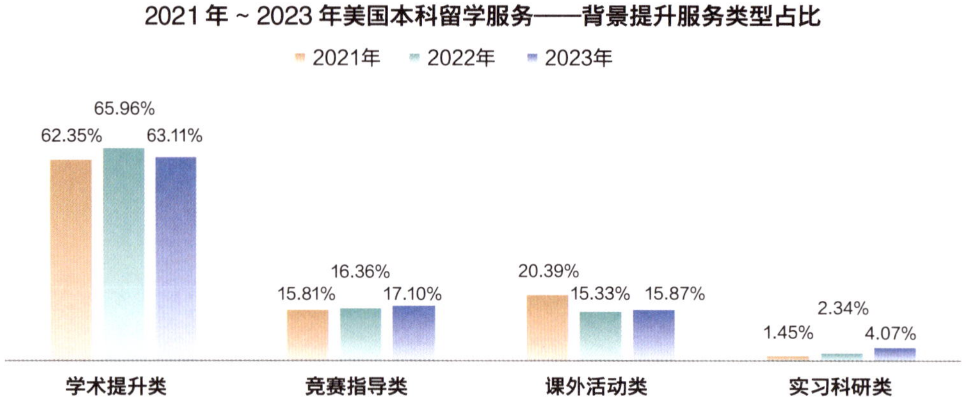

3. 美国研究生申请中，学术服务选择阶段主要集中在大三

从近三年选择学术服务的学生年级来看，大三学生占比最多，达到了44.1%。其次是大二和大四的学生，分别占比22.3%和12.4%。近七成学生在大二、大三时就已经开始为自己的留学申请做准备。

与此同时，有7.6%的学生选择在大一就参加学术指导服务，尽早提升自身的申请软实力。

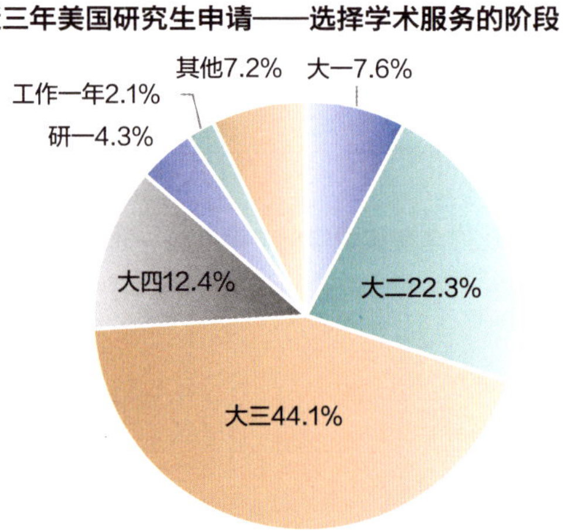

4. 一线及新一线城市的美研学生学术竞争压力更大

从分布地区来看，北京和上海的学生参加学术指导的意愿最强，占比分别达到了22.9%和15%。其次是来自南京、武汉、郑州、广州、成都等一线及新一线城市的学生，他们普遍也希望获得更多的教育资源作为补充。这也在一定程度上说明了以上城市的学生的学术竞争压力更大。

近三年美国研究生留学服务——选择学术服务的地区 Top 10

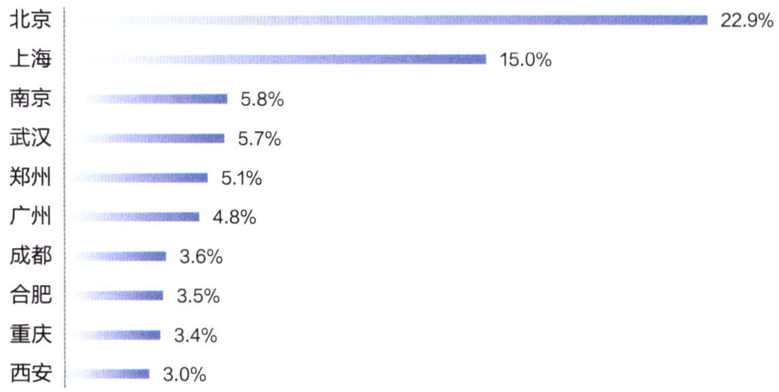

二 加拿大

1. 加拿大留学生对学术产品需求强烈

近五年来，加拿大留学生对学术服务的需求始终保持领先地位，在 2023 年占比达到 73%。随着申请加拿大留学的人数逐年攀升，越来越多的学生对中西教学体系以及教学内容的差异有了更深入的了解，也逐渐意识到离境前进行学术预习的重要性。此外，也有不少正在加拿大求学的学生发现毕业后升学及求职竞争越来越激烈，不论是后续选择继续升学还是求职都对学生的在校表现有所要求，因此有更多学生为了进一步提升在校 GPA 选择通过外部机构对所学专业知识进行巩固和提升，提前为后续的升学及求职做准备。

2019 年 ~ 2023 年加拿大留学服务——学术产品类型占比

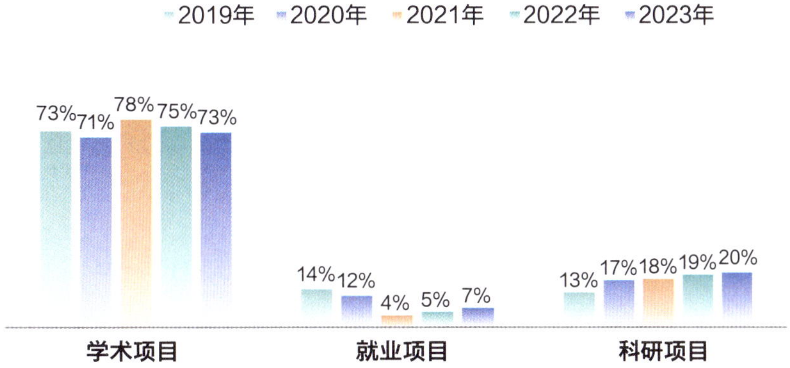

2. 高中生是学术服务需求的主力军，低龄群体人数渐增

近四年来，高中生是学术产品购买及就读的主力军，其次是本科生，在 2023 年的占比分别为 59% 和 32%，初中及以下人群占比略有上升。伴随着全球通航和教育秩序的恢复，加拿大中小学留学热度随之上涨，加拿大学校对学生的学术要求也开始逐渐严格，学生对学术学习的准备也更加前置。

2019 年 ~ 2023 年加拿大留学服务——学术产品选择阶段占比

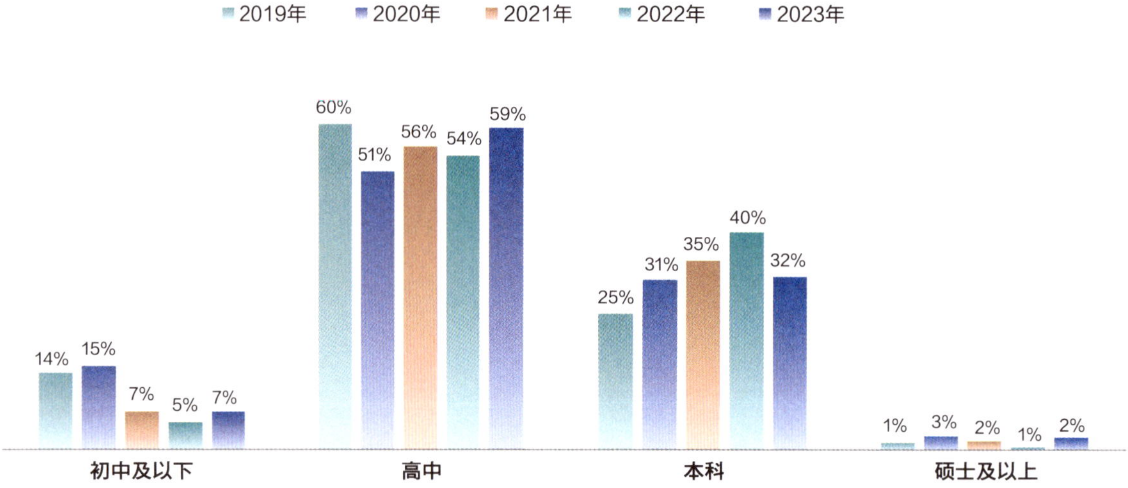

三 英国

本科留学生的学术提升需求连续四年上升

近四年来，有英国本科留学意向的学生是选择学术服务的主要群体，且呈现逐年上涨的趋势，这也说明他们对学术能力提升的意识不断增强。有英国硕士留学意向的学生选择学术服务的占比虽然呈现出向下的趋势，但是这主要是由于这类学生更早地关注到学术成绩对申请的重要性，并在本科阶段就注意夯实学术基础，从而可以将更多的精力放在软实力的提升上。

此外，有英国中小学阶段留学意向的学生占比自 2021 年开始也在逐年攀升。随着低龄留学热度的上升，以英国公学为代表的传统私立中学的申请竞争日益激烈。为了能进一步提高自己的申请优势，不少学生会选择外部机构的学术服务。

2020 年 ~ 2023 年英国留学服务——选择学术服务的阶段

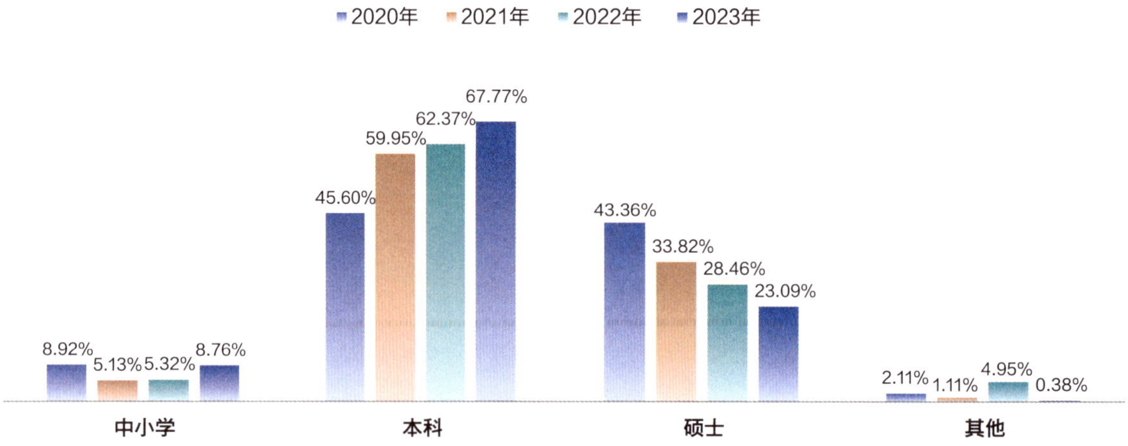

四 澳大利亚和新西兰

中小学及本科留学生对学术服务的需求依然强烈

在 2023 年申请澳大利亚留学的学生中，本科生选择学术服务的比例最高，且呈逐年上升的趋势，达到了 93%。中小学学生对学术服务的需求同比 2021 年和 2022 年虽有所下滑，但依然维持在 80% 左右。中国与澳大利亚、新西兰地区学校的教学形式和方法存在较大的学术差异，这对澳大利亚及新西兰的留学生来说是一个挑战，为了更好地适应海外学习，学术指导基本已经成为澳大利亚、新西兰新读书的留学生的必要选择。

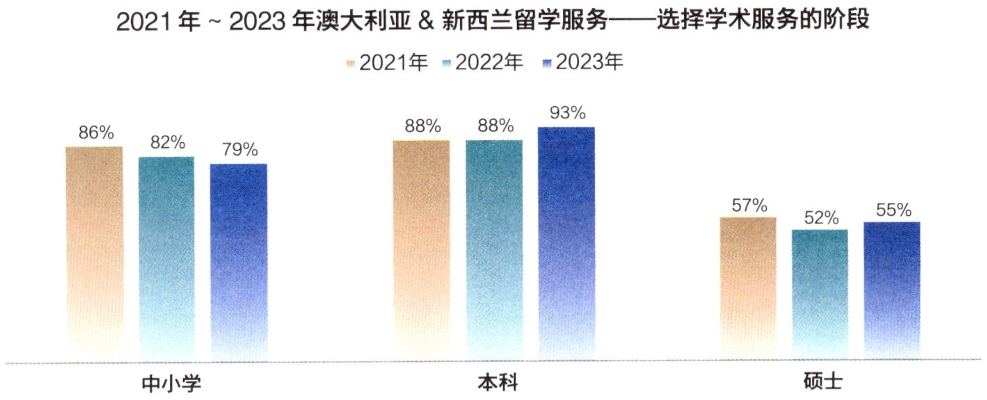

第9章

中国留学生境外消费支付行为分析

一 数据背景

支付方式作为留学在外衣食住行的基本保障，其安全性、便利性和受理广泛程度，受到越来越多留学生及其家长的重视。作为一家全球领先的数字支付公司，Visa 拥有全球先进的支付处理网络，连接并服务全球 200 多个国家和地区的消费者、商户、金融机构及政府机构。Visa 的使命是提供非凡的支付和被支付方式，让包括中国留学生在内的全球 Visa 持卡人，在任何地方都可以借助 Visa 的网络获得便捷、安全的支付体验。

在海外深造的中国留学生可在Visa分布在全球的1.3亿家商户[1]享受快速、便捷、安全的支付体验。同时，Visa 与中国的多家银行合作，先后发布了多款为中国留学生及其家长量身定制的留学支付产品及服务。中国留学生在境外可以充分享受到 Visa 留学生卡多种多样的消费优惠和安全、便利的支付体验。

针对留学生这一特定群体，Visa 信用卡和借记卡在支持和陪伴中国留学生的留学生活中具有独特优势：

首先，针对留学生缴纳学费的刚需，使用 Visa 卡支付学费十分便捷，安全无忧。整个过程只需数十秒就能迅速、可靠地完成，且能够足额、即时到达学校指定的账户，无需经过中转银行，免去了不确定的中转时间和中转服务费。

其次，Visa 卡的广泛使用环境为留学生在当地的生活提供了巨大的支付便利和安全保障。近年来，留学生在跨境线下场景中更多地使用一拍即付[2]的感应支付方式，一拍即付的交易笔数较2022年增长了近一倍[3]。其中，澳大利亚、欧洲国家和新加坡等地更为显著，例如英国一拍即付的交易笔数在所有线下交易方式里的占比高达 90%，成为了主要线下支付方式[3]。一拍即付进一步提升了境外用卡的便捷性和安全性，并丰富了使用场景，例如交通、商超、餐厅、加油等线下支付场所都可以使用。其中，在伦敦、纽约、新加坡和中国香港，留学生可使用 Visa 芯片感应卡“一拍即付”直接进入地铁，无需再购买交通卡，使生活更加便利。

此外，Visa 为留学生打造了“Visa 留学家”专属权益平台，提供丰富的商户优惠活动，成为留学生在异国他乡可靠而贴心的伙伴。例如 1 美元购买境外机场贵宾厅、1 天 1 美元境外流量卡、留学保险折扣、英国私立医院就诊专属权益、主要留学目的地精选商户交易返现等优惠活动。

二 中国留学生境外消费行为特点

根据 Visa 卡在境外交易[4]的表现，经过观察分析得出了以下中国留学生在境外的消费行为特点。

1. 大部分国家和地区留学消费水平已恢复至疫情前，欧亚国家和地区交易额提升明显

随着 2023 年中国跨境通航恢复，美国、英国、澳大利亚、日本等大部分国家和地区的留学消费水平已恢复至疫情前。其中，英国和新加坡的交易额已达到 2019 年的近两倍，荷兰、韩国和马来西亚的交易额增长更为显著。

从境外交易额来看，主要留学目的地仍然是美国、英国、澳大利亚和加拿大，这四个国家合计交易额占比约为 61%，但相较 2022 年的 67% 有所下降。而欧洲和亚洲的主要留学目的地，交易额相较 2022 年均有增长，其中日本和荷兰同比增长超 20%，韩国和马来西亚同比增长超 100%。

---

1 截至 2023 年 6 月 30 日。

2 “一拍即付”是采用短距无线通信技术，在芯片感应卡与支持感应支付的结账终端之间进行的安全支付方式。使用正面或背面带有水波纹标识的 Visa 芯片感应卡，可以在有感应支付标识的商户一拍即付（Tap to Pay）。

3 数据来源：VisaNet。

4 数据来源：VisaNet。

从具体留学目的地占比来看，英国交易额占比近四年来连续上升，由 2020 年的 15.52% 上升至 2023 年的 23.92%，与排名第一的美国仅差一个百分点。澳大利亚自 2020 年疫情开始后，交易占比一直下滑，但于 2023 年回升至 7.14%，超越加拿大，排名回归至第三名。而加拿大交易占比却自 2020 年起连续下跌，排名降至第四名。此外，荷兰交易额占比近五年来持续上升，韩国和马来西亚交易额占比连续四年呈上升趋势，欧亚地区越来越受留学生青睐。

2019 年 ~ 2023 年不同国家和地区中国留学生境外交易额占比

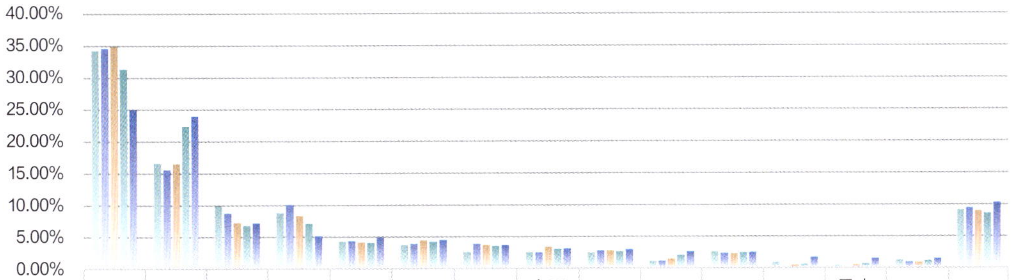

	美国	英国	澳大利亚	加拿大	日本	法国	新加坡	中国香港	德国	荷兰	意大利	韩国	马来西亚	西班牙	其他
2019	34.23%	16.54%	9.86%	8.75%	4.22%	3.65%	2.55%	2.47%	2.43%	1.08%	2.56%	0.89%	0.40%	1.22%	9.15%
2020	34.59%	15.52%	8.74%	10.05	4.32%	3.83%	3.83%	2.47%	2.75%	1.13%	2.33%	0.04%	0.03%	0.92%	9.45%
2021	34.88%	16.50%	7.22%	8.36%	4.14%	4.40%	3.70%	3.37%	2.79%	1.45%	2.29%	0.49%	0.52%	0.91%	8.98%
2022	31.31%	22.31%	6.73%	7.02%	4.03%	4.16%	3.47%	2.99%	2.59%	2.03%	2.41%	0.57%	0.67%	1.11%	8.60%
2023	24.94%	23.92%	7.14%	5.10%	4.84%	4.46%	3.64%	3.07%	2.94%	2.57%	2.48%	1.67%	1.49%	1.44%	10.30%

2. 境外消费主要集中在下半年，不同类型消费季节性分布明显

从消费季节性分布来看，消费主要集中在下半年。其中教育及专业服务类交易集中在 9 月，是学费缴纳的高峰期；餐厅类和购物类消费高峰出现在 10~12 月，主要受新学期开学和节日因素影响；旅行 / 住宿类消费高峰在 8 月和 12 月，与暑假和寒假关联性较强。

2023 年中国留学生主要消费类型季节分布

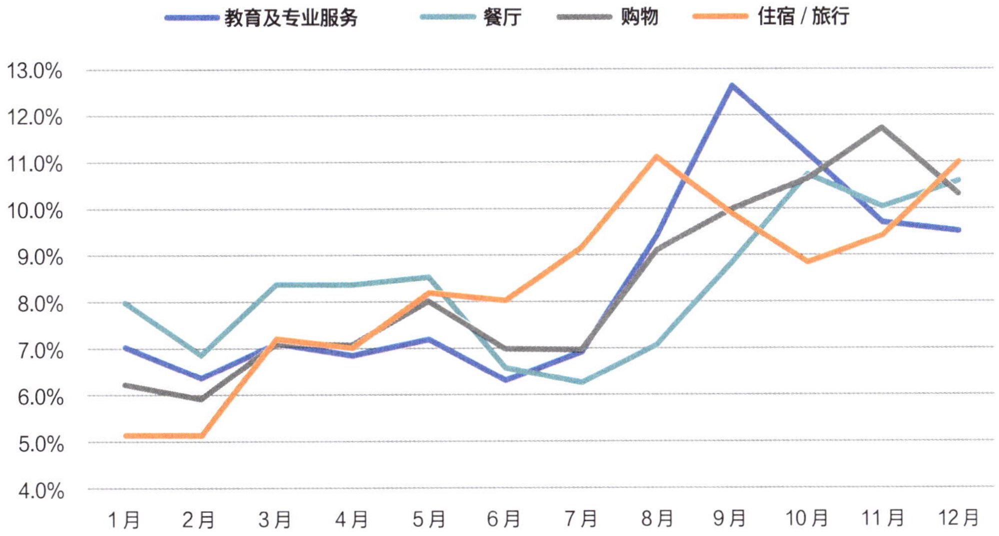

（纵轴为中国留学生当月消费在全年所占的比重）

3. 线上支付成为趋势，线下消费逐渐回暖

回顾过去六年境外支付情况，线上支付占比已连续四年高于线下支付占比，越来越多的交易可通过线上交易渠道完成，数字化支付体验为留学生带来了更多的生活便利。与此同时，伴随着全球经济秩序的逐渐恢复，也能看到自2021年起，线下商户交易额占比逐步回升，线下消费市场持续回暖。

与作为境内主要支付形式的二维码支付不同，境外主流留学国家和地区仍主要通过银行卡进行支付，中国留学生随身携带实体 Visa 芯片感应卡，在当地消费起来更加便捷、安全。尤其在英国、澳大利亚、新加坡等国家，一拍即付覆盖地铁、公交车、便利店、商超、餐厅、加油站等场所。伦敦、纽约、中国香港和新加坡市的地铁，以及悉尼、曼谷等城市的部分地铁和公交车，都可以使用 Visa 芯片感应卡直接一拍进站，无需另外购买交通卡，十分方便。

2018 年 ~ 2023 年线上线下消费额对比

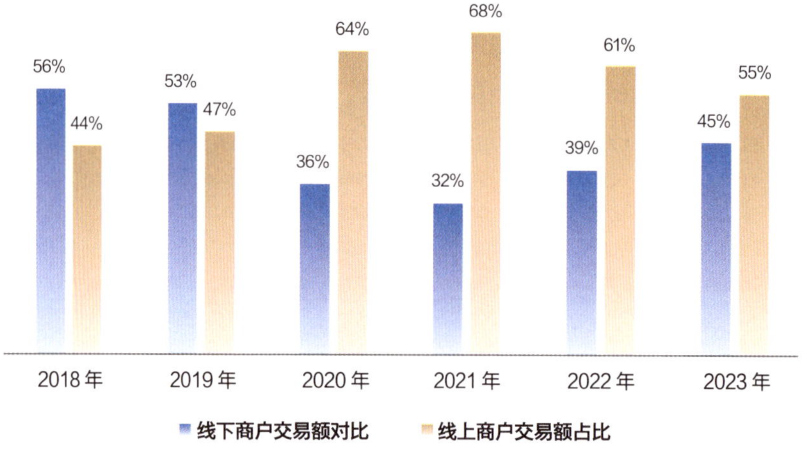

4. 教育类支出的 95% 为线上交易

此外，教育类交易的线上占比连续多年持续上升，近四年都稳定在95%左右，选择 Visa 卡线上缴纳学费也成为越来越多留学生的首选。

2018 年 ~2023 年线上线下消费额对比（教育类支出）

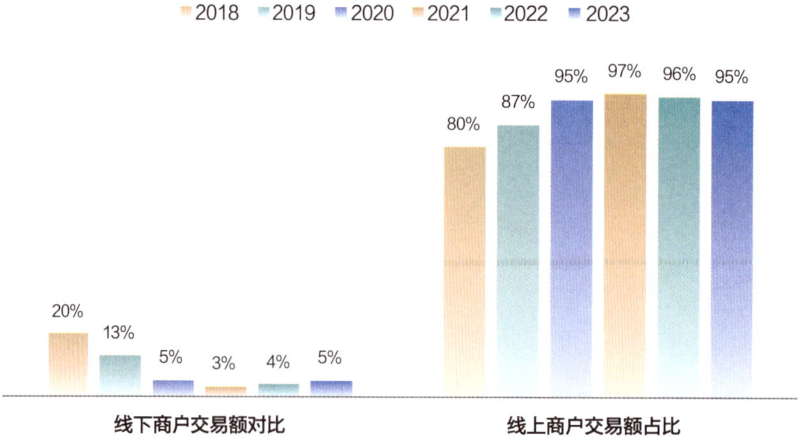

5. 教育类支出排名靠前，购物消费占比上升

2023 年按交易额排名，教育类依然是留学生主要的消费支出，与之相关的专业服务费类[5]紧随其后；餐厅类交易依然保持第三位；零售商品由 2022 年的第六位上升至第四位，主要是奢侈品和大品牌购物；食品 / 杂货和服饰与配饰依然保持在前六位。

不同国家的中国留学生消费场景各有特点，除了教育类交易支出，美国和加拿大的留学生在餐厅的消费更多，而英国和澳大利亚留学生则是在食品和杂货类的支出更多。此外，折扣店和服饰与配饰排在美国留学生支出的第四和第五名，而英国留学生在百货商店的消费更多，澳大利亚和加拿大留学生在零售商品类的交易更多。

2023 年不同消费场景在各国的交易额排名

商户类型	美国排名	英国排名	澳大利亚排名	加拿大排名
教育	3	1	1	2
专业服务费	1	2	2	3
餐厅	2	4	4	1
食品和杂货	6	3	3	5
服饰与配饰	5	5	6	4
零售商品	7	9	5	6
百货商店	11	6	9	12
电子产品	9	11	8	7
折扣店	4	14	15	19

（本章内容由 Visa 提供）

5　指的是专业机构收取的服务费，包含某些政府机构、学校等。

新东方留学报告
十周年特刊

回顾留学行业十年蓬勃发展
共话国际教育十年深耕沉淀

孙涛

新东方教育科技集团助理副总裁
新东方前途出国总裁

以高质量留学人才培养助力教育强国建设

过去几十年来，中国经济快速发展，对外交流也日益紧密，越来越多的人走出国门求学。同时，更多的海归们以国际化人才的姿态出现在中国的各个行业领域之中，对中国的发展起到了特别大的支撑作用。

尽管在过去几年，各行各业都迎来了比较大的考验，但对外开放、贸易、科技等领域发展主旋律没有改变，中国对国际化人才的需求依然旺盛。结合联合国教科文组织的统计数据可以发现，留学生数量整体仍保持稳定的增长。无论是国家还是社会都一直在坚定地发出声音，鼓励“走出去、引进来”，强调留学是教育对外开放事业的重要组成部分，也是培养我国现代化建设所需国际化人才的重要途径。

迎接全新的“留学黄金时代”

过去的几年里，留学行业迎来了比较大的挑战，在很多人眼中，留学的“溢价”似乎正在消失，认为如今国内教育水平也很高，我们已经不需要留学了。那么，留学的黄金时代真的已经结束了吗？

在我看来，如果说“留学黄金时代”是指中国留学人员人数的高增速时代，那么这个阶段确实已经结束了。根据教育部数据统计，中国留学人数增速降低已有多年，2013 年到 2019 年中国留学总人数的增长率在 3% 至 13%，而此前该数据约为 20%。前后数据的变化，说明留学人员的增速趋于平稳。

受大环境影响，前几年大家对出国留学的选择较为谨慎，但如今国际教育的需求已经呈现出大幅回暖的趋势，甚至有专家估计，今年的留学人数有可能超过历史上的峰值。从美国国际教育研究所（IIE）发布的2023年《美国门户开放报告》可以看到，2022/2023学年在美国留学的中国学生人数就接近30万，连续多年都是美国最大留学生群体生源地。中国学生留学的阶段也越来越早，赴美就读本科，甚至是高中及以下阶段的学生人数都出现了增长。其中，就读高中及以下的留学人数增幅最为明显，较2022年飙升29%。越来越多的年轻人认可留学、接受国际教育，希望能更早地拥抱世界，感受多元文化。可以说，“留学黄金时代”并没有真正过去，而是正在以一种全新的姿态到来。

就业成为留学主要驱动力

过去十年，是留学行业高速发展的十年。中国留学家庭在心态和选择上都有了明显的变化，越来越多的普通家庭将出国留学作为孩子教育的一个选择，留学逐步走向平民化。

与此同时，新时代的留学生对出国留学的心态已经转变。他们不再是为了“海归光环”而留学，也不再仅仅因为身边有人出国便选择迈出国门，而是能够客观地看待中国与国外的差异，根据自己与家庭的实际情况和需求，来规划求学之路。

自2015年起，新东方连续多年发起了针对中国留学家庭的调研，发现越来越多的留学群体希望能通过留学拓宽职业道路，提升自己的求职竞争力。尽管当前就业市场竞争激烈，有不少留学生吐槽回国就业难，求职受挫，但这通常与多方面因素有关，不能代表整个海归群体求职的真实情况。

事实上，无论是企业还是高校、事业单位，甚至是国家机构，招聘公告上大多都对海归人才虚位以待，设置越来越多的海归优先岗位。同时，全国各地也争相出台政策福利，将海外院校纳入选调名单，吸引国际化人才落户发展。这么做不仅是因为留学生们的学历，而是经过国外独立生活和求学的锻炼，以及与前沿知识技术的接触，他们的语言能力、学习能力、文化适应能力、抗压能力、创新能力、自我管理能力等都会在未来的工作中得到充分释放，这些能力也基本代表了现今中国社会发展中迫切需要的国际化人才所具备的特质。

当前，我国正处于高质量发展阶段。共建“一带一路”倡议的深入推动让我国与世界各地的经贸往来不断加强，为我国国际经济交流与合作的蓬勃发展注入新动能，这也意味着我国对国际化人才的需求会持续旺盛，未来也势必需要有更多高层次的国际化人才参与到中国与世界的交流中来。

留学是培养国际化人才的最优路径

放眼世界，新一轮科技革命和产业变革快速发展，围绕高素质人才和科技制高点的国际竞争空前激烈。在这一时代背景下，党的二十大报告把教育、科技、人才单独成章进行布局，“三位一体”统筹推进，这既是对新时代、新形势、新要求的主动回应，更是从不同视角高屋建瓴深刻阐释了人才的重要性。站在第二个百年奋斗目标的历史新起点，我们比以往任何时候都更加渴望需要国际化人才。

留学作为培养国际化人才的最优路径，虽然不是唯一的，但有一些独特的体验和经历在国内确实很难真实地去感受。在这方面我提炼了以下三点：

一是全面的、真实的跨文化生存体验。到了国外只要住在学校就会和来自不同国家的人生活在一起，吃饭学习、小组讨论，每天都在发生。

二是与前沿知识技术的接触和体验。尽管现在中国发展很快，拥有全世界最完整的产业链，但中国目前的前沿技术人才依然稀缺。在 2022 年 10 月，斯坦福团队发布了一份全球前 2% 顶尖科学家榜单，其中，美国入围科学家 78014 人，占总收录人数的近 40%。中国大陆虽排在全球第五位，却仅有 7795 人，仍然存在不少差距。

三是解决问题的能力和适应能力会得到更明显的提升。近几年对很多留学生来说特别不容易，为了体验真实的学习环境，不少同学放弃了国内网课，坚持到海外读书。在这个过程中，面对突发情况，个人的应急处理能力及承压能力反而成为了最具挑战性的事情。

随着全球化互联网科技的不断发展，人们在全球范围内的沟通和连接变得越来越容易，国家也越来越倾向于寻求那些具备国际视野，通晓国际规则，熟练掌握和运用包括所有非通用语种在内或前沿技术的高层次国际化人才。而这样的人才无论在国内还是国际上都是非常稀缺的。这些人才缺口怎么去补？国内培养、中外的国际联合培养交流，以及出国留学，都可以更快地缩短这个进程。

坚持创新，做留学行业的引领者

在上世纪 90 年代的浪潮下，很多留学机构开始创立和萌芽，摸索留学行业的发展模式，新东方也是在那个时候开始开展留学服务，并成立了专职机构：新东方前途出国。同时根据国际教育发展趋势和变化，持续精进完善留学服务，每年都帮助数万名学生实现赴海外求学深造的梦想。

经过 28 年留学业务沉淀后，我们不断在国际化人才培养领域进行深耕探索。目前已经与 1,500 多所海外大学以及近 200 所国内大学建立合作，共同开展国际化人才培养，帮助国家、高校和国际学校在解决人才培养、创新就业、国际交流与合作等方面发挥着自身作用。在这个过程中，我们不仅看到了更多年轻学子对优质国际教育的需求，更捕捉到了高校对外国学生来华留学和打造更具竞争力的教育水平和管理水平方面也存在强烈需求。我们希望能通过多年深耕国际教育过程中积累的丰富经验和海内外优质教育资源，为助力中国成为具有强大影响力的世界重要教育中心贡献绵薄之力。

十年风雨兼程路，百年教育报国心。经过二十余年的不断积累和发展，新东方前途出国不单是关注如何申请到好的院校，更是时刻关注留学群体的需求，不断创新开拓，探索新时代背景下的教育合作新方法、新模式。

2024 年是新东方连续发布留学行业报告的第十年。这十年来，我们不断密切观察着留学行业的趋势走向，希望能用更加精准的数据分析，为更多意向留学的中国家庭提供专业的规划和指引；这十年来，我们坚守初心，充分发挥国际化人才发展平台优势，整合多方优质资源，帮助更多中国学子追求个人理想、提升个人能力、开拓国际视野，提供个性化成长路径参考，为中国留学家庭赋能。我们期待能看到更多的学子走出去，并学成归来，成长为真正对国家发展有帮助的国际化人才。

刘烁炀

新东方教育科技集团助理副总裁
新东方国际教育总经理

在变革中完善——过去十年中的留学考试、留学人与新东方

任何对于留学行业有所了解的人都会同意，过去的十年是留学考试在中国高速发展的十年。这一“发展”指的绝不仅仅是数量上的增长，还指的是特殊时期前后留学考试本身的多样化发展，更指的是中国人对于留学考试认知的不断加强。随着考试本身的变化、留学考试人群的变化，新东方也在跟随着全社会对于留学考试本身理解的深入不断自我进化。时至今日，留学考试行业、新东方的留学考试产品已经远远不只是“托福、雅思培训班”的集合，留学考试和相关培训已经成为了一个可以适应各类出国人群的多样需求的产品矩阵，以多样的形态面对留学人群日益增长的需求。

留学考试的发展与变革

十年前，当提起留学考试的时候，绝大部分人的脑海里能想起的只有“托福”和“雅思”两个名字。在当时的留学圈，似乎只要将这二者之一考好，留学的路径就会一马平川。但是事实上，即使在那个年代，仅有托福、雅思成绩也是不够的，绝大部分冲刺全球最顶尖的学校的学生还需要 SAT（本科申请）或者 GRE（研究生申请）成绩才能入这些世界名校的法眼。

这样的认知背后其实是前互联网时代信息的流动性不足。虽然大家都知道留学要参加“国外的”考试，但是对于这些考试有什么则是认知不足的。然而随着移动互联时代的到来，我们现在的认知壁垒已经完全被打碎了，现在的潜在美国本科留学生，在准备托福、雅思考试之外还会第一时间规划好 SAT 和 ACT 考试的备考周期，更是有许多同学在刚刚准备留学的时候就已经规划好了未来三年的 AP 考试计划。现在同学们要面对的问题不仅仅是托福、雅思考试的“鲤鱼跳龙门”，而是如何用一个集“语言”“能力”“知识”为一体的留学考试矩阵来武装自己，让自己和来自全球的优秀学生相比也有足够的竞争力。

更多的考试也对于同学们的规划能力提出了更高的要求。与国内高考不同，留学考试讲究“阶段性胜利”。即使申请全球排名前列的学校，学生也并不需要“死磕”托福、雅思考试的高分，而是在获得托福 80 分或者雅思 6 分之后开始转战 SAT、ACT 或者 AP、A Level 的相关课程。在经历了这些更高难度考试的洗礼之后，再回头挑战托福、雅思的同学们则会发现过去觉得非常困难的题目变得很好解决了。这种螺旋式上升的学习规划其实正是留学考试的一个重要优势，让学生可以分阶段、分主题地在不同的维度提升并证明自己的能力，让学生的进步之路没有那么的枯燥乏味。

与规划同等重要的还有选择问题。对于每一个留学生来说，“托福还是雅思”都是其遇到的第一个难题。虽然现在绝大部分的同学会通过目标国家来选择考试，但是其实这并不是最恰当的选择标准。目前托福和雅思在接受程度上可以说是没有任何的区别，二者真正的差异在于出题的目的与思路。因此，一个真正理解留学考试的学生会根据自己对于语言的理解方式来选择更适合自己的考试。再比如 SAT 和 ACT 这两个考试，如果考生更善于抓取表层信息，则更加适合 ACT；如果学生更喜欢深度思考，则更加适合 SAT。这些选择看似简单，但是很多时候选择了一个和自己思考习惯不同的考试则会影响最后的出分效果。而从一个没那么功利的角度来看，选择这些考试其实也是学生认知自己的一个过程。通过尝试出自己更适合哪一类考试，学生可以更加了解自己的思考方式，从而更好地为自己未来的学习进行规划。

近几年，原本就多样的留学考试市场出现了更多选择。受到此前大环境影响，线下考试无法进行，市面上出现了大量受全球大学认可的线上考试。既有托福在家考这种老品牌的线上化产品，也有异军突起的多邻国、朗思、领思等新兴考试。更多的选择也意味着学生们有了更多的备选计划，在攻克留学语言关的时候多了一条路径。

除了考试种类的多样性之外，留学考试本身的变革也日益加快。在过去的十年内，托福进行了两次改革，SAT 进行了两次改革，ACT 进行了一次改革，雅思考试推出了机考并将口语由面对面改成了线上考试。而 2023 年更是改革的大年，托福、SAT、GRE、GMAT 都进行了改革后的首考，通过更短、更高效的考试让学生的负担大大降低。

虽然留学考试已经是一个非常成熟的行业，但它也是一个非常有活力的行业。无论是考试数量的增多还是考试本身的变革，其本质上都是留学考试在不断适应新时代和新考试人群的结果。而移动互联时代的信息爆炸，也令留学生这个群体和其他群体对留学考试的诉求不停地改变。

留学生人群的变化

十年前大家对于留学生这个人群还是有非常脸谱化的认知的。在那个年代，似乎留学的学生要么是在国内课堂已经开始“吃不饱”的“超级学霸”，要么就是因为在国内考试遇到困难的“超级学渣”。虽然这种脸谱化的认知和现实相去甚远，但是其的确反应了十几年前留学对于绝大多数人来说最有吸引力的两个特征：“直通世界名校”和“避开高考独木桥”。这两个特征使得越来越多的人开始关注留学考试这个赛道，而随着人数和信息的增加，大家对于留学考试的理解和诉求也开始变得愈发多样。

如果我们现在再看留学人群的话，我们会发现其人群的构成远远比我们想象的要复杂。除了极端的“学霸”和“学渣”之外，构成留学考试考生主题的则是越来越多的“普通学生”。这里面既有高考失败希望能够在新的领域证明自己的“复仇者”，也有大学录取之后希望在新的学习阶段能提前开始准备的“内卷王”；既有从小就接受国际化教育的“精英二代”，也有面对大学毕业考研、就业两大难题的“路人甲”；既有想要通过留学降低自己升学难度的“小富即安”，也有在C9 院校最优秀的实验室里希望能学习更先进知识的“大国脊梁”。

多样的留学目的也带来了更加多样的学习诉求、时间规划、考试目标。而新东方所需要提供的不再仅仅是一堂堂妙趣横生的课程，而是能够帮助每一个学生、每一个家庭达到自己目标的解决方案。这既是新东方这样的教育机构不得不面对的行业难题，也是我们对于这个时代发展所能提供的微不足道的贡献。

新东方国际教育培训事业部的变化

想要真正地帮助到每一位学生，新东方首先要从改变自己开始。2020 年，新东方的留学考试板块从“留学考试推广管理中心”更名为“国际教育培训事业部”。这一名称变更的背后，其实也是新东方对于自己在留学和留学考试中所扮演什么样角色的重新定位。

回顾十几年前的留学考试培训行业，当时绝大部分的从业者都是在做信息差的生意。由于考试模考题目和练习难以获取，大部分的培训机构都满足于“找到题”、“讲好题”。虽然这样的培训方式非常符合中国人对于“考试培训”的理解，但是从育人的角度来说是有些急功近利的。

于是新东方在过去的十年内开始主动的和 ETS（托福考试出题方）和剑桥（雅思考试出题方）等机构寻求合作，希望能将国外的教育理念和国内的教育实践进行“中和”，在满足中国学生短期培训需求的同时也能对于每一位学生的长期发展做出贡献。在这样的理念下，新东方引进了剑桥大学出版社 Mindset 系列教材，与 ETS 合作了全球唯一一套有考试出题方参与的托福教材——PrepEdge 系列，引入了 E-rater、Speech Rater 智能评分引擎，迈出了将世界上最好的考试培训资源引入中国的坚实一步。

在此基础之上，新东方在过去十年围绕着这些引进的教学内容进行了大量的二次研发，填补了引进教材在认知上与国内学生的差异，让同学们能够在选择新东方那一刻起就有足够的教学资料开始进行学习。如今，新东方已经形成了一个线上线下双场景，覆盖开课前、结课后、课上、课下四个时期，对每一位学生都有针对性测试与补充内容的教学体系，通过提供全面的教育解决方案来帮助每一位同学顺利地走向自己理想中的大学。

教育是一个非常特殊的赛道，它既要考虑到大众的需求，也要考虑到每个个体的差异；它既要快速产生效果，也要关注对于学生长期发展的影响；它既是一系列的商业抉择，也是一个需要持续投入的事业。留学考试则更为特殊。我们需要用稳定的教学水准来应对一个随着时代变化的考试市场；我们需要用中国学生最乐于接受的方式帮助他们适应国外的教学体系；我们需要在帮助学生们“走出去”的同时也注意通过“引进来”的手段提升自身的认知水平。如此复杂的一个事业，没有任何一个机构和个人可以说自己已经做得尽善尽美。所以，在国际教育这个赛道，新东方既是老师更是学生。

过去的十年，我们已经伴随着千千万万的学生一起进步、一起发展、一起不停地重新认知这个世界。过去的十年，我们看到的是各类考试兴起又改变，不断地提醒着我们通过变革来优化自己才是保持先进的唯一方法。过去的十年，在一个不停变化的世界中，新东方努力地帮助着每一名希望“走出去看看”的学生，成为他们在留学路上可以永远信赖的那个不变的灯塔。

过去的十年，新东方一直在。过去的三十年，新东方一直在。在国际教育的未来，新东方会一直在。

俞仲秋

新东方前途出国副总裁
新东方欧亚事业部总经理

持续探索欧亚留学新发展

2023 年是习近平总书记提出建设“新丝绸之路经济带”和“21 世纪海上丝绸之路”(以下简称“一带一路”) 战略构想的第十年。这十年间，共建“一带一路”已经从蓝图变为现实，落地生根、蓬勃发展，成为全球范围内开放包容、互利共赢、深受欢迎的国际公共产品和国际合作平台。

随着中国不断加强和“一带一路”沿线欧亚国家的国际合作，这些地区正在逐步成为出国留学的新热点。以欧洲为例，法国作为“一带一路”中线末端国家，因其教育费用较为低廉，工科、商科、艺术教育受到世界认可而日渐获得中国留学家庭欢迎；再看亚洲，新加坡是“一带一路”建设合作的重要伙伴之一，其教学质量在亚洲乃至全球都名列前茅，且生活环境和文化习俗与中国相近，是不少中国学生心仪的留学目的国。

“一带一路”的深入推进也带动了中国对拥有小语种特长的人才需求持续增长。驻外大使馆、驻外机构以及走出国门的中资企业等都对具有欧亚小语种国家留学背景、熟练掌握小语种语言的人才青睐有加，而这些特质也成为欧亚留学生开启职业生涯的优势所在。

在全球化的背景下，无论是国家还是社会都始终坚持教育高水平对外开放，秉持“支持留学、鼓励回国、来去自由、发挥作用”这一留学方针政策。得益于欧亚不同国家及地区的独特优势，我们有理由相信欧亚留学这十年来快速增长的需求趋势亦会延续下去。

理性的留学选择成为趋势

十年前，留学对大家来讲还是陌生的，除了预算和院校排名之外，那时候的申请人考虑的东西相对较少。而经历了十年的时间，现在的同学对于国家、院校和专业的选择显然有了更多自己的思考。例如，越来越多的同学希望可以去小语种国家完成自己的学业，在掌握专业知识的同时掌握第二外语，未来就业会更有优势。另外，越来越多的同学会考虑留学目的国毕业后的就业政策，希望可以在海外积累一段工作经验再考虑是否要回国发展。

在院校选择上，多数申请人会考虑学校的课程设置是否实用、校企合作关系如何，以及院校所在地周围是否有知名企业，能否方便找到一份实习工作等。而大家对专业的选择也更加个性化。我们发现常年“霸榜”的“热门专业”已经慢慢淡出了大家的视野，取而代之的是“交叉学科”，例如最具有代表性的人工智能、智能交通工程等专业。因为交叉学科培养出来的人才素质模型更加全面，在各个行业上的“适配性”也会更高，更容易找到工作，也更容易在行业内进行切换。相信这类专业在未来也将成为越来越多留学生的选择。

欧亚各地对中国学生释放利好政策

近年来，越来越多的国家和地区，包括德国、法国、西班牙、意大利等，开始认可中国的高考成绩。这对中国的高考应届生来说，无疑扩大了他们的升学选择。然而，每个国家和学校对于中国高考成绩的认可程度和要求可能有所不同，因此，学生在申请时需要仔细研究各个国家和学校的招生政策。

与此同时，欧亚各国及地区为帮助留学生在就业市场上更具竞争力，提供很多的实习和就业机会。比如，德国留学生毕业后都可拥有 18 个月工作签证；北欧四国留学生毕业后可拥有 6~36 个月的工作签证。中国香港的非本地毕业生在毕业后 6 个月内向入境处递交留港就业申请，即可获得两年的工作签证。这些政策无疑为留学生的就业提供了更多的可能性。

许多国家和地区的高等教育机构，如法国、意大利、韩国等，都推出了多语种授课的专业，以吸引更多的留学生。这些包括中文和英文授课的项目，对于没有第二外语基础的留学生来说，是一个很好的选择。

总体来看，欧亚各地的政策变得越来越友好，留学生需要全面了解不同国家和地区的政策，并根据自己的实际情况和需求做出最佳选择。这些政策不仅吸引了全球的学生，也吸引了全球的人才，从而促进了国际交流与合作，推动了经济发展和社会文化交流。同时，留学生通过留学获得的国际视野和知识技能，也可以为中国的发展提供新动力。

全面布局，不断完善留学服务

欧亚教育近年来积极探索“新市场”，以三大融合为基本发展策略，整合新东方集团内外部各类资源，用以提升产品和服务质量。

首先，为适应现代化教育，满足学生多样化、个性化的学习需求，我们将线上和线下课程相结合，给学生提供高质量高精度的 OMO 课程，突破地域限制，扩大服务范围。

其次，深化全球化合作，通过整合境内和境外优质教育资源，为学生提供更全面的国际教育服务。例如，我们在日本有东京语言学校、前途塾等，可以实现境内外业务的无缝衔接。

最后，通过语培与留学产品的融合，利用欧亚教育独有的语培 + 留学“直通车”模式，为学生提供更全面、更高效的留学申请一站式服务，帮助学生更好地适应海外生活和学习环境。

新东方欧亚教育每年积极在全国范围内举办近百场与留学和第二外语相关的线上和线下展会。同时，还定期举办以留学申请、就业创业以及学术研讨等为主题的相关活动，对每一个申请季的本科、硕士、博士申请和录取情况进行数据分析和详细解读，从院校、专业等多维度进行逐一分析，把最新、最有价值信息分享给学生和家长；此外，我们非常重视与已经成功留学的学子的交流和分享，不定期邀请已经从欧亚成功留学的莘莘学子，结合自己的亲身经历，倾情分享留学心得、海外生活经验等。他们的经验和故事对于计划出国留学的学生和家长来说，具有重要的参考价值，有助于他们做出最适合自己的留学决策。

欧亚留学市场未来可期

对于欧亚留学未来的发展趋势，确实难以做出一个非常确切的预测。但根据当前的全球化和教育趋势，我们可以进行一些合理的推测。

首先，欧洲和亚洲的留学申请可能会持续增长。随着“一带一路”倡议的深入推进，与沿线国家的交流日益频繁，越来越多的学生选择到欧洲或亚洲国家留学，以获得更广阔的视野和多元化的学习经验。同时，也让掌握第二外语的学生在国际化竞争中更具优势，也为他们提供了更广泛的就业机会。

其次，教育行业可能会更加注重跨文化交流和多元文化学习。未来的教育行业将会更加全球化、多元化，并注重跨文化交流。无论是欧洲、亚洲还是其他地区的留学申请，都将继续保持增长态势。

作为欧亚留学领域的领军机构，新东方欧亚教育一直专注于欧洲、亚洲优质院校留学申请及小语种培训业务，并始终保持敏锐的行业触角，关注欧亚各国的留学政策变化和院校趋势。未来，我们也将继续为各阶段申请人提供更加精细、专业、高效的留学服务和第二外语学习，助力他们更好地走向国际舞台。

郝斌

斯芬克国际艺术教育总裁

为什么越来越多的家庭选择艺术留学？

国际教育的多样化使得艺术留学受到了越来越多中国家庭的关注和选择。许多家庭希望通过艺术留学，让孩子进入世界知名院校，接受更加国际化的艺术教育。

随着国际化艺术教育普及程度的提高，留学人数也呈现上升的趋势。据英国大学和学院招生服务中心（Universities and Colleges Admissions Service）公布的2019~2023年英国本科申请数据显示，设计、创意和表演艺术专业的申请数量常年维持在25万人以上，2022年更是突破了27万人，在所有专业的申请人数排名中位居前五。而根据美国国际教育学会（IIE）发布的《2023年开放门户报告》数据显示，赴美学习艺术类专业的学生人数达到五万多，同比去年增长了1.1%。这些数据充分显示了中国家庭对艺术留学的热情和青睐。

艺术留学为什么越来越受欢迎？

第一，艺术专业细分领域众多。据统计，仅常规的设计及视觉艺术细分专业就高达140多个，音乐及表演艺术专业也有130多个。这种高度的专业细分程度，使得大部分学生都能够在艺术领域找到与自己兴趣、专长、未来发展方向相匹配的专业，从而更好地契合他们的职业发展路径。第二，艺术留学具有灵活的升学路径和广泛的选择范围。家长和孩子不仅可以选择非常知名的艺术院校，还能选择开设艺术专业的综合类大学。

与此同时，艺术留学的申请方式也更加多元。例如，在申请美国综合大学时，艺术留学可以通过专业作品集和文书材料作为载体。这种申请方式更能展示学生的艺术才华和个人特质。

更重要的是，艺术留学不只是拼分数。本科录取更注重学生的平均学分绩点（GPA）、艺术能力水平等要素，而研究生录取则更加关注学生本科院校背景、艺术能力水平、社会实践经历等要素。这种多元化的录取标准使得不同类型院校在录取时的侧重点不同，申请者可以根据自身的优势精准匹配综合大学或艺术院校。因此，具有艺术创作特长的学生将享有更便利的升学条件，有更多机会进入世界知名院校。

近几年艺术留学呈现的变化趋势

随着留学人数的增加以及升学需求的改变，艺术留学在近几年也呈现出一些显著的变化趋势。

首先，中国家庭对艺术留学目的地的选择开始多元化。过去，英国和美国是艺术留学的热门目的地，但近年来，澳大利亚、加拿大、日本和欧洲等国家也逐渐受到中国家庭的关注。这种变化的原因与各国对留学的政策、家长和孩子对艺术留学赛道的认知升级有关。

其次，中国学生对于艺术院校的选择也在发生变化。除了传统的艺术学院，如皇家艺术学院、伦敦艺术大学、罗德岛设计学院、帕森斯设计学院等，越来越多的学生会考虑申请综合大学的艺术专业，比如纽约大学、南加州大学、约翰斯·霍普金斯大学、爱丁堡大学、拉夫堡大学等。这种变化反映了家长和学生对于综合素养能力的重视，他们认为综合大学不仅能够提供艺术专业技能，还能帮助学生培养未来职业发展所需的综合能力，如沟通能力、分析能力、表达能力等，艺术专业学生还可以与非艺术专业学生一起进行很多深度的合作。

此外，随着中国创意艺术设计产业的蓬勃发展，艺术专业的选择也更加多元化。以往家长和孩子更多会选择传统的艺术专业，如服装设计、插画设计、建筑设计等，而现在的艺术专业选择更加集中在艺术、技术和商业融合的交叉学科，如交互设计、游戏设计、声音设计和数字媒体等。这些专业逐渐成为艺术留学的热门方向，也反映了在人工智能技术快速发展的背景下，创意艺术设计人才必须具备的职业技能新需求。

最后，艺术留学呈现低龄化的趋势。国内越来越多的初中生甚至小学生的家长开始为孩子的艺术留学做规划准备，希望他们从小就能接触到国际化的艺术类课程，从而找到自己的兴趣点并为将来的深造提前准备。

艺术留学的未来就业何去何从？

有家长一直担心，孩子学习艺术以后找工作是否会面临困难，他们能否通过艺术养活自己。从就业和职业发展的角度来看，似乎学习艺术会导致这些问题的产生。但实际上，近年来艺术领域与国内外许多大产业的发展非常契合。例如，交互设计、工业设计、游戏设计、动画设计等热门专业领域，国内外产业发展速度非常快，对这些领域的人才需求也非常高。

再看就业率，特别是第一份工作的起薪时，会发现学习艺术的学生在就业市场上通常具有明显的优势。许多选择艺术留学的家庭也认为，艺术领域提供了丰富的就业机会，能够让他们的孩子发挥自己的技能和才华。

当前，一些家长又开始担心人工智能是否会对艺术创作产生影响。鉴于艺术创意与人工智能的发展速度，如果人工智能真的能够取代人类工作的话，艺术可能是最晚被取代的领域。这是因为艺术对创意和批判性思维的要求非常高，这是人工智能难以模仿的。

艺术的未来发展潜力无限。根据一个国家的综合发展规律，从制造大国向科研大国转变是必然趋势，而科研大国之后则应该是设计大国。目前，我们国家正从制造强国向科技强国迈进，下一站很明显将是艺术领域，这是时代发展越来越明显的需求，也是对艺术留学生的巨大机遇。

当艺术专业的毕业生学成归来，他们可以成为设计师、独立艺术家、音乐人等，这些角色将极大地推动国内艺术领域的蓬勃发展。未来，中国本土的奢侈品品牌创始人、杰出的电影人、优秀的音乐人、卓越的产品设计师等，毫无疑问会从艺术留学生中成长起来，他们将对中国艺术设计领域未来几十年的发展产生深远影响。

留学经历锻炼孩子的三种核心能力

除了艺术留学带来的专业能力提升之外，留学经历对孩子成长的影响也是不可忽视的。我曾经也是一名留学生，在国外工作多年，亲身感受到留学主要可以帮助孩子锻炼三种核心能力。

一是留学有助于培养孩子独立思考、分析问题的能力。西方的教育体系非常重视批判性思维的培养，鼓励孩子透过问题的表象，深入探讨事物的本质，形成自己独特的观点和见解，而非盲目从众或随波逐流。在我回国工作的这些年里，我更加深刻地认识到，面对复杂多变的工作环境，拥有独立且深度的思考能力是至关重要的。

二是留学能够强化孩子解决实际问题的能力。国外的教育并不注重学生对知识点的机械记忆，而更看重学生如何运用所学知识解决实际问题，国外艺术院校会着重考查学生如何运用艺术思维方式来看待和解决问题。

三是留学经历还可以培养孩子的职业素养基础能力。职业素养的熏陶需要一个相应的环境，并渗透到日常的各个细节中，每个环节都体现出对于专业化操作的重视。因此我也鼓励大家，如果有条件，在留学结束后，可以在当地工作一到两年，亲身体验和感受一下国外的职场环境。

“父母之爱子，则为之计深远”，每次技术的革新、国际教育的变化都是家长们密切关注的话题，它们可能在未来几年或十几年内对我们的生活产生深远影响，艺术留学也是如此。

对于未来打算选择艺术留学的家庭来说，如果有条件的话，可以抓住机会参观一些心仪的院校，与校方老师或在校学生深入交流，身临其境地感受院校的学术氛围和环境。未来的发展和规划是至关重要的，需要家长们深入思考什么样的教育对孩子来说是最好的，并遵循孩子内心真正的追求。如果真的热爱艺术，梦想就有实现的可能。